中国近代人物文集丛书

吴 棠 集

（二）

杜宏春　杜　寅　辑校

中 华 书 局

○一○　奏请派员核实整顿沿江局卡片

同治二年正月二十五日(1863年3月14日)

再，臣承准议政王军机大臣字寄：同治二年正月十五日，奉上谕：富明阿①奏，请将贪鄙不职之厘捐委员惩处等语。钦此。并准钞录原片寄信到臣。跪聆之余，莫名惶悚。伏查江北厘捐情形，现已于另折缕析覆奏。所有沿海各卡向隶江南粮台，甫经归并北台经理，臣正严饬道员许道身核实整顿。诚如圣谕：牟利肥己者，断不止严邈、彭蕴括二人。惟当确切访查，如有弊混侵渔之处，定行从严参办，以儆其余。

至卡局太多，实因里下河地居水乡，到处汊港分歧，即到处应防绕越。即以江北沿江各港口而论，共有七八十处之多，势不能概行派委者，有一卡而分数局者，职是之故。然能裁一处之卡，即可省一处之费；节一分之用，即可多一分之饷。臣现已饬委候补知府黄锜，前赴里下河沿江各处周历察看，凡局卡之可裁并及经费之应

①　富明阿(1805—1882)，字治安，初名袁世福，汉军正白旗人，明兵部尚书袁崇焕裔孙。道光初，充前锋委笔帖式。十二年(1832)，任无品级笔帖式。次年，授七品屯官。二十一年(1841)，补骁骑校。二十五年(1845)，任黑龙江驻防正白旗汉军佐领。咸丰二年(1852)，委署参领、营总。四年(1854)，授吉林宁古塔协领，并赏戴花翎。五年(1855)，加副都统衔。翌年，补齐齐哈尔火器营参领，加齐车博巴图鲁名号。八年(1858)，充总理营务翼长，升宁古塔副都统，晋头品顶戴。九年(1859)，署正红旗汉军都统。同治元年(1862)，迁正红旗汉军都统，管理神机营事务大臣，管理正红旗新旧营房。同年，帮办都兴阿江北军务。二年(1863)，调补荆州将军，帮办僧格林沁军务。三年(1864)，调江宁将军，兼署漕运总督。同年，授钦差大臣督办江北军务，加骑都尉世职。四年(1865)，任管理神机营事务大臣。五年(1866)，补授吉林将军。九年(1870)，以伤病休致。光绪八年(1882)，卒。谥威勤。

节省者,会同粮台悉心筹计,禀由臣覆核厘定,务期涓滴归公,不敢稍涉瞻徇,以仰副皇上谆谆训诫之至意。除俟查明具奏外,理合先行覆陈,伏乞圣鉴。谨奏。

同治二年二月初二日,议政王军机大臣奉旨:知道了。钦此。①

【案】富明阿奏:请将……等语:同治元年正月,富明阿特参严邈等员曰:

再,臣窃思用兵以裕饷为先,现在裕饷以厘捐为重。正值饷绌兵艰之际,不得不裁冗节繁。奴才沿途查得沿江各港口及里下河一带南北台设立捐卡,大小约有百余处,虽道路纷歧,必须节节设立,以免偷漏。惟有一处而设数卡者,有一卡而分数局者,委员既繁,局费必滥,各卡每月局用少者二百金,多者如河漫洲,竟有千余金。似此浮滥开销,徒饱私囊,是捐卡竟为若辈而设也。就扬营兵饷而论,五六十日始放一关,水师一年才得三月关饷,如各局果能涓滴归公,何至如是?推原其故,正有攸归,盖因各局委员不乏廉明干练之人,而贪鄙庸劣者亦所不免,是以奴才细加咨访,有河漫洲收厘捐委员候选知府严邈,又收江贩、淮贩厘捐委员直隶省候补知州彭蕴括,均系声名狼藉、贪鄙不职。奴才复面询总理江南江北粮台即补道许道身,据称现已撤委,实为公论所不许等语。似此牟利肥己、声名污劣之徒,仅予撤委,又何以清弊窦而杜效尤?相应请旨将严邈、彭蕴括即行革职,以为贪婪者戒。其有无侵吞

---

① 中国第一历史档案馆藏:军机录副,档案编号:03-4608-010。此片具奏日期未确,兹据同日奉旨之折件(档案编号:03-4889-002)校正。

· 400 ·

情弊及捐卡可否归并暨裁汰冗糜之处，一并请旨饬下署漕运总督吴棠督饬粮台，破除情面，认真整顿，务使贪弊尽绝，涓滴归公，庶饷需不至□之，则江北军民幸甚！是否有当，理合附片陈明，伏乞圣鉴。谨奏。同治二年正月十五日，议政王军机大臣奉旨：钦此。①

【案】军机大臣字寄：同治二年正月十五日，奉上谕：此上谕曰：

又谕：富明阿奏称，沿江各港口及里下河一带南北台设立捐卡，大小约有百余处，有一处而设数卡者，有一卡而分数局者，委员多而局费滥，徒饱私橐，何由涓滴归公，请饬整顿等语。厘捐为江北军饷所赖，厘卡纷歧，前已叠次被人参奏，谕令吴棠严行裁汰，现经富明阿目睹情形，据实具陈，亟应归并裁汰，以苏民困。江南绅士大半避居江北，以厘卡为谋食之所，其牟利肥己者，断不止严邀、彭蕴括二人。着吴棠严查各卡委员，如有侵吞情弊，即行据实参办，不准再有瞻徇。至各处捐卡应如何归并及裁汰冗糜之处，并着悉心妥办，总期涓滴归公，以裕饷源。原片着钞给阅看。将此谕令知之。②

○一一　请仍照前保官阶奖励徐州守城人员折

同治二年二月初六日（1863年3月24日）

署漕运总督江宁布政使臣吴棠跪奏，为遵照部议另行核奖，并

---

① 中国第一历史档案馆藏：军机录副，档案编号：03-4711-050。
② 《穆宗毅皇帝实录（二）》，卷五十五，同治二年正月中，第31页。

请将出力人员仍照前保官阶奖叙，恭折奏祈圣鉴事。

窃查咸丰十一年二月间臣在徐州道任内帮办徐宿军务，会同已革总兵田在田奏保徐州三次守城及两入东境剿匪之文武绅练，仰荷恩准。上年九月间，由江苏按察司衙门呈由抚臣转行部咨：此案有应行分别驳正人员，经部臣议奉谕旨：依议。钦此。遵即转行各该员去后。惟查随营攻剿各员，当十年份自夏徂冬，皆战功屡著，即徐郡守城官绅，均系寇氛逼近城垣，历久固守，兼多出城击贼，非仅登陴守御之劳，与临阵冲锋者并无二致，惟有仍恳天恩优予奖励，以昭激劝而振戎行。

谨查照部咨将另行核奖暨仍请俯照前保官阶准予给奖各员分晰缮具清单，敬呈御览，祗候恩施。理合恭折具陈，伏乞皇太后、皇上圣鉴。谨奏。二月初六日。

同治二年二月十二日，议政王军机大臣奉旨：钦此。[1]

○一二　呈遵照部议另行核奖并请仍照前保官阶准叙各员清单

同治二年二月初六日(1863 年 3 月 24 日)

谨将遵照部议另行核奖并请仍照原保官阶准叙各员缮具清单，恭呈御览。

计开：部议另行核奖各员内：候选刑部司狱任鑫，原保免选本班，以部司务选用。

尽先选用兵马司副指挥周光斗，原保选缺后以主事尽先选用，

① 　中国第一历史档案馆藏：军机录副，档案编号：03-4608-048。

先换顶戴。

部议京员攻剿出力，准其保升外官，不准保升京职。查任鑫随营攻剿，艰险不辞，拟请以县丞留于江苏补用。周光斗守城击贼，屡退寇氛，拟请以知县留于江苏补用。

南河候补同知路崇，原保留于江苏地方，以同知即补，并加知府衔。

州同衔南河遇缺即补州判陈嗣兴，原保请归江苏地方，以府经历县丞借补。

部议奏定章程不准改发他省，令将该二员劳绩另核请奖。查该员等均系叠次守城，历久不懈。路崇拟请补缺后以知县用，先换顶戴；陈嗣兴拟请归改掣省份，以府经历县丞借补。

准照原保官阶各员内：知府衔补用同知直隶州知州张用熙，原保免补本班，以知府留于江苏补用。

知府衔升用同知直隶州知州铜山县知县高丙谋，原保免补同知直隶州，以知府在任候升。

江苏候补通判孙荣，原保免补本班，以同知用。

候选知县伍承平，原保免选本班，以直隶州知州归部不论双单月遇缺前先用。

江苏遇缺即选县丞吴元汉，原保免补本班，以江苏知县用。

江苏尽先县丞张景贤，原保免补本班，以江苏知县用。

江苏候补未入流胡光祚，原保免补本班，以县丞归江苏补用。

江苏试用从九品常英，原保免补本班，以县丞归江苏补用。

尽先选用巡检汤佶昭，原保免选本班，以县丞不论双单月遇缺即选。

遇缺即选巡检祁觐堂，原保免选本班，以县丞不论双单月遇缺即选。

江苏候补未入流孙祥麟，原保补缺后以县丞用。

试用训导方廷梁，原保补缺后以知县即选。

南河候补县丞王厚壮，原保留于江苏以知县即补，并加同知衔。

南河候补县丞谭祖庆，原保免选本班，以江苏知县用。

南河试用从九品吴守诘，原保补缺后以县丞用。

南河候补从九品方载鼎，原保免补本班，以县丞归江苏补用。

以上十六员均系叠次守城，历久不懈。部议寻常劳绩不准越级保升及请免选、免补本班，并不准改发他省，准各俟选补本班后，以升阶用，并仍归河工等因。查徐郡逼近寇氛，平时之守御几无虚日，前者三次告警，实系贼至城下，各该员等躬冒矢石，击退狂氛，并各出城追剿，委属身列行间，并非寻常劳绩可比。内汤佶昭一员已于上年五月未奉部文以前，由清淮剿匪出力案内奉旨免选县丞，以知县留于江苏补用。所有各该员应得奖叙，惟有仰恳天恩，将张用熙仍照原请免补本班，以知府留于江苏补用；高丙谋仍照原请免补同知直隶州，以知府在任候升；孙棨仍照原请免补本班，以同知用；伍承平仍照原请免选本班，以直隶州知州归部不论双单月遇缺前先选用；吴元汉、张景贤二员仍照原请免补本班，以江苏知县用；胡光祚、常英二员仍照原请免补本班，以县丞归江苏补用；汤佶昭仍照原请免选本班，以县丞不论双单月遇缺即选，其续保之案并请仍以知县留于江苏补用；祁觐堂仍照原请俟补缺后以县丞用；方廷梁仍照原请俟补缺后以知县即选；王厚壮、谭祖庆二员均拟改请以沿河知县用，王厚壮并加同知衔；吴守诘拟改请归改掣省份补缺后以县丞用；方载鼎拟改请归改掣省份，免补本班，以县丞用。

南河即补州同裁缺萧县主簿陈永安，原保开缺留于江苏，俟补州同后，以知州用，先换顶戴。部议奏定章程不准改发他省，不得越级请升，仍归河工，俟补州同本缺后，以应升之缺升用。查该员屡次出剿，实系亲历行间，不避锋镝，且知州本系州同升阶，现在南河员缺奉裁，拟改请归改擎省份补州同后，以知州用，先换顶戴。

议政王军机大臣奉旨：览。钦此。①

○一三　请饬山、陕筹解李世忠军饷片

同治二年二月初六日(1863 年 3 月 24 日)

再，帮办安徽军务江南提臣李世忠军营饷需，上年春间奉旨饬臣筹解，经臣奏准饬下晋、陕两省于月解江北军饷三万两内，按月各拨解李世忠军营银五千两，续又奏明由淮关监督于应解北台协饷内月拨一千两，由粮台每月径筹银二千两各在案。自先后奏奉谕旨，以后淮关及北台银两均尚按月筹解，晋省已不能如数，陕省则仅解一次。现在该二省或以防饷吃紧，或以本省军需，先后奏请将各省协饷停解，并准咨会到臣。而李世忠一军，于江北、皖北两路兼筹，需饷万分迫巨。昨准咨商仍由北台接济，原江北亦因协饷不解，窘迫之状，不可名言。非仅臣身历其难，即都兴阿、富明阿亦节次上陈圣听，势实万难分解。即此月筹二千两，加以淮关改拨协饷，已属竭力挹注，惟有仰恳天恩，俯念李世忠军营饷缺实情，将原拨山、陕两省银各五千两，饬下部臣另拨就近实在款项，如数按月照解，俾资军食而免虚望，实感鸿施于无既矣。谨附片具陈，伏乞圣鉴。谨奏。

---

① 中国第一历史档案馆藏：清单，档案编号：03-4611-023。此清单未署具呈者，具呈日期亦未确。兹据内容判定其为档案编号 03-4608-048 折之附件。

同治二年二月十二日,议政王军机大臣奉旨:户部速议具奏。钦此。[①]

○一四　特参候补知府方长泽等颟顸片

同治二年二月初六日(1863年3月24日)

再,查粮台事物纷繁,差派多员。原资□□真中勤慎趣公者,固不乏人;而操守平常、贪劣不职者,亟应严为惩创,以挽积弊。臣于上年迭次奏参各劣员后,该局员多知警励,不敢任性妄为。近因徐宿剿匪、兰郊会剿、军务倥偬之际,以为臣耳目不及,各员等故智复萌,劣迹窃肆。深蒙天恩优渥,训敕森严,微臣具有天良,何敢稍涉袒纵! 又恐访查未确,不敢冒昧渎陈。

兹臣查有候补知府方长泽,管理北台军装、火药,才具平庸,颟顸从事,且肆情游宴,舆论沸腾。南河通判刘虞采,咸丰八、九年间,曾在南河厘局,侈荡著名,现又在北台谋充差事,骚扰尤甚。候补县丞张文耀、候选县丞姚晓兰,办理厘捐,声名狼藉。姚晓兰撤委后,又在北台营求米捐差使,把持尤甚。知府衔候补通判陈启钟,办理南台寄籍捐输,苛求勒派,扰累商民。同知衔候补知县颜培咸,办理北台房捐,延缴余款,不协舆情。候补通判黄铭仁、候选知县魏耆,同办南台行栈捐,声名恶劣,有玷官箴。前合肥县典史唐维森,办理北台捐务,浮收局费,闻其屡被讦控。相应请旨将知府方长泽、通判刘虞采、陈启钟、黄铭仁、知县颜培咸、魏耆、县丞张文耀、姚

---

①　中国第一历史档案馆藏:军机录副,档案编号:03-4793-044。此片具奏日期未确,兹据同日奉旨之折件(档案编号:03-4608-048)校正。

晓兰、典史唐维森等，即行革职。刘虞采并勒令回山东原籍，不准再入军营。姚晓兰系扬州府江都县人，交地方官严行管束，不准出外滋事。唐维森闻仍有控案未结，应由臣提讯，另案办理。

又，查有两淮候补运判徐大鼐，委办宝应厘捐，信用劣董，不知自爱。候补同知许樾身、候补知县金养澜，性情浮躁，习气甚深。以上三员，惟因年力尚壮，相应请旨将徐大鼐以盐知事降补，许樾身、金养澜均以县丞降补，以示薄惩而观后效。

此外台局各员臣仍随时查察，如再有庸劣之员，谨当续行奏参，断不敢瞻徇情面，自取咎戾。一面严饬许道身迅将无益之捐以及江南北在籍候选人员，严行裁汰，并嗣后粮台、厘局各员均责成该道员出具切实考语，详送咨部，以杜人情请托、贪劣营谋，务令涓滴归公，饱腾获效，仰慰皇太后、皇上垂廑东南至意。是否有当，伏乞圣鉴训示。谨附片具奏。

同治二年二月十二日，议政王军机大臣奉旨：钦此。①

【案】此片于是年二月十二日得允行：

同治二年二月十二日，内阁奉上谕：吴棠奏，请将台局庸劣各员分别革职、勒休、降补等语。江苏管理北台军装、火药之候补知府方长泽，才具平庸，肆情游宴。南河通判刘虞采，前在南河厘局，著名侈荡，现在北台，尤为骚扰。候补县丞张文耀、候选县丞姚晓兰，办理厘捐，声名狼藉。姚晓兰于撤委后，又营求米捐差使，把持尤甚。知府衔候补通判陈启钟，办

---

① 中国第一历史档案馆藏：军机录副，档案编号：03-4608-054。此片具奏日期未确，兹据同日奉旨之折件（档案编号：03-4608-048）校正。

理南台寄籍捐输,苛求勒派,扰累商民。同知衔候补知县颜培咸,办理北台房捐,延缴解款,不协舆情。候补通判黄铭仁、候选知县魏耆,同在南台办理行栈捐务,声名恶劣。前任合肥县典史唐维森,浮收局费,屡被讦控。方长泽、刘虞采、陈启钟、黄铭仁、颜培咸、魏耆、张文耀、姚晓兰、唐维森,均着即行革职。刘虞采并着勒令即回山东原籍,不准再入军营。姚晓兰着交该本籍地方官严行管束,不准出外滋事。唐维森尚有未结控案,着吴棠提讯,归另案办理。又,两淮候补运判许大霈,信用劣董,不知自爱,着以盐知事降补。候补同知许樾身、候补知县金养澜,性情浮躁,习气甚深,均着以县丞降补。余着照所议办理,该部知道。钦此。①

○一五　特参候补知县杨文熙疏失饷银折

同治二年二月二十七日(1863 年 4 月 14 日)

署漕运总督江宁布政使臣吴棠跪奏,为特参疏失饷银之员,照例分赔留缉,恭折奏祈圣鉴事。

窃据署扬州府甘泉县知县陈炌报:于同治元年十二月二十三日晚,委提广东饷银候补知县杨文熙船只行至中途,被匪上船抢去饷银三千六百两并托寄银两等件,且被拒伤左额角,开单报经该县以此项银两到境,未准管解委员及上站各州县移会,无从防护,准即饬捕严缉,一面会营勘验。查讯船户人等未能指定失事地方,当

---

① 中国第一历史档案馆编:《咸丰同治两朝上谕档》,第 12 册,第 51—52 页;《穆宗毅皇帝实录(二)》,卷五十八,同治二年二月中,第 101—102 页。

即饬拨兵役护送委员杨文熙剩余银两赴淮，并移知高邮县一体拨护等情。经臣飞饬扬州府督同江都、甘泉两县会勘，并令委员杨文熙前往指明失事处所，以定勘缉。旋据会督勘讯明确，以失事处所土名刘家湾系甘县所辖地界，该处离仙女镇十余里，并无墩铺、防兵。饬验委员杨文熙，伤已平复。询据该员亦称：伊奉委提饷从上海航海至八港口，□船由仙女庙赴邵伯，因趱程紧急，未及移会上下站护送等语。当将金、巡、捕、保责惩，勒限严缉，传牙估赃值银四千零八十八两三钱九分，绘图造册详覆前来。

臣查候补知县杨文熙管解饷银，并不知会沿途地方官照例护送，以致被抢正饷至三千六百两之多，实属玩忽，相应请旨将候补知县杨文熙即行革职，留在失事地方，勒限协缉，所有缺失饷银先行照例分赔。署甘泉县知县陈斌未接知会，致失防范，应俟疏防限满，有无获犯，分别办理。除饬选差干役、悬赏购线、严密缉拿并行各县营一体协拿赃匪、务获究办外，合将据报勘明参缉缘由，谨会同两江督臣曾国藩、江苏巡抚臣李鸿章，合词恭折具奏，伏乞皇太后、皇上圣鉴。谨奏。二月二十七日。

同治二年三月初二日，议政王军机大臣奉旨：杨文熙着即革职留缉。余依议。钦此。[1]

○一六　奏报都司英秀开缺回旗片

同治二年二月二十八日(1863年4月15日)

再，统带直隶提标三营官兵燕河路都司英秀，在徐州防次身患

---

[1]　中国第一历史档案馆藏：军机录副，档案编号：03-5052-019。

麻木,不能动履,医药罔效,势难就痊,禀请开缺。当经已革总兵田在田札委前署铜山县知县高丙谋,带同医学验明,英秀实系病势沉重,不能动履,缘风寒入骨,湿气凝结,已成偏枯之症,出具钤结在案。旋因田在田革职交卸,未经上陈。兹据总兵黄开榜覆查该都司患病难痊、呈请奏明开缺前来。臣查都司英秀,现系患病属实,一时难以就痊,相应请旨饬下燕河路都司英秀开缺回旗调理。至所遗燕河路都司员缺系军营所出,例由军营拣员请补。除饬黄开榜拣员呈送另行请旨外,所有都司患病开缺缘由,伏祈圣鉴。谨附片具奏。

同治二年二月二十八日,议政王军机大臣奉旨:英秀着准其开缺回旗调理,该部知道。钦此。①

○一七　请将应解部库洋药税银留浦济急片

同治二年二月二十八日(1863 年 4 月 15 日)

再,清淮军需并无奉拨之款,仅恃厘捐为进项,而尤以米粮为大宗。乃自上年秋冬以来,粮价北高于南,遂致厘捐顿减。而兰、郯会剿,待饷孔殷。徐宿一军,时需接济。现值军情吃紧之候,未敢以缺饷而坐误机宜,支应之繁,甚于往昔;竭蹶之况,不可名言。上年夏间,曾奏请于淮安关库岁拨三万两,仰荷圣恩允准。无如该关税课不旺,计十月之久,仅准解过银七千两。昨商之该监督臣永存,竟无可以筹拨。惟该关现尚存有洋药税银四千两,即须起解。此系应行解部之款,不敢妄思请拨。因查河南省有应解清淮有漕

---

① 中国第一历史档案馆藏:军机录副,档案编号:03-4712-094。

州县捐输一项，前接该省藩司来文，一俟州县解有成数，即行呈解等语。现计漕事已毕，自已陆续解存司库。上届此项捐款，据解过银四千八百两，以之抵解洋药税，计可有盈无绌。

臣处此万窘之际，计无可施，可否仰恳天恩，俯将淮关应解部库洋药税银四千两，准令就近解浦，以应急需；一面饬下河南抚臣即将各州县解存清淮漕捐，如数抵解部库，一转移间，于军需可资济急，而于部库仍无出入。不胜引领待命之至。谨附片陈恳，伏乞圣鉴。谨奏。

同治二年二月二十八日，议政王军机大臣奉旨：钦此。[①]

【案】此片于是年四月初四日得批覆，饬令吴棠另行指项划解，以清部款。廷寄曰：

议政王军机大臣字寄：漕运总督吴：同治二年四月初四日，奉上谕：前因吴棠奏，淮关应解部库洋药税银四千两，就近拨赴清江浦，以济急需。谕令张之万将解存清淮漕捐划解部库，抵作淮关应解洋药税之款。兹据张之万奏称，豫省有漕州县，援照上届成案，派令每石捐银五分，嗣据各州县以同治元年漕粮每石折价银三两三钱，银价日昂，正项尚有不敷，力难再捐，纷纷具禀。从前州县办漕，本属稍有赢余，清淮捐饷尚易集事。上年漕粮改折，每石三两三钱，各州县征办甚形拮据。该司道叠次严催，详请奏参摘顶，应解正项为数尚多，势难兼顾捐款，请饬漕臣另行指项划解等语。豫省有漕州县欠解正项甚多，若再责令筹措捐款，自必更形竭蹶，该抚所奏亦

---

① 中国第一历史档案馆藏：军机录副，档案编号：03-4793-055。

属实情。着吴棠将拨借淮关应解部库洋药税银四千两,另行指项划解,以清部款,是为至要。将此谕令知之。钦此。遵旨寄信前来。①

○一八　委令郭礼图办理厘捐总局事务片

同治二年二月二十八日(1863年4月15日)

再,厘捐一项为粮台饷源之大宗,而头绪纷繁,又为弊端丛集之所。现在南北两台归并,台员许道身又兼署常镇道员缺,台务较增,势难兼顾,必得设立厘捐总局,遴派公正大员,会同许道身认真办理。兹查有丁忧盐运使衔前四川永宁道郭礼图,经前督办团练大臣晏端书②奏留江省办团,复经委办盐阜、兴东圩团事务。该员才具干练,操守端严,办事认真,不避嫌怨,且在江北办事多年,一切利弊情形最为熟悉。以之会办厘捐总局事务,谅

---

①　中国第一历史档案馆编:《咸丰同治两朝上谕档》,第13册,第150页;《穆宗毅皇帝实录(二)》,卷六十三,同治二年四月上,第238—239页。

②　晏端书(1800—1882),字彤甫、桐甫、巢芸,号蜕叟、云巢,江苏仪征人。道光十二年(1832),充海门书院讲席。十七年(1837),中式举人。十八年(1838),中式进士,改翰林院庶吉士。二十年(1840),授编修。二十三年(1843),任国史馆纂修。同年,充顺天乡试同考官。翌年,授云南乡试正考官。二十六年(1846),补浙江杭州府知府。次年,调浙江湖州府知府。咸丰元年(1851),署杭州府知府。次年,署杭嘉湖道。是年,护盐运使篆。三年(1853),署浙江盐运使。同年,调补福建汀漳龙道。四年(1854),补浙江宁绍台道,兼署杭嘉湖道。同年,升浙江按察使。六年(1856),迁江西布政使。旋调山东布政使。是年,擢浙江巡抚。八年(1858),兼署浙江学政。九年(1859),补授大理寺卿。同年,充江西乡试正考官。十年(1860),授督办江北团练大臣、左副都御史。同治元年(1862),署两广总督,兼署广东巡抚。三年(1864),丁母忧,回籍终制。光绪八年(1882),卒。著述有《扬州府志》、《粤游纪程》、《滇南纪程》、《豫章使程纪略》等。

可剔弊理棼，于军饷冀有裨益。臣仍随时督察，以期力求整顿，上慰宸厪。除札饬遵照外，是否有当，理合附片陈明，伏乞圣鉴。谨奏。

同治二年二月二十八日，议政王军机大臣奉旨：知道了。钦此。①

○一九　奏报徐台筹饷递减一成并银钱上兑片

同治二年二月二十八日（1863 年 4 月 15 日）

再，徐州粮台收捐章程于咸丰九年间经前督办军务提臣傅振邦奏准照豫省收捐之案，按筹饷例减二成，复递减一成，全收饷票，历收捐报部核覆在案。惟自收捐饷票以后，总少以现钞上兑者，惟徐台捐项并无巨款，而当此饷需孔急之时，于来源究形其绌，且因饷票搭放无多，每有捐生远道来徐，以不得饷票空劳往返者，殊非所以示体恤而广招徕，亟应量为变通，以期军饷、捐输两有裨益。查清淮筹防收捐，奉准半钱半钞，历有年所，拟请徐台于全收饷票之外按减二成、递减一成捐数，兼收实银，钱钞各半。其钱钞以二千文作银一两，庶期粮台多收一分实银，即多济一分军用。据办理徐州粮台署淮徐扬海道朱善张详请具奏前来。

合无仰恳天恩，俯念徐台支绌，准照原收饷票之案，减二成复递减一成，参以清淮奉准章程，以一半实银一半钱钞上兑，无论实职、虚衔、封级均按定章减成办理。其原准全收饷票之捐，仍各并行，分别造报，于徐饷借资小补，而在各捐生亦得遂其报效之忱。

---

① 中国第一历史档案馆藏：军机录副，档案编号：03-4608-130。

是否有当,伏乞圣鉴训示祗遵。谨附片具奏。

同治二年二月二十八日,议政王军机大臣奉旨:户部速议具奏。钦此。①

○二○　请将知府王际相摘顶勒限追缴片

同治二年三月初八日(1863年4月25日)

再,捐厘济饷,涓滴皆应归公,不容经办之员支销浮冒。查有江苏候补知府王际相,经粮台委办通、如机捐,未及两月,因办理不善撤委。据报共收捐钱四百七十四千零,全数开销局用,分文未缴。复经粮台严刑饬追,宕延半载,仍不缴解,实属胆玩已极。据粮台道员许道身详请勒追前来。相应请旨将候补知府王际相先行摘去顶戴,勒限一月内将应缴厘钱扫数清解。如再迁延,即行从严参追,以儆效尤。谨附片具陈,伏乞圣鉴。谨奏。

同治二年三月十五日,议政王军机大臣奉旨:王际相着先行摘去顶戴,勒限追缴,如再任意延玩,即从严参办。钦此。②

○二一　遵查漕标及江北各镇标额仍照旧制片

同治二年三月初八日(1863年4月25日)

再,前准部咨:钦奉上谕:严树森奏,江苏、安徽、浙江兵籍无存,请停止粮额等因。钦此。钦遵知照到臣。查严树森原奏系为

---

① 中国第一历史档案馆藏:军机录副,档案编号:03-4793-056。
② 中国第一历史档案馆藏:军机录副,档案编号:03-4609-034。

核实兵缺、撙节饷需起见，且已被陷地方营制尽废、兵籍无存，与其饷项虚糜，莫若听其缺额，且可为将来安顿练勇之地，所议具有深意。惟查臣所辖漕标及江北各镇标汛地，如淮、徐、海各属，虽同有暂被贼扰之处，而各营汛、堡如常，不容稍有旷缺，且徐宿捻匪现已肃清，正当整顿营伍之际，未便如该抚所议，听其缺额。应请毋庸更张，以符旧制。所有遵查漕标及江北各镇标兵额仍照旧制缘由，理合附片覆陈，伏乞圣鉴。谨奏。

同治二年三月十五日，议政王军机大臣奉旨：该部知道。钦此。[①]

【案】钦奉上谕：严树森奏……请停止粮额；此上谕《清实录》载曰：

又谕：前因严树森奏，江苏、安徽、浙江兵籍无存，请停止粮额，直隶京营及山西、陕、甘等处仍照旧制办理，其余各省由该督抚督饬核实稽察，遇有缺额，扣除报部，以所有之饷为练兵之资。当令该部议奏。兹据兵部奏称，各省情形不同，是否可行，必须彻底通筹，方无流弊，碍难悬揣等语。着各直省督抚悉心筹画，各就地方实在情形妥议具奏。[②]

〇二二 遵旨妥筹新设淮扬镇营制事宜折

同治二年三月十六日（1863年5月3日）

署漕运总督江宁布政使臣吴棠跪奏，为新设淮扬镇营制事宜，

---

① 中国第一历史档案馆藏：《军机录副》，档案编号：03-4712-145。
② 《穆宗毅皇帝实录（一）》，卷四十七，同治元年十月下，第1276页。

遵旨斟酌损益,妥筹具陈,仰祈圣鉴事。

　　窃查接管卷内裁撤南河总督等缺,改设淮扬镇总兵,并修防二十四营改为造防十营,统归淮扬镇管辖一案,钦奉寄谕:江北镇道以下各员均归漕运总督暂行节制,余着照所议办理等因。钦此。查核部臣原议,声明此外如有未尽事宜,应令〈漕〉运总督随时体察,妥筹奏办。嗣经前署漕臣王梦龄将裁缺各条覆议具奏,奉旨交原议王大臣会部核覆,均毋庸议各在案。自应遵照原议,分别核办。惟查重镇之设,其营制必先核定,方可将各营员缺次第拔补,以重军务。而原议未尽事宜尤须察度情形,斟酌损益。咸丰十一年十二月间,臣蒙恩擢任江藩兼署漕督,遵旨奏委龚耀伦署理淮扬镇总兵,亟应赶紧核议。因值捻氛窜扰,选将、拣兵、筑圩、筹饷,不得不先其所急,未遑及时创理。兹饬据江藩司衙门、淮扬镇总兵、淮徐扬海道等会议前来。

　　臣详加查核,部议所设镇标所辖连河标五营,共计十五营,内新设十营,岁需俸饷十三万余两,加以制造、旗帜、军装,需用繁多,无从筹此巨款。前经前署漕臣王梦龄奏准,仿照屯田办理,系冀以自然之地利济常年之饷需。臣接任后,复派妥员大量招佃,现在通盘筹画,不敷尚多。除再设法补苴、务期有济、另行奏办外,谨按部议改操十营,皆系酌留备弁,并无将领为之统率,于营制未尽合宜。而萧睢、丰沛两营分驻萧、沛,势难以驻沛之淮扬镇而远辖至徐州以西,且既以清江为重镇,则驻浦之营兵力宜厚,必须因地制宜,严为酌核。兹拟以外北营兵一百二十八名,又抽分部议所设之安东营兵二百二十一名,作为清江城守营,以河中营都司改为城守营都司。其安东营留兵三百五十名,照部议备弁九员领之,作为安东汛,归城守营管辖。以部议萧睢营九百九名改为淮扬镇标左营,将已裁之统辖河营参将一缺复设为左营参将，以河标中营副将改为淮扬镇标中军游击，以符体制。其原额兵六百八十九名，与现议城、左两营同驻清江，共兵一千九百四十七名，操练战守。其部议新设之蒋坝、宿迁、桃源三营均属扼要，悉照部议办理。惟官弁、兵数均加斟酌，俾各就地取裁。而桃源营拟请作为桃源汛，改归右营管辖。至苇左、苇右两营即照部章定议。统计连河标原额之右营、洪湖、佃湖、庙湾共十一营，共兵七千一百五十三名。

再，河工虽裁，而清水七营险工如旧，与黄河干涸者各不相涉。前准部议酌留堡夫，以资力作。但河务以桩埽为重，并非堡夫素习。查运河上自邳州，下迄江口，绵长七八百里，洪泽湖汪洋巨浸，与高宝诸湖相接，东岸一堤之隔即为里下河财赋之区，关系至重，修守断难偏废，必须酌留熟谙兵丁，方资办理。即将来河归故道，亦可不乏工作之人。现拟将清水七河营酌留弁兵七百余名，归新设同知及淮扬两丞倅管辖，并于汛守余闲，饬令练习水师。其各营原设守备及挑剩兵丁一律裁撤，仍除去河营名目，俾符原议。

至部议之丰沛营，原定驻扎沛县。查由徐州至砀一百六十里，为晋、豫各省通关要道，匪徒出没靡常，以铜、沛、砀山交界之梁家寨最为扼要之处，拟将议设之丰沛营改为西路汛，驻扎该寨，以资镇抚巡缉，均系徐州所属，应即近隶徐标，方灵呼应而便调遣。如此分别布置，于国家重镇之设，庶几可收实效，而于操防营制亦皆各得其宜。即清水河修守工程，并不致以改操偏废。通计现定各营，较之部章，计裁减兵九百六十三名，裁守备、把总各三员，复设参将一员，于俸饷各项亦属有减无增。谨就管见所及，缮具清单，恭呈御览，仰祈饬下部臣核议。俟奉旨后再行会同督臣、抚臣，照例具题，并请颁给镇将等官关防，以昭信守。所有筹议新设淮扬镇营制缘由,理合恭折具奏,伏乞皇太后、皇上圣鉴训示。谨奏。三月十六日。

同治二年三月二十一日,议政王军机大臣奉旨:该部议奏,单并发。钦此。①

○二三　呈酌议淮扬镇辖各营营制清单

同治二年三月十六日(1863 年 5 月 3 日)

谨将酌议新设淮扬镇辖各营营制事宜,缮具清单,恭呈御览。

一、部议蒋坝营以淮扬河营游击改设,以外南、外北、中河三河归并,酌留备弁十一员、步守兵七百四十五名,驻蒋坝,核实兵七百十五名。

一、部议山阜营以高堰、山盱、海防、海阜四营归并,酌留备弁九员,步守兵七百三十七名,驻山阳县,核实兵七百五十六名。

查蒋坝系山阳、盱眙两县接壤地方,濒临洪泽湖,南达天、六,北蔽清、淮,为扼守最要之区。今添设蒋坝营,以淮扬河营游击改设,应于蒋坝地方驻扎立营,专防陆路,与洪泽湖营水师都司互相联络。原设陆路巡弁、防兵系泗州营及漕标分拨,应令撤回各本营操防。至山阳县地方本有漕标中、左、右、城守等营驻防,毋庸再设山阳营。惟原设之修防中河营管理清挑运河,修守埽坝、堤岸,堰、盱两营管理洪湖修防,宣泄潴蓄,均关紧要,湖运现有工程,非干河可比,仍应留备修防,拟请以外南、海防、海阜之营兵七百六十八名作为蒋坝营,遵照部议,以淮扬游击改往驻扎,酌留守备一员、千总

---

① 中国第一历史档案馆藏:军机录副,档案编号:03-4701-023。

一员、把总二员、外委五员。其外北营兵一百二十八名，拟即留驻清江作为城守营，命之安东汛，弁兵均匀分驻，俾资周顾。又，中河营兵二百九十九名，拟与运河兵二百七十四名内，共酌留二百四十名，以千总一员、把总一员、协防三员，分汛驻防工作，归新设徐州府同知管辖。堰、圩两营兵二百七十六名内，共酌留兵一百二十名，千总一员、把总一员、协防一员，分汛驻防工作，归新设淮安府同知管辖，其余兵丁裁撤。奉留堡夫不谙桩埽，一并裁撤。

一、部议高邮营以高宝、江防二营归并，酌留备弁五名、步守兵四百二十七名，驻守高邮州，核实兵四百二十八名。

查高邮州系扬州营参将管辖汛地，一区毋庸两设，而自宝应以至江口河道绵长，且与诸湖巨浸相接，关系下河保障。每遇伏秋大汛，险工林立，非河兵不谙工作，拟请将该二营四百二十八名内酌留二百八十名，以千总一员、把总一员、协防四员，分汛驻防，归扬州府军捕同知管辖，专资修守。其余兵丁即行裁撤，毋庸改隶操防。奉留堡夫亦裁。

一、部议宿迁营以淮徐河营游击改设，以宿南、宿北、运河三营归并，酌留备弁十一员、步守兵八百四十三名，驻宿迁县，核实兵八百四十四名。

一、部议桃源营以桃南、桃北二营归并，酌留弁兵六员，兵五百十八名，驻扎桃源县，核实兵五百一十六名。

查宿迁县城原驻守备一员、弁兵二百二十余名，系河右营游击管辖。今改设宿迁营游击，拟以宿南、宿北二营兵五百七十名驻扎邳州、宿迁县交界之窑湾镇，立为宿迁营。该处北连海、沭，西接兰、郯，责令巡防弹压，堵缉山东棍、幅窜匪，以资兼顾。惟河右营游击向驻宿、桃交界之洋河镇，管辖桃源、宿迁、邳州地方，今添设宿迁营,宿迁介于桃源之中,则河右营而跨辖邳境,诸多窒碍,拟请将河右营原驻邳汛之弁兵一百三十四名、原驻宿迁城内之备弁并兵丁二百二十二名,统归宿迁营就近管辖,即以原驻宿迁之守备为该营中军守备。除由河右营改拨各汛弁外,拟请将部议宿迁营酌留备弁十一员内留千总一员、把总一员、外委三员,其余备弁六员均行裁撤。至河右营原额兵七百六十八名,除拨归宿迁营三百五十六名外,仅存四百二十九名,拟即以部议之桃源营守备一员、千总一员、把总一员、外委三员、兵五百十六名,归并管辖。现在河督已裁,即遵部议将河右营改为镇标右营,仍驻洋河镇。其现拟归并该营之原议桃源营守备,作为中军守备桃源汛。其该县以西之城子河,现在挑筑长堤,责成该备控守。所有桃汛额兵一百余名本隶右营,应令移回洋河,以资弹压。再,查咸丰元年奏明将漕左营移驻邳州,作为邳州营,改隶徐州镇标。嗣因派调出防,尚未移设,俟将来移驻时,另外核办。

一、部议安东营以山东、海安二营归并,酌留备弁七员、步守兵六百二十七名,驻安东县,核实兵五百七十一名。

查安东县地处清淮东北,为里下河要紧关键,宜设营汛驻防,拟留兵三百五十名,驻安东县,作为清淮城守营中军守备安东汛。其余兵二百二十一名与前议之外北兵一百二十八名并驻清江,立为清江城守营,以河中营都司改为城守营都司,专司清江城守及巡防仓库、监狱等事。至安东营东接佃湖营,北接海州营,均相距匪远,声势均可联络。其原驻安东之佃湖营弁兵,应撤归佃湖镇本营操防,各专责成。

一、河标中营现改为镇标中营,应将副将改为游击,以里下河守备作为该游击中军守备,以符营制。

一、部议里下河营原设步守兵二百九十二名、备弁九员，改操归淮扬镇管辖。查里河营管理山、清两岸长堤，上承束清坝运河来源，工段险要，修守不可偏废，拟请仍留修防，将该营原额兵二百九十二名内酌留一百二十名，以千总一员、把总一员、协防一员，分汛驻防，归淮安府军捕通判管辖，其余兵丁裁撤。其守备一员改归镇标中军守备。奉留堡夫亦裁。

一、部议萧睢营以萧南、睢南、邳北三营归并，酌留备弁九员、步守兵九百二十五名，驻萧县。核实兵九百九名。

一、部议丰沛营以丰北、铜沛二营归并，酌留备弁七员、步守兵七百二十一名，驻沛县，核实兵六百四十名。

查萧、睢、丰、沛各县汛地，均属徐州镇管辖一区，未便两隶，拟请将萧睢营改为淮扬镇标左营，计兵近千名，营头较大，拟以已裁之统辖江南河营参将一缺，复设为左营参将，以部议酌留守备一员为中军守备，驻扎清江。至铜、砀、沛等处交界之梁家寨地方，为陕、豫饷道必由之径，幅员宽广，捻匪出没无常，拟请将丰沛营改为西路汛，驻扎梁家寨。惟相距清江较远，淮扬镇不能兼顾，就近改隶徐州镇标，归该镇中营管辖。

一、部议苇荡左营兵五百六十八名、官七员，原驻海州境。

一、部议苇荡右营兵五百七十三名、官七员，原驻阜宁县境。

查该二营专管荡务樵采，应照部议悉仍其旧。令于荡务暇时，认真操练。如有寇氛，听淮扬镇派调新安大伊镇要隘，扼守里下河门户。其荡务仍照奏案，专派大员督营经理。

议政王军机大臣奉旨：览。钦此。①

---

① 中国第一历史档案馆藏：清单，档案编号：03-4701-024。

【案】此案于是年六月二十一日经兵部议准允行。《清实录》：

丙申，兵部等部议准漕运总督吴棠奏，遵议淮扬镇河标改为镇标，酌拟营制事宜。一、改淮扬河营游击为蒋坝游击，隶以外南、海防、海阜三营。以外北营改隶清江城守营，其原设之中河、运河、堰盱等营，仍酌留修防弁兵，归新设之徐州、淮安两同知管辖。一、高邮营无庸另设，仍于裁撤之高宝、江防二营内酌留修防弁兵，归扬州府同知管辖。一、改淮徐河营游击为宿迁营游击，以河右营守备为该营中军守备。一、改河右营游击为镇标右营游击，以桃源营守备为该营中军守备。一、改河标中军都司为清江城守营都司，以新设之安东营守备为该营中军守备。一、改河标中营副将为镇标中营游击，以里河营守备为该营中军守备。一、里河营弁兵除改并、裁撤外，仍酌留修防弁兵，归淮安府通判管辖。一、将议裁之江南河营参将复设，改为镇标左营参将。一、改丰沛营为西路汛，拨归徐州镇标中营兼辖。依议行。①

〇二四　筹拟河湖各工修筑城垣片

同治二年三月十六日(1863年5月3日)

再，清江当南北之冲，现奉添设重镇，关系紧要。上年，臣遵旨驻扎清江时，正捻踪近逼，仓猝之间，几至无以为守。经臣于南北

---

① 《穆宗毅皇帝实录(二)》，卷七十一，同治二年六月下，第431—432页。

两岸抢筑土圩,并于南岸土圩之内建筑砖圩一座,借资凭守,曾将办理情形绘图贴说、奏明在案。此时西路捻氛虽已扫荡,而发逆时思北窜,防务正殷。即将来南北肃清,亦须妥为之筹,以善其后。

查前筑土圩均尚单薄,亟应再加整理。现已将东南、西两面卑矮圩隍普律培高加垛,并将外濠展宽一丈、挑深五尺。时值青黄不接,民力拮据,兼可以工代赈。又,南岸砖圩一切做法本系悉防[仿]城垣,自上年圩成以后,居民、商贾业已渐次云集。现在议奏淮扬镇营制,如蒙允准,则浦上屯兵凡及二千名之多,非有城可恃,不足以壮观瞻而资控守。拟即就已成之圩加以帮筑,借有基之可为,庶事半而功倍。惟砖灰为最要之需,且必须多排桩木,方期经久。当此饷需支绌之际,如全恃筹捐办理,难望有成。

因查河、湖各工段内堤岸坝座,前有砖石修砌处所,嗣因形势变迁,无关修守启放,久多塌卸堙没。若将此项砖块移以修城,不过搬运之费,其石块并可盘窑烧灰,以资工用。即桩木一项,虽不免年久朽坏,而其中尚多可采者,均可化无用为有用,得此现成物料,当为得力。此外一切人工杂费等项,仍由臣设法筹画,以成巨工。除次第兴办外,理合附片陈明,伏乞圣鉴。谨奏。

同治二年三月二十一日,议政王军机大臣奉旨：依议。钦此。[1]

○二五　遵查亩捐并山阳县捐挑市河折

同治二年三月二十五日(1863 年 5 月 12 日)

署漕运总督江宁布政使臣吴棠跪奏,为查明亩、厘各捐均系列

---

[1]　中国第一历史档案馆藏：军机录副,档案编号：03-4839-009。

入粮台收款造销，曾经专案报部，其山阳县捐挑市河一案既未举办，并无派捐比胁情事，恭折覆陈，仰祈圣鉴事。

窃臣准议政王军机大臣字寄：同治二年三月初三日，奉上谕：有人奏，请停止沿江亩捐一折等因。钦此。并由军机处将原折抄咨到臣。跪聆之余，莫名钦悚。伏查江北军营现在并无协饷，而每月需用至十二三万两，除钱漕而外，以捐厘各款为大宗，及有所入，无不列诸收款，借以供支，由粮台造册报销，不容稍有遗漏也。查亩捐一项，即在粮台收款之列，并经臣于上年十一月间将收自咸丰十一年三月起至上年八月止共收银六万七百余两、钱六万七千五百余千，按月查明收数，专案造册报部有案。其时粮台所收房捐、米捐、捐厘，亦各按所收月日，分晰造册，由台径行达部。是在部臣固已有案可稽矣。

特局外未悉底蕴，以为到处有捐，捐名不一，但见进款之巨，而不知出款之多；但见征收之繁，似觉漫无稽考，而不知各分各款，均于捐案列收，并于未经造销之前曾已随时达部。以致视为利薮，上达宸聪。第待哺方殷，未能因噎而废，实事求是，不嫌钤束从严。现又分饬总办亩捐之运司乔松年、道员郭礼图并粮台道员许道身等，将二月以前所收各捐再行分晰造册，呈送报部，并饬以后随时接续专案造报，以备稽核而释群疑。至山阳县捐挑市河一案，查市河、十字河系山阳、盐城两境所辖，上年因涧河长圩办有成效，八月间先据山阳县文生殷自芳等赴府呈请兴挑，并请将乌沙河闸左近深埋涵洞，引水入市、十两河，即以挑河之土兴筑长圩，并于荡口折内向南与涧河尾闾长圩相接。续又据职员马在德等以该河曾于乾隆八年请帑兴挑，迭年丰稔，至今百有余年，淤垫日甚。现议挑土筑圩，借使沟深垒固，实为当务之急。公议建洞经费，劝受益殷实大户田五顷以上者，约二百余顷，捐资办理。其余受益田五千三百余顷，每次出夫五名，每夫一名挑河一天。其中素受灾区及贫绝各户，均免派夫各等情。当经署淮安府知府顾思尧督县委员，谕董勘估，一面禀请臣亲往履勘，查得该圩河工程实于水利、防务有裨，即经批准民捐民办，于正月初间先行放水兴挑。适值兼旬雨雪，未能施工，即据董事训导徐瑞国等禀请缓至麦后，再行举办各在卷。

是乌沙河之建洞，市、十河之议挑，均系出自该处绅民之意，且原议捐资者仅二百余顷受益之田，其余皆系出夫，通力合作。况甫经兴工即已停缓，既无所用其派捐，更无所用其严刑峻法，带勇威胁。该地方官事未举行，并无办理不善之处，应请免其查参。臣见闻切近，断不肯稍有徇隐，自干咎戾。谨将查明各缘由据实覆陈，伏乞皇太后、皇上圣鉴。谨奏。三月二十五日。

同治二年四月初一日，议政王军机大臣奉旨：户部知道。钦此。①

【案】有人奏，请停止沿江亩捐一折：同治二年三月初一日，御史丁寿昌具奏曰：

四品衔福建道监察御史臣丁寿昌跪奏，为停止江北亩捐，以苏民困，恭折仰祈圣鉴事。窃惟军兴以来，需饷浩繁，不得不借资民力，凡劝捐抽厘均属不得已之举，而亩捐一项尤为病民，前经户部于议覆御史陈廷经请停捐厘折内奏明，将亩捐严行禁止，如有私自设局征收者，即照私加钱粮之律治罪等因。奉旨允准，通行各省督抚、各路统兵大臣遵照在案。臣闻江北

---

① 中国第一历史档案馆藏：军机录副，档案编号：03-4897-065。

淮扬一带地方官并不遵奉谕旨,仍旧征收。查江北一隅之地,有铺捐、房捐、盐捐、船捐、米捐、厘捐各项名目,业已民不聊生,而亩捐之弊尤甚。上年江北旱荒,有田之家仅供糊口。其应纳地丁、漕折,国家正供自有常经,我朝二百余年,深仁厚泽,从未加赋于民,是以军务虽殷,民心固结,凡遇劝捐军饷,无不竭力输将,而地方不肖官绅视为利薮,一捐不已,至再至三。凡有田之户,既按亩捐之,及其卖谷又捐之,卖米又捐之。是百货之抽厘不过一次,独田亩之捐输至于再三,必致富者化而为贫,贫者流而为盗,田亩无人肯耕,正供亦无从出。况此项亩捐从不造册报销,其收捐若干,动用若干,户部无从稽考,归于军需者十之二三,归于官绅者十之七八,竭百姓之脂膏,供贪污之囊橐,使国家受加赋之名,官绅获肥己之实,无益于国,有损于民。现在淮扬各属凡军需团练之费,无不按亩摊征,所捐钱米较之正供加至数倍。即以山阳一县,自上年冬月官绅倡议捐挑市河,接筑长圩,十里之内,俱按亩出费,每项自制钱四千至十二千不等,最多者较之应征钱粮加至二倍。府县督办委员分催,征比追呼,严刑峻法,乡民情急,于本年正月聚众数百人,恳求免征。该地方官不加抚恤,带勇威胁,将乡民暂行解散,照旧摊征。当此贼氛未靖之际,民力已穷,操之太蹙,设有不逞之徒因而滋事,其患不可胜言。江北军务未平,各项捐厘纵不能全行停止,而亩捐一项病民尤甚,相应请旨饬下署漕运总督吴棠转饬江北粮台及各地方官,即将此项亩捐遵照前奉谕旨即行停止,已捐者限三个月内造册报销,并查明私自征收、借端滋扰之官绅,据实严参治罪,庶民心益加鼓舞,贼氛得以早平。臣籍隶江苏,访闻较近,愚昧之见,是否有当，伏祈皇上圣鉴。①

【案】同治二年三月初三日，奉上谕：此上谕《清实录》载曰：

又谕：吴棠奏，酌留徐宿防兵，饬黄开榜仍回高邮，并拨队前赴兰、郯一折。宿州永、亳一带虽经肃清，惟徐宿地方界连四省，民风素称强悍，自应酌留队伍，以资弹压。吴棠现拟留马步三千名，派副将姚广武统带，往来徐宿，照旧巡防。着即照所议办理。发逆渡江甚众，淮扬一带防务吃紧，该署漕督已令黄开榜酌带所部折回高邮，以重湖防，务当慎重防维，毋稍大意。沂、兰一带与海、赣地方毗连，非将该处匪圩扫除净尽，则江南连界地方势难静谧。吴棠现拟于徐宿军内抽拨往助，并交黄国瑞统带，攻剿中村，先将兰费圩匪节节翦除，再行会合山东兵勇攻剿兖属。昨谭廷襄亦奏称，拟令黄国瑞进攻中村，曾经谕令该前抚督饬黄国瑞速将该圩克复，以次进攻梁邱、宝泉崮及凤凰山贼巢，并着吴棠即饬黄国瑞节节扫荡，迅速歼除。惟江北情形势甚吃重，黄国瑞一军应扎淮、沂一带交界地方，不可深入东境，恐至腹背受敌，且与清淮相距日远，势难兼顾。有人奏，请停止江北亩捐一折。据称此项亩捐从不造册报销，户部无从稽考。又，山阳县捐挑市河，有地方官严刑追比、带勇威胁情事等语。江北亩捐前据吴棠奏称势难骤停，惟所收捐项，总须核实开销。该署督于收捐动用数目何以并不报明，一味颟顸，致令户部无从稽考？着即速行造册报部。其厘捐等项收发数目，亦着一并详细造报，以凭稽核，毋许迟延干咎。其勒捐追比及带勇威胁之地方官，并着严行查

---

① 中国第一历史档案馆藏：军机录副，档案编号：03-4846-019。

参。原折着钞给阅看。将此由五百里谕令知之。①

○二六　审拟训导王韶廷买赃通匪等情折

同治二年三月二十五日（1863 年 5 月 12 日）

署漕运总督江宁布政使臣吴棠跪奏，为遵旨审明已革训导误买贼赃，被掳逼粮，代贼乞降，被控通匪各情，按律酌拟，恭折具奏，仰祈圣鉴事。

窃于咸丰十一年十二月二十五日，准督办徐宿剿匪事宜提督衔山西太原镇总兵田在田咨：十二月十六日，内阁奉上谕：田在田奏，请将通匪练总革讯等因。钦此。钦遵转咨到臣。遵查此案系臣在淮徐道任内攻汴塘匪圩，迭有峄县练总王韶廷即王文凤，每值官兵进剿，即来营为匪首刘平乞降。及责成来投，又复支吾搪塞。十一月二十六日四更，王韶廷复从贼圩突来前敌营盘，代为陈说。甫入营内，贼党数百即来扑营。经游击姚广武整队击退，毙匪六十余名，生擒长发老贼窦双顶一名，讯称刘平遣随王韶廷前来偷营等供。查该练总为贼乞降，又称说和，情词闪烁，迄无成言。此次深夜来营，贼即跟踪而至，显系与匪通谋。又迭据米家湾、大吴集、汴塘各练总鹿愤之等控告：王韶廷结匪有年，前次贼踞黑山，此次贼踞汴塘，皆为接济粮草，代贼销赃。众口一词，尤为凿凿。咨准田在田饬将王韶廷拿交铜山县管押，请旨先行革职，以凭严审惩办在案。嗣奉谕旨，遵即札饬淮徐道督同徐州府严讯详办。据禀迭次提讯，犯供狡展，经臣饬传原控之练总鹿愤之等质讯详办去后。兹

---

① 《穆宗毅皇帝实录（二）》，卷六十，同治二年三月上，第162—163 页。

据署淮徐扬海道朱善张督同徐州府知府汪尧辰审拟，详请具奏前来。

臣复加查核，缘已革训导王韶廷即王文凤，籍隶山东峄县，住在万年闸，充当练总。因防堵出力，经副都统德楞额奏保训导，与前获正法之捻匪刘平素不往来。刘平族刘超平日安分，娶王韶廷族祖姑王氏为妻。咸丰十一年二月间，王韶廷见有先不认识已获正法之窦双顶背卖衣物，价值便宜，曾经收买转贩赚钱。嗣闻窦双顶系由捻匪刘平圩内来卖，不敢再与交易，且欲设法查拿。窦双顶闻之挟恨，随投捻匪而去。是年四月间，王韶廷同母王杨氏赴徐州府城探亲，路过刘平圩外，即被掳去，逼索粮食，派人押同王杨氏往运，声言如漏风声，定将王韶廷杀害。王杨氏畏罪允从，至家后给粮仓数石，始将王韶廷放回。是年五月间，官兵攻破后孟寨，各处惊慌。刘超之妻刘王氏逃回母家，并于王韶廷家避乱。经练总鹿愤之等误闻两获奸细，供王韶廷接济刘平火药、粮食，并刘平家口寄住王韶廷家内，深恐王韶廷通匪贻害地方，控道批饬拿办。王韶廷闻控畏惧，其母王杨氏即令往向刘平招降，可以将功赎罪，并可救胁从之人。王韶廷允往劝降。刘平正被大兵攻急，亦即应允，托其代禀大营，定期投降。王韶廷禀营允行，并饬传令先将贼眷搬往为质。王韶廷复往，因在路患病，耽延日久，始至刘平圩外，维时官兵因王韶廷久无回音，恐系捏造，仍往攻打。刘平见官军忽又围攻，亦疑王韶廷挟嫌诱降，不许进圩。旋因王韶廷一再苦劝，刘平诈许投诚。王韶廷信以为实，回营复为乞降。刘平即分股乘机窜扑，经游击姚广武带队击退，生擒捻匪窦双顶解讯。窦双顶因挟王韶廷前欲查拿之嫌，诬供刘平遣伊与王韶廷同来偷营，当即就地正法，饬将王韶廷拿获管押，奏请革审。兹据督审明确，备悉前情。

查律载：谋叛者斩等语。此案已革训导王韶廷收买窦双顶衣物转售，称系贪贱图利，并非故销贼赃。其母王杨氏发给刘平粮食，云由被掳逼吓所致，亦非有心接济。旁无质证，保非狡避。即鹿愤之等具控寄住贼眷以及窦双顶所供听遣偷营，纵使一系误闻讦告、一系挟嫌诬叛，惟被控之后，并不赴官呈诉，辄为刘平乞降，且辗转招降，图功赎罪，迄无成言，转使该贼乘机窜扑，若非游击姚广武击退，为害何可胜言！迹近与谋，法难宽贷，自应按律酌减问拟。王韶廷即王文凤，合依谋叛者斩律上减一等，拟杖一百、流三千里。该犯犯事虽在咸丰十一年十月初九日恭逢恩诏以前，惟照谋叛减等拟流，情罪较重，应不准其援免。王杨氏先因被贼掳逼，发给粮食，嗣因闻控畏惧，命子代贼乞降，情尚可原，应与控出有因之鹿愤之等均毋庸议。刘平、窦双顶均已正法，亦毋庸议。无干省释。案已讯明，未到人证，请免提质。除将供招咨部核办外，合将审拟缘由恭折具奏，伏乞皇太后、皇上圣鉴，敕部核议施行。谨奏。三月二十五日。

同治二年四月初一日，议政王军机大臣奉旨：刑部议奏。钦此。①

● 议政王军机大臣字寄：漕运总督吴、暂署安徽巡抚湖北布政使唐：同治二年三月二十九日，奉上谕：御史王兰谷奏，发逆渡江北窜，军务万分紧急，天长、盱眙防守空虚，查有六安州绅士记名盐运使李元华，谋勇兼优，从前六安失守，该员毁家纾难，募集练勇，连克六安、英、霍州县各城，所向有功。惟生

---

① 中国第一历史档案馆藏：军机录副，档案编号：03-5077-030。

性抗直，致为营员所忌，良将置散投闲，殊为可惜！请饬令带勇驻扎天长、盱眙一带，以收得人之效各等语。李元华现在何处，是否已回六安原籍？其从前所练之勇已否遣散？其人是否可用？着吴棠、唐训方查明，据实具奏。如该员才干谋略，实能如该御史所陈，即一面奏闻，一面饬令迅带练勇数千，前往天长、盱眙一带，扼要驻扎，防逆匪窥伺里下河之路，于保全完善实有裨益。原折均着抄给阅看。将此由五百里各谕令知之。钦此。遵旨寄信前来。①

○二七　奏报补授漕运总督谢恩折

同治二年四月初一日（1863年5月18日）

新授漕运总督臣吴棠跪奏，为恭谢天恩，仰祈圣鉴事。

窃臣于三月二十六日接准兵部火票递到同治二年三月二十一日内阁奉上谕：吴棠着补授漕运总督，所有江北文武各员及军务、地方一切事宜，均着仍归吴棠节制。钦此。当即恭设香案，望阙叩头谢恩讫。伏念臣皖北庸才，毫无知识，始忝牧民之寄，浔登察俗之司。曾莫补于时艰，但自严于职守。咸丰十一年十二月，恭承特简，晋阶藩翰，权督漕河。到任以来，甫逾一岁，寇氛稍违，时思抚辑于流移；军用未充，仍切绸缪于饷馈。愧乏涓尘之报，上纾宵旰之忧。兹复恪奉丝纶，真除节钺。率一方之僚属，俾预激扬；领旧辖之军符，仍归钤束。受恩愈重，称职尤难。臣惟有自矢拙诚，倍加勤奋，禀宸谟之指授，弥求外攻内守之宜；体圣德之宽

---

① 台北故宫博物院藏：军机及宫中档，文献编号：408018045。

仁,益筹防莠安良之策。庶坚素守,稍效丹衷,用冀仰酬高厚鸿慈于万一。

除同日钦奉寄谕由臣另行具奏外,所有微臣感激下忱,理合恭折具奏,叩谢天恩,伏乞皇太后、皇上圣鉴。谨奏。四月初一日。

同治二年四月初六日,议政王军机大臣奉旨:知道了。钦此。①

○二八　奏报遵旨查办严邈等办理厘捐片

同治二年四月初一日(1863年5月18日)

再,臣前奉上谕:富明阿奏,请将厘捐局委员惩处等语。等因。钦此。臣遵即密派候补知府黄锜前往确查讫。兹据黄锜禀称:行抵泰州,在江北粮台查询严邈、彭蕴括所办两局厘捐解款并每月开报局用,复于沙浸州暨如皋县一带密加访查,该革员等均无侵蚀厘款实据。惟两局所用司事、书识、勇役人数过多,局用繁费,以致人言啧啧。又,彭蕴括之子山东候补同知彭禄,办理如皋县局南台花布厘捐,该员系江苏本籍,不应充当委员等语。

臣复加查访,该严邈、彭蕴括二员虽无侵蚀厘款实据,而性耽娱逸,办事颟顸,声名平常,舆情不协,业经奉旨革职,应毋庸议。同知彭禄尚无别项劣迹,既系籍隶江苏,自应撤去差使,拣员接办,以重厘务而示申儆。所有遵旨查办缘由,理合附片具陈,伏乞圣鉴。谨奏。

---

① 中国第一历史档案馆藏:军机录副,档案编号:03-4609-126;吴棠:《望三益斋存稿·谢恩折子》。

同治二年四月初六日，议政王军机大臣奉旨：知道了。
钦此。①

○二九　审理邳州民妇刘王氏谋死亲夫案折

同治二年四月十二日(1863年5月29日)

漕运总督臣吴棠跪奏，为审明犯妇谋杀亲夫，依律定拟，恭折
具陈，仰祈圣鉴事。

窃据邳州知州陈懋霭详称：同治元年八月初四日，据沙沟社地
保刘作渠报：据社民刘秉贵报称，伊父刘作贞与母刘林氏年老，胞
兄嫂早亡故，仅遗胞侄刘红沅与伊父母同居，伊系分出另住。本年
四月，刘红沅娶妻王氏不睦，旋经其父王信接去，至七月二十六日
送回。讵于八月一日早，王氏喊说刘红沅自缢身死。伊父邀同邻
族刘作云等进房解救，见右耳根相连右轮垂有伤。伊得知往看，向
王氏再三盘问，始认在娘家时与沈太立奸，现称沈太立将刘红沅乘
夜谋死，装作自缢投乎〔首〕查报等语。当将刘王氏锁住，理合报验
等情。并据尸叔刘秉贵呈同前由各到案。据查沙沟社距城二十四
里，随带刑仵亲诣勘验，填格取结，尸令棺殓。提讯保邻、尸属，供
与报词相同。屡提犯妇刘王氏熬审，供词游移。迭经比差严拘奸
夫沈太立无获。惟案情重大，未便久稽，复提犯证研鞫，该氏供认
沈太立起意商同谋杀亲夫刘红沅不讳。应否径解清江，发委审办
等情。当经批饬将犯妇刘王氏并应讯人证押解来浦，发委淮安府

①　中国第一历史档案馆藏：军机录副，档案编号：03-4609-127。此片具奏日期未
确，兹据折件（档案编号：03-4609-126）校正。

确审详办,并饬勒拿奸夫沈太立解究去后。兹据署淮安府知府顾思尧审解前来。

臣亲提审讯无异。缘刘王氏籍隶邳州,自幼经其父王信许刘红沅为妻,与沈太立邻居认识,见面不避。咸丰十一年十月间,不计日期,刘王氏至沈太立杂货店买物。沈太立四顾无人,将其哄进店内调戏成奸,嗣后往来无忌。王信知情,不能禁绝,并未得过钱物。同治元年四月十三日,刘王氏出嫁,与刘红沅成婚。刘红沅父母早故,仅有年老耳聋之祖父刘作贞、祖母刘林氏同居,其叔刘秉贵分出另住。刘王氏过门后,与夫刘红沅不睦。五月十九日,刘王氏归家省亲,又与沈太立续旧。沈太立以刘王氏婚后不能常叙,深相怨恨,刘王氏许为设法。七月二十六日,刘王氏回归父家,嘱令沈太立认为母家表亲,往看门户。是月二十九日,沈太立至刘红沅家探亲,适刘红沅出外未归,刘王氏约令是夜俟刘作贞夫妇睡歇潜往。沈太立守至四更,前往敲门。维时刘红沅已经归家睡熟,刘王氏闻声开门,即向沈太立告知,并劝改日再往。沈太立以夜深难归,起意商谋将刘红沅杀死,令刘王氏撤住下身,自拾砖块殴伤刘红沅右耳根相连右耳轮、耳垂。刘红沅喊痛,沈太立按住其口。刘红沅挣扎乱滚,致磕伤左额,抓伤右手腕,旋即不能动弹,将欲气绝。沈太立商令刘王氏取出布袋,套入刘红沅头顶,挂在柱上,装作自缢,并云日久事寝,可作长久夫妻,随带砖块走回。次早,刘王氏喊说刘红沅在房缢死,事主刘作贞喊同族邻刘作云等进房解救,查看右耳根相连右耳轮、耳垂有伤,均称不似自缢。经尸叔刘秉贵闻知,往向刘王氏盘出情由,将刘王氏锁交地保刘作渠,报经该州陈懋霭饬缉奸夫沈太立无获。验讯通详,批饬解经发委淮安府审办,经臣亲提研讯,供悉前情。诘系同谋致死,刘红沅等并未知情纵奸，王信仅只知情纵容，亦无商同谋害情事。覆鞫不移，案无遁饰。逸犯沈太立弋获无期，该氏情罪重大，未便稽诛，自应先行拟办。

查律载：妻妾因奸同谋杀死亲夫者，凌迟处死等语。此案刘王氏因与沈太立通奸，图作日后夫妇，辄听沈太立商谋将本夫刘红沅杀死，诚属灭伦丧化，自应按律问拟。刘王氏合依妻妾因奸同谋杀死亲夫者凌迟处死律，凌迟处死，请旨正法。王信知女刘王氏与沈太立有奸，并未禁绝，应照纵容亲女与人通奸杖九十律，拟杖九十。事犯到官在同治元年九月初一日恭奉恩诏以前，所得杖罪应请援免。尸棺经州饬埋。逸犯沈太立缉获另结。

除将犯父王信递籍保释、犯妇刘王氏囚禁，并将全案供招咨送刑部核办外，合将审拟缘由，谨会同两江总督臣曾国藩、江苏巡抚臣李鸿章，合词恭折具奏，伏乞皇上圣鉴训示。谨奏。四月十二日。

同治二年四月十八日，议政王军机大臣奉旨：刑部议奏。钦此。[①]

○三○　拿获粤籍洋盗邓阿载等审拟正法折

同治二年四月十二日（1863年5月29日）

漕运总督臣吴棠跪奏，为审明在洋行劫盗犯，就地正法，按律定拟，恭折具奏，仰祈圣鉴事。

窃据署通州知州依勒通阿详：据船主王国才报称，在上海装载

[①]　中国第一历史档案馆藏：军机录副，档案编号：03-5040-030。

货物赴仙女庙交卸。同治元年三月二十七日,驶至通州装船港东首新开港洋面,被盗船赶拢,抛掷火筒,持械上船,劫去布匹、衣钱等物。船客周彦、朱余高并王国才之子王转松、船伙俞顺海、蒋明友,均被拒伤,落水身死。又,船客陈灼山、水手余新保、袁秀松亦被拒伤,开单叩勘验缉等情。当即会营勘验,绘图填格,讯供勒缉等情。经臣等批饬会营严勘,并分移邻封营、县一体协拿去后。嗣据代理海门厅同知梁悦馨、署通州知州依勒通阿会详:同治元年四月初二日,会督兵役,缉出该州芦泾港相近洋面,拿获盗犯邓阿载、莫阿华、洪阿五、郭阿仲、王阿胜五名,并在船内查有船户张长顺及舵水勇妇人等,均被捆缚。询在崇明长安沙遇盗,将伊船只驾驶在洋游行被获等语。会审盗犯邓阿载等,认劫事主王国才行船属实。录供通详,饬据会审明确,就地正法、议拟,由署常镇通海道核转前来。

臣详加覆核,缘邓阿载、莫阿华、洪阿五、郭阿仲、王阿胜分隶广东东莞、潮阳、顺德等县,均系广□革勇,先未为匪犯案。同治元年三月间,邓阿载与莫阿华、洪阿五、郭阿仲、王阿胜五人,并在逃之陈祥发、卢亚明即吴阿新、陈亚有、良亚天即黄阿张,先后遇道贫难。邓阿载起意出洋行劫,莫阿华等允从。各带器械,同坐陈祥发船只,并在陈祥发船上纠允不知姓名一人入伙,共伙十人。二十七日,船至新开港洋面,适王国才船只驶至,邓阿载即令陈祥发将船赶拢。因事主船户迎捕,邓阿载又令卢亚明点放火筒,抛掷吓制,持械一同过船,拒伤客人陈灼山、水手余新保、袁秀松三人,并拒伤船客、水手周彦、朱余高、王转松、俞顺海、蒋明友五人,落水身死。劫得布匹、衣钱等物,搬运回船,摇至僻处查点,约俟变卖俵分。事主王国才报州勘缉。四月初一日,邓阿载复纠原伙十人,驶至崇明长安沙洋面,遇见事主张长顺船只驶来。邓阿载喝令陈祥发将船赶拢，用篙搭住，同莫阿华、洪阿五、郭阿仲、王阿胜五人执械过船，搜罗吓逼，并无银两；将船户、事主绑缚船内，令陈祥发等先将布物驶回南路变卖。邓阿载与莫阿华等即将张长顺船只驾驶在洋，窥视图劫。四月初二日，行至芦泾港相近，即经兵、捕会获解州，讯供通详，饬据会审明确，佥供不讳，诘无另犯窝伙抢劫不法别案。原赃虽无起获，而犯供行劫月日情形核与报案相符，其为正盗无疑，将邓阿载等正法、议拟，由道核转前来。

查例载：江洋行劫大盗立斩枭示等语。此案邓阿载起意纠同莫阿华等在洋行劫王国才商船，业已得赃，应按例问拟。邓阿载、莫阿华、洪阿五、郭阿仲、王阿胜均合依江洋行劫大盗立斩枭示例，拟斩立决枭示。查邓阿载等拒伤事主、水手，多人落水身死，又行劫张长顺行船，搜吓不遂，捆缚事主，实属罪大恶极，法无可贷。已据讯明就地正法，枭首示众，应毋庸议。各犯在外为匪，原籍牌保无从觉察，请免提责。余讯无同居亲属知情分赃、牌保得规包庇情事。事主陈灼山等伤已平复，亦毋庸议。失赃照估追赔。张长顺船只由州饬领，盗械供弃免追。逸犯陈祥发等饬缉，获日另结。

至此案盗犯首伙十人，已于疏防限内获犯及半，并获首盗，该管文武员弁尚知愧奋，所有疏防职名请免开报。除饬取全案供招同勘图、赃册咨送刑部核办外，合将获犯审拟就地正法缘由，谨会同两江总督臣曾国藩、江苏巡抚臣李鸿章，合词恭折具奏，伏乞皇太后、皇上圣鉴，敕部核覆施行。谨奏。四月十二日。

同治二年四月十八日，议政王军机大臣奉旨：该部知道。钦此。①

---

① 中国第一历史档案馆藏：军机录副，档案编号：03-5052-038。

○三一　拿获粤籍海盗冯阿乔等审拟正法折

同治二年四月十二日（1863 年 5 月 29 日）

漕运总督臣吴棠跪奏，为拿获在洋迭劫盗犯，讯明正法，按例定拟，恭折具奏，仰祈圣鉴事。

窃臣前闻海州洋面时有盗劫情事，即经密访巡缉去后。旋据署通州知州依勒通阿会同代理海门厅同知梁悦馨详称：同治元年四月二十八日，督饬巡船巡至通、海交界之老洪港口外西面三四里通州管辖洋面，瞥见无号海船一只抛泊沿滩，形迹可疑，并见船梢有人招手。巡船遂即掌号各船四面赶拢，将匪船围住。适通州巡船并在海留缉外委谢克春亦至，当获盗船一只，并拿获盗匪冯阿乔、陈阿长、林阿安、彭阿美、何阿德、周阿带、姜苏太、陈阿有、黄德裕并船户袁三，起同刀枪、器械等件，分解通州、海门审办去后。据冯阿乔等供认，迭劫事主徐元钟等银钱、衣物。旋据事主徐元钟等投案指认，并从通州将犯解赴海门，并案重办。随卷查同治元年三月二十五日，据事主徐元钟等报：于十六日清晨，船由老洪港出口，约行三四十里，有□船追来，枪炮齐下，由船梢进舱，劫去金珠银洋并钱九十余千，开单报缉。又于三月二十六日，据钱江营外委谢克春等禀：奉本营参将委赴上海藩库领得饷银一千零七十两零，搭趁金华松船从上海开船。二十六日午刻，行至宋季港口外洋面，被盗多人跳过船上，劫去饷银并趁船同来难民银洋、衣饰等物，开单报勘缉拿。又于四月二十一日，据尹黄品报：于二十日辰刻，船至圩角港，遇盗过船，劫去客商银洋、钟表、洋药、衣饰等物，开单报勘缉拿。又于四月二十一日，据黄启明报：于二十日申刻，船至圩角港，遭盗将船搭住，劫去客人金银、洋药、洋货、衣物，并刀伤吴姓客人头面，开单叩勘验讯。又于四月二十二日，据军功吴占鳌等具报：奉差采买军装布匹，并带银五百两，来海门采买米粮。二十一日，驶至圩角港口外，被盗劫去军装布匹、银两，叩勘饬缉各等情。均经移营会勘饬缉，并估赃造册通报各在案。提犯讯供通详，当经臣等批饬确审。兹据会审明确，将冯阿乔等八犯就地正法，枭首示众议拟。由常镇通海道核转前来。

臣详加覆核，缘冯阿乔、陈阿长、林阿安、彭阿美、何阿德、周阿带、姜苏太、陈阿有俱各籍隶广东，系上海军营裁勇，互先认识，先未为匪犯案。同治元年三月间，冯阿乔与陈阿长、林阿安、彭阿美、何阿德、周阿带、姜苏太、陈阿有先后会遇闲谈。冯阿乔起意出洋行劫，陈阿长等允从，共伙八人，各带刀枪，在吴浙雇坐素识之王阿六船只驶出洋面。于十六日，在协安沙洋面行劫事主徐元钟行船一次；又于是月二十六日，在宋季港口外洋面行劫外委谢克春行船一次；又于四月二十日，在圩角港行劫事主尹黄品行船一次。同日，又在圩角港行劫事主黄启明行船一次，姜苏太用刀拒伤客人吴姓头面。又于是月二十一日，在圩角港口外行劫军功吴占鳌行船一次。所劫各赃陆续俵分，变卖花用。王阿六船亦驶去。事主徐元钟等先后报勘饬缉。是月二十六日，冯阿乔复纠允陈阿长等原伙八人，雇得先不认识之袁三沙船一只，捏称到通州姚港贸易，并用空箱两只，称储黄石器械作为所贩货物，同铺盖等件挑送上船。时有黄德裕欲往通州生理，因平日在营买卖，与冯阿乔认识，搭船同行。二十七日，开至协安沙洋面。冯阿乔向黄德裕、袁三告知图劫情由，黄德裕畏罪不允，冯阿乔持刀欲杀。经袁三假意答应，并向劝解。冯阿乔即令袁三抛锚，袁三答以此处有巡船进出，不便行事,饰词搪塞。冯阿乔信以为实。傍晚,船到老洪港外,袁三意欲收港,冯阿乔不许,即在港外停泊。二十八日清晨,冯阿乔正在逼令袁三开行,适遇巡船。经过袁三潜至船梢顶上,用手招呼,巡船望见,掌号围拢,将各犯拿获,分解海门厅、通州审明,移解归案,讯供通详,批饬确审。兹据会审明确,佥供不讳,诘无另犯窝伙抢劫不法别案。赃虽无起,而犯供行劫月日、情形,历历如绘,核与报案均属相符。且获犯之初,即据各事主到案指认,其为正贼无疑。将冯阿乔等正法、议拟,由道核转前来。

查例载:江洋行劫大盗立斩枭示等语。此案冯阿乔起意纠同陈阿长等在洋行劫徐元钟等行船,业已得财,应按例问拟。冯阿乔、陈阿长、林阿安、彭阿美、何阿德、周阿带、姜苏太、陈阿有均合依江洋行劫大盗立斩枭示例,拟斩立决枭示。查冯阿乔等迭劫多案,拒伤事主,实属罪大恶极,法不容宽,亟应明正典刑,未便稍稽显戮。已据讯明就地正法,枭首示众,应毋庸议。黄德裕讯止误搭盗船,并非同伙;船户袁三亦非知情受雇,且据招呼巡船拿获,均无不合。余讯无同居亲属知情分赃、牌保得规包庇情事。各犯在外为匪,原籍牌保无从觉察;事主吴姓伤已平复,亦毋庸议。无干由厅省释。袁三船只饬令具领。各赃照估追赔。船户王阿六饬缉,获日另结。

至此案盗犯首伙八人,已据疏防限内悉数拿获,该管文武员弁尚知愧奋,所有疏防职名请免开报。除饬取全案供招同勘图、赃册咨送刑部核办外,合将拿获在洋迭劫盗犯、讯明正法、按例定拟缘由,谨会同协办大学士两江督总臣曾国藩、江苏巡抚臣李鸿章,合词恭折具奏,伏乞皇太后、皇上圣鉴,敕部核覆施行。谨奏。四月十二日。

同治二年四月十八日,议政王军机大臣奉旨:该部知道。钦此。[①]

○三二　奏请改运行销淮北盐引接济皖饷片

同治二年四月十二日(1863 年 5 月 29 日)

再,皖营军饷向恃淮北盐课为大宗。臣上年因清淮饷需支绌,又奏明劝捐恒盐运售接济,均望淮河通行,销路方畅。现在苗逆反复,盐船不能上驶,北醝竟片引难销,不特皖饷无出,即臣劝捐之盐亦复无从运售。当此防剿吃紧之际,所关实非浅鲜。

臣查成案,淮北尚有江运八岸,额销七万余引。嗣因江路不通,改为湖运,今湖路梗塞,而原定江运赴销之舒、桐、亳、庐等处均无贼踪,自可仍寻旧制,由里运河连江运售,庶几得尺则尺。如能试行有效,于皖浦军需暂时不无小裨。一俟湖路能行,仍由湖运,以归简便。惟江运改湖已十余年,而此时淮南局面亦迥非昔比,一切招商贩运章程,必须通盘计议,务期行之无弊,方属尽善。至所议虽为济饷起见,仍不准军营员弁领售。即臣所劝之捐盐,亦应派委盐员捆运,以杜影射而固淮南藩篱。除饬盐运司督同海分司酌议妥章、另行咨会督臣核奏外,是否有当,伏乞圣鉴训示。谨奏。

同治二年四月十八日,议政王军机大臣奉旨:户部知道。钦此。[②]

---

① 中国第一历史档案馆藏:军机录副,档案编号:03-5052-037。
② 中国第一历史档案馆藏:军机录副,档案编号:03-4882-018。此片具奏日期未确,兹据同批折件校正。

○三三　奏请饬发空白执照以资填用片

同治二年四月十二日（1863 年 5 月 29 日）

再，清淮筹防捐局所有捐款，凡贡监虚衔、翎枝、封典，历系填给部颁空白执照，随时汇奏并造册报部在案。兹查现存空白执照内，监生、从六品衔、从九品衔三项所存无多，相应奏请敕下户部、国子监颁发空白监生执照一千副、从六品衔照一百张、从九品衔照一千张，迅速解浦，俾资填用而济军需。谨附片具陈，伏乞圣鉴。谨奏。

同治二年四月十八日，议政王军机大臣奉旨：该衙门知道。钦此。①

○三四　请将郝植松留于江北军营差委片

同治二年四月十七日（1863 年 6 月 3 日）

再，江北地方军务、政事纷繁，一切紧要差使，必得谙练老成之员以资委用，而免贻误。兹查有丁忧服满前宿迁县知县郝植松，久在江北，曾任实缺。其历署宝应、沭阳等处，均洽舆情。该员起服后，例应赴部候选。现查该员由原籍探亲来浦，当此差委需人，可否仰恳天恩，准将知县郝植松留于江北军营差遣委用之处，出自逾格鸿慈，伏候圣训祗遵。谨附片具奏。

同治二年四月十七日，议政王军机大臣奉旨：着照所请，该部

---

① 中国第一历史档案馆藏：军机录副，档案编号：03-5040-031。此片具奏日期未确，兹据同批折件校正。

知道。钦此。①

○三五　黄国瑞格杀逃弁按律定拟折

同治二年四月十八日(1863年6月4日)

漕运总督臣吴棠跪奏，为参将格杀逃弁，自行禀验，按律定拟缘由，恭折奏祈圣鉴事。

窃据遇缺尽先提〔题〕奏提督江西九江镇总兵黄开榜禀：据候选参将黄国瑞禀称：有候补千总崔得胜，前在总兵黄国瑞行营当差，迭次违令，闻拿脱逃，曾奉饬拿在案。今复匿留高邮，横行滋事，又奉黄开榜悬赏饬缉未获。三月二十六日辰刻，黄国瑞闻知崔得胜逃匿高邮州城，随即禀明黄开榜，带勇寻拿，适在高邮北门内撞遇，当即捕拿。讵崔得胜持刀拒捕，黄国瑞用刀抵格，崔得胜受伤倒地，黄国瑞即砍取首级呈验等情。当将黄国瑞带案讯问，供与所禀相同。查崔得胜前经在营差遣，违犯军令，闻拿潜逃，复在高邮地方冒称营弁，横行滋事。现经参将黄国瑞往拿，胆敢持刀拒捕，实属目无法纪，罪不容宽。惟黄国瑞并不拿获解营，辄因崔得胜拒捕将其格伤，复砍首级呈验，究属不应。除将黄国瑞交州管押，并将尸体棺殓外，理合禀请按律定拟前来。

臣查律载：罪人本犯应死而擅杀者，杖一百等语。今参将黄国瑞因逃弁崔得胜持刀拒捕，将其格伤倒地，即应拿获解营，何得复砍首级！在崔得胜虽系应〈死〉罪犯，而黄国瑞究属就拘擅杀，自应按律问拟。黄国瑞一犯应请革职，照罪人本犯应死而擅杀者杖一

---

① 中国第一历史档案馆藏：军机录副，档案编号：03-4609-159。

百律,拟杖一百,仍留营效力赎罪。崔得胜从征违令,潜逃滋事,本于正法,业已身死,应毋庸议。尸棺饬属领埋,凶刀饬缴储库。是否允洽,除咨刑部核办外,谨将参将格杀逃弁、自行禀验、按律定拟缘由,恭折具奏,伏乞皇太后、皇上圣鉴,饬部核覆施行。谨奏。四月十八日。

同治二年四月二十三日,议政王军机大臣奉旨:刑部议奏。钦此。①

●军机大臣字寄:漕运总督吴:同治二年四月初四日,奉上谕:前因吴棠奏,淮关应解部库洋药税银四千两,就近拨赴清江浦,以济急需。谕令张之万将解存清淮漕捐划解部库,抵作淮关应解洋药税之款。兹据张之万奏称,豫省有漕州县援照上届成案,派令每石捐银五分。嗣据各州县以同治元年漕粮每石折价银二钱,银价日昂,正项尚有不敷,力难再捐,纷纷具禀。从前州县办漕,本属稍有赢余,清淮捐饷尚易集事。上年漕粮改折每石三两三钱,各州县征办甚形拮据,据该司道叠次严催,详请奏参摘顶,应解正项,为数尚多,势难兼顾捐款,请饬漕臣另行指项划解等语。豫省有漕州县欠解正项甚多,若再责令筹措捐款,自必更形竭蹶。该抚所奏,亦属实情。着吴棠将拨借淮关应解部库洋药税银四千两另行指项划解,以清部款,是为至要! 将此谕令知之。钦此。遵旨寄信前来。②

---

① 中国第一历史档案馆藏:军机录副,档案编号:03-4713-093。
② 台北故宫博物院藏:军机及宫中档,文献编号:408018046。

○三六　请饬两广督臣运解协济清淮饷银片

同治二年四月十八日（1863年6月4日）

再，臣前奏借拨淮关应解部库洋药税银四千两，请以豫省应解清淮漕捐银两划解一案，仰荷圣恩允准。兹奉寄谕：张之万[1]奏称，上年漕粮改折每石三两三钱，各州县征解甚形拮据等因。钦此。寄信到臣。自应钦遵另请指抵。第查清淮别无拨饷，惟查有上年五月内奏奉准拨广东运库、海关各解银五万两，协济清江饷需。迄今经年之久，仅据两广运库解到银一万两，海关丝毫未解。拟请旨即于粤海关应解清江拨饷内，划解部库银四千两，以抵淮关洋药税银，俾清部款。抑臣更有请者，清淮防饷现因盐路不通，实在万分支绌，并恳天恩饬下两广督臣严饬海关，除拨解部库四千两外，将其余奉拨银四万六千两并运库欠解银四万两，即日按数拨解来浦，毋再宕延，庶饥军得以揩拄，尤感鸿慈无既！除分别咨照外，谨附片覆陈，伏乞圣鉴。谨奏。

同治二年四月二十三日，议政王军机大臣奉旨：钦此。[2]

---

[1]　张之万（1811—1897），张之洞兄，字子青，号銮坡，直隶南皮人。道光十七年（1837），拔贡。二十年（1840），中式举人。二十七年（1847），中状元，授翰林院修撰。二十九年（1849），充湖北乡试副考官。咸丰二年（1852），任河南学政，迁内阁学士。同治元年（1862），擢礼部侍郎。四年（1865），补河道总督。五年（1866），转漕运总督。六年（1867），赐花翎、头品顶戴。九年（1870），调补江苏巡抚，迁闽浙总督。光绪八年（1882），擢兵部、刑部尚书。十年（1884），入军机处，兼署吏部，充任上书房总师傅、协办大学士。十五年（1889），授体仁阁大学士、东阁大学士，因病致仕。二十二年（1896），卒。赠太保，谥文达。有《张文达公遗集》行世。

[2]　中国第一历史档案馆藏：军机录副，档案编号：03-4793-102。此片具奏日期未确，兹据同日奉旨之折件（档案编号：03-4713-093）校正。

【案】此片于四月二十三日得允行。廷寄曰：

议政王军机大臣字寄：署两广总督晏、广东巡抚黄，传谕粤海关监督毓清：同治二年四月二十三日，奉上谕：前因吴棠借拨淮关应解部库洋药税银四千两，请以豫省应解清淮漕捐银两如数划解部库，抵作淮关解款，当经谕令张之万如数划解。嗣据张之万奏称，豫省漕折银两，各州县征办甚形拮据，此项应解正款为数尚多，接济清淮漕捐一项实难再行捐办，请饬吴棠另行指项划解。复谕令该漕督将淮关应解部库洋药税银四千两，另行指项划解。兹据吴棠奏称，清淮别无拨饷，惟上年五月内奏准拨广东运库、海关各解银五万两，协济清江饷需，仅据两广运库解到银一万两，海关丝毫未解，请将粤海关应解清江拨饷内，划解部库银四千两，抵作淮关解款等语。现在库饷紧要，淮关应解部款，豫省情形难以划解，着晏端书、黄赞汤、毓清即将粤海关应解清江拨饷内，迅速划解部库银四千两，以清部款。现在清江军务紧要，待饷孔殷，并着该署督等严饬海关，除此次拨解部库四千两外，其余应解清江银四万六千两，并运库欠解银四万两，均着迅速按数解赴清江，以济要需。将此由五百里谕知晏端书、黄赞汤，并传谕毓清知之。钦此。遵旨寄信前来。①

【案】张之万奏称，上年……甚形拮据：同治元年十月二十七日，河南巡抚张之万具奏曰：

<hr />

① 中国第一历史档案馆编：《咸丰同治两朝上谕档》，第 13 册，第 178 页；《穆宗毅皇帝实录(二)》，卷六十五，同治二年四月下，第 292 页。

　　臣张之万跪奏，为变通漕折以裕仓储，以济军饷，敬陈管见，仰祈圣鉴事。窃维军兴以来，湖北办理之善莫过于折漕，河南办理之弊莫甚于折漕。盖折漕之例价本轻，湖北则取其余利以济军，河南则取其余利以利官，其用意不相同也。近闻河南抚、藩仍思有折漕之请，其如何具奏，臣固不知，而以意揣之，大抵仍为官吏开利薮而已。惟河南今岁夏日旱、蝗，秋收歉薄，民间所收杂粮为多，漕运之项全是粟米，现时价值日昂，若再办运，势必愈贵，有碍民食。此系实在情形。臣再四思维，惟有照湖北办理之意变通行之，庶乎正供、军储两有益也。伏查河南州县征漕均非本色，大抵折收，其价不一，约每石折制钱六千有零，以现时银价计之将及四两，所以历年办理，直为利薮。臣请今年仍行折漕，令各州县均以三两三钱解交司库，其余留为州县办公之用，于州县绝无苦累；以二两一石折为天庚正供，统于年内批解部库。以河南漕运十七八万石计之，可得银三十五六万两，即以此项或在通州、或在天津，设局买购粟米。今年近畿一带及奉天沿海皆系丰收，米价不至过昂，约计此项所买之数与河南应运之数，虽不能赢余，必不至亏短。且运仓路近，亦不至霉变。虽食此，于仓储无损也。再以一两作为河南兵饷之用，计可得十五六万两。河南饷缺极矣，以此项计之，便可支应二三月，此于军需有益也。所遗三钱，即以为通省办公之用，而解费等款均由此出，盖各省办公之费皆取诸钱漕之余，若尽行裁去，遇事必不能办，仍令其斟酌撙节。如此三钱办公之项可以有余，仍归兵饷，作正开销。如此办理折漕，系酌核情形、权宜之计，既无成案之可循，亦无定例之可引，仰请宸聪立断，即予施行，庶乎正供、军需两有裨益，而于通省全局稍有起色。臣愚昧之见,是否有当,谨由驿具奏,伏乞皇太后、皇上圣鉴。谨奏。同治元年十月二十七日。①

【案】兹奏寄谕:张之万……等因:此上谕《清实录》载曰:

又谕:前因吴棠奏,淮关应解部库洋药税银四千两,就近拨赴清江浦,以济急需。谕令张之万将解存清淮漕捐划解部库,抵作淮关应解洋药税之款。兹据张之万奏称,豫省有漕州县援照上届成案,派令每石捐银五分。嗣据各州县以同治元年漕粮每石折价银二钱,银价日昂,正项尚有不敷,力难再捐,纷纷具禀。从前州县办漕,本属稍有赢余,清淮捐饷尚易集事。上年漕粮改折,各州县征办甚形拮据,势难兼顾捐款,请饬漕臣另行指项划解等语。豫省有漕州县欠解正项甚多,若再责令筹措捐款,自必更形竭蹷。该抚所奏,亦属实情。着吴棠将拨借淮关应解部库洋药税银四千两另行指项划解,以清部款。将此谕令知之。②

【案】并恳天恩饬下两广督臣严饬海关……毋再宕延:同治二年八月,两广总督晏端书奏报曰:

再,承准议政王军机大臣字寄:同治二年四月二十三日,奉上谕:前因吴棠借拨淮关应解部库洋药税银四千两,请以豫省应捐清淮漕捐银两划解部库等因。钦此。当经咨行钦遵筹解。兹由粤海关在税饷项内拨银四千两,交启宝银号汇兑入京,饬令委解京饷便员候补典史高履福,领齐汇单咨批,于八月二十一日起程,赴京投收,抵还淮关应解部款。至清江协

---

① 中国第一历史档案馆藏:朱批奏折,档案编号:04-01-35-1215-056。

② 《穆宗毅皇帝实录(二)》,卷六十三,同治二年四月上,第238—239页。

饷，原拨广东关、运两库各银五万两，上年十二月间，已在运库盐课项下拨解银一万两。兹于本年七月间，复在粤海关库拨银五千两，运库拨银五千两，共一万两，交吴棠派来委员解回，以济要需。其余未解银两，仍俟续征有项，再行拨解。准粤海关咨会，并据盐运使具详前来。臣谨会同广东巡抚臣黄赞汤、粤海关监督臣毓清，附片陈明，伏乞圣鉴。谨奏。同治二年九月初七日，议政王军机大臣奉旨：知道了。钦此。[①]

○三七　奏报知县许尔谦禀请改就教职片

同治二年四月十八日(1863年6月4日)

再，据知县许尔谦禀称，该员现年五十七岁，系广东韶州府翁源县人，由拔贡中式举人。道光二十四年，甲辰科会试后大挑一等，再挑河工，引见后签掣南河，历署砀山县知县，借补海州直隶州州同。现在裁汰河缺，应归江苏地方以沿海知县补用。该员自揣才力不及，未敢冒膺民社，禀请改就教职，归于本省补用前来。

臣查许尔谦历任知县、州同，办公并无贻误，才具稍欠开展，惟该员人颇谨饬，文理优长，于教职足胜其选，相应请旨将江苏补用沿海知县许尔谦改以教职，归部遇缺即选，并分发补用，俾得曲荷生成，量才自效。所有知县呈请改就教职缘由，理合附片具陈，伏乞圣鉴。谨奏。

同治二年四月二十三日，议政王军机大臣奉旨：着照所请，吏

---

① 中国第一历史档案馆藏：军机录副，文献编号：091020。

部知道。钦此。①

○三八　奏报提拨江藩库银作正开销片

同治二年四月十八日（1863年6月4日）

再，清淮军饷支绌，每遇缺乏之际，历由臣于江藩司库通融接济，以应急需。计自上年六月以前，共提用银五千四百二十六两八钱九分四厘七毫，业于奏送军需清单声明列收在案。嗣后陆续又提用银一万一千八百二十六两七钱六厘一毫，又借动牙捐银七千七百七十七两一钱七分一厘四毫，均因军情吃紧，兵勇待哺嗷嗷，随时提拨济用。兹臣交卸藩篆，亟应奏明作正开销，以清库款。此外尚有暂时挪动银八千两，一俟军饷稍充，即行拨还司库归款。除分别开册报部外，理合附片陈明，伏乞圣鉴。谨奏。

同治二年四月二十三日，议政王军机大臣奉旨：户部知道。钦此。②

○三九　请开复大使张之惠处分片

同治二年四月十八日（1863年6月4日）

再，前署中正场大使两淮候补盐知事张之惠，于咸丰十一年

---

① 中国第一历史档案馆藏：军机录副，档案编号：03-4609-167。此片具奏日期未确，兹据同日奉旨之折件（档案编号：03-4713-093）校正。

② 中国第一历史档案馆藏：军机录副，档案编号：03-4793-103。此片具奏日期未确，兹据同日奉旨之折件（档案编号：03-4713-093）校正。

五月二十八日，因西捻窜扰海州、板浦等处，该署大使在如意山地方带练剿贼，被围突出，腿受矛伤，将随带印信遗失。当经前署漕臣王梦龄参奏，以该大使带印因公剿匪被围，身受矛伤，冲突而出，以致遗失印信，较之在署猝遇水火毁失情形虽觉稍轻，究属遗失印信，非寻常疏忽可比，请旨仍将该署大使张之惠照例革职留任，以示惩儆，奉旨：依议。钦此。在案。张之惠于参革留任后尚知愧奋，竭力趋公，并无别项因公违碍处分。上年恭逢恩诏，内开：京外四品以下官员，从前部议降革、留任及部议降革奉旨改为提宽、留任现年开复并引见复用原官，其降革带于新任之案，以及降职、降俸、住俸、罚俸、戴罪停升、例无展参、事在恩诏以前已经议结之案，均予开复。其有已到未结者，即予免议；或未到而事在恩诏以前者，将来到部，立予免议等因。该张之惠革留处分事在恩诏以前，例应援请开复。据两淮运司乔松年详请由臣主稿会奏前来。

伏查张之惠因剿匪受伤，遗失印信，系属公罪，事在恩诏以前，例应援请开复。合无仰恳天恩，将前署中正场大使两淮候补盐知事张之惠开复革职留任处分，仍以知事留于两淮补用，出自高厚鸿慈。谨会同两江总督两淮盐运臣曾国藩，合词附片具陈，伏乞圣鉴训示。谨奏。

同治二年四月二十三日，议政王军机大臣奉旨：吏部议奏。钦此。①

---

①　中国第一历史档案馆藏：军机录副，档案编号：03-4609-170。此片具奏日期未确，兹据同日奉旨之折件（档案编号：03-4713-093）校正。

○四○　奏报扼剿获胜并留炮船防湖折

同治二年五月初一日（1863 年 6 月 16 日）

漕运总督臣吴棠跪奏，为扼剿发逆获胜，并暂留炮船防湖暨各路军情，恭折奏祈圣鉴事。

窃臣前将防扼苗逆并官军剿办东境教匪获胜各缘由附片奏明在案。于拜折后，据黄开榜报称得发逆系分两股，先系捻匪张洛刑之侄张宗裕等匪由盱眙窜至天长南境，旋与伪忠逆由滁州、江浦北窜之匪合股，又绕至天长北境，意图由高邮西岸之小河口地方抢渡。经在防之游击陈顺超于四月二十二日辰刻挑带水勇，登岸迎剿，毙贼二十余名，救出难民张际昌等十三名。供称均系安徽巢县、宿松等处人，本年三月被掳；所有此次长发贼并无苗逆，内有捻匪张宗裕一股，与发逆由湖北下窜等语。巳刻，该逆大股忽又来扑，陈顺超以贼众兵单未便登岸，即据船开炮轰击，贼始稍却。适黄开榜派令副将龚云福、游击徐平川等队于午刻驰抵该处，贼又悉众来斗，龚云福等督队在小河口后街与贼往来冲击十余次，阵斩悍贼百余名，贼始退入小河口镇内。时已日暮，官军收队登舟。五更时分，贼又大股蜂拥抢渡，经水师连环开炮击退。

二十三日黎明，龚云福等带队由小河口镇北进，徐平川等带队由小河口镇南进，乘贼不备，拔栅突入，该逆以为援军齐至，纷纷向小河口迤西窜去，官军追杀四里许，斩馘多名，夺获旗帜、刀矛百余件。四月二十五日，发逆大股又绕至小河口迤南，列栅十余座。黄开榜亲督各军，登岸迎击。该逆一股来扑，一股屯扎小河口南山上。官军与贼鏖战多时，经已革营参将黄国锐带队抄入贼后，生擒伪丞相林有元、伪主将陈太屋、王炳中三名，贼阵扰乱。龚云福、徐平川、陈顺超等带队奋勇夹击，枪炮齐施，刀矛并刺，逆众立脚不住，始行败退。官军追毙长发老贼多名，勇丁受伤三名。因南山之贼下援，匪众兵单，暂行收队，一面严扼小河口，一面严防金沟等处，以杜奔突。所获伪丞相林有元等，搜出伪职文凭一纸，据供称伪忠逆纠合燕逆、豹逆、蝶逆、襄边等死党数万，意图窜扰清淮、里下河各等语。并据解送林有元等三匪到臣，俟讯明后即行正法。

臣查发逆盘旋于天、六境内，势将乘隙奔突，黄开榜水师本属无多，臣部陆队除拨入东省会剿外，余队悉派防蒋坝、衡阳等处，亦无可调拨接应。查有游击陈浚家、龚文林所带炮船五十只，前经奏拨赴皖防苗，现值湖防再警，不得不先其所急，臣已飞檄陈浚家等炮船星夜折回高宝湖，并力严扼发逆窜越，一俟贼氛稍远，再令游击赶赴皖境防苗。此扼剿发逆获胜并督炮船防湖之情形也。又据宿营总兵姚广武禀称：四月十七日，苗逆袭踞浍南之韩村墟，意图诱煽降众，北扰宿、永。该镇已派队千名，驰扼童亭，相机进剿。颍州府知府英翰[1]已带队二千名，由袁家集进图规复开县、南平一带，仍由副将殴玉标等督率严防。惟兵勇无多，分扎愈形单薄，恳请拨队助剿各等语。

臣查清淮一军现防发逆，万分吃重，未能抽拨，已飞禀亲王僧

---

① 英翰(1828—1876)，字西林，萨尔图氏，满洲正红旗人。道光二十九年(1849)，中式举人。咸丰九年(1859)，署合肥县知县。十一年(1861)，署宿州知州。同治元年(1862)，加知府衔。二年(1863)，授颍州府知府，晋道衔，署庐凤道。同年，升安徽桌司。三年(1864)，加格洪额巴图鲁勇号，迁安徽藩司。四年(1865)，封达春巴图鲁，擢安徽巡抚。六年(1867)，封三等轻车都尉。七年(1868)，加太子少保。十三年(1874)，补授两广总督。光绪元年(1875)，晋二等轻车都尉。二年(1876)，调补乌鲁木齐都统。卒于任，赠太子太保，谥果敏。

格林沁早为南下，翦除苗逆，并饬姚广武就现有兵勇，竭力固守，以待援师。黄国瑞一军于孤山获胜后，教匪并未出扰，官军又进扎任家圩一带，节节滚营，即可至城前地方。惟据画送地图，白莲池四面皆系山径崎岖，道路狭隘，马队不便驰骤，步军尚可逼进。臣已饬该总兵迅速相机攻击，以期早靖妖氛。续后情形，谨另具陈。所有扼剿发逆获胜并暂留炮船防湖暨各路军情，理合恭折具奏，伏祈皇太后、皇上圣鉴。谨奏。同治二年五月初一日。

同治二年五月初七日，议政王军机大臣奉旨：另有旨。钦此。①

【案】同治二年五月初七日，吴棠等折件获批覆。《清实录》载曰：

谕议政王军机大臣等：都兴阿等奏，贼扰天长，防剿获胜，并水路堵剿，李显发复回六合各折片；吴棠奏，剿逆获胜，留船防湖，暨宿南军务，驾驭李世忠情形，请将尹作宾免遣留营各折片。大股逆匪由来安窜围天长，复纠合捻匪，麇聚于天长各路，经都兴阿等派兵往剿，在金家集等处接仗获胜。其由小河口抢渡之贼，亦经吴棠派防水陆兵勇叠次击退，惟逆数众多，凶焰甚炽，意在攻扑仪、扬，窜赴里下河。都兴阿等务当督饬将士严密设防，毋任窜越，以期力保完善，并着吴棠严饬水师将弁，力扼小河口等处，以固湖防。其邵伯等处及下游水师布置防守，均尚妥协，仍着都兴阿等饬令管带水师各员严加防范，毋稍疏忽。

---

① 中国第一历史档案馆编：《清政府镇压太平天国档案史料》，第 25 册，第 205—206 页，社会科学文献出版社，2001。

李显发前赴扬营谒见都兴阿等，极言并无纵放勇丁情事，是李世忠之令该副将赴里下河查拿游勇，其心尚知愧励，现经都兴阿等谕令折回六合防守，因兵勇饷源无出，拟在仪邑泗源沟及瓜洲七濠口地方设立厘卡，稍资接济，自系实在情形。惟任其设立厘卡，必至作威倚势，层层剥削，苦累商民；然不准其设卡，则必须设法拨给月饷若干，方免为所借口，着吴棠即行妥筹酌核办理。现值粤、苗各逆鸱张，李世忠既可激励使为国家效力，自当妥为驾驭，不可令怀疑贰，吴棠所奏不为无见。该漕督务当加意笼络，并着都兴阿等一律办理，不宜令生嫌隙。僧格林沁现攻淄川，未能即行南下，所有宿、永等处扼剿苗逆事宜，仍着吴棠督饬姚广武就现有兵力，实力防剿，毋得专待援兵，致滋贻误。已革游击尹作宾打仗奋勇，并随克孙疃，著有劳绩，着准其暂免发往新疆，留于吴棠军营效力赎罪，仍着吴棠察看，如不能得力，即行起解，毋稍姑息。将此由六百里各谕令知之。[①]

○四一　奏请照例议恤副将刘凤芝片

同治二年五月十七日(1863年7月2日)

再，据总兵姚广武禀称：副将刘凤芝于四月十七日派赴卢沟集，镇抚各圩，冒雨到防。是晚，忽得霍乱病症，当经姚广武延医驰往诊治，药剂罔效，于四月二十一日在营病故。恳请奏恤前来。

臣查刘凤芝系颍州府颍上县人，向在黄开榜军营，打仗勇敢，屡立战功，历游今职。本年臣遵旨汇保出力各员，查明刘凤芝系督

---

① 《穆宗毅皇帝实录(二)》，卷六十六，同治二年五月上，第326—327页。

队攻克孙疃贼巢,擒斩首逆,奏奉五月初二日上谕:副将刘凤芝着赏加总兵衔。钦此。刻当宿境苗、捻纷乘,正资该员随同姚广武力筹战守,兹因病殁,实堪悼惜。该员系曾经打仗立功、又在军营病故之员,可否仰恳天恩,将总兵衔尽先副将刘凤芝照军营立功后病故例饬部从优议恤之处,出自逾格鸿慈。谨附片具奏,伏乞圣鉴。谨奏。

同治二年五月十七日,议政王军机大臣奉旨:刘凤芝着照军营立功后病故例,交部从优议恤。钦此。①

●议政王军机大臣字寄:漕运总督吴:同治二年五月十七日,奉上谕:吴棠奏,剿办发逆获胜,天长解围,并诱擒教匪,生擒巨逆一折。前据都兴阿等及僧格林沁各奏剿办情形,与该漕督所奏大略相同。昨经谕令都兴阿等会同吴棠督军力扫贼氛,毋任纷窜。现在天长之围虽解,而贼踪尚未远遁,吴棠现饬黄开榜严扼天长湖河各要隘,探明贼在何处,即督同龚云福等军实力剿除,勿留余孽。黄国瑞一军剿办滕县教匪,生擒刘双印,解赴僧格林沁军营惩办,实属奋勇可嘉。已谕令僧格林沁督饬该总兵探明路径,与舒通额等联络声势进攻,务将白莲池、凤凰山贼巢攻破。惟凤凰山道路深险,匪徒凶狡,恐黄国瑞恃勇轻进,或致失利。着吴棠饬令该总兵谋定后动,当于勇往之中寓持重之意,不可孤军深入,是为至要。另片奏,姚广武一军收复周家圩,力攻韩家村未下,千总夏殿章中炮阵亡等语。夏殿章着交部照千总阵亡例,从优议叙。苗逆勾捻至雄

---

① 中国第一历史档案馆藏:军机录副,档案编号:03-4714-034。

河等集一带，声称即日北扰宿、徐，吴棠已派副将艾宪银马步队五百名，赴宿州助剿，并催令游击龚文林炮船出湖，赴皖剿苗。即着遵照昨奉谕旨，令姚广武由宿州进援蒙城，力图解围。如兵力不敷，仍着该漕督速行添拨赴援，以期力保危城，不得稍分畛域。投诚之王得章等仍饬姚广武妥为驾驭，毋稍疏虞。将此由六百里谕令知之。钦此。遵旨寄信前来。①

○四二　奏请将南北两粮台更名片

同治二年五月十七日(1863 年 7 月 2 日)

再，江南、江北粮台事宜，钦奉谕旨饬令乔松年专办，据具报于四月二十六日接手办理，并据详称：江南粮台先驻常州，迨苏、常失守后移驻江北，所支应者仅只镇江一军及沿江水师，此外江南诸军概不归该台支应，而仍以江南粮台为名，殊觉今昔情形互异，即江北粮台亦仅支应扬州大营，现在两营归并，并由该藩司接办，拟将江南、江北之名改为扬州镇江水陆粮台，以符名实而清界限等情。详请附奏前来。

臣查南北两台实仅供支扬、镇两军及沿江水师，似更改名目较为核实。理〈合〉附片具陈，伏乞圣鉴训示。谨奏。

同治二年五月十七日，议政王军机大臣奉旨：着照所请，该部知道。钦此。②

---

① 台北故宫博物院藏：军机及宫中档，文献编号：408018052。
② 中国第一历史档案馆藏：军机录副，档案编号：03-4610-054。

○四三　吴维禧被控有案请旨革职审办片

同治二年五月十七日（1863年7月2日）

再,抽厘济饷系属不得已之举,必须无扰无苛,方得商民乐输,军需有赖。节经臣严饬粮台认真稽查,并饬委道员郭礼图设立总厘局,专司其事。兹查有办理申、夏等港江厘委员知县吴维禧,自本年二月十五日设局起至三月二十日止,据报共收捐钱一千二百四十五千零,仅据解过钱二百千文,而开销局用等项至二千二百余千之多,统计收不敷支,已出情理之外。且闻该员另有需索扞船灰印、号票各费,并于银价任意抬折,种种扰累,据绅民呈控有案。现又与同差委员知县张金钊互相禀讦。当此整顿厘务之际,似此昏庸贪劣之员,亟应从严参办。据办理粮台布政使乔松年、总办厘捐道员郭礼图禀揭前来。

相应请旨将知县吴维禧暂行革职,饬令该司道等提同张金钊,质讯根究,分别勒赔追缴,拟议详办,以肃厘务而儆官邪。谨附片具奏,伏乞圣鉴。谨奏。

同治二年五月十七日,议政王军机大臣奉旨:钦此。[①]

【案】此片于五月十七日得允行:

同治二年五月十七日,内阁奉上谕:吴棠奏,请将贪劣委员暂行革职等语。办理申、夏等港厘捐委员知县吴维禧,自设局以来,任意开销,据报共收捐钱一千二百余千,该员仅解过

---

① 中国第一历史档案馆藏:军机录副,档案编号:03-4889-023。

钱二百千，而任意开销竟至二千二百余千之多；且需索票费，抬折银价，种种扰累，经绅民呈控有案。现又与委员知县张金钊互相禀讦。似此昏庸贪劣之员，亟应从严惩办，以儆其余。吴维禧着暂行革职，并着吴棠饬令该司道等，提同张金钊质讯根究，分别勒赔追缴，以肃厘务而儆官邪。钦此。① 寻奏，遵查吴维禧办理厘捐，尚无侵吞情事，惟多设船只，任意开销，拟请即予革职，勒追赔款，俟缴清省释。从之。②

○四四　请奖山阳县戴家湾捐输军饷折

同治二年五月二十一日（1863 年 7 月 6 日）

漕运总督臣吴棠跪奏，为查明山阳县戴家湾捐输衔名、钱数，开单请奖，恭折仰祈圣鉴事。

窃照咸丰六年因瓜州逆匪时思上窜，经前漕臣会前河臣附片奏明，在于淮安迤下之戴家湾地方两岸修整炮台，派拨练勇，设防堵御，所需经费，劝谕捐输接济。声明俟有成数，准将各捐户照筹饷例及常例银数核减二成，再以钱一千六百文作银一两，汇案请奖。嗣奉朱批：知道了。户部知道。钦此。钦遵在案。兹据署淮安府知府顾思尧查据绅董陆续呈明，林乃勋等五十三户共捐钱二万一千四百六千六百九十二文，开送履历，详请奏奖前来。

经臣饬发捐局覆核无异。理合开具清单，伏候恩施。除将各

---

① 中国第一历史档案馆编：《咸丰同治两朝上谕档》，第 13 册，第 224—225 页。
② 《穆宗毅皇帝实录（二）》，卷六十七，同治二年五月中，第 348—349 页。

捐户履历清册咨部外，仰恳敕部覆核，迅即颁发执照来浦，以昭激劝。为此恭折具奏，伏乞皇太后、皇上圣鉴。谨奏。五月二十一日。

同治二年五月二十七日，议政王军机大臣奉旨：户部核议具奏，单并发。钦此。①

○四五　呈山阳县戴家湾防堵捐输衔名清单

同治二年五月二十一日(1863 年 7 月 6 日)

谨将查明山阳县戴家湾防堵捐输衔名、钱数开具清单，恭呈御览。

林乃勋，江苏监生，由国子监典簿职衔捐钱一千五十五千六百文，核与奏准以钱合银扣除原衔报捐双月詹事府主簿减成银数有盈，拟请以詹事府主簿双月选用。

丁焕南，江苏岁贡生，由翰林院孔目升衔候选训导，捐钱五百五十六千一百文，核与奏准以钱合银捐补翰林院孔目、加捐国子监典籍升衔分别减成银数有盈，拟请以翰林院孔目双月选用，并给予国子监典簿升衔。

王玠，江苏举人，由郎中衔候选主事捐钱八百三十六千文，核与奏准以钱合银报捐随带加三级减四成银数相符，拟请给予随带加三级。

王珣，江苏监生，由候选盐运司运副捐钱四千一百四十八千文，核与奏准以钱合银加捐运同升衔减四成银数相符，拟请给予运

---

① 中国第一历史档案馆藏：军机录副，档案编号：03-4794-028。

同升衔。

王璜,江苏监生,由分发浙江盐课大使捐钱一千八百八十一千九百四十三文,核与奏准以钱合银加捐盐运司运判升衔减四成银数相符,拟请给予盐运司运判升衔。

王锡绶,江苏监生,由筹饷例双月选用布政司理问捐钱三千三百六十七千六百文,核与奏准以钱合银捐足三班、加捐知州升衔分别减成银数有盈,拟请以布政司理问不论双单月选用,并给予知州升衔。

樊燮,浙江监生,由江苏补用县丞捐钱三百十八千四百文,核与奏准以钱合银加捐布政司理问升衔减四成银数有盈,拟请给予布政司理问升衔。

边汝为,江苏监生,由山东补用县丞捐钱三百十二千文,核与奏准以钱合银加捐布政司理问升衔减四成银数相符,拟请给予布政司理问升衔。

边汝乾,江苏附贡生,由双月选用训导捐钱六百十一千九百二十文,核与奏准以钱合银捐足两班、加捐翰林院孔目升衔分别减成银数有盈,拟请给予翰林院孔目升衔。

屠作伦,顺天人,捐钱六百十四千四百文,核与奏准以钱合银报捐监生、捐足从九品指捐巡检减成银数有盈,拟请作为监生,以巡检不论双单月选用。

许席珍,江苏监生,由双月选用从九品捐钱四百八十五千文,核与奏准以钱合银捐足两班、本班尽先减成银数相符,拟请以从九品不论双单月尽先选用。

单廷梁,江苏监生,由州同职衔捐钱七百七十千八百文,核与奏准以钱合银加捐光禄寺署正职衔减成银数有盈,拟请给予光禄寺署正职衔。

丁赐绥,江苏附贡生,捐钱六百四十六千六百八十七文,核与奏准以钱合银报捐国子监典簿职衔减成银数有盈,拟请给予国子监典簿职衔。

范以焘,江苏监生,捐钱四百六十一千一百二十文,核与奏准以钱合银报捐翰林院待诏职衔减成银数有盈,拟请给予翰林院待诏职衔。

冯世簪,山西人,捐钱六百四千文,核与奏准以钱合银报捐监生、加捐翰林院待诏职衔减成银数有盈,拟请作为监生,给予翰林院待诏职衔。

武爱堂,山西人,捐钱五百二十六千文,核与奏准以钱合银报捐监生、加捐州同职衔减成银数有盈,拟请作为监生,给予州同职衔。

马升三,山西监生,捐钱二百六十九千文,核与奏准以钱合银报捐营千总职衔减成银数相符,拟请给予营千总职衔。

李景夏,山西人,由从九品职衔捐钱三百十五千文,核与奏准以钱合银补捐监生、加捐营千总职衔减成银数有盈,拟请给予营千总职衔。

张有恭,浙江人,捐钱一百十四千四百文,核与奏准以钱合银报捐从九品职衔减成银数有盈,拟请给予从九品职衔。

金体勤,江苏人,捐钱一百五千三百文,核与奏准以钱合银报捐从九品职衔减成银数有盈,拟请给予从九品职衔。

吉寿彭,江苏人,捐钱一百五千零二十文,核与奏准以钱合银报捐从九品职衔减成银数有盈,拟请给予从九品职衔。

何兆瑞,江苏人,捐钱一百五千文,核与奏准以钱合银报捐从九品职衔减成银数有盈,拟请给予从九品职衔。

乔怀仁，江苏人，捐钱一百四千八百九十文，核与奏准以钱合银报捐从九品职衔减成银数有盈，拟请给予从九品职衔。

钱乂山，江苏人，捐钱一百四千文，核与奏准以钱合银报捐从九品职衔减成银数有盈，拟请给予从九品职衔。

费鸿勋，安徽人，捐钱一百三千四百文，核与奏准以钱合银报捐从九品职衔减成银数有盈，拟请给予从九品职衔。

程锡琳，江苏人，捐钱一百三千三百九十六文，核与奏准以钱合银报捐从九品职衔减成银数有盈，拟请给予从九品职衔。

于瑟庵，江苏人，捐钱一百三千三百文，核与奏准以钱合银报捐从九品职衔减成银数有盈，拟请给予从九品职衔。

张宏富，安徽人，捐钱一百三千二百六十六文，核与奏准以钱合银报捐从九品职衔减成银数有盈，拟请给予从九品职衔。

毕天佑，江苏人，捐钱一百三千一百五十文，核与奏准以钱合银报捐从九品职衔减成银数有盈，拟请给予从九品职衔。

徐风藻、王静铨、王继登、汪国梁、张振泽、倪杰士、施寿昌、孙德符、王锦山、刘贡士、武瑛、朱世栋、丁贡三、严玠、戴弨伯、张紫卿、高连城、孙汝霖、丁朝珍、杨逢裕、刘开运、李春城、陆松龄、卢寿龄。以上二十四名，各捐钱一百三千文，核与奏准以钱合银报捐从九品职衔减成银数有盈，拟请均给予从九品职衔。

以上五十三户，共捐钱二万一千四百六千六百九十二文。

议政王军机大臣奉旨：览。钦此。①

---

① 中国第一历史档案馆藏：清单，档案编号：03-4794-043。

○四六　筹防捐局续收捐输开单请奖折

同治二年五月二十一日（1863 年 7 月 6 日）

漕运总督臣吴棠跪奏，为筹防捐局续收捐输钱钞各数，分缮清单请奖，仰祈圣鉴事。

窃前准户部咨：粮台收捐照筹饷例及常例银数酌减十分之二，以抵其运解之费。嗣经前河臣奏准以钱一千六百文作银一两给予奖叙，并饬委员分赴各州县，会同地方官多方劝谕，遵照部定章程，钱钞各半交纳，叠经奏蒙恩奖在案。兹据委管捐局候补知府章仪林册报：由局收捐制钱二万九千九百二十千五百文、宝钞二万九千九百二十千五百文。又因上年清淮筹防，军需支绌及圩工待用甚殷，复经委员在外劝谕捐生徐敦大等十名，情愿照章全缴制钱二万一千六十七千文，并不搭钞。详请奏奖前来。

臣覆核无异。除将捐生履历各册咨部查核外，理合分缮清单，恭呈御览，伏乞恩施。至各捐生业经填发空白执照，已于册内注明。其未经给照者，仰恳敕部迅即覆核，颁发执照来浦，以便给领而昭激劝。为此恭折具陈，伏乞皇太后、皇上圣鉴。谨奏。五月二十一日。

同治二年五月二十七日，议政王军机大臣奉旨：户部核议具奏，单二件并发。钦此。①

---

① 中国第一历史档案馆藏：军机录副，档案编号：03-4897-122。

○四七　呈筹防捐局续收捐输衔名、钱数清单

同治二年五月二十一日(1863 年 7 月 6 日)

谨将筹防捐局续收捐输衔名、钱数缮具清单，恭呈预览。

胡雨田，江苏附贡生，由分部行走郎中捐钱一千九百五十四千文，核与奏准以钱合银报捐加三级加倍捐请从三品封典减四成银数相符，拟请给伊祖父母、父母、生母从三品封典，并将本身妻室应封貤封其胞兄嫂。

朱百遂，江苏附贡生，由候选郎中捐钱一千九百五十四千文，核与奏准以钱合银报捐加三级加倍捐请从三品封典减四成银数相符，拟请给伊祖父母、父母、生母并本身妻室从三品封典。

徐铸金，江苏附贡生，由分发试用训导捐钱一千一百九十一千文，核与奏准以钱合银递捐太常寺博士升衔减四成银数相符，拟请给予太常寺博士升衔。

徐铸金，江苏附贡生，由太常寺博士升衔分发试用训导捐钱二百八十八千文，核与奏准以钱合银捐请正七品封典减四成银数相符，拟请给伊父母及本身妻室正七品封典。

陆承谟，江苏岁贡生，捐钱四百五十千文，核与奏准以钱合银捐足训导减成银数相符，拟请以训导不论双单月选用。

熊如霁，江西监生，由筹饷例分发江苏从九品捐钱三百十二千文，核与奏准以钱合银捐免验看减成银数相符，拟请免其赴部验看、以从九品补用。

陶琼，安徽附生，捐钱四百三十九千文，核与奏准以钱合银报捐监生捐足从九品减成银数相符，拟请作为附监生，以从九品不论

双单月选用。

卢席珍,江苏附贡生;张裕丰,江苏人;八品顶戴耿征信,江苏监生;梁声远,江苏监生;徐宗尧,江苏监生;邵世昌,江苏监生。以上六名各捐钱三百八十四千文,核与奏准以钱合银报捐布政司理问职衔减成银数相符,拟请均给予布政司理问职衔。

顾彭年,江苏人,捐钱五百二十五千文,核与奏准以钱合银报捐监生、加捐布政司理问职衔减成银数相符,拟请作为监生,给予布政司理问职衔。

耿正祥,江苏附贡生,捐钱三百八十四千文,核与奏准以钱合银报捐布政司经历职衔减成银数相符,拟请给予布政司经历职衔。

杨学通,江苏监生;崔绍宗,江苏监生;耿征文,江苏监生;蒋殿傅,江苏监生。以上四名各捐钱三百八十四千文,核与奏准以钱合银报捐州同职衔减成银数相符,拟请均给予州同职衔。

耿顺卿,江苏监生,捐钱七百六十八千文,核与奏准以钱合银报捐州同职衔捐请从六品封典减成银数相符,拟请给予州同职衔,给伊父母从六品封典,并将本身妻室应封驰封其胞兄嫂。

崔燠,江苏监生,捐钱四百六十一千文,核与奏准以钱合银报捐翰林院待诏职衔减成银数相符,拟请给予翰林院待诏职衔。

居凤都,江苏监生;吴燮,江苏监生。以上二名各捐钱一百五十四千文,核与奏准以钱合银报捐县主簿职衔减成银数相符,拟请均给予县主簿职衔。

陈阳春,江苏人,捐钱二百九十五千文,核与奏准以钱合银报捐监生、加捐县主簿职衔减成银数相符,拟请作为监生,给予县主簿职衔。

王如杲,江苏武生,捐钱二百六十九千文,核与奏准以钱合银报捐营千总职衔减成银数相符,拟请给予营千总职衔。

戴廷琛,江苏增生,捐钱一百五十四千文,核与奏准以钱合银报捐贡生减成银数相符,拟请作为增贡生。

朱逢源、陈广居、薛佐廷、施鸿勋、历纯禧、朱效廉、耿征祥。以上七名均由附生各捐钱一百八十六千文,核与奏准以钱合银报捐贡生减成银数相符,拟请均作为附贡生。

戴锡龄、吴斗、孙承庆。以上三名均由监生各捐钱一百八十六千文,核与奏准以钱合银报捐贡生减成银数相符,拟请均作为例贡生。

乔楚珍、萧祉乡、顾佩金、张乐山、葛郁文、葛焕文、夏溶、孙玉清、赵汝楫。以上九名各捐钱三百二十七千文,核与奏准以钱合银报捐监生、加捐贡生减成银数相符,拟请均作为例贡生。

魏邦恩,江苏廪生,捐钱七十七千文,核与奏准以钱合银报捐监生减成银数相符,拟请作为廪监生。

汤琮,江苏增生,捐钱一百三千文,核与奏准以钱合银报捐监生减成银数相符,拟请作为增监生。

侍辅臣,江苏人,由从九品职衔捐钱三十九千文,核与奏准以钱合银报捐监生减成银数相符,拟请作为监生。

吉丽东,江苏人,捐钱一百四十一千文,为故父吉汝为由俊秀捐监生,核与奏准以钱合银数相符,拟请准伊故父吉汝为作为监生。

苗庆功、苗蔚然、谷修锦、曹名谦、程启纶、侯殿标、汪书田、潘振峘、凌宪章、葛寿山、王闰年、苌在黉、周相亭、徐通源、刘明武、乔畏三、伏星元、任维曾、王庆书、王有泰、李金傅、郑标、张登泗、周作成、周育成、李思敬、周业成、李桂馨、徐彦椿、刘裕广、朱桢、戴少

霞、丁春林、张永年、吴又恒、周列台、裔光生、裔恒生、葛魁元、仇寿
恭、王鹤楼、王峰、陈乔松、薛誉、郁阴椿、郁希贤、徐会昌、仇敌伦、
朱鼎臣、王宴芹、刘子栽、戴锡瓒、徐杰、魏凤洲、廖春亭、沈勤、徐豫
鸣、汤布武、罗会川、钱振元、钱振和、张荣万、黄观成、徐茂棠、陈域
城、耿保时、耿保元、许宜炳、陈襄云、葛义成、张星昌、陈长寿、廖庶
格、朱景曾、孙一琛、王士鉴、刘栋亭、徐登贵、尤协五、曲宜端、刘香
亭、邵谦升、刘万群、陈子等、马永和、蒋运开、汤肇封、姚世升、郑
芸、杨春芳、胡本有、沈恩庆、陈裕深、吴德凤、殷学余、俞焕文、刘光
远、王念周、耿征文、耿卫、周寿祺、徐缜、石诒谋、耿学如、姚振新、
陈如恒、吴步云、稽爱荃、苏增一、孙嘉谟、陆以煌、陆懋华、朱云楼、
张嘉玉、张士清、耿建明、陶子常、吴顺卿、耿顺卿、崔绍宗、李御圃、
曹登高、张石田、毛丹廷、毛人凤、毛开华、汪云溪、卢庆真、汪荐鼎、
杨象九、仲延思、朱其亨、周霄汉、许用仪、许步升、刘怀向、王锡龄、
沈聚奎、吴文禄、王兆公、胡正扬、胡正寅、朱以乐、马耀衡、徐月波、
臧炳、董布高、仲长华、陈玉平、金作民、祁玉凤、周望彩、陈开笏、陈
开簋、唐辅廷、唐效容、江大壎、左宝成、王峻崚、黄运广、吴月恒、王
攀梧、寇安伦、刘开祥、鲍士湘、徐灵山、宋焕芹、袁斗枢、袁斗现、胡
思忠、程有敏、程志远、卢庆培、周松亭、周桂亭、周霁亭、周管亭、吕
粹瑶、张鸿谟、武邵康、刘立生、罗邦安、朱惠风、司钟灵、朱兴堂、徐
占熊、孙文江、稽宙、许开爵、武星榆、汪敦抢、司维壎、郑又、卢惠、
昆山、叶恒海、周学锦、钱燮彝、王心一、孙克嶷、单国幹、严登蟾、刘
莨之、黄玉堂。以上二百三名各捐钱一百四十一千文，核与奏准以
钱合银报捐监生数目相符，拟请均作为监生。

高彬、杨体仁、陈开阕、徐席聘、张贞清、张蕙三、杨国梁、杨国
栋、陈雪兰、陈之谭、刘湘兰、朱舜袭、周鹏池、阎广兴、侍辅臣、周以

炳、陈瑞亭、潘其来、潘鸿来、潘旬来、孟觐颜、焦达三、陈春田、戴永
康、时庆芳、王梓如、罗宝书、李玉符、徐韵芳、卢爱堂、周作孚、宋庆
咸、宋同文、李庆普、姜子文、曹燠、刘效之、吴在田、黄学清、黄学
纯、孙万昌、赵敬廷、顾问之、顾行之、姜桂元、陈名远、刘楚珍、刘彩
章、崔超群、桑遇恩、印君式、嵇鹏章、陈宗尧、刘锦雯、陈菖春、耿映
芳、赵俊绅、陈鸿景、雷碧峰、周子襄、王如汉、王如桂、陈朝栋、史锦
章、祁亮采、耿铭卿、水雅臣、陈华春、曹登洲、贾士坚、章廷英、毛天
培、吴承浩、吴凌云、吴春云、顾同升、杨绣夫、刘保清、萧耀南、霍继
光、郝志瑜、陈羽觞、陈开笃、陈开范、周安仁、孙子康、戴立森、王峻
峰、董世渭、潘桥林、梅武吉、朱学藻、牛不鳌、李长庆、王坦夫、殷云
程、殷登衢、殷锴、殷体仁、夏扬旌、张学衔、张学金、许岳、薛溶、张
善述、张大镛、李裕位、蓝师莹、严登庸。以上一百二十一名，各捐
钱一百三千文，核与奏准以钱合银报捐从九品职衔减成银数相符，
拟请给予从九品职衔。

统共捐生三百七十三名，共捐钱五万九千八百四十一千文。

议政王军机大臣奉旨：览。钦此。[①]

○四八　呈筹防捐局捐输实数、衔名清单

同治二年五月二十一日(1863 年 7 月 6 日)

谨将筹防捐局捐输实数、衔名，缮具清单，恭呈御览。

徐敦大，浙江人，由江苏候补同知捐制钱二千四百九十千文，核
与奏准以钱合银报捐知府升衔减四成银数相符，拟请给予知府升衔。

---

① 中国第一历史档案馆藏：清单，档案编号：03-4897-123。

徐本崇,浙江人,由双月选用通判捐制钱六百八十五千文,核与奏准以钱合银报捐盐课司提举升衔减四成银数相符,拟请给予盐课司提举升衔。

徐鸿,顺天人,由双月选用盐知事捐制钱四千二百二十九千文,核与奏准以钱合银报捐盐运司运判减成银数相符,拟请以盐运司运判补用。

徐敦业,浙江人,捐制钱三千二百六十三千文,核与奏准以钱合银报捐监生、加捐双月州同并捐盐课司提举升衔分别减成银数相符,拟请作为监生,以州同双月选用,并给予盐课司提举升衔。

徐敦枞,浙江人,由两淮试用盐经历捐制钱二千七百八十八千文,核与奏准以钱合银报捐知州升衔减四成银数相符,拟请给予知州升衔。

王琳,安徽人,由分发江苏直隶州州判捐制钱二千五百十千文,核与奏准以钱合银捐免验看、递捐盐课司提举升衔分别减成银数相符,拟请免其赴部验看,以直隶州州判补用,并给予盐课司提举升衔。

严钧,浙江人,捐制钱一千四百二十一千文,核与奏准以钱合银报捐监生捐足盐运司知事减成银数相符,拟请作为监生以盐运司知事不论双单月选用。

彭成保,顺天人,由筹饷例双月选用从九品捐制钱一百六十二千文,核与奏准以钱合银报捐两班减成银数相符,拟请以从九品不论单双月选用。

李福曦,安徽人,捐制钱三百三千文,核与奏准以钱合银报捐监生、加捐双月从九品减成银数相符,拟请作为监生以从九品双月选用。

武寿龄,顺天人,由山东东平所帮千总捐制钱三千二百十六千文,核与奏准以钱合银报捐卫守备不论双单月选用并捐免离任随带加一级、加都司升衔分别减成银数相符,拟请免其离任,以卫守备不论双单月在任候选,并给予随带加一级加都司升衔。

以上十名共捐制钱二万一千六十七千文。

议政王军机大臣奉旨:览。钦此。[1]

○四九　请将候补通判盛太和开复顶戴片

同治二年五月二十一日(1863 年 7 月 6 日)

再,候补通判盛太和前因欠缴江北粮台劝捐归补款项一千七百四十余两,屡催不解,经臣查明参奏,奉旨:盛太和着摘去顶戴,勒限一个月缴解。钦此。钦遵催令缴解在案。该员于被参后,据将收捐银两依限解清,并无蒂欠,并将用剩空白照收一律完缴,兹据乔松年详具具奏开复前来。合无仰恳天恩,俯念该员尚知愧奋,准予开复顶戴,出自鸿慈。谨附片具陈,伏乞圣鉴。谨奏。

同治二年五月二十七日,议政王军机大臣奉旨:盛太和着准其开复顶戴。钦此。[2]

○五○　黄金韶拿匪办理粗率交部议处折

同治二年六月初一日(1863 年 7 月 16 日)

漕运总督臣吴棠跪奏,为知州拿获通贼匪徒办理粗率,请旨交

---

[1]　中国第一历史档案馆藏:清单,档案编号:03-4897-124。

[2]　中国第一历史档案馆藏:军机录副,档案编号:03-4897-021。此片具奏日期未确,兹据同日奉旨折件(档案编号:03-4897-122)校正。

部议处,现仍勒拿首犯缘由,恭折奏祈圣鉴事。

窃照江北沿江各州县现已次第克复,而南岸攻剿吃紧,江防倍关紧要,诚恐匪类暗通消息,勾结为患。叠经臣严饬地方文武,不动声色,实力巡逻。旋访得靖江县盘获发逆伪文,有与住居通州之奸民勾串情事,即经密札江藩司乔松年,就近督属拿办。兹据署通州直隶州知州候补知府黄金韶①禀称:先奉藩司密访,据靖江团练委员禀:有南岸逃来之长毛李文和、刘士贵二名,自行投首,呈出伪文三件,称有投逆之会首盛广大、黄国才即黄朝阳,在通州为贼内应,意欲勾结江阴贼首,计图北窜等情。该州即会商武营、绅董,于五月十四日密往张芝山地方查拿,立获匪犯蔡之梁、葛金书、白中台、黄源、蔡克明等五名,并起获经卷、黄旗、黄马褂、印信、号衣等件,随将巢穴焚毁,押犯回州,讯明聚众勾逆,约期十四、十五、十六等日先窜通州属实,当经该州将蔡之梁等五名正法,以安人心。其著名之盛广大、黄国才并未弋获。又据续禀:于十五日至小洋姚港,拿获杨步春一名。又于十六日拿获成荣桂、黄国才之妻黄陈氏、黄西成、陆春和等十五名口。十七日,又获成嘉瑞等七名。内除黄西成、陆春和二名系被胁不从省释外,其余均就地正法。又据禀称:黄国才平日本系在教,通海各处党羽甚多,有曾经从逆者,亦有仅止食斋祈福并不为匪者。又据禀称:该匪犯等余党四布,现在城乡各处有匪党串同逆众报复之谣。禀请都兴阿、富明阿派兵赴通防剿各情到臣。

---

① 黄金韶(1822—1868),字印山,广西容县人。道光二十六年(1846),中式举人。二十七年(1847),中式进士,选江苏常熟知县。咸丰四年(1854),升海州知州。同治元年(1862),署通州知州,加道衔,赏戴花翎。四年(1865),署苏州府知府。旋丁母忧,回籍终制,后充绣江书院教习。七年(1868),卒于籍。

正在核办间，即准都兴阿咨称：据黄金韶禀报前情，查里下河完善之地，发逆垂涎已久，惟恃缉匪查奸，俾居民各安生业，必须地方抚绥得法，督饬有方，庶奸匪无从托足，而完善之区得以永久，相安其业。今黄金韶查拿通贼奸匪，牵混食斋字样，迨拿获蔡之梁等，率行焚烧房屋，称为巢穴；旋因有报复之谣，即请兵防剿。种种情节，殊似有意激成事端，且如此急遽张惶，不特真正奸匪闻风远遁，反使居民惊骇，累及无辜，关系实非浅鲜。且该州于首犯既未弋获，而先后获犯多名，又不留一二活口以作证据，实属草菅荒谬。咨臣将该州查参。又据藩司乔松年禀称：黄金韶禀报前情，查该州既获蔡之梁等多犯，自当酌留一二活口，以便研讯确质，乃一概正法，实属疏率各等情前来。

臣查里下河一隅完善，久为逆匪垂涎，一二奸民与贼暗通消息，本系意料所及，全在地方官随时探察，防患未然。迨经访有踪迹，尤宜不动声色，密访严拿，庶得首要就擒，无虞惊扰，其真正党羽亦可跟踪追究，不任幸逃法网，亦不致波及无辜，方足以杜乱萌而清奸宄。此案通州匪徒勾串发逆，据李文和等首出伪文，系盛广大、黄国才二犯倡意，公然密与贼约。若将该首犯就获，则不难毕露真情，穷源竟委。抑或以蔡之梁等初获之时详加研鞫赶缉，正犯尚可不致远扬。乃一再获犯，均行正法，不留一二活口以资质证，且率请派兵防剿，殊属张惶失措。即所称起获经卷是何语句，其印信、黄旗、黄马褂等件是否发逆制给，未据详晰声明，现已批饬解验。虽该州于通贼要案尚知迅速拿办，而办事粗率，实属咎有应得，相应请旨将署通州直隶州知州候补知府黄金韶交部议处，以为办事卤莽者戒；一面由臣檄饬江藩司乔松年，察看黄金韶是否堪胜署任，如实才具平庸，即行撤任候议；仍勒限严拿首犯盛广大等务获究办,以除匪类而靖地方。现闻通州城乡民心业已安定,并据探称富明阿业已进扎靖江,会攻江阴,不致再有奸民勾串之虞,堪以仰慰宸廑。

所有知州拿办通贼匪徒办事粗率、请旨交部议处、现仍勒拿首犯缘由,谨缮折具奏,伏乞皇太后、皇上圣鉴。谨奏。六月初一日。

同治二年六月初六日,议政王军机大臣奉旨:黄金韶着交部议处。已获逆首黄国才,着严行审讯,仍饬严拿逸犯盛广大等,以靖地方。余依议。钦此。①

○五一　奏报钱赓发阖门殉难请予议恤片

同治二年六月初一日(1863 年 7 月 16 日)

再,据宝应绅士钱兵恩禀称:身堂弟钱赓发系漕标候补卫千总,经前漕臣邵灿委署宣州卫守备,兼署建阳卫印务。咸丰十年八月十二日,发逆窜扑宁国府城,钱赓发随同署皖南道员福咸等带队守城。该逆蜂拥来扑,官军正在接战,适大雨如注,枪炮不燃,贼遂乘雨扒上,宁郡不守。该员犹据巷战,砍毙数贼。因贼势太众,独力难支,当即回署,偕同其妻张氏并其弟捐职从九钱崇发及家丁张祥等纵火自焚。时有家丁王升目睹钱赓发阖门殉难,因被贼裹,未能及时回籍报信。本年四月间,家丁王升绕道逃回宝应,据叙前情,恳请奏恤前来。

臣查钱赓发城陷力竭,阖门殉难,忠义凛然,深堪悯惜。相应请旨,将署宣州卫守备候补卫千总钱赓发照守备阵亡例,饬部议

---

① 台北故宫博物院藏:军机及宫中档,文献编号:088971。

恤；其妻张氏等并恳天恩救部分别旌恤，以慰忠魂而励节义。伏乞圣鉴。谨附片具奏。

同治二年六月初六日，议政王军机大臣奉旨：钱赓发等均着照所请，交部分别旌恤。钦此。①

○五二　奏报拿获逆首黄国才讯办片

同治二年六月初一日(1863 年 7 月 16 日)

再，臣正封折间，又据黄金韶禀称：现派员弁在海门厅下沙池棚镇地方，会同海门同知李焕文、知县廖明贤，拿获逆首黄国才即黄朝阳一犯各等语。臣现批饬江藩司乔松年就近解提黄国才，讯明确供，另行详办；仍饬严缉首犯盛广大归案讯办，以成信谳。谨附片具陈，伏乞圣鉴。谨奏。

同治二年六月初六日，议政王军机大臣奉旨：知道了。钦此。②

○五三　筹办徐宿防剿并添派水师入皖片

同治二年六月初一日(1863 年 7 月 16 日)

再，臣迭奉寄谕：饬令姚广武由宿州进援蒙城，力图解围，不得稍分畛域各等因。钦此。伏思蒙、宿接壤，但有可分兵力，谨当遵令星速驰援，岂敢任姚广武拥兵观望，贻误事机！惟查姚广武与英

---

① 台北故宫博物院藏：军机及宫中档，文献编号：088972。
② 台北故宫博物院藏：军机及宫中档，文献编号：088975。

翰合兵围攻韩村，苦战累月，尚未得手。迭据姚广武沥禀请援，是以臣前由清淮抽拨副将艾宪银队五百名，赴宿助剿。现据驻防宿境蒙村之升用游击赵光宗禀称：五月十七日夜间，苗村桥练圩西三里许，忽有马匪千余名窜过，当经该圩练出击，毙贼十三名，练丁亦有伤亡。该匪即向西北窜去。探系捻首李大个孜等匪，窜出掠食。又据署淮徐道员朱善张禀称：捻匪边马于五月二十及二十一日，扰及萧县之吴家集；二十三及二十四日，扰及黄家口、刘家店，又窜至砀山之鱼山、邵家集一带打粮。又据姚广武禀称：五月二十日，官军夜袭距韩村四里之周家小庄贼圩，乘匪无备，立时攻拔，杀贼多名。逆首周全率众南窜，经英翰合队夹击，周逆遁入周大楼寨。官军跟踪穷追，贼又经颍池寨、周家大庄寨遁入周小寨。当经该寨练总捡获逆首周全，斩首来献。姚广武会同英翰权将周小寨收抚，其周家大庄等处贼寨一律焚毁。二十一日，官军乘胜进攻韩村，奋勇抢入贼之外圩，意将贼房焚毁，并将外濠填平数处。该逆退入内圩，开炮死拒。官军因日暮收队。旋据探称，龙山捻匪李大个孜率众北窜萧、砀打粮，徐境吃紧，现即抽拨马队，赴徐追剿各等语。

臣谨计姚广武所部并艾宪银队不过三千余人，徐宿所恃为捍卫者，仅此一军。地面甚宽，兵力尚不敷防剿，而苗逆袭踞韩村，勾结龙山捻匪，蓄意北窜，已非一日。臣愚以为现在情形必须力攻韩村，肃清浍河南岸，方断苗逆北窜之路；又须北顾徐境，驱除窜捻，不使逼胁民圩、煽诱降众，以固根本，方资进取。目今韩村未下，捻逆北趋徐宿，情形万分吃紧，若分兵援蒙，则两路均形单薄。若全军赴援，则无以北顾徐境，且徐宿练圩林立，非有官兵策应，势将被逼从贼，一经滋蔓，更难收拾。

臣现已饬令姚广武会同英翰，督师迅攻韩村逆圩，并饬姚广武抽拨马队，驰赴萧、砀一带，追剿窜捻；一面饬朱善张转萧、砀、丰、沛各民圩，竭力严守，以待官军。一俟捻股歼除、韩村攻拔，即饬姚广武会同皖军进剿蒙城首逆，断不敢稍分畛域，自干咎戾。至游击龚文林炮船，前已出湖赴皖，臣现又添拨前防盱眙之游击黎占雄炮船十八只，发给口粮、军火，即日驶赴临淮，随同唐训方[1]官军力剿苗逆，以期迅扫逆氛，上纾宸念。所有筹办徐宿防剿，并添派水师入皖缘由，是否有当，伏乞圣鉴训示。谨附片具奏。

同治二年六月初六日，议政王军机大臣奉旨：览奏，均悉。钦此。[2]

○五四　奏请饬催晋省及河东欠饷折

同治二年六月十二日（1863 年 7 月 27 日）

漕运总督臣吴棠跪奏，为扬营军需日绌，请旨饬催晋省及河东欠饷，以济急需，恭折奏祈圣鉴事。

窃照扬营军饷自咸丰六年起，晋、陕两省每月共协银五万两接济。迨后愈解愈少，扬饷亦因之愈绌。咸丰十一年十一月间，经前署漕臣王梦龄奏奉谕旨：但能两省共月解银三万两，按期必到，即

---

①　唐训方（1810—1877），字义渠、艺渠，湖南常宁人。道光二十年（1840），中式举人。咸丰三年（1853），大挑二等，以教谕候补。四年（1854），主讲常宁双蹲书院，旋以教谕随征。五年（1855），保知府，并赏戴花翎。六年（1856），署襄阳知府。次年，晋按察使衔。十年（1860），升湖北粮道。同年，迁湖北按察使，擢湖北布政使。同治元年（1862），署安徽巡抚。二年（1863），实授安徽巡抚。是年，被劾降调。三年（1864），署湖北按察使，寻署湖北巡抚。同年，调补直隶布政使。七年（1868），开缺省墓，倡立西乡经纬公学，督修《常宁县志》，编《常宁诗文存》。光绪三年（1877），卒于籍。著有《俚语征实》、《从征图记》、《唐中丞遗集》。

②　台北故宫博物院藏：军机及宫中档，文献编号：088976。

可无误供支等因。续因筹拨李世忠派防江浦等处兵饷，又经臣于同治元年二月间奏奉上谕：着英桂、瑛棨于月解江北军饷内，按月各拨解李世忠军营银五千两，仍着每月各解江北粮台银一万两等因。钦此。乃陕省协饷旋即奏准停止，晋省协饷自元年二月续奏按月饬解一万两起至十一月止，连闰共应解银十一万两，仅据解过银七万两，计短解银四万两。至是年十二月二十四日，经户部议奏，将晋省协饷酌减一半，并将减剩之五千两径解李世忠军营。计此后晋、陕两省应协扬营饷银，均已一律停止，自应钦遵办理。其从前欠款并未停免，仍应分别找解。惟陕省现当用兵吃紧之际，未能兼顾；晋省究属完善省份，除元年二月以前欠数大巨不计外，自二年起至部臣未奏改减以前，尚短解银四万两，系属应行找解之款。又，河东盐课项下经臣奏准每月协济银五六千两，嗣经该省抚臣奏明，于未解甘肃饷内划提银五万两，陆续委解。迄今一年之久，仅据报解银一万两，尚未解到。现在扬营军饷积欠累累，且值夏忙，钱粮尚未开征，厘捐收数短绌，正青黄不接之时，待饷万分急迫。据总办粮台江宁布政使乔松年详请奏催，并准都兴阿、富明阿先后咨会前后〔来〕。

相应奏恳天恩，饬下山西抚臣，将元年份欠解协饷银四万两并河东盐课项下划提甘饷银五万两，内除已解在途一万两外，下余银四万两，严饬司道赶紧如数解江，俾资接济而维大局。所有请催晋省欠饷缘由，理合缮折具陈，伏乞皇太后、皇上圣鉴。谨奏。六月十二日。

同治二年六月十八日，议政王军机大臣奉旨：钦此。[1]

---

[1] 台北故宫博物院藏：军机及宫中档，文献编号：089196。

【案】此折于是年六月十八日得允行，清廷饬令英桂等赶紧措解，不得贻误。《清实录》：

> 又谕：吴棠奏，请饬催晋省欠饷一折。扬营军饷积欠累累，且江北下忙钱粮尚未开征，厘捐短绌，值此青黄不接之时，亟应速筹接济。着英桂将元年份欠解协饷银四万两并河东盐课项下划提甘饷银五万两，除已解在途一万两外，尚未解银四万两，饬令该司道赶紧筹措，如数解交吴棠收纳，以济军食。现在扬防各军会攻金陵，防剿正当吃紧，倘因停兵待饷，贻误戎机，惟该抚是问。将此由五百里谕令知之。①

○五五　奏闻江都绅民捐输请加学额折

同治二年六月十二日(1863 年 7 月 27 日)

漕运总督臣吴棠跪奏，为查明江都县绅民捐输银数，遵例请加学额，以广皇仁，恭折奏祈圣鉴事。

窃查咸丰三年钦奉特旨加恩，将捐银较多之各厅州县酌加学额。当经大学士、部臣等会议奏准：凡绅商捐资备饷，一厅州县捐银至二千两者，准予加广文武学额各一名；捐银至一万两，加文武学定额各一名，仍不得逾于各学原额之数。又于五年间接准部咨：嗣后各省办理加额之案，除地方官及外省商民不计外，所有本地绅民捐款，无论捐输，援例俱准归并核计，并不限定，酌加四分之一银数，一体准加中额、学额。又于咸丰八年间，部臣议覆御史孟传金

---

① 《穆宗毅皇帝实录(二)》，卷七十，同治二年六月中，第 422—423 页。

片奏,准将团练捐输与军饷捐输一律加广。又议驳湖广武汉等府绅民募勇防剿、请广乡试中额案内,饬令查明各省团练捐资,核明并无浮开虚报,方准奏请加额;仍将团练实在用项报部核销各等因。均经通行遵奉办理在案。

兹查扬州府属之江都县,自军兴以来,叠遭兵燹。该县绅民敌忾同仇,或捐输炮艇,或募勇团防,或赴台助饷,或就局捐资,均属深明大义,踊跃急公,历年积捐不下十数万两。内除未经奏销在案,或仅由台局饬发实收尚未达部者,一概暂行删缓,俟将来造报请奖后再行核办外,今核达部有案之款,自咸丰三年起至九年止,共计实捐银六万四千七百六十七两七钱,均系本籍绅民捐资助饷,并无客籍商捐及应剿京捐等项。其团练一项,亦系曾经造册达部请奖,均与例准广额章程相符。拟请以银六万两,加广该县文武学定额各六名,以银四千两,推广一次文武学额各二名。自本年考试为始,分别加广取进,均未浮于原额。共余银七百六十七两七钱,归入续捐案内,再行并计。据江宁布政使乔松年转据该管府县,查造捐册,请奏并声明士林希恩甚切,请就近由臣核奏前来。

臣覆核相符,理合援案吁请,仰恳天恩准加江都县文武学永远定额各六名,推广一次文武学额各二名,以示激励而作士气,出自鸿慈。除将该县捐数分晰造具细册咨部查核外,谨会同协办大学士两江总督臣曾国藩、江苏巡抚臣李鸿章、江苏学政臣孙如仅,恭折具奏,伏乞皇太后、皇上圣鉴。谨奏。六月十二日。

同治二年六月十八日,议政王军机大臣奉旨:该部核议具奏。钦此。[1]

---

① 台北故宫博物院藏:军机及宫中档,文献编号:089197。

【案】此折于同治二年十二月二十日得议准。《清实录》：
壬辰……以江苏江都县捐输军饷，永广学额六名。①

○五六　奏报崔绳祖捐办城工请准开复处分片

同治二年六月十二日(1863 年 7 月 27 日)

再，淮安府属之阜宁县系滨海之区，素不易治，又与海州壤地相接，为里下河最要门户，防堵抚绥，更关吃紧。上年春间，经捻匪窜扰，兵燹以后，臣奏委候补同知直隶州崔绳祖前往署理。该员安抚疮痍，整顿团练，凡有关于安民御侮之计者，无不悉心讲求，并将城乡各处圩寨一律兴筑。经臣查明具奏，请将该员前于扬城失守案内应得罪名准予宽免，仍带革职处分，并责成赶紧劝办城工，以资保卫，仰蒙恩准在案。兹据该署县崔绳祖具禀：阜宁县城周七百二十五丈有奇，自乾隆四年修理后，历一百二十余年，残破殆遍，内隍全无。该员先捐银一千两，以为首倡，劝谕民捐银五千六百余两，次第兴修，于本年三月十八日一律告竣。统计修补城垣四百余丈，挑筑内隍七百余丈，修建城台三座，重建城楼三座。连前挑筑土城、护河及土城东、西门台楼、橹等共用银一万九百余两，计捐款不敷银四千三百余两，亦由该员设法筹垫济用，禀请委验前来。当经臣饬委候补知县王延赍前往验收，均系如式建筑，工坚料实，并无草率偷减情事。

除饬造具工料细册并捐资应奖绅民照例详办外，臣查该员履任年余,舆情翕服,并于民生凋瘵之际,劝办巨工,俾百余年颓废之城垣一旦修复,缓急赖以可恃;而筹捐悉出乐输,实属敏练有为,牧令中所不可多得。恭查前漕臣袁甲三前奏地方城池急宜讲求修守案内,钦奉谕旨:军务省份捐资者,照捐输议叙;出力者,以军功请奖等因。钦此。今该员于县城收复之后,实力劝办,较之仅止军务省份,其难易尤不相同。又查失守获咎人员,必须有三次劳绩,方准开复原官。该员自咸丰八年在署江都县任内扬郡失守、旋即克复案内听候查办以后,其续著劳绩不止三次,久与开复之例相符,叠经臣奏明有案。今又捐办城工,迅速蒇事,惟有仰恳天恩,俯准将现署阜宁县事候补同知直隶州知州崔绳祖开复革职处分,仍留江苏以原官补用,以为实心任事者劝,感荷鸿慈,洵无既极。臣为鼓励人才起见,是否有当,伏乞圣鉴训示。谨奏。

同治二年六月十八日,议政王军机大臣奉旨:钦此。①

【案】此片于是年六月十八日获允行:

同治二年六月十八日,内阁奉上谕:吴棠奏,革员叠著劳绩,恳请开复原官,留省补用等语。江苏候补同知直隶州知州崔绳祖,本系扬州失守案内获咎人员,例应俟有三次劳绩,方准开复原官。兹据奏称,该革员署理阜宁县知县,安抚疮痍,整饬团练,城乡圩寨一律兴修;近又捐资首倡,劝谕绅民,修理城垣。核其劳绩不止三次,久与例符,恳请开复等语。崔绳祖着准其开复革职处分,仍留江苏以原官补用。该部知道。钦此。②

---

① 台北故宫博物院藏:军机及宫中档,文献编号:089198。
② 中国第一历史档案馆编:《咸丰同治两朝上谕档》,第13册,第290页。

○五七　奏报水涨工险宣泄抢护各情片

同治二年六月十二日（1863 年 7 月 27 日）

再，本年河湖底水均大，交夏至后，甫及旬余，即值大雨频倾。东省山泉涨发，江境长河数日间一律长水五六尺。迨五月二十五、六等日，雨骤风狂，连宵达旦。邳、宿以下河水续又积涨八九尺不等，大溜奔腾下注，湍急异常。迭据厅县禀报：两岸险工叠出，岌岌可危。臣随即委弁前往，饬放刘老涧滚坝，以资分泄。无如来源过旺，急难畅消，运、中两河堤埽溃刷纷纷。如王家庄大坝蜇矮平水，双金闸南孔损坏，土堰塌通，单孔闸倍形吃重。飞饬星夜分投抢护，并于长堤被刷脱坡紧要处所分别帮戗筑堰，抢镶防风。安汛、盐河两岸刷塌旧堤，择要补加。里、扬运河承受顺清河入运之水，加以洪湖源旺，汇注滔滔，各工水志比上年此时大至四五尺，运口束清头、二、三、四坝及各闸上下钳束、托盖等坝埽，率皆被溜刷蜇。自清河以下，两岸数百里堤工犯风撞刷，节节窨潮，旧埽亦多蜇卸。刻当伏汛，正修防吃紧之时，皆应择要分别镶加，酌做防风护埽。其堰盰未砌石工并石后槽土，迭被风浪掣刷，亦应随时搂埽填筑。凡此皆系抵御汛涨，保卫淮、扬完善，为现在必须镶筑、万不可缓之工。据该管道厅先后禀请发办前来。

臣又委员覆勘，驳减再三，始照部章于荡柴变卖款内，酌量动支，严饬各该厅节慎经理，不准稍有浮糜。至淮、扬长堤土工，尤为里下河饷源，民生所系。上年大汛以前，据该管厅具禀：估虽经前署漕臣王梦龄奏明捐修，而已估未办段落甚多，是以批令接手劝办。嗣因捐款寥寥，未及办竣即行停止。当饬各州县如遇汛水盛涨,随时谕董,劝令附近居民,按亩出夫,赴工修筑各在案。本年水势较大,工用繁多,柴款恐有不足,即经遴派妥员会同高、宝、甘、江等州县,查明该境应办土工,赶紧谕董集夫,通力合作,以资汛守而卫农田。现已据报一律兴办,不日即可藏功。所有节逾夏至、水涨工险、宣泄抢护各情形,理合附片陈明,伏乞圣鉴。谨奏。

同治二年六月十八日,议政王军机大臣奉旨:钦此。[①]

○五八　奏报筹画徐宿防剿暨拟拨队援皖片

同治二年六月十二日(1863年7月27日)

再,臣前奉寄谕:淮甸苗逆鸱张,唐训方前奏,军持五日之粮,而蒙邑被贼围攻,尤为危紧。旬日以来,未据该抚续报情形等因。钦此。臣查临淮驿路,由灵璧至宿、徐,或由泗州至宿迁,现均通行无阻,计唐训方近日已有军报上呈宸鉴。惟据姚广武禀称:与英翰合军围韩村,贼势已蹶,屡次乞降,官军恐其翻覆,尚未议允。旋准安徽臬司马新贻[②]函称:苗逆袭破蒙城东南李、白二寨,现欲断截官军粮道,飞调英翰带队回顾。姚广武当与英翰会商,官兵一撤,

---

① 台北故宫博物院藏:军机及宫中档,文献编号:089199。

② 马新贻(1821—1870),字谷山,号燕门、铁舫,山东菏泽人。道光二十六年(1846),中式举人。二十七年(1847),中式进士。咸丰元年(1851),选安徽建平县知县。五年(1855),署安徽合肥县知县。六年(1856),补安徽安庆府知府。七年(1857),调安徽庐州府知府,并加道衔。同年,署安徽庐凤颍道。八年(1858),署安徽臬司。九年(1859),丁忧终制。十一年(1861),保道员。同治元年(1862),加按察使衔。同年,署安徽藩司。二年(1863),补安徽臬司。同年,迁安徽藩司。三年(1864),擢浙江巡抚。六年(1867),升闽浙总督。次年,调补两江总督,兼办通商事务大臣。九年(1870),遇刺身亡。谥端愍,赠太子太保、骑都尉兼云骑尉。

韩村之贼又将负隅图逞，不得已乘机准其投诚。饬令韩村之周化传等剃发，留营效力赎罪，即派副将艾宪银等带队驻扎镇抚。英翰一军即日回扎小涧集，以援蒙城，并与姚广武商留兵勇，分扎后路各寨，以通蒙营饷道。惟前窜萧、砀捻股经兵练击退回巢，现探李大个孜等股又有发旗北窜之信，仍须北顾徐境各等语。臣查姚广武一军为数本单，专顾徐宿尚不敷用，而蒙邑危紧，又不能不力图策应，已严饬该总兵联络皖军，力通自宿至蒙饷道。臣探闻蒙军尚能固守，惟虑缺饷，能得饷道通行，谅可支持。徐州一路捻氛出没，防剿更急，已饬令该总兵添募劲勇八百名，以备堵击。

至临淮军情，必须先拔怀远，方资控制。且苗逆屯粮俱在下蔡，水路运蒙，必经怀远。怀远一下，则围蒙之贼粮道不通，势必返顾。是攻怀即为救蒙之策。苗逆在怀远夹河筑垒，非水陆并进，不足制胜。臣前拨龚文林等炮船现已到防，为数尚单，仍须添拨炮船，前往助剿。惟各将领不相统属，必得大员督率，方能用命。查此起水师，向隶遇缺题奏提督九江镇总兵黄开榜所部，历经该员指挥调度，颇称得力。现在九洑洲已克，高宝湖防稍松，臣拟将在防水师除酌留防湖外，简派炮船百余只，饬令黄开榜赶紧修补油舱，兼添备军火、器械，约一月内可以整齐备用。可否请旨饬派黄开榜总统援皖水师，驶赴临淮，会同唐训方官军，水陆并进，力攻怀远。但得怀远克复，则可乘胜扫除苗逆，以靖淮甸而慰宸廑。所有入皖水师口粮，仍由清淮筹防局及扬镇粮台照旧支给，以资饱腾而便攻剿。如果淮河通行，皖饷充裕，再由唐训方量为协济。

再，据总兵黄国瑞报称：连日逼攻白莲池匪圩，贼势颇为汹惧，忽于五月二十九日夜间，探得白莲池内捻匪李帛等股约千余人，由西门出窜。黄国瑞军营相距较远，得信后即派马队驰追，至沛北微山湖,见前股匪徒已渡湖远窜,未渡之匪,悉数捡斩。又据署淮徐道朱善张禀称:败捻渡湖南窜,经沛、砀、萧、宿练圩节节截杀,毙贼三百余名,生擒捻首陈用、任来并伙匪十七名,均即讯明惩办。练勇亦有伤亡。余匪窜至龙山与前捻〈串〉合等语。臣查败捻陆续南回,聚众太多,势将乘间肆窜。臣现一面饬令姚广武由韩村移师,联络徐宿各圩,剿办捻逆;一面严饬铜、邳、睢、宿各州县圩练随时探防,并赶将桃源成子河圩工速加修整,酌量添募勇丁,严密布置,以扼捻逆东窜之路。所有筹画徐宿防剿,暨拨队援皖各缘由,是否有当,伏候圣训恪遵。谨附片具奏。

同治二年六月十八日,议政王军机大臣奉旨:钦此。[①]

【案】吴棠之奏于是年六月十八日获批覆。《清实录》:

癸巳,谕议政王军机大臣等:吴棠奏,筹办徐宿防剿及拨队援皖,运、中两河等工抢护情形各等语。前以淮甸军情紧急,叠经谕令吴棠严饬总兵姚广武等军,与皖军联络扼剿。兹据奏称,姚广武与英翰合军围剿韩村,贼势已蹙。因苗逆袭破蒙城东南李、白二寨,欲断官军粮道,英翰带队回顾,与姚广武商同将韩村之贼暂准乞降,剃发留营,效力赎罪。即派副将艾宪银等带队镇抚,并以临淮军情,必先攻拔怀远,怀远一下,则围蒙之贼粮运不通,是攻怀即所以救蒙。而苗逆在怀远夹河筑垒,势非水陆并进不能制胜。该漕督因前拨龚文林等炮船为数尚单,拟于高宝湖防水师内简派炮船百余只,饬令黄开榜赶紧修舱备用,并请饬黄开榜统带援皖等语。所筹均尚合宜。

着即饬令黄开榜将此项炮船迅速修舱整齐，即行统带驶赴临淮，会同皖省官军水陆并进，力攻怀远，以断苗逆粮道而解蒙城之围。所有入皖水师口粮，仍着吴棠照旧支发。周化传等投降恐不可靠，仍着督饬艾宪银等严加防范。英翰回扎小涧集以援蒙城，并与姚广武商留兵勇，分扎后路各寨，以通蒙营饷道。即着唐训方饬令迅速办理，并将蒙邑情形随时驰奏。黄开榜水师入皖后，唐训方即妥为调度，以资得力。前窜萧、砀捻匪李大个孜等股又有装旗北窜之信，吴棠现饬姚广武添募劲勇，以备堵击，务须随时侦缉，实力严防。其白莲池窜出捻匪李帛等千余人，虽据黄国瑞报称派队追至微山湖，将未渡匪党痛歼，并为沛、砀等各练圩节节剿杀，而窜至龙山余匪仍与渡过微山湖前股串合，即着吴棠饬令姚广武由韩村移师，联络徐宿各圩，认真剿办，并饬铜、邳一带圩练严防，毋令乘间肆窜。本年河湖底水均大，运、中两河堤埽及里扬运河闸坝均有刷溃，清河以下两岸堤工亦多蛰卸，着吴棠将现在尤为紧要各工，严督各厅妥实兴办，动支款项节慎经理，不得稍有浮糜，并将淮扬长堤土工未办段落，查明应办处所，赶紧谕董集夫，通力合作，以资保卫，毋稍疏虞。将此由六百里各谕令知之。①

【案】前奉寄谕：淮甸苗逆鸱张……未据该抚续报情形：此上谕《清实录》载曰：

壬申，谕议政王军机大臣等：都兴阿、富明阿奏，楚军攻克二浦及七里、九洑等洲，富明阿亲赴靖江察看难民各折片。都兴阿自奏，旧疾举发，请开缺离营调理一折。曾国藩前奏鲍超

---

① 《穆宗毅皇帝实录（二）》，卷七十，同治二年六月中，第421—422页。

等军追贼已至江浦,饬令攻克二浦后,即进攻九洑洲。兹据都兴阿等所奏,江浦、浦口已于本月初九日攻破,七里洲于十二日攻破,九洑洲于十五日攻破。九洑洲为江中要地,贼踞坚垒数年之久,官军此次攻克,竟能敏速如此。都兴阿等所奏谅系实情。曾国藩奏报是否业已在途,着即将详细情形,迅即驰奏。都兴阿等折内所称忠逆带队渡江援浦,为梁正源截击于宝塔根,贼遂败窜,现在窜往何处?下关、七里洲之贼向中关回遁,其九洑洲踞贼毙溺而外,是否尚有余匪纷窜?均须确切查明,妥筹堵剿。金陵势成槛阱,其机大为可乘,应即如何相机进捣,及会商左宗棠、李鸿章进攻苏、杭,使贼应接不暇,以图进取之处,曾国藩等谅必成竹在胸。惟穷寇必思铤走,江路水陆宽广,备御宜严。里下河一带尤应严密设防。吴全美所领师船击贼于江阴之黄田港,能否即与由沪派出进攻江阴各军会合攻捣,着曾国藩、都兴阿等于南北两岸分饬各军乘机妥办。通州所办投贼斋匪,如果仅系食斋茹素,自不得滥行屠戮。据都兴阿等奏,该地方官已率行正法。富明阿现往下游靖江一带察看情形,自应访查确实,并着吴棠饬令乔松年及各地方确切查明,详慎办理,毋许轻重失宜,致有激变情事。渡江迁徙难民尤当妥为安抚,毋令失所。而游匪溷迹,亦不得不严加防范。都兴阿所患旧疾,前经具奏,谅系实情。此时富明阿既赴下游,扬营堵剿正当吃紧,何可遽尔卸肩?都兴阿着俟富明阿回营后,赏假一月,在营调理,候旨遵行。刻下军务正在得手,该将军虽在营养病,仍当督率所部各军严密防剿,毋稍松劲。淮甸苗逆鸱张,唐训方前奏军持五日之粮,而蒙邑被贼围攻,尤为危紧。旬日以来,未据该抚续报情形,殊深廑系。

本日吴棠片奏，姚广武等军逼攻韩村及援应英翰，遏贼戴沟、童亭等处情形，着即严饬该总兵及副将艾宪银等，联合皖军，扼守要隘，实力进剿，并着探明临淮近日军情及蒙城战守之状，与唐训方联络策应。唐训方是否驿路阻隔，致稽奏报？一切情形，着吴棠随时详悉驰奏。将此由六百里各谕令知之。[①]

○五九　奏陈筹办援皖军需并捐廉分济折

同治二年六月十七日（1863年8月1日）

漕运总督臣吴棠跪奏，为沥陈浦、徐军营饷绌，竭筹援皖兵粮，暨现拟捐廉分济各情形，恭折覆陈，仰祈圣鉴事。

窃臣承准议政王军机大臣字寄：同治二年六月初九日，奉上谕：袁甲三奏，筹解蒙城米粮并筹东路防务，请调东路马队，招募马勇各折片等因。钦此。寄信到臣。跪聆之下，莫名惶悚！伏查苗逆反覆以后，蒙城被围，淮河梗阻，皖北大局，岌岌可虞。微臣具有天良，断不敢稍存漠视，况蒙、怀与徐、浦唇齿相依，臣又籍隶盱眙，乡里亲族被难渡淮者，欲归不得，于各该处军情知之既深，关念尤切。前此钦奉谕旨，筹拨皖饷，并准安徽抚臣唐训方先后咨商，即于无可设法之中，经臣先借钱三千串，续又于江藩司库挪银三千两，发交皖营委员购粮解济。嗣又将停泊五河之筹运捐盐一万五千余包，全数拨给唐训方济饷。均经奏明在案。原应随时设法续筹，以济皖军之急，无如清淮军饷实在支绌万分，有不得不上陈圣聪者。

查江北一隅之地，共有三路军营，淮、扬、通、海四属钱粮及扬、

---

① 《穆宗毅皇帝实录（二）》，卷六十八，同治二年五月下，第381—382页。

通两属厘捐各款,均为扬营提用。徐州一府钱粮及徐、海厘捐各款,就近提充徐饷。惟有淮安一属厘捐,为清淮一军支应之款,从前无多兵勇,南路通行,尚不致十分竭蹶。自十年间苏、杭变动,商贾断歇,来源日少,而兵勇日增。前署漕臣王梦龄及臣任内,无法可施,不得已于北台厘款加收四成,借以贴补。然以抽收最旺时,综计之一月进款,仅资二十日之粮。迄今之赖以饷士者,为此而已。上年筹劝捐盐一项,冀可济饷,而苗逆翻覆,淮河路阻,现亦与皖营一律无销售之路。此清淮军饷短乏、无可挪凑之实在情形也。至于徐台情形,各省协解等同虚设,本属之钱粮、捐款,每月牵计不过三四千金。昨接总兵姚广武来禀:围剿韩村四十余日,仅发十日之粮,余系每名日给麦面二斤。供支之艰难,至此已极。且现在由浦拨往徐宿之队,仍系浦属设法供应,是徐台窘迫万分、自顾不遑,尤难兼顾他处也。

臣愚窃为军书旁午,九重南顾焦劳,不应再以苦语危词上烦君父,但能统筹兼顾,得以勉力支持,稍纾圣主宵旰之忧勤,即微臣尽涓埃之报称。是以昨奉五月十五、二十一两次寄谕:饬令设法解运粮饷济急,并饬唐训方随时会商拨兵济饷各事等因。钦此。其时兵饷两穷,实无可以筹画,而又不敢以空言搪塞,以致迟迟未能覆奏。兼以皖军情形,拨兵济饷尤急,非厚集兵力,不足以制苗死命。正在筹议间,幸值九洑洲克复,江北防务稍松。又接督臣曾国藩来函云:黄翼升援皖水师骤难北来,仍须清淮师船先行赴皖。当即檄调黄开榜来淮,面为商定,除派游击龚文林等炮船三十八只外,添拨船一百只赴皖援剿,并以皖饷无出,仍由清淮、扬镇粮台筹拨银米,即于三月十二日附奏请旨。惟黄开榜所部自三月至今尚未发饷,现在远道赴援,既须稍清旧欠,且明知皖营奇窘,不能不裹粮而行;加以军火等项必须由浦备足,计非两万金,不能料理成行。昨已函商乔松年极力共筹,以冀早令就道,庶于皖营拨兵济饷之事稍分其劳。兹又钦奉前因,莫名焦灼!

窃思江北各台局饷虚空,无不度日如年,多方罗掘,但能将黄开榜一军速令起程助剿,实别无可以兼筹之款协济皖军。臣仰蒙恩遇,目击时艰,大局攸关,弥深忧怀,竭力筹思,惟有将臣漕督任内应食养廉捐凑三千两,以一千两解由徐淮道转解蒙城;以二千两购米,由浦解至临淮军营,稍资兵食,以仰副皇上垂念危疆之至意。再,由徐至蒙,因雨潦梗阻,向无船只,水陆难行,只能解银赴蒙购买,未便转运米粮。合并声明。

谨将徐、浦饷绌及竭筹接皖军需、捐廉分济缘由,恭折覆陈,是否有当,伏乞皇太后、皇上圣鉴训示。谨奏。六月十七日。

同治二年六月二十三日,议政王军机大臣奉旨:钦此。①

【案】奉上谕:袁甲三奏……招募马勇各折片:此上谕《清实录》载曰:

又谕:袁甲三奏,筹解蒙城米粮,并筹东路防务,请调东省马队,招募马勇各折片。因前蒙城现粮仅敷五日,临淮粮食垂尽,谕令袁甲三在陈郡设法劝捐,运赴临淮、蒙城两处。兹据袁甲三奏称,陈郡麦收歉薄,粮价腾踊,现劝积粮御贼,已觉万分为难,同时并办劝捐,尤觉无从措手,且水道既梗,由旱路绕运蒙城亦须旷日持久,现于亳州、太和、阜阳之高家等寨劝谕该练总高锡龄等,筹送蒙城粮食千数百石,许以如期运到,从优请

---

① 台北故宫博物院藏:军机及宫中档,文献编号:089359。

奖。其力能捐输者,作为捐办,或作为垫办,再行筹款归还等语。所筹尚属周妥。即着照所拟迅速办理,并着檄令该地方官迅饬该练总等速行运往,期于必到,以济危急。蒙城北路粮道尚有宿州一线可通,并着吴棠督饬徐州镇道多筹粮米,迅由徐宿接济,无论如何为难,总当设法速行运到。至临淮距陈郡千里,惟有下游清淮水路就近可通,并着吴棠速运粮米解往,毋稍迟误。前因临淮、蒙城米粮垂尽,谕令吴棠设法解运粮饷济急,迄今将及一月,未据该漕督覆奏。皖北情形危迫如此,该漕督视同膜外,毫不关心,实属玩泄!着即懔遵谕旨,赶紧筹办,不准稍事推延,致误大局。归、陈等处团勇虽不能越境剿贼,然在本境防堵,总可联络声势,借资御侮。袁甲三务当与毛昶熙设法,鼓励各团勇齐心御贼,毋令阑入本境,并晓谕各圩寨力图自拔,倒戈向贼,以孤苗逆之势。张冈一带捻匪,即着张之万、毛昶熙迅速攻克,以便移军进逼永、亳,以剿为防。将此由六百里各谕令知之。[1]

〇六〇 请将已故副将蔡天禄照例议恤片

同治二年六月十七日(1863 年 8 月 1 日)

再,候补副将蔡天禄,自咸丰三年由历任漕臣、河臣委办五河防剿事宜,迄今十载。该员捐资募勇,增修守备,踊跃急公,始终不懈。当咸丰八年秋间,天、六不守,发逆初犯三河;嗣后咸丰九年、十年,发逆大股屡次来扑;十一年间,盱邑叛兵勾结发、捻等匪,水陆大股直窜三河,均经蔡天禄督练协同官兵,扼要遮击,迭获胜仗,

---

[1] 《穆宗毅皇帝实录(二)》,卷六十九,同治二年六月上,第403—404页。

力御逆氛，保障清淮一带地方，厥功甚著。上年三月间，西捻大股由运河南岸窜逼蒋坝，又经该员带练随同官兵夹击却贼。今年四月，发、捻东窜盱眙、天长境内，该员堵御三河，布置防守，昼夜奔驰，感受风寒，积劳成疾，延至六月初六日，在防所病故。

臣查蔡天禄防堵三河，历经十稔，战功迭著，捍卫地方，兹以积劳身殁，殊堪悯惜。相应请旨将已故候补副将蔡天禄照军营立功后病故例，饬部议恤，以慰忠义而资激劝。谨附片具陈，伏乞圣鉴。谨奏。

同治二年六月二十三日，议政王军机大臣奉旨：蔡天禄着交部照军营立功后病故例议恤。钦此。[1]

○六一 同治元年办理湖运各工动用银数折

同治二年六月十七日(1863年8月1日)

漕运总督臣吴棠跪奏，为核明湖运四厅同治元年霜降止办理各工动用银数，循例开列清单，恭折具陈，仰祈圣鉴事。

窃惟江境洪湖又南北运河堤埽各工，皆系保卫清淮里下河完善之区饷源、民生，关系甚巨。自咸丰十年河工奉裁，部议河饷全拨军需，只留荡柴一项。经前署漕臣王梦龄奏准全数变价，拨济湖运工需，责成该管厅员择要修补在案。兹查咸丰十一年霜后起，至同治元年霜降止，湖运工需并未请帑。除淮扬长堤上届已估未办段落仍劝捐修筑外，其余帮戗筑堰、镶做防风、补加坝埽、搂护石工、填筑槽土、择镶护堰防埽，以及堵闭各坝河工程，均经臣遵照部章，于荡柴变价款内酌量分拨，并因柴款不敷，随时设法筹措，督饬

---

[1] 台北故宫博物院藏：军机及宫中档，文献编号：089360。

各该厅员分投办理,节次奏明,抄折咨部。今据淮徐扬海道分案造册开单,先后呈送计十二案,共银十六万七千二百二十五两零。

臣逐细覆核,与叠次勘验删准册案银数均属相符。除饬该管道另造印册详送次第具题并送部查核外,谨将湖运四厅同治元年霜降止工用银数查案汇开清单,恭呈御览,仰祈敕部查核施行。为此缮折具奏,伏乞皇太后、皇上圣鉴。谨奏。六月十七日。

同治二年六月二十三日,议政王军机大臣奉旨:该部查核具奏,单并发。钦此。[1]

○六二　呈湖运四厅同治元年估做工段、银数清单

同治二年六月十七日(1863年8月1日)

谨将湖运四厅同治元年分估做工段丈尺、动用银数,开具清单,恭呈御览。

计开:徐州府同知属:宿迁中河汛越堵刘老涧滚坝,先筑土坝基,自上转角起,长二十五丈,顶宽二丈,底宽三丈六尺,高八尺。又外镶护埽,长二十五丈,宽一丈,高八尺。又,接前用料堵闭,长三十六长,宽三丈,牵高、深一丈三尺。共估需料土、夫工银四千两零。

宿迁中河汛旧河尾口门堵闭工长六十丈,牵宽二丈五尺,高、深二丈七尺。又,随蛰加镶,高四尺,宽二丈五尺。埽后浇筑土戗,长六十丈,顶宽五尺,底宽七丈二尺五寸,牵高、深二丈七尺。共估

需料土、夫工银一万四千零一两零。

运、中两河长堤帮戗共工长一千七百八十丈，顶牵宽一丈零五寸至一丈七尺，底牵宽一丈五尺至三丈，牵高八尺至一丈二尺，内有一段帮与旧堤平上又加高三尺，顶宽一长，底宽二长五尺。又筑堰共工长七百三十丈，顶宽三尺，底宽九尺，高三尺。又，抢镶防风共工长三百七十四丈，牵宽八尺至一丈，牵高七尺至八尺。共估需料土、夫工银二万零七百九十一两零。

补镶中河安东汛盐河两岸旧堤共工长九十三丈，牵宽二丈至二丈二尺，牵高深一丈六尺五寸至一丈七尺五寸。又，加镶旧埽共工长四十八丈，牵宽二丈，牵高六尺至七尺五寸。共估需料土、夫工银一万三千四百七十四两零。

淮安府同知属：堰、涧、徐三汛填筑浪刷旧工、石后槽土，自堰字第十一号起至盱字第十三号止共工长四百六十五丈，牵宽一丈五尺至二丈五尺，牵深三尺至六尺。共估需土方银二千一百七十两零。

堰、涧、徐三汛临湖卑矮段落，择镶护堰防埽共工长三百四十四丈四尺，牵宽一丈至一丈五尺，牵高三尺至五尺。共估需料土银六千二百八十六两零。

堰、涧、徐三汛长堤石工历年风掣未砌段落，择要搂护，共工长二百一十三丈七尺，连越湾共长二百四十一丈，牵宽九尺至二丈六尺，牵高六尺至一丈四尺。共估需料土银一万六千四百三十四两零。

徐坝汛信坝护埽掣塌工长二十五丈，兜揽补镶宽二丈，高、深七尺。又，加镶长十三丈，宽二丈，高二尺。智坝护埽掣塌工长十四丈，兜揽补镶宽三丈，高、深八尺。又，加镶长十六丈，宽二丈，高二尺。

林家西坝护埽掣塌工长八丈五尺,兜揽补镶宽三丈,高、深一丈。又,加镶长六丈,宽二丈,高二尺。仁河护埽掣塌工长十二丈,兜揽补镶宽三丈,高、深六尺。

新义河直坝护埽掣塌工长十四丈八尺,兜揽补镶宽三丈,高、深一丈。又,加镶长十一丈,宽二丈,高二尺。旧义河直坝护埽掣塌工长八丈,兜揽补镶宽三丈,高、深一丈。通共估需料土、夫工银七千九百六十五两零。

淮安府军捕通判属:运口汛加镶头南坝外盖坝并头二、三、四坝,共牵长八十二丈二尺,牵宽三丈一尺至四丈五尺,牵高九尺五寸至一丈一尺。又,加镶张王庙前托水坝,牵长十七丈,牵宽二丈八尺至二丈九尺,牵高八尺。又,加镶福兴正闸以下河尾蒋家嘴东水坝,共牵长十五丈五尺,牵宽二丈四尺至二丈五尺,牵高六尺。共需料土、夫工银一万三千四百六十三两零。

运、清、平三汛镶做护埽共工长二百九十丈另六尺,牵宽一丈四尺至一丈五尺,牵高、深一丈三尺至一丈五尺。又,镶做防风共工长一百七十三丈三尺,牵宽六尺至八尺,牵高六尺至八尺。共估需料土、夫工银二万二千三百八十三两零。

扬州府军捕同知属:宝、氾、永、高、甘五汛镶做护埽共工长九百三十一丈二尺,宽一丈至一丈二尺,高一丈至一丈二尺五寸。镶做防风共工长三百零六丈,宽八尺至九尺五寸,高八尺至九尺五寸。加镶旧埽共工长一百五十八丈六尺,宽一丈至一丈二尺,高二尺五寸至三尺。共估需料土、夫工银四万二千零二十六两零。

高邮汛东堤堵闭车运坝工长六十四丈,兜镶宽一丈五尺,高、深一丈一尺。埽后浇筑土戗长六十四丈，顶宽五尺，底宽三丈五尺，高、深一丈二尺。共估需料土、夫工银四千二百二十七两零。

议政王军机大臣奉旨：览。钦此。[1]

○六三　奏闻补筑小坝丈尺、银数片

同治二年六月十七日（1863 年 8 月 1 日）

再，上年准工部咨开：前署漕臣王梦龄附奏，前河臣庚长任内接准部咨：外、南等厅咸丰七年份筑对头小坝，并未声明比较，率行专案奏请，着落赔缴。又，九年小坝蛰塌是否办理不善，一并查明覆奏等因。经前河臣饬据该管道遵查办理，常年所无之工向不列入比较。咸丰七年筑做小坝，至九年已越两载，是年来水旺骤，以致蛰塌频仍，循案动用荡柴，补加添筑，并非办理不善，请准专案造销等因。咸丰十一年五月初十日，奉朱批：该部议奏。钦此。查咸丰七年南河分筑小坝，转运苇右营柴束，办理奏令详查，延至九年，始据覆奏，并称前筑坝工蛰塌，补加添筑，未将工段奏明，亦未声叙归入何年比较，率以专案奏请。是以议请着落前河臣庚长赔还。今该署督仍专案请销，碍难率准，应饬查蛰塌处所、补加添筑工段及应赔银数，专折覆奏，并将前河督庚长于咸丰七年份筑坝工迟延两载始行具奏，是否该道厅影射浮开及事后增添情弊，一并详细声覆，以凭核办等因。咸丰十一年九月初六日，奉旨：依议。钦此。钦遵咨会到臣。转饬清查局查覆。

兹据详称：外南、北、山、海、安、阜六厅咸丰七年份筑对头小

---

① 台北故宫博物院藏：军机及宫中档，文献编号：089362。

坝，原为束水攻沙而设，所做工程俱系严切勘估，减而又减，并先经奏明有案，委无影射浮开及事后增添情弊。至九年大汛，因原筑坝工已阅两载，加以是年来水旺骤，涌注搜刷蛰塌，当经该厅等禀奉勘准，循案动用荡柴，分别补加，并于河宽无坝处所酌量添筑，以资逼刷，实非前次办理不善所致。总之，该二年筑做小坝，本属常年所无，而拨运积存荡柴仍系常年工用。以常年应用之款办常年所无之工，与从前估做非常要工，皆于例拨物料、工需外另行专案请帑者迥不相同，仍恳照按覆奏请销，并将九年补筑坝工丈尺、料工、银数照造清单详送，声明清单底册因十年春清江被匪蹂躏，遗失不全，迨局清查，始饬承办各厅员照案补造，迟延有因等语前来。

臣复查无异。除饬另造两次估案、册图详送，次第具题并送部核查外，谨将咸丰九年外南等厅补筑小坝丈尺、银数照案开列清单，恭呈御览，仰祈敕部查核施行。理合附片具陈，伏乞圣鉴。谨奏。

同治二年六月二十三日，议政王军机大臣奉旨：该部查核具奏，单并发。钦此。[①]

○六四　呈咸丰五年至十一年苇估清单

同治二年六月十七日（1863 年 8 月 1 日）

谨将苇荡左、右两营咸丰五年至十一年止苇估正余柴数，照案开列清单，恭呈御览。

---

　　① 　台北故宫博物院藏：军机及宫中档，文献编号：089363。

计开：咸丰五年份：左营苇估柴二百四十一万六千六百八十束，除旧额正余柴一百五十三万五千束，计新增余柴八十八万一千六百八十束。右营苇估柴二百六十万零七千七百五十束，除旧额正余柴一百六十三万四千八百束，计新增余柴九十七万二千七百五十束。

咸丰六年份：左营苇估柴一百八十二万一千三百束，除旧额正余柴一百五十三万五千束，计新增余柴二十八万六千三百束。右营苇估柴二百四十三万七千九百二十八束，除旧额正余柴一百六十三万四千八百束，计新增余柴八十万零三千一百二十八束。

咸丰七年份：左营苇估柴二百三十八万一千七百束，除旧额正余柴一百五十三万五千束，计新增余柴八十四万六千七百束。右营苇估柴二百八十九万一千四百五十六束，除旧额正余柴一百六十三万四千八百束，计新增余柴一百二十五万六千六百五十六束。

咸丰八年份：左营苇估柴二百三十七万三千零六十束，除旧额正余柴一百五十三万五千束，计新增余柴八十三万八千零六十束。右营苇估柴二百八十八万零一百五十七束，除旧额正余柴一百六十三万四千八百束，计新增余柴一百二十四万五千三百五十七束。

咸丰九年份：左营苇估柴二百四十万零一千五百四十七束，除旧额正余柴一百五十三万五千束，计新增余柴八十六万六千五百四十七束。右营苇估柴二百九十万零八千六百四十四束，除旧额正余柴一百六十三万四千八百束，计新增余柴一百二十七万三千八百四十四束。

以上咸丰五年至九年止左、右两营荡柴，均系派厅运工济用。理合登明。

咸丰十年份：左营苇估柴二百四十万零三千九百六十束，除旧额正余柴一百五十三万五千束,计新增余柴八十六万八千九百六十束。右营苇估柴二百九十一万零二百三十五束,除旧额正余柴一百六十三万四千八百束,计新增余柴一百二十七万五千四百三十五束。

咸丰十一年份:左营苇估柴二百四十万零三千九百六十束,除旧额正余柴一百五十三万五千束,计新增余柴八十六万八千九百六十束。右营苇估柴二百八十三万四千八百束,除旧额正余柴一百六十三万四千八百束,计新增余柴一百二十万束。

以上咸丰十、十一两年左、右营荡柴,均系遵照部章全数变价,拨济湖运工需,仍照例价银数造销,以符案款。理合登明。

议政王军机大臣奉旨:览。钦此。①

○六五 奏报咸丰五年至十一年苇估柴数片

同治二年六月十七日(1863 年 8 月 1 日)

再,准工部咨开,遵议臣奏湖运四厅咸丰十一年霜降止前署漕臣任内办理各工动用银数一折。查帮饯筑堰各工,共计九案,动用荡柴变价银十四万四千五百余两。此项工程既于柴束变价款内分拨,究系动用何年变价之银,折内并未声明,亦未报部备案,应饬查明前项银两动用何年之款,并将现在柴束变价若干两、积年变价尚存若干两,一并详细声覆等因。奉旨:依议。钦此。钦遵咨会前来。

臣查苇荡左、右两营柴束,历年霜后估采,次年派厅运工济用。

---

① 台北故宫博物院藏:军机及宫中档,文献编号:089364。

咸丰十一年，前署漕臣王梦龄奏准遵照部章，将荡柴全数变价，拨济湖运工需，仍按漕规造销，以符案款。所有十一年霜降止办理各工计九案，共银十四万四千五百余两，系动用十年荡柴变价之款。案查十年左、右两营正、余柴束照例价科，计共值银二十八万余两，内除两营饷米、刀本、水脚、沟渠埝基等项，共支例银十六万有奇，所余不敷分拨，幸十年止尚有积存荡柴二十万束，一并变价济用。

至十一年份两营柴束，除支用各款外，计余例价银十四万两零，按照变价数目，折实无多。上年工用较繁，不敷更巨，经臣设法筹款，勉为支应，得以修守平稳。除将上年工用银数另折具陈外，饬据清查局暨荡务委员将咸丰五年起至十一年止围估左、右两营柴数，分别查取前来。臣逐年覆核，谨照案汇开清单，恭呈御览，仰祈敕部查核施行。为此附片具陈，伏乞圣鉴。谨奏。

同治二年六月二十三日，议政王军机大臣奉旨：该部查核具奏，单并发。钦此。①

○六六　呈咸丰九年补加添筑小坝工程清单

同治二年六月十七日(1863年8月1日)

谨将外南、北、山、海、安、阜六厅咸丰九年补加添筑小坝工程丈尺银数，照案开具清单，恭呈御览。

计开：淮扬道属：外南、外北二厅境内，大河南北两岸对头小坝十三道，共长三百二十一丈五尺，内补镶坝头共长八十六丈，宽三丈，牵高、深二丈四尺至二丈六尺。又，加镶各坝共长三百二十一

---

① 台北故宫博物院藏：军机及宫中档，文献编号：089365。

丈五尺,高五尺至九尺,宽三丈。又,添筑对头小坝四道,内先筑土坝共长一百十四丈,顶宽三丈,底宽五丈四尺至六丈二尺,牵高六尺至八尺。接做柴坝共长一百五丈四尺,兜镶宽三丈,牵高、深一丈七尺六寸至二丈四尺。上又随蛰加镶高三尺至五尺,宽三丈。共估需料土、夫工银五万五百二十五两零。

淮海道属:山安、海防二厅境内,大河南北两岸对头小坝二十二道,共长五百五十六丈,内补镶坝头共长三十一丈五尺,宽三丈,牵高、深一丈六尺至一丈七尺。又,加镶各坝共长五百五十六丈,高六尺至九尺,宽三丈。又,添筑对头小坝二道,内先筑土坝,共长四十六丈,顶宽三丈,底宽五丈八尺至六丈二尺,牵高七尺至八尺。接筑柴坝共长三十七丈七尺,兜镶宽三丈,牵高、深一丈四尺至一丈五尺。上又随蛰加镶高四尺至五尺,宽三丈。共估需料土、夫工银二万九千五百二十九两零。

海安、海阜二厅境内,大河南北两岸对头柴坝二十道,共长四百九十八丈,内补镶坝头共长六十丈零六尺,兜镶宽三丈,牵高、深一丈七尺至二丈。又,加镶各坝共长四百九十八丈,高五尺至一丈,宽三丈。又,添筑对头小坝五道,内先筑土坝,共长一百二十九丈,顶宽三丈,底宽五丈四尺至五丈八尺,牵高六尺至七尺。接筑柴坝共长一百二十丈,兜镶宽三丈,牵高、深一丈四尺至一丈六尺。上又随蛰加镶高四尺至六尺,宽三丈。共估需料土、夫工银三万七千三百二十六两零。

议政王军机大臣奉旨:览。钦此。[1]

---

① 台北故宫博物院藏:军机及宫中档,文献编号:089366。

○六七　奏报审明续获盗伙分别正法、议拟折

同治二年六月二十五日(1863年8月9日)

漕运总督臣吴棠跪奏，为审明续获盗伙，分别正法、议拟，恭折具奏，仰祈圣鉴事。

窃照同治元年十一月二十七日夜，淮城南门内王肇庆店铺被匪行劫，拒伤典伙。报经山阳县会营勘验详缉，臣当将该管文武员弁及巡查委员分别摘顶，撤委记过，责惩勒缉，并行各县、营一体协拿。旋据山阳县禀同江都县会获盗犯杨维即杨赋、张洪、林长、陈有，起同原赃，讯认行劫不讳。臣饬提各犯，亲讯明确，就地正法，恭折会奏在案。兹据山阳县知县陈振簧续报：会同各县、营于同治二年正月十六、二十八等日，在洪泽湖破屋及江都县境先后拿获盗伙老吴及周二又名周老五、陈阿四即赵二又名赵阿四、张大纲子即张大、汪三即谢四四名，并起出银首什等件。又据清河县知县查详考禀同山阳县暨副将衔参将朱光廷、把总赵维新、李赞魁等，于同治元年十二月三十日在清、桃交界地方会获盗伙胡姓即张晏，又名张彦、张得运两名，并起获刀枪等件。时有安东等县、营暨各典史、丁役、兵目踵至协获，声明张得运于取供后至同治二年正月十七日，在监病故，禀请委员验报。胡姓解由山阳县并讯通禀，并以催据事主开送失单，饬牙估计已、未起各赃，共值银一万六千二百十五两一钱九分二厘，将已起各赃传主认领，造册呈送前来。

臣饬将被劫当货出示晓谕，照例赔偿，一面行提各犯亲加研讯。缘老吴即周二又名周老五，陈阿四即赵二又名赵阿四，胡姓即

张晏又名张彦,张大纲子即张大,汪三即谢四,分隶山阳、清河、安东、甘泉等县。周二等平日游荡,汪三驾船为业,先未为匪犯案。同治元年十一月十七日,周二、赵二、张晏会遇,先不认识,后经问知已获正法之杨维即杨赋、张洪、林长、陈有、在逃之蔡喜、李姓,道及贫难。杨维稔知淮城南门内王肇庆典铺殷实,起意行劫,各犯允从。杨维复纠张大纲子并已获病故之张得运、在逃之卢洪、陈东林、蔡姓及不识姓名一人入伙·周二、赵二、张晏虑恐日后同伙被获,指名供出,未敢告知真正姓名。周二改名老吴,赵二改名陈阿四,张晏改名胡姓,张大纲子、张得运未通姓名。是月二十三日,共伙十五人由扬州分坐已获汪三、未获之席五两船,二十七日行抵淮城南门外河内停泊。杨维留汪三、席五看船,余俱登岸。时值淮城开考,杨维、张洪、林长、陈有、周二、赵二、蔡喜、李姓冒充外县武童,陆续混进城内,约在旷地会齐。张晏、张大纲子、张得运、卢洪、陈东林、叶姓及不识姓名一人,因见城门盘诘严紧,虑恐败露,不敢进城,回至船中,守至是夜三更时分,携带竹梯、火器、刀械,由东城外爬城进内,与杨维等会合,偕至王肇庆典铺门首。杨维令周二、蔡喜用梯爬进典内,开出典门,一齐拥进。典伙黄天寿、黄五被捆拒伤。杨维等分赴首什房、帐房搜劫金银首什、元宝等件,装放口袋。即经淮安府暨山阳县闻信往拿。杨维等携赃绍城而出,下船开行,摇至僻处,查赃俵分,各自逃逸。典商王肇庆报县勘验,会获盗犯杨维、张洪、林长、陈有,解经臣讯明正法,恭折会奏。兹据山阳、清河等县续获盗伙周二、赵二、张大纲子、汪三、张晏、张得运,并起获首什、刀枪等件,讯供通禀,声明张得运于取供后,在监病故,禀请委员验报。臣提犯亲鞫,金供不讳,诘无另犯伙劫别案。汪三所分原赃首什业已起获,周二等赃虽无起,而所供首伙姓名、人数及听纠往劫进出情形之数，与前获首伙各供均属吻合，其为正盗无疑。

查律载：强盗已行得财者，不分首从皆斩。又，断罪无正条，援引他律比附定拟。又例载：共谋为盗，因别故不行事后分赃者，杖一百，流三千里各等语。此案老吴等听从行劫，业已得赃，应按律问拟。老吴即周二又名周老五，陈阿四即赵二又名赵阿四，胡姓即张晏又名张彦，张大纲子即张大，张得运均合依强盗已行得财者不分首从皆斩律，拟斩立决，照例刺字。该犯等入城行劫，或于白昼混入，或于黄夜爬越，拒伤典伙，肆劫多赃，实属罪不容诛；况行劫四案之多，尤为稔恶巨盗，未便稍稽显戮。当即恭请王命，就地正法，仍照例枭首示众，以昭炯戒。该犯等尚有行劫田协盛布店、陈鸣康染房、郭广和布店三案，情罪相等，应归此案拟结。张得运业已在监病故，应毋庸议。汪三听纠架船行劫，在途看船，查泊船处所距事主居处较远，尚未随同上盗，仅于事后分赃，例无治罪正条，自应比附问拟。汪三即谢四比照共谋为盗，因别故不行事后分赃者杖一百、流三千里例，拟杖一百，流三千里，到配折责安置。失察牌保，饬县照例提责。典伙黄天寿伤均平复。余讯无同居亲属知情分赃、牌保得规包庇情事，各犯逃后亦无知情藏匿之人，应与讯无凌虐之刑禁人等概毋庸议。死系盗犯监毙，职名并请免开。起赃给主，未起追赔。起获刀枪，饬县储库，案结销毁。尸棺饬传领埋，逸犯蔡喜等缉获另结。

再，此案盗犯首伙十五人，已于初参限内拿获首伙九人，获犯过半，兼获盗首。两缉文武各员弁尚知振作，应请将山阳县知县陈振黉、山阳县典史蒋祖镛等前摘顶戴一并给还。所有拿获邻境盗犯二名之同知直隶州用署清河县知县查详考，应请照例议叙，以示鼓励。其协获各犯应叙职名,容俟饬查详覆,再行请奖。除将全案供招咨送刑部核办外,合将续获盗伙审明正法、议拟缘由,谨会同督臣曾国藩、抚臣李鸿章,恭折具奏,伏乞皇太后、皇上圣鉴,敕部核覆施行。谨奏。六月二十五日。

同治二年七月初一日,议政王军机大臣奉旨:刑部议奏。钦此。①

○六八　奏报赶紧妥办临淮军饷片

同治二年六月二十五日(1863年8月9日)

再,臣钦奉同治二年六月十九日寄谕:昨谕吴棠饬黄开榜督带炮船,驰赴临淮,会攻怀远,唐训方妥为调度;令英翰、姚广武兵勇分扎后路。蒙营饷道,着仍遵前旨,赶紧妥办。临淮军饷匮竭,着吴棠迅筹接济,不准迟延推诿,致滋贻误。钦此。各等因。伏查臣前奉旨饬筹皖饷,遵将各台局支绌情形并捐廉济饷缘由恭折奏明在案。所有捐济蒙城养廉银一千两,已于六月十九日由清淮解送徐州转解。现仍赶凑养廉银二千两,购办兵米,运送皖营。先是臣据归德府知府报称:有解蒙饷银七千五百两并火药一千斤,因捻匪梗塞永、亳,遂议请由徐宿转解等语。臣当于六月初九日飞饬姚广武派队,接护解蒙。现又有安徽臬司马新贻委员张盛恺由上海解饷银五千两并洋炮等件到淮,臣仍派队护送张盛恺即日起程,并饬徐州镇道派队护解,以济蒙军。蒙军得此协济,暂可支持。臣昨探闻寿州不守,已飞饬黄开榜水师赶

---

① 台北故宫博物院藏:军机及宫中档,文献编号:089552。

速修艎，限七月初旬起队援皖。兹又迭奉谕饬前因，遵又檄催黄
开榜料理赴皖，并饬姚广武力顾蒙、怀饷道，不敢稍任延误。惟
查苗逆翻覆，围扑蒙城、寿州，窃踞怀远，各路皆有官军堵剿援
应。寿州之所以失陷者，以内应开城所致，似非苗逆所能办。此
特因官军分驻，为数较单，与贼相持日久，城中粮谷变生，故该逆
得肆其诡计。臣前在徐，稔知逆首苗沛霖[①]长于自守，以困为攻，
而短剽忽驰骤。即其连年两叛，总在凤、寿、蒙、怀一带，蚕食附近
城圩，未若捻匪、发逆驰骤于千数百里之外也。是以苗逆每叛必图
勾捻。

现在寿州已失，诚如圣谕：苗逆必留苗兵守寿，而捻党以窥临
淮，添兵急攻蒙城。臣尤虑其煽惑永、宿境内各捻，使之分途出窜，
以阻河南、徐宿援皖诸军。窃揣北路情形，剿苗援皖仍以先剿捻匪
为要务。惟各军单薄，堵剿均属不敷，而捻逆此击彼窜，尤非大起
马队未能追逐。春间亲王僧格林沁削平诸捻，得力于马队居多，旋
因将援东省大军撤后，豫东各捻陆续回巢，又值苗逆倡乱，官军未
暇专顾，迄今已纠聚数万之众，踞有永、亳、宿境百余降圩。若不及
早扫除，逼胁日多，捻势日炽，将来亲王僧格林沁南下剿苗，亦为捻
逆所中阻。苗得捻为屏蔽，并将猖獗于蒙、怀之际，是苗、捻联合，
为患甚巨，为此沥恳天恩，可否将淄川军务责成山东抚臣督兵围
攻，或即调黄国瑞一军，由莲池进攻淄川。该淄川逆党不过小丑负
隅，稍延迟日，总当授首。仍求谕饬亲王僧格林沁克日督带马步

---

① 苗沛霖(1798—1863)，字雨三，安徽凤台人，秀才出身，原为塾师。咸丰六年
(1856)，在籍办团，割据称雄。七年(1857)，投胜保，后随袁甲三剿捻，保官道员。十年
(1860)，逐清军去皖。十一年(1861)，投太平军。同治元年(1862)，阴降清，捕陈玉成，
旋再反清。二年(1863)，兵败，为部下所杀。

劲旅,先行南征捻逆。该逆曾经惩创,一闻该亲王兵到,仍将投
戈反正。其中狡悍数股,渐次剪除,谅必一麾而定,即可督饬各
路兵勇,并力剿苗。苗逆不敢野战,料只负固自守。以该亲王之
威望,合各路官军之兜击,歼灭苗逆,在此一举。臣早夜筹思,稍
有见及,不敢不据实上陈。是否有当,伏乞圣鉴训示。谨附片
具奏。

同治二年七月初一日,议政王军机大臣奉旨:钦此。①

○六九　奏报拨兵办理蒙北饷道片

同治二年六月二十五日(1863 年 8 月 9 日)

再,臣前因蒙北饷道紧要,飞饬总兵姚广武拨队,会同皖军前
往通理。兹据姚广武禀称:抽派副将甄玉标、参将杨文全等马队五
百名,于六月初九日自宿起程,初十日行抵侯家楼寨,与知府英翰
合扎,询知蒙城东、西、南三面皆系苗垒,北面小涧集有总兵徐鹤等
营。甄玉标等即于十一日酌带火药、银两,送至小涧集,交由皖军
接护解蒙。并据徐鹤等云:蒙城情形虽属危迫,如粮能送入,尚可
无虞。惟自侯家楼至小涧集经过二郎山等处,有苗圩六七座,每出
逆众数百人拦截,希图阻塞粮道。当经甄玉标等整队猛击,毙贼多
名,余匪仍败入圩。该副将等仍赴侯家楼与英翰会军,先议剿办二
郎山一带苗逆,以期力通蒙北道路。先是徐西郝家集、唐家集一带
土匪乘秋禾茂密,啸聚抢劫,经署淮徐道朱善张派游击李金榜、守
备高秉元等,带队往缉,嗣经败捻窜过,土匪愈炽。并据获匪供称,

有勾结群捻北窜打粮之谋。姚广武时因韩村已下，并将投诚复谋逃叛之首逆周化传及伙匪二十五名，由副将艾宪银拿获正法，即留艾宪银等军驻扎韩村，姚广武酌带队伍，驰赴铜、萧一带，迭拿土匪百余名，讯明惩办。旋据艾宪银禀称：捻匪李帛、赵克元、李大个仔等盘踞南、岳二集，占住刘、杨各圩，纠党数千人，扑破永城县境之会亭民圩，又回窜宿境之柳子集、铁佛寺、张小集、谢家槽坊、龙王庙一带，煽诱降圩，聚众二万余人，声言装旗北窜打粮，并有捻匪相盘等窥伺宿南之临涣民圩。该处为援蒙各军最要后路，恳请拨队援剿各等语前来。

臣查姚广武一军，旧部、新募不过四千人，南分马队援蒙，北又分剿土匪，仍复扼扎韩村、童亭各路，兵分力单，情形万分吃紧。计由东、豫陆续回宿各捻股逆，近日逼胁各降众数已二万有余。宿州径途四达，诚恐该逆伺间旁趋。惟英翰等军皆已援蒙，姚广武队伍无多，实未能制捻死命。臣已严饬该总兵将徐西未获各土匪，留队驻辑，即日折回宿营，就现有兵力，竭力堵剿捻匪，并兼顾蒙北饷道，以资联络。

再，总兵黄国瑞自六月初旬督率各军，昼夜环攻白莲池匪圩，贼势极为穷蹙。顷具禀称：于十七日夜间冒雨力战，立将教匪老巢攻拔各等语。除饬查明战状另行恭折具报外，谨并附片具陈，伏乞圣鉴。谨奏。

同治二年七月初一日，议政王军机大臣奉旨：钦此。[1]

【案】同治二年七月初一日，清廷颁布上谕曰：

① 台北故宫博物院藏：军机及宫中档，文献编号：089554。

谕议政王军机大臣等：唐训方奏陈，淮河两岸力筹堵剿，蒙城困迫日甚各折片，并吴棠奏，苗逆勾捻，其势日炽，宿捻及土匪均欲装旗北窜各等语。苗逆虽系自守之贼，而专于逼胁各圩，且凶谋阴狡，每以包截官军后路为长技。此次乘寿州沦陷，水陆东下，猛扑临军，唐训方所部各军饥困之余，前后受敌，勉强支持，深恐屡战力疲，一有挫折，则全淮不堪设想。现在蚌埠贼划虽经击沉多只，而陆贼仍负隅死守，着唐训方仍督各军，竭力妥筹战守，一俟彭玉麟、杨岳斌、黄开榜等水师赶到，即饬前敌诸军，水陆会合攻剿。蒙城被围日久，宿州一线粮道亦为阻绝。蒙城内外仅马新贻、英翰两军，勉力战守，而兵力无多，粮运屡断，情形万分危迫，殊恐难复久支。吴棠所派援蒙之姚广武一军，因徐境各匪有装旗北窜之信，调回防剿。现据该漕督所奏，又有豫、东两省回宿败捻，诱胁各圩，众至数万。其李大个孜等在宿州煽胁各圩已有二万余人，声言装旗北窜等情。寿州陷后，苗逆势已复张，若不及早扫除，将来北路大军南下，亦恐为捻逆中阻，势将不可收拾。吴棠与唐训方所奏各情大略相符，均请饬令僧格林沁移师赴皖，情词甚为迫切。前据僧格林沁奏，俟攻克白莲池后，令黄国瑞带兵往攻苗逆。当经谕令该大臣，以傅振邦熟悉徐宿一带情形，可即令带兵前往。现在蒙城如此危急，苗党、捻匪如此之多，该大臣即不能亲往，必须调派得力兵将前去，方能有济。傅振邦、黄国瑞二员中，何员最为得力，着该大臣酌量迅速调派，一面奏闻。唐训方仍即就所有兵力，竭力搘拄，以待援师，毋稍疏失。吴棠严饬姚广武速将宿西各匪剿除，即折回宿境，与马新贻、英翰等军声势联络，以通蒙城粮运；并着该漕督懔遵叠次谕旨，源源接济，毋令乏绝。讷木津、桂锡桢之军已有招降李大个孜股匪之禀，何以该匪又复纠党装旗，声言北窜？是否讷木津等禀报虚捏，抑或李大个孜肆行反复，着僧格林沁严密确查，仍饬讷木津等速行折回宿境，合力剿贼，毋许观望。唐训方所奏，有已革知府金汝霖为苗逆内应，现已计捡就戮。此等衣冠悖逆，殊堪发指。其籍贯何处？眷口何存？例应连坐，着唐训方密行查拿办理。将此由六百里各谕令知之。①

○七○　请将刘春芳等开复顶戴片

同治二年六月二十五日(1863年8月9日)

再，案查咸丰二年丰工西坝委员候补通判刘春芳，承收通判王恩沛购料；又候补州同晏芬承收同知李万杰购料，并通判张嘉琳暨王恩沛承收各厂之料，均因斤重短少，经前督臣陆建瀛、②前河臣

---

① 《穆宗毅皇帝实录(二)》，卷七十二，同治二年七月上，第451—452页。

② 陆建瀛(1792—1853)，字立夫，仲白，湖北沔阳人。道光二年(1822)，中式进士，改翰林院庶吉士。三年(1823)，授编修。八年(1828)，任国史馆汉纂修。翌年，充会试同考官。十年(1830)，补文渊阁校理。十二年(1832)，充会试同考官、云南乡试正考官。同年，丁母忧，回籍终制。十四年(1834)，补翰林院编修。次年，充南书房行走。十五年(1835)，补教习庶吉士，充山东乡试正考官。十六年(1836)，授在上书房行走。同年，丁父忧。十八年(1838)，补文渊阁校理，转右春坊右赞善。十九年(1839)，授右春坊右中允，升翰林院侍讲、侍读。同年，署日讲起居注官。二十年(1840)，放直隶天津道。二十二年(1842)，迁直隶按察使。次年，升补直隶布政使。二十六年(1846)，擢云南巡抚。是年，署云贵总督，调补江苏巡抚。二十七年(1847)，署两江总督。二十九年(1849)，补授两江总督。咸丰二年(1852)，授钦差大臣。三年(1853)，以江宁城破亡。谥文节。著有《木犀香馆赋》、《陆立夫议奏》。

杨以增①奏参,奉旨:着一并摘去顶戴,所短之料,责令赔补交工,并着查讯惩办等因。旋以李万杰在东坝办事,料由料户交收,讯无情弊,即经奏准开复。嗣据丰工总局京员郭沛霖等查讯,刘春芳、晏芬均无情弊,取具供结饬缴,并以晏芬系料厂王恩沛随员,所有代收李万杰短少之料,禀经前督臣陆建瀛责令王恩沛代赔在案。

咸丰三年正月,刘春芳将应赔短料全数交工验收,即据禀请开复顶戴。适前督臣陆建瀛回省办理防堵,批候王恩沛赔料交工,再行汇办。讵王恩沛料未交足,即已病故,经前河臣庚长仍饬晏芬赔补。该员遵于九年十二月呈缴料价银两,前河臣庚长未及具奏卸事,现在设局清查。复据该员等禀请开复,经臣饬据清查局覆称:刘春芳与王恩沛所缴之料,均归丰工案内拨收;至晏芬赔补料价银两,系属呈缴河库,均已清楚。除分别造报外,恳赐奏请开复前来。

臣查此案原参各员内,张嘉琳、王恩沛各有应赔代赔之料,均据交工,先后病故。李万杰业已开复,其改擎北河通判,刘春芳改擎东河州同,晏芬先经讯无情弊,取具供结在案。该二员代赔之

---

① 杨以增(1787—1855),字益之,号至堂、冬樵,山东聊城人,廪生。嘉庆二十四年(1819),中式举人。道光二年(1822),中式进士。四年(1824),补贵州荔波县知县。翌年,充贵州乡试同考官。八年(1828),调贵州贵筑县知县。次年,补松桃厅同知。十二年(1832),兼署兴义府知府。同年,升贵阳府知府。十四年(1834),迁广西左江道。是年,调补湖北安襄郧荆道。二十一年(1841),补河南开归陈许道。二十三年(1843),升补两淮盐运使。同年,调甘肃按察使。二十四年(1844),兼署甘肃布政使。二十六年(1846),授陕西布政使。是年,护理陕西巡抚。二十七年(1847),擢陕西巡抚。同年,兼署陕甘总督。二十八年(1848),授江南河道总督。咸丰三年(1853),兼署漕运总督。次年,兼理淮北盐务。咸丰五年(1855),卒于任。谥端勤。生前建海源阁,藏书甚富,著有《退思庐文存》《杨端勤公奏疏》。

料,先既查明先后交清,所有原参摘顶之案恳请天恩准予开复,以便给咨分赴东、北两河候补,出自逾格鸿慈。谨附片陈明,伏乞圣鉴。谨奏。

同治二年七月初一日,议政王军机大臣奉旨:刘春芳、晏芬均着准其开复顶戴。余依议。钦此。[①]

○七一　奏报徐州分局收捐军饷应奖衔名折

同治二年六月二十五日(1863年8月9日)

漕运总督臣吴棠跪奏,为核明徐州分局收捐军饷应奖衔名,缮具清单,恭折奏祈圣鉴事。

窃照徐州分局截至咸丰十年四月止,前署漕臣王梦龄前管粮台任内收支各款,节经奏送清单,并造具清册,次第题销。所收历年捐输共银二千两、钱五十万五十千零,除已请奖外,尚有未请奖捐钱十五万三千六百余千,前于清单内声明饬取履历核奏在案。兹催据捐生二十九员名,开具履历,呈明愿奖官阶,共计钱五万四千七百十二千文,由报销局委员核明,均系已入军需项下支销之款,其所请官阶核与捐数相符,转请奏奖前来。

臣覆核无异。除造具清册咨部,并饬将其余捐款催送捐生履历续奖外,相应缮具清单,恭呈御览,仰恳天恩饬部覆核,迅颁执照给领,以示激励。为此恭折具陈,伏乞皇太后、皇上圣鉴。谨奏。

同治二年七月初一日,议政王军机大臣奉旨:户部核议具奏,

---

① 台北故宫博物院藏:军机及宫中档,文献编号:089555。

单并发。钦此。①

○七二　呈徐州分局收捐军饷应奖衔名清单

同治二年六月二十五日(1863 年 8 月 9 日)

谨将徐州分局收捐军饷应奖衔名,缮具清单,恭呈御览。

谢承辂,江苏人;蒋汝冀,江苏人;史树纲,江苏人。以上三名,各捐钱一千五百千文,核与奏准以钱合银报捐监生、加捐县丞不论双单月选用减成银数有盈,拟请均作为监生,以县丞不论双单月选用。

张宝箴,江苏监生,捐钱一千三百五十千文,核与奏准以钱合银报捐县丞不论双单月选用减成银数有盈,拟请以县丞不论双单月选用。

管承勋,江苏监生,捐钱五百六十千文,核与奏准以钱合银报捐县主簿双月选用减成银数有盈,拟请以县主簿双月选用。

史悠荣,江苏人,由浙江候补县丞捐钱五千九百六十千文,核与奏准以钱合银捐免保举、加捐不论双单月选用知县减成银数有盈,拟请准其捐免保举,以知县不论双单月选用。

史毓昌,顺天人,祖籍江苏,捐钱二千九百十千文,核与奏准以钱合银报捐监生、加捐盐大使选用减成银数有盈,拟请作为监生,以盐大使选用。

吴企翼,江苏人,捐钱八千二百三十千文,核与奏准以钱合银报捐监生、捐免保举加捐知县不论双单月选用,并加同知衔分别减

---

① 台北故宫博物院藏:军机及宫中档,文献编号:089556。

成银数有盈,拟请作为监生,捐免保举以知县不论双单月选用,并加同知衔。

史其修,江苏监生,捐钱九百六十千文,核与奏准以钱合银指捐巡检分缺先选用减成银数有盈,拟请归部以巡检不论双单月分缺先选。

吕延鳌,江苏人,捐钱一百六十千文,核与奏准以钱合银报捐监生银数有盈,拟请作为监生。

吕延炉,江苏人;吕延焱,江苏人;吴焱,江苏人。以上三名,各捐钱五百三十千文,核与奏准以钱合银报捐监生、加捐布政司经历衔减成银数有盈,拟请均作为监生,给予布政司经历职衔。

吕传枵,江苏人,由就职直隶州州判捐钱四百八十五千文,核与奏准以钱合银捐足三班减成银数相符,拟请归部以直隶州州判不论双单月选用。

陈遐沾,江苏人,捐钱三千三百二十千文,核与奏准以钱合银报捐监生、加捐布政司经历衔加二级、请五品封典减成银数有盈,拟请作为监生,给予布政司经历衔加二级,并给伊父母从五品封典,暨将本身妻室应封貤封其祖父母。

徐大绶,浙江人,由同知直隶州用南河改掣通判捐钱三千三百千文,核与奏准以钱合银报捐离任、捐免补本班减成银数有盈,拟请归改掣省份,捐免本班,以直隶州知州补用。

张毓桂,浙江人,由双月候选盐运司经历捐钱八百四十千文,核与奏准以钱合银捐足三班减成银数有盈,拟请归部以盐运司经历不论双单月选用。

陈登仕,江苏人,由府经历衔捐钱三千八百二十千文,核与奏准以钱合银加捐同知衔、请五品封典减成银数有盈,拟请给予同知衔,并给伊父母正五品封典,暨将本身妻室应封赃封其祖父母。

颜钟徽,广东附生,捐钱五千四百十千文,核与奏准以钱合银加捐监生并免保举以主事双月选用减成银数有盈,拟请作为附监生,捐免保举,归部以主事双月选用。

颜钟光,广东附生,捐钱三千二百八十千文,核与奏准以钱合银加捐监生、以通判双月选用减成银数有盈,拟请作为监生,归部以通判双月选用。

颜培珍,广东人,由不论双单月选用县丞捐钱一千二百十五千文,核与奏准以钱合银加捐分缺间选减成银数相符,拟请归部以县丞不论双单月分缺间选用。

颜培璠,广东人,捐钱一百三千文,核与奏准以钱合银报捐从九品职衔减成银数相符,拟请给予从九品职衔。

顾树宝,河南附生,捐钱五百四十千文,核与奏准以钱合银加捐监生、指捐巡检不论双单月选用减成银数有盈,拟请作为附监生,归部以巡检不论双单月选用。

寥寿同,顺天人,祖籍江苏,捐钱一千四百二十五千文,核与奏准以钱合银报捐监生、加捐盐运司知事不论双单月选用减成银数有盈,拟请作为监生,以盐运司知事不论双单月选用。

颜钟骥,广东人,由候选郎中捐钱三百八十四千文,核与奏准以钱合银捐请五品封典减成银数相符,拟请赃封伊胞叔父母正五品封典。

吴炳勋,安徽人,由候选从九品捐钱一千一百六十五千文,核与奏准以钱合银加捐县丞不论双单月减成银数相符,拟请归部以县丞不论双单月选用。

王恩庆,安徽人,捐钱五百七十千文,核与奏准以钱合银报捐监生、指捐巡检不论双单月选用减成银数有盈，拟请作为监生，归部以巡检不论双单月选用。

章杰，山东人，祖籍浙江，由候选州吏目捐钱九百五十千文，核与奏准以钱合银加捐盐运司知事不论双单月选用减成银数有盈，拟请归部以盐运司知事不论双单月选用。

盛赞熙，江苏人，由北河试用县丞捐钱三千六百八十五千文，核与奏准以钱合银加捐双月知县在任候选并捐免保举减成银数有盈，拟请准其捐免保举以知县双月在任候选。

议政王军机大臣奉旨：览。钦此。①

○七三　代奏总兵黄国瑞谢恩折

同治二年六月二十五日(1863 年 8 月 9 日)

漕运总督臣吴棠跪奏，为据情代奏，恭谢天恩，仰祈圣鉴事。

窃臣据遇缺尽先题奏总兵黄国瑞禀称：五月二十九日，承准亲王僧格林沁咨开：五月十九日，会同帮办军务侍郎国瑞、②署山东巡

---

① 台北故宫博物院藏：军机及宫中档，文献编号：089557。

② 国瑞，生卒年未详，爱新觉罗氏，又称宗室国瑞。咸丰元年(1851)，充乾清门二等侍卫。翌年，升头等侍卫，任御前侍卫上行走。三年(1853)，授镶黄旗蒙古副都统。四年(1854)，署京营右翼总兵，管保定等五处官兵事务，加内阁学士兼礼部侍郎衔。同年，署理藩院左侍郎、工部左侍郎、工部右侍郎兼管钱法堂事务，刑部右侍郎。是年，授正蓝旗护军统领、工部右侍郎。五年(1855)，补刑部右侍郎、镶红旗满洲副都统。六年(1856)，兼署直隶提督、京营左翼总兵。七年(1857)，补刑部左侍郎，旋授太仆寺少卿。十年(1860)，帮办钦差僧格林沁军务。同治元年(1862)，授正蓝旗满洲副都统。二年(1863)，充御前侍卫。是年，调补杭州将军。

抚阎敬铭①具奏,督办白莲池教匪获胜,随折奏恳恩施,于六月四日奉到同治二年五月二十二日内阁奉上谕:黄国瑞自入东以来,进攻匪巢,屡次获胜等因。钦此。等因,当即恭设香案,望阙叩谢天恩。

伏念国瑞籍隶楚疆,才同樗栎,未谙韬略,待罪戎行。数年间屡沐恩施,由偏裨洊迁专阃。杀敌致果,本职分所当为;扫穴犁庭,愧涓埃之未效。乃荷加恩于异数,特沛丝纶;弥钦优奖之逾恒,宠颁章服。悚惶无地,感激靡涯!惟有严督弁兵,力筹攻剿,以冀迅除狂寇,上慰宸廑。所有感激下忱,恳请代奏前来。理合据情恭折具陈,伏乞皇太后、皇上圣鉴。谨奏。六月二十五日。

同治二年七月初一日,议政王军机大臣奉旨:知道了。钦此。②

〇七四　呈筹防局同治元年下半年收支折

同治二年七月初五日(1863 年 8 月 18 日)

漕运总督臣吴棠跪奏,为查明清淮筹防局自同治元年七月起

---

① 阎敬铭(1817—1892),字丹初,号约盦,陕西朝邑人。道光二十五年(1845),中式进士,改庶吉士。咸丰四年(1854),充贵州司主事。同年,丁生母忧,回籍终制。六年(1856),补四川司主事。十年(1860),授湖广司员外郎,总办湖北粮台,兼管营务。同年,升户部郎中,赏戴花翎。十一年(1861),以四品京堂候补。同年,迁湖北按察使。同治元年(1862),署湖北布政使,旋转山东盐运使,署山东巡抚,加二品顶戴。同年,丁生父忧。二年(1863),擢山东巡抚。六年(1867),以病休。八年(1869),补工部右侍郎兼管钱法堂事务。同年,因病乞休。光绪三年(1877),稽察山西赈务。八年(1882),擢户部尚书。翌年,兼署兵部尚书。十年(1884),充军机大臣上行走、总理衙门行走,晋协办大学士。十一年(1885),转东阁大学士,管理户部事务。十二年(1886),授会典馆正总裁。十三年(1887),四请致仕,得允。十八年(1892),卒,赠太子少保,谥文介。

② 台北故宫博物院藏:军机及宫中档,文献编号:089558。

至十二月底止收支各款，缮具清单，恭折奏祈圣鉴事。

窃照清淮筹防局同治元年六月以前收支各款，前经臣奏明奏报在案。自七月以后，防捻、防湖仍前吃紧，嗣又分兵徐宿，剿办捻巢，其由浦派往之兵，仍由清淮支应一切用款，较之近地供支更为繁巨。所需盐粮、马干、驮折、夫价、采办、制造、船只、杂支等项，臣督饬局员依限造报。兹据委管报销局淮安府知府顾思尧、候补知府章仪琳，督率委员将收支各项逐款查明，开列清单，详请奏销前来。

臣复加查核，计自同治元年七月初一日起截至十二月三十日止，除拨支各款应分别拨归各该台、省造报外，实计连上届实存共收银十万四千四百八十六两六分一厘五毫九丝八忽八微、钱三十万三百五十七千九百四十三文、宝钞七千四百五十九千八百七十九文，共支用银十万三千八百三十三两二钱八分九厘七毫六丝六忽二微、钱三十万二百九十五千五百三十文、宝钞六千九百七十八千三百八十五文，均属援引例案，实用实销，并无浮冒。

除饬分别造具细册详送题销并将实存银、钱、宝钞归入下届作收支用外，所有查明清淮筹防局自同治元年七月起至十二月底止收支各款缘由，恭折具奏，并缮简明清单，敬呈御览，伏乞皇太后、皇上圣鉴。谨奏。七月初五日。

同治二年七月十一日，议政王军机大臣奉旨：该部查核具奏，单并发。钦此。①

---

① 台北故宫博物院藏：军机及宫中档，文献编号：089819。

○七五　呈筹防局同治元年下半年收支清单

同治二年七月初五日(1863 年 8 月 18 日)

谨将清淮筹防局自同治元年七月初一日起截至十二月三十日止收支各款简明四柱,缮具清单,恭呈御览。

计开:旧管:一、上届存银八十三两八钱一分七厘五毫二丝三忽。

一、上届存钱十四千八百八十文。

一、上届存宝钞五千四百五十九千八百七十九文。

新收:一、收漕运总督养廉银三千八百一两一钱六厘四毫三丝八忽五微。查前款系奏明拨充军饷应用之款。理合登明。

一、收江北各州县解月粮米麦变价一半银五千八百十二两一钱八分六厘。查前款系奏明拨充军饷应用之款。理合登明。

一、收淮安关拨解银七千两。查前款系奏明自同治元年六月起每年协济清淮军饷银三万两内先收之款。理合登明。

一、收两广运库拨解银六千四百两。查前款系奏明请拨粤东运库、海关各解银五万两内先收之款。理合登明。

一、收借拨淮安关洋药税银四千两。查前款系因军需急迫、借拨济用,业经奏明,即于粤海关应解清淮军饷内划解部库银四千两以抵淮关洋税银之款。理合登明。

一、收江北粮台拨解银一万七千五百两。查前款系奏明随时奏拨总兵黄开榜水师口粮之款。理合登明。

一、收各省有漕州县捐助军饷银八千五十两二钱三分八厘。查前款系奏明饬令有漕州县捐助军饷之款。理合登明。

一、收湖河海滩租价银三千一百两，又钱四千九百三十三千九百一文。查前款系随时提用之款。理合登明。

一、收筹防捐输银九千六百二两九钱，又钱三万一千五百六十二千一百八十四文，又宝钞二千文。查前款系照粮台捐输章程劝谕捐输、陆续查明具奏请奖、随时提用之款。理合登明。

一、收各员捐输圩工银六千九百八十一两一钱二分八厘，又钱二万二千八百七十二千文。查前款系捐还垫用清江筑圩、挑濠等工银三万三千七百十一两五钱四分三厘数内先收之款，另行查开员名请奖，俟续有捐缴，再行收销。理合登明。

一、收各州县解典商捐输钱四千六百七十五千三百二十七文。查前款系各州县劝捐济用之款。理合登明。

一、收淮、海、扬、通各属捐厘银二万三千三百四十四两四钱五分二厘二毫四丝，又钱十九万一千五百三千三百六十二文。查前款系陆续提用之款。理合登明。

一、收淮南泰坝盐厘钱三万二千五百二十千一百文。查前款系两淮运司抽厘济饷之款。理合登明。

一、收淮、海、扬、通各厅州县统捐分解兵米折价银二千八百六十两，又钱二千四百六十四千文。查前款系统捐分解淮阳水师、清淮筹防、江南、江北、徐州各粮台以济军需之款。理合登明。

一、收扬、通各属团练经费提充军饷银三百七两一钱五分，又钱一万二百千文。查前款系因军需急迫提用扬、通二属各州县民捐团练经费、接济军饷之款。理合登明。

一、收淮北各商捐盐济饷应提正杂课税、经费等银七千六百二十七两六钱二分。查前款系商捐济饷盐四千六百二十引，每引仍按淮北章程应提正杂课税银一两二钱五分一厘、经费银四钱，奏明作收清淮军需之款。理合登明。

一、各州县捐济军饷钱五千三十二千一百八十九文。查前款系因同治元年春间西捻东窜、军需急迫、捐济军饷续缴之款,另行查开员名请奖。理合登明。

一、收提拨江宁藩库银一万九千六百三两八钱七分七厘五毫。查前款系因军需不敷、随时提拨济急之款,奏明作正开销。理合登明。

一、收各州县筹借济饷钱二千八十千文。查前款系因同治元年春间西捻东窜、军需急迫、筹借济饷续缴之款,俟军需稍充,再行发还。理合登明。

一、收借拨江北各州县解存淮凤常仓正银二千七百六十四两四钱五分五厘。查前款系因军需不敷、暂借济饷之款。理合登明。

一、收借拨河库工需银二千四百八十九两一钱一分四厘九毫。查前款系因军需不敷、借拨济用之款。理合登明。

以上新收共银十三万一千二百四十四两二钱二分八厘七丝八忽五微、钱三十万七千八百四十三千六十三文、宝钞三千千文。

一、除拨支前徐淮粮台接济军饷银二万六千五百四十三两九钱八分四厘,又钱四千五百千文。查前款系因该粮台饷需缺乏、拨支接济之款,应归前徐州粮台作收造报。理合登明。

一、除拨支徐州粮台接济军饷钱三千千文。查前款系因徐州粮台饷需缺乏、拨支接济之款,应归徐州粮台作收造报。理合登明。

一、除拨支豫胜营委员周保清借领盘川银九十八两。查前款应归江南提督李世忠军营收销。理合登明。

一、除拨支署淮扬镇总兵龚耀伦借领两广督标右营参将并广东连阳营游击俸廉银二百两。查前款应归两广督臣行司收除。理合登明。

以上除拨支，实计管、收两项共银十万四千四百八十六两六分一厘五毫九丝八忽八微、钱三十万三百五十七千九百四十三文、宝钞七千四百五十九千八百九十九文。

开除：一、本省徐州镇标各营官兵盐粮、马干、驮折等项共支银一千八百三十五两四钱五厘一丝九忽六微，又宝钞一百二十二千三百三十五文。查前款系由徐调浦随时派赴各处防剿应支官兵、跟役盐粮、马干、驮折等项，均照例案支给。其口粮米按部定章程，每八合三勺折银一分三厘。理合登明。

一、本省河、漕两标各营官兵盐粮、马干等项共支银一万五千二百八十四两六分三厘二毫八丝七忽，又宝钞三百七十三千九百十六文。查前款系调派各要隘及成子河、衡阳等处防堵、应支盐粮、马干、跟役数目，均照例案支给。其口粮米每八合三勺折银一分三厘。理合登明。

一、本省河营官兵盐粮、马干等项共支银一万一千七百二十五两五钱七分五厘三毫七丝九忽三微，又宝钞一百四十千六百十九文。查前款系调派各要隘防堵及在浦守圩并邳、宿防河应支盐粮、马干、跟役数目，均照例案支给。其口粮米每八合三勺折银一分三厘。理合登明。

一、随营长夫工价共支银三百二十三两八厘。查前款系照江苏准销成案支给。理合登明。

一、文员盐粮、驮折、夫价等项共支银七千三百七十三两六钱五分三厘五毫五丝六微，又宝钞二千四百四十八千八百三十六文。查前款系调派随营差委及管带兵勇巡查缴费，并将成子河等处防堵人员均照部定章程支给盐粮、跟役、书识、驮折等项。其在城在局各员,概未支给。理合登明。

一、随营防剿各营官兵盐粮、马干、驮折等项共支银八千五十八两一钱一分一毫八忽一微,又宝钞二千七百五十九千二百三十文。查前款系调派随营及管带兵勇,并将蒋坝、衡阳、成子河、山东等处堵剿,均照例案支给盐粮、马干、驮折等项。理合登明。

一、各项壮勇、马勇口粮、马干共支钱二十万一百三十四千六百文。查前款系节次裁存及由续拨浦分布各要隘,并随时派赴各处堵剿,均经奏明在案。所需口粮照案每名日给钱二百文,其马干查照徐州奉准章程,每名日给钱一百文。理合登明。

一、随营随局医匠工食、口粮、家口米折等项共支银三百六十三两二钱二分八厘四毫八忽二微。查前款系照例案支给。理合登明。

一、采办硝磺、铅铁、牛烛等项,共支银五千四百二十四两一钱八分六厘九毫九丝七忽五微,又宝钞四千六百六十九文。查前款系随时添办,除硫磺、铅铁均照案于例价外酌加三成外,其硝斤系查照江苏准销成案,每百斤共给例、津两项银七两。其例无定价之件,按照市价核实采办。理合登明。

一、制造火药、火绳、铅丸、铁弹、火箭、火罐、喷筒、衣帽、帐房、旗帜、抬枪、鸟枪、刀矛、器械工料等项,共支银一万一千七百十八两一钱九分九厘四毫二忽二微。查前款系随时添制各件,除硝磺、铅铁另于采办项下给价外,其余工料均照案于例价外酌加三成。其火药一项系查照江苏成案奉准工料价值分别加工寻常等次配制。理合登明。

一、运送军火、炮械脚价等项,共支银二百六十一两一钱五分四厘九毫二丝。查前款系照例案分别支给。理合登明。

一、各勇阵亡、阵伤恤赏共支银一千八百二十五两。查前款系照例分别支给。理合登明。

一、巡船水手饭食等项共支银一千三百十八两四钱。查前款系在衡阳、黎城、金沟及成子河等处水面安设常川巡防，照案每船给水手四名，每名日给饭食银八分。理合登明。

一、随局底夫工食共支银一千一百二十两六钱四分。查前款系照江苏准销成案支给。理合登明。

一、租赁民房共支银五百四十五两九钱。查前款系堆储军火、物料、制造等项，均照例定租价支给。理合登明。

一、配制丸散药料共支银二百七十两四钱三分五厘八毫。查前款系防剿各兵勇随时需用，均照时价核实购办。理合登明。

一、各营官弁马干、副销共支银三千三百四十四两七钱一分，又宝钞一千一百二十八千七百八十文。查前款系照奏准章程，每马一匹日给干银一钱，以例定五分作正开销，其余五分循案归于行兵省份摊补。理合登明。

一、总兵黄开榜所带水旱队员弁勇丁盐粮等项共支银二万九千四百四十一两六钱一分八厘九毫，又钱二万五千九十九千三百三十文。查前款系调派高宝湖及通海一带并邳宿、徐宿等处防剿，各该员弁勇丁盐粮等项，照例应支银六千一百八十五两二钱四分五厘四毫五丝八忽六微，又钱八万三千三百五十二千四百文，又官票九百二十二两八钱八分三毫四丝五微。除支过前项银钱外，所有不敷钱粮随时设法筹措，一俟有款，再行找给，专案请销。理合登明。

一、总兵黄国瑞所带旱队员弁勇丁盐粮、马干、驮折等项，共支钱二万八千一百六十一千六百文。查前款系调派各处堵剿各该员弁勇丁盐粮、马干、驮折等项,照例支银四千八百八十二两一钱一分五厘七毫五丝九忽,又钱四万七千四百八十千文,又官票六百九十五两三钱二分三厘一毫五丝七忽二微。除支过前项钱文外,所有不敷钱粮随时设法筹措,一俟有款,再行找给,专案请销。理合登明。

一、陆续找给上年欠发各员弁兵勇盐粮等项,共支银三千六百两,又钱五万一千四百千文。查前款系同治元年六月以前欠发之款,曾将欠发数目在于前次奏拨军需清单内分晰声明在案,今已陆续照数找给。理合登明。

以上开除共银十万三千八百三十三两二钱八分九厘七毫六丝六忽二微、钱三十万二百九十五千五百三十文、宝钞六千九百七十八千三百八十五文。

一、扣收平余银四百七十八两一钱九分三厘八毫一丝一忽九微。

一、支发经贴、各书工食、纸张、笔墨、灯油等项银六百四两二钱六分六厘六毫一丝八忽六微。查前款除照例动用扣存平余银两外,计不敷银一百二十六两七分二厘八毫六忽七微,在于正项款内拨垫,俟下届平余积有盈余,即行补还。理合登明。

实在:一、存银五百二十六两六钱九分九厘二丝五忽九微。

一、存钱六十二千四百十三文。

一、存宝钞四百八十一千四百九十四文。

以上实存银、钱、宝钞,均归入下届旧管项下作收支用。理合登明。

议政王军机大臣奉旨:览。钦此。[1]

---

① 台北故宫博物院藏:军机及宫中档,文献编号:089820。

○七六　请将许道身前参摘顶之案开复片

同治二年七月初五日(1863 年 8 月 18 日)

再，前办南北粮台署常镇道许道身，因饬造粮台委员衔名并厘卡坐落册图，延未禀覆，经臣奏参摘顶在案。嗣据该道将委员裁汰、厘卡归并分别造具图册呈送，适值乔松年奉旨接办台务，当经饬令该司再加覆核，并会同总办厘捐道员郭礼图，将厘局应行归并之处悉心体察去后。兹据该司道等禀称：沿江厘捐并去三局，裁去八港口分巡及验票巡查四局卡。内河厘捐并去二局，裁去九局卡，又裁汰委员十七员。统计节有经费并委员盐折等项，每月约五千串。并据声明许道身历任地方，周知利弊，均系会同筹议裁并，得以稍节饷需，深赖该道相助之力，恳请将前参摘顶之案，奏请开复前来。

臣查该道自奉参以后，即将饬造册图呈送，兹又会同筹议裁并厘局，每月节省至数千串之多，尚知愧奋，相应奏恳天恩，将盐运使衔署常镇道许道身前参摘顶之案准予开复，俾昭激劝。谨附片具奏，伏乞圣鉴。谨奏。

同治二年七月十一日，议政王军机大臣奉旨：许道身着准其开复顶戴。钦此。①

---

① 台北故宫博物院藏：军机及宫中档，文献编号：089821。

○七七　请将攻克白莲池有功人员转呈核奖片

同治二年七月初五日(1863年8月18日)

再,臣准亲王僧格林沁咨称:业将总兵黄国瑞攻克白莲池等贼寨,汇同攻克淄川县城各情形,于六月二十四日恭折奏明在案。所有臣处查明攻克白莲池战状,与该亲王所称相同,应毋庸另行具陈。除将此次攻圩出力各人员转呈亲王僧格林沁酌核奏奖外,谨附片声明,伏乞圣鉴。谨奏。

同治二年七月十一日,议政王军机大臣奉旨:知道了。钦此。①

○七八　奏报官兵出队迎饷片

同治二年七月初五日(1863年8月18日)

再,据总兵姚光〔广〕武禀称:据副将艾宪银、杨文全等先后禀报:官军于六月二十一日出队迎饷,适遇捻首赵克元率带马贼数百人,突来阻劫,经该副将等分投冲击,杀贼八十余名,官军间有受伤者。余捻不支,向槐树庄后退。时因饷糈在途,未便穷追,立即收队,护饷回营。姚光武即日由宿州督令各军先剿宿西之捻,于六月二十三日将外来捻股悉数击却。惟逆首赵克元仍踞宋家圩,当合艾宪银等军设法攻取,以清后路。姚广武于六月二十七日派队护送豫省协济蒙营饷银五千两,暨臣捐廉一千两,又徐台垫捐银一千

---

① 台北故宫博物院藏:军机及宫中档,文献编号:089822。

两至侯家圩,交知府英翰设法会解赴蒙。二十八日,姚广武移军进扎侯家圩,接马新贻来信云:已由蒙移扎小涧集截剿,城内留军驻守。姚广武拟与小涧集皖军会合夹击,先清蒙北饷道,再图节节进攻各等语。臣查苗逆于蒙境狼山一带尚留十四垒,日遣伙党勾捻,肆出逼胁民圩,宿境西南降圩颇多扰动。捻首张小言王回巢后,盘踞侯圩迤西一带,尤虞抄出宿军之背。姚广武虽锐意赴援,而兵单贼众,情形万紧。臣已饬该总兵竭力支持,不许稍有疏忽;仍求天恩俯允臣请,谕饬亲王僧格林沁早日南征,以拯危局,曷胜悚悼待命之至。

又据署淮徐道朱善张禀称:徐西未尽土匪,已派游击李全榜、守备高秉元两队驻缉,又添派都司尊谦带勇,驰往会缉。该匪均已四散潜匿,现仍责成该处练圩随军搜拿,以靖根株。又称陕西协解临淮军饷一万五千两、豫胜营饷银一万两,又亲王僧格林沁解蒙饷银一万两,均于六月二十日外先后到徐,由该道派队送至宿州,接护分解各等语。

又,臣准浙江抚臣曾国荃函称:现拨总兵丁泗滨[1]等带舢板炮船数十号,由瓜洲入口援皖,嘱臣处派人引导。臣已饬令黄开榜派员往迎此起水师,约会同进。至黄开榜炮船,已于七月初二日由高邮起程,俟到清河领取军械、子药,即饬星夜入湖援皖,以期迅扫逆氛,上纾宸念。合并附〈片〉具陈,伏乞圣鉴。谨奏。

---

① 丁泗滨(1831—?),字瑞庭,湖南长沙人。咸丰三年(1853),投效军营,委充水师新右营官。六年(1856),保外委,升把总,戴蓝翎。同年,再保守备,戴花翎,加都司衔。是年,递保都司,晋游击衔。八年(1858),保游击,加参将衔。同年,保参将,晋副将衔。十年(1860),保副将,加精勇巴图鲁勇号。是年,保总兵。同治元年(1862),补浙江黄岩镇总兵。五年(1866),进京陛见。六年(1867),因病开缺。

同治二年七月十一日,议政王军机大臣奉旨:览奏,均悉。昨谕吴棠迅催姚广武驰赴蒙城,与马新贻会军剿办。着该漕督即遵谕行僧格林沁,必须俟白莲池剿匪事竣,方可统兵南下。已有旨谕知赶紧筹办矣。该亲王等所协饷银,着即设法运送,以济危急,并迅派员弁引导丁泗滨兵船入皖,以便合剿,毋稍迟误。嗣后军情仍着随时妥筹具奏。钦此。①

○七九 请将郭礼图应补班次准予开复片

同治二年七月初五日(1863 年 8 月 18 日)

再,盐运使衔前四川永宁道郭礼图,福建进士,由翰林院庶吉士改工部主事,拣发南河,补山安同知。经前河臣杨以增遵旨明保,咸丰九年简放常州府知府,未经到任,选补四川永宁道。于咸丰十一年正月初二日在江北寓所丁生母忧,因江、浙一带道途梗阻,未能请咨扶柩回籍,即在寓所守制,经前署漕臣王梦龄咨部在案。是年七月,经前督办江北团练臣晏端书奏留,随办淮扬团练。同治元年五月,经臣奏派巡阅盐阜、东兴等处圩练。本年二月,又奏委设局,总办江北厘捐,均经奉旨允准。兹查该道自十一年正月初二日丁母忧之日起,不计闰扣至同治二年四月初二日,二十七个月服满,例应起复。惟本籍福建路仍梗阻,未能回籍。该道生母系迎养在寓见丧,持服百日后,奏留办理团练,应就近在江起复。据江宁布政使乔松年详据该道备具亲供,并取具同乡官印结,转请咨部前来。

---

① 台北故宫博物院藏:军机及宫中档,文献编号:089823。

臣覆核无异。应请准其就近起复。惟查道员候选后应赴部投供，而该道现在总办江北厘捐，力湔积习，稽核认真，防务、军储、深资整顿，未便遽易生手。第因差扣选，未免向隅。可否仰恳天恩，饬部按照该道应补班次准予开选，出自鸿慈。再，查该道系曾经明保、例应开单候简之员，仍应由部照例咨会军机处。合并声明。伏乞圣鉴。谨附片具奏。

同治二年七月十一日，议政王军机大臣奉旨：该部知道。钦此。①

〇八〇　查讯翁廷奎随带勇丁滋闹淮关折

同治二年七月十三日（1863 年 8 月 26 日）

漕运总督臣吴棠跪奏，为查讯皖营提饷参将翁廷奎随带勇丁，滋闹淮安关署情形，据实覆陈，恭折仰祈圣鉴事。

窃臣承准议政王军机大臣字寄：同治二年五月初六日，奉上谕：唐训方因临淮军营饷绌，派令参将翁廷奎到淮关守提等因。钦此。伏查此案臣先准淮关监督永存咨会，即经饬委署淮安府知府顾思尧、漕标中军副将富山前往查勘。据禀：勘得关署大堂东首书办房木柜及大堂后签押房、门房、窗棂并帐房内衣物有撬损翻乱形迹，大堂红幔亦被撕碎等情。正在核办间，钦奉前因，遵经饬委候补道颜培瑚前往明查暗访，适准安徽抚臣唐训方以翁廷奎尚未回营，即由臣就近传讯究办，咨会前来。复又添委候补知府刘咸，随同颜培瑚，提集人证，讯详核办，先后准永存交出门丁刘级升、号房

---

① 台北故宫博物院藏：军机及宫中档，文献编号：089824。

李锦;翁廷奎交出勇丁李长发、吴世斌到案。并据翁廷奎呈递亲供,经该道府等逐加研讯,缘翁廷奎奉安徽抚臣委赴淮关提饷,随带勇丁十余人,于四月十二日到关,行至二堂淮关号房,家丁未及进内通报,该参将因催饷情急,语涉龃龉,遂用马鞭将号房李锦、门丁刘级升斥责。当经永存出见,告述税务未能起色,无款可拨。翁廷奎疑其故意刁难,与之理论。正在坐谈之际,讵所带之勇丁因守候时久,有在逃之勇目陈得胜起意,闯进门房吃茶。到案之勇丁李长发、吴世斌并其余勇丁亦随同进内。经门丁将其驱逐,互相吵嚷。该勇丁等即将刘级升房内茶碗、什物、窗槅掼毁,陈得胜并将单夹纱衣、钱物抢去。翁廷奎听见随勇滋闹,即时出来喝禁。陈得胜等随即走出,顺将堂幔撕碎。翁廷奎复进内向永存催饷,经永存凑银一千八百两,于次日交给翁廷奎领解。其时在外之勇适因是日阴雨,恐所带洋枪生潮,连放两出洗枪,以是永存疑系该勇等有意施放各等情。该承审之道府再三诘究,刘级升、李锦与勇丁李长发、吴世斌等供词均相吻合,似无遁饰。禀覆核办前来。

臣查此案,参将翁廷奎奉委催饷到关,因号房、门丁未及通报,该参将即顺用马鞭将其斥责,系因催饷情急起见。迨该参将与监督永存会晤之际,其随勇始在门房等处滋事,为意料所不及。该参将随即出外禁止,似无喝令纵容情事。永存因该参将一到关署,即责号房、门丁,迨会面后,又因无饷可拨,不无理论;适其随勇闯进门房,将什物、窗槅掼损,衣物均有遗失,堂幔亦被撕毁,且有勇丁在外洗枪,疑系该参将有意取闹,纵勇滋事,遂即沥情入告。所奏均属有因,亦无不实不尽。惟在逃之勇目陈得胜辄以吃茶为由,带领多人闯进门房等处,掼弃什物,顺将衣、钱抢去,甚至撕毁堂幔,实属目无法纪。该勇目现当在逃,已分饬严拿务获,按照军法惩办。

至到案之勇丁李长发、吴世斌，仅只随同掼弃茶碗等件，并无抢掠衣物及吊打书役、持刀威吓重情，尚可量从末减，业已定予枷杖，先示惩儆。现在新任监督希曾业经到任，除咨会将应解皖饷接续筹解以资军食外，所有查讯提饷参将翁廷奎之随勇滋闹关署缘由，理合恭折覆陈，伏乞皇太后、皇上圣鉴训示。谨奏。七月十三日。

同治二年七月十八日，议政王军机大臣奉旨：钦此。①

【案】是年七月十八日，此折获清廷批覆。《清实录》：

吴棠所奏翁廷奎勇丁滋闹淮安关署情形，所拟办法甚为草率，显有不实不尽。着该漕督再行确查，按律惩治，毋稍姑容。淮关应解清淮军饷二万三千两，着就近催令该监督按月拨解。②

【附】同治二年四月十八日，淮安关监督永存参翁廷奎等滋闹关署折：

淮安关监督奴才永存跪奏，为皖营提饷之参将带队赴关，任意滋闹抢掠，恭折据实奏闻，仰祈圣鉴事。

窃照淮安关税课因军务未竣，万分支绌，而提款纷繁，顾此失彼，前经奴才奏明除拨解李世忠并清淮协饷外，如有剩余，再行拨济皖营，奉旨：知道了。钦此。业经恭录分咨。本年正月十一日，关税一年期满，经奴才恭折奏报，并将设法筹

① 台北故宫博物院藏：军机及宫中档，文献编号：089963。
② 《穆宗毅皇帝实录（二）》，卷七十三，同治二年七月中，第486页。

拨各营军饷数目附片陈明在案。而正月十二日新季开征后，关税更行稀少，仅拨李世忠月饷银二千两，系上年十一、十二两月之款。本年正、二、三等月尚无款筹解。其上年六月起岁拨清淮协饷三万两，尚欠解银二万三千两，实无余银协济皖省。奴才目击情形，正深焦灼，叠经咨明署安徽抚臣唐训方查明。乃该抚臣饬委副将衔江南候补参将翁廷奎来关守提，于四月十二日带领马步队多名，不待通报，直至二堂，自用马鞭责打号房、家丁。奴才当即面见，将现在税务情形及无款可拨缘由向其屡述。该参将置若罔闻，出言无状，喝令所带弁勇把守各门，搜寻门丁、书役，以致该弁勇等在署施放火枪，声言焚烧衙署，自辕门直至内署，逢人持刀威吓，不容出入，将书役十人结辫吊打，并有砍落发辫者，复捣毁门窗，碎裂大堂红缦，刀砍堂柱，又将帐房、科房内衣物、钱文等件肆行抢掳，遂致板闸镇民心惶惧，疑有他变。似此凶悍情形，殊出情理之外！

奴才再四思维，正项税银，现在实无征存，而该参将带队多名，盘踞在署，诚恐酿成事端。因思洋药税银稍有征收，本系专充京饷、不准外拨之款，惟该参将威逼勒索，若不稍餍所欲，恐有意外之虞。奴才万不得已，将前经奏明本年二月十五日以前所存洋药税银四百七十二两零并新收洋药税银九百两，又淮安府四税银三百两零，淮安、大河二卫门军口粮银一百七十余两，共凑足银一千八百两，兑交该参将领解赴皖。查淮安府四税及门军口粮二款，甫经设法征存，正拟解发，而该参将任意逼索，不得不先其所急，以救燃眉。惟该参将以二品顶戴大员，借提饷之名，施抢掠之计，带队肆扰，骇人听闻；且向来催饷，文员来关守提，尚可理论，若以武职大员带领马步队，动以刀枪火器威逼，非但若此习风不成体统，更恐他处纷纷效尤！

奴才内府微员，职司税务，既无地方责任，又无兵勇保护，徒受凌辱，呼应不灵，束手无策，即将来接任监督亦难措手。奴才万分悚惧，不敢不据实奏闻，应如何惩办之处，恭候圣裁。并请旨饬下各路统兵大臣，嗣后委员催提军饷，毋许带队骚扰，以免疏虞而崇体制。除咨明漕臣饬委署淮安府知府顾思尧、署漕标中军副将富山，并由奴才行知署山阳县知县李振簧来关查勘外，所有皖营提饷之参将带队赴关，任意滋闹抢掠缘由，理合恭折据实沥陈，伏乞皇上圣鉴训示。

再，所拨洋药税银共计一千三百七十二两零，系应解户部之款，现虽暂行动用，仍应查明袁甲三任内成案，筹款划抵解部。奴才现已咨明唐训方照办。至淮安府四税等款，俟续有征存，再行解发。合并陈明。谨奏。四月十八日。

同治二年五月初六日，议政王军机大臣奉旨：钦此。①

【案】同治二年五月初六日，奉上谕：唐训方……到淮关守提：此上谕《清实录》载曰：

又谕：前因唐训方奏，皖省情形紧急，当经谕令唐训方、张之万于丁宝桢一军抵豫时截留，由汝、颍一带径趋皖北。本日据丁宝桢奏，连日督勇疾行，计月之中旬可到东省等语。丁宝

---

① 中国第一历史档案馆藏：军机录副，档案编号：03-4794-003。

桢所带勇队连日应已将次入山东境界,如业经在豫省截留,即着张之万等饬令赴皖,如已入山东地面,即当察度缓急,相机进剿,无庸再行折回,转至纤途延误。该臬司到东后,阎敬铭酌量情形,妥为调遣,以资得力。唐训方因临淮军营饷绌,派令参将翁廷奎到淮关守提。据永存奏,该参将带领马步多名,鞭责号房家丁,出言无状,以致弁勇等在署施放火枪,声言焚毁衙库,自辕门直至内署,逢人持刀威吓,将书役十人结辫吊打,并有砍落发辫者;复拆毁门窗,肆抢衣服、钱物等情。如果属实,大干法纪!该监督已咨明吴棠查勘,即着吴棠派委明干道府前往,查明究竟因何启衅,永存所奏有无不实不尽之处,务须确切查明,据实奏闻,不准一字欺饰。翁廷奎解饷到营,唐训方即将该参将传问,因何借提饷之名纵容兵丁,擅用刀枪火器,威逼勒索,并令将手下滋事各兵按名指出,仍将启衅根由逐一供明,以期水落石出。如实系无故滋闹,即着唐训方于讯明后,将该弁兵等分别正法严惩,以儆习风。唐训方军单饷竭,仍着吴棠、永存陆续筹解,力顾大局,不得借词延宕,致干重咎。将此由六百里谕知吴棠、唐训方、张之万、阎敬铭,并传谕永存、丁宝桢知之。[1]

○八一　请调僧格林沁督师入皖剿办贼匪片

同治二年七月十三日(1863 年 8 月 26 日)

再,臣前将姚广武带队进扎侯家圩、力筹援蒙各情形附片奏明

---

[1] 《穆宗毅皇帝实录(二)》,卷六十六,同治二年五月上,第 323—324 页。

在案。七月初六日，钦奉初一日寄谕：傅振邦、黄国瑞二员中，何员最为得力等因。钦此。伏查各路协拨皖军饷银，经臣附片陈明，均由徐州护解入皖，约计暂可支持，以备战守。至清淮、徐台支绌万状情形，前经臣沥奏在案。此时清淮军需万紧，厘捐微淡，并因筹画黄开榜一军赴皖，搜罗殆尽，以致臣部各队六月口粮尚属无款凑放。若由淮、徐台局筹画皖饷，无米之炊，实因束手。惟皖省军情危急，叠蒙圣训森严，臣但有可筹之方，岂敢稍存推诿！查有前因清淮军饷支绌经臣奏准，由淮安关监督每年协解清淮军饷银三万两，计自上年六月起至本年五月止，仅准该监督先后解过银七千两。按月摊算，计欠解饷银二万三千两。刻下皖军待饷孔殷，不得不挪凑协济，相应请旨严饬淮安关监督希曾，即将欠解清淮协饷按月拨解二千五百两，交唐训方军营，分饷临、蒙两军，以支危局。俟淮河路通，皖省饷盐出售，再将此项协饷拨回清淮，以顾臣营兵食。臣仍一面咨商抚臣李鸿章，一面檄饬江藩司、两淮运司设法筹画接济，以期上慰宸廑。

至姚广武一军，自进扎侯圩后，兹据禀称：侯圩至小涧集二十五里，中隔狼山地方，为苗逆所踞，巢垒十余座。蒙北粮道只此一路，而苗圩西四五里外又皆捻圩，送粮非大队不能闯过。六月二十八日，参将闪凤来续送饷银，行至狼山，仍有苗逆出截，经该参将奋勇击退。时因马队驮有银两并英翰所办麦石，由马队各带送一斗，人马困乏，未能追贼。当即径送小涧集，交马新贻兑收。并有蒙邑民人来侯圩买麦者数百人，亦同时闯过。此次小涧集、蒙城进粮尚可接济，姚广武因所部各营分布要隘，亲随只千余人，不能进攻狼山贼垒，于七月初三日夜，行至小涧集，与马新贻面商进剿狼山之策。据马新贻云：此时贼势披猖，可守不可战,应即回侯圩驻扎,遇有粮饷为之护送。姚广武当仍回驻侯圩。又称副将艾宪银等军逼攻宋圩,迭次获胜,正期得手,忽有匪首张小言王等匪由临涣窜入浍北牛家板桥等处,截断艾宪银等军粮道。此时官军前后受敌,急须策应宿营。又据署淮徐道朱善张禀称:七月初五日,捻股由牛家板桥窜至宿州西之九里湾并东北符离集。初八日,捻股由萧县之姚家楼窜至铜山之敬安集,延亘四十余里,徐西之十八里屯望见火光,探得贼有分股赴曹、单、海、沭打粮之信各等语前来。

臣现已飞饬姚广武激励所部,相机援蒙,并北顾徐宿。一面严饬邳、宿、睢、桃在防兵练,一体严防,并添调河兵五百名,严扼成子河圩一带,以防捻逆奔突。此筹济皖饷、援蒙防捻之实在情形也。惟臣详阅姚广武绘送宿、蒙饷道一图,蒙城三面被围,仅有侯圩、小涧集一线可通之路,而狼山苗逆横梗其间,又西则捻圩复沓,群盗如毛。虽经闯送银粮数次,势实可暂而不可久。设苗逆分撤围蒙之党,全趋狼山,专为扼吭之计,或聚众于中途,专邀送饷之军,则姚、马两营声援立断,蒙城饷道四面不通,稽延时日,粮尽变生,窃恐寿州覆辙再见于蒙城,则皖事益难收拾。臣前虑苗逆勾捻,抄出援皖官军之背,曾经上陈宸聪。今则捻股分窜宿、徐境内,声言四出打粮,难保非苗逆所嗾使。姚广武以孤军数千竭力援蒙,而蒙围未解,又值捻氛北扰,不回顾则徐宿可虞,一回顾则蒙援何恃?此真呼吸安危、进退维谷之时也。

臣愚以为北路军务无有危迫于皖省者,移缓就急,惟有亲王僧格林沁一军可以制苗、捻于死命。如傅振邦、黄国瑞者,虽拨一员南下,只能力顾一路,不能调度豫、皖各军合力兜剿,仍恐相持日久,贼势益张。可否仰乞天恩。饬令山东抚臣,督饬傅振邦等剿办山东未尽匪股，乘积胜之势，实力搜捕，奏功自易，可期蒇事；仍求饬亲王僧格林沁星夜督师入皖。该亲王威望素著，贼既慑于先声，又可驱策各路官军，四面蹙进，削平苗、捻，惟有此策。臣稍有见及，不敢不据实上陈。是否有当，伏乞皇太后、皇上圣鉴训示。除将宿、蒙饷道绘图恭呈御览外，再，总兵丁泗滨等水师已于初七日由蒋坝出湖入皖，黄开榜水师已于初十日由清江过闸上驶，谨并附片具奏。

同治二年七月十八日，议政王军机大臣奉旨：钦此。[①]

【案】吴棠等入奏后，清廷于是月十八日颁布上谕曰：

又谕：吴棠奏，皖军危迫，请饬僧格林沁赴援，并将宿、蒙饷道绘图呈览各折片。唐训方奏，蒙城诸军合击狼山，贼弃垒遁，趋重怀远，请饬黄国瑞星驰援蒙一折。蒙城围虽未解，粮道已通，该逆不得逞志于蒙，于是益抽精锐，前赴怀远，困我前敌，连营河岸，联络炮划，连日文报、军粮尽为阻绝。杨岳斌等所派丁泗滨等统带炮船百号，现已驶至，经唐训方令其会合总兵何绍彩往援，当能力挫凶锋，俾前敌复臻稳固。惟陆师以分防苦战，近复染疫，能否得力，尚不可知。唐训方请饬僧格林沁令黄国瑞一军星驰援蒙，该抚即抽换蒙城数营，回援临淮，稍纾兵力。刻下山东匪势已蹙，即宋景诗一股有直、东兵勇合剿，似尚不难了结。着该大臣自行察度，如东匪即日可以蒇事，该大臣即可亲统大军南下，以得胜之师削平苗捻，或一时不能亲往，即令黄国瑞一军先赴蒙城，听唐训方调遣。该大臣

---

① 台北故宫博物院藏：军机及宫中档，文献编号：089964。

务当酌量情形,星速援皖,毋令稍有疏失。吴棠当严饬姚广武竭力会剿,并将徐宿各捻股设法剿除。唐训方就现有兵力固守临淮,并催令丁泗滨等水师速赴怀远,力顾前敌,痛挫凶锋,不得专待援师,致滋贻误。染疫士卒,善为拊循,以期得力。①

○八二　江北各属漕米请准收折色折

同治二年七月十三日(1863 年 8 月 26 日)

江苏巡抚臣李鸿章、漕运总督臣吴棠跪奏,为江北各属漕米仍恳天恩准收折色,以济扬营紧饷,恭折奏祈圣鉴事。窃臣等前准部咨:议覆顺天府府丞卞宝第②京师仓米亟应广为筹备、酌拟章程一折,经部臣议奏,将本年江北应征漕粮一律征收本色,由海运津,不得率请折征充饷,奉旨:依议。钦此。行令遵照等因。遵经臣等分饬藩司、粮道钦遵去后。

伏思京师为根本重地,漕粮乃天庚正供,比年变价饷军,原出于万不得已,自应征收本色,以实仓储,何敢以特沛之殊恩,视为固然之常例。无如扬营军饷岁需百数十万,从前山、陕协饷按月解到,每月尚有二三十万两,以资补苴。目下令行停解,厘捐又收数不旺,亩捐亦复无多,惟以钱、漕为济饷大宗,而核计各属上下两

---

① 《穆宗毅皇帝实录(二)》,卷七十三,同治二年七月中,第 486 页。

② 卞宝第(1824—1893),字颂臣,江苏仪征人。咸丰元年(1851),中式举人,入资为刑部主事,累迁郎中、浙江道监察御史。同治元年(1862),迁礼科给事中,擢顺天府府丞,再迁府尹。五年(1866),乞养,不允。补授河南布政使,擢福建巡抚。九年(1870),再乞终养,许之。光绪八年(1882),补湖南巡抚,署湖广总督。十四年(1888),擢闽浙总督,兼管福建船政。十八年(1892),以疾解职。次年,卒。

忙，除灾缓留支外，通计每年实解不过二十余万，仅敷粮台两月之需，是以历年自冬徂春，多恃漕米折价为数万兵勇养命之源。前此有协饷时尚复仰借于此，今则进款日绌，饷项日增，虽核准、扬、通、海所收漕米不过六七万石，而粮台当冬春之交，解款提尽，莫展一筹，舍此实有万难支持之势。

伏查上年户部提冬漕，钦奉上谕，饬部按照折收银数，指拨实款充饷等因。钦此。是扬饷支绌万分，久邀圣明洞鉴。若解糯米而另筹拨款，则辗转周折，必有后时之虑，不如筹款买米运津，转可免致两误。所有本届应征漕米，惟有仍照历年奉准折征之案，留充扬饷，以拯饥军而维大局。据总办扬镇水陆各粮台江宁布政使乔松年详请具奏前来。臣等往返函商，逐加察核，如果粮台少此一款，尚可勉图维则，权其重轻，自应力顾京仓，不容率行渎请。奈计口授仓，待哺嗷嗷，目前饷缺情形，更较历届为尤甚，思维再四，惟有据情披沥上陈，仰恳天恩，俯准本年江北各属冬漕仍照向章折征，留充扬营军饷，出自逾格鸿慈。再，户部议覆御史华祝三①奏

---

① 华祝三(1811—1900)，字鼎臣、肇猷，号尧峰、瘦石，江西铅山人，廪生。道光二十三年(1843)，中式举人。二十七年(1847)，中式进士，改庶吉士。三十年(1850)，散馆，授翰林院编修。咸丰元年(1851)，充贵州乡试副考官。次年，充会试磨勘官、殿试收掌官。三年(1853)，告假送亲回籍。八年(1858)，补国史馆协修，升功臣馆、国史馆纂修。同年，授教习庶吉士，充顺天乡试磨勘官，加侍讲衔。九年(1859)，任河南乡试正考官。翌年，任殿试弥封官。十年(1860)，转起居注协修、功臣馆提调，授文渊阁校理。十一年(1861)，补山西道监察御史。同治元年(1862)，充顺天乡试外帘监试官、武乡试内帘监试官。二年(1863)，任会试同考官。同年，升掌河南道监察御史、署巡城御史、查仓御史、兼署江南道监察御史、山东道监察御史、兵科给事中、户科给事中、京畿道监察御史。是年，充考试汉荫生监试官。三年(1864)，放甘肃西宁府知府。四年(1865)，署甘肃兰州道，随营襄办文案营务处。翌年，实授兰州道，晋布政使衔，并赏戴花翎。同年，丁忧。十三年(1874)，调广东南韶连道。光绪元年(1875)，充广东乡试提调。六年(1880)，署广东按察使，兼署广东盐运使。二十六年(1900)，卒。修有《铅山县志》。

预提江、广等省折价银两交臣吴棠采买米石附片一件,容另详查覆奏。合并声明。谨合词恭折具陈,伏乞皇太后、皇上圣鉴训示。谨奏。七月十三日。

同治二年七月十八日,议政王军机大臣奉旨:钦此。①

【案】此折于七月十八日得允行。《清实录》:

李鸿章、吴棠另折奏,江北各属漕米仍请准收折色,以济扬营饷糈等语。本年江北各漕,着仍照向章折征,留充扬营军饷,以资兵食。将此由六百里各谕令知之。②

【案】卞宝第京师仓米广为筹备、酌拟章程一折:同治元年十一月二十九日,顺天府府丞卞宝第奏曰:

顺天府府丞臣卞宝第跪奏,为京师食米亟宜广为筹备,以防缺乏,敬陈管见,仰祈圣鉴事。窃以《王制》国无九年之蓄曰不足。管子曰:积于不涸之仓,藏于不竭之府。伊古以来,未有不筹积蓄以制国用者也。现时国无所蓄,仓无所积,若不预筹南粮,则匮乏之虞指日可见。或有议近畿产米不足敷都人食用,俸米、甲米可以全放折色者。臣愚以为不然。雍正年间,开办畿辅稻田,岁可得三十万石。至乾隆十年,半多废弛。今更百有余年,较前不过十得其二,是近畿之米本属不敷食用,况天沴、人事之不齐,若遇凶荒,颗粒无继,民将忍饥以毙乎?势必迫而为乱,其将何以弭之?兼以四方多故,设有严警,是先断都城之食矣。然后骇而图之,能有及耶!且自元迄

---

① 台北故宫博物院藏:军机及宫中档,文献编号:089962。
② 《穆宗毅皇帝实录(二)》,卷七十三,同治二年七月中,第486页。

今，作都燕京垂六百年，元时海陆并运，明开浚河道，漕运直达通州，国朝多仍其旧，遇有蠲缓，各省采买，以备京仓。即雍正间，岁得产米三十万石，而东南转运仍如常数，从未闻京仓可以无待南漕者。果使近畿产米足敷食用，其前人之智皆不知折色可以省采买之费、转运之劳乎？盖南漕北运势有断不可已者也。臣酌拟四条，伏被采择，敬陈于左：一、筹海运。东南转漕省份，若江北、江西、两湖，皆产米之区。近年江北、江西尽收折色，仅供本省支放，于京仓、部库毫无所补。前奉谕旨令江北征收本色，闻该处尚未办理，应请饬下漕运总督，仍遵前旨于江北筹济十万石，并请饬令江西、两湖筹济二三十万石。现虽金陵未复，江、广转运不通，总理衙门所购轮船明春可到，经户部议令运盐赴江、楚销售，若令此项运盐轮船回空搭运赴皖，尚未捷速；他如沿海之福建、广东，各采买五万石，奉天采买粟米二十万石以上，悉由海运。山东、河南除例征粟、麦外，再行采买一二十万石。如此约得百万之数，以备京仓支放，可免乏食之虞矣。若谓江北征收本色有碍该省军需，此犹似是而非之论也。即如江南、北粮台以及各营委员、办捐委员多至四五百人，迭经奉旨饬令裁汰，并未定数覆奏，薪水虚糜，民捐坐蚀，果使悉裁冗滥，清剔各捐，每岁何止十万之资？又安必沾沾折色为耶？一、议捐输。咸丰年间，上海历次办理捐米，接济京仓，数得二三十万不等。现时江南州县多沦于贼，地半荒芜，就上海一隅筹办，捐数恐难踊跃，可否于江西、湖北劝捐米石，由运盐轮船搭运赴沪，由海运津。捐生应得奖叙仍照旧章办理，并预发空白执照，以免捐生久待，或即照捐铜局事例给奖，以资激励。若谓有碍铜局捐输，似京仓、部库理合同筹,即捐米捐银,义无偏重也。一、劝囤积。京师五方杂处,土著甚少,民间鲜有盖藏,拟请饬下顺天府五城出示晓谕,无论官绅、商庶,皆准广为囤积,不经官吏之手,听其自行出京采买。其囤米千石以上为数无多者,无庸议奖;凡囤米一万石及杂粮二万石以上者,酌给九品职衔;囤米二万石及杂粮三万石以上者,酌给八品职衔;囤米三万石及杂粮四万石以上者,酌给七品职衔;官绅酌予纪录。运米到京,随时报明抽查,漕粮御史查验,如果数目相符,移知户部,即行发给衔、照,以示奖励。设遇市粮短缺,得此囤米出粜,既无匮乏之虞,兼为缓急之备,不费官帑而储蓄自充矣。一、招商贩。查漕运丁船,例准带二成土宜,现时京城乏米,如使商贩云集,亦可早作囤储,可否饬下直隶总督转饬天津道,出示招徕,如有商贩南粮及奉天、山东等省粟米到京,准其带二成土宜,免税放行;一面知照仓场衙门迎提到通,准在京、通售卖,或官照市价收买,俾作仓储,已省海运转输之费,似较平时采买银数事半而功倍矣。并请饬谕天津海口严禁近畿米麦出洋,以杜外越而裕京储。以上四条,臣竭愚妄拟,未知当否,伏乞皇太后、皇上圣鉴,敕部核议施行。谨奏。同治元年十一月二十九日。[①]

○八三　查明总兵王万清被参纵勇伤人折

同治二年七月十三日(1863 年 8 月 26 日)

漕运总督臣吴棠跪奏,为遵旨查明总兵被参情节,恭折覆陈,

---

① 　中国第一历史档案馆藏:军机录副,档案编号:03-4952-050。

仰祈圣鉴事。

窃臣前奉寄谕：有人奏，江苏驻扎万福桥之记名总兵王万清，纵容勇目张庆元等，四出行劫，拒捕伤人等因。钦此。各等因到臣。伏查总兵王万清于上年春间，经都兴阿两次派援清淮，在车桥、淮安、清江迭次拿贼获胜，均经臣恭折奏明在案，委无见贼先退情事。尔时捻氛逼近，居民搬徙一空，官军仓卒驰剿，营垒未立，无所栖止，间或暂住街头搬空民屋，并无抢掠财物之事。至勇目张庆元一节，经臣密咨都兴阿、富明阿，并密饬藩司乔松年、扬州府知府孙恩寿等，又派员改装前往，严确查明，佥称将该总兵所带川勇本年四、五两月开收底册按名细查，俱无张庆元其人。复调三月份底册，始查有二起川勇左哨第八队内有勇丁张庆元，云南人，并非勇目亲兵，已于本年三月十七日因疲弱开革，以杨高顶补。并据乔松年查称：王万清前在邵伯镇扎驻，今在扬州东门外笔架山扎营，并非万福桥一带。所称丁沟张姓劫案，系与咸丰十一年九月督办江北团练大臣晏端书家属、寓所同时被抢，张姓追捕，为盗所伤身死，嗣经王万清派弁会获蒋姓两犯，均经扬州府甘泉县报明在案，委非王万清营勇在丁沟抢劫。又据孙恩寿禀称：本年三月间，访闻游击张得龙被劫一案，系王万清营内哨官杨正卿、杨小云纠伙行劫，立即起获原赃，会同王万清禀明都兴阿，将杨正卿、杨小云交营务处讯明，就地正法各等语。

臣查王万清既无见贼先退、抢劫财物暨纵勇在丁沟行劫等事，勇丁张庆元并无劣迹，又非亲兵勇目，业经开革在案，滋事各犯又经交出惩办。以上被参各款均属不符，应免置议。惟据王万清自称左膀曾患外症，臣又查得该总兵自去冬患病，迄今数月，尚未医痊，与被参形容枯槁、精神萎顿情节属实。

当兹防剿吃紧,带兵将领诚未便以病躯恋栈,致滋贻误,相应请旨饬下都兴阿、富明阿,即派得力将弁接带王万清所部川勇,以资整顿而便防剿。至总兵王万清病势能否医痊,病痊能否起用之处,仍请谕令都兴阿等查明办理。所有遵旨查明总兵被参情节,恭折覆陈,是否有当,伏乞皇太后、皇上圣鉴。谨奏。七月十三日。

同治二年七月十八日,议政王军机大臣奉旨:钦此。①

【案】关于此折之得允行,《清实录》记之曰:

又谕……记名总兵王万清,已明降谕旨勒令休致,所部川勇着都兴阿等遴派得力将弁,妥为统带,以资整顿。将此由六百里各谕令知之。②

【案】前奉寄谕:有人奏……拒捕伤人:此上谕军机及宫中档载曰:

军机大臣字寄:漕运总督吴:同治二年五月二十四日,奉上谕:有人奏,江苏驻扎万福桥之记名总兵王万清,纵容勇目张庆沅等,四出行劫,拒捕伤人。上年防剿淮属,见贼先退。兵勇占踞民房,抢掠财物,军政废弛,请饬查办等语。江北里下河一带久为贼所垂涎,该处军务宜如何力求整顿,严密筹防,若如所奏,该总兵毫无纪律,纵勇殃民,殊干法纪! 此等庸劣不职之员,岂可稍事姑容。着吴棠迅即查明,从严参办。勇目张庆沅并着严密查拿,尽法惩治,毋任漏网。原折着抄给

---

① 台北故宫博物院藏:军机及宫中档,文献编号:089966。

② 《穆宗毅皇帝实录(二)》,卷七十三,同治二年七月中,第487页。

阅看。将此谕令知之。钦此。遵旨寄信前来。①

〇八四　请将知县符宋英交部议恤片

同治二年七月十三日(1863 年 8 月 26 日)

再,蓝翎同知衔候补知县符宋英,系江西建昌府南丰县人,于同治元年十一月委署江浦县事。该员到任后,招集流亡,整顿团练,昼夜筹画,不辞劳瘁。本年二月初五日,南岸发逆由九洑洲窜犯江浦,扑城甚急。该员督率勇练,协同官兵,登陴固守,屡次却贼。至二月十七日,匪势愈增,该员随同官军并力出击,在离城七里之小店地方与贼接仗,鏖战多时,符宋英奋勇突阵,腹受炮伤,登时阵亡,随带县印并即遗失。时有家属高福目击符宋英阵亡情形。发逆旋陷江浦县城,高福亦为贼所裹,迄今官军克复二浦,高福始经逃出,具禀各情。据署江宁府知府杨钟琛详请奏恤前来。

臣查符宋英委署江浦,正值兵燹之后,绥抚残黎,讲求防守,颇称得力。兹以兵单贼众,临阵捐躯,大节凛然,深堪悯恻。相应请旨将蓝翎同知衔署江浦县知县候补知县符宋英照同知阵亡例,饬部从优议恤,以慰忠魂。谨附片具陈,伏乞圣鉴。谨奏。

同治二年七月十八日,议政王军机大臣奉旨:符宋英着交部照同知阵亡例,从优议恤。钦此。②

---

① 台北故宫博物院藏:军机及宫中档,文献编号:408018053;《穆宗毅皇帝实录(二)》,卷六十八,同治二年五月下,第 374—375 页。

② 台北故宫博物院藏:军机及宫中档,文献编号:089967。

○八五 审拟在洋劫犯何明春等情形折

同治二年七月十七日(1863年8月30日)

漕运总督臣吴棠跪奏,为审明在洋行劫盗犯何明春等,按律定拟,恭折奏祈圣鉴事。

窃据通州详报:同治元年三月二十八日,据事主郭宫桂等禀称:挈眷乘杜福发船并装布匹赴常阴沙,于二十一日午后行至刘海沙东南洋面,被盗持械过船,拒伤船伙张大等,劫去银钱、衣物,开单报叩验缉等情。当即会营勘验饬缉,并查刘海沙东南系常熟县所辖洋面,该县南为逆踞。饬牙估赃,值银六百五十九两二钱二分。即据捕役刘升等禀:在靖江县四墩子地方,经水师艇船并保卫局董于三月二十七日夜,缉获盗匪何明春等,起获原赃衣布等件,解赴靖江县转解等情。并据江阴县、靖江县禀同前由,将犯赃解州,讯供通详,当经臣等批饬缉审去后。兹据通州会同海门厅审拟,详由常镇道核转前来。

臣复加核看,缘何明春、汤濼、梁汶来分隶广东南海、新会、新回等县,均系水营革勇,流荡度日,先未为匪犯案。同治元年三月初九日,何明春、汤濼、梁汶来与在逃之老刘、张阿七、王阿章、来幅、德海、郭升、林胜子,遇道贫难。何明春起意出洋行劫,各犯允从,即于是日共伙十人,各带器械,偕至老刘四桨船上。何明春因见驾船人少,复上岸诱雇已获之王吉封、季维书赴船相帮,许给每人每月工钱二千文,当晚往南开行。王吉封等问往何处,何明春等告知出洋行劫,约其驾船分赃。王吉封等不允,即被打阱舱底。初十日傍晚时分,船至常阴沙南江阴县所辖江面,劫得不识姓明〔名〕事主豆饼船内钱二十余千、行李两副。又于二十一日午后，船至刘海沙东南常熟县所辖洋面，见有事主郭宫桂沙船驶至，何明春等将船赶拢，持械过船，拒伤事主钱殿钰、吴廷桂，船伙张大、蒋士芳，劫得赃物，搬运回船，驶至僻处，查点俵分，分别变用存留。事主郭宫桂等报县勘缉，获犯起赃，讯供通详，会审议拟，声明何明春等并无另犯窝伙抢劫别案，王吉封等实止被诱在船，并未为匪服役，亦未随同上盗等情，由道覆转前来。臣覆核无异。

查例载：江洋行劫大盗立斩枭示等语。此案何明春纠同汤滦等在洋行劫两次，其在江阴江面行劫豆饼船内钱物，虽查无事主报案，惟在常熟洋面行劫事主郭宫桂行船，拒伤事主、船伙，已据供认凿凿，赃经主领，正盗无疑，应按律问拟。何明春、汤滦、梁汶来应如所拟，均合依江洋行劫大盗立斩枭示例，拟斩立决枭示，先行照例刺字。王吉封等讯出被诱在船，并未为匪服役，亦未随同上盗，但于何明春诱雇之时并不查明来历，辄允上船，究属不合。王吉封、季维书亦如所拟，均请照不应重律，杖八十。事犯到官在同治元年八月初二、九月初一等日恩旨以前，所得杖罪应准援免。余讯无同居亲属知情分赃、牌保得规包庇情事。各犯在外为匪，原籍牌保及犯父无从觉察禁约，概毋庸议。买赃之不识姓名人并免查提。事主钱廷〔殿〕钰等伤均平复，亦毋庸议。盗船发厂变卖。起赃给主，未起追赔。逸犯老刘等饬缉，获日另结。

所有获盗应叙职名，查明另行办理。再，此案首伙十人仅于初参限内拿获首伙三名，尚未及半，应参职名，饬取另参。除将供招咨部外，合将审拟缘由会同两江总督臣曾国藩、江苏抚臣李鸿章恭折具奏,伏乞皇太后、皇上圣鉴,敕部核覆施行。谨奏。七月十七日。

同治二年七月二十三日,议政王军机大臣奉旨:刑部议奏。钦此。①

○八六　奏报南河苇荡青柴长发片

同治二年七月十七日(1863年8月30日)

再,南河苇荡左、右两营增采柴束,原定章程每年将青柴长发情形由该管道员确勘,详请具奏,设有水旱虫伤,随时声明,历经循办在案。兹据委管荡务江苏候补知府章仪林禀称:本年左、右两营柴根因港水缺乏,先受胎旱,又值上冬今春雨雪较少,加以三、四月间严霜海雾,芦芽叠次受伤,萌发不旺。现查高阜地段产长茸稀,即低洼之区亦不茂密。如此后雨水调匀,续笋不为虫蚀,或可敷额等情前来。除批令霜后据实尽数估报外,相应附片陈明,伏乞圣鉴。谨奏。

同治二年七月二十三日,议政王军机大臣奉旨:知道了。钦此。②

○八七　奏报防剿情形并请将尹作宾开复片

同治二年七月十七日(1863年8月30日)

再,臣迭奉七月初八日、初十日寄谕二道,饬令迅催姚广武进

---

① 台北故宫博物院藏:军机及宫中档,文献编号:090063。
② 台北故宫博物院藏:军机及宫中档,文献编号:090064。

兵援蒙各等因。钦此。伏查姚广武驰援蒙城,暨臣筹济皖饷,防剿捻匪,并绘进宿、蒙饷道地图,均经附片奏明在案。兹据署淮徐道朱善张禀称:捻匪张小言王等股窜至临安集,经都司刘佐廷、守备张光诗等督率兵练,邀击获胜。贼遂围扑萧城,经萧县都司张世龄、署知县沈侨等带练击退。贼又分窜黄家坝、郝家集一带,经臣派赴徐境巡缉之都司邱尊谦、守备高秉元等队,于七月初八、初九日连战获胜,毙贼百余名,生擒捻头破皮虎一名,立即讯明正法。贼见各兵练凭圩遮截,无所掳掠,于初十日悉数窜回铁佛寺、石弓山一带老巢。官军追剿三十余里,毙贼多名。因队伍太单,未便深入。

又据总兵姚广武禀称:正与马新贻会议夹攻狼山逆垒,忽于初五日探得苗逆将狼山匪股全行撤退。姚广武得报,即督队驰追。适蒙军总兵王才秀、徐鹄等队由山南、北来,两路合击,毙贼多名。时因蒙城空虚,皖军仍回城内。姚广武收队,经过从苗之赵、王二圩,示以军威,均出乞抚,□予收抚。旋知狼山败贼并窜蒙城外,在涡河南北筑垒,计图逼紧围攻。姚广武复于初七日由小涧集驰抵蒙城,初八日五鼓,会合皖军,由北门过河,绕至东南,抄击贼后。该逆蜂拥出拒,官军往来冲压,鏖战两时之久,阵毙悍贼七十余名,生擒十一名,立即正法。已革游击尹作宾奋勇陷阵,左臂受枪伤二处,马勇亦受伤二十余人。官军仍复力战,贼势不支,败窜回圩,死守不出。官军遂整队撤回。姚广武由檀城集西北回营,沿途经过各圩纷纷乞抚,皆称被苗所逼,实愿从官。当因人地生疏,民贼莫辨,暂以温语抚循,仍回侯圩驻扎,与皖军会筹进剿。又据安徽道员秦荣禀称:逆首苗沛霖闻各路援师入皖,自率悍党麇集怀远,蒙城情形较前稍松。总兵何绍彩四营已于初三日到齐。苗逆于蚌埠附近筑垒三十余座。初七日,皖军义字营与总兵张得胜将贼头营攻破一座,斩馘甚多各等语。

臣查出巢捻股,经徐境兵练截回,宿军无后顾之虑,可以锐意围攻宋家捻圩,并竭力援蒙。临军攻怀甚急,苗逆撤党回顾,狼山无贼,蒙北饷道可以畅行,足资守御。丁泗滨、黄开榜等水师均已在途,约七月中旬先后可到临淮,悉力进攻怀远,贼弥不敢分党扑蒙。是徐、宿、蒙境军情较前稍松,可仰慰圣廑。此次狼山苗逆自行撤退,并未大受惩创,檀城一带圩寨皆系苗、捻粘联,现虽乞降,必须派兵入扎,方资镇抚。而姚广武随带共千余人,万难分驻各圩。若空言投诚,敷衍目前,恐贼至仍将从逆。此各圩投诚不可恃之实在情形。副将艾宪银一军逼攻宋圩捻巢,连次接仗,贼仍死拒。计宋圩逆首赵克元一股现有千余人,回巢之张小言王、李大个孜、相盘等马步捻匪不下一二万人。官军急攻宋圩,群捻必将来援,固在意中。臣尤虑该逆嗾众续行北犯徐境,逼胁各圩,或又远掠旁县,别无游击之师跟踪逐剿,是姚广武一军虽竭力支持于徐、宿、蒙境,而仍不足恃之实在情形也。合无吁恳天恩,准臣迭次陈请,饬令亲王僧格林沁早日回皖,乘苗逆撤退之时,先收宿、蒙交接从贼各圩,以断苗逆之右臂,并可督饬各路官军扫除浍河南北捻股,进歼围蒙苗匪。如蒙城解围,即可进捣下蔡老巢,使怀远苗逆首尾不能相顾。该逆慑于亲王僧格林沁军威,徒党震骇,必生携贰,似可一鼓荡平,力挽皖疆之危急。臣早夜筹画,策无过此。是否有当,伏乞皇太后、皇上圣鉴训示。再,已革游击尹作宾突阵争先,身受重伤,实属奋勇可嘉。除饬赶将枪子取出设法医治外,可否仰求恩施,将已革游击尹作宾开复原官,以示鼓励之处,出自逾格鸿慈。谨附片具奏。

同治二年七月二十三日,议政王军机大臣奉旨:据奏,狼山贼营撤退，苗逆添党围攻怀远、蒙城，粮道渐通，丁四滨等水陆各军抵临情形。前据唐训方奏闻，已有旨谕令吴棠严饬姚广武竭力会剿，并将徐、宿各捻股设法剿除。僧格林沁南下一节，已谕令该大臣自行察度，恐一时未能督师入皖。吴棠惟当懔遵前旨，会同唐训方妥为筹办，严饬在事将弁认真防剿。乞降各圩，镇抚须得法，毋堕奸计。已革游击尹作宾突阵受伤，着准其开复原官。该部知道。钦此。①

【案】此七月初八日上谕《清实录》载曰：

甲寅……谕议政王军机大臣等：唐训方奏，临军剿贼获胜，蒙城粮路仍阻，设法疏通一折。蒙城被围日久，粮运断绝，现在就近可以往援者惟姚广武一军，何得因赵克沅等百余捻匪，辄将兵力牵制一隅，遂置大局于不顾！马新贻现令王才秀稳驻蒙城，而自率所部移屯小涧，密商姚广武自侯圩前后夹攻，事机已迫，万不可再有迟误！即着唐训方檄调姚广武等迅速进兵，疏通蒙城饷道。吴棠仍一面严饬该员鼓勇前进，毋得托词□捻，跋前疐后，致误戎机，自干重咎。黄开榜水师，叠经谕令驶赴临淮，至今尚未奏报起程，并着吴棠迅催前往，毋得稍有稽迟。昨因彭玉麟赴援江西，谕令曾国藩迅催杨岳斌督率水师，驶赴临淮，借资援救。此时苗逆势极猖獗，援兵早到一日，庶得早救一日之倒悬，仍着曾国藩遵旨严催，毋稍迟玩。唐训方仍就现有兵力，妥筹守御，以待援师；并飞催蒋凝学、周宽世、毛有铭等军，迅速进扎溜子口等处，约期会剿，不可稍有松劲。另片奏，遵查李南华现在蒙城助剿，叠有捡斩等语。李

---

① 台北故宫博物院藏：军机及宫中档，文献编号：090065。

南华打仗尚为勇敢，且与苗逆为仇，唐训方务当随时驾驭笼络，俾为我用。将此由六百里各谕令知之。[1]

○八八　请将已革游击尹作宾开复原官片

同治二年七月十七日(1863年8月30日)

再，已革游击尹作宾突阵争先，身受重伤，实属奋勇可嘉。除饬赶将枪子取出设法医治外，可否仰求恩施，将已革游击尹作宾开复原官，以示鼓励之处，出自逾格鸿慈。谨附片具奏。

同治二年七月二十三日，议政王军机大臣奉旨：着准其开复原官。该部知道。钦此。[2]

○八九　奏报现在统筹徐、宿、蒙境防剿折

同治二年七月二十三日(1863年9月5日)

漕运总督臣吴棠跪奏，为江、皖同时吃紧，蒙城官军撤动，现在统筹徐、宿、蒙境防剿情形，恭折奏祈圣鉴事。

窃臣前奉七月十四日寄谕：蒙城一带贼众既抽赴怀远，则彼处情形或可稍松等因。钦此。遵即恭录，檄饬姚广武、马新贻等钦遵办理。旋据姚广武禀称：宋家捻圩经副将艾宪银等于七月十二日夜间冒雨攻克，杀贼一百六十名，掄获长发捻党杨清兰、赵侃、杨化山、郭要儿等并伙匪三十名，立即正法。首逆赵克元乘昏黑之际，

---

① 《穆宗毅皇帝实录(二)》，卷七十二，同治二年七月上，第466页。
② 台北故宫博物院藏：军机及宫中档，文献编号：090066。

凫水逃逸,现仍分投搜捕,进剿各捻。姚广武一军由侯圩攻拔古堆与东宋圩,并诱获王楼圩逆首王凤朝,蒙北饷道畅行无阻。惟因板桥圩苗党李华东约会逆党苗天庆,在钟阳、卢沟等处打粮,濉溪口一带复有捻踪,暂于七月十五日驰回宿城,督队剿捻,以顾徐宿根本。姚广武又准唐训方照会,以临营被围紧急,水师难以展布,黄国瑞一军不日可到,飞调马新贻带冠子营全军,星夜兼程赴临,迅解营围。嘱姚广武协同英翰驻防蒙城,一俟黄国瑞一军到防,仍调英翰一军赴临助剿。姚广武以马新贻等带队五六千名力守蒙城,尚须援应,若以所带赴援之亲随千余人进解蒙围,殊不敷用,禀请由臣酌办等语前来。

又据徐州各路探称:捻匪相盘、李大个孜等匪于七月十六日由岳家集、石弓山一带出窜,十七日已至濉溪口、黄家水寨等处,声言有赴徐东打粮之说。臣查蒙、宿唇齿相依,有急自应赴救,而徐宿一军所食口粮,半资于徐郡之钱粮、厘捐。若徐军深入皖境,不惟恐捻股抄后,不及回援,且既资徐饷,不顾徐境捻氛蹂躏日深,征收又何所望? 况徐州为北路咽喉重地,军兴十载以来,资为重镇,断不容稍事疏忽。此时捻氛出没,肆扰徐宿之间,防剿情形万分吃紧。徐军本只三千余人,经姚广武带赴援蒙一千余名,下余二千余名,分防进剿,实属不敷,而亲王僧格林沁援军入皖尚须时日,惟有设法兼顾,竭力支持。臣现檄饬艾宪银一军专顾徐宿一带,剿办捻匪,而以姚广武一军为游击之师,蒙城急则援蒙,徐宿急亦仍令兼顾北路;并饬西路沿河各州县团圩,一体严防,以杜捻逆奔突。惟马新贻一军既撤,姚广武、英翰两军更形单薄,蒙城人心未免摇动。苗逆党羽尚众,更难保不复来窥。此时进剿不足,当议固守,应请旨饬下唐训方,饬令英翰入驻蒙城,以镇人心而专职守。臣仍饬姚广武回驻侯圩,力顾蒙城饷道,兼顾宿南各圩。如北路实在警急,再令该镇驰回援剿,以期兼筹并顾,暂支危局。所有现在统筹徐、宿、蒙境防剿情形,恭折具陈,伏乞皇太后、皇上圣鉴。

再,据千总刘长清回浦禀称:黄开榜炮船于十五日抵临,旋即会同丁四滨水师溯流转战,送进张得胜等营米粮;现在苗逆在临淮上游夹河筑垒数十座,势甚猖獗,官军仍拟出队攻剿等语。除由唐训方详报战状外,合并陈明。谨奏。七月二十三日。

同治二年七月二十八日,议政王军机大臣奉旨:钦此。[1]

【案】此折于是年七月二十八日获批覆。《清实录》:

壬申……谕议政王军机大臣等:吴棠奏,蒙城皖军撤动,现筹防剿情形一折。据称唐训方以临淮被围紧急,飞调马新贻全军赴临助剿,拟饬姚广武、英翰驻防蒙城。惟姚广武一军尚应兼顾徐宿,该漕督现饬艾宪银一军专顾徐宿一带剿办捻匪,而以姚广武一军为游击之师,回驻侯圩,视蒙城、徐宿何路有急,即援何路。其蒙城城守事宜,请饬英翰入城驻扎等语。所筹不为无见。现在蒙北饷道虽通,而城围未解,姚广武一军虽不能入驻蒙城,该漕督仍当饬令妥为策应,一有紧急,即当飞速驰援,毋得顾此失彼。至马新贻现已调赴临淮,其英翰一军应否令入驻蒙城之处,并着唐训方妥筹调遣,以资守备。昨据僧格林沁奏,教匪盘踞红山,黄国瑞一军堵剿东面,碍难抽调,拟俟教匪歼灭,即饬该总兵统军赴皖等语。黄国瑞之军既难克期赴

皖，其蒙、临战守事宜，即着唐训方仍就现有兵力，竭力搘持，毋稍疏失，以待援师。将此由六百里各谕令知之。①

【案】前奉七月十四日寄谕：蒙城一带……或可稍松：此廷寄《清实录》载曰：

戊午……谕议政王军机大臣等：唐训方奏，怀远贼垒日增，包抄临淮后路，官军奋击获胜一折。此次苗逆增调悍党，由黑崒、上洪两处包抄临淮后路，均经官军击退。该逆又亲率大股二万余人陈于黑崒，筑垒抢渡，复经普承尧等督兵奋击，贼始败窜；并将七里河岸贼垒一律蹋平，自可稍寒贼胆。第逆匪愈聚愈众，民圩日遭裹胁，而各营兵勇止有此数，日久相持，终恐情见势绌，着曾国藩、吴棠严催丁泗滨及前调黄开榜师船迅速驶赴临淮，会合夹击，毋得稍有迁延，致干重咎。杨岳斌、黄翼升所部水师，并着曾国藩严催赴临会剿，毋稍延误。至蒙城一带贼众既抽赴怀远，则彼处情形或可稍松，着吴棠、唐训方严饬姚广武、马新贻、英翰诸军内外夹击，立解城围。倘姚广武仍敢托词防捻，畏葸不前，致失此可乘之机，必将该员从重治罪。唐训方另片奏，李世忠遣副将朱元兴等带兵千余来临屯扎，并添炮船数十只停泊五河，声称系禀请曾国藩会剿苗逆等语。李世忠所部久未闻有与贼接仗之事，此次忽遣兵弁赴临，声言助剿，其意究欲何为？现虽据唐训方奏，曲意周旋，悉心防范，而屯兵肘腋，究恐滋生事端。着曾国藩设法将伊派出之兵调往他处，或令赴江浦一带防堵，俾免临淮各营疑虑，方为妥善。将此

---

① 《穆宗毅皇帝实录（二）》，卷七十四，同治二年七月下，第505—506页。

由六百里各谕令知之。①

○九○　请将都司梁朝灏革职留营效力片

同治二年七月二十三日(1863 年 9 月 5 日)

再,军营带兵将弁派队巡哨,理宜慎重,并须相机援应,以备不虞。其散放兵勇口粮,尤应丝丝入扣。兹查有派赴通州之防江都司梁朝灏,前于上年十月间,该都司派船五只渡江至福山巡哨,猝遇大股发逆,众寡不敌,致遗失炮船二只。臣接据禀报,即经严行申斥,一面派员审查,又访得该都司于应行扣旷勇粮,未经核实具报,有擅自摊给勇丁情事,并九江镇总兵黄开榜禀揭前来。

臣随即札调该都司来浦,逐加研讯,遗失炮船情形属实,已属不职。其空旷勇粮摊给在船勇丁,亦系实有其事。传在船勇丁,隔别讯究,所供佥同。虽讯无侵吞入己情弊,究属未便姑容,相应请旨将候补都司梁朝灏即行革职,仍留营效力,以观后效。谨附片具陈,伏乞圣鉴。谨奏。

同治二年七月二十八日,议政王军机大臣奉旨:梁朝灏着即行革职,仍准留营效力,倘再不知振作,即着从严参办。钦此。②

---

① 《穆宗毅皇帝实录(二)》,卷七十三,同治二年七月中,第 474—475 页。
② 台北故宫博物院藏:军机及宫中档,文献编号:090066。

○九一　请准知县张景贤暂缓赴部引见片

同治二年七月二十三日（1863年9月5日）

再，现署桃源县知县张景贤由县丞保升知县，例应赴部引见，方准补署。该员久在徐宿军营，于堵剿捻匪机宜最为熟悉。上年春夏之交，捻匪时图东窜，经臣札委该员署理桃源县事，年余以来，于办理防堵、抚恤疮痍，均能妥洽，且能留心教养，舆情洽服，尤属牧令中不可多得之员。惟究系格于成例，理合附片陈明，仰恳天恩，俯准俟军务稍松，再饬该员交卸赴部引见，实于地方、防务有裨。是否有当，伏乞圣鉴训示。谨奏。

同治二年七月二十八日，议政王军机大臣奉旨：着照所请，吏部知道。钦此。①

○九二　奏请照常抽收米粮过卡等税片

同治二年七月二十三日（1863年9月5日）

再，据办理扬镇粮台江宁布政使乔松年、总办厘捐前四川永宁道郭礼图详称：奉抚臣札：准户部咨开：议覆尚书罗惇衍奏，近畿米粮短绌，请饬各省米谷、农器、牛只毋庸纳税指捐一折，奉旨：依议。钦此。行令体察情形妥筹等因。自应钦遵办理。惟查粮台军饷支绌，专恃厘捐接济，其农民耕牛、零星物件过卡，本不抽捐。而米粮一项，实为厘款大宗，客商买卖往来，照章完缴，相沿已久，该商贩

---

①　台北故宫博物院藏：军机及宫中档，文献编号：090209。

等以为应有之捐，业已计入成本，绝无苦累。近因米价北贵于南，贩运出江者寥寥。其从前进出之米，皆赴上海、宁波一带销售，并不运津，即一律免捐，亦于畿辅无益；且免捐于商贩，所省无几，而水陆兵勇必致因此缺误。联衔详请覆奏，照常收捐等情。

臣查江北米捐一项，商贩视为应有之捐，本无苦累，且多系运赴上海、宁波销售，并不运津。该司道等所陈免捐于畿辅无益，委系实在情形，自应仍准照常收捐，以济军需。谨会同江苏巡抚臣李鸿章附片覆陈，伏乞圣鉴。谨奏。

同治二年七月二十八日，议政王军机大臣奉旨：户部知道。钦此。[①]

●议政王军机大臣字寄：漕运总督吴、安徽巡抚唐：同治二年七月二十八日，奉上谕：吴棠奏，蒙城皖军撤动，现筹防剿情形一折。据称唐训方以临淮被围紧急，飞调马新贻全军赴临助剿，拟饬姚广武、英翰驻防蒙城。惟姚广武一军尚应兼顾徐宿，现在板桥圩苗党李华东勾结逆党苗天庆，在钟阳、芦沟等处打粮，捻首相盘、李大个孜等出窜，已至濉溪口、黄家水寨等处，声言有赴徐东打粮之谣。该漕督现饬艾宪银一军专顾徐宿一带，剿办捻匪，而以姚广武一军为游击之师，回驻侯圩，视蒙城、徐、宿何路有急，即援何路。其蒙城城守事宜，请饬英翰入城驻扎等语。所筹不为无见。现在蒙北饷道虽通，而城围未解，姚广武一军虽不能入驻蒙城，该漕督仍当饬令妥为策应，一有紧急，即当飞速驰援，毋得顾此失彼。至马新贻现已

---

① 台北故宫博物院藏：军机及宫中档，文献编号：090210。

调赴临淮，其英翰一军应否令入驻蒙城之处，并着唐训方妥筹调遣，以资守备。昨据僧格林沁奏，教匪盘踞红山，黄国瑞一军堵剿东面，正形吃紧，碍难抽调，拟俟教匪歼灭，即饬该总兵统军赴皖等语。黄国瑞之军既难克期赴皖，其蒙、临战守事宜，即着唐训方仍就现有兵力，竭力支持，毋稍疏失，以待援师。将此由六百里各谕令知之。钦此。遵旨寄信前来。①

○九三　审办伙众拒杀官兵之盗贼一案折

同治二年八月初一日(1863 年 9 月 13 日)

漕运总督臣吴棠跪奏，为强盗拒杀官兵，拿获伙盗，审明正法，恭折奏祈圣鉴事。

案据泰州详报：咸丰十一年二月初九日，据正东隅约保丁春融、张淮禀称：本月初八日夜，听闻李德怀当典被匪行劫，即约民勇人等赶往，匪已携赃逃跑。汛总闻廷珍带兵追至陈家庄，匪等拒捕。营兵马麟被火器轰伤身死，汛总身受伤痕。伊等帮捕，乡约丁春融之子丁珩，地保张淮并史克、钱有桂，民勇沈大、黄九、丁有荣、王兆鳌，亦均被拒伤。获住两匪，询名林泷角、郭巴郎，并获首饰四袋，理合禀报等情。并据典商李德怀同报到州。当即会营勘验饬缉，传牙估计已、未起各赃，共值银二千七百二十七两零。出示晓谕，照例赔偿，讯供通详，批饬缉审去后。并据该州以通详之后正在拟解间，因逆氛未靖，道路戒严，以致未能随时解勘。现遵奏定章程，提犯覆讯，据供前情不讳，诘无另犯窝伙窃劫别案。犯赃当

---

① 台北故宫博物院藏：军机及宫中档，文献编号：408018055。

时并获，正盗无疑，将犯正法，按律定拟，由府详司核转前来。

臣复加查核，缘林泷角、郭巴郎籍隶福建莆田、南安等县，均系江南溃勇，游荡度日，先未为匪犯案。咸丰十一年二月初间，林泷角、郭巴郎与素识在逃之李蒙胜即杨椋、蒋得胜即得义、蒋得魁、刘蒙秀、王得喜、李荣胜即长喜、李得宽即添受，遇道贫难。李蒙胜起意行窃，各犯允从。李蒙胜又纠不识姓名两人入伙，即于初七日夜共伙十一人，分坐两船开行。初八日二更后，行抵泰州姜堰镇市稍停泊。李蒙胜令林泷角等将船内竹篙扎成软梯，并取出洋枪、火药包、铁斧、油捻、布袋，分执登岸，偕抵李德怀典铺门首。李蒙胜与蒋得胜用梯上屋落院，扭断铁锁，开出大门。典内更夫柳柱闻声喊捕，李蒙胜起意行强，吓禁声张，即令林泷角、李得宽在外把风，郭巴郎、王得喜、李荣胜在院接赃。李蒙胜等抬取院内石板撞门进内，劫得银洋、首饰、衣物，装放布袋，递交郭巴郎等转交林泷角等接收，分携逃跑。维时，姜堰汛把总闻廷珍带兵马麟等及约保丁春融等，约会民勇沈大等追拿。李蒙胜等逞凶拒捕，开放洋枪，轰伤营兵马麟身死，并拒伤把总闻廷珍等八人，各自逃散。林泷角、郭巴郎均未下手，落后被获，原赃首饰解州，事主李德怀报州勘验，讯供通详，提犯审覆明确，就地正法，按律拟议，由府详司核转到。臣覆核无异。

查律载：共谋为窃，临时行强，以临时主意及共谋为强盗者，不分首从论，及强盗已行得财者，不分首从皆斩。又例载：强盗拒捕、杀伤官兵之案，其同在一处，或三五成群，虽非下手之人，在旁目睹，即系同恶共济，法所难宽，即行斩决。又，强盗杀人，不分曾否得财，俱照得财律斩，随即奏请审决枭示各等语。此案林泷角、郭巴郎听从逸犯李蒙胜，伙窃事主李德怀典铺，临时行强，业已得财，应按律问拟。林泷角、郭巴郎即应如所拟，均合依强盗已行得财者不分首从皆斩律，拟斩立决，照例刺字。查该犯等于李蒙胜等拒伤把总闻廷珍等并轰伤营兵马麟身死之时，均系在场目击，虽未帮同拒捕，究属同恶相济，例应斩决枭示。既据该州审明正法，应毋庸议。犯系当时追获，并无同居亲属知情分赃、牌保得规包庇情事。各犯在外为匪，原籍牌保无从觉察，请免提责。营兵马麟被盗拒伤身死，已由该州照例给银抚恤。把总闻廷珍等伤俱平复，应毋庸议。起赃给主，未起追赔。盗遗铁斧等件，案结销毁。逸犯李蒙胜等饬缉，获日另结。

此案盗犯首伙十一人，仅据拿获盗伙二名，获犯尚未及半，应参疏防职名，饬取另参。除备供招咨部外，合将获犯审明正法核拟缘由，谨会同协办大学士两江总督臣曾国藩、江苏巡抚臣李鸿章，恭折具陈，伏乞皇太后、皇上圣鉴，敕部核覆施行。谨奏。八月初一日。

同治二年八月初六日，议政王军机大臣奉旨：刑部议奏。钦此。[①]

○九四　奏覆采办京米费用难定确数折

同治二年八月初一日(1863年9月13日)

漕运总督臣吴棠跪奏，为覆陈江北采办京仓米石价值、运费各项，难以预定确数，恭折具陈，仰祈圣鉴事。

窃臣前准部咨：御史华祝三片奏，预提江、广等省折漕银两，交

臣就近采买米石,由海道运解京仓一折,经部臣议将里下河究能采买若干米石,由江运海、由海运津,统计应需米价、运费每石若干,请旨饬臣逐一详细覆奏等因。行令遵照到臣。遵经分饬藩司、粮道详查议覆,一面由臣逐加访察。江北米谷向以全椒、浦、六及三河、庐江一带出产最多,贩运江南粜卖者,亦以此数处地方为大宗。里下河地处低洼,又多斥卤之区,民间多种糟粮,产谷较少。迩年淮、扬以西迭被匪扰,仅止里下河一带尚称完善,而西、南、北三面毗连之处,无不用兵,各该处军食、民食咸赖乎此采买者,不一而足;加以难民汇集,食耗尤多,故虽年谷顺成,盖藏甚少。上年秋成偶歉,价即贵腾。今年旸雨应时,秋收中稔,而米价未能递落,至今尚在三两左右。近又因楚师日众,皆由下游采办食米,买多则价昂,理所必然。至扬州江都县境之仙女镇素号米市,且为江北通江码头,第系米粮总汇之地,并非出产之所。其市价以买家之盛衰及来米之多寡为定,旦夕不同,不能预为核计。此江北采办米石之大概情形也。

至海运脚价等项,江北从无办过成案,所有来往商船与运津交米事宜,不能熟谙,必得雇募沙船装运,方期稳妥。惟由沪运津,尚有江南成案可循,其由江北运沪,或径达天津,亦须俟觅雇沙船时核实酌定,难以先为约计。此又江北筹计途费之大概情形也。臣与江宁布政使乔松年、江安粮道王朝纶再四熟商,实非先期所能核定,而言念京仓支绌,午夜彷徨,苟有人心,不容稍有推诿。虽江北情形如此,且事属创行,诸无把握;而以本年秋成而论,如果钱粮应手,及早筹维,大约至多以十万石为率,或可勉力采购,分批起运。

至于米价、运费,届时惟有搏节计议,断不能稍有浮靡,以仰副皇上廑念天储之至意。再,前项米石如蒙饬下部臣覆核,定议采购,并恳天恩严饬江、广等省,将应解米价银两拨解足数,克期来江，以资应用而免棘手。除督饬该司道预为妥议章程，一俟奉准拨款到日再行设局办理、续奏外，理合先行覆陈，伏乞皇太后、皇上圣鉴训示。谨奏。八月初一日。

同治二年八月初六日，议政王军机大臣奉旨：户部核议具奏。钦此。①

【案】御史华祝三片奏，预提……运解京仓一折：同治元年十一月二十五日，御史华祝三片奏曰：

再，京仓短绌，粮价日见昂贵，亟应设法筹办，以实仓储而裕民食。臣闻部议豫提江西、湖北、湖南各省折漕银七十万两解京，自系为筹备京食之用。第责成不专，则采买招商仍无把握，拟请将部提江西等省折漕银两一并解交漕运总督兑收，敕下漕臣督饬江苏粮道，就近在里下河及上海一带采买米石，或附轮船，或雇沙船，运赴天津交兑。其运费如或不敷，即由江海关拨给，以利端行，庶漕臣不徒拥督漕之名，粮道亦克尽督粮之职。京仓多一石之储，京师多一石之食，于兵民甚有裨益。现在江路不通，河道断难复旧，除海运别无良策。署漕臣吴棠在清江统兵设防，如或不能兼顾，应请特简漕臣，督办海运事宜。漕标员弁甚多，足供驱策，亦免虚糜廪禄。而漕臣知其责无旁贷，自当实力讲求，以期名实相副，将来驾轻就熟，漕务必渐有起色。臣为筹备仓储起见，理合附片具奏，伏乞皇上圣鉴。谨奏。②

---

① 台北故宫博物院藏：军机及宫中档，文献编号：090387。
② 中国第一历史档案馆藏：军机录副，档案编号：03-4862-048。

○九五 奏报湖河水涨及修守各工片

同治二年八月初一日(1863 年 9 月 13 日)

再,臣前将节逾夏至、水涨工险、宣泄抢护情形附片具奏,钦奉圣谕:着吴棠将现在尤为紧要各工,严督各厅妥实兴办等因。钦此。仰见皇上慎工节帑之至意。伏查月余以来,淮源较旺,洪湖长存水一丈零八寸,比上年今日大一尺七寸。每遇西风鼓浪,堰圩石工节节吃重。当饬该管厅员将被风掣塌之信、智、林、仁、寿等坝河及新旧义河直坝,拦堰护埽,分别镶补,并于靠堤卑矮处所酌镶护堰防埽,以资捍御。其北运河水势,自启放刘老坝后,消落无多,迨夏秋之交,复又陆续见长,加以上游雨水较广,添波助流,溜势更为湍激。如宿关坝基迎溜顶冲埽段迭被刷塌,必须改筑土戗,外抛碎石,方期稳实经久,以卫关房。现已据厅禀估批,俟汛水见消,即行兴办。起迤下长堤溃刷紧要处所,幸于初次长水时分投帮筑堰戗,并抢镶防风护埽,得以化险为夷。里扬运河因北运河及洪湖来源旺注,立秋以后率皆有长无消。清河以下两岸堤埽要工,均经随时督厅竭力抢护,期保无虞。所需款项无不按工确核,减而又减,断不〈敢〉稍任浮糜。

至淮阳土工内高邮、甘江等汛,均已一律办竣。其余未竣段落,仍严饬厅县等上紧督董集夫,妥速赶办完报,并以高邮西堤碎石工程历被湖浪撞刷,塌卸不堪,若普律兴修,急切无此巨款,不得已并饬接手勘估,先行酌集民夫,择要捞砌,为得寸则寸之计。如果二三年间陆续补苴完整,则东堤得此重障,修守有资。即偶遇汛涨,亦可从缓起坝,于里下河饷源、民生均有裨益。所有节届白露湖河水长、修守各工情形,理合附片陈明,伏乞圣鉴。谨奏。

同治二年八月初六日，议政王军机大臣奉旨：知道了。
钦此。①

○九六　奏报咸丰二年丰工用过钱粮片

同治二年八月初一日（1863 年 9 月 13 日）

再，案查咸丰二年初堵丰工，奉部驳查各款，经前漕臣王梦龄
逐细查明覆奏。续奉部驳，仍令删减等因。嗣将复堵各案造册题
报，接准部咨：议奏以初堵案内指驳各款，尚未覆奏，未便越年核
覆。现署漕臣吴棠莅任未久，无所因其回护，自当秉公率属，力挽
积习，以清案牍。请旨饬将丰工初堵各工用过钱粮，遵照指驳各
款，先行覆奏，再将复堵之案接续办理，并各案应赔之员，认真追缴
等因。奉旨：依议。钦此。钦遵咨会到臣。饬据清查局覆称：遵查
初堵案内筑坝挑河情形及所做工长丈尺、动用银数，均系节次奏
明，核实办理。其子房山挑河刷堤、还堤，原因微山湖水异常浩瀚，
亟筹减涨利运，曾奉钦差怡良②查勘覆奏。所办工程因系筹动丰

---

① 台北故宫博物院藏：军机及宫中档，文献编号：090388。

② 怡良（1791—1867），瓜尔佳氏，满洲正红旗人，监生。嘉庆六年（1801），充刑部
学习行走。二十一年（1816），补刑部笔帖式。道光二年（1822），选陕西司主事、秋审处
行走。四年（1824），任秋审处坐办。五年（1825），升江苏司员外郎、河南司掌印员外
郎。八年（1828），放广东广州府知府，调高州府知府。十年（1830），兼护高廉道。十一
年（1831），调补广西南宁府知府。同年，迁云南盐法道。十二年（1832），调升山东盐运
使，旋升安徽按察使。十三年（1833），调江苏按察使。翌年，署江西布政使。十六年
（1836），护理江西巡抚。是年，补授江苏布政使，护理江苏巡抚。十八年（1838），擢广
东巡抚。二十年（1840），兼署粤海关监督。二十一年（1841），兼署两广总督。同年，授
钦差大臣，兼署闽浙总督。二十二年（1842），补授闽浙总督，兼署福州将军。咸丰二年
（1852），补福州将军。三年（1853），调两江总督。六年（1856），兼钦差大臣。七年
（1857），以病休。同治六年（1867），卒于籍。

工存款，足以归入初堵案内汇报。所有各员分赔银数，系属查照历届大工成案，核计正坝用银，分别销赔，于二次请拨丰工不敷银两时覆奏有案。

至复堵奉部驳查挑河未将初堵河形扣除一节。查咸丰二年初堵丰工金门收窄放河后，水长溜急，迭次走长，正河尚未归故，致将挑工淤垫。是年复挑长河沟线等工，亦系择要加挑，凡有可除河形之段，均于估做册内逐一扣除减办。又二坝工程，当大坝收束时，即经分投镶做，以数百丈河身，非长埽不能立足，层层追压坚实，方足以资防卫。又奉驳碎石圆坝估报浮多一节，查二年冬间，大工未合之先，冰凌拥注，铲断金门长埽，摘脑缆一千余条，深恐上下边埽受伤，是以多做石坝、迈埽，俾资搪御。以上各案，均随时具奏，确切查估。其土方价值悉照则例造报，并无浮多，难以删减。

至丰工各员应赔未完款项，除前督臣陆建瀛、前河臣杨以增共缴存库银十六万两外，其余各员弁屡次咨追各原籍，至今未报催缴若干。前以恭遇恩诏，遵将丰工初、复堵赔款，汇造册籍，详请咨部豁免。嗣准部咨：嗣丰工定案后，再行核办等因。兹将奉部查诘初堵、复堵各款核案，据实缕晰具陈，恳赐覆奏前来。臣复加确核，均系实在情形，合无仰恳天恩，饬部查照原案，覆核准销，感荷鸿慈，实无既极。附片具奏，伏乞圣鉴。谨奏。

同治二年八月初六日，议政王军机大臣奉旨：该部核议具奏。钦此。[1]

○九七　奏报筹画堵剿皖省捻匪片

同治二年八月初一日(1863 年 9 月 13 日)

再,臣现据黄开榜禀称:苗逆在宋家滩添筑贼垒,并添大炮,又于河内密布桩缆、铁索,阻扼水师往来之路。黄开榜于十九日会合皖军并上游炮船,二面夹击,自辰至酉,苦战多时,弁勇受伤数十名,阵亡一名。当因日暮,丁泗滨水师撤回沫河口,黄开榜仍收队扼扎蚌埠。惟上游进剿及送粮炮船百余只,恐困贼中不能下驶,文报隔断,存亡莫定。又据探称:张得胜等陆队均已撤回,惟龚文林、黎占雄、陈浚家等水师尚困贼内,恐已遗失各等语。臣闻报之下,曷胜愤急! 伏思此起上游炮船既为贼阻,又无陆队相援,势必尽为贼有。黄开榜现带师船只余五十余只,精锐捐丧已逾大半。皖军气沮退守,尤形万紧。贼若水陆下窜,专注临淮,唐训方一军势恐不支,稍有摇动,则苗逆北窜徐、宿,东逼泗、灵,南连滁、五,径途四达,防扼益难。臣查苗逆匪股众虽数万,未必尽皆枭獍。该逆工于用短,往往不争野战之利,总以步步为营,筑圩环逼,逞其狡狯,〈少壮〉居前,老弱守后,动至百数十垒,竭全力以抗官军之单薄,踞形胜以断官军之粮道。又复威胁利诱,煽惑愚氓为尽死力。此寿州沦陷、临军前敌挫折之所由来也。

刻下欲拯临淮之急,必须生力一军由宿、蒙直捣怀远北路,则该逆急于回顾,临淮要地或可保全,且将来削平苗逆之策,尤必数道进兵,方可制贼死命。即亲王僧格林沁或黄国瑞等军援皖,该逆亦将全股死拒,一时恐难得手。即如前围寿县、怀远,踞贼无多,临军尚可进剿,及寿州不守,楚师退扎回顾。苗逆以全力救怀远、抗临军，而临军失利，临淮危急万分。此未能四面牵贼，致苗逆肆其狡悍之明验也。臣顷据总兵黄国瑞报称：凤凰山余匪已经官军剿除殆尽，白莲池即可肃清等语。是东境已无贼踪，各军似可移缓就急。为此沥恳天恩，饬下亲王僧格林沁克日督师援皖，或由该亲王先撤黄国瑞等军，从蒙城进攻怀远北路；仍请饬下协办大学士两江总督臣曾国藩，严饬六、颍楚师进攻寿州，使苗逆四面受敌，不敢专扑临淮。临军稍养锐气，仍可制其东路。若三路官军奋勇齐进，则苗逆往来奔命，势分力单，但有一路得手，各路皆可蹙逼，勘定之机当有把握。臣早夜筹思，别无长策，仰吁圣慈垂念皖疆危急，恩赐施行，曷胜俯伏祈祷待命之至。

除总兵黄国瑞剿灭凤凰山踞匪详悉情形，当由亲王僧格林沁具报外，谨附片驰奏，伏乞皇太后、皇上圣鉴。再，姚广武一军，现因韩村迤西捻股窥伺童亭要隘圩寨，该总兵刻赴童亭，剿办捻匪，仍往来于侯圩一带，期与蒙城联络声势，并拨镇标官兵及捷勇二百名，回驻徐郡，以资镇守，如有紧急，再派马队回援。合并陈明。谨奏。

同治二年八月初六日，议政王军机大臣奉旨：钦此。[1]

【案】同治二年八月初六日，清廷颁布上谕曰：

谕议政王军机大臣等：曾国藩奏近日军情，及吴棠奏皖疆危急，请饬催北路援师攻怀，南路六、颍之师攻寿各等语。据曾国藩奏，曾国荃调萧庆衍之军，已由江浦南渡，分守要地，惟湖口肃清之后，江西群贼东趋，绕过池州，进扑青阳县城，朱品隆所部未知能否坚守待援。着曾国藩即督催李榕、江忠义、席

---

① 台北故宫博物院藏：军机及宫中档，文献编号：090390。

宝田各军，陆续前进，赶紧赴援，仍饬朱品隆竭力固守，以待援师，毋令稍有疏虞，致皖南全局复为震撼。至所奏苗党之踞寿州者，跧伏未动；其聚于怀远者，将普承尧等军后路截断，粮运梗塞。该督所派赴援水师各军攻夺宋家滩贼划数十只，而河洲一垒未破，前敌粮运仍为贼阻。临淮兵力过单，殊少自全之策等语。与唐训方叠次奏报及本日吴棠所奏淮甸危急情形，均属相符。唐训方前奏，前敌水师困于贼中，龚文林等恐以资贼，已将所领炮船全数焚毁，病伤士卒，无一得归，情形万紧。兹据吴棠奏，黄开榜现带师船，精锐已多损失，不得已而退守，恐贼水陆下窜，临军势且不支，以为欲拯临淮之急，亟须生力一军，先由宿、蒙直捣怀远北路，以攻贼所必救，并须数道进兵，使贼面面受敌，方可以期得手等语。所筹不为无见。僧格林沁之军剿平白莲池教匪后，该亲王移师东昌，合剿宋景诗一股，已遣新请归宗之总兵陈国瑞带兵三千名，赴援皖北，即着唐训方迎催，令其速由蒙城痛扫逆氛，进攻怀远北路。其六、颍各楚师，如蒋凝学、毛有铭、周宽世、成大吉所部，据曾国藩奏称各驻要区，防守尚稳，惟远防不如近剿，着曾国藩速饬进攻寿州，使贼不得专力扑攻临淮，临军复振，自可与南北援军三路齐力进击，俾贼疲于奔命，以蹙其势。曾国藩身膺重寄，责无旁贷，此等机宜，亟应随时调度，与唐训方联络策应，以求万全。总当于万难筹措之中，力筹援应之策。正在寄谕间，唐训方奏报攻复长淮卫，进营固守，现在贼复趋重蒙城一折。唐训方派令姚荣麒等乘贼不备，进克长淮卫，水陆进扎，有此一战，贼锋少挫。惟苗逆诡谲异常，知临淮猝难动摇，又以其移蒙图怀之贼，转而图蒙。蒙城虽粮路已畅，而贼势又复趋重，唐训方兵力本单,分防临淮、蒙城两处,中隔苗圩二百余里。马新贻现已率王才秀之军将胡家等圩攻破,绕由宿州以回临淮。蒙邑仅有英翰等军,尤虞单薄。陈国瑞由北路赴援,正可迎头将趋重蒙城之贼痛加剿洗。着僧格林沁、唐训方即行严催陈国瑞之军迅速进取,毋失事机,并着吴棠饬令姚广武一军,与英翰等联络策应。临淮军事稍松,仍着唐训方妥筹固守,激励诸军,与南北援师并力战守,以策万全。将此由六百里加紧各谕令知之。①

○九八　请饬黄国瑞帮办军务并拨协饷折

同治二年八月初四日(1863年9月16日)

漕运总督臣吴棠跪奏,为请饬武职大员帮办军务,并拨各省协饷以资军食而便攻剿缘由,恭折奏祈圣鉴事。

窃臣现准亲王僧格林沁咨开:现在奏派总兵黄国瑞一军即日起程赴皖,以解蒙城之围。又准唐训方函称:苗逆于扑退临军后,又分党前往蒙城各等语。臣查苗逆分党又往蒙城,势将拥众进逼,情形万紧,兹得黄国瑞一军来援,当可支援危局。臣已飞催该总兵星夜入皖,以期力御狂氛。伏思亲王僧格林沁现赴东昌剿匪,南下急切无期,而宿、蒙之间,捻、苗杂扰,军情紧要,朝夕变更。臣驻清江,距宿、蒙六七百里,一切进剿机宜须临敌制胜,实难遥度,必有大员帮办前往督师,以一事权而资得力。

谨查总兵黄国瑞,英年果决,胆气兼优,治军严整,兵民翕服。

---

① 《穆宗毅皇帝实录(二)》,卷七十五,同治二年八月上,第523—524页。

臣自上年迄今，屡派该员击贼，前无坚阵，算无遗策。使之独当一面，必能迅清狂寇，上慰宸廑，可否仰求天恩，饬令黄国瑞帮办臣营军务，驻扎宿、蒙一带地方，所有徐、宿、蒙城在防各军均归黄国瑞节制调遣，责成该员北剿捻匪，南剿苗逆。该员智深勇沉，定能胜任。臣有见及，仍当随时商榷，共济艰难，不敢稍有推诿。至黄国瑞入东剿匪，因清淮饷缺，由山东支应口粮，士马饱腾，当以战胜攻取。今兹援皖，苗捻披猖，皆为劲敌，尤须多添队伍，豫筹粮饷，以利攻剿。刻下淮河路断，饷盐不销，各路厘捐日行微淡，清淮在防各军口粮欠发月余，嗷嗷待哺，不惟无可挪之款，并无可筹之方。惟有吁恳圣恩，饬下山东、山西、河南各抚臣，由藩库不拘何款，先行拨解银三万两，限一月内起解，专供黄国瑞一军进剿之饷；仍请饬下该三省由本年九月起，仍按月各协解黄国瑞军饷一万两，以期饷需接续，所向有功。

臣与黄国瑞共事两载，察其在军刻苦自励，屏绝嗜好，于兵勇口粮无丝毫浮冒之处。其操守之严与军令之严，目见诸将实无出其右者。如蒙天恩准拨饷银，该员竭其才智，专意进征，虽苗逆之倔强、狡狯，假以时日，仰托天威，当可渐次剪除，力挽皖疆之危急。臣实为军务大局起见，不敢不筹拟上陈，所有请饬武职大员帮办军务并拨各省协饷缘由，是否有当，恭折驰陈，伏乞皇太后、皇上圣鉴训示。谨奏。八月初四日。

同治二年八月初十日，议政王军机大臣奉旨：钦此。[①]

【案】同治二年八月初十日，此折得允行。清廷颁布上

---

① 台北故宫博物院藏：军机及宫中档，文献编号：090482。

谕曰：

甲申……吴棠所请令陈国瑞帮办该漕督军务之处，本日已明降谕旨宣布，着即传知该总兵，当懔承恩命，愈加忠勇奋发，努力自爱，毋稍满假，以期克保令名，长承优眷，并着饬令星速赴援，即将趋蒙逆党迎头痛击，会合英翰等蒙城战守之军，力解城围；与唐训方等遇事和衷，联络策应，以捍皖局；俟僧格林沁大军南下，大集诸军，荡平苗逆，同膺懋赏。王万清一员，昨已有旨准都兴阿等所请，留于军营，带勇效力，即着都兴阿等饬令与参将戴锦芳，迅速统带川勇等二千名，星夜赴皖援救，以厚兵力。徐属窜扰萧县等境捻股，吴棠派兵迎击北遁，现往何处？仍饬姚广武等官军追击，并令该总兵仍须兼顾蒙城一路，随时应援，并筹接济，毋令蒙军饥困。将此由六百里各谕令知之。①

【案】同日，清廷谕令鲁、豫、晋各抚臣拨银济饷，以裕军食。廷寄曰：

议政王军机大臣字寄：二品顶戴署山东巡抚阎、山西巡抚英、河南巡抚张：同治二年八月初十日，奉上谕：吴棠奏，请拨各省协饷一折。据称陈国瑞带兵三千，由东援皖，现值苗逆披猖，亟须多添队伍，豫筹粮饷，以利攻剿。刻下淮河路断，饷盐不销，各路厘捐日减，清淮各军饷多积欠，不惟无可挪之款，且并无可筹之方，请饬山东、山西、河南接济饷银，以供陈国瑞一军进剿之用等语。皖省苗逆凶焰日炽，经僧格林沁派令陈国瑞移军前往助剿，必能大振军威。本日已降旨，令陈国瑞帮办

---

① 《穆宗毅皇帝实录(二)》，卷七十五，同治二年八月上，第533页。

吴棠军务，亟须豫筹接济，方不至停兵待饷，贻误戎机。着阎敬铭、英桂、张之万由藩库不拘何款，各先行拨解银三万两，限一月内起解，专供陈国瑞一军剿匪之用。并着各该抚由本年九月起，仍按月各协解陈国瑞军饷银一万两，务当源源报解，以裕军食，毋令缺乏。将此由五百里各谕令知之。钦此。遵旨寄信前来。①

○九九　奏报知州陈懋蔼暂缓引见片

同治二年八月初四日（1863 年 9 月 16 日）

再，邳州知州陈懋蔼，江西举人，由候选知县选授江苏新阳县知县，调补江阴县知县，又调补吴县知县。嗣经前江苏抚臣徐有壬②奏请，以该员升补邳州知州。经吏部议奏，该员试俸已满三年，准其升补。奉旨：依议。钦此。惟部议以该员选授新阳县知县、调补江阴县知县等缺，历俸已及十年，例应调取引见各等因。查陈懋蔼历俸已及十年，例应给咨送部引见。惟现在邳州地方濒临运河，北接东境，西捻未靖，时萌觊觎。团练防堵，均关紧要。兼之兵差络绎，案牍纷烦，尤非熟悉诸练之员不能胜任。该员到任一载有余，一切应办军务、地方紧要事件，咸能实力讲求，办理裕如，

---

①　中国第一历史档案馆编：《咸丰同治两朝上谕档》，第 13 册，第 373 页。
②　徐有壬（1800—1860），字钧卿、君青，浙江乌程人。道光八年（1828），中式举人。九年（1829），中式进士。十八年（1838），补户部主事。二十一年（1841），升员外郎。二十三年（1843），迁郎中。同年，放四川成绵龙茂道。二十七年（1847），署四川按察使。翌年，补广东盐运使。二十九年（1849），署广东按察使。同年，调补四川按察使。三十年（1850），擢云南布政使。咸丰八年（1858），授江苏巡抚。十年（1860），苏州城破，殁于巷战。谥庄愍，赠骑都尉世职。

未便遽易生手,致滋贻误。据江宁藩司乔松年详请奏恳展缓前来。

为此据恳天恩,可否准将邳州知州陈懋蔼暂缓引见,俟军务稍松,再行并案请咨赴部之处,出自皇太后、皇上逾格鸿慈,伏乞圣鉴。谨附片具奏。

同治二年八月初十日,议政王军机大臣奉旨:着照所请,吏部知道。钦此。①

一〇〇 奏报拿获贼匪解勘讯办片

同治二年八月初四日(1863年9月16日)

再,臣钦奉寄谕:近闻发逆勾合江北教匪为内应,乘隙思逞,其发逆剃发易服、渡江北上者甚多等因。钦此。各等因。臣跪聆之下,惶悚难名。惟臣前经访得靖江县盘获发逆伪文,有与居住通州之奸民勾串情事,即经密札江藩司乔松年转饬通州知州黄金韶、海门同知李焕文等,先后会获匪犯蔡之梁等多名,讯认与盛广大等订盟设教,起名龙华会,为江南常熟贼首伪主将钱逆等勾谋,计图北窜,即被拿获等语。均经该州就地正法,禀报到臣,当经恭折奏明在案。

兹据盐城等县续获会首盛广大并茅广福、王锦章、吴正陇、陆锦春、黄泰来、黄玉衡、盛沅振、盛刘氏等解浦,声明黄泰来即黄国才,年十五岁,系黄朝阳之孙,核与通州前禀黄国才即黄朝阳系属错误,即已获正法之黄陈氏,前禀指系黄国才之妻,续禀指系黄朝阳之妻,亦属前后两歧。且黄朝阳业由通州正法,所禀各情无从对

---

① 台北故宫博物院藏:军机及宫中档,文献编号:090483。

簿，有无不实不尽，发委淮安府讯拟解勘。除由臣亲提此案各犯勘办另折具奏外，仍咨会都兴阿、富明阿，飞饬文武员弁严密查拿，务期消患未萌，以仰副皇太后、皇上绥靖疆圉之至意。合将遵办大略情形，附片奏闻，伏乞圣鉴。谨奏。

同治二年八月初十日，议政王军机大臣奉旨：钦此。①

【案】此片于是年八月初十日得允行。《清实录》：

甲申……至所有勾通发逆之教匪盛广大等，经通州知州黄金韶叠次拿获讯办，与吴棠所奏相符，即着吴棠速饬将所获各匪，于讯明后即行骈戮，毋久稽诛。其余匪尚恐不免散处各属，仍着吴棠饬令各该地方官实力查拿，以消内患。都兴阿、富明阿亦饬令各防文武员弁，严密巡查，毋稍大意。②

【案】钦奏寄谕：近闻……渡江北上者甚多：此廷寄《清实录》载曰：

又谕：都兴阿、富明阿奏，师船移赴下游防堵并拨炮解赴临淮一折。据奏金陵上游楚师声威已壮，现在沪军水陆攻剿，江阴下游一带，亟宜水师联络，并探知丹阳等处逆众扎成木排甚多，有图犯太平洲之势。各处港口甚为吃重，饬梁正源将所部船只分拨下游各港口驻泊，吴全美亲督炮划，周历各口，上下严防；又派李起高等各船联络上海，相机助剿。所筹均妥。着即督饬该镇、将等认真梭巡，遇贼即击，不得任令北度。现在南岸江阴一带屡添悍贼，该处江防不甚严密，恐其乘隙窜

---

① 台北故宫博物院藏：军机及宫中档，文献编号：090484。
② 《穆宗毅皇帝实录(二)》，卷七十五，同治二年八月上，第532页。

突,扰及里下河完善之区。吴全美总统水师,闻其并不十分得力,该将军等务当随时查察,军令是否严明,所部水勇人等是否足资倚靠?倘虚应故事,不能得力,或仍有纵勇滋扰情事,即应随时奏请更换,毋稍姑容。江防各口与里下河处处可通,尤应严加防范。前有渡江迁徙难民,不免游匪溷迹,屡经谕令严加查察,未知前此已渡难民作何安置?近闻发逆勾合江北教匪为内应,乘隙思逞,其发逆剃发易服、潜伏江北者甚多。都兴阿、富明阿与吴棠惟当各以地方大局为重,严饬所属营员及地方官,不动声色,实心实力,查拿奸宄,不可稍萌退诿之志。如内奸不清,酿成变乱,惟都兴阿、富明阿、吴棠是问!临淮军情紧要,都兴阿所拟炮船,即令管带之员迅速驶往,是为至要。将此由六百里各谕令知之。①

一〇一　奏报续筹养廉交临淮军营片

同治二年八月初四日(1863 年 9 月 16 日)

再,臣前钦奉迭次谕旨,饬令接济皖饷,即经檄饬江藩司、两淮运司筹款拨解。兹据江藩司筹拨银二千两,两淮运司先后筹解银一万两,均解交安徽委员,转运临营。又,臣前因临淮军饷支绌,当经筹备廉银三千两,以一千两解交蒙城马新贻军营济用,以二千两购米解赴临淮,奏明在案。兹查二千两之款,仅能购米数百石,复又续备廉银一千余两,购足米一千二百石,并备运脚,于八月初六日派弁解赴临淮唐训方军营交收。理合附片陈明,伏乞圣鉴。谨奏。

---

① 《穆宗毅皇帝实录(二)》,卷七十四,同治二年七月下,第 503—504 页。

同治二年八月初十日，议政王军机大臣奉旨：览奏，均悉。吴棠续捐军饷银两，着该部汇入前次捐款，一并给予议叙。钦此。[1]

一〇二 奏报追剿窜入萧县境内之匪片

同治二年八月初四日（1863年9月16日）

再，据徐州道、府禀报：十月二十八日，捻股两旗二千余人，由西南窜至萧境之刘家店、张家寨一带，放火掳掠。二十九日，扰至铜、沛交界之敬安集。经臣派往巡缉之都司邱尊谦督队迎击，毙贼二十余人，生擒二名。该匪仍向北遁。现在总兵姚广武已派副将吕道宣等带领马队，于二十九日未刻追至赵家集。除严饬跟踪截剿并分札各州县严密防御外，谨附片具陈，伏乞圣鉴。谨奏。

同治二年八月初十日，议政王军机大臣奉旨：钦此。[2]

一〇三 奏报高邮监犯越狱拿获正法折

同治二年八月十八日（1863年9月30日）

漕运总督臣吴棠跪奏，为监犯越狱拿获正法，恭折奏祈圣鉴事。

案据高邮州知州胡海平禀报：同治元年六月二十六日五更时分，风雨交作。提牢书蒋文林、禁卒沈贵等因有外县过境人犯寄禁，守夜辛苦，均各睡熟。讵有先被获案讯供通详、未经定罪之盗犯李文彬、马谓成、龚玉堂、王长发，扭断镣铐，扳开栅栏，由厨房挖

---

① 台北故宫博物院藏：军机及宫中档，文献编号：090485。
② 台北故宫博物院藏：军机及宫中档，文献编号：090486。

洞扒出，复扭断东腰门锁，在南边监墙下挖洞逃走。天明，沈贵等查知，追拿无获，报经该州亲验勘明，提讯刑案兵役人等，佥供实系一时疏忽，并无松刑贿纵情弊。会督营汛吏目，选派兵役，悬赏设法分头勒拿等情。

　臣当以该州监犯越狱至四名之多，实属疏忽，饬将该州吏目许荣锜先行摘顶撤任，并饬淮安府提集刑禁人等，研讯详办。一面勒令该州会督营汛吏目，并移邻封营、县一体严缉。嗣查疏防限满，正在参奏间，即据该州胡海平暨〔督〕同吏目许荣锜各派丁役，于十月二十六日缉至六合，会同管带豫胜营兵勇驻守天长陈镇营兵，拿获李文彬、马谓成、龚玉堂、王长发、王祥麟、周得贵、余老虎，就近解营，讯明正法等情。据即行查去后。旋据陈镇覆称：会获李文彬、马谓成、龚玉堂、王长发，讯认越狱逃脱，复勾王祥麟、周得贵、余老虎充营勇拦抢不讳。时值逆匪窜扰九洑洲，逼近天、六，正在吃紧之际，且犯供冒充本营兵勇拦抢，是以即行正法，开具供招呈覆等情。臣查罪囚纠伙三人以上越狱脱逃，原犯斩决，例应正法。今李文彬等虽系监犯，按例罪应斩决，惟尚未定罪解勘，其越狱脱逃，复冒勇拦抢，现已被获正法，是否与例相符？李文彬等若照斩决人犯越狱办理，其罪名究未拟定。若管狱、有狱各官亦照斩决人犯越狱开条，则与拟定斩决人犯越狱者无所区别，殊不足以昭公允而示折服。若照未定罪名人犯越狱议结，则未定罪名人犯越狱，例无拿获正法之文，更觉一案两歧。当经札饬江苏按察司核例议详去后。兹据该司转行淮安府议拟具详前来。

　臣复加查核，缘李文彬籍隶阜宁县，先于咸丰四年三月初四日听从王兴沅行劫事主张璧家衣饰、钱文，犯案被获。马谓成籍隶山东长青县，先于咸丰十年七月二十四日，与秦八商议行劫事主刘统清家首饰、衣物，犯案被获。龚玉堂籍隶宿迁县，系伙同马谓成等行劫刘统清家，犯案被获。王长发籍隶秦州，先于咸丰十一年三月初七日听从陈来有行劫事主臧仁寿家金银首饰，犯案被获。均经高邮州讯供收禁，分案通详，尚未覆审定罪招解。该州吏目许荣锜逐日赴监点视，如法锁扭收封。刑禁人等亦复依法看守。同治元年六月二十六日五更时分，风雨交作，提牢书蒋文林、禁卒沈贵、俞淦因有外县过境人犯寄禁，守夜辛苦，与营兵丁奎、程锦元均各睡熟。李文彬起意脱逃，马谓成、龚玉堂、王长发允从。各自扭断镣铐，扳开栅栏，潜赴厨房，窃取菜刀，即由厨房后墙挖洞扒出，复扭断东腰门锁，在南边监墙下挖洞逃跑。天明，禁卒沈贵等查知，追拿无获，报经该州胡海平勘讯详缉，批饬淮安府审办。李文彬等逃之僻处，即将菜刀磨出锋刃，彼此轮流剃头，一同逃走，沿途患病求乞。闰八月底，逃至六合地方，会遇王祥麟、周得贵、余老虎，各道难贫。李文彬起意纠允马谓成、龚玉堂、王长发、王祥麟、周得贵、余老虎共伙七人，同到土山地方，冒充营勇，借盘查为名，向过路客商吓诈不遂，拦抢衣物、钱文，随时分用，记不清数目、名件。后闻兵役往拿，各自逃散。十月二十六日，李文彬等原伙七人，复在秦栏地方会齐，正在拦抢过客，经驻守天长记名总兵陈文胜营兵，暨高邮州及吏目、各丁役踵至协获，就近解营，讯明正法；录供呈报，行司饬府议详前来。

查例载：犯罪囚禁在狱结纠伙党三人以上，穿穴踰墙，乘禁卒人等一时疏懈，潜行越狱逃脱者，原犯斩决，应即正法。又，未杀伤人之伙盗，原系拟斩免死发遣之犯，越狱脱逃被获者，于本地方拟斩立决。又律载：狱卒不觉失囚者，减囚罪二等，司狱官典减狱卒罪三等各等语。此案监犯李文彬犯罪收禁，乘风雨交作、刑禁人等睡熟之际，纠同马谓成、龚玉堂、王长发，扭镣扳栅，挖洞越狱脱逃。

查李文彬等均系盗犯，业经讯详，虽未覆审拟解，其罪已应斩决，未便因罪未拟定，稍涉轻纵，自应按律问拟。李文彬、马谓成、龚玉堂、王长发应如所拟，均合依犯罪囚禁在狱结纠伙党三人以上，穿穴逾墙，乘禁卒人等一时疏懈，潜行越狱逃脱者原犯斩决，应即正法例，拟即正法。惟该犯等于脱逃后，冒勇拦抢，业已被获，由营正法，应毋庸议。刑禁人等讯系依法看守，一时疏忽，偶致脱逃，并无贿纵情弊。其获犯已在百日限外，仍应照律问拟。禁卒沈贵、俞淦亦如所拟，请照狱卒不觉失囚者减囚罪二等律，于监犯李文彬等斩罪上减二等，拟杖一百，徒三年。提牢书蒋文林亦如所拟，请照司狱官典减狱卒罪三等律，于沈贵等满徒上减三等，拟杖七十，徒一年半。营兵丁奎、程锦元虽无专管监狱之责，第监犯脱逃毫无觉察，实属不合，亦如所拟，请照不应重律，杖八十。事犯俱在同治元年八月初二及九月初一等日恭逢恩诏以前，系疏于防范致囚脱逃，虽非贿纵，不在不准援减之列。沈贵等所得徒罪，应请累减，与丁奎等所得杖罪一并援免，仍分别革役革伍。管狱官高邮州吏目许荣锜、有狱官高邮州知州胡海平，已于疏防限外将犯全获，例得减议，且事在赦前，所有应议职名可否仰乞天恩，从宽免参。至获犯应叙职名系记名总兵陈文胜，应请照例议叙。除将招供咨部并将李文彬等盗案分咨议拟核转具题外，合将监犯越狱拿获正法缘由，谨会同两江总督臣曾国藩、江苏巡抚臣李鸿章，恭折具奏，伏乞皇太后、皇上圣鉴，敕部核覆施行。谨奏。八月十八日。

同治二年八月二十三日，议政王军机大臣奉旨：该部议奏。钦此。①

---

① 台北故宫博物院藏：军机及宫中档，文献编号：090773。

一〇四　奏报地方公事未照例限办理片

同治二年八月十八日(1863年9月30日)

再，李文彬等虽系盗犯，尚未定罪，其越狱脱逃，管狱等官系照未定罪名人犯越狱脱逃例，定限扣参，故未即时奏参。至疏防限满之时，行据藩、臬两司详参，未及具题，即据获犯。复经批司饬府，辗转议详，是以至今甫经入告。江北防剿吃紧，军务较繁，所有地方一切公事未能遵照例限办理，臣惟有先其所急，次第清理，断不敢稍有借延。理合附片陈明，伏乞皇太后、皇上圣鉴。谨奏。

同治二年八月二十三日，议政王军机大臣奉旨：该部知道。钦此。[①]

一〇五　陈国瑞疏通饷道并饬徐台济饷片

同治二年八月十八日(1863年9月30日)

再，臣据署淮徐道朱善张禀称：北窜捻股经都司邱尊谦等带队在敬安集遮击，毙贼二十五名，生擒张框、张虾二名。该逆遁窜丰县近郊，又经署知县王厚庄带队击退。七月三十日，姚广武派副将吕道宣、参将杨文全带马队二百名，赴徐追剿。该逆闻知兵练齐集，旋于八月初三日由丰境南遁回巢，沿途兵练皆有捡斩。又据副将艾宪银禀称：于攻克宋圩后，收抚浍河两岸大马家寨等四十余圩，现在拣派练总，镇抚弹压，防其复叛各等语。惟蒙城情形自马

---

①　台北故宫博物院藏：军机及宫中档，文献编号：090774。

新贻移军赴临后,苗逆折回蒙境者不下二万余人。姚广武正在围攻附近侯圩东南之红里贼圩,探闻苗党麇集,当即带领马队三百名,由红里西南绕过贼垒,至小涧集与英翰会哨,始知涡河北岸之宋圩已于初八日为苗所踞,又由小涧集渡河,南至长沟,又知涡河南岸之王圩亦为贼踞。自蒙城东南起绕至北面、西面,悉是苗垒。皖军在城外所扎各营尽包贼中。小涧集官军隔于贼西,蒙城粮道四绝,万分危急。正在查看间,该苗逆马步七八千人蜂拥出扑,分抄各队。英翰一军经贼冲退,贼马驰追,经姚广武从旁抄进,枪毙悍贼数十名,贼始退下。佐领讷木津马队在东面少却,姚广武复带马队驰援,矛刺逆首李华东落马,被贼抢去,贼稍败退。又有步贼二千余人,从南路冲上,败贼旋复折回,两面包裹,势极凶悍。姚广武督同参将闪凤来、守备王心忠等,奋勇苦战。贼欺官军势单,抵死不退。姚广武当令各军下马,持矛直突贼阵,并用洋枪环〈击〉,濡血死战,贼尸纷纷倒地,逆众始行溃逃。官军上马跟追,直抵贼营,复将入圩不及之贼所〔歼〕毙六十余名,夺马十余匹。时已日暮,官军受伤多名,于三更后,仍绕道回扎侯圩。据总兵姚广武禀报前来。

臣查苗逆乘蒙军撤动,纠众围蒙。此时蒙城四面皆贼,城中存兵无多,危急情形朝不保夕。姚广武以骑兵三百斗贼数千,幸而苦战获胜,何堪再举!正在催令陈国瑞进兵往援,钦奉八月初十日寄谕:总兵陈国瑞由白莲池移得胜之师赴援,正资倚任等因。钦此。臣跪读之下,仰荷圣恩重念危疆,实深钦感!臣查陈国瑞一军入东剿匪,自春徂夏,更历寒暑,未稍休息,是以入秋以来,各队均染时疫。昨有副将张从龙、张祖云两队回浦,臣亲往点勘,病者十居七八。陈国瑞所部亦多伤病,现因整理,各队于八月十二日自东起程,十四日到徐。兹奉谕饬前因,遵即恭录传知该总兵钦遵办理。惟念苗党众多,久经战斗,此次筑圩围蒙,已成环逼之势,必得负隅相抗。蒙城孤悬贼中,所恃为援者,仅止陈国瑞一军。缓则无以救蒙城之危急,又恐堕苗逆之诡计。臣已函嘱陈国瑞相机进击,悉力赴援,先求疏通蒙城饷道,即可从容制胜,不为贼所牵制。

该总兵军饷蒙恩饬拨,臣已恭录咨催,但解到需时,而军需孔迫,前经禀明亲王僧格林沁,将劝办草料捐款先行支应陈国瑞兵食。现由臣将各州县解存之草料捐款银五千两,拨解陈国瑞军营,并筹购米一千石解徐,以济要需而便攻剿。至蒙军口粮,臣现饬署淮徐道朱善张,就近由徐台设法,量为接济。合并附片具奏,伏乞皇太后、皇上圣鉴。谨奏。

同治二年八月二十三日,议政王军机大臣奉旨:钦此。[①]

【案】此片于八月二十三日得允行。清廷颁布上谕曰:

又谕:吴棠奏,蒙城危急,遵饬陈国瑞赴援一片。据称涡河南北两岸之王圩、宋圩,皆为贼踞,自蒙城东南现绕至北面、西面,悉皆苗垒,皖军在城外所扎各营,尽包贼中。其英翰小涧集官军隔于城西,该城粮道四绝,万分危急。苗逆以马步七八千出外分抄,英翰一军被贼冲退,经姚广武从旁夹击,该逆复以步贼数千由南路冲上,两面包裹,凶悍异常。官军奋勇苦战,逆众始行溃遁等语。蒙城自马新贻移军赴临后,贼势趋重,筑圩环逼,实属情形万紧。该城所恃以为援应者,惟陈国瑞一军。该总兵已于八月十四日抵徐,即着吴棠传知该员迅

① 台北故宫博物院藏:军机及宫中档,文献编号:090775。

速进兵,先通蒙城饷道,力解城围,毋得稍事迁延,致令孤城坐困。北窜捻股,既由丰县南遁回巢,宿西一带有艾宪银一军,谅资堵剿。其姚广武一军,即着吴棠饬令与陈国瑞之兵,联络策应,合力进取,毋误事机。前因江北军情稍松,而临淮甚紧,有旨令富明阿酌带官兵赴临援应。此时蒙城危急万分,富明阿之军如能早到临淮,相机进取,亦可挚动蒙城贼势。即着该都统懔遵前旨,迅即拔队兼程前进,与唐训方合力战守。江北防兵久经休息,临淮得此生力之军,亦可大振声威,兼筹进取,则蒙城军事或可稍松,解围必当更易,谅富明阿必能领会机宜,迅速前进也。江北防务,即着都兴阿督令在防各军,严扼要隘,毋稍疏忽,以副委任。将此由六百里各谕令知之。①

【案】钦奉八月初十日寄谕:总兵陈国瑞……正资倚任:此廷寄《清实录》载曰:

甲申……谕议政王军机大臣等:都兴阿、富明阿奏,覆陈江防及连日下游防剿情形,探闻江阴克复,饬令王万清等带勇援皖各折片;吴棠奏,请令总兵帮办军务,山东等省拨饷及盐城等县续获会首等各折片。据都兴阿等奏,北渡难民均饬水陆防兵会同地方,逐细查察安置,现在南岸官军得手,难民渐已纷纷南渡。至所有勾通发逆之教匪盛广大等,经通州知州黄金韶叠次拿获讯办,与吴棠所奏相符。即着吴棠速饬将所获各匪于讯明后,即行骈戮,毋久稽诛。其余匪尚恐不免散处各属,仍着吴棠饬令各该地方官实力查拿,以消内患。都兴阿、富明阿亦饬令各防文武员弁,严密巡查,毋稍大意。其扑

---

① 《穆宗毅皇帝实录(二)》,卷七十七,同治二年八月下,第566页。

犯仓利桥、巫山、夏港等处之贼,经吴全美所部水师击退,既据都兴阿等查明该总兵督同各港师船,联络调度,尚有得力,着即饬令严率所部,联络沪军,互相策应,并令往来梭巡于江阴各港,何处有贼,即驰赴何处应援。现当南岸官军得手之际,江防尤应严密,以杜逆匪乘虚北渡。江阴县城业经克复,其弃城窜出会合各路援贼分投打馆之匪,究系窜走何处? 着李鸿章详悉速奏,并督各军乘势追击,与都兴阿等南北并力堵剿,以杜纷窜。江阴克复,即应进规常郡,期与京口官军及进逼苏郡之兵联络策应,以图攻取。皖北军情,昨据唐训方奏报,马新贻带兵回至临淮,临军之势稍纾,而贼复趋重蒙城,总兵陈国瑞由白莲池移得胜之师赴援,正资倚任。该员叠经僧格林沁等奏报,亦颇称其得力。吴棠所请令陈国瑞帮办该漕督军务之处,本日已明降谕旨宣布,着即传知该总兵当懔承恩命,愈加忠勇奋发,努力自爱,毋稍满假,以期克保令名,长承优眷;并着饬令星速赴援,即将趋蒙逆党迎头痛击,会合英翰等蒙城战守之军,力解城围,与唐训方等遇事和衷,联络策应,以揩皖局,俟僧格林沁大军南下,大集诸军,荡平苗逆,同膺懋赏。王万清一员,昨已有旨准都兴阿等所请,留于军营带勇效力,即着都兴阿等饬令与参将戴锦芳迅速统带川勇等二千名,星夜赴皖援救,以厚兵力。徐属窜扰萧县等境捻股,吴棠派兵迎击北遁,现往何处,仍饬姚广武等官军追击,并令该总兵仍须兼顾蒙城一路,随时应援,并筹接济,毋令蒙军饥困。将此由六百里各谕令知之。①

---

① 《穆宗毅皇帝实录(二)》,卷七十五,同治二年八月上,第532—533页。

一〇六 请将知府金盛等从优议恤片

同治二年八月十八日(1863 年 9 月 30 日)

再,道衔江苏候补知府金盛,曾任通州知州,办事勤慎,历在军营粮台妥办文案、厘捐、团练、防剿各项差使,均能实心经理,不辞劳瘁。江苏候补知府黄锜,曾任湖南长沙府同知,经前督办徐宿军务云南提督傅振邦奏调赴营当差,历在徐宿军营协同击贼,著有劳绩。嗣经乔松年派金盛总办通州花布厘捐,黄锜总办七濠口等处厘捐。该二员认真整顿,厘务渐增。又,知府用运司衔江苏候补沿河知县沈黼秦,久在粮台当差,供支前敌,冒险随营。讵以积劳成疾,金盛于本年三月十四日、黄锜于本年七月初七日、沈黼秦于上年九月初四日,先后病故。据办理扬镇水陆粮台江宁布政使乔松年、前办理江北粮台道员许道身详请奏恤前来。

臣查金盛、黄锜、沈黼秦,历在军营粮台当差出力,积劳病殁,深堪矜悯。相应请旨将金盛、黄锜、沈黼秦三员照军营立功病故例,饬部从优议恤,以慰忠荩而昭激劝,伏乞皇太后、皇上圣鉴。谨附片具奏。

同治二年八月二十三日,议政王军机大臣奉旨:金盛等均着照军营立功病故例,从优议恤。该部知道。钦此。①

---

① 台北故宫博物院藏:军机及宫中档,文献编号:090776。

一〇七　审拟蔡之梁等并黄金韶免议折

同治二年九月初一日(1863 年 10 月 13 日)

漕运总督臣吴棠跪奏，为续获叛犯审明定拟，恭折奏祈圣鉴事。

窃照通州拿办通贼叛犯一案，据通州、海门厅等先后会获匪犯蔡之梁、葛金书、白中招、蔡克明、黄源、杨步春、成荣桂即成广荣、张廷桂、宋帼兴即宋志兴、顾兆兰、陆志通、陶添沅、顾金明、黄潮阳之妻黄桂氏、成嘉瑞即成广瑞、成荣浩、施启昌、朱松林、杨道沅、施四海即施潮淙、施小七即施竹林、僧性诚、僧性通、施太乾、顾三即顾华宗、邵子成、邵文达、黄金奎、僧妙如、僧德修即倪富春、虞若高即虞广高、黄潮阳即黄广阳，并起获黄旗、黄马褂、伪照、伪印、器械、经卷、簿单等件，讯与会首盛广大等通贼勾窜属实。当据该州就地正法，陆续具禀到臣；并先据该州以城乡各处有匪党串通逆众报复之谣，禀请都兴阿派兵赴通防剿，即准都兴阿以该州草菅荒谬咨臣查参等因。

臣以该州于通贼要案尚知迅速拿获，而办事究属粗率，即经恭折奏请将署通州直隶州知州候补知府黄金韶交部议处，仍遴委干员，勒限严拿首犯盛广大等，务获究办在案。嗣据该州等续获黄泰来即黄帼才、[1]李汶灿、陆锦春、茅广幅、[2]黄玉衡，并据靖江县禀获吴正陇即吴成名及伪文等件，又据泰州禀获王锦章及书、剑、铜管

---

① 前文作"黄国才"。
② 前文作"茅广福"。

等件,又据候补知县舒文彬等会同盐城县禀获盛广大并犯妻盛刘氏、犯子盛沅振及经卷等件,又据海门同知李焕文等禀获董苢香、董大中二名,先后行提到浦,发委淮安府审办。李文灿带病进监,旋即病故,经山阳县禀由淮安府札委清河县验详。兹据署淮安府知府顾思尧将盛广大等审拟解勘前来。

　　臣亲提研讯,缘盛广大即盛裕科,又名盛玉珂、茅广幅即茅维中、王锦章、吴正陇即吴成名、董苢香即董国昌、董大中即董帼中、陆锦春、黄泰来即黄帼才、黄玉衡、盛刘氏、盛沅振,籍隶盐城、通泰、海门等厅州县,或游荡度日,或耕种营生。咸丰九年二月间,盛广大至通州狼山寺内进香,与茅广幅、黄潮阳、成家瑞、虞若高、黄广荫、董广权、瞿广发、黄广纶即黄士爵、朱广中等会遇。盛广大起意敛钱,谈及从前有尹真人传授后天主教"三盘"、"九部"名目经忏,吃斋拜诵,可以祈福免灾,并修来生,商同茅广幅等结盟,设教拜诵。茅广幅等均各允从,遂立盟书,每年择日在黄潮阳家烧香做会两次,以盛广大为教首,起名"龙华会",又名"两杯茶"。由是信佛乡愚妄思祈福,归入教内者日众。凡去归教之人,有送香仪、面仪名目,或数百文或数千文不等。盛广大等借此渔利,初无不轨之心,其所拜经忏,不过敬佛敬天,并无别情。同治元年,陆帼栋因在通州公局当勇,误公责革,怀挟仇恨,潜赴江南常熟贼首伪主将钱逆处,愿投为贼,即在贼内捏说会首盛广大法术甚大,能移山倒海、洒豆成兵,手下有万余人,如取通州,能做内应。钱逆即嘱陆帼栋勾谋,并许封给伪官爵。陆帼栋过江,与盛广大商量,并密约茅广幅、黄潮阳、吴正陇、王锦章、董苢香、董大中、陆锦春、李文灿、蔡之梁、葛金书、白中招、蔡克明、黄源、杨步春、成荣桂、张廷桂、宋帼兴、顾兆兰、陆志通、陶添沅、顾金明、成嘉瑞、成荣浩、施启昌、朱松林、杨道沅、施四海、施小七、僧性诚、僧性通、施太乾、顾三、邵文成、邵文达、黄金奎、僧妙如、僧从修、虞万高、黄广纶、袁廷爵、杨志高、黄万荣、黄万芳、黄王麒等，随从投逆。盛广大等均各允许，董大中、陆锦春畏罪不从。其余在教各人及盛广大妻子盛刘氏、盛沅振并黄潮阳子孙黄泰来、黄玉衡等均不知情。旋闻常熟克复，盛广大不敢南渡。茅广幅、黄潮阳、王锦章、董苣香见盛广大不行，亦即中止。吴正陇为陆帼栋遣往江阴贼首伪主将李逆处投文，行至清江被获。李文灿等曾否过江，有无伪文往来，如何勾逆窜扰，盛广大等均未深悉。黄潮阳亦无将伊孙黄泰来改名黄帼才称为"紫琅弟子"、同上伪文情事。诘其伪文内如何列名，盛广大等坚称不知，且以伊等不谙文字，未知陆帼栋如何列名代写等语。臣查陆帼栋尚未弋获，黄潮阳等均经通州拿获正法，所供各情，无从质讯。案关谋逆，必须反复推鞫，方足以昭慎重而免枉纵。臣复加究诘，加以刑吓，盛广大等坚称如前，似无遁饰。

查律载：谋叛者不分首从皆斩，妻妾子女给功臣之家为奴，财产入官。知而不首者，杖一百、流三千里等语。此案盛广大等听贼勾谋，即属叛逆，应按律问拟。盛广大即盛裕科，又名盛玉珂、茅广幅即茅维中、王锦章、吴正陇即吴成名、董苣香即董帼昌，除设教定盟、敛钱惑众轻罪不议外，均合依谋反者不分首从皆斩律，拟斩立决。吴正陇所带伪文，据供系在逃之陆帼栋交投，并非盛广大等所作。查盛广大等均拟大辟，无虞避就，应请即行正法，以彰国法而快人心。董大中、陆锦春经陆帼栋约会从贼，畏罪未从，惟知情不首，亦应按律问拟。董大中即董帼中、陆锦春均合依知情不首杖一百、流三千里律，拟杖一百、流三千里，到配杖一百，折责安置。黄泰来即黄帼才、黄玉衡、盛刘氏、盛沅振，虽讯无知情谋叛情事，第均系叛犯子孙、妻子，应照律缘坐，给付功臣之家为奴。各犯财产查明入官。李文灿听纠从逆，本干律例，业已病故，应与讯无凌虐之刑禁人等，概毋庸议。犯系带病进监监毙，职名并请免问。起获违悖物件，案结销毁。

此案署通州直隶州候补知府黄金韶，前经臣以办理草率奏参。现在首要各犯多已就获讯明，前经该州正法之犯，并无枉屈，且查拿尚能迅速，功过相抵，应请将该署直隶州候补知州黄金韶前奉交部议处之处，敕部免议，以昭激劝。其余在事出力之各港口练董并文武员弁，著有微劳，可否仰恳天恩，准臣核实酌保数员，用示鼓励，出自鸿慈。合将续获叛犯审拟缘由，会同协办大学士两江督臣曾国藩、江苏抚臣李鸿章，恭折具奏，伏乞皇太后、皇上圣鉴。谨奏。九月初一日。

同治二年九月初六日，议政王军机大臣奉旨：钦此。[①]

【案】同治二年九月初六日，此折得允行。《清实录》载之曰：

又谕：前因江苏通州会首盛广大等通贼一案，该犯等未即拿获，署通州直隶州知州黄金韶辄将已获伙犯蔡之梁等就地正法，经吴棠奏参，将该员交部议处。兹据吴棠奏称，盛广大等犯现已拿获讯明，该员前次正法各犯并无屈枉，且查拿尚能迅速，功过相抵。黄金韶前次应得处分，着免其置议。所有续获通贼谋逆之盛广大即盛裕科，又名盛玉珂，茅广幅即茅维中，王锦漳，吴正陇即吴城名，董芭香即董帼湄，均着即行处

斩，以申国法。①

一〇八　奏报援蒙官军到防折

同治二年九月初一日(1863 年 10 月 13 日)

再，臣现准帮办军务尽先总兵陈国瑞函称：八月十四日，冒雨抵徐，因军装车辆在后未到，又调理各队伤病员兵，于十七、十八、十九等日分派各队进发，又值连日阴雨，道路泥潦，水深数尺。至二十一日，陈国瑞督同全队行抵宿防，探得蒙城贼垒四面围裹，粮道不通，情形紧急。惟援兵乏饷，待哺嗷嗷。宿境屡遭贼扰，又无从购买饭食。苗逆闻知援军一到，现又增调悍党，以图抗拒。兵单贼众，尽力剿办，似难克期蒇事。又准唐训方来函云：蒙城如有变更，陈国瑞责无旁贷各等语。臣查前因援蒙吃紧，奏请谕拨各省协饷，原拟多添队伍，兵力厚即可制贼。现在各省协饷，虽经派员往提，解到尚需时日，而蒙围甚急，贼氛甚恶，计自东来援及在宿驻防之队，不足当苗之半。

臣以援蒙紧要，当即抽调守徐之官军四百余名，又驻浦之马步队五百名，齐赴陈国瑞军营，以备进剿。臣又搜刮各款，添购米一千余石及小米、绿豆等物，陆续解济援蒙军食。惟念苗逆自扑退临军后，裹胁日多，又复拥众数万，以全力围蒙，志在必得。官军远道驰援，众寡之数既殊，劳逸之势更异。淮北官军惟陈国瑞一旅可图进取，臣已悉调清淮、徐宿之队，属令专征南击围蒙之苗，仍宜北防宿西之捻。诚虑操之太蹙，锐气再损，则徐宿各圩因而震动，关系

---

① 《穆宗毅皇帝实录(二)》，卷七十八，同治二年九月上，第596页。

西北全局，须策万全。臣现嘱陈国瑞设法先通蒙城饷道，不必与苗逆力争目前之胜负，并招徕蒙北各圩，以散苗之党与，稳扎稳进，为持久之计，以待饷充兵足，再图大举。

所有援蒙官军到防情形，谨会同帮办军务尽先总兵陈国瑞，附片具奏。是否有当，伏乞皇太后、皇上圣鉴。谨奏。

同治二年九月初六日，议政王军机大臣奉旨：钦此。①

一〇九　奏报调兵先通饷道以解城围片

同治二年九月初一日（1863 年 10 月 13 日）

再，臣钦奉八月二十三日寄谕：饬令传知陈国瑞迅速进兵，先通蒙城饷道，力解城围。其姚广武一军，饬令与陈国瑞之兵联络策应。又饬富明阿迅即拔队，兼程前进，与唐训方合力战守，兼筹进取，则蒙城军事或可稍松，解围必当更易各等因。钦此。仰见宸谟广运，指示机宜，跪诵之余，莫名钦服！伏查蒙城军情，现已十分危急，已另片缕陈圣听。臣惟有谆饬陈国瑞懔遵谕旨，先通饷道，以冀力解城围。所有一切剿办事宜，即由该总兵相机妥筹，俾其独当一面，不致稍有掣肘。至于临淮一路，本有征调援师，现又奉旨饬令富明阿由扬带精锐助剿，兵力厚集，自可相机进取。惟是援军之至，不免主客之分，而各路带兵之员又复素不相悉，凡一切布置战守，以唐训方久历戎行，固已妥为调度，即富明阿到皖以后，亦必能与唐训方和衷商榷，共济艰难，正毋庸有所顾虑。但此时皖事孔急，较之前钦差大臣袁甲三督师临淮，其吃紧情形殆有过之。万一

① 台北故宫博物院藏：军机及宫中档，文献编号：090982。

于攻剿紧要之际，调遣或有不灵，则呼吸机宜，所关匪细。此又臣所不能不鳃鳃过虑者。

臣愚以为非明降谕旨、特派督办，举凡皖师、援兵，均归其节制，或将封储之钦差大臣关防暂派署理，则事权不能专一，而威望亦不足以震慑诸军，即于军事不能有裨。倘蒙采择，如富明阿之老谋深算、体国公忠者，似足以仰副委任。臣自知梼昧，本不敢妄抒臆见，而管窥所及，又不敢知而不言。谨附片密陈，伏乞圣鉴训示。谨奏。

同治二年九月初六日，议政王军机大臣奉旨：钦此。①

【案】吴棠以上之折片均于是年九月初六日得清廷批覆。《清实录》：

谕议政王军机大臣等：吴棠奏，援蒙官军到防，妥筹进取，并临淮兵力厚集，请特派督办，以一事权各等语。苗逆拥众数万，全力围攻蒙城，情形万分危急。陈国瑞现已督队抵宿，自应赶紧进兵。吴棠□令先通蒙城饷道，稳扎稳进，尚属持重之见。第蒙城为皖北形胜之地，望援孔亟，到防援兵固不可冒昧轻进，致挫锐气，然亦当于慎重之中力图进取之计。陈国瑞勇敢素著，所部亦称善战，现在吴棠抽调守徐之官军四百余名，驻浦之马步队五百名，齐赴该总兵军营，又为之接济军食，是该营声势渐壮，可战可守，即着饬令陈国瑞迅速拔队，滚营前进，疏通粮道，立解城围，不得以待兵待饷为词，致有贻误。

至宿西余捻，有姚广武一军随时防剿，当不至贻陈国瑞后

---

① 台北故宫博物院藏：军机及宫中档，文献编号：090983。

顾之忧。前因临淮援军渐集，而责成未专，恐致互相观望，曾谕令富明阿、唐训方等联络策应，并令富明阿督同陈国瑞等军，相机攻剿。吴棠本日所称带兵之员素不相习，拟请特派督办大员节制调度等语，与前旨之意尚合。此时富明阿督带马步二千余名，驰赴临淮，即着懔遵前旨，与唐训方和衷共济，妥筹防剿，并督饬陈国瑞迅解蒙围。如临军兵力足可自守，而援蒙之军势尚单薄，亦着富明阿、唐训方酌量添拨劲旅，迅往助剿，毋稍迟误。其陈国瑞一军粮饷军火，仍着吴棠源源接济，毋令缺乏。将此由六百里各谕令知之。①

一一〇　请奖励候补知县马海曙等片

同治二年九月初一日(1863 年 10 月 13 日)

再，清淮军需并无月拨之款，专恃厘捐为饷源。上年夏秋之间，因饷需万分支绌，查得江都县属之仙女镇地方宁帮杂货及上江杂货、木植等项，销路尚广。该处本有粮台厘捐，当即委派知县马海曙、朱培深，督同董事，按照营捐厘章，酌减抽收宁帮杂货四成、上江等货七成，以资清淮军饷。经臣面谕该委员等务须洁己奉公，认真经理，如果办有成效，许予奏奖。自上年夏秋先后开局，截至本年八月止，仅止年余之久，共收捐五万余千之多，收入清淮军需项下支用，深资接济。

该委员等均能劳怨不辞，实心任事，未便没其微劳，合无仰恳天恩，准将委员直隶州用候补知县马海曙、同知衔候补知县朱培深

① 《穆宗毅皇帝实录(二)》，卷七十八，同治二年九月上，第 596—597 页。

交部议叙,董事分发江苏试用同知张学诗赏加知府衔,候选盐课大使施作镕赏加盐运司提举衔,理问衔刘叙赏加五品衔,五品衔候选知县林鸿交部议叙,以昭鼓励而示激劝,谨附片具陈,伏乞圣鉴。谨奏。

同治二年九月初六日,议政王军机大臣奉旨:钦此。[①]

一一一　审办参将翁廷奎带勇滋闹淮关片

同治二年九月初一日(1863 年 10 月 13 日)

再,臣前奏明皖营提饷参将翁廷奎随带勇丁滋闹淮安关署案情形一折,钦奉谕旨:翁廷奎勇丁滋闹淮安关署情形,所拟办法甚为草率等因。钦此。跪聆之下,惶悚莫名。适翁廷奎已将陈得胜拿获交案,臣随即亲提鞫研。据陈得胜供:年二十五岁,寿州人,向在皖营饷盐局当勇。本年四月十二日,带同勇丁孙贵发等十六人,随翁廷奎赴淮关提饷。到了关上投帖,号房、家丁未及通报,翁廷奎用马鞭将其斥责,得即进内晤商催饷事宜,随勇在外伺候。陈得胜因等候时久,闯进门房吃茶,各勇亦随进数人。淮关门丁阻拦,互相吵嚷,该勇等即将茶碗、什物、窗棂掼损。翁廷奎听闻随勇在门房内等处闹事,即时出来喝禁。陈得胜顺将门房内衣物抢掠走出,在逃之孙贵发等并将堂幔撕段,到案之吴世斌、李长发仅止随同进内吃茶掼损,并无抢掠衣物及吊打书役情事,并有在外之勇因是日阴雨,恐洋枪生潮,洗枪试放,亦非关署内放枪等供。饬带吴世斌、李长发隔别研讯,金供随同陈得胜等进门房吃茶,因茶不热,

---

① 台北故宫博物院藏:军机及宫中档,文献编号:090984。

将碗掼弃,那衣物是陈得胜抢掠,窗棂、什物是在逃之孙贵发等打毁,并将堂幔撕去,伊等委无同抢衣物各情。再三究诘,矢口不移。质之关署门丁刘级升、号房李锦,供亦相同,自属确凿。

查喧闹公堂,应照光棍例治罪,即应斩决。该勇陈得胜以勇目随弁提饷,胆敢闯进关署滋闹,甚至抢掠衣物多件,实属罪不容诛。当即钦遵前奉谕旨,将陈得胜正法,枭示关前,以昭炯戒。其吴世斌、李长发二犯随〔虽〕讯止随进门房吃茶毁碗,并无抢掠各情,究属不合,应请照不应重律,杖八十,仍从重枷号两个月,以示惩儆。仍饬缉在逃勇丁孙贵发等,获日另结。参将翁廷奎闻勇生事,即出喝阻,且该勇等伺候进署,率因吃茶滋闹,亦非意料所及,现已将滋事要犯拿获交案,尚无不合,应请免其置议。是否允协,合将遵旨再行确查惩治缘由覆陈,伏乞圣鉴训示。谨奏。

同治二年九月初六日,议政王军机大臣奉旨:知道了。翁廷奎着免其置议。钦此。①

一一二　请将都司袁祚烺即行革职片

同治二年九月初一日(1863 年 10 月 13 日)

再,臣前因访闻佃湖营都司袁祚烺声名平常,营伍废弛,当即札撤该员,调浦察看,所遗印务拣派游击陆承瀚接署。兹据陆承瀚禀称:该营军火、器械仅据袁祚烺移交零星碎件,其余一概无存;一切文卷底册皆由袁祚烺存留署内,向未发房存案,迄交卸时,始行发出,尚缺军装底册,无案可查;并有袁祚烺任内领放弁兵

---

① 台北故宫博物院藏:军机及宫中档,文献编号:090985。

饷干银两、请领军火、拨补弁缺紧要各卷，均复延不交出，禀请核办前来。

臣查袁祚烺既经撤任，自应赶紧交代清楚，赴浦听候察看，乃复匿留卷册，军械无存，显系营伍废弛，弊窦多端，延为弥缝地步。若不据实奏明，何以肃军政而惩庸劣。相应请旨将佃湖营都司袁祚烺即行革职，以示惩戒；仍勒令交出匿留卷件，如查有别项弊端，再由臣从严参办。是否有当，伏乞圣鉴训示。谨附片具奏。

同治二年九月初六日，议政王军机大臣奉旨：袁祚烺着即行革职。余依议。钦此。①

一一三　奏报代递陈国瑞谢恩折片

同治二年九月初一日(1863 年 10 月 13 日)

再，臣现准帮办军务尽先总兵陈国瑞自宿州防所寄到恭谢天恩奏折一件，交臣处附驿代递。谨附折呈进，伏乞圣鉴。谨奏。

同治二年九月初六日，议政王军机大臣奉旨：知道了。钦此。②

【案】同治二年九月初一日，帮办军务陈国瑞具折谢恩，曰：

帮办军务头品顶戴尽先总兵奴才陈国瑞跪奏，为恭谢天

---

① 台北故宫博物院藏：军机及宫中档，文献编号：090986。
② 台北故宫博物院藏：军机及宫中档，文献编号：090987。

恩,仰祈圣鉴事。

窃奴才承准亲王僧格林沁恭录饬知:同治二年七月三十日,内阁奉上谕:总兵陈国瑞自入东省,所向有功,现又攻克教匪坚巢,先登破垒,尤属奋勇,着加恩赏给头品顶戴。同日,内阁奉上谕:僧格林沁奏,恳将打仗出力之总兵归宗复姓等语。黄国瑞着准其复姓陈氏,用示朝廷锡类旌公之至意。又准漕臣吴棠恭录知会:同治二年八月初十日,内阁奉上谕:头品顶戴尽先总兵陈国瑞,着帮办吴棠军务。同日,恭录寄谕:吴棠所请令陈国瑞帮办该漕督军务之处,本日已明降谕旨宣布,着即传知。该总兵当懔承恩命,愈加忠勇奋发,努力自爱,毋稍满假,以期克保令名,长承优眷各等因。钦此。跪聆之下,悚感莫名,当即恭设香案,望阙叩头谢恩讫。

伏念奴才楚北凡庸,军中寄籍,猥因屡战,遂领偏师,并幸仰赖国威,获平贼垒,乃蒙宠加极品,恩许归宗。章服增叨,既耀戎旃之色;本源克溯,复续亲舍之恩。嗣以回师援蒙,又奉纶音帮办军务,自惭介士讵有深谋,竟与疆臣同当重任!拜殊施之稠叠,邀圣训之周详。闻命自天,悚惶无地!

奴才惟有益加感奋,勉竭涓埃,亟督饬夫前茅,绥兹淮甸;早驱除夫伏莽,靖彼潢池,以冀仰答高厚鸿慈于万一。所有奴才感激荣幸下忱,理合恭折具奏,伏乞皇太后、皇上圣鉴。谨奏。九月初一日。

同治二年九月初六日,议政王军机大臣奉旨:知道了。钦此。①

---

① 台北故宫博物院藏:军机及宫中档,1 文献编号:090988。

一一四　奏为历任捐廉请加原籍学额折

同治二年九月初四日(1863 年 10 月 16 日)

漕运总督臣吴棠跪奏，为微臣历任捐廉，援例恳恩推广永远学额，恭折奏祈圣鉴事。

窃臣于咸丰三年在清河县知县任内清江防堵，倡捐银二千两；咸丰十一年，在徐州道任内捐解京饷养廉银一千两；嗣奉恩命，补授江宁藩司，兼理漕运总督，于同治元年捐解亲王僧格林沁军营马草养廉银三千两；同治二年，于漕运总督任内捐助临淮、蒙城军饷米石，共合银四千余两。统计先后捐廉一万余两，均经分别奏明在案。

伏查捐例加广学额条款内开：一州县捐银一万两，加文武学定额各一名。今臣历任捐廉共计银一万余两，核与加广文武学额各一名之例相符，可否仰乞天恩，俯准于臣原籍安徽盱眙县加广永远文武学额各一名之处，出自皇太后、皇上逾格鸿施。所有微臣历任捐廉，援例恳恩加广永远学额缘由，恭折具陈，伏乞圣鉴训示。谨奏。九月初四日。

同治二年九月初九日，议政王军机大臣奉旨：钦此。[1]

【案】此折于同治二年十一月二十三日得允行。《清实录》：

---

[1]　台北故宫博物院藏：军机及宫中档，文献编号：091072。

以漕运总督吴棠捐输军饷,永广安徽盱眙县学额一名。①

一一五　奏报设法修船购炮以备攻剿片

同治二年九月初四日(1863 年 10 月 16 日)

再,臣现准唐训方咨称:据九江镇总兵黄开榜禀称:所部炮船遗失多只,曾请唐训方函借彭玉麟②等处船只,未奉覆准。该总兵前因在宋家滩昼夜攻剿,操劳过甚,旧疾复发。现因炮船无从补齐以利攻剿,益加焦急,寒热往来,昏沉不起,请假一月回浦就医,并与臣商酌筹补炮船,以便回临助剿,在临水师督归副将刘明典统带等语。当经唐训方批准照行咨会到臣。

伏查黄开榜所带炮船,向在高宝防湖,数年来,深资捍御。现在遗失多只,不成队伍,自应早为筹补,且临淮进兵吃紧,水陆各队正宜厚积兵力,以资会剿。现在该总兵业已到浦,除饬将病症调理,并设法商修船只、筹购炮位外,谨附片具奏,伏乞圣鉴。谨奏。

_____

① 《穆宗毅皇帝实录(二)》,卷七十八,同治二年九月上,第 606 页。

② 彭玉麟(1816—1890),又名玉廗,字雪琴、雪岑,号退省散人、南岳山樵、吟香外史、七十二峰樵父、古今第一痴人。湖南衡阳人,县学附生。道光末年,充协标书识。咸丰四年(1854),保以同知选用,戴蓝翎。同年,保知府,换花翎,加同知衔。五年(1855),保道员。同年,补浙江金华府知府。翌年,升广东惠潮嘉道。七年(1857),加按察使衔。次年,晋布政使衔。十一年(1861),迁广东按察使。同年,擢安徽巡抚。同治元年(1862),补兵部右侍郎。三年(1864),封一等轻车都尉,加太子少保衔。四年(1865),兼署漕运总督。十一年(1872),任宫门弹压大臣,赏紫禁城骑马。光绪七年(1881),署两江总督,兼署通商大臣。九年(1883),授兵部尚书。十二年(1886),捐建船山书院。十四年(1888),巡阅长江水师,旋于缺回籍。十六年(1890),卒于籍。赠太子太保,谥刚直。著有《彭刚直公奏稿》、《彭刚直公诗集》等。

同治二年九月初九日，议政王军机大臣奉旨：钦此。①

【案】此片于是年九月初九日获清廷批覆。《清实录》：

黄开榜所部炮船遗失多只，着吴棠饬令设法筹购炮位，修补船只，仍即回防，以资得力。②

一一六　奏报缉拿盗犯裴荫标等正法片

同治二年九月初四日(1863年10月16日)

再，臣前因副将蔡觐贤禀称，拿获伙盗韩得一名，供认在宝应县境之吕梁桥，听从李得胜等抢劫朱姓，并经朱姓赴营起赃，认明不诬，并供明此案首伙各犯尚有十三人，窝聚天长之四合墩地方各等语。臣当札饬驻守天长之记名总兵陈文腾，查拿四合墩窝聚盗犯李得胜、邱五等，解浦讯办。兹据禀称：四合墩聚匪行劫，皆系游击裴荫标所主使，该犯平昔不守营规，常常数十人盘踞天长、宝应交界之黎城地方，纵勇殃民。该总兵正在查访实迹，拟即禀办，适又查出吕梁桥劫案，实系裴荫标由黎城聚众从五里津过河行劫，案内邱五即裴荫标之托名。李得胜等在逃未获，现将首犯裴荫标擒获锁押，禀请核办前来。

臣查裴荫标即邱五，以在营将弁公然为盗，纵勇殃民，实属罪不容诛。该豫胜营向归协办大学士两江督臣曾国藩节制，臣因案关紧要，犯事系在天、宝交界地方，未敢拘泥，当派游击贵曰华持檄

---

①　台北故宫博物院藏：军机及宫中档，文献编号：091073。

②　《穆宗毅皇帝实录(二)》，卷七十八，同治二年九月上，第606页。

驰赴天长,会同陈文胜将该犯裴荫标立即就地正法,以肃戎行。嗣据陈文胜禀称:于初九日锁拿裴荫标后,旋据伊叔裴上古出首:裴荫标已将军装、火药运往黎城,其党声称抢劫,裴荫标往投叛苗;陈文胜以苗逆猖獗,谣言四起,摇惑人心,窃恐奸宄煽发,致生他变,不得已于十一日晚间将裴荫标就地正法,并将该犯运出军火追回各等语。

臣查陈文胜于此等要犯,迅速查拿,又因该犯伙党散布谣言,摇惑人心,立将裴荫标正法,并不稍存徇庇,深堪嘉尚。除由臣批饬奖许〔叙〕并令严缉余犯,暨咨明李世忠外,是否有当,谨会同协办大学士两江督臣曾国藩附片具陈,伏乞圣鉴。谨奏。

同治二年九月初九日,议政王军机大臣奉旨:钦此。①

【案】此片于是年九月初九日获批覆。《清实录》:

……裴荫标以在营将弁,公然为盗,纵勇殃民,可恶已极,经总兵陈文胜查拿,该漕督并派员前往,会同将裴荫标正法,并咨明李世忠。办理甚为允协……吴棠折着钞给僧格林沁阅看。将此由六百里各谕令知之。②

一一七 奏报连克蒙圩请拨劲旅南征折

同治二年九月初四日(1863年10月16日)

漕运总督臣吴棠跪奏,为官军连克蒙北贼圩,进攻逼城贼垒,

---

① 台北故宫博物院藏:军机及宫中档,文献编号:091074。
② 《穆宗毅皇帝实录(二)》,卷七十八,同治二年九月上,第606页。

伤亡甚多，贼众兵单，危城待援，添队不及，吁请饬拨劲旅南征各缘由，恭折奏祈圣鉴事。

窃臣现准帮办军务尽先总兵陈国瑞函称：八月二十四日午刻，行抵蒙境侯圩。未刻，督队赴狼山，查勘形势，山迤西系官军连营，以通小涧集粮道；山迤东有苗垒三座，又东半里许系红里贼圩。该处北至侯圩，西至小涧集，均十余里，关系官军粮道，必须攻拔，始有进兵之路。当令总兵郭宝昌会同姚广武、英翰等军进攻，悉将贼圩外柴堆、草庵烧毁。时因军行百余里，又值日暮，暂行收队。是夜派令游击王豹文、蔡得胜等带勇五百名，于四更后，往斫贼营。比至第一垒，贼悉闻风先逃。乘势进袭红里圩，该逆亦遁。官军追毙匪徒百余名。

二十五日，陈国瑞派令王豹文驻扎红里圩，以堵东西窜贼，一面嘱姚广武进攻红里圩东之大宋、小宋等圩。卯刻，陈国瑞至小涧集，会合英翰，督队先将毋家圩围定，分拨总兵郭宝昌、副将康锦文、游击蔡得胜等带队并攻附近三王圩。因毋家贼圩垒高濠深，环攻数时，遽难得手。陈国瑞又亲赴王圩督战，官军四面齐上，受枪炮伤者多名。陈国瑞令各队进伏贼圩墙下，奋勇扒上，始以长矛相交，继则短兵相薄。郭宝昌首先登圩，额受刀伤，犹复挥血力斗。陈国瑞即督各军缘墙齐进，在侯圩内巷战时许，悍贼骈戮无遗，并将王圩攻克，留队驻扎。

二十六日黎明，陈国瑞督师仍攻毋家圩，圩内苗党先已遁去，余众开门乞降，查系实意投诚，暂准收抚，移队进扎。时姚广武亦拔小宋贼圩，进围大宋贼圩。英翰一军移扎蒙北涡河北岸，距围蒙苗逆之长濠二里。陈国瑞又赴蒙城西南进攻贼垒，见贼垒联络，外掘长濠二三道，极其宽深，遇有官军，并不出斗。密排背枪、抬枪、劈山炮于圩内，相距一二里，即可伤人。自辰至申，官军三次进攻，游击蔡得胜颈受枪伤二处甚重，蓝翎把总鲁元林扒圩阵亡，勇丁伤亡多名。酉刻收队，仍扎毋家圩。

二十八日卯刻，官军收复涡北王圩一处，进攻蒙北贼垒。查勘贼情，与蒙城西南贼垒相同，负隅抗拒，并不出战。陈国瑞又饬各队奋勇齐进，奈贼中枪炮甚多，花翎都司张学胜扒圩阵亡，将弁兵勇奋勇受伤者二百余人。又查有苗逆炮船数百只停泊涡河以内，静待官军进扎。揆度贼意，以为官军远道赴援，利在速战，是以踞圩死守，以老我师，且贼势甚众，能将蒙城四面围包，官军太单，不能自外包城。贼之粮道不断，又不出战，则官军进攻徒伤士卒，不进攻无以力解蒙围，已属进退维谷之势。嘱臣赶提协饷，以期早为添队制贼各等语前来。

臣查陈国瑞一军，素称善战。今苗逆死守不斗以相抗拒，计殊狡狯。惟官军太单，不能自外围贼，且各省协饷尚无报解日期，势暂不能添队，况新募之兵未经大敌，亦未可轻试其锋。刻下蒙城危急，万分吃重，四面贼垒，求通一线之粮道，亦复不得，尤虑相持日久，城中粮尽变生，关系大局匪浅。近得探报：亲王僧格林沁已在东昌剿匪获胜，指日可以肃清。该亲王覆奉谕旨，于肃清东昌后，南下剿苗，谅入皖之期当不甚远，而蒙围甚急，官军太单，呼吸安危，朝不保夕，可否仰求天恩，饬下亲王僧格林沁，先将得力炮队星夜拨赴皖境，会同陈国瑞等军，并力援蒙。该亲王队内有开花炮位，用以进攻贼垒，最为得力，仍求饬令六、颍、临淮官军进攻正阳、寿州、怀远等处，以分贼势。或饬唐训方就近抽拨临军，并派得力将弁助解蒙围，但得力挫贼氛，则官军不受制于苗逆，可以出奇进剿，渐次戡除。臣现派存浦之都司张保圣、守备王树标等，带马队二百名赴蒙随剿，并切嘱陈国瑞相机持重，不可再损将士，致伤锐气，并嘱招徕从苗各圩，先散贼党，一面派员往提各省协饷，以期添队围贼。

除将打仗奋勇受伤之弁兵及阵亡勇丁查明、存记、赏恤外，至花翎都司张学胜、蓝翎把总鲁元林身战捐躯，深堪矜悯，相应请旨将张学胜、鲁元林各照阵亡例，从优议恤，以慰忠魂。所有官军连克蒙城贼圩，进攻逼城贼垒，伤亡甚多，贼众兵单，危城待援，添队不及，吁请饬拨劲旅南征各缘由，谨会同帮办军务尽先总兵陈国瑞恭折驰陈。是否有当，伏乞皇太后、皇上圣鉴训示。谨奏。九月初四日。

同治二年九月二十二日，议政王军机大臣奉旨：钦此。[①]

【案】此折于同治二年九月初九日得允行，清廷颁布上谕曰：

又谕：吴棠奏，官军连克蒙北贼圩，进攻逼城贼垒，伤亡甚多，请饬拨劲旅南下，以援危城各折片。据称陈国瑞一军赴援蒙城，行抵蒙境，当将蒙北之王圩、毋家圩收复，并先将东面之红里圩贼击走，令姚广武以次进攻红里圩东之大宋、小宋等圩。现在蒙城之北及西南面均属贼垒联络，外掘长濠，极其宽深，于官军进攻并不出斗，惟于圩内密排枪炮出击。陈国瑞所部进攻圩垒，伤亡已多，蒙城四面贼围，求通一线粮道而不可得，尤虑日久变生。官军势单，不能自外包贼，进攻则徒伤士卒，不进攻则无以解蒙围，已处进退维谷之势。吴棠以僧格林

---

① 台北故宫博物院藏：军机及宫中档，文献编号：091075。

沁赴皖之期当不甚远,而蒙围甚急,官军太单,呼吸安危,朝不保夕,僧格林沁队内有开花炮位,用以进攻贼垒,最为得力,请饬先将得力炮队星夜拨往救援。即着僧格林沁速将在营得力炸炮派兵解赴陈国瑞等军营,合力攻击。富明阿带领官兵马步二千余人赴淮,前已有旨令其先解蒙围,务即迅速前进,与陈国瑞力筹进取。贼势趋重蒙城,临淮情形稍松,着唐训方酌量就近抽拨得力兵将,助解蒙围及力攻怀远逆巢,并着曾国藩仍遵前寄谕旨,饬令六、颍等处官军进攻正阳、寿州,以分贼势。吴棠所派都司张保圣等马队赴蒙随剿,为数无多,陈国瑞进止机宜,务须饬令详度地势,相机而动,不可轻率深入,致堕诡谋。富明阿到后,兵力较充,即可妥筹进剿之方,尤须先将被胁附苗各圩先行解散,以孤贼党。吴棠仍将各省协饷催提,源源运济,毋令缺乏。黄开榜所部炮船遗失多只,着吴棠饬令设法筹购炮位,修补船只,仍即回防,以资得力……李世忠亲率所部五千人,驰赴临淮,助剿苗逆。如果实能效命,并着曾国藩、吴棠、唐训方随时策励,与为联络,以尽其用。吴棠折着钞给僧格林沁阅看。将此由六百里各谕令知之。①

一一八　奏报拿获洋盗审明正法折

同治二年九月十六日(1863年10月28日)

漕运总督臣吴棠跪奏,为拿获洋盗,于审明后就地正法,按例议拟,恭折会奏,仰祈圣鉴事。

---

① 《穆宗毅皇帝实录(二)》,卷七十八,同治二年九月上,第605—606页。

窃据通州详报：咸丰十一年四月二十七日，前署通州知州张富年访得冷家沙外洋有官船被劫情事，当即会营驰探，船已开行，无从勘验。随选派兵役，并传谕捕盗董事设法严拿。旋于六月二十、八月十九、九月十五等日，据禀获犯刁麻子、陈茂、季湉保三名，起同衣物，先后解州，讯供收案，衣物储库，饬差查传事主补报去后。嗣于十月十五日据家人吴春禀：家主蔡振武，浙江仁和县人，由广东候补道送部引见，奉旨发往江苏以同知用，遵经赴部领照起程。因匪扰道梗，航海南行，与威江清骀同雇一船，又值风水阻滞，于十一年四月二十七日行至相近佘山冷家沙外洋，被盗劫去银两、衣物、执照。今闻获犯起赃，理合开单呈报。再，原船早已开回山东，并求免勘等情。据即会营前诣，勘得失事处所系狼右营水师所辖外洋，饬牙眼同事主，将已、未起各赃共估值银八百四十二两三钱五分，将起储衣物交主认明，实系被失原赃，给予领回，取结附卷造册、录供通详。续据该州于十一月十七、十九等日，先后缉获伙盗陈三、翟炒米灰，并起出赃衣等件，监提陈茂等讯供监禁，将续起各赃传主认领，录供通报；并以该州逼近逆氛，防务吃紧，此等洋盗未便稍稽显戮等情，禀经臣等批饬将犯先行就地正法，枭首示众，以昭炯戒。并饬照例议详去后。兹据署通州直隶州知州黄金韶议拟，详由署常镇通海道许道身核议请奏前来。

臣复加查核，缘陈茂即陈科珠、刁麻子、季湉保、陈三、翟炒米灰，均籍隶通州，或撑船帮工，或游荡度日，先不为匪犯案。咸丰十一年四月二十五日，陈茂、刁麻子、季湉保、陈三与在逃之季玉麻子、季八了头、陈咬扣、赵泳义、曹玉沨、曹郑大宣、曹杨蚂蚱、何文魁、葛溁、李许刁子、陈量川、季大白板、季痴，遇道贫难。陈茂起意出洋行劫，各犯允从。曹玉沨转纠已获之翟炒米灰与未获之陈麻子入伙,即于是日一共十九人,分携器械,坐船出洋。二十七日下午,驶至通州冷家沙洋面,适事主蔡振武等行船驶至,陈茂等将船赶拢,一齐上船,劫得银两、衣物、执照,搬运回船,逃之僻处,查点伙分,将执照撩弃,余赃分别变用存留。经该州访闻,先得获犯起赃,讯供查传。即据事主蔡振武遣属吴春,开单赴州补报会勘,续据获犯,并将起获各赃传领,造册录供通详。并以该州逼近逆氛,防务吃紧,此等洋盗未便稍稽显戮,禀经臣等批饬,将犯先行就地正法枭示,并饬照例议详去后。兹据该州议拟,由道核转前来。

查例载:江洋行劫大盗立斩枭示等语。此案盗犯陈茂纠同刁麻子等,在洋行劫事主蔡振武等行船,业已得财,应按律问拟。陈茂即陈科珠、刁麻子、季湴保、陈三、翟炒米灰五犯,均应如所拟,合依江洋行劫大盗立斩枭示例,拟斩立决枭示。业已就地正法,枭首示众,应毋庸议。余讯无同居亲属知情分赃、牌保得规包庇情事,均毋庸议。各犯在洋行劫,不能禁约之犯兄并失察之牌保,本干例议,惟事在咸丰十一年十月初九日恩赦以前,应予援免。买赃之不识姓名人,请免查提。起赃给领,未起追赔。执照、盗械,供弃免追。执照饬令呈请补给。逸犯季玉麻子等饬缉,获日另结。

此案失事系在外洋,应参武职职名,查取另参。除将供招咨部外,合将拿获洋盗审明正法、按例议拟缘由,谨会同协办大学士两江总督臣曾国藩、江苏巡抚臣李鸿章,恭折具奏,伏乞皇太后、皇上圣鉴。谨奏。九月十六日。

同治二年九月二十二日,议政王军机大臣奉旨:刑部知道。钦此。[①]

---

① 台北故宫博物院藏:军机及宫中档,文献编号:091401。

一一九　奏报宿、蒙近日军情片

同治二年九月十六日(1863 年 10 月 28 日)

再，臣现据帮办军务尽先总兵陈国瑞函称：围蒙之贼连日并不出战。陈国瑞移营涡河迤南之毋家圩。在蒙城西路，该逆亦分党西扼。陈国瑞嗣以毋家圩距城二十余里，进兵较远，移扎周圩，又移扎王家窑圩，在蒙地以东七里。贼亦聚党而东，与官军夹河相守。查看涡河水势，深处非船不渡，惟王家窑西偏河水较浅，拟俟水涨稍涸、下旬月黑之夜，相机渡河袭贼。九月初二日晚间，有蒙城勇丁数人暗扒长濠，送到李南华等信件云：城内粮缺，难以支持。陈国瑞将来勇慰劳，发给银五百两，饬令分带回城，并嘱城中坚忍力守，预备火球、喷筒等件，焚烧河内贼船，以期夹击破贼；又饬副将欧玉标选带宿境练勇，直攻板桥苗圩，以牵贼势。又因苗逆勾结捻首相盘、李大个孜、魏群等股匪，由豫境回踞石弓山一带，逼扰临淮等处，均系蒙军北路最要饷道，副将艾宪银兵单请援，陈国瑞当派佐领讷穆锦、千总刘天福带马队五百名，并截留自浦调往之马队，先将捻逆击退，疏通饷道，再赴蒙城剿苗等语。并绘扎营地图一件到臣。又据艾宪银禀称：会同讷穆锦等马队，于九月初八、初九等日在临涣西南之周圩外，迭与捻战，小有擒斩。讷穆锦突阵受伤一处。据获匪陈明月供称：捻首相盘等纠集宿、永四十余圩之众，并勾苗党数百人在内，意在窜踞临涣地方，以断援蒙官军粮道。当将该获犯就地正法各等语前来。

臣伏查陈国瑞已送饷银入城，蒙邑人心较前更可坚定，但得竭力固守，暂可无虞。北路捻股经苗勾结，窜扰官军饷道，计殊狡狯，自应分队先行剿捻，以顾后路，方不为贼所制。惟陈国瑞兵力无多，南援北剿，分则愈单。臣现添派副将张从龙、知县吴炳庭、吴炳麒，选带调养渐愈之勇丁五百名，驰赴蒙城，听候陈国瑞调遣。并赶解银三千两及添运米石，接济陈国瑞兵食。除将官军进扎情形绘图恭呈御览外，所有宿、蒙近日军情，谨会同帮办军务尽先总兵陈国瑞，附片具奏，伏乞皇太后、皇上圣鉴。谨奏。

同治二年九月二十二日，议政王军机大臣奉旨：钦此。①

【案】此片于是年九月二十二日获批覆。《清实录》：

又谕：昨据富明阿等奏，妥筹临淮战守，及分兵援救蒙城，业经谕令该将军等相机进取，与陈国瑞联络声势，迅解重围。兹据吴棠奏，陈国瑞一军现已移扎王家窑圩，在蒙城迤东七里，贼亦率党而东，与官军夹河相守，拟俟水涨稍涸，乘黑夜渡河袭贼。捻首李大个孜、魏群等由豫回踞石弓山一带，逼扰临涣等处，关系蒙军北路饷道，经陈国瑞添派佐领讷木津等带领马队，协同艾宪银，先将捻逆击退，再赴蒙城等语。蒙城被围日久，情形万分危急，苗逆与李南华素有仇隙，此次纠党围困蒙城，挖掘长濠三道，誓欲得而甘心。览吴棠所呈官军扎营地图，益形焦急。本月初旬，李南华因城内粮缺，密遣勇丁乘夜赴营求救，虽经陈国瑞慰劳，给银五百两，饬令分带回城，该勇丁能否逾濠而进，尚难豫必。吴棠现调副将张从龙、知县吴炳庭等带勇驰援，而兵力仍未甚厚，且道远非旦夕可致。着富明

---

① 台北故宫博物院藏：军机及宫中档，文献编号：091402。

阿、唐训方恪遵昨日谕旨，速饬派出之总兵宋庆星速前进，会同陈国瑞各营，并力进攻，迅解城围。富明阿、唐训方并设法策应，毋许迁延贻误。怀远近日贼势若何，若王才秀北岸之兵一时不能掣动围蒙之贼，莫若添调劲旅，径赴蒙城助剿，分扼全家集一带，截贼粮运，则蒙城之围可期速解。着富明阿、唐训方酌度机宜，妥为调遣。张从龙所部，并着吴棠催令赶紧遄行，不准逗遛干咎。将此由六百里各谕令知之。[①]

一二〇 奏报徐州分局存银片

同治二年九月十六日(1863 年 10 月 28 日)

再，查徐州分局以银易钱支发勇粮，各款均系按照市价兑换，即照所换价值据实造报，历经奏咨在案。前准部咨，以咸丰八年份所换银价与各上届按银一两合钱二千多寡悬殊，驳查更正，即经查明声覆，并将铜山县旬报银价，按年按月造册送部。兹又接准部咨以市价虽长落无定，究属相悬，咨令由臣酌中更正造销，以归核实等语。

伏查咸丰四、五年间，各处银价皆昂，每银一两可换大钱二千至二千一二百文内外不等。六、七两年，数已递减。各该年销案，均系各照市值实价开报，并非按定二千之数。迨八年份银价更落，计是年兑银十三万七千一百两，实只换钱二十一万五千三百七十余千，有铜山县按旬报价可查，不能稍有捏饰。九、十、十一等年，亦系据实造报。如以前后银价多寡相悬酌中办理，势必兑少换多，

---

① 《穆宗毅皇帝实录(二)》，卷八十，同治二年九月下，第 637 页。

非特无款可补,而任意增减,转不足以昭核实。除分别咨覆户部核销外,理合附片陈明,伏乞圣鉴。谨奏。

同治二年九月二十二日,议政王军机大臣奉旨:知道了。钦此。[①]

一二一　奏报洪湖水势片

同治二年九月十六日(1863年10月28日)

再,臣前将节届白露、湖河水长、修守各工情形附片具奏在案。查洪湖水势,自七月下旬以后,似复加长,因有礼河敞放,旋即见消。堰盱各工,节经该厅镶筑兼施,冀资捍御。邳宿运河承受东省蒙河、诸山之秋水源较旺,幸上游各水口先期拆展,去路尚多。迩来涨水递消,所有前启刘老涧滚坝,未便再任畅泄。臣已督饬汛厅察看情形,相机兴堵,以资蓄涨。下游里扬运河宝、汜、永、高、甘、江等汛,两岸被刷旧埽及护埽防风,均经分别镶加稳实,该境东堤土工亦已一律告竣。其两堤碎石前经约集民夫,择要捞砌,期御湖浪而止,此外剔缓启落,应俟来春再行办,以纾民力。

至江运小六堡坝工,于咸丰十一年二月堵合,经前署漕臣王梦龄会同左副都御史臣晏端书奏奉上谕:出力文武官绅,着择优保奏等因。钦此。嗣以该坝尚须镶培,节次派员会同厅州督董接手捐办,于兹三载,历经伏秋大汛,稳固无虞,容臣钦遵前旨,择优酌保,庶将来劝办工程,更期踊跃。

---

① 台北故宫博物院藏:军机及宫中档,文献编号:091403。

所有节交霜降水消工稳情形，理合附片陈明，伏乞圣鉴。谨奏。

同治二年九月二十二日，议政王军机大臣奉旨：着仍遵前旨，准其择优保奏，毋许冒滥。余依议。钦此。[①]

一二二　查明徐州绅商捐资衔名恳恩奖叙折

同治二年九月二十四日(1863 年 11 月 5 日)

江苏巡抚臣李鸿章、协办大学士两江总督臣曾国藩、漕运总督臣吴棠跪奏，为查明徐州捐修城工绅商捐资衔名，恳恩奖励，以昭激劝，恭折奏祈圣鉴事。窃照徐州府城年久失修，隍身雉堞，残破不堪。东、北两面紧靠黄河大堤，正南云龙山即在城外，均可俯瞰城中。该郡处四省之交，为江省西陲重镇。自咸丰三、四年以后，发逆、捻氛叠次窥伺。经前署漕臣王梦龄在徐州道任内，筹画勘估，并又添筑土城等工，劝谕土著、寄籍绅商捐资修理，并由前督、抚臣奏明准照筹饷新例、现行常例给奖，奉旨：依议。钦此。遵经集料赶办。自咸丰八年七月兴工起至十年三月止，各工一律完竣。其时臣吴棠在徐州道任内，禀奉委员验收如式。复经臣曾国藩会同前抚臣薛焕等，将在事出力员董先行奏恳恩施，声明饬取报销保固册结并捐资请奖履历，另行分别奏咨各在案。兹饬据江宁藩司、淮徐扬海道将前项工程实用工料、银数并捐输应奖衔名，分别造册具详前来。

臣等按册覆核，计加宽郡城城隍周长一千四百九十九丈五尺，

---

① 台北故宫博物院藏：军机及宫中档，文献编号：091404。

新修城墙、拢墙周长一千六百二十六丈五尺。各工高、宽及四门月墙周长、高、宽，并新添炮台九座，又四城门楼、鼓楼、马道，均各如式。西、南两面城河计长九百一十丈，又新筑南关土城周长九百十九丈，石城门三座，大小石涵洞七座，石桥一座，炮台四座，壕沟一道长八百八十丈一尺，重壕一道长六百九十三丈。西关土城周长八百二丈五尺，石城门三座，石涵洞二座，炮台三座，壕沟一道长七百四十七丈，重壕一道长六百三十八丈。东北明土城周长一千五十丈，石城门一座，大小炮台十八座，壕沟一道长一千七十五丈。坝子街土城周长一千一百四十八丈二尺，石城门三座，大小石涵洞三座，炮台两座，壕沟一道长一千一百六十丈二尺，重壕一道长七百十五丈。云龙山周围石墙长三百四十三丈六尺，山顶营盘一座长六十八丈一尺，炮台二座。共实用工料银十万五千七百九十二两六钱一分，均照例价，有减无增。共收捐银十万五千九百二十二两，计余存银一百二十九两三钱九分，提存徐州府库，为将来岁修之用。所收捐项内除官捐二千两不敢仰邀议叙外，其余所请给奖官阶银数，核与筹饷新例、现行常例减成数目相符。臣等查徐州素称瘠土，且当干戈扰攘之时，捐办巨工，迅速蒇事；近年贼氛环逼，得以安堵无恐者，多赖城垣修固之功，所有捐资绅商实于报效军需无异。除将工料细册及捐资履历分别咨部核办外，理合缮具请奖员名清单，恭呈御览。

　　再，查同治元年十一月间所定章程，指省分发均须赴京铜局报捐。此案系于咸丰八年间劝谕捐办，十年三月工竣。其捐输月日在新章未定之前，有奏案可以查核。实因捐生散居四处，催取履历，造册稍稽，若照现定章程办理，未免向隅，可否仰恳皇上逾格施恩，将此案声请指省分发之处仍准给奖。不特各该捐生顶戴仁慈，亦足以示鼓励而资观感。倘实因格于新例，未便准行，即请饬下部臣覆核，凡捐请分发者，先按所请不论双单月官阶议准，将其分发指省银数驳饬另行核奖，毋庸并所请官阶一概议驳，俾各该捐生同得早奉执照，弥感鸿慈无既。谨合词恭折具陈，伏乞皇太后、皇上圣鉴训示。谨奏。九月二十四日。

同治二年九月二十九日，议政王军机大臣奉旨：该部核议具奏，单并发。钦此。[1]

一二三　呈徐州绅商捐资衔名恳恩奖叙清单

同治二年九月二十四日(1863 年 11 月 5 日)

谨将捐修徐州府城垣工程捐输衔名、银数，缮具清单，恭呈御览。

王应斗，山东人；赵淑，山西人。以上二名由州同职衔捐银一千三百六十两，核与常例扣除原衔银三百两报捐同知职衔减成银数相符，拟请均给予同知职衔。

胡诒翼，浙江人，捐银一千六百八十五两，核与筹饷例由俊秀报捐监生、捐足盐运司经历分发指省减成银数有盈，拟请作为监生，以盐运司经历分发两淮补用。

何其杰，浙江人，由同知衔保举补缺后以知县用山东候补府经历捐银二千六百两，核与筹饷例由保举知县用府经历捐足知县三班、并捐加五成离任指省减成银数有盈，拟请免补本班，以知县指省河南，归入候补班内补用，仍留同知衔。

---

① 台北故宫博物院藏：军机及宫中档，文献编号：091486。

张蕙轩,山东监生,捐银四千三百两,核与筹饷例由监生报捐知县不论双单月并捐免保举减成银数有盈,拟请以知县不论双单月即选,并免其保举。

何家琪,河南监生,捐银五千六十两,核与筹饷例由监生捐足知县分发并免保举减成银数有盈,拟请以不论双单月归部签掣省份补用,并免其保举。

孙志章,浙江人,由双月选用县丞捐银一千四百二十二两,核与筹饷例由候选县丞捐足盐运司经历分发指省、捐免验看减成银数有盈,拟请以盐运司经历分发两淮补用,并免其赴部验看。

殷继昌,山东人;李梧,山东人。以上二名各捐银一千一百九十两,核与筹饷例由俊秀报捐监生、捐足府经历分发指省减成银数有盈,拟请均作为监生,以府经历分发直隶补用。

黄琴一,山东监生,捐银一千一百两,核与筹饷例由监生捐足府经历分发指省减成银数有盈,拟请以府经历分发直隶补用。

王庆宜,山东廪生,捐银一千一百八十五两,核与筹饷例由廪生报捐贡生、捐足府经历分发指省减成银数有盈,拟请作为廪贡生,以府经历分发直隶补用。

童良能,顺天监生,捐银一千一百两,核与筹饷例由俊秀报捐监生、捐足府经历分发指省减成银数有盈,拟请作为监生,以府经历分发山东补用。

陈福田,顺天人,祖籍浙江,捐银一千七百七十二两,核与筹饷例由俊秀报监生、加捐县丞不论双单月分缺先选减成银数有盈,拟请作为监生,以县丞不论双单月分缺先选。

李光,江西人,捐银一千一百九十两,核与筹饷例由俊秀报监生、捐足县丞分发指省减成银数有盈,拟请作为监生,以县丞分发福建补用。

袁布廷，江苏人，由不论双单月县丞捐银二百五十六两，核与筹饷例由捐足县丞报捐分发指省减成银数相符，拟请以县丞分发山东补用。

董振凯，顺天人，祖籍浙江，由不论双单月从九品捐银九百八十五两，核与筹饷例由从九品递捐州吏目、县主簿、加捐县丞分发指省减成银数有盈，拟请以县丞分发山东补用。

张庆瑚，顺天人，祖籍浙江；袁英，浙江人；朱秀山，江苏人；拾秉义，江苏人；徐金镛，江苏人。以上五名各捐银六百五十两，核与筹饷例由俊秀报捐监生、加捐县丞双月选用减成银数有盈，拟请均作为监生，以县丞双月选用。

翟志诚，江苏监生，捐银八百四十五两，核与筹饷例由监生捐足县丞减成银数有盈，拟请以县丞不论双单月即选。

谭汝霖，江苏人，由县丞职衔捐银四百四十八两，核与筹饷例由捐职县丞双月选用减成银数有盈，拟请以县丞双月选用。

朱松岭，江苏人，由从九品职衔捐银五百九十两，核与筹饷例捐职从九品改捐监生、加捐县丞双月选用减成银数有盈，拟请作为监生，以县丞双月选用。

徐士莲，江苏人，由双月县丞捐银五百四十两，核与筹饷例由双月县丞捐足三班分发指省减成银数有盈，拟请以县丞分发山东补用。

李灿，浙江人，由候选从九品捐银一千二百七十两，核与筹饷例由从九品递捐州吏目、县主簿、加捐府经历分发指省并捐免验看减成银数有盈，拟请以府经历分发江苏补用，并免其赴部验看。

陈刚，江苏人，捐银五百两，核与筹饷例由俊秀报捐监生、加捐守御所千总职衔减成银数有盈,拟请作为监生,给予守御所千总职衔。

胡汝霖,浙江人,捐银五百七十两,核与筹饷例由俊秀报捐监生、捐足从九品分发指省减成银数有盈,拟请作为监生,以从九品分发江苏补用。

孙培厚,浙江人,捐银五百七十两,核与筹饷例由俊秀报捐监生、捐足从九品分发指省减成银数有盈,拟请作为监生,以从九品分发山东补用。

严良保,江苏监生,捐银二百五两,核与筹饷例由监生捐足从九品减成银数有盈,拟请以从九品不论双单月即选。

齐兆槐,直隶人,由议叙双月从九品捐银三百九十两,核与筹饷例由双月从九品捐足两班分发指省减成银数有盈,拟请以从九品分发河南补用。

赖秉堃,广东人,由双月从九品捐银一百三两,核与筹饷例由双月从九品捐足不论双单月减成银数有盈,拟请以从九品不论双单月即选。

王樫,江苏人;余庆余,江苏人;郝芝田,江苏人。以上三名各捐银二百九十两,核与筹饷例由俊秀报捐监生、捐足从九品减成银数有盈,拟请均作为监生,以从九品不论双单月即选。

徐金镜,江苏人,捐银五百两,核与筹饷例由俊秀报捐监生、捐足从九品不论双单月并捐尽先减成银数有盈,拟请作为监生,以从九品不论双单月尽先选用。

刘克昌,江苏人,由从九品职衔捐银一百二十五两,核与筹饷例由捐职从九品改捐监生、捐从九品双月选用减成银数有盈,拟请作为监生,以从九品双月选用。

林国柱,顺天人,捐银六百八十五两,核与筹饷例由俊秀报捐监生、捐足未入流指项典史分缺先选减成银数有盈,拟请作为监生,以典史分缺先选。

周仕成,浙江人,捐银二百两,核与筹饷例由俊秀报捐监生、捐未入流双月选用减成银数有盈,拟请作为监生,以未入流双月选用。

沈辅宸,浙江人,捐银一百九十两,核与筹饷例由俊秀报捐监生、捐从九品双月选用减成银数有盈,拟请作为监生,以从九品双月选用。

胡光曜,浙江人,由从九品职衔捐银五百十两,核与筹饷例由捐职从九品改捐监生、捐足从九品分发指省减成银数有盈,拟请作为监生,以从九品分发江苏补用。

朱林,浙江人,由布政司经历衔捐银一千五两,核与筹饷例由监生捐足未入流指项典史分发指省、捐免试用分缺先用减成银数有盈,拟请以典史分发河南分缺先用,并免其试用。

唐文笏,顺天人,捐银二百九十两,核与筹饷例由俊秀报捐监生、捐足未入流减成银数有盈,拟请作为监生,以未入流不论双单月即选。

陈德馨,顺天人,祖籍浙江,捐银五百七十两,核与筹饷例由俊秀报捐监生、捐足未入流分发指省减成银数有盈,拟请作为监生,以未入流分发山东补用。

谢星圃,江苏人,由从九品职衔捐银二百六十三两,核与筹饷例由捐职从九品改捐监生、报捐州同职衔减成银数有盈,拟请作为监生,给予州同职衔。

王邑,山西人;李步堂,江苏人。以上二名各捐银三百三十两,核与筹饷例由俊秀报捐监生、加捐州同职衔减成银数有盈,拟请作为监生,给予州同职衔。

吴廷植,江苏人,由从九品职衔捐银一百八十五两,核与筹饷例由捐职从九品捐补监生、加捐县丞职衔减成银数有盈,拟请作为监生,给予县丞职衔。

史献书,江苏监生,捐银一百六十两,核与筹饷例由监生报捐县丞职衔减成银数相符,拟请给予县丞职衔。

徐金铎,江苏人,捐银二百五十两,核与筹饷例由俊秀报捐监生、加捐县丞职衔减成银数有盈,拟请作为监生,给予县丞职衔。

徐金锡,江苏人,捐银二百五十两,核与筹饷例由俊秀报捐监生、加捐府经历职衔减成银数有盈,拟请作为监生,给予府经历职衔。

赖崇,广东人,由从九品职衔捐银二百九十两,核与筹饷例由捐职从九品改捐监生、加捐翰林院孔目职衔减成银数有盈,拟请作为监生,给予翰林院孔目职衔。

王化麟,江苏人;冯镜涵,江苏人。以上二名各捐银三百八十两,核与筹饷例由俊秀报捐监生、加捐翰林院待诏职衔减成银数有盈,拟请均作为监生,给予翰林院待诏职衔。

胡振镛,江苏附贡生,捐银二百九十两,核与筹饷例由贡生报捐翰林院待诏职衔减成银数有盈,拟请给予翰林院待诏职衔。

纵祥琛,江苏人,由从九品职衔捐银五百五两,核与筹饷例由捐职从九品改捐监生、加捐卫守备职衔减成银数有盈,拟请作为监生,给予卫守备职衔。

徐士达,江苏人,由卫千总职衔捐银二百八十两,核与筹饷例由监生捐守备衔内扣除原捐卫千总衔银二百五十两减成银数相符,拟请给予守备职衔。

朱矢贞,江苏人,捐银二百九十两,核与筹饷例由俊秀报捐监生、加捐卫千总职衔减成银数有盈,拟请作为监生,给予卫千总职衔。

王居坤,江苏人;彭秀岐,江苏人;彭玉英,江苏人;郑来仪,江苏人。以上四名各捐银四百十两,核与筹饷例由俊秀报捐监生、加捐守御所千总职衔减成银数有盈,拟请均作为监生,给予守御所千总职衔。

江殿瀛,江苏人,捐银二百六十两,核与筹饷例由俊秀报捐监生、加捐营千总职衔减成银数有盈,拟请作为监生,给予营千总职衔。

孙瑞麟,江苏监生,捐银三百二十两,核与筹饷例由监生报捐守御所千总职衔减成银数相符,拟请给予守御所千总职衔。

李卫棠,江苏人,捐银一百八十五两,核与筹饷例由俊秀报捐监生、加捐把总职衔减成银数有盈,拟请作为监生,给予把总职衔。

黄保寿,山东武生,捐银四百八十五两,核与筹饷例由武生报捐卫千总不论双单月即用减成银数有盈,拟请以卫千总不论双单月即用。

曹秉权,江苏人,捐银四百九十两,核与筹饷例由俊秀报捐监生、加捐营千总减成银数有盈,拟请作为监生,以营千总归本省拔补。

李仲山,江苏人,捐银三百三十二两,核与筹饷例由俊秀报捐监生、加捐把总减成银数有盈,拟请作为监生,以把总归本省拔补。

蔺兰,江苏人;滕一章,江苏人。以上二名各捐银一百九十两,核与筹饷例由俊秀报捐监生、加捐从九品双月选用减成银数有盈,拟请均作为监生，以从九品双月选用。

刘必发，江苏人，捐银五百七十两，核与筹饷例由俊秀报捐监生、加捐卫守备职衔减成银数有盈，拟请作为监生，给予卫守备职衔。

孙岩，江苏人，捐银三百三十两，核与筹饷例由俊秀报捐监生、加捐布政司理问职衔减成银数有盈，拟请作为监生，给予布政司理问职衔。

刘树兰，江苏人；王检齐，江苏人。以上二名均由从九品职衔各捐银二百六十五两，核与筹饷例由捐职从九品改捐监生、加捐布政司理问职衔减成银数有盈，拟请均作为监生，给予布政司理问职衔。

陈承銮，福建人，捐银七千八百两，核与筹饷例由俊秀报捐监生、捐足郎中不论双单月并捐免保举减成银数有盈，拟请作为监生，以郎中不论双单月即选，并免其保举。

成观洋，山东增生，捐银一百两，核与筹饷例由增生报捐贡生减成银数有盈，拟请作为增贡生。

韩孝诚，江苏监生，捐银一百十六两，核与筹饷例由监生报捐贡生减成银数有盈，拟请作为例贡生。

王会瀛，江苏附生；浦彦廷，江苏附生；苗庆普，江苏附生；葛瑞廷，江苏附生。以上四名各捐银一百十六两，核与筹饷例由附生报捐贡生减成银数有盈，拟请均作为附贡生。

苏登瀛，安徽监生，捐银一百二十两，核与筹饷例由监生保举贡生减成银数有盈，拟请作为例贡生。

丁广用，安徽附生，捐银一百二十五两，核与筹饷例由附生报捐贡生减成银数有盈，拟请作为附贡生。

陈景亮，福建人，由前云南布政使捐银一千三百四十两，核与筹饷例由布政使捐加三级、请正一品封典减四成银数有盈，拟请给予加三级，给伊生母及本身妻室正一品封典。

童埏，顺天人，祖籍浙江，由江苏补用道捐银一千三百四十两，核与筹饷例由道员捐加四级、请正二品封典减四成银数有盈，拟请给予加四级，给伊祖父母、父母正二品封典，并将本身妻室应封貤封其曾祖父母。

童埏，顺天人，祖籍浙江，由江苏补用道捐银四百二十五两，核与筹饷例由道员捐请正四品封典减四成银数有盈，拟请将应得封典貤封其姨母钮氏正四品封典。

董克绍，江苏人，由运同衔东河候补通判捐银二千一百五十两，核与筹饷例由运同衔通判捐加三级、请正三品封典减四成银数有盈，拟请给予加三级，给伊祖父母、父母及兼祧之本生父母正三品封典，并将本身妻室应封貤封其兄嫂。

孙棨，浙江监生，由补缺后以同知用江苏候补通判捐银八百七十两，核与筹饷例由通判捐加四级、请正五品封典减四成银数相符，拟请给予加四级，给伊父母正四品封典，并将本身妻室应封貤封其祖父母。

严良珏，江苏人，由知府衔捐银九百两，核与筹饷例由知府衔捐加一级、请正四品封典减四成银数相符，拟请给予加一级，给伊父母正四品封典，并将本身妻室应封貤封其祖父母。

何友勋，河南人，由同知衔捐银八百六十两，核与筹饷例由同知衔捐加一级、请从四品封典减四成银数有盈，拟请给予加一级，给伊父母、生母从四品封典。

林本凤，四川人，由山东候补知县捐银八百六十五两，核与筹饷例由在省候补知县加捐同知升衔、并请正五品封典减成银数有盈,拟请给予同知升衔,给伊父母正五品封典,并将本身妻室应封貤封其祖父母。

陈兴业,江苏人,由州同衔捐银八百四十两,核与筹饷例由州同衔捐加二级、请从五品封典减四成银数相符,拟请给予加二级,给伊父母并本身妻室从五品封典。

谯长瀛,陕西人,捐银二千两,核与筹饷例由俊秀报捐监生、加捐同知职衔、请正五品封典减成银数有盈,拟请作为监生,给予同知职衔,给伊父母正五品封典,并将本身妻室应封貤封其祖父母。

吕凤年,江苏人,由布理问衔山东候补县丞捐银八百四十两,核与筹饷例由布理问捐加二级、请从五品封典减四成银数相符,拟请给予加二级,给伊父母从五品封典,并将本身妻室应封貤封其祖父母。

金齐华,江苏人,由从九品职衔捐银四百五十两,核与筹饷例由捐职从九品改捐监生、加捐州同职衔、请从六品封典减成银数有盈,拟请作为监生,给予州同职衔,给伊父母从六品封典。

王化鲤,江苏人,由徐州镇标千总捐银三千两,核与筹饷例由千总报捐守备、递捐都司双月、请正四品封典减成银数有盈,拟请以都司即用,给予伊父母正四品封典,并将本身妻室应封貤封其祖父母。

裴德凤、王化疆、王树桂、蒋汉三、裴安邦、王朴亭、李韶闻、朱锡康、王席聘、陈广善、徐同裕、焦宗文、苗露沾、梁玉光、窦梧轩、葛怀珍、张元善、张曰福、罗肇修、李鉴衡、张立堂、张和仁、杨存心、张心堂、张景南、叶崇基、谢朝珠、鲁麟元、邵松亭、蒋翰卿、陈朝俊、王理源、殷昌会、殷昌文、殷懋纯、孙葆霆、褚敬均、祖纯德、李肤功、刘朝乾、徐耀山、赵静浦、戴凤楼、于芳秀、葛绳祉、贺廷召、李本爱、张锡九、周太和、苗瑞堂、郑常琳、李兆鲤、张宜齐、张福庆、马庆云、陆宝荣、郭峻岭、曹殿荣、郑孝维、王居中、王庭槐、王居仁、赵嘉裕、陈兴儒、解高霖、张步墀、张步瀛、侯建安、葛其义、张德昭、张克庆、张云阶、曹文卿、袁敬齐、苗长庚、苗礎、葛能恩、杨占鳌、杨克善、刘拱辰、金镛呈、孙尚德、蔡永春、白凤岐、孟傅标、魏环、魏金魁、杨辅臣、曹殿朴、祁潊清、苏瑞祥、苏抡升、刘冠玉、张璧、刘大训、刘鸿鼎、董体乾、陈蓉镜、郑芳瀛、郑宗洛、高允恭、许景绍、晁万选、卓本立、高霭、吴傅陆、高登阶、潘虞廷、刘志善、靖福堂、王庆五、刘子全、黄景尼、杨象山、曹鸿章、祖兴隆、尹凤岐、刘德魁、蔡守正、杨培哲、杨冠卿、刘步武、段德鑫、断继丰、段文光、王明善、王胜祖、周鸣岐、聂彝堂、苏荣发、周大桢、吴朝聘、沈万海、夏若玉、王星垣、张得俊、王桥、王明德、李振业、张垣、闫佩文、闫金镳、闫声远、朱凤岐、陈允中、王纯夫、朱聿修、冯建功、彭觐光、李奎光、李昌裔、张德溶、王奉璋、张仲景、吴凤仪、曹尔良、王克明、王永福、陈体乾、金德纯、刘凤舞、李明照、刘钦、王怀洙、王兴岐、王振声、陈鉴、冯宜亭、许联璧、朱振甲、徐桂清、蔡瀛洲、曹开基、曹长源、冯明经、冯明秀、冯光璧、彭有源、郭大忠、吴钧、吴森、李石渠、卜文斗、任济川、赵佩书、蒋瑞野、苏浩然、陈讲齐、吴廷槐、葛能权、葛绳方、王篯亭、赵太金、魏誉含、周显廷、赵金范、张厚培、王淑相、曾毓廷、傅炘亭、傅炳文、李澍、曹馨一、葛绳铎、刘殿元、姜恒之、孙毓麟、郑效宗、刘鸿鳌、王化鲲、周圣齐、刘开周、戴节文、赵克霖、刘鸿图、刘鸿庆、朱相仪、朱明得、徐金铨、孟傅忠、孟傅年、谢鸣长、李森、张玉珍、夏履祥、钱基、程永和、徐凤鹤、王叔瑄。以上共二百二十九名，各捐银六十五两，核与筹饷例报捐从九品职衔减成银数有盈，拟请均给予从九品职衔。

尤椿、刘锡岭、翟正思、翟锡恩、刘述祖、姜开贤、黄振江、陈继章、蔡治行、马维瑞、蔡耿之、许尔坦、谢灿华、汪经邦、张惠章、张洁廷、吴峻山、孙承袭、陈功元、蒋琴书、朱清廉、王居宽、张达阶、徐秀滨、沈兆峻、励兴元、萧同位、萧同科、萧同举、袁宗扬、陈铭盘、高佑、权锡五、严良宣、董继平、李廷茂、杜培苓、丁德敬、陈开林、孙继翰、方谦福、房心纯、唐文策、李慧吉、吴佑祥、夏长龄、吴丈安、李攀信、萧宝冉、何家骥、郝辅臣、汤士霖、陈兴仁、赖煌、汤士清、范品林、路祥彩、徐瑞芬、卢立纯、杨建基、徐津萱、周肇西、李培心、杨席卿、张万福、赵大鸥、沈尚友、王兴槐、沙荣清、孙庆五、刘殿魁、魏光玙、欧阳鉴、王朝荣、张文礼、杨学成、刘文选、苏炳、苏象贤、苏德祥、苏春华、刘玉泰、许秀兰、杜凌汉、朱彦魁、王纯夫、苏祥征、苏润亭、金存真、任继禄、王绘章、刘芳洲、李义魁、秦梦九、刘开泰、郑来庆、王韫奇、王子瑛、吴道荫、吴道湘、吴道陆、程祥瑞、徐金锐、赵毓麟、徐永和、孙志相、孙天祺。以上共一百七名，各捐银一百八两，核与常例报捐监生银数相符，拟请均作为监生。

议政王军机大臣奉旨：览。钦此。[1]

一二四　官军夜攻蒙城请拨劲旅援应折

同治二年九月二十四日（1863 年 11 月 5 日）

漕运总督臣吴棠跪奏，为官军夜攻围蒙贼垒，伤亡多名，宿境捻股猬集，两路吃重，兵分力单，情形万分危急，吁恳天恩饬拨劲

---

[1]　台北故宫博物院藏：军机及宫中档，文献编号：091487。

旅,克日援皖缘由,恭折奏祈圣鉴事。

窃臣现准帮办军务尽先总兵陈国瑞函称:据蒙城勇丁陆得胜拼死突出,城内粮米已尽,军民日取浮萍、树叶为食,饿死者十之二三,立盼救援等语。陈国瑞以城中危急,势难稍缓,当于九月十一日夜间,约会英翰、姚广武等军,由西北面进,派令总兵郭宝昌、副将康锦文、都司李福等带队由北面进,参将骆得胜、守备马敬等带队由东面进。是夜三鼓,阴雨,郭宝昌等衔枚掩抵北面头道贼壕,贼众惊觉,扼壕以拒。官军一面开枪击贼,一面下壕扒崖而上,毙贼多名,直抵二道贼壕,两面筑有土墙,壕深岸陡,且在贼营丛杂之中。贼炮临壕齐放,子落如雨。郭宝昌等奋勇掷放火箭、喷筒,烧毙壕上之贼二百余名,余贼败撤入圩。官军追过二道贼壕,直逼北面贼垒,副将康锦文用挂钩钩墙先登,手刃多贼,不妨贼从暗中用矛搠伤康锦文腰胯,跌入壕内,经官军救回。都司李福奋勇继进,跃登贼圩,中炮阵亡。贼又先在要路暗排大炮,乘官军团聚攻圩之际,连环轰击,伤亡兵勇多名。时值大雨如注,背面又有贼股出截,郭宝昌等不得已抱队冲回,复越二壕而出,全军无不受伤者。其骆得胜一军由东北扒过长壕,正遇贼营阻隔,血战至四更,守备马敬、千总曹学纯登时阵亡,参将黄祥典心窝下受炮子伤甚重,余勇伤亡多名。姚广武、英翰等军由西北进攻,亦有伤亡,未能得手。共计将弁兵勇奋勇受伤者五百余人,阵亡者三百余名。此官军十一日夜攻贼圩之情形也。宿境捻股窜窥临涣圩者,于九月十三日又添张小言王一股众共万余,由周家圩筑垒二座,以截艾宪银等军之后。艾宪银与讷穆锦等合队迭次出剿,贼众兵单,总未得手。十四日,都司邱尊谦带队行抵临涣,当与各军并力攻毁贼筑二圩,余捻仍踞杨沟背等圩,负隅相抗。陈国瑞以临涣一路为蒙军最要粮道,当嘱姚广武督同游击刘鹤年等队赴宿剿捻,并截留自浦拨往之副将张从龙一军,顺道先剿捻匪,再赴蒙营各等语前来。

臣查陈国瑞一军,兵力本单,不足以制围蒙之贼,假假以时日,尚可从容布置,相机进取。特因城中危急,迫不及待,连次苦攻血战,伤亡将士多名。此不惟无救于蒙围,且恐苗逆生心,乘机出扑官军营垒。臣虽迭拨步骑各军驰往助剿,又因苗、捻勾结,窥逼临涣,官军不能不先顾粮道,南援北剿,分则愈单。此诚万分危殆之情形也。

伏思蒙城被围已经两月,如勇丁陆得胜所称情形,是城中粮尽,朝不保暮,设有变更,大局震动。臣早夜思维,万分焦灼。虽富明阿、唐训方拨队一千三百名赴蒙,为数无多,于事何济?正在筹画间,据淮徐扬海道朱善张禀称:九月十四日,奉侍郎国瑞札开:直东军务肃清,邹县兵马整齐,指日随同亲王僧格林沁分道南下征苗,因曹州水阻,改由韩庄取道徐州各等语。臣思宋景诗[1]股匪已经官军击败,虽有余党未尽,似可为直隶督臣、山东抚臣会合搜捕,谅能一律歼除。亲王僧格林沁一军迭奉谕饬,于肃清东昌后南下剿苗,是入皖虽无定期,而剿苗不分迟早。苗逆亦明知该亲王必当南下,是以扑退临津,不逼临淮而力图蒙邑,意欲据蒙为北路巢穴,即使援师毕集,攻克亦尚需时。现在陈国瑞一军迭次损伤,又须北剿宿捻,皖疆兵事日紧一日,惟望援军迅到蒙城,方冀保全。为此沥恳天恩,饬将直、东余匪责成直、东督

---

[1] 宋景诗(1842—1871),清末农民起义领袖,山东堂邑(今聊城西)人。咸丰十年(1860),参与鲁西抗粮暴动。十一年(1861),投效白莲教。后被清军所围,降胜保。同治二年(1863),败僧格林沁,会合捻军。四年(1865),毙僧格林沁。十年(1871年),为安徽巡抚英翰捕杀。

臣、抚臣会合办理，仍求饬下亲王僧格林沁克期移军入皖，不惟宿、永各捻可以一麾而定，且能留蒙邑一城，将来进戡逆苗，尤省兵力。

臣窃揣军务大局万分危紧，冒昧渎陈，仰求圣恩垂察，除将此次打仗受伤之将弁及伤亡各勇丁由臣查明赏恤外，至阵亡之花翎都司猛勇巴图鲁李福、都司衔守备马敬、蓝翎千总曹学纯，相应请旨饬部从优议恤，以慰忠魂。所有官军夜攻围蒙贼垒，伤亡多名，宿境捻股猬集，两路吃重，兵分力单，情形万分危急，吁恳天恩饬拨劲旅克日援皖缘由，谨会同帮办军务尽先总兵陈国瑞恭折驰陈，伏乞皇太后、皇上圣鉴。谨奏。九月二十四日。

同治二年九月二十九日，议政王军机大臣奉旨：钦此。[①]

【案】此折于是年九月二十九日获批覆。《清实录》：

癸酉……谕议政王军机大臣等：吴棠奏，官军攻剿围蒙贼垒，及宿捻猬集，情形危急，请饬劲旅援皖各折片。陈国瑞一军与姚广武、英翰等军约齐，分路进攻围蒙贼垒，于贼营丛杂之中，冒雨越壕夺垒，将弁兵勇受伤五百余名，阵亡三百余名之多。似此情形，蒙城固已十分危殆，而陈国瑞之军损折日多，殊堪痛惜。不惟无救于蒙围，且恐苗逆乘机出扑官军营垒，凶焰更张。吴棠所拨各军又不能不先顾临涣粮道，如或蒙城不保，该逆得以据为北路巢穴，即使援师大集，攻剿更难措手。僧格林沁现已由东督兵赴豫，着即于抵豫后迅速布置，赴皖救援，先解蒙城之围。其豫境各捻应即如何分路堵剿，筹度

---

① 台北故宫博物院藏：军机及宫中档，文献编号：091488。

机宜,可即交张之万、毛昶熙等办理,该大臣即督饬各军,先行剿办苗逆,设法保全蒙城,俾有进兵之地。该大臣务当先其所急,迅即筹办,不可为豫捻所牵,致令苗党得以愈益鸱张,负隅自固。陈国瑞兵力本不甚厚,奋力血战,徒多损失,该营所需炮等项,并着僧格林沁饬催各营,迅即分拨解往,以资利用。李世忠所部与富明阿统领各军,分南北岸进兵,该提督效用正殷,即着曾国藩加之激励,饬令迅速进攻,并饬驻扎颍、六各军分路并进,以制贼势。富明阿所督各军仍与唐训方会商,设法援应蒙城内外诸军,力图保全,并与陈国瑞熟筹进攻机宜,毋徒冒进,致挫军威。僧格林沁所督各军马多步少,淮河南北一带汉港纷歧,利于步战,所有一切驰逐攻坚之事,着曾国藩、富明阿、唐训方严饬楚军,奋勇当先,不准因僧格林沁督军前来,观望推诿,致有贻误。将此由六百里各谕令知之。[①]

一二五　奏恳奖励捐输军需各员片

同治二年九月二十四日(1863 年 11 月 5 日)

再,臣前准部咨:钦奉上谕:户部奏,酌定各省捐输团练请奖章程一折等因。钦此。遵经转饬各属钦遵办理。惟查江省自咸丰三年用兵以来,江北各属无不逼近贼氛,即里下河腹里地方自苏、常不守以后,一江仅隔,亦复烽火相连,迥与完善省份不同,全赖各该州县捐资团练,借以捍御有资。其慷慨捐输,实与报效军需无异。计自军兴十载,各属无不办团,其以前奏奖之案,不

---

① 《穆宗毅皇帝实录(二)》,卷八十,同治二年九月下,第648—649页。

及十之一二。现当军务方殷，防兵未能遍及，正需给予优奖，借以鼓励人心。今新章只准议给虚衔、封典、加级、记录等项，并照常例加四分之一核算，是同一捐输，其出资亦同，在新章未定之前，而已奉者蒙恩优叙，未奉者独抱向隅，似不足以示观感。且江北历办团练奖案，均系随案造册报销，与直隶等省仅只请奖而不报销者情事迥殊。据江宁藩司、苏臬司会衔详请具奏前来。

合无仰恳天恩，俯念江北一隅关防紧要，仍准援照军需给奖旧章办理，不特各该捐生感戴鸿慈，实于军务、地方大有裨益。谨会同协办大学士两江督臣曾国藩、江苏抚臣李鸿章，附片具陈，伏乞圣鉴。谨奏。

同治二年九月二十八日，议政王军机大臣奉旨：户部议奏。钦此。[①]

【案】酌定各省捐输团练请奖章程一折：同治元年十二月十四日，大学士倭仁等具奏曰：

大学士管理户部事务臣倭仁等谨奏，为酌定各省捐输团练核奖章程，恭折仰祈圣鉴事。窃自军兴以来，各省用兵，几无虚日，其军力所不逮者，不能不借资团练，令其自卫乡间。民间集资募勇，共成义举，自应恳恩鼓励，以振人心。乃近来各省团练未能尽归核实，虽不无实心经理，保障足资，而虚行故事、冒滥请奖者正复不少。即如直隶捐输团练，以一邑之地，动称捐资八九万两，并不造册报销，任凭该县具文申报，即行请奖，殊属不实不尽。是以臣部于该省静海县咨奖一案专

---

① 台北故宫博物院藏：军机及宫中档，文献编号：091489。

折奏驳,行令认真厘剔,将该处团练勇数起止日期及收捐支销实在数目先行报销,再为核奖,并声明各直省捐输团练请奖章程由臣部妥议,奏明办理,钦奉俞允,遵行在案。查各省捐输团练请奖之案,层见叠出,若不明定章程、核实办理,则捐资半属子虚,团练难收实效,微特朝廷名器竟可滥邀,且恐纷纷效尤,将无以给其所请,于捐务大有窒碍。臣等公同商酌,拟请嗣后各省办团人员果系迫近贼氛,实能力遏凶锋,及攻破贼垒、收复城邑、劳绩卓著者,即由各路统兵大臣暨各该督抚专折奏保,给予优奖。其捐输团费各官绅,另归捐案办理,应查照江西省捐输团练请奖章程,量予节制,只准议给虚衔、封典、加级、纪录等项,不得再请实在官阶。其捐项照现行常例加四分之一核算,并由各该督抚先将捐资若干、勇数若干及起止日期、支销数目,报部核销,再行奏请给奖,以杜捏报、冒滥诸弊。其江西团练奖案,并自此次奉旨之日起,概行查照新章办理。至广东按月奏奖团练经费案内,曾经该督抚等奏明将捐输京仓米价人员归并请奖。现在既经议定团练给奖章程,自应饬令将米价一案分别办理,以杜牵混。臣等为整顿捐务起见,恭候命下,即由臣部通行各该督抚、统兵大臣一律遵照办理。是否有当,伏乞皇上圣鉴训示遵行。谨奏。同治元年十二月十四日。大学士管理户部事务臣倭仁,户部尚书臣宝鋆(假),户部尚书臣罗惇衍,户部左侍郎臣沈桂芬,户部右侍郎臣崇纶,户部右侍郎臣董恂。①

【案】钦奉上谕:户部奏……等因:此上谕《清实录》载曰:

---

① 中国第一历史档案馆藏:军机录副,档案编号:03-4761-060。

辛卯，谕内阁：户部奏，酌定各省捐输团练请奖章程一折。军兴以来，各省用兵，几无虚日，民间集资募勇，保卫乡间，以辅兵力之不逮，自宜特加奖励，以振人心。乃近来办团各州县，于练勇实数、支发日期并不造册具报，辄称捐资巨万，循例请奖。该督抚不详加查核，率行入奏，其中固多真心经理、实用实销之处，而虚应故事、以少报多之弊，恐亦不免，殊非朝廷核实给奖之道。嗣后各省办团人员果能攻破贼垒，收复城池，即由各路统兵大臣及各该督抚专折奏保，优予奖叙。其捐输团费各官绅另归捐案办理，止准议给虚衔、封典、加级、纪录等项，不得再请实在官阶，以示限制；捐项照现行常例加四分之一核算，并由该督抚先将捐资若干、勇数若干、起止日期、支销数目报部核销，再行奏请给奖，以杜冒滥、捏报诸弊。①

一二六　妥筹济渡及酌派防江委员片

同治二年九月二十四日(1863年11月5日)

再，查江阴克复以后，钦奉谕旨，妥筹济渡，俾江南被胁难民获有自逃之路。嗣又恭奉九月初五日寄谕：着于冲要地方酌量何处渡口，济度难民等因。钦此。遵经先后咨会都兴阿、富明阿、李鸿章钦遵办理，一面札饬督办沿江团练藩司乔松年，查明何处稽察易用可以设渡，并严定查察章程详覆去后。兹据都兴阿咨会：据该藩司禀称：查有靖江县之八圩、六圩两港，均系紧对江阴，即在该处各设巡船，专济难民，此外各港均不准其乱渡。复经都兴阿派员前赴

---

①　《穆宗毅皇帝实录(一)》，卷五十二，同治元年十二月中，第1424—1425页。

该处详查情形,定以六圩港专渡难民,八圩港专渡南岸兵勇采买食物,已将议定章程具奏等语。

臣查现议办法,于体恤难民、稽察奸宄,洵属两无妨碍。第思沿江一带港汊繁多,团练尤宜严密,即现拟设渡之两港,亦必有勤明之员,会督地方文武,认真稽巡,庶昭慎重。查沿江团练前经臣奏派江安粮道王朝纶,帮同藩司乔松年办理,现因筹议采买京仓米石,经臣王朝纶调浦筹商,而乔松年现有本任事宜,且又兼办粮台,仍须添员襄理,方为周妥。查有候选道吴文锡,籍隶扬州,才识练达,于沿江各港情形最为熟悉,以之帮办练务,并令会督地方文武,稽察北渡难民,可期得力。除札委该员妥为遵办外,所有现议设渡及酌派防江委员缘由,理合附片覆陈,伏乞圣鉴。谨奏。

同治二年九月二十九日,议政王军机大臣奉旨:知道了。钦此。①

一二七 请将参将陈浚家革职示惩片

同治二年九月二十四日(1863年11月5日)

再,臣查前派援临之水师,经苗逆在宋家滩钉桩,阻塞河道,未能下驶,以致遗失炮船多只。惟思苗逆既在宋家滩口钉桩,该将弁等岂毫无闻见?何以不乘贼钉桩未觉之时,并力冲下?实属坐失事机,大损锐气。兹据黄开榜查出花翎副将衔参将才勇巴图鲁陈浚家、游击黎占雄二员,遗失炮船最多,禀请奏参前来。相应请旨

---

① 台北故宫博物院藏:军机及宫中档,文献编号:091490。

将陈浚家、黎占雄一并革职，陈浚家并撤去勇号，拔去花翎，以示薄惩；仍将该二员留于臣营，效力赎罪。倘再不知奋勉，再由臣从严参办。臣为整顿营务起见，是否有当，伏乞皇太后、皇上圣鉴。谨附片具奏。

同治二年九月二十九日，议政王军机大臣奉旨：钦此。①

【案】此片于九月二十九日得允行。《清实录》：

以江苏水师遗失炮船，革参将陈浚家、游击黎占雄职，仍留营。②

一二八　请将李元华仍留江北军营片

同治二年九月二十四日(1863年11月5日)

再，臣前遵旨奏调按察使衔记名盐运使李元华③来浦差遣，嗣又奉旨：记名运司李元华，前据吴棠覆奏，该员办团有效，带队得力，俟其到营酌量差遣。现在该员曾否到营？着令招集旧日团勇，由六安进扎颍上，亦可以牵制逆捻之党。本日已谕曾国藩酌办，并着吴棠酌量办理。钦此。各等因。臣于奉旨后谨即咨商曾国藩酌

---

① 台北故宫博物院藏：军机及宫中档，文献编号：091491。
② 《穆宗毅皇帝实录(二)》，卷八十，同治二年九月下，第649页。
③ 李元华(1821—1881)，安徽六安人，附生。道光二十九年(1849)，中式举人，拣选知县。咸丰四年(1854)，保升知州。次年，保知府。六年(1856)，保升道员。七年(1857)，加按察使衔。同年，丁忧。九年(1859)，保盐运使。同治五年(1866)，晋布政使衔。六年，补两淮盐运使。七年(1868)，升江苏按察使。翌年，调补山东按察使。十年(1870)，署山东布政使。十二年(1873)，迁山东布政使。光绪二年(1876)，署山东巡抚。五年(1879)，褫职。七年(1881)，卒。

办,并饬李元华集团助剿。兹据李元华禀称:团勇出扎难以自备资斧,当经禀请安徽抚臣唐训方拨发口粮,奉唐训方批饬,六、颍一带已有楚师驻扎,惟饷需支绌,筹画万难。该司即遵前檄,驰赴清江,听候调遣各等语。李元华当于八月二十九日在籍起程,九月十七日到浦。

臣查该运司人既朴诚,才亦明达,询其办团守御之方,极合坚壁清野之要,相应请旨饬将运司李元华仍留江北军营,归臣差遣,以资指臂之效。伏候圣训祗遵,谨附片具奏。

同治二年九月二十九日,议政王军机大臣奉旨:钦此。①

【案】本日已谕曾国藩酌办,并着吴棠办理;廷寄曰:

议政王军机大臣字寄:漕运总督吴、安徽巡抚唐:同治二年四月十八日,奉上谕:前因御史王兰谷奏,记名运司李元华谋勇兼优,当经谕令吴棠等查明,饬令前赴天长、盱眙一带防剿。兹据吴棠奏,李元华在六安办团,击贼有效,熟谙行阵,胆识兼优,请调赴清江差遣等语。李元华籍隶六安,所带练勇,保卫乡里,本系自备资斧,若移调他处,即须筹给口粮,恐清江饷需支绌,未能筹此巨款。现在苗逆鸱张,正须添兵攻剿,六安地当冲要,与前降谕旨时情形不同。着吴棠、唐训方筹商,如李元华尚在六安,即饬集团助剿,以辅官军之不足。倘该员已赴清淮,即着吴棠酌量调遣。将此由五百里各谕令知之。钦此。遵旨寄信前来。②

---

① 台北故宫博物院藏:军机及宫中档,文献编号:091492。
② 台北故宫博物院藏:军机及宫中档,文献编号:408018050。

一二九　为颁赏御制诗文全集谢恩折

同治二年九月二十四日(1863年11月5日)

漕运总督臣吴棠跪奏，为恭谢天恩事。

窃臣于同治二年九月十四日接准兵部咨行，奉旨颁赏文宗显皇帝御制诗文全集。谨即恭设香案，望阙叩头祗领。

钦惟文宗显皇帝德炳辰居，谟宏乙览。民依念切，诗联解阜之吟；天纵才高，文阐苞符之秘。古今体都为八卷，韵叶咸韶；上下册汇作二编，言赅典诰。固为云霞并焕，日月同昭。今我皇上撰合乾元，治承离照。绍心源之宥密，慕切羹墙；抚手泽之留贻，训昭楷模。用加剞劂，广赉工僚。臣识比扪盘，学同窥牖。昔蒙牧守监司之擢，未觐天颜；今以漕河军务之兼，独分宝笈。窃惭谫陋，莫赞高深！惟有什袭珍藏，三熏诵习，仰球图之景铄，并卿云晨露以长垂；瞻奎壁之光华，佩禹鼎汤盘而不朽。

所有微臣钦感荣幸下忱，谨缮折恭谢天恩，伏乞皇太后、皇上圣鉴。谨奏。九月二十四日。

同治二年九月二十九日，议政王军机大臣奉旨：知道了。钦此。①

一三〇　奏请加广甘泉县学额折

同治二年十月初四日(1863年11月14日)

漕运总督臣吴棠跪奏，为查明甘泉县绅民捐资助饷银数，援例

---

① 台北故宫博物院藏：军机及宫中档，文献编号：091493。

恳恩加广学额,恭折奏祈圣鉴事。

　　窃照前准部咨:奏准章程,凡绅商捐资备饷,一厅州县捐银至二千两者,准予加广文武学额各一名,捐银一万两,加文武学定额各一名,仍不得逾于各学原额之数。本年又准部咨:嗣后奏请加额折内于积捐总数外,查明请奖原案,某案捐银若干两,捐生若干名,何时具奏,何时奉部议准,逐细声叙,以昭核实各等因。遵照在案。今查甘泉县自咸丰四、五年起至十一年止,除客籍商捐及未奖各款不计外,综计本籍绅民捐输不下十余万两之多。兹就捐输江北粮台军饷兵米及指捐、捐借,计已邀奖叙四款,共实银六万一千四百九十四两八钱,拟以银六万两,请广县学文武定额各六名,余银归续办增广案内接续并计。据江宁布政使乔松年转据该管府县,遵照新章,查开捐生花名、银数及请奖年月,分别造册详奏前来。

　　臣覆查所捐银数,均系捐备本省饷需,并未以京捐牵入并计,与加广定额之例相符。该县学额原进文童十二名、武童七名,今请广文武定额各六名,亦未逾于原额。除将送到清册咨部覆核,并将其余捐款一千四百九十余两准其归入下次接续并办外,相应吁恳天恩,俯准自下届考试为始,加广甘泉县学文武学永远定额各六名,以广登进而示激劝。谨会同协办大学士两江督臣曾国藩、江苏巡抚臣李鸿章、江苏学政臣孙如仅,恭折具陈,伏乞皇太后、皇上圣鉴。谨奏。十月初四日。

　　同治二年十月初九日,议政王军机大臣奉旨:该部核议具奏。钦此。①

----

　　① 台北故宫博物院藏:军机及宫中档,文献编号:091693。

【案】此折于同治二年十二月始得允行。《清实录》：

以江苏甘泉县捐输军饷，永广学额六名。①

●议政王军机大臣字寄：漕运总督吴、二品顶戴署山东巡抚阎：同治二年九月二十七日，奉上谕：阎敬铭奏，先后拿获宋逆家属，讯明宋逆窜路情形一折。据称派弁暗访匪党踪迹，经东平、平阴等州县先后拿获汪喜等十四名，又获著名贼目得成等七名，又孔三即孔广雨等二十四名。讯据贼供，宋逆死党三十余人由鹏鹉岭地方往山深处东北逃走，贼目郭景会、刘厚德、张梦海等均被官兵炮船轰毙，落水身死。又供宋逆仅有夏七一人跟随。又供宋逆与其弟宋景书叔侄三人赴东南山中逃走。该署抚已派各州县营汛分路躧缉，并将宋逆之母宋张氏等缉获等语。与僧格林沁前奏大略相同。宋逆踪迹诡秘，恐其由兖、沂山径南窜徐属。着吴棠饬令各州县悬赏购线，严密侦探，务在必获，毋令入境勾结苗党，或至死灰复燃！阎敬铭仍当督饬地方官防其回窜，严密兜捕，不可稍涉疏懈。其朱登峰、程敬书、张广德等及零星窜散余党，尚属不少。着懔遵前旨，一体缉拿，务期净尽，倘有漏网匪徒再行勾结为患，定惟该署抚是问！白莲池一带，闻尚有匪徒藏匿山谷，僧格林沁大军南下，恐该匪余烬复炽，乘机盘踞，不可不严行搜捕，以绝根株。着阎敬铭会同国瑞派兵搜缉，以收廓清之效。另片奏，因病请假等语。阎敬铭着赏假二十日，在营调理。将此由六百

---

① 《穆宗毅皇帝实录(二)》，卷八十七，同治二年十二月上，第833页。

里各谕令知之。钦此。遵旨寄信前来。①

一三一　奏报筹防捐局续收捐输请奖折

同治二年十月初四日(1863 年 11 月 14 日)

漕运总督臣吴棠跪奏,为筹防捐局续收捐输钱数,缮单请奖,并恳迅发执照,仰祈圣鉴事。

窃前准户部咨:粮台收捐照筹饷例及常例银数酌减十分之二,以抵其运解之费。嗣经前河臣奏准以钱一千六百文作银一两给予奖叙等因,并饬委员分赴各州县,会同地方官多方劝谕,遵照部定章程,以制钱、宝钞各半分纳,历蒙恩奖在案。兹据委管捐局候补知府张仪林册报,由局将制钱二万六千五百三十五千九百文、宝钞二万六千五百三十五千九百文,详请奏奖前来。

臣覆核无异。除将各捐生履历清册随折咨部查核外,理合缮具清单,伏候恩施。再,各捐生内有业经填发空白执照者,已于册内注明,毋庸再发。其余各员仰恳饬部迅即覆核,颁发执照来浦,以便给领而昭激劝。为此恭折具陈,伏乞皇太后、皇上圣鉴。谨奏。十月初四日。

同治二年十月初九日,议政王军机大臣奉旨:户部核议具奏,单并发。钦此。②

---

① 台北故宫博物院藏:军机及宫中档,文献编号:408018056-1。
② 台北故宫博物院藏:军机及宫中档,文献编号:091701。

一三二 呈筹防捐局续收捐输衔名、钱数清单

同治二年十月初四日(1863年11月14日)

谨将筹防续收捐输衔名、钱数，缮具清单，恭呈御览。

王禹畴，江苏拔贡生，由侍读衔内阁中书捐钱一千三十二千文，核与奏准以钱合银报捐加三级、请四品封典减四成银数相符，拟请给予加三级，给伊祖父母、父母四品封典。

钱德承，浙江人，由江苏候补知府现署崇明县知县捐钱六百三十四千文，核与奏准以钱合银报捐知府加二级减四成银数相符，拟请给予知府加二级。

江瀛，顺天府贡生，由分发江苏补用直隶州州判捐钱六百三十四千文，核与奏准以钱合银捐免验看减成银数相符，拟请免其赴部验看。

庆光亨，安徽增监生，捐钱九百千文，核与奏准以钱合银报捐府经历双月减成银数相符，拟请以府经历双月选用。

方兰实，安徽人，由分发江苏补用县丞捐钱四百四十五千文，核与奏准以钱合银捐免验看减成银数相符，拟请免其赴部验看。

李兆花，安徽人，捐钱一千四十千文，核与奏准以钱合银报捐监生、加捐县丞双月减成银数相符，拟请作为监生以县丞双月选用。

杨介福，江苏人，由试用训导捐钱一千八百四十七千文，核与奏准以钱合银报捐县丞布理问、递捐光禄寺署正升衔减四成银数相符，拟请给予光禄寺署正升衔。

杨介福，江苏人，由光禄寺署正升衔试用训导捐钱六百二十四

千文,核与奏准以钱合银捐加二级、请五品封典减四成银数相符,拟请给予加二级,给伊父母五品封典,并将本身妻室应封贴封其祖父母。

戴兰林,安徽人,由分发江苏补用从九品捐钱三百十二千文,核与奏准以钱合银捐免验看减成银数相符,拟请免其赴部验看。

王廷灿,江苏人,由从九品职衔捐钱三百五十九千文,核与奏准以钱合银补捐监生、捐足从九品减成银数相符,拟请作为监生以从九品不论双单月选用。

刘步廷,安徽人。李镜芙,江苏人。以上二名均由监生,各捐钱一百六十二千文,核与奏准以钱合银报捐从九品双月减成银数相符,拟请均以从九品双月选用。

马梦庚,江苏监生,捐钱四八六十一千文,核与奏准以钱合银报捐翰林院待诏职衔减成银数相符,拟请给予翰林院待诏职衔。

丁如茯,江苏人,由蓝翎州同职衔捐钱二千一百七十六千文,核与奏准以钱合银报捐同知职衔减成银数相符,拟请给予同知职衔。

顾廷徽、左士鏞、顾廷杰、周绮章、孙长春、崔懋简。以上六名,均由监生各捐钱三百八十四千文,核与奏准以钱合银报捐州同职衔减成银数相符,拟请均给予州同职衔。

周善夫、谢良梧。以上二名均由从九品职衔,各捐钱四百二十一千文,核与奏准以钱合银补捐监生、加捐州同职衔减成银数相符,拟请均作为监生给予州同职衔。

印恒升,江苏人,捐钱五百二十五千文,核与奏准以钱合银报捐监生、加捐州同职衔减成银数相符,拟请作为监生给予州同职衔。

孙台,江苏监生,由保举六品衔捐钱三百八十四千文,核与奏准以钱合银捐请六品封典减成银数相符,拟请给伊父母六品封典,并将本身妻室应封赒封其祖父母。

宋升三、陈吟兰。以上二名均由监生各捐钱二百五十六千文，核与奏准以钱合银报捐县丞职衔减成银数相符，拟请均给予县丞职衔。

赵灿文，江苏人，由从九品职衔捐钱二百九十三千文，核与奏准以钱合银补捐监生、加捐县丞职衔减成银数相符，拟请作为监生给予县丞职衔。

陈棠，江苏人，捐钱三百九十七千文，核与奏准以钱合银报捐监生、加捐县丞减成银数相符，拟请作为监生给予县丞职衔。

王寿昌，江苏监生，由营守备职衔捐钱三百八十四千文，核与奏准以钱合银报捐都司职衔减成银数相符，拟请给予都司职衔。

王寿昌，江苏监生，由守备所千总职衔捐钱二百五十六千文，核与奏准以钱合银报捐营守备职衔减成银数相符，拟请给予营守备职衔。

吕和阳，江苏人，由从九品职衔捐钱三百六千文，核与奏准以钱合银补捐监生、加捐营千总职衔减成银数相符，拟请作为监生给予营千总职衔。

孙文卿，江苏人，捐钱四百十千文，核与奏准以钱合银报捐监生、加捐营千总职衔减成银数相符，拟请作为监生给予营千总职衔。

居筠、周作衡。以上二名由附生各捐钱一百八十六千文，核与奏准以钱合银减成银数相符，拟请均作为附贡生。

问作霖、问作楣。以上二名均由附生各捐钱一百八十四千文，核与奏准以钱合银减成银数相符，拟请均作为附贡生。

庆光亨，安徽增生，捐钱一百三千文，核与奏准以钱合银报捐监生减成银数相符，拟请作为增监生。

殷景文、李镜芙。以上二名均由从九品职衔各捐钱三十九千文，核与奏准以钱合银报捐监生减成银数相符，拟请均作为监生。

辛礼苍，江苏人，由八品顶戴捐钱三十九千文，核与奏准以钱合银报捐监生减成银数相符，拟请作为监生。

李品元、张儒翘、薛靖邦、常聘三、徐性忠、陶绍、彭宝、鸿图、张怀之、张鸿书、张书宾、张说之、汪连瑶、徐祝三、陈崇垚、王凤楼、袁国梁、王云卿、徐子健、徐晋文、吕红、李建德、周士谨、高佩华、崔炳南、崔辅南、任泰峰、郑景、朱时、殿一、徐炳堂、王维寅、周国盛、张绍九、孙萃五、顾廷杰、顾雨邨、朱玉鸣、王炼章、马俊升、王维周、韦开基、韦瑞西、孙庆伯、宋节夫、耿如松、丁尚恭、蔡长发、陈如纶、林裴鸿、曾连泉、刘殿邦、林运熙、戚建常、戚全常、周启昌、周启疆、周芬、周宝义、张玉佩、潘世昭、周维棬、鲍士鸿、张发顺、陈凤笙、陈长龄、王邦熊、王邦祥、郑永祜、许长春、邱联荣、邱邦华、林品端、林月洲、郑书松、周学举、周学萧、乙士杰、王晖吉、戴晋春、程煦、陈吟兰、李玉方、秦养田、吴起荣、金世标、王维九、吴世福、邱湘、汪廷志、郭秀频、张佩瑜、刘聘三、董国宝、桑懋勋、洪志元、洪志仁、洪志春、李廷璧、金殿英、赵竹书、朱汝诚、朱汝为、庄方增、胡赞元、张念曾、邱贵山、李维城、张耀东、张聚庭、孙兆隆、郭景振、郭笃仁、郭笃义、陈殿彩、司振鸾、邬崇仪、张继信、殷文成、殷尚敬、王鼎书、顾率理、臧攀桂、胡宦箴、汪兆茂、汪怀锦、殷宝典、殷宝勤、贾国梁、张映构、徐宝臣、阚维新、蔡建中、王元恩、张安辅、刘文玖、蒋云瞻、裘锦、叶汝棠、唐峻德、唐石丹、蔡象豫、贾瑢、陶秀生、朱瑞符、潘显、张维桢、徐连岱、王绍礼、王恩绶、周荫桢、周循伦、乙士秀、徐简金、蔡麟书、卢光、徐碧芳、曹式燕、徐学瑶、耿寿堂、张新坊、王玉衡、张庭兰、吴启海、陈崇有、陈兆文、陈崇献、吴义镧、周祖光、薛腾鹏、孙允恭、陈德荣、陈云福、赖廷潭、吴有昌、沈永安、骆石庵、殷懋休、王渭南、王符六、陆镜江、邓正、张蕙、张谷、马开泰、吉膳、王景禹、仲义庆、林贵华。以上一百八十七名，各捐钱一百四十一千文，核与奏准以钱合银报捐监生数目相符，拟请均作为监生。

王寿禧、郑景程、郑殿璧、方煦基、郑宗桓、郑宗文、郑宗扬、崔甸南、时会一、赵汝言、杨裕民、吴广田、任冠贤、任蕊鲜、王雪玉、吕廷焕、崔凤梧、徐岱礼、童畏如、童以庄、王方化、李庆福、乙儒席、殷子云、金位三、左荣卿、左寿亭、宋万锦、李炯、王孙蔚、黄勤守、胡作楷、孙宣琳、张位昌、戴润璜、夏勋臣、李寅堂、王祖慰、王国华、梁世材、刘步鳌、解广惠、彭桂祥、毕振铭、葛秀璧、李瑢、徐信国、殷献英、周宏绪、蒋鸣殷、王芹、顾焕章、丁兴如、邱载福、马学润、严士芹、王兰萱、封效宾、王芬、吴贯元、蔡士信、徐儒林、徐儒嵩、王受益、孙守真、闻得功、马斐然、王朝栋、刘兴文、张占鳌、沈润夫、张子厚、吴光宗、唐应道、唐应选、袁子銮、冯兴岐、冯治泰、冯履泰、于有让、许兆临。以上八十一名，各捐钱一百三千文，核与奏准以钱合银报捐从九品职衔减成银数相符，拟请均给予从九品职衔。

统共捐生三百八名，共捐钱五万三千七十一千八百文。

议政王军机大臣奉旨：览。钦此。[①]

一三三　奏报蒙城军情并剿办后路捻股片

同治二年十月初四日(1863 年 11 月 14 日)

再，蒙城军情，迭经奏陈在案。兹据总兵陈国瑞函称：连日出

---

① 台北故宫博物院藏：军机及宫中档，文献编号：091702。

队进剿,该逆坚守不出,其水陆粮道,现为我军截断,仅由西南一带进粮,闻亦随运随用,所存无多。我军必得过河驻扎,抄截其陆运之粮,方可制胜。该总兵查探形势,若由小涧绕王圩过河,约有三十余里,必须马步一万余人,方能联络。若径由王家窑过河,则路既便捷,用兵亦可稍省。但该处水势尚深,难以凫渡,现在设法渡扎,一经截其粮路,则蒙城或可不攻自解等语。

臣查苗逆异常诡谲,以逸待劳,虽经我军迭次进攻,仍不足挫其凶焰。是未可专力于攻,转致堕其奸计。陈国瑞拟先断其粮道,实为扼吭之策,惟涡河以南贼营密布,昨准荆州将军臣富明阿咨会,已带所部马步队四千余名,于九月二十一日自临赴蒙,计日可到。其前派宋庆管带之一千三百名,亦已到蒙。兵力虽已较厚,第此时大兵共举,须力制其死命,方可迅解城围。更恐苗逆粮道一断,不免有铤走之虞。惟盼亲王僧格林沁迅速移师南来,庶期军威大振,可望一鼓成功。

至临、涣一带,捻首相盘、李大个孜等仍在杨勾背圩屯踞,现经陈国瑞派拨马队,并将由浦派往之张保圣、王树楠、邱尊谦等马步队伍截留该处,会合副将艾先银,竭力剿捕,屡获胜仗,以顾后路粮道,而贼势甚众,尚未能迅就清厘。除严饬该镇将等相机妥办外,所有近日蒙军情形并剿办后路捻股缘由,谨会同帮办军务尽先总兵陈国瑞,附片具陈,伏乞圣鉴。谨奏。

同治二年十月初九日,议政王军机大臣奉旨:钦此。[1]

【案】此片于是年十月初九日获批覆,清廷以不知缓急将

其申饬。《清实录》：

又谕：吴棠奏，陈国瑞连日出队进剿，拟先过河驻扎，截贼粮道，暨剿办后路捻股，并购拿宋逆各等语。前经叠次谕令富明阿派军驻扎涡河上游，截贼粮运，以牵制贼。此次陈国瑞拟由王家窑设法渡河驻扎，断其陆运，以扼其吭，实为制胜要着，即着富明阿督饬该总兵，率领得力兵弁，设法渡河扼扎，以图进取。南岸贼营密布，恐该总兵一军尚嫌单薄，现在富明阿率所部马步四千余名并前派宋庆一军一千三百名，均已到蒙，即着严饬诸军，奋力进剿，迅解蒙城之围，并着唐训方相机添拨劲旅，分投策应，毋专待僧格林沁一军，致有贻误。至临、涣一带捻首李大个孜等，尚在扬勾背圩屯踞，现经陈国瑞派拨马队，令张保圣等会合副将艾宪银尽力剿捕，即着吴棠严饬该将弁等认真剿办，以顾陈国瑞等军后路粮道……此次吴棠由六百里驰奏折件，正折系捐输请奖及加广学额寻常事件，反将蒙城等紧要军务夹片陈奏，实属不知缓急，吴棠着传旨申饬。将此由六百里各谕令知之。[1]

一三四　分饬各属严密查拿宋景诗片

同治二年十月初四日(1863 年 11 月 14 日)

再，正在缮折间，钦奉九月二十七日寄谕：宋逆踪迹诡秘等因。钦此。查宋逆现经击败，亟宜早除渠魁，以期根株尽绝。臣先准山东抚臣咨会，业已分饬各属严密查拿，钦奉前因，遵又悬赏购线侦

---

[1]　《穆宗毅皇帝实录(二)》，卷八十一，同治二年十月上，第 672—673 页。

捕，断不任其勾结为患，仰副皇上除恶务尽之至意。理合附片覆陈，伏乞圣鉴。谨奏。

同治二年十月初九日，议政王军机大臣奉旨：钦此。[①]

【案】此片于是年十月初九日获批覆。《清实录》：

昨据刘长佑奏，据山东所获贼目供称，宋景诗向山路逃逸等语。其曾否潜匿徐属，皆未可知，着吴棠仍遵前旨，严饬各州县悬赏购线，严密访拿务获，以绝根株……将此由六百里各谕令知之。[②]

【案】钦奏九月二十七日寄谕：此上谕《清实录》载曰：

辛未……谕议政王军机大臣等：阎敬铭奏，先后拿获宋逆家属，讯明宋逆窜路情形一折。据称派弁暗访匪党踪迹，经东平、平阴等州县先后拿获汪喜等十四名，又获著名贼目于得城等七名，又孔三等二十四名。讯据贼供，宋逆死党三十余人，由雕鹅岭地方，往山深处东北逃走。贼目郭景会、刘厚得、张梦海等均被官兵炮船轰毙，落水身死。又供宋逆仅有夏七一人跟随。又供宋逆与其弟宋景书叔侄三人赴东南山中逃走。该署抚已派各州县营汛分路躧缉，并将宋逆之母宋张氏等缉获等语，与僧格林沁前奏大略相同。宋逆踪迹诡秘，恐其由兖沂山径南窜徐属，着吴棠饬令各州县悬赏购线，严密侦探，务在必获，毋令入境勾结苗党，或至死灰复燃。阎敬铭仍当督饬地方官防其回窜，严密兜捕，不可稍涉疏懈。其朱登峰、程敬书、张

---

① 台北故宫博物院藏：军机及宫中档，文献编号：091700。
② 《穆宗毅皇帝实录（二）》，卷八十一，同治二年十月上，第672—673页。

广得等及零星窜散余党尚属不少,着懍遵前旨,一体缉拿,务期净尽。傥有漏网匪徒再行勾结为患,定惟该署抚是问。白莲池一带闻尚有匪徒藏匿山谷,僧格林沁大军南下,恐该匪余烬复炽,乘机盘踞,不可不严行搜捕,以绝根株。着阎敬铭会同国瑞派兵搜缉,以收廓清之效。将此由六百里各谕令知之。[①]

一三五　奏报蒙军进扎涡南并捻股窜扰徐境折

同治二年十月十五日(1863年11月25日)

漕运总督臣吴棠跪奏,为蒙军进扎涡南并捻匪出窜徐境情形,恭折奏祈圣鉴事。

窃照陈国瑞一军,拟渡涡南扎营,断贼粮道,昨经臣附奏在案。兹叠据该总兵来函:九月二十一日夜,派总兵郭宝昌率勇丁内选善于泅水者数十人,在王窑以下数十里出贼不意,获贼船三只。二十二日夜,郭宝昌带同都司李开春、守备雷晏各队,又于王窑以下之金家集浅水处所,凫抵对岸,一面即以所获之船搭造浮桥,即于二十三日在南岸抢扎二营。自此贼众惊惧,防守愈严。二十六日三更后,总兵郭宝昌掩袭贼营,讵该匪已有预备,官军鼓勇争先,贼圩枪炮火器密如雨下。郭宝昌腿受枪伤二处,仍裹枪力战,率众涌进,又头受重伤。李开春眼角亦受枪伤,始乃收队。

二十七日,总兵姚广武督军攻贼之北,宋发率所部扼守浮桥,陈国瑞亲督马步各军过河,就已成二垒接扎五营。该逆以悍贼数千,四面扑扰,并亦抢筑新垒,阻我进兵之路。官军于枪炮林立之

---

① 《穆宗毅皇帝实录(二)》,卷八十,同治二年九月下,第645—646页。

中,竭力抢扎,一面分队环击。逆众抵死不退,鏖战一时之久,官军营已扎成,兵勇潮涌而上,贼始披靡,败回旧巢。遂夺其新筑之垒,接连又扎数营。自南岸河岸起,包抄东、南两面,复又派拨马队抄袭后路运粮之贼,歼毙张家集从逆圩首刘报柜,生擒李家集从逆圩首徐汝璧。该逆等均系苗逆运粮总管。是日共毙贼一百余名,官军稍有受伤。

二十九日黎明时分,又夺得王窑对面贼营两座,官军接筑两营。初二日,陈国瑞饬令副将康锦文督队进剿,又夺获贼营三座,添扎二营,并将贼之头营隔断。统计河南连营二十余座,声威较振。惟副将康锦文于夺营之际,经贼四面环绕,虽经官军枪炮轰击,毙贼数百名,该副将亦额受枪伤甚重。其时,所派副将张从龙由浦带队赶到,陈国瑞即令于初四日四鼓直抵蒙城南门,夜劫贼营。该逆惊觉抗拒,背枪大炮,势如骤雨。官军奋勇迎击,直至南门壕边,毙贼多名。此连日涡南扎营及叠次进剿之情形也。

臣查官军现至南岸连营,于贼之陆路粮道已有窒碍,无如西、南两面尚难周布,城围未能遽解,且该逆现亦于西、南一带连营三十余座,以固运粮之路,实属狡狯已极。昨准富明阿来函:初三日可以抵蒙,得该将军督率布置,兼又增以兵力,或不难于得手。除俟接据续报再片具奏外,合将近日军情并二十一日以前扎营地势,绘图贴说,恭呈御览,借以稍慰宸怀。

至临、涣一军,相持如故。而本月初六、七等日,李大个孜等匪忽窜至萧、宿交界之烈山、宁山、赵家滩等处,攻袭民寨,旋又窜至西北,扰及铜山之周家山头,相距郡城甚近。现经淮徐道朱善张派令都司刘佐廷带队堵剿,一面督率在城文武,料理守城。臣接据禀报,殊深焦系。除饬分别妥为守备,并咨商陈国瑞派拨姚广武分队回援，仍恐捻股窥伺东路，又由浦派拨各队，饬令总兵鹤龄等督带，前赴成子河，实力扼防，暨派游击陈顺超督带新造炮划，前赴邳、宿一带，扼要驻扎，以期周顾外，所有蒙军进扎涡南，捻匪出扰徐境缘由，谨会同帮办军务尽先总兵陈国瑞，恭折具陈，伏乞皇太后、皇上圣鉴。谨奏。十月十五日。

同治二年十月二十日，议政王军机大臣奉旨：钦此。①

【案】此折于同治二年十月二十日获批覆，清廷颁布上谕曰：

吴棠奏，蒙军进扎涡南，绘图呈览，并捻匪出扰徐境情形一折。陈国瑞一军在王窑以下夺获贼船，由浅水处所蹚过涡河南岸，搭造浮桥，即亲督马步各军过河，与贼力战，抢筑新营，包抄贼之东、南两面，复又派拨马队，抄袭后路运粮之贼，现在河南连营二十余座。副将张从龙夜击贼营，已至蒙城南门壕边，其南岸连营，与贼陆路粮道已能窒遏。所办尚为认真。惟西、南两面尚无布置，城围未能遽解。僧格林沁刻下当已到亳，系由蒙之西北一路前往。富明阿等军到蒙后，兵力较厚，即可调拨，由西、南面进剿，与陈国瑞一军会合夹击，断贼粮道，力解蒙围。临、涣一军与贼相持，李大个孜等匪忽又窜扰，逼近徐城，道员朱善张派兵堵守，姚广武分队回援，总兵鹤龄等水陆各军亦各分投防剿，即着吴棠督饬各军，实力扼剿，毋令蔓延勾结为患。

本日曾国藩片奏，李世忠进军姚家湾，以图下蔡，直捣苗

---

① 台北故宫博物院藏：军机及宫中档，文献编号：091983。

逆老巢。唐训方亦分军大小蚌埠,以图怀远。颍州兵练,攻破朱滑孜贼圩,颍郡西面渐已廓清。李世忠此次协助官军进剿、颇能认真出力,其进军以图下蔡贼巢,正与前次寄谕相为吻合。僧格林沁等即当随时激励用之,俾与富明阿、陈国瑞等相为策应,以资得力。唐驯方为富明阿等军后路声援,兼顾临淮,此时分军以图怀远,使逆党到处受敌,面面不能兼顾,所筹亦合机宜,均即乘机迅速办理。各处练圩当此僧格林沁到皖、官军得手之际,其为贼裹胁者,尤必群思反正,并着该大臣、将军、督、抚等迎机招徕,以孤逆势,攻剿更易得手。吴棠绘呈军营形势图留览。将此由六百里各谕令知之。[①]

一三六　奏报叠次拿获要犯出力各员请奖折

同治二年十月十五日(1863 年 11 月 25 日)

漕运总督臣吴棠跪奏,为遵旨查明迭次拿获勾贼要犯在事实在出力之文武官绅,开具清单,仰恳天恩奖叙事。

窃臣钦奉同治二年九月初六日上谕:前因江苏通州会首盛广大等通贼一案等因。钦此。仰见圣慈汪濊、微劳必录之至意,臣遵即恭录,饬令江宁藩司乔松年核实查明。兹据查出实在出力之文武官绅各员,详请奏奖前来。臣复严加删减,不敢稍任冒滥,核实共计尤为出力之文武官绅五十三名。

伏查逆首盛广大、黄潮阳等勾结江阴发逆,窜扰江北,约期先扑通州,次及里下河各州县,暗部奸细,私储军械、旗帜,只俟贼股

---

① 《穆宗毅皇帝实录(二)》,卷八十二,同治二年十月中,第 710 页。

一到，内外齐发。彼时通州只有练勇数百名，安危呼吸，大局攸关，并经清江办团委员先行招得股首之李文和、刘士生等，呈出伪文三件，旋经署通州知州黄金韶迭获匪徒蔡之梁等多名，嗣经通州、海门、靖江、盐城各州县印委各员，督同各绅练分投严缉，将逆首盛广大、黄潮阳等逐一擒获正法，并无一名漏网。该官绅等咸悬发重赏，或购觅眼线，或设计诱擒，或奋力协拿，均属办理妥速，著有微劳。

除黄金韶一员已奉谕旨免其置议，其余出力稍次之绅董酌给功牌、千总以下等官照例咨部奖励外，所有查出迭次拿获勾贼要犯在事实在尤为出力之文武官绅，谨缮清单，恭呈御览，可否邀恩准奖、以示鼓励之处，出自逾格鸿施。恭折具奏，伏乞皇太后、皇上圣鉴。谨奏。十月十五日。

同治二年十月二十日，议政王军机大臣奉旨：钦此。①

【案】钦奉同治二年九月初六日上谕：此上谕《清实录》载曰：

又谕：前因江苏通州会首盛广大等通贼一案，该犯等未即拿获，署通州直隶州知州黄金韶辄将已获伙犯蔡之梁等就地正法，经吴棠奏参，将该员交部议处。兹据吴棠奏称，盛广大等犯现已拿获讯明，该员前次正法各犯并无屈枉，且查拿尚能迅速，功过相抵。黄金韶前次应得处分，着免其置议。所有续获通贼谋逆之盛广大即盛裕科，又名盛玉珂，茅广幅即茅维中，王锦漳，吴正陇即吴城名，董芭香即董帼涓，均着即行处

---

①　台北故宫博物院藏：军机及宫中档，文献编号：092008。

斩，以申国法。①

一三七　呈叠次拿获要犯出力各员请奖清单

同治二年十月十五日(1863 年 11 月 25 日)

谨将迭次拿获匀贼要犯在事尤为出力之文武官绅，开具清单，注明劳绩，恭呈御览。

江安粮道王朝纶，该员经委办沿江团练，驻缉通州，于逆犯黄潮阳通贼一案，实能督率印委各员认真严缉，获犯多名，拟请交部议叙。

蓝翎道衔候补知府倪宝璜，该员首先招得李文和、刘士生等呈出伪文，得以先期破案，各犯就捉，拟请赏换花翎。

候选知府杨廷均，候补知县舒文彬，候补理问娄湘，候补县丞万瑾，降补主簿何三锡，漕标中营尽先把总外委刘占鳌。以上六员名，各悬赏购线，跟踪逐捕，立获首犯盛广大，洵属尤为出力。杨廷均拟请以知府不论繁简遇缺即选；舒文彬拟请补缺后以直隶州知州用，先换顶戴；娄湘拟请赏加知州衔；万瑾拟请补缺后，以知县用；何三锡拟请先开复县丞，仍留江苏补用；刘占鳌拟请赏戴蓝翎。

补用知府海门直隶同知李焕文，同知用候补知县廖明贤，候补县丞方兰实。以上三员名，会同拿获首犯黄潮阳、茅广福等，尤为出力。李焕文拟请赏加道衔，廖明贤拟请赏加运同衔，方兰实拟请补缺后以知县用。

---

①　《穆宗毅皇帝实录(二)》，卷七十八，同治二年九月上，第 596 页。

候补从九品韩锦，候选从九品陈凤诏。以上二员搜捕余匪，巡防通州城守，不辞劳瘁。韩锦拟请赏戴蓝翎，陈凤诏拟请以从九品不论双单月选用。

副将衔参将署狼山右营游击徐克明，尽先守备蒋步鳌、朱长顺，尽先千总杨元灏、陈攀元。以上五员名，分带兵勇，稽查巡缉，迭次协获要犯多名。徐克明拟请补参将后以副将用，蒋步鳌拟请赏加都司衔，朱长顺等三名均拟请赏戴蓝翎。

候选道沈锽，翰林院编修李念诒。以上二员名，委办通州团练，实力整顿，此次购线访拿勾贼奸民，防守州城，尤为出力。沈锽拟请赏加盐运使衔，李念诒拟请赏加四品卿衔。

蓝翎提举衔候选通判王元衡，同知衔刘其相，州同衔顾祖兴，试用训导陆惟馨，即选从九品刘际春，州同衔监生袁锦堂，双月选用从九品罗肇昌，从九衔高佩章。以上八员名，带队协获匪犯蔡之梁等，并起获贼械多件。王元衡拟请赏换花翎；刘其相、顾祖兴、陆惟馨、刘际春，均拟请赏戴蓝翎；袁锦堂拟请赏加同知衔；罗肇昌、高佩章均拟请以从九品不论双单月即选。

从九衔朱启丰、陈宏升、唐大宾，监生袁江。以上四员名，带队协获施四海、施小七等犯，均拟请赏加州同衔。

蓝翎尽先守备余洪亮，蓝翎守备衔千总沈霖，狼山营候补千总徐攀龙，千总职衔沈步高。以上四员名，带队拿获匪犯邵文达等多名。余洪亮、沈霖均拟请赏换花翎；徐攀龙拟请赏戴蓝翎；沈步高拟请以千总用，并请赏戴蓝翎。

候补知县浙江试用县丞张云上，知县用候补县丞沈器之，候选直隶州州判刘鹏飞，候选典史龚致锦，议叙八品张云会，佾生朱欣荣。以上六员名，在海门带练协获要犯黄潮阳，尤为出力。张云上、沈器之、刘鹏飞,均拟请赏加知州衔;龚致锦拟请以本班遇缺尽先选用;张云会、朱欣荣,均拟请以从九品双月选用。

候补知府靖江县知县齐在镕,候选员外郎陈荣绍,记名外用内阁中书陈荣邦,浙江补用知县朱日升,州同衔马铨,从九衔印恒广,九品衔唐忠,监生张文魁。以上八员名,盘获逆犯吴正陇,搜获逆书,知会各路兵练协缉首发奸谋,实属出力。齐在镕拟请赏加道衔;陈荣绍拟请选缺后以知府用;陈荣邦拟请选同知后以知府用;朱日升、马铨,均拟请赏戴蓝翎;印恒广等三员,均拟请以从九品不论双单月选用。

民人朱一成,六品军功李文和、刘士生。以上三名,朱一成作线,迭获要犯。李文和、刘士生呈出逆书,得以先期破案,首逆悉数就诛,均属著有微劳。朱一成拟请赏给六品顶翎;李文和、刘士生,均拟请赏给六品衔。

议政王军机大臣奉旨:览。钦此。①

一三八　堵闭小六堡坝工出力官绅择尤保奖折

同治二年十月十五日(1863年11月25日)

漕运总督臣吴棠跪奏,为查明堵闭小六堡坝工在事出力官绅,遵旨择尤保奏,恭折奏祈圣鉴事。

窃照咸丰十年冬间,筹堵甘泉县境小六堡坝工,于次年春间合龙,后经前署漕臣王梦龄奏准奖叙。本年臣于霜清工稳折内奏明,该工历经三载,稳固无虞,声请查案酌保,钦奉谕旨:准其择尤保

---

① 台北故宫博物院藏:军机及宫中档,文献编号:092009。

奏,毋许冒滥。余依议。钦此。伏查该工共计大小缺口十处,加以筑做越坝及上下拦坝,工程甚巨。时因河库空虚,又未敢请拨帑项,一切悉由捐办,竭五月有余之力,始得次第合龙,并将善后事宜,如补还正堤厢抛埽石等项,无不一一妥办,实赖群策群力,克葳巨工。

所有在事文武绅董人等或经理钱粮料物,或掌管土埽工程,无不共济时艰,奉公洁己,多以一人而兼数事,实属著有微劳。除饬催造报并将捐输经费绅富另行核奏外,谨将在工尤为出力员董注明劳绩,分别请奖,缮具清单,恭呈御览,仰恳天恩,俯准给予奖叙,以昭激劝。谨缮折具陈,伏乞皇太后、皇上圣鉴训示。谨奏。十月十五日。

同治二年十月二十日,议政王军机大臣奉旨:知道了。所有单开之颜培瑚等,均着照所请奖励。该部知道。钦此。①

一三九　呈堵闭小六堡出力官绅保奖清单

同治二年十月十五日(1863 年 11 月 25 日)

谨将堵闭甘泉县境小六堡坝工在事尤为出力官绅,缮具请奖衔名,恭呈御览。

江苏候补道颜培瑚,该员前在扬州府任内督捐经费,接济工需,最为出力,拟请交部从优议叙。

五品封衔户部主事朱楠,该员催办捐款,俾要工迅速告成,连年抢护河堤,异常出力,拟请赏加知府衔。

扬州府军捕同知周成璋,该员承办坝工,任劳任怨,屏除积习,

---

① 台北故宫博物院藏:军机及宫中档,文献编号:092010。

自河工归并经理以后，认真修守，连年伏秋异涨，筹捐筹办，悉合机宜，经历六汛安澜，工程稳固。查该员前有扬城失守处分，经江宁将军都兴阿于扬营保案奏准免罪，仍带革职处分，以观后效在案，拟请开复革职处分，仍留扬州府同知原任。

尽先守备高邮汛修防把总袁定标，甘江汛修防把总陈兆华。该员等掌理坝工，于严寒风雪之中昼夜抢堵，辛劳最著。袁定标拟请赏加都司衔，陈兆华拟请以千总拔补。

江苏分缺间用巡检王庆恩，南河次尽从九品吴士荣，布政司理问衔谈逢隽。该员董等收支绳缆、枙木，稽核认真，供支无误。王庆恩拟请俟补缺后，以主簿。吴士荣拟请留于江苏，以巡检归候补班用。谈逢隽拟请赏加盐提举衔。

同知直隶州用候补知县龚庆麟，知州用候补直隶州州同刘同宇，光禄寺署正衔候选训导符爕梅，提举衔候选训导徐椽。该董等襄办土埽工程，核实勘估，撙节钱粮，均能劳怨不辞。龚庆麟拟请赏加运同衔。刘同宇拟请俟选缺后以知州用。符爕梅拟请赏加知州衔。徐椽拟请俟选缺后，以知县选用。

候补府照磨捐升县丞张华书，五品衔县丞用分缺先用从九品毕从芬，州同衔王惟贤，候选布政司经历郭继勋，从九品衔李继白。该员董等经理正料，认真籔收，核实支发。张华书拟请俟补县丞后，以知县用。毕从芬拟请赏戴蓝翎。王惟贤拟请赏加知州衔。郭继勋拟请俟选缺后，以知州升用。李继白拟请赏加布政司理问衔。

尽先千总扬州营外委兰有成，候选从九品蔡国香。该员董等催提正杂料物，雨雪奔驰，不辞劳瘁。兰有成拟请以守备用。蔡国香拟请俟选缺后，以主簿遇缺即选。

分发直隶试用县丞刘燕誉,分发直隶试用县丞陈则竞,候选未入流王世臣,附生刘炳垚。该董等筹购正料,箍口丰足,并能迅速无误。刘燕誉、陈则竞均拟请俟补缺后,以知县用。王世臣、刘炳垚均拟请赏加州同衔。

尽先守备氾水汛修防千总段必魁,该员催运滩料,雨雪奔驰,源源济用,拟请赏加都司衔。

监生董元大,监生李郧,从九品衔杭万余,候选导库大使徐福增,从九品衔崔兆琬。该董等随坝跑买料土,倍著辛劳,均拟请赏加州同衔。

同知衔候选知县葛绍庭,举人王建中,举人闵绍程。该董等监办工程,不辞劳怨,均拟请以知县不论双单月选用。

候选同知直隶州知州黄伦秩,浙江候补同知王贻谷,即用内阁中书唐震之。该员董等倡议筹捐经费,俾藏巨工,始终勤奋。黄伦秩、王贻谷均拟请俟补缺后,以知府用,先换顶戴。唐震之拟请赏加侍读衔。

江苏补用知县石铨,江苏补用知县吴晋。该员等承办还堤工程,实心实力,均拟请赏加知州衔。

两淮试用盐知事于赟之,候选州同杨士珍。该员等随同办工,催提料土,均臻妥速。于赟之拟请俟补缺后,以盐大使用。杨士珍拟请俟选缺后,以知县用。

五品蓝翎尽先把总俞通海,该员在坝梭巡,备尝辛苦,拟请以千总尽先补用。

候选内阁中书杨斌,安徽候补知府王启秀,州同衔陆鸿飞,六品衔监生居之薰,候选知县徐彦湘,六品衔分发安徽县丞郑国侨。该董等督劝捐资,不遗余力。杨斌拟请以内阁中书不论双单月选用。王启秀拟请赏加道衔。陆鸿飞、居之薰、徐彦湘、郑国侨,均拟请赏加五品衔。

议政王军机大臣奉旨:览。钦此。[①]

一四〇　奏报捻窜曹、单等处派军追剿折

同治二年十月二十六日(1863 年 12 月 6 日)

漕运总督臣吴棠跪奏,为捻匪西窜曹、单,派队跟追,并官军连破蒙东贼垒,暨现在援师大集情形,恭折奏祈圣鉴事。

窃臣前将蒙、徐军务情形恭折奏明在案。北窜捻股经淮徐扬海道朱善张派都司刘佐廷等带队逐剿,又经各圩练截击,小有斩获。该逆败退,于十月初九日,窜至江、东交界之湖团一带。初十日,窜扑丰县县城,经该县督率勇练击退,毙贼十余名,余贼乘夜北窜。朱善张因徐宿各军全赴蒙城剿苗,飞饬姚广武拨队退捻。姚广武当派副将杨文全带马队四百名,北追捻匪。十月十七日,杨文全带队到徐,探得捻股已窜曹、单。臣现飞檄严饬杨文全即带此起马队驰赴东境,协同东省兵练,实力剿办窜捻,一面咨会山东抚臣拨队夹击。

至蒙境军情,准荆州将军富明阿函称:现由西面列营包至西南,与东南陈国瑞之军已包贼三面。因兵力尚少,仍余蒙南贼垒数座未能合围。官军逐日派马队在南路梭巡,屡获运粮之贼。又据帮办军务尽先总兵陈国瑞函称:十月初八、初九等日,官军进攻蒙东贼垒,昼夜鏖战,副将艾宪银扒圩受伤,兵勇亦受伤百

---

① 台北故宫博物院藏:军机及宫中档,文献编号:092011。

余名。至初十日五鼓，陈国瑞派令奋勇小队，偷越长壕，暗至蒙东李圩北面沿河贼哨处，挖成地道，埋藏火药，于是日戌刻，出贼不意，燃发地雷，轰开贼垒十余丈。陈国瑞力督各军奋勇抢入，刀矛并举，杀贼五百余名，生擒十三名，立即正法；起获火药百余斤，绿豆二十余石，器械多件。旁连贼垒慑于军声，乘夜遁去。官军即将所破贼垒二座挑补，驻扎其内。十一、十二、十三等日，陈国瑞派令游击骆得胜、李坤、都司李开春、千总康锦标、外委陈保龄等，分带队伍，轮攻蒙东李圩南北各贼垒，迭将贼中草房用火箭烧燃，并数毙站墙之贼。至十五日，陈国瑞挑起长壕，将蒙东苗逆屯粮之李圩围住，仍督骆得胜等分攻贼垒。各将弁肉薄先登，均各受伤，仍复裹创力战，立将接连李圩南北七处贼垒同时攻破。逸出之贼，经官军欢呼截剿，斩逾千起，获枪炮、火药、帐房、刀矛多件。十六日，陈国瑞督同佐领讷穆锦、守备王粉楠等，带马队抄至南路骆驼岭地方，冲贼运粮之路。沿途有蔡圩、小李圩、王圩，皆系苗逆死党。陈国瑞当饬各军将贼圩以外柴草尽行烧毁，又令副将张从龙、参将黄兴祥、游击骆得胜、蔡得胜等，分攻各贼圩，迭次奋勇攻扒。骆得胜左膀受炮伤，筋骨皆损。黄兴祥、蔡得胜皆受枪伤，弁勇受伤者百余人。当因日暮，官军暂行收队。陈国瑞现饬游击李坤等队在蒙南扎营一座，拟再添营两座，即可断贼搬运粮草之路。此官军连破蒙东贼垒并拟添营包贼之情形也。

臣又准亲王僧格林沁咨开：十月十四日，督师已抵亳州，即日进兵剿苗，嘱臣接济马草。又据朱善张禀称：侍郎国瑞于十八日抵徐，十九日带马队先行赴宁各等语。臣查苗逆肆其狡狯，以全力窥蒙，情形万分危急。官军现已包贼三面，连踩贼垒，差可稍挫凶锋；

又得亲王僧格林沁等分道督师入皖,大兵云集,指日合围歼苗,计应不烦再举。臣已拨银五千两及钱三千串,解交朱善张在徐购办粮草,运至宿州,听候亲王僧格林沁提用,并拨存徐兵米一千石,交侍郎国瑞军营,以资接济。

至陈国瑞一军,自本年八月由东援蒙,到蒙后猛攻苦战,已逾两月,弁兵除阵亡外,余多身受重伤。此次连克蒙东贼垒九座,带队数弁皆系裹创血战,奋勇争先。谨将攻圩尤为出力之副将衔游击骆得胜,拟请免升参将,以副将用;游击蔡得胜、李坤均拟请免补游击,以参将用;都司李开春拟请免升游击,以参将用;千总康锦标拟请以守备用;蓝翎外委陈保龄拟请赏加守备衔,并请赏换花翎。臣为鼓励军心起见,可否邀恩准奖,出自逾格鸿慈。所有捻股西窜曹、单,派队跟追并官军连破蒙东贼垒,暨现在援师大集缘由,谨会同帮办军务尽先总兵陈国瑞,恭折具陈,伏乞皇太后、皇上圣鉴。谨奏。十月二十六日。

同治二年十一月初一日,议政王军机大臣奉旨:钦此。[①]

【案】同治二年十一月初一日,清廷颁布上谕,饬令吴棠等妥筹进剿:

议政王军机大臣字寄:漕运总督吴、署山东巡抚阎:同治二年十一月初一日,奉上谕:吴棠奏,捻股西窜曹、单,派队跟追,并官军连破蒙东贼垒;阎敬铭奏,南捻蠢动,势难分兵赴皖各一折。南捻相盘、刘全、李大个孜由丰县扰及山东之金乡、单县、峄县、城武等处,旋由西、南各路回窜砀山一带,现在东境虽已

无匪踪，惟南捻屡由金乡等县北犯，已成该逆熟径，难保不再图回窜。着吴棠、阎敬铭督饬两省官军，会同进剿，两面夹击，务将此股逆匪歼除净尽，不得以贼匪业经击退，即可卸责也。现在东省勇丁，既据阎敬铭奏称所留无多，防堵南捻、搜捕余匪，业已不敷分拨，即着毋庸抽调赴皖助剿。其遣撤归农之勇丁，能否散而不聚，有无后患，着阎敬铭体察情形，妥为办理，毋令日后滋生事端。所练马队，并着该署抚督饬丁宝桢，挑选额兵，配骑操演，务使认真训练，悉成劲旅，不可有名无实。

吴棠所奏陈国瑞一军攻剿蒙东李圩等处情形，与富明阿前奏大略相同。蒙城官军已将正西及西南、东南三面贼营包围，陈国瑞现派游击李坤等在蒙南扎营一座，拟再添营两座，四面长围渐合。着吴棠督饬陈国瑞将蒙南营垒赶紧筑成，我军一经合围，则贼之粮运即断，攻剿自易得手。僧格林沁已抵亳州，即日进兵剿苗。国瑞马队已由徐赴宿。各该营饷需并着吴棠随时接济。吴棠所请骆得胜等奖励，前经富明阿奏请，已明降谕旨照请奖叙矣。僧格林沁既已抵皖，所有该省军情及应行请奖人员，着吴棠知会富明阿，嗣后均由该亲王陈奏，以一事权。将此由五百里各谕令知之。钦此。遵旨寄信前来。①

一四一　奏报千总蔡冠军暂缓引见片

同治二年十月二十六日(1863年12月6日)

再，河标右营千总蔡冠军遵筹饷例在徐州粮台加捐参将，指

---

① 台北故宫博物院藏：军机及宫中档，文献编号：408018057；《穆宗毅皇帝实录（二）》，卷八十四，同治二年十一月上，第734—735页。

发漕标,经臣留标差遣,咨部查照。现准部咨:以筹饷捐例内开报捐参将人员,准其指省分发,统俟引见分发后,令其前往投标等语。行令给咨赴部等因。自应遵照办理。惟查臣兼顾徐宿军务,一切带队差委,在在需人。该参将本系河标人员,于淮、徐地方情形最为熟悉,合无仰恳天恩,俯准将该参将蔡冠军先行留标试用,俟军务稍平,再行给咨赴部之处,出自鸿慈,伏乞圣鉴。谨附片具奏。

同治二年十一月初一日,议政王军机大臣奉旨:着照所请,兵部知道。钦此。①

一四二 奏报守备廖宇清革职究办片

同治二年十月二十六日(1863年12月6日)

再,据前办江南粮台现署两淮盐运使候补道许如骏详称:前因南台饷糈不继,发给空白部照、实收,派委候补卫守备廖宇清,前赴通州、海门厅、如皋等处,劝谕江南寄籍绅富捐输米石,日久未据呈缴,亦无只字禀覆。迨经许如骏交卸粮台,截数造报,节经委员饬催,虽据先后呈缴米石,并将已经指填实收、执照存根禀缴,计欠缴实收九张、局收八张、米一百八十二石、部饭等银十一两零。嗣又据职员汤铃赴台具禀:以上年十月十九及十一月初四日等日,先后报捐监生加捐从九品指省湖南,应缴米石业经全数兑收,廖宇清填给实收祗领,呈请换照等情。当查此次米石亦未据该员呈缴。复经许如骏委员前赴如皋,会县勒催,并无廖宇清踪迹,并其眷属亦

---

① 台北故宫博物院藏:军机及宫中档,文献编号:092270。

迁移别处，详请查参拿解究追前来。

臣查卫守备廖宇清奉委劝捐，既不将捐存米石随时解台，复敢避匿不面，显有亏挪侵蚀情事，且此外未缴实收、局收是否填发，有无已收米石，尚无实数可查，实属胆妄已极！相应请旨即将候补卫守备廖宇清先行革职，一面严拿究追。如讯有亏挪实情，再行从严参办，以肃捐务而儆效尤。理合附片具陈，伏乞圣鉴。谨奏。

同治二年十一月初一日，议政王军机大臣奉旨：廖宇清着先行革职，严拿究办。钦此。①

一四三　筹济援蒙官军粮饷并剿贼获胜折

同治二年十一月初一日（1863 年 12 月 11 日）

漕运总督臣吴棠跪奏，为筹济援蒙各军粮饷、军火，暨官军苦战进营，却贼获胜，势已合围，绘图呈奏，仰听宸廑事。

窃臣前将剿捻援蒙各军情呈奏在案，兹钦奉十一月二十三日寄谕：捻首李大个孜、相盘等窜往徐宿之间，四出焚掠。富明阿业饬姚广武带领马勇四百名跟踪追剿，并着吴棠派兵堵击，妥筹兼顾；并奉谕饬务将每月应解富明阿营粮饷、军火、器械等项，如期拨解，如再稍涉迟逾，致误戎机，必惟吴棠等问。钦此。各等因。臣谨查台员乔松年所派县丞严治柏等管解富明阿军营饷银二万三千余两，于十月初十日行抵宿州；又经乔松年派令委员在清江转运富明阿军米等项，陆续解拨，尚无贻误。臣现又遵旨严饬乔松年按月拨解富明阿军需，不敢稍任迟逾，自干咎戾。

---

① 台北故宫博物院藏：军机及宫中档，文献编号：092271。

至陈国瑞军饷,已据山东、山西、河南抚臣拨到银各一万两,臣现又派员驰赴三省催提,并由浦局、徐台随时拨解军米、军火等项,以利攻剿。捻股西窜曹、单,业经臣严饬副将杨文全带马队四百名,出境跟追。因道路较远,尚未接有禀报,谨请续另奏陈。

臣现准陈国瑞函称:官军已在蒙南扎营一座。十月十九日夜间,复派游击李坤、王豹文、千总康锦标带队注添二营,始可断贼出入之路。讵贼已挑悍贼千余人在该处先后占据,李坤奋勇争地,官军受伤数十人未得手。二十日黎明,贼已筑成一垒。李坤等撤队回营,陈国瑞以该游击等失机,拟照军法从事,李坤等情愿夺垒赎罪。陈国瑞复悬赏银一千两,仍令李坤等带队攻贼。该逆枪炮如雨,李坤等奋不顾身,一拥直上,冒险越进贼墙,立将在垒悍贼四百余人悉数歼除,官军亦伤亡数十名,遂就贼垒屯兵。又于附近抢筑两营,已与西南英翰军营相望。陈国瑞复令各军挑挖长壕,使与营一气相通。贼见官军挑壕,知粮道断截,即于十月二十一日夜间,于官营对峙之中,掘壕以通粮道。二十二日,陈国瑞令游击李坤会同副将程文炳等队,袭据贼壕。贼见官军夺壕,该逆苗沛霖亲率悍匪,列队十余层,蜂拥来扑,势极凶猛。陈国瑞饬令各军从贼营旁一起抢入,李坤、程文炳由西南夹攻,毙贼百余名,贼势稍却,官军跟追,贼又回斗。陈国瑞派勇运土,在长壕西偏居中之地填平筑营,密排枪炮轰击;又派副将邓得胜、张从龙、游击王豹文、都司李开春等,纵兵鏖战。至日暮时,贼众不支,纷纷败退。官军追入壕沟之内,毙匪四百余名,生擒二十名,立即正法。夺获枪炮、长矛、旗帜数百件。游击李坤、都司李开春、守备王洪、千总张奎元,均因突阵,身受重伤,余勇亦受伤百余名。该逆粮路已断，死伤亦甚多。又准富明阿函称：亲王僧格林沁前锋马队二千名已到蒙防，该将军亲赴蒙南，查阅陈国瑞所夺各处，实属大张人心各等语前来。

臣查陈国瑞连在蒙南安营，力却贼众，断贼粮道，与西南英翰军营相接，势已合围，足可困贼，以待亲王僧格林沁全军抵蒙，力歼苗逆。惟逆势穷急，欲突围四窜。已函嘱陈国瑞，严督所部兵勇，妥密防范。谨将围贼形势绘图，恭呈御览。除此次打仗出力及受伤弁兵、阵亡勇丁由臣查明存记奖恤外，所有筹济援蒙各军粮饷、军火，暨官军苦战进营、却贼获胜、势已合围各缘由，谨会同帮办军务尽先总兵陈国瑞，恭折具陈，伏乞皇太后、皇上圣鉴。谨奏。十一月初一日。

同治二年十一月初七日，议政王军机大臣奉旨：昨据僧格林沁奏，蒙城解围，斩馘逆首苗沛霖。所有应行奖恤人员着由陈国瑞禀明僧格林沁，分别具奏。钦此。①

【案】并奉谕饬务将每月应解富明阿营粮饷、军火、器械等项，如期拨解：同治二年十月，富明阿奏请严饬吴棠等将月解军饷、军火如期拨解，曰：

再，奴才所部援皖一军，仍系八月间由扬州起程时粮台支发饷银一关，军火等项虽稍有支应，亦俱无多，至今五十余日，未见续有解款。自抵蒙境后，地方愈苦，食物愈昂，行间愈行艰窘，伏读屡次寄谕饬令吴棠督饬乔松年源源解济，不可稍有缺乏，仰见我皇上轸念兵艰，至周极备。无如粮台解款仍复您

_____

① 台北故宫博物院藏：军机及宫中档，文献编号：092404。

期,当此攻剿万紧之时,兵勇昼夜搏战,刻无少停,若再令枵腹荷戈,岂能期其得力!昨经奴才将营中所屯之米酌发接济,目前暂可支持。惟存米既已发完,倘再不得接济,军心一有动摇,必致立行哗溃。至军火、器械等项,近因攻剿需费甚多,更难短缺,奴才业经咨函频催,终无丝毫解到。相应请旨严饬吴棠督令乔松年务将月解奴才军营粮饷、军火、器械等项,按月如期拨解,毋任仍前玩延,致滋贻误。谨附片具奏,伏乞圣鉴训示。谨奏。同治二年十月二十四日,议政王军机大臣奉旨:钦此。①

一四四　奏报筹办淮北盐务片

同治二年十一月初一日(1863年12月11日)

再,本年淮北盐务,因苗逆倡乱,淮河梗阻,贩盐片引不销,商情万分拮据。票商既不能捆运,场商即无力收盐,数万灶丁,毫无生计。海属一带素为匪徒出没之区,上年经臣派队剿办,甫就肃清。此时穷灶情形若不有以接济,瞬值严寒风雪,正不特透思为虑,诚恐别滋事端。臣现拟于无可设法之中,筹备银八千两,委员前赴场垣,定购盐斤,俟来年盐河通行,捆运到坝,销售济饷,一转移间,于军饷并无所损。倘其时坝价增昂,尚可稍得余利,以资军需贴补,而场商得此目前之济,既可以稍安灶户之心,于盐务、地方两有裨益。谨附片陈明,伏乞圣鉴。谨奏。

---

① 台北故宫博物院藏:军机及宫中档,文献编号:092101。

同治二年十一月初七日，议政王军机大臣奉旨：知道了。
钦此。①

一四五　奏报剿抚捻逆苗沛霖匪众片

同治二年十一月初一日（1863 年 12 月 11 日）

再，臣正缮折间，又准陈国瑞函称：官军进扎蒙南，断贼粮
道，尚有蒙东李圩在后，不无顾虑，是以前留总兵宋庆等军连营
六座，围攻李圩。宋庆知李圩民人李九龄、陈文生等俱系良民，
因迫于苗党，未敢反正，当即恺切晓谕，招令投诚。旋经李九龄
等将苗党梁学敏、许鸿洋并苗逆伙党八十人，逐一缚送来营，缴
出四百斤铜炮一尊，小枪、抬炮、刀矛数百件，悔罪投诚。陈国瑞
查得李九龄等实系被贼迫胁，情有可原，当准李圩投诚。时有涡
河北岸之刘圩内踞苗党百余人，闻风逃窜，刘圩亦即来投。陈国
瑞并予收录，以广招徕，并饬各营兵勇不得骚扰降圩各等语
前来。

臣查首恶只有苗沛霖一人，余众半多裹胁，自应剿抚兼施，以
期早为藏事。除嘱陈国瑞将缚送之苗党梁学敏等一并就地正法
外，理合附片陈明，伏乞圣鉴。谨奏。

同治二年十一月初七日，议政王军机大臣奉旨：知道了。钦此。②

---

① 台北故宫博物院藏：军机及宫中档，文献编号：092405。
② 台北故宫博物院藏：军机及宫中档，文献编号：092406。

一四六　奏请照例加广兴化县学额折

同治二年十一月初一日(1863 年 12 月 11 日)

漕运总督臣吴棠跪奏,为续查兴化县捐输助饷银数,遵例请加学额,恭折奏祈圣鉴事。

窃查咸丰三年钦奉特旨,加恩将捐银较多之各厅州县酌加学额。当经大学士、部臣等会议奏准,凡绅商捐资备饷,一厅州县捐银至二千两者,准予加广文武学额各一名;捐银一万两,加文武学定额各一名,仍不得逾于各学原额之数等因。即经通行遵奉办理在案。兹查扬州府属之兴化县,前于咸丰七年间将所捐军饷银一万一两五钱,以银一万两奏准加文武学定额各一名,声明余银一两五钱归入续办案内并计加广。兹自咸丰六年起至现在,除外籍商民捐数不计外,共计本地绅民捐助军饷四万六千二百二十七两二钱二厘二毫,内各捐生在大营、粮台等处报捐各项官职,系自赴报捐,随时给发执照,并无批回。其余绅民捐借及捐输饷米并捐解炮艇银两,俱经掣获批回,由江藩司按册核对,均属相符,拟请以银四万两加广县籍文武学永远定额各四名,以银六千两加一次文武学额各三名。该县文学原额二十五名,武学原额十五名,均未逾额。余银二百二十八两七钱三厘二毫,归入续捐再行并计。据江宁布政使乔松年转据该管府县查照捐册,详请就近由臣核奏前来。

臣覆核相符,理合援案吁请,仰恳天恩,准加兴化县文武学永远定额各四名,推广一次文武学额各三名,以示激励而广皇仁。除将该县捐数细册咨部查核外,谨会同协办大学士两江总督臣曾国藩、江苏巡抚臣李鸿章、江苏学政臣孙如仅,恭折具陈,伏乞皇太后、皇上圣鉴。谨奏。十一月初一日。

同治二年十一月初七日，议政王军机大臣奉旨：该部核议具奏。钦此。①

一四七　奏报官军力克蒙城并诛首逆折

同治二年十一月初四日(1863年12月14日)

漕运总督臣吴棠跪奏，为援军力解蒙围，踩平城外各贼垒，杀贼无算，及首逆就诛大概情形，恭折驰奏，仰慰宸廑事。

窃臣前将援蒙官军势已合围各缘由恭折奏明在案，兹据帮办军务尽先总兵陈国瑞函称：十月二十五日，杭州将军国瑞督带炮队，进攻蒙南苗〈垒〉，陈国瑞望见开花炮子连放十余出，俱落贼垒之中，当即调集所部兵勇，分投扒上贼圩。该逆势不能支，登时骇溃。官军跟追至蔡圩，该圩亦已豫逃，经亲王僧格林沁所派马队驻扎，陈国瑞又派守备王洪、千总马连升等带队三百名，收抚蔡圩以南之李圩、潘圩。二十六日，陈国瑞密派各队先伏东南长壕之内，望见亲王僧格林沁炮队轰破长壕外贼营两座。该逆正在东南拔队图援，陈国瑞即督各军力攻东南长壕贼营。该逆仍敢死拒，经官军奋勇斫击，贼尸纷纷倒地。时西南面炮队亦到，并力兜歼，立将蒙城东、南、西三面贼垒一律扫平。又遇将军国瑞亲督各队追贼，直至浮桥。该逆无路可遁，相争扑水。官军从后斩刺，毙贼千余名，溺水死者不计其数。该逆复抱队向东逃窜，又经亲王僧格林沁所派马队及总兵宋庆等军迎头痛剿。陈国瑞等军复跟踪逐击，该逆

---

① 台北故宫博物院藏：军机及宫中档，文献编号：092407。

又折回北窜，涉水逃命，溺死又复无算。又有西北窜来贼股一千余名，经官军合力截击，并无一名漏网。河南出垒逃窜之贼，或经官军击毙，或自行赴水而死，不可胜记。河北贼垒四座同时溃散，经总兵姚广武等军截杀多名，共计起获枪炮、器械、旗帜无算。陈国瑞即于二十六日亲入蒙城，慰劳文武兵民。其守城之参将李南华等齐出相见，无不感激垂涕，仰戴皇仁饬拨亲王僧格林沁督师解围之德。又据总兵姚广武禀称解围杀贼情同前，并云首逆苗沛霖询知已于黑夜经已革总兵王万清等队诛杀各等语前来。

臣查苗沛霖枭獍为性，狼子野心，狡狯异常、屡叛。前乘亲王僧格林沁经理直、东之隙，倡乱弄兵，寿城沦陷，复以全力回扑临军，抄截水陆各军粮道，以致怀远旱队撤回，戈船损失，军事倍棘，逆焰弥张。该逆复以全党围蒙，方设孤城无援，志期必克。时则英翰、姚广武以数千饥卒力与枝梧，虽非贼敌，尚足以击，属危城之望。嗣经陈国瑞带兵入皖，军单贼众，累月苦争，将弁兵勇，转战益奋。臣又尽拨清淮存兵，添募勇丁，以为援继。该总兵竟能与将军富明阿等列营进追，断贼粮道。嗣经亲王僧格林沁、将军国瑞等督带炮队到蒙，横扫贼垒，力解重围，首逆就诛，余匪骈戮。从此援下蔡、复寿州、肃清淮甸，应在指顾。兹悉仰托朝廷洪福天威，克以奏功藏事，微臣曷胜欣幸！

伏念此次苗氛甚恶，蒙围万紧，全赖亲王僧格林沁、将军国瑞、富明阿等先后带兵入皖，援军力厚，是以解围歼苗，大伸天讨。惟查陈国瑞、姚广武等，当贼势披倡之际，积猛攻苦战之劳，迭次伤亡不下千余名。兹复随同解围，连踩贼垒，毙匪多名，尚属著有微劳。所有该总兵等所部清淮、徐宿各军，应否由臣查明请奖之处，出自皇太后、皇上逾格鸿施，恭候圣训祗遵。除蒙城解围、歼除苗逆详细情形另由亲王僧格林沁等具奏外,谨将大概情形会同帮办军务尽先总兵陈国瑞,恭折驰奏,伏乞圣鉴。谨奏。十一月初四日。

同治二年十一月初九日,议政王军机大臣奉旨:钦此。[①]

一四八 奏派副将杨文全率兵驻扎萧、砀片

同治二年十一月初四日(1863年12月14日)

再,臣据淮徐扬海道朱善张禀称:副将杨文全带队追捻,至丰县北境,该逆首李大个孜等股匪窜至东境单县、鱼台县境,因水阻折回,复经丰、砀各兵练截杀多名,余匪窜回永城县之岳家集老巢各等语。臣查该逆虽已回巢,而徐宿饷道最关紧要,现即派副将杨文全带马队二百名,驰扎萧、砀之间,以防捻逆而顾饷道。至援蒙各军,现已解围,应否酌派何队肃清苗逆之余党,并拨队北剿永、宿捻匪之处,总俟亲王僧格林沁酌量调遣。合并声明,伏乞圣鉴。谨附片具奏。

同治二年十一月初九日,议政王军机大臣奉旨:钦此。[②]

【案】此片于是年十一月初九日得允行。《清实录》:

> 壬子……正在寄谕间,吴棠奏,捻首李大个孜等股匪由山东之单县、鱼台阻水,折回丰、砀,经兵练截杀,窜回永城之岳家集。着张之万督率兵勇,乘其惰归,迅速殄除。清淮所派援蒙各军应否抽拨北剿永、宿捻匪之处,着僧格林沁酌量调遣。

---

① 台北故宫博物院藏:军机及宫中档,文献编号:092476。
② 台北故宫博物院藏:军机及宫中档,文献编号:092477。

徐宿饷道最关紧要,着吴棠即饬派出之副将杨文全,驻扎萧、砀,严防该捻回窜,以顾粮道。将此由六百里各谕令知之。①

一四九　奏报前江宁藩司梁佐中给咨赴京片

同治二年十一月初四日(1863 年 12 月 14 日)

再,前江宁布政使梁佐中于咸丰九年间,因目疾开缺调理,即在江北就医。本年秋间,该藩司来浦接见,两目业已全愈,自念受恩深重,禀请就近给咨赴部前来。臣查梁佐中前在江省,由大挑知县洊升藩司,实心任事,为守兼优,于一切政务能知大体,臣悉之甚深。除给咨令其起程外,理合附片具陈,伏祈圣鉴。谨奏。

同治二年十一月初九日,议政王军机大臣奉旨:知道了。钦此。②

一五〇　奏报获盗审明正法、议拟折

同治二年十一月初四日(1863 年 12 月 14 日)

漕运总督臣吴棠跪奏,为获盗审明,分别正法、议拟,恭折会奏,仰祈圣鉴事。

案据前署宿迁县知县查延年报:于咸丰九年五月初四日臬司薛焕北上,随从行李车辆行至坡水桥地方,被匪截抢。查延年闻信会营,驰勘追击,该勇兵格伤匪犯田近仁、王玉田、张焰光、孙浩、柳城春、杜小玲,并获李小淦即胡三及刀杆等件,分别验讯

---

①　《穆宗毅皇帝实录(二)》,卷八十四,同治二年十一月上,第 759 页。
②　台北故宫博物院藏:军机及宫中档,文献编号:092478。

· 676 ·

收禁。并据验报，田近仁、王玉田、张焰光、孙浩，先后在监因伤身死。又据报：续获逸犯董早成、田学盈、李和尚及邳州获解逸犯王肃玉、梅了头、彭青，起同原赃衣物，讯供收禁。又据验报：董早成在监病故，经前抚臣徐有壬以查延年捕务废弛，会同督臣何桂清、①河臣庚长奏参，九年八月初七日，奉到朱批：查延年着摘顶撤任，留于地方协缉，余着照所议办理。钦此。等因。奉经恭录行知，摘顶撤任，勒限严缉。嗣据协获逸犯孙选讯报。又据报：河右营张振西拿获逸犯吴庆沅，讯明归于土匪案内正法。又据报：逸犯徐小玉即汪见功同西匪在郯境截抢行车，值荆州将军都兴阿统兵南下，派队拿获，讯明正法，移准郯城县查明移覆。又据报：沭阳县会获逸犯杨得盛即杨开力、何黑虎、李廷祥、刘学曾、张之明、叶汝淮、徐信、李廷辅、李长贵、周廷幹、姜三，讯明归于幅、捻案内正法。又，田学盈在监病故，委员验详，批饬核入正案详办。并据该县将孙选、李小淦、柳城春、杜小玲、王肃玉、梅了头、彭青，覆讯明确，禀明就地正法，议拟详由府道核转前来。

---

① 何桂清(1816—1862)，字根云，云南昆明人。道光十五年(1835)，中式进士，转翰林院庶吉士。十六年(1836)，授编修。十七年(1837)，充河南乡试副考官。十九年(1839)，授贵州乡试正考官。二十二年(1842)，升右春坊右赞善，直南书房，兼司经局洗马、日讲起居注官。二十三年(1843)，补翰林院侍讲。次年，任太仆寺少卿，充会试同考官，广东乡试正考官。二十五年(1845)，迁光禄寺卿，转太常寺卿。二十六年(1846)，授山东学政。二十七年(1847)，补内阁学士兼礼部侍郎。二十八年(1848)，调兵部右侍郎。同年，丁继母忧。咸丰元年(1851)，署吏部右侍郎，直南书房，旋调兵部右侍郎，授实录馆副总裁，充顺天乡试大臣。同年，署户部左侍郎兼管三库事务，补户部右侍郎兼管钱法堂事务。二年(1852)，署经筵讲官，充会试副考官、覆试阅卷大臣。同年，授江苏学政。三年(1853)，调礼部右侍郎，兼吏部右侍郎。四年(1854)，调补仓场侍郎。同年，放浙江巡抚。六年，赏戴花翎。七年(1857)，擢两江总督，加太子少保。八年(1858)，授钦差大臣，办理各国通商事务。十年(1860)，晋太子太保。同年，褫职逮京治罪。同治元年(1862)，弃世。

　　臣复加查核,缘孙选、李小淦即胡三、柳城春、杜小玲、李和尚,均籍隶宿迁县。王肃玉、梅了头、彭青,均籍隶邳州。李和尚年幼无依,随其胞叔李小沅过度。咸丰九年六月初四日,孙选等与已获正法之徐小玉即汪见功、未获之李小沅,遇道贫难。徐小玉稔知宿境坡水桥地方时有货车经过,起意抢截,孙选等与李小沅允从,李和尚不肯偕往,李小沅逼令同行,李和尚勉从。徐小玉复纠格伤监毙之田近仁、王玉田、张焰光、孙浩,已获病故之董早成、田学盈,已获正法之吴庆沅、已死之翟三秃子,并沭阳县先后会获拟办之杨得盛即杨开力、何黑虎、李廷祥、刘学曾、张之明、叶汝淮、徐信、李廷辅、李长贵、周廷幹,兼之在逃之孙建义、杨明让、房云田及不识姓名一人入伙,即于是日上午时分,共伙三十三人,徐小玉等分携刀械,李和尚徒手,偕至坡水桥秫地等候。适臬司薛焕北上,随从行李车辆经过,徐小玉等赶上拦住,抢得车上衣物,分携逃至僻处,查点俵分。李和尚并未抢,亦未分赃。即经该县闻信,会营驰勘追击。田近仁起意拒捕,与王玉田拒伤兵勇陶魁、杨永庆二人。该兵勇格伤田近仁、王玉田、张焰光、孙浩、柳城春、杜小玲、李小淦等,解县审办,详由道府核转前来。

　　臣覆核无异。查律载:强盗已行得财者,不分首从皆斩。又,咸丰五年二月十七日,奉上谕:嗣后凡聚众持械抢劫,凶暴众著者,无论白昼昏夜,均照强盗本律,不分首从,一概拟斩等因。通行遵照。又例载:情有可原之伙盗内,如果年止十五岁以下,审明实系被人诱胁随行上盗者,无论分赃与不分赃,俱问拟满流,不准收赎等语。

　　此案孙选等听从截抢臬司薛焕随车,业已得财,虽时在白昼,惟聚众持械,凶暴众著,自应遵奉通行,均照强盗本律问拟。孙选、李小淦即胡三、柳城春、杜小玲、王肃玉、梅了头、彭青、田近仁、王玉田、张焰光、孙浩、董早成、田学盈应如所拟，均合依强盗已行得财者不分首从皆斩律，拟斩立决。孙选、李小淦、柳城春、杜小玲、王肃玉、梅了头、彭青，业已就地正法，田近仁、王玉田、张焰光、孙浩亦被格伤监毙，董早成、田学盈先后在监病故，均毋庸议。孙选、杜小玲另有伙抢河南补用按察司经历孙九经行车一案，分案拟结。李和尚被逼同行，并未同抢分赃，系属情有可原，其犯案时年正十五岁，亦应按例问拟。李和尚亦如所拟，合依情有可原之伙盗，如果年止十五岁以下，审被诱胁随行上盗，无论分赃与不分赃，俱问拟满流，拟杖一百，流三千里，不准收赎。惟事犯在咸丰十年正月初一、十一年正月十三、十月初九、同治元年八月初二、九月初一等日历次恭逢恩诏以前，核其情罪，不在不准减免之列，应准减免。各犯父兄与失察牌保，事在赦前，均免提责。余讯无同居亲属知情分赃、牌保得规包庇情事，逃后亦无知情容留之人。田近仁等或因伤监毙，或患病身死，刑禁人等亦无凌虐情弊。兵勇陶魁等伤均平复，概毋庸议。起赃还主，未起追赔。起获盗械，发营配用。逸犯李小沅等饬缉，获日另结。

再，此案盗犯三十三人，已于展参限内获犯过半，并获盗首，前署宿迁县知县查延年尚知奋勉，所有奉摘顶戴应请开复。是否允洽，除将供招咨部外，合将核拟缘由，谨会同协办大学士两江总督臣曾国藩、江苏巡抚臣李鸿章，恭折具奏，伏乞皇太后、皇上圣鉴。谨奏。十一月初四日。

同治二年十一月初九日，议政王军机大臣奉旨：刑部议奏。钦此。①

---

① 台北故宫博物院藏：军机及宫中档，文献编号：092479。

一五一　奏请开复知县查延年处分折

同治二年十一月初四日(1863年12月14日)

漕运总督臣吴棠跪奏,为获盗审明正法,核议会奏,仰祈圣鉴事。

案据前署宿迁县知县查延年报:于咸丰九年五月初四日,河南补用按察使经历孙九经车辆行至堰头西北,被匪截抢。据即会营勘缉,饬牙估赃值银九百七十七两二钱四分,造册通报,当经前督臣何桂清、抚臣徐有壬、河臣庚长会同奏参,九年十月初八日,奉上谕:何桂清等奏,特参玩视捕务之知县一折等因。钦此。恭录转行钦遵,一面勒限严缉。嗣据接署知县吴元汉以臬司薛焕随车被抢案内获犯孙选、杜小玲,究出伙同已获正法之庄玉田、何长池,格伤监毙之田近仁、张焰光、孙浩,在逃之刘廷珍及不识姓名二人,截抢事主孙九经车上衣物。并据卷查咸丰十一年十一月二十五日,该县会获庄玉田,讯认选在郯、邳、宿、沭各处,肆行抢劫,抗拒官兵,当即禀明正法。又查同治元年二月,该县访有沭匪何长池乘捻逆东窜,潜匿北乡,勾结为害,随会营带兵拿获,讯认抢虐拒捕多次,当即禀明正法。又查田近仁、张焰光、孙浩系臬司薛焕随车被抢案内伙犯,因被拿拒捕,致被格伤监毙。复提孙选、杜小玲,讯供通详,覆审明确,禀明就地正法,议拟详府由道核转前来。

臣复加查核,缘孙选、杜小玲均籍隶宿迁。咸丰九年五月初四日,孙选、杜小玲与已获正法之庄玉田、何长池并格伤监毙之田近仁、张焰光、孙浩,遇道贫难。庄玉田起意纠抢,孙选等允从。庄玉田复纠在逃之刘廷珍及不识姓名二人入伙,即于是日上午时分,共伙十人,分携刀械,偕至宿迁县堰头西北地方,适河南补用按察司经历孙九经车辆经过。各犯赶上拦住,抢得车上衣物,分携逃至僻处,查点俵分而散。事主孙九经报县勘缉,获犯讯详,覆审明确,禀明就地正法,议拟详由府道核转前来。

臣查此案赃虽无起,而犯供行抢月日及所抢赃物,悉与事主原报相符,其为正盗无疑。查强盗已行得财,不分首从皆斩。又咸丰五年二月十七日,奉上谕:嗣后凡聚〈众〉持械抢劫,凶暴众著者,无论白昼昏夜,均照强盗本律,一概拟斩等因。通行遵照。此案孙选等听纠持械,截抢事主孙九经行车,业已得财,实属凶暴众著,应遵通行,均照强盗本律问拟。孙选、杜小玲应如所拟,均合依强盗已行得财者不分首从皆斩律,拟斩立决,业已就地正法,应毋庸议。该犯等尚有伙抢臬司薛焕随车一案,已分案拟结。犯父杜文张、失察牌保事在赦前,请免提责。余讯无同居亲属知情分赃、牌保得规包庇情事,逃后亦无知情容留之人,亦毋庸议。各赃照估逼赔。逸犯刘廷珍等饬缉,获日另结。

再,此案盗犯十八人,已于展参限内获犯过半,兼获盗首,所有前署宿迁县知县查延年革职处分,应请开复。是否允洽,除将供招咨部外,合将核拟缘由谨会同协办大学士两江督臣曾国藩、江苏巡抚臣李鸿章,恭折具奏,伏乞皇太后、皇上圣鉴。谨奏。十一月初四日。

同治二年十一月初九日,议政王军机大臣奉旨:该部议奏。钦此。①

【案】何桂清等奏,特参玩视捕务之知县一折:此案上谕档

---

① 台北故宫博物院藏:军机及宫中档,文献编号:092480。

载曰:

咸丰九年十月初八日,内阁奉上谕:何桂清等奏,特参玩视捕务之知县一折。前据该督等奏称,江苏宿迁县地方有臬司薛焕随从行李被劫一案,当将该署知县查延年摘去顶戴撤任,留于地方协缉。兹据奏称,该县堰头镇又有河南补用按察司经历孙九经被抢银两、衣物之案,缉犯均无一获,实属任情玩纵。署宿迁县知县查延年,着即行革职,仍留于该地方协缉,以儆玩惕。钦此。①

一五二 密陈皖北隐情请收回
厘卡及江、皖要地折

同治二年十一月十二日(1863年12月22日)

漕运总督臣吴棠跪奏,为密陈皖北隐患情形,请旨收回厘卡及江、皖要地,以裕饷源而振残黎,仰祈圣鉴事。

窃查皖北一隅,逆苗未叛之始,与滁州李世忠分踞淮河南北上下游之地。颍上、正阳、下蔡、怀远等处,则苗逆设卡捐厘。五河、泗州,下至洪湖及江境之西坝、高涧等处,则李世忠设卡捐厘。上下游穷极盘剥,商民重困,然犹幸其相安于无事也。自苗逆倡乱,即据设卡之处以为巢穴,负隅猖獗。穷数月之力,集数道之兵,始得歼除苗逆,淮北及淮之上游差称安堵。至李世忠设卡捐厘,本年春间有在洪湖与苗党械斗之事,经臣妥为抚绥,方不激成大变。而李世忠查封西坝之盐至数十万包之多,淮北盐务疲弊,悉由李世忠

---

① 中国第一历史档案馆编:《咸丰同治两朝上谕档》,第9册,第541页。

把持盘剥所致，然尚为豫胜营饷需不足起见，是以督、盐臣曾国藩亦未便加以究问也。

李世忠经曾国藩、唐训方及臣牢笼驾驭羁縻勿绝，是以苗逆叛后，李世忠复能带队进攻怀远、寿州各苗圩。惟豫胜营勇李世忠向不发给口粮，全以掳掠为事，近在淮、寿一带，掳掠之惨甚于盗贼。现在下蔡、寿州城圩经亲王僧格林沁派总兵陈国瑞等克复，而李世忠队复欲争踞，相持不下。臣已禀请亲王僧格林沁酌核办理。此近日豫胜营勇毫无纪律、骚扰争斗之情形也。

伏查自怀远以上地方，重烦兵力，始克澄清，且系淮河上游，形势险阻，利器难以假人，不惟不容豫胜营之骚扰，抑不可令其久踞。再有设卡捐厘，如苗逆之前事，自五河以下至滁州、来安、全椒、天长及江苏六合等处，经李世忠勇队盘踞六年之久，州县官不敢理事，居民搬徙，不敢还乡，以致田亩荆榛，屋庐瓦砾，数州县中数百里内人烟断歇，间有人民穷极归里，亦被其蹂躏，困不聊生。是苗平而淮北粗安，李存而淮南仍困也。邻境、本境统兵各臣，皆因李世忠从众数多，尚有击贼之功，意欲虚与委蛇，驾驭以收其用。或因兵力不能旁及，未便再树一敌，以累大局，是又控驭之苦心而不能自白者也。

臣愚以为，从前发逆屡犯江北、苗逆未靖之时，自应留李世忠一军，借为捍御，期断苗逆、发逆之勾结。现在九洑洲克复，发逆无能北窥；苗逆已除，皖北亦无巨寇。善后事宜全在循抚残黎，招徕流亡，培养元气，方期能渐复旧规。若仍任豫胜营之滋扰，不惟皖民苦其蹂躏，且恐其恣肆日甚，积久不堪，必将绳之以法，操之或蹙，势将蹈苗沛霖之故辙。虽终归诛灭，不足为虑，而兴师动众，耗费饷需，亦于全局关碍非浅。推原李营骚扰之故，固由其不知纪律习惯使然,亦由其聚集一处,人数众多,据有利权,恣行肆意,辄相效尤,并不自知其非也。

谨拟请旨密饬亲王僧格林沁及协办大学士两江督臣曾国藩,察勘情形,一面饬令李世忠及所部实缺人员各赴任所,使彼有所系恋,应知改过自新,且分置数处,徒党既少,即欲为非,势亦不敢;一面挑选豫胜营候补各将弁及精壮勇丁数千名,分隶曾国藩、唐训方军营,或调扎江南间之楚师之中,使之观习营规,以资控制;一面收回李世忠所设江、皖各厘卡,各归该省督抚酌量裁撤,仍留数卡捐厘,即以为挑选豫胜营勇之口粮计。淮北之盐必经洪湖上运,所留厘卡但能涓滴归公,不惟可养豫胜营勇,其余赢者仍可供皖北善后军需,尤为一举两得;一面饬令皖北各州县悉赴任所理事,招徕未归之民,抚循疮痍,开垦耕种,假以数年,皖北民生应可苏息。似此办理,不惟皖北永销患气,即李世忠等得借此保全。

臣窃念豫胜营一军日后终须安插,不若乘亲王僧格林沁等军全在皖境之时,早为办理,即有蠢动,兵力足备驱除。譬如病者,血气盛始可进伐削之剂,今官军悉驻皖疆,诚为所攻必克,所令必从,万难一觏之会也。

所有密陈皖北隐患情形,请旨收回厘卡及江、皖要地,以裕饷源而拯残黎缘由,是否有当,恭折具奏,伏乞皇太后、皇上圣鉴。谨奏。同治二年十一月十二日。[①]

【案】同治二年十一月十八日,清廷以李世忠拥军自重、残害百姓等事,饬令吴棠等密商剿抚之策,妥筹办理。《清实录》:

---

① 台北故宫博物院藏:军机及宫中档,文献编号:092635。

辛酉……又谕：前据僧格林沁奏，攻克苗家老寨、下蔡、寿州等情形一折，内称十一月初一日收复寿州，初三日有李营大队进城，即杀守门勇丁五名，经我军迎敌，将该队逐出城外，捡获五十余人，内有提督蒋立功一名。又，初三日，李世忠督兵围攻下蔡，以宋庆不肯让给，调队攻打。宋庆之军亦出队迎敌，将其击退。李队遂往下蔡附近，尚未撤队，经派陈国瑞亲往下蔡等处，会同李世忠妥为弹压，并咨唐训方详查启衅缘由酌办等语。昨又据吴棠奏，李世忠查封西坝之盐至数十万包之多，淮北盐务疲敝，悉由李世忠把持盘剥所致。豫胜营勇，李世忠向不发给口粮，全以掳掠为事，近在怀、寿一带焚掠之惨，甚于盗贼。自五河以下至滁州、来安、全椒、天长及江浦、六合等处，经李世忠勇队盘踞至六年之久，州县官不敢理事，居民搬徙，不敢还乡，以致田亩荆榛，屋庐瓦砾，数百里内人烟断歇。苗平而淮北粗安，李存而淮南仍困。请密饬僧格林沁、曾国藩察看情形，宜及僧格林沁等军全在皖境之时，早为办理各等语。

李世忠跋扈恣肆，盘踞利源，其勇队分踞多县，不能约束，骚扰病民，终为淮南巨患，朝廷早已洞悉，止以淮南之苗患未除，是以隐忍未发，未几而寿州、下蔡等处无端寻衅，又复见告，以官军业经得手之处，胆敢调队攘夺攻打，且杀害守门勇丁多名，其居心叵测、目无法纪可见。僧格林沁所谓先事羁縻，俟唐训方查覆到日再行酌办者，谅已胸有定见，未便明言。今览吴棠密陈皖北隐患一折，其办法似尚周妥可行，惟调其所部实缺人员赴任一节，宜加参酌。着僧格林沁、曾国藩、吴棠、唐训方详细密函筹商，即将李世忠调赴曾国藩军营，折以正言，晓以大义，令其随营剿贼。如彼以部中乏饷为词，即谕以官为给饷,毋令其再擅利权,并勒令将所踞城池厘卡盐利交出归官,一面于各城及要隘处所分拨队伍,严阵以待,挑选其营中得力弁勇,编成队伍,分隶楚南良将各营。其部曲来自逆党及著名凶恶者,概予芟除遣散。如李世忠俯首听命,即可留营录用,若敢抗不遵调,则是显然背叛,僧格林沁等即一面请旨革职,一面声罪致讨,断不可稍存姑息。僧格林沁等于计议将定、未办此事之先,即须豫为贯注一气,同时并举,使其猝不及防,不可稍有参差落后不能应手之处;并往来密函筹商,均各亲自拆阅,不准漏泄一字。吴棠折着钞给僧格林沁、曾国藩、唐训方阅看。僧格林沁折着摘钞给曾国藩阅看。

再,本日据户部奏,淮北票盐提充军饷,请分别截留,以保正课一折。亦因皖、徐平靖,淮北销路渐通,亟宜将饷盐分别截留,以挽颓纲而裕正课。着曾国藩严饬盐运使忠廉,设法遵照办理。乔松年于盐务情形素所熟悉,并着吴棠接此旨后,将此旨内盐务及户部折内应办各条密行摘录,知照乔松年一体帮同办理。户部折并着钞给僧格林沁、曾国藩、吴棠、唐训方阅看。将此由六百里密谕僧格林沁、曾国藩、吴棠、唐训方,并传谕乔松年知之。[①]

一五三 奏催陈国瑞军饷并姚广武带队回宿折

同治二年十一月十二日(1863 年 12 月 22 日)

漕运总督臣吴棠跪奏,为请旨饬催总兵陈国瑞军营协饷,并陈

---

① 《穆宗毅皇帝实录(二)》,卷八十五,同治二年十一月中,第787—789 页。

明徐宿援蒙官兵现经亲王僧格林沁饬令回顾本境缘由,恭折具陈,仰祈圣鉴事。

窃照总兵陈国瑞一军,前由东省带兵援皖,经臣奏请由山东、山西、河南接济饷银,以供进剿之用,钦奉谕旨:阎敬铭、英桂、张之万于藩库不拘何款,各先行拨解银三万两等因。钦此。钦遵在案。兹查自九月起至十一月止,计已三月之久,加以奉准各先拨解之三万两,共计应解银十八万两,迄今仅据该三省各解到银一万两。节经臣派员守提,并无续解之信,以致陈国瑞行营军饷竭蹶万状。现在蒙城虽已解围,苗逆授首,而迭据该总兵函称:于擒获苗逆景开荣、张建猷、孙梦卜、赵克元各犯后,攻克苗逆老寨,立拔下蔡逆巢,现又进攻寿州、颍上、正阳一带,正乘胜转战、军情吃紧之时,不但不容缺饷,且必须裹粮而行,方免贻误军机,及时扫荡。即寿、颍等处一律肃清以后,搜捕余孽,剿抚捻圩,正需有以善其后者,一时尚难议撤,则饷需待济仍殷。臣现由清淮筹银四千两、棉衣四千件,解交该总兵军营,暂济目前之急,避免冻馁之虞。惟有吁恳天恩,饬催山东、山西、河南各抚臣,各将欠解陈国瑞军饷银三万两赶紧如数清解,并自九月起按月协饷仍遵前旨,源源协拨,以利攻剿而资善后之需,感荷鸿慈,实无既极!

再,据署徐州镇总兵姚广武禀称:十月二十八日,饬派游击熊朝鉴等攻克宿境之宋家捻圩,将捻首宋小喜擒获枭示。十一月初一日,奉亲王僧格林沁饬令,回顾本境。该总兵即于初三日带队回宿,清理宿西各捻圩等情。除饬遵照妥办,所有军务情形遵旨由亲王僧格林沁具奏外,合将请催协饷及徐宿援蒙官军回顾本境缘由,会同帮办军务尽先总兵陈国瑞,恭折具陈,伏乞皇太后、皇上圣鉴训示。谨奏。十一月十二日。

同治二年十一月十七日,议政王军机大臣奉旨:钦此。①

【案】此折于是年十一月十七日得允行。《清实录》:

又谕:吴棠奏,徐宿援蒙官军回顾本境一折。总兵姚广武一军于十月二十八日攻克宿境之宋家圩,将捻首宋小喜捡获正法,现经僧格林沁饬令该总兵带队回宿,清理宿西各捻圩。即着吴棠督饬姚广武,迅将宿西伏莽次第扫除,以靖地方。将此由五百里谕令知之。②

一五四　请将溧水知县张毓林从优议恤片

同治二年十一月十二日(1863年12月22日)

再,江宁府溧水县知县张毓林,于咸丰九年十二月到任,办团有力,民情悦服。十年三月,发逆窜逼县城,张毓林集练守城,屡次却贼。旋因该逆大股骤至,四面冲扑,城小兵单,势难抵御,因之县城不守。张毓林奋勇巷战,身受重伤,经勇丁、家人救护出城,退守乌山、拓塘等处。张毓林复调乡团,进剿溧城踞贼,计图恢复。忽于四月初十日,发逆大股环至,张毓林带练接仗,力竭阵亡。经家丁余升由贼中逃出,禀称前情,并缴呈溧水县印一颗。据江宁藩司乔松年转饬江宁府及现任溧水县,查核无异,详请奏恤前来。

臣查张毓林因兵单城小,为贼所乘,身受重伤,复能调练击贼,临阵捐躯,殊堪矜悯!相应请旨将张毓林照阵亡例议恤,以慰忠

---

① 台北故宫博物院藏:军机及宫中档,文献编号:092636。
② 《穆宗毅皇帝实录(二)》,卷八十五,同治二年十一月中,第781页。

魂。呈缴之溧水县印，业经前署溧水县知县范骧祗领开用，与遗失后寻获者不同，应请勿用另铸。合并声明。谨会同协办大学士两江督臣曾国藩、江苏抚臣李鸿章，附片具陈，伏乞圣鉴。谨奏。

同治二年十一月十七日，议政王军机大臣奉旨：张毓林着照阵亡例议恤，该部知道。钦此。①

一五五　清河绅民捐输助饷请加广学额折

同治二年十一月十二日(1863年12月22日)

漕运总督臣吴棠跪奏，为查明清河县绅民捐资助饷银数，援例恳恩加广学额，恭折奏祈圣鉴事。

窃照前准部咨：奏准章程，凡绅商捐资备饷，一厅州县捐银至二千两者，准予加广文武学额各一名。捐银一万两，加文武学定额各一名，仍不得逾于各学原额之数。本年又准部咨：嗣后奏请加额折内于积捐总数外，查明请奖原案，某案捐银若干两，捐生若干名，何时具奏，何时奉部议准，逐细声叙，以昭核实等因。遵照在案。兹查清河县自咸丰三年起至同治元年止，除客籍商捐及未奖各款不计外，综计本籍绅民捐输军饷共银一万四千八百三十四两八钱，捐钱三万五千八百千三百文，遵章以钱二千合银一两，计合银一万七千九百两一钱五分，共计银三万二千七百三十四两九钱五分，均经报部给奖有案。该县原额文学二十名、武学十三名。今拟请以银三万两，加文武学永远定额各三名；以银二千两，推广一次文武学额各一名。核与定章相符，亦未逾原额之数。据江宁布政使

---

①　台北故宫博物院藏：军机及宫中档，文献编号：092637。

乔松年详请就近具奏前来。

臣覆核无异。除将送到清册咨部覆核并将其余捐款七百三十四两九钱五分准其归入续捐办理外,相应吁恳天恩,俯准自癸亥年岁试为始,加广清河县文武学永远定额各三名,推广一次文武学额各一名,以资登进而昭激劝。谨会同协办大学士两江总督臣曾国藩、江苏巡抚臣李鸿章、学政臣孙如仅,缮折具陈,伏乞皇太后、皇上圣鉴。谨奏。十一月十二日。

同治二年十一月十七日,议政王军机大臣奉旨:该部核议具奏。钦此。①

一五六　奏报审明知县吴维禧等折

同治二年十一月十二日(1863年12月22日)

漕运总督臣吴棠跪奏,为审明已革厘局委员,请旨即予革职缘由,恭折奏祈圣鉴事。

窃臣前钦奉上谕:吴棠奏,请将贪劣委员暂行革职等语。钦此。臣于奉旨后,谨即严饬办理扬镇水陆粮台江宁藩司乔松年、办理江北厘捐总局前四川永宁道郭礼图等,就近提同该员等详确讯拟。兹据乔松年等详称:讯得已革知县吴维禧与知县张金钊,于同治元年先后经台员许道身委办申夏港厘捐事务。吴维禧先奉札委往办,当以地属滨江,兼近贼垒,港口甚多,恐有绕越,各处雇备船只,派令司事家丁多人,分头巡查,扼要设立五卡,稽收捐钱。于九月二十日甫经开局,即被贼扰,诚恐贼退货有偷漏,船只、丁友照常

雇备，捐无可取，局用照支。迨张金钊奉委前往会办，复行开局，未及半月，贼又出扰，无捐可收。直至本年二月，贼始退尽。吴维禧自恃总办，驻夏港为总局，兼管各卡，派张金钊驻新沟，专管该卡，并派司事家丁前往经管帐目，填写联票。张金钊亦有延派丁友。二月二十三日，一律开局起捐，五月十三日停止，连上年五卡共收钱三千八百余千，除报解并准销外，其另开销三处司事、家丁，五处听差、船价等，费至二千二百余千之多。虽无侵蚀，究系多糜。张金钊所收捐钱，除汇解提台并坐支船价、薪水、局费外，余均按月连同联票解由吴维禧总局汇解。吴维禧收解支销文卷、钤记，一概不与预闻。张金钊疑有侵蚀，并因吴维禧丁友过多，支销甚巨，恐妨解款，屡向理说。吴维禧恶其争执干预，装点具禀，张金钊亦具禀，诉其被控各情。并据吴维禧等佥供：货船进口，照章抽厘，并未抬折银价，亦无灰印船号、扦舱名目；虽式船只较大者，恐有藏匿货物，仅只稽查，并无捐钱情事。反复研讯，供词无异，详请奏结前来。

臣复详加查核，吴维禧所供局多人众、支用浩繁，以致解款无多、尚非侵吞入己各情，似属可信。惟当军需支绌之际，吴维禧不致力求撙节以济军需，乃多设船只，信用丁友，任意开销，实属不知急公，亟宜从严惩办，以为办捐滥支者戒，应请即予革职。该员应行赔缴之二千二百余千，现已缴到银一百七十两，业经拟解济饷。余款均已认缴，俟缴清后省释。张金钊因恐捐无成效获究向理，尚无不合，惟与吴维禧同差，不能劝阻，任听滥支公款，亦属非是。除由臣行司将张金钊记大过三次、停差一年以示薄惩外，所有审明已革厘局委员请即予革职缘由，恭折具陈，伏乞皇太后、皇上圣鉴。谨奏。十一月十二日。

同治二年十一月十七日,议政王军机大臣奉旨:吴维禧着即行革职,该部知道。余依议。钦此。[1]

一五七　请将沈光曾开复原官留苏补用折

同治二年十一月十二日(1863 年 12 月 22 日)

漕运总督臣吴棠跪奏,为讯明船户私改盐包,捏说票费,与委员、盐栈均无干涉,请旨将革员开复暨拟办缘由,恭折奏祈圣鉴事。

窃臣钦奉上谕:都兴阿奏,请将贪鄙不职之厘捐委员革职等语。钦此。臣于奉旨后即严饬办理扬镇水陆粮台江宁藩司乔松年、办理江北厘捐总局前四川永宁道郭礼图等,就近传提革员沈光曾及同泰盐栈,详确审讯。兹据乔松年等详称:讯据已革同知沈光曾供称:奉台员许道身委办如皋县周圩港厘捐,于本年正月初九日到局任事,当因感冒风寒,旧疾复作,即于正月二十五日,禀请改委人员接办厘务。时改委之候补理问万晌因有经手事件,迟至三月初七日,始行到局。沈光曾以厘务重大,不敢因病推诿,仍在局照常收捐。

本年二月初十日,有张福生船一只,载盐四十包;翁嘉松船一只,载盐七十包;孙同茂船一只,载盐四十八包,照章捐厘,填给联票,并未另收分文。又据同泰盐栈管事之王培明供称:该栈与厘局向无交涉事件,张福生等实系共买盐一百六十三包,其出江后包数如何不符,并不知悉。当又行提船户张福生、孙同茂等二名到案,讯据张福生供称:贩盐为生,不计次数。本年二月,与素识之翁嘉

---

① 台北故宫博物院藏:军机及宫中档,文献编号:092639。

松、孙同茂商约合伙贩盐。

初十日，在港口同泰栈买得盐一百六十三包，分装三船，在周圩港厘卡缴厘，候填联票。翁嘉松问张福生，为何还不开船。张福生云：联票尚未填出，待我到局取来。取回联票，时因翁嘉松、孙同茂不懂捐务，意欲赚其钱文，捏云每张要钱四百文，我已垫付，其实厘卡并未索取钱文。当日开出江外僻处停泊，张福生等商议，栈盐每包八十余斤，一人不能肩挑，又不好零碎拆卖，船上现有新旧蒲包，何不将一包作三包，以便零卖。于是帮同动手，将栈盐分改自包，仍装三船。不想行至四圩江面，被水师截住，说是偷漏厘捐，盐票不符，将盐提去各等语。据孙同茂供词相同。再三研诘，矢口不移，情形属实。详请奏结前来。

臣查沈光曾前办丁堰等处厘务，声名尚好。此次委办周圩港厘捐，司局未及半月，即因病辞差，其绝无营私渔利等情，已可概见。嗣因接办之员未到，仍在局照旧捐厘，并无贻误。至张福生等盐票不符，系该船户等出江后分改盐包，致被水师拿办，并非出口时以多报少，又未收有票费，委与沈光曾及同泰盐栈毫无关涉。

所有已革候补同知沈光曾，相应请旨开复原官，仍留江苏以候补班前即补同知补用。该员系原案开复，照例免交捐复银两。船户张福生捏说联票费钱每张四百文，希图诓骗孙同茂、翁嘉松等钱文，虽赃未到手，究属不合，应照不应重律，杖八十，折责发落。所贩盐斤，辄自改包，以致盐票不符，业经提公充饷，亦足示罚。孙同茂、翁嘉松均系初次贩盐，不知详细，所有到案之孙同茂与尚未到案之翁嘉松，各均免其置议。其同泰栈伙王培明，讯无通同舞弊情事，亦应免议。

所有讯明船户乱改盐包，捏说票费与委员、盐栈均无干涉，请旨将革员开复暨拟办缘由,恭折具陈,伏乞皇太后、皇上圣鉴。谨奏。十一月十二日。

同治二年十一月十七日,议政王军机大臣奉旨:沈光曾着准其开复同知原官,仍留江苏归候补班前补用,该部知道。余依议。钦此。①

一五八　查明署沭阳县蒋懋勋被参各款折

同治二年十一月二十七日(1864年1月6日)

江苏巡抚臣李鸿章、协办大学士两江总督臣曾国藩、漕运总督臣吴棠跪奏,为已革知县被参各款,遵旨审明,恭折会奏,仰祈圣鉴事。

窃臣吴棠接准臣李鸿章咨开:同治二年三月二十九日,内阁奉上谕:前因御史何福咸②奏参署沭阳县蒋懋勋贪酷不职、玩视民命各款,当经谕令曾国藩、李鸿章查明惩办等因。钦此。等因。转咨到臣。遵即行司将署沭阳县知县蒋懋勋先行革职,典史钱步高一并撤委,提集人卷,逐加研讯。如被参委验一节,经臣吴棠讯得沭阳县挑夫朱日昌身死,尸属赴县报验,正值捻匪窜扰海、沭一带。

---

① 台北故宫博物院藏:军机及宫中档,文献编号:092640。

② 何福咸(1824—?),山西灵石人。道光三十年(1850),中式进士,改庶吉士。咸丰二年(1852),散馆,授编修。历充国史馆协修、纂修、功臣馆纂修、文渊阁校理。五年(1855),充顺天乡试同考官。八年(1858),充顺天乡试考官。十年(1860),补江南道监察御史。十一年(1861),转掌贵州道监察御史。同治元年(1862),协理京畿道务。二年(1863),掌京畿道监察御史。同年,补授兵科给事中。四年(1865),充文会试内帘监试官。同年,捐道员,转工科掌印给事中。六年(1867),补授甘肃甘凉道。是年,丁母忧,回籍终制。八年(1869),服满起复。十年(1871),补授云南迤南道。

该县蒋懋勋带勇防剿公出，檄委典史钱步高代拆代行。钱步高因天气炎热，恐尸身腐烂，先往验看，用土浮掩，一面即请蒋懋勋星夜回城，验明棺敛，仍复带勇出城防剿。该邻里程宝泉等铺因见尸属穷苦，曾为凑备敛埋等费，蒋懋勋既未违例委验，钱步高亦无讹索情事。

又，被参妄杀一节，经臣吴棠讯得沭阳县监生徐德嘉，与妻徐周氏勾匪结幅，坐地分赃。该县拿获匪犯黄升秀等讯认凿凿，徐德嘉与徐云涛不睦，徐周氏造意谋杀，因陈本立为徐云涛保家，徐周氏即令匪党王玉臣即王胡留等，将陈本立杀死，王玉臣、马长贵、王振起、郝景章、郝小衣被拿拒捕，均被格杀。王玉臣之父王德荣禀经蒋懋勋驰赴该处，拿获徐德嘉、徐周氏，传同保邻人等，讯供属实。庄邻、团练无不痛恨徐德嘉夫妇窝匪，扰害地方，公请立正典刑。时值西捻窜扰，蒋懋勋急切督剿，势难照例详办，当即就地正法。现又转讯尸亲徐陆氏、周司氏及徐德嘉之弟徐晋芳等，佥称徐德嘉、徐周氏实有种种应杀之罪，并无冤屈，均愿出具切结等语。

臣等伏查蒋懋勋被参各款，以杀徐德嘉、徐周氏为重。惟徐德嘉、徐周氏勾匪结幅，坐地分赃，其罪已应拟斩，徐周氏主使杀人，更有应得之罪。其被获之时，正值西捻窜扰，经团练公请立正典刑，蒋懋勋即将徐德嘉、徐周氏就地正法，以顺舆情，委无挟嫌诬陷情事。惟该员于此等要犯既已获案，自应照例详办，以昭慎重。虽因团练公请正法，并值捻氛逼近，该员一时行权，究属任性妄为，非寻常疏忽可比。应请将蒋懋勋即予革职，以示惩警。

其余被参各款，经臣李鸿章业已奏明，均无实据。兹复加访查，委无其事，应毋庸议。典史钱步高讯无讹索情事，应请免其置议。是否有当，谨合词恭折具奏，伏乞皇太后、皇上圣鉴。谨奏。十一月二十七日。

同治二年十二月初四日，议政王军机大臣奉旨：据奏，徐德嘉、徐周氏系勾匪扰害地方之犯，该县蒋懋勋因捻氛逼近，将其就地正法，如果属实，办理尚无不合，处予革职，殊觉所罚过重。惟此案情节有无不实、不尽及蒋懋勋平日居官声名何如，有无不恰舆情之处，着吴棠再行就近详查，据实具奏。余依议。钦此。①

【案】御史何福咸奏参署沭阳县蒋懋勋……各款：同治元年十一月初四日，御史何福咸奏曰：

京畿道监察御史臣何福咸跪奏，为知县贪酷不职，玩视民命，请旨查办，以肃纪纲事。窃维州县为亲民之官，亿兆之安危视乎守令之贤否。守令职分虽微，而关系甚巨。况自粤逆不靖以来，大江南北半遭蹂躏，小民兵燹余生，尤赖贤有司加意抚循，或可少为补救。是今日之守令固尤不可不慎选其人也。风闻江苏沭阳县知县蒋懋勋，品行卑劣，出身本系幕友，历在青浦县知县蔡维新、海州直隶州知州龚善思、江宁府知府陈廷恩任内办理刑名，现在署任沭阳。该员体弱多病，又复吸食鸦片，履任后一切词讼不能亲理，尽委诸县丞刘镇、典史钱步高，而刑名一席则任用其徒王希桢代拆代行。王希桢因与门丁叶树堂、杨蔚文内外联结，无所不至。该员非惟不能约束，抑且倚为心腹，以致声名狼藉，物议沸腾。沭阳所属村庄，比年屡被捻匪窜扰，所过焚掠一空，流亡满目。而该员于本年

---

① 台北故宫博物院藏：军机及宫中档，文献编号：092999。

五月间，在县东关庆寿演戏，使其弟蒋谦代，办置酒高会，约请官绅，收受财礼，众口喧传，略无顾忌。县东门外挑夫顾喜殴毙挑夫朱日昌，该员委典史钱步高往验，其地适与宝泉槽坊相近，遂借端讹索该坊制钱五百千，即钱步高为之过付。更可异者，土棍王胡留、陈本立纠众互斗，王胡留将陈本立杀死，陈本立之党复将王胡留杀毙，王胡留之父王士荣年老无依，觊觎监生徐得佳即徐晋芳家资充裕，起意图诈，遂诬以其子杀死陈本立系徐晋芳主使，并称徐晋芳曾经窝匪，在县捏控。该员亦以曾向徐晋芳需索未遂，乘王士荣之控，带领人役勇丁，亲赴徐晋芳家中，并未讯取供词，遂将徐晋芳当场杀死。徐晋芳之妻徐周氏闻其夫无故被杀，急出鸣冤，并有欲上控之语。该员虑其上控，因将徐周氏一并杀害，以绝后患。闻徐姓尚为沭阳旧族，晋芳身列成均，即使果有不法重情，亦当悉心研究，必供证确凿，始可据以定罪。该员因王士荣一面之辞，不察是非，立毙两命，即非挟嫌诬陷，亦属任性妄为。方今皇太后、皇上轸念民依，勤求吏治，岂容此等不肖劣员滥膺民社，贻害地方！应请饬下江苏该管督抚，严密访查，据实奏办，以重民命而徼官邪。臣椿昧之见，是否有当，伏乞皇太后、皇上圣鉴训示。谨奏。同治元年十一月初四日。①

【案】谕令曾国藩、李鸿章查明惩办：此上谕《清实录》载曰：

乙亥……又谕：前因御史何福咸奏参署沭阳县知县蒋懋勋贪酷不职、玩视民命各款，当经谕令曾国藩、李鸿章查明惩

---

① 中国第一历史档案馆藏：军机录副，档案编号：03-4603-096。

办。兹据奏称,蒋懋勋被参贪酷各款尚无实据,惟于顾喜殴伤朱日昌一案仅委典史相验,实属不合。又于访闻监生徐德嘉窝匪分赃一案,并不虚衷研鞫,录供详办,辄因徐周氏泼悍辱骂,即将该监生夫妇一并当场杀毙,实属任性妄为,请旨革职讯办等语。江苏补用直隶州知州、署沭阳县知县蒋懋勋,着先行革职;典史钱步高着一并撤委,交吴棠就近提集人证、卷宗,秉公严讯确情,会同曾国藩等按律定拟具奏。①

一五九　拨队分扎永、宿等处会合东军巡缉折

同治二年十一月二十七日(1864年1月6日)

漕运总督臣吴棠跪奏,为拨队分扎,会合东军巡缉,暨宿军回防各路布置情形,恭折奏祈圣鉴事。

窃臣前迭奉寄谕,饬防捻匪。又奉寄谕:即着吴棠转饬姚广武,迅将宿西伏莽次第扫除,以靖地方。又奉寄谕:据李鸿章奏,无锡业已克复,南岸攻剿愈紧,北岸防务愈形吃重等因。钦此。各等因。臣又接准山东抚臣阎敬铭咨称:饬派副将陈锡周带队,驻扎单县之马良集,游击王心安带队,驻扎峄县之韩庄闸,守备郭大胜带队,驻扎台儿庄地方,扼要分防各等语。臣查宿、永交界各捻,经亲王僧格林沁将首恶相盘等匪惩办后,余党骇散,各圩相率反正,皖捻渐削平。惟伏莽未靖,江、东交界之区仍应会合镇抚,以资弹压。臣现饬令留驻萧、砀之副将杨文全带队,与副将陈锡周队随时会哨,清理地面;又饬驻邳之参将吴凤柱带队,与游击王心安等队会

① 《穆宗毅皇帝实录(二)》,卷六十二,同治二年三月下,第220页。

合,巡缉镇抚各圩。总兵姚广武一军,现已回防巡查,宿西各圩皆已一律投诚。该总兵现饬各降圩呈缴枪炮器械,断其弄兵之借,仍会同宿州知州,抚循疮痍,筹办善后事件。又据淮徐道朱善张禀称：现派都司刘佐廷、把总孟广书等带队,在江、东交界之湖团地方擒斩逸捻王三花脸、冯玉岐、朱朗、周二、庞继曾、李玉袭、刘小五、陈二、刘五等犯九名,刻仍按图搜缉各等语。

至徐宿一军,饷源支绌,罗掘无方,刻当军务稍定,臣已饬姚广武将所部勇丁酌量裁汰,挑留精壮,以储武备而节经费,俟办有定章,再谨奏陈。至沿江一带,港口纷歧,防范刻不容懈,臣谨遵旨咨会都兴阿、富明阿,一体严防,并檄饬江宁藩司乔松年,督饬沿江各州县团练,随时侦探,严密防御。总兵黄开榜前造炮船一百只,现已将次造成。臣又派弁赴沪购买洋枪,即以此起水师作为游兵,驻扎高、宝一带,备防江防湖之用。

所有拨队分扎,会合东军巡缉,暨宿军回防各路布置缘由,谨会同帮办军务尽先总兵陈国瑞,恭折具陈,伏乞皇太后、皇上圣鉴。谨奏。

同治二年十二月初四日,议政王军机大臣奉旨：知道了。徐、宿、高、宝等处地方,即饬派出水陆各军分别巡缉镇抚,不可有名无实。钦此。①

【案】又奉寄谕：即着吴棠……以靖地方：此廷寄《清实录》载曰：

又谕：吴棠奏,徐宿援蒙官军回顾本境一折。总兵姚广武一军于十月二十八日攻克宿境之宋家圩,将捻首宋小喜捡获

① 台北故宫博物院藏：军机及宫中档,文献编号：093000。

正法,现经僧格林沁饬令该总兵带队回宿,清理宿西各捻圩。即着吴棠督饬姚广武,迅将宿西伏莽次第扫除,以靖地方。将此由五百里谕令知之。①

【案】又奉寄谕:据李鸿章奏……北岸防务愈形吃重:此上谕《清实录》载曰:

又谕:富明阿奏,近日招抚情形,并将援蒙之扬军撤回,筹办皖北善后一折。总兵詹启纶等军攻克欧王堡贼圩后,四路兜剿,连日收抚一百数十圩;参将王品裕督同投诚练总詹文魁等,拿获苗逆家属,并收抚民圩十一处。以上反正各圩应如何加意拊循、妥为控制之处,着唐训方督饬按察使英翰,相机办理,毋令再萌反侧。逆属苗徐氏、逆子苗连生业经解交僧格林沁军营,着该亲王讯明办理。苏、常各军均极得手,发逆纷纷拥至江边,深恐铤走北岸。扬军单薄,不敷分防,僧格林沁、富明阿将扬营援蒙之军先行撤回三千五百人,令詹启纶统带,仍回扬州原防。所筹甚是。本日据李鸿章奏,无锡业已克复,南岸攻剿愈紧,北岸防务愈形吃重,若稍有疏虞,致令金陵、常州等处之贼窜入江北完善之区,即南岸叠奏捷音,亦复所得不偿所失。着都兴阿、富明阿、吴棠分督水陆各军,严密堵御,力遏该逆北渡之路,不可稍涉大意。皖北之患,实由民圩过多、练总权大所致,各团练总文职保至府道以上,武职保至二三品,仗势自豪,不但生杀之权地方官不能专主,甚至乡井小民止知有练总之尊,不知有官长之令,积习日久,党与既多,势益强横,有一大练总而

①《穆宗毅皇帝实录(二)》,卷八十五,同治二年十一月中,第781页。

管至百数十圩者，稍有所拂，即借寻仇为名，纠众烧杀，如苗沛霖之酿成巨患，率皆由此。若不妥筹善后，隐弭此患，恐跋扈桀骜之徒暗伏乱萌，又蹈苗逆覆辙。着僧格林沁将如何遣散各处民圩、渐削练总之权，俾团练无从抗官之处，悉心筹画，妥为办理；并着曾国藩、唐训方督饬地方文武，力加整顿。此后该处民练总须官为督办，毋再畀权练总，致成尾大不掉之势，方为妥善。将此由六百里各谕令知之。[①]

一六〇　藩司王藻罚款已缴恳准免其再缴片

同治二年十一月二十七日（1864年1月6日）

再，通州在籍藩司王藻劝捐军饷，未经报销，并奉罚交银三十万两一案，前经臣查明该员经手捐款并无干没情事，将收解数目开具清单覆奏，奉旨：户部议奏，单二件并发。钦此。嗣准部咨：以清单条分缕晰，复加核对，尚属相符。解交各款，均有年月、批回可凭。所称实用实销，并无干没情弊，尚属可信。惟奉旨罚交银三十万两，仅据完缴十二万七千三百余两，与应交之数悬殊。所称变抵田产一空，尚有不实不尽，应再密访确查。奏奉谕旨：依议。钦此。行令遵照到臣。遵经查卷细核，前据通州详报，该员所有田产，实已变卖一空。查核征册，粮已推过，并据将承买各户各准开折报查在卷。

兹准部咨前因，臣复派亲信之人前往通州，密访确查，所称田产均已变卖，委无不实。只有住宅一所，该员及眷属现尚栖止在

---

① 《穆宗毅皇帝实录(二)》，卷八十五，同治二年十一月中，第773—774页。

内。随又札饬署通州直隶州知州黄金韶，饬令该员王藻迁让，一面出示召变。嗣据该州饬牙估计，住房两宅共估值钱一万六千串，先后催据变价，陆续以钱易银一万两，解浦济饷。并据该署知州黄金韶详称：王藻家产实已净尽，此外别无资财隐匿，亦无田房寄顿，他人现在迁居宗祠。共计前后缴银十三万七千三百余两，其余未缴银两，可否准予免缴等情前来。

臣复加察访，委无捏饰。伏查王藻奉旨查办之案，重在干没捐项，业经查明收支有据，并经部臣覆核相符。其罚交之款已缴过银十三万七千三百余两，虽与应交之数悬殊，而该员实已毁家措缴，迁住宗祠，情殊可悯。可否仰恳天恩格外矜施，俯准免其再缴之处，臣未敢擅便，谨附片具陈，伏乞圣鉴训示。谨奏。

同治二年十二月初四日，议政王军机大臣奉旨：钦此。[①]

【案】此片于是年十二月初四日得允行，赦免王藻所欠银两：

同治二年十二月初四日，内阁奉上谕：吴棠奏，在籍藩司应交罚款请免再缴等语。江苏在籍藩司王藻，前因办理劝捐未经报销案内奉旨罚交银三十万两，兹据吴棠奏称，该员前后已缴银十三万七千余两，其余银两实已无力完缴。所有王藻欠交银两，即着免其再缴。钦此。[②]

---

① 台北故宫博物院藏：军机及宫中档，文献编号：093001。

② 中国第一历史档案馆编：《咸丰同治两朝上谕档》，第13册，第598页；《穆宗毅皇帝实录(二)》，卷八十七，同治二年十二月上，第827页。

一六一　请以顾思尧补授淮安府知府折

同治二年十一月二十七日(1864年1月6日)

漕运总督臣吴棠跪奏，为知府人地相宜，吁恳特恩补授，以重地方，恭折奏祈圣鉴事。

窃照淮安地当孔道，为南北水陆通衢，界连高宝、洪泽诸湖，皖氛逼近。上年春间，捻逆窜扰清淮，防务吃紧。当查该府员缺，自咸丰十年前任知府恒廉病故后，尚未遴补有人，经臣奏委现署知府顾思尧署理，并将该员前有降级处分已奉恩旨准其开复之处，随折声明，钦奉上谕：候选知府前任江苏山阳县知县顾思尧，于咸丰十年匪扑淮安时，固守危城，著有劳绩。该处地当冲要，防剿需员，顾思尧着准其仍留江苏以知府用，并署理淮安府知府，以资治理。该部知道。钦此。嗣该员奉到转行部文，以前次降调处分改为降留，并非本案开复。其前保知府花翎，照例查销，不准随带改捐免补本班，以知府补用。又经臣声叙奏请，奉交部议，旋经部臣议奏，准其留于江苏，以同知直隶州即补。如续有劳绩，仍准酌量保奏，俾励人才而资观感等因。奉旨：依议。钦此。钦遵各在案。

伏查淮安府一缺，本属繁要。自淮扬、淮海两道裁缺以后，由扬至徐千里之中，别无道府大员尤资表率，兼之臣遵旨办理江北地方事宜，时有发审案件，政务之繁，亦复甲于江北，非精明练达之员，不足以资治理。现署知府顾思尧束身自爱，守正不阿，孜孜以锄暴安良、兴利除弊为务，洵属知府中不可多得，以之补授淮安府知府，实系人地相宜。当此逆焰渐平，疮痍初复，抚绥整顿，全在守令得人。

臣与督臣、抚臣往返函商，意见相合。惟有沥情破格乞恩，仰恳皇上俯念要缺需才，特准以现署知府顾思尧补授淮安府知府，实于军务、地方均有裨益。谨会同协办大学士两江总督臣曾国藩、江苏巡抚臣李鸿章，恭折具陈，伏乞皇太后、皇上圣鉴训示。谨奏。十一月二十七日。

同治二年十二月初四日，议政王军机大臣奉旨：另有旨。钦此。①

【案】此折于是年十二月初四日得允行：

同治二年十二月初四日，内阁奉上谕：吴棠奏，知府要缺需员，请旨补授一折。江苏淮安府知府员缺，着准其以顾思尧补授。该部知道。钦此。②

一六二　请将典史徐邦彦饬部议恤片

同治二年十一月二十七日（1864 年 1 月 6 日）

再，臣现据江宁藩司乔松年详据〔称〕：前高淳县典史徐邦彦系顺天府大兴县人，由附贡生报捐未入〈流〉，道光十一年，咨署丹徒县典史，十八年，补授高淳县典史，二十四年，报捐候选县丞。咸丰十年三月，发逆窜扑高淳县城，徐邦彦带勇守城，屡次却贼，至三月二十三日，大股发逆蜂拥入城。该员奋勇巷战，力竭殉难。徐邦彦之子徐承恩被裹贼中，目击情形，近由间道逃出，禀诉前情，详请奏

---

① 台北故宫博物院藏：军机及宫中档，文献编号：093002。
② 中国第一历史档案馆编：《咸丰同治两朝上谕档》，第 13 册，第 598 页。

恤前来。

臣查徐邦彦守城殉难，大节凛然，相应请旨将徐邦彦照县丞阵亡例，饬部议恤，以慰忠魂。谨附片具陈，伏乞圣鉴。谨奏。

同治二年十二月初四日，议政王军机大臣奉旨：徐邦彦着交部照县丞阵亡例议恤。钦此。①

一六三　奏报陈国瑞病假派员暂统所部折

同治二年十二月十三日(1864年1月21日)

漕运总督臣吴棠跪奏，为总兵陈国瑞因病回浦，恳恩给假调理，并派员暂统所部，遵旨驻扎徐州，以资镇抚，恭折奏祈圣鉴事。

窃臣前奉寄谕：皖北肃清以后，陈国瑞一军应否移扎徐州以资弹压之处，着僧格林沁、吴棠等，届时酌量具奏等因。钦此。仰见圣谟广运，烛照靡遗。跪聆之余，莫名钦服。正在钦遵筹议间，接准陈国瑞函称：自上年冬间起东省剿匪至今，昼夜料理军务，未敢一夕安枕，得力将士伤亡不少。此次围剿苗逆，大小数十战，无不身先士卒，其间筹画布置，心力交瘁，因而积劳成疾，不能乘骑，现已禀请僧格林沁给假调理等情。旋准僧格林沁咨会：该总兵于具禀后，即于十一月二十四日自蒙起程，回浦就医。现在颍属地方贼氛已靖，各圩寨亦一律清厘，其镇抚事宜，由皖省地方官办，以专责成。所有该总兵队伍无须在此驻扎，饬令副将康锦文等管带回浦，由臣调遣等因，咨照前来。

臣伏查清淮附近现在均尚安堵，昨已将副将张从龙所带由浦援

---

①　台北故宫博物院藏：军机及宫中档，文献编号：093003。

蒙之二千余人调回,毋庸再添重兵。惟徐宿一带,刻虽捻氛敛迹,而界连四省,素为匪徒出没之区,且豫省尚在剿抚吃紧之际,则徐宿边防正不可稍事松劲,亟应钦遵将该总兵所部驻扎徐州,借资镇抚而灵呼应。查有记名总兵郭宝昌,谋勇兼优,晓畅营务,在该营随剿最久,素得士卒之心,现已由臣札饬督同副将康锦文、邓得胜、参将蔡得胜等,暂统队伍,驻扎徐州南门外之云龙山,勤加操练,以备调遣。所部现计尚有四千人,应俟军务大定,再议裁减,以归节省。

至总兵陈国瑞,于本月初八日到浦,臣即前往该总兵寓所,察其精神极为委顿,饮食亦减。据称深恐以病躯恋栈,致误戎机,故赶紧南下就医,以冀速痊图报等语。臣再三慰勉,现令在浦稍住一二日,即赴高邮一带觅医诊视。惟有代恳天恩,俯准赏假两个月,俾该总兵得以安心调理;臣仍勉其从速医调,务惜有用之才,仰报朝廷恩遇。所有总兵因病请假,并派员暂统所部缘由,谨会同帮办军务尽先总兵陈国瑞,缮折由驿驰陈,伏乞皇太后、皇上圣鉴训示。谨奏。十二月十三日。

同治二年十二月十八日,议政王军机大臣奉旨:知道了。陈国瑞在山东、安徽剿贼,最为出力,现在因病回浦,着赏假两个月,安心调理。所部兵勇,吴棠已派郭宝昌等暂行统带,宜饬令勤加操演,以备调遣。仍传谕陈国瑞妥速医治,一俟痊愈,即行接统所部,驻扎徐州,以资镇抚。钦此。[①]

【案】前奉寄谕:皖北肃清……酌量具奏:此上谕《清实录》
载曰:

---

① 台北故宫博物院藏:军机及宫中档,文献编号:093452。

又谕：前据庆昀等奏，宁夏汉城内乱。张集馨、熙麟奏报宁夏、灵州相继失陷，甘肃回氛甚炽，亟宜增兵调将，以固秦、晋边防。现在多隆阿在鼙屋，为一隅所牵掣，汉南贼势狡猖，刘蓉尚无入陕消息，而张总愚一股盘踞淅川山内，蓝逆由山阳出窜，仍在商南之青山口，距荆关仅八十余里。陕、豫军务方股，而甘肃平固未复，宁夏、灵州又陷，该回逆东犯秦、晋，北窜蒙古，皆可长驱直入。陕省西北定边一带，计惟多隆阿所部之兵就近可以调往扼扎，而多隆阿既须援甘，又须防陕，非由各处拨兵赴陕，多隆阿亦难分兵兼顾。刻下最要者，惟淅川之张总愚一股，该匪负隅死拒，一日不了，则河南、湖北、陕西三省皆不得安枕，楚、豫兵力亦难匀拨赴陕。着张之万督同张曜及派出各兵，认真进剿，如兵力尚单，即飞咨僧格林沁等调拨马队助剿。楚省郧阳防兵现因商雒、淅川一带贼踪未净，固不可以移动，而麻、黄、襄、枣一带防兵，与其设防于境内，不如兜剿于邻封。官文向能不分畛域，严树森亦岂得偏持成见，存此疆彼界之心，致成不了之局，贻祸生灵！着即严饬在防各军赴豫会剿。张之万久驻许昌，殊无裨益，着懔遵前旨，移营进扎淅川一带，就近督剿，兼遏贼匪纷窜之路。所有张总愚一股，即着责成楚、豫二省协力剿除，倘任蔓延窜越，或时日久稽，即惟官文、严树森、张之万是问！苗逆授首以后，余党以次伏诛，寿、颍各城均已收复，现止剿办零星股匪，可以无须大兵屯聚。淅川张总愚一股经楚、豫两省兵力夹剿，亦可迅速完竣。是皖省张德胜、蒋凝学、成大吉诸军及楚、豫两省得力劲军，均可移缓就急，分拨赴陕，进扎商雒、荆关等处要隘，归多隆阿、刘蓉调遣，以便多隆阿添兵助剿平固、汉南及扼防挟省西北边界。陕、甘两省军务方有起色，此中布置机宜,必须先事筹画,临时始有成算在胸。着僧格林沁、官文、曾国藩、多隆阿等会商,妥筹调度,以期一劳永逸,届时何营可以留防以资扼守,何营可以赴陕归多隆阿调遣之处,并着迅速会商妥协,一面调拨,一面奏闻。现在皖北及豫省零匪即可由僧格林沁、张之万、唐训方督同陈国瑞、张曜等军,实力翦除。楚、豫交界捻股即由曾国藩责令皖北楚军,会同豫军,分投办理。吴棠严饬姚广武等肃清徐宿一带捻圩,均须克日扫荡,一律肃清,不得稍有迁就,以致重烦兵力。皖北肃清以后,陈国瑞一军应否移扎徐宿以资弹压之处,着僧格林沁、吴棠等届时酌量具奏。至僧格林沁大军,一俟皖省肃清,即可移扎豫境,就近督饬将弁,相机剿办。如楚、豫将弁各怀观望,不肯奋勇剿洗,即着从严参办,毋稍姑容。李云麟当懔遵节次严谕,回军商南,剿除蓝逆余匪,不准迁延。刘蓉速扎青石关,与多隆阿联络声势,力图克复汉南各城,毋得再有濡迟。目下东南事势大有转机,而西北逆氛尚炽,该大臣、督抚等各有地方带兵之责,务宜通筹全局,及早图维,乘此声威,削平丑类,如有所见,不妨据实奏闻,以收集思广益之效。将此由六百里各谕令知之。[1]

一六四　奏请议恤阵亡参将李开春等片

同治二年十二月十三日(1864 年 1 月 21 日)

再,据陈国瑞咨称:前在蒙城剿办苗逆,有部下带勇参将李开春,进攻贼圩,两次受伤,当经饬令医治,讵伤痕甚重,服药无效,于

---

① 《穆宗毅皇帝实录(二)》,卷八十六,同治二年十一月下,第 801—803 页。

十一月二十九日因伤身故。又，郯城县六品蓝翎监生张永定，随营剿匪，接仗阵亡。咨请奏恤前来。查该员等效力行间，以身报国，情殊可悯。相应奏恳天恩，将参将李开春、六品蓝翎监生张永定，均照阵亡例议恤，以慰忠魂，伏乞圣鉴。谨附片具奏。

同治二年十二月十八日，议政王军机大臣奉旨：李开春等均着交部照阵亡例议恤。钦此。①

一六五　请将游击赵金标解赴豫省讯办片
同治二年十二月十三日(1864年1月21日)

再，前据安徽抚臣唐训方行营运盐委员河南候补知县方春荣遣丁李升，以游击赵金标逞凶讹诈等情具禀，当经札饬营务处将赵金标获到。臣亲提鞫讯，据供系安徽亳州人，向在本籍带勇，嗣在胜保军营打仗出力，保举六品蓝翎，捐升守备，旋奉保举花翎游击。现经胜保委令提取饷盐，因河路梗阻，无钱使用，携带前河南府通判闵春涛信件，向方春荣要银五百两等情。臣当即据咨河南抚臣饬查去后。兹准咨覆：饬据闵春涛禀称，该员与赵金标、方春荣均无银钱来往，亦无寄信与方春荣给银赵金标之事。咨请究办前来。

复又提到赵金标研讯，坚供如前，显系恃无质证，狡供避就。此案应质人证均在豫省，应即解归豫省审办，以成信谳。惟查该游击前奉胜保委令来浦提盐之时，曾在海分司公寓咆哮滋闹，经臣斥逐出境有案。兹复潜回诳骗，虽赃未入手，案未定谳，实属向不安

---

① 台北故宫博物院藏：军机及宫中档，文献编号：093452-1。

分。除将该游击解至豫省讯办外，相应请旨将赵金标先行革职，以肃官方。谨附片具陈，伏乞圣鉴。谨奏。

同治二年十二月十八日，议政王军机大臣奉旨：赵金标着先行革职，解交张之万，归案讯办。钦此。①

一六六　请奖江北各属办理圩练出力绅董片

同治二年十二月十三日(1864年1月21日)

再，徐州西接豫疆，南达皖境，频年捻匪出没，适当其冲。各属居民逼近捻穴，贼至则且守且战，则〔贼〕退则耕凿勉安。其得以保卫身家、上完国课不为捻胁者，全赖圩寨之力。臣前任徐淮道时，亲履各州县，并分派委员劝办圩寨，见各该处绅董捐资筑圩，制造器械，备极经营守御之苦。迨后圩寨一律修齐，壁坚野清。捻匪每遇徐境，裹粮而行，其势遂不能久踞，而各圩练于官军击贼之时，转得以逸待劳，乘机邀截，助兵力之不足。嗣臣奉命驻扎清江，分饬淮海各属仿照办理。

上年捻氛东扰及海属土匪滋蔓，随处皆得圩练之功。至扬、通各属逼近江南贼氛，为东路前敌，烽燧相望，历今数年。各该处多系水乡，或整顿船练，或募勇巡防，无不各就地方情形协力同心，扼要守险。如江、甘、高、宝等处每于贼窜扬境，尤能随同官兵，登陴守御，在该官绅人等共戴皇仁，谊深敌忾，原属分内之事。而各能保全完善，不无著有微劳，可否仰恳天恩，准臣查明江北各属办理圩练、协同剿御之尤为出力印委、绅董人等，汇案请奖以示鼓励之

① 台北故宫博物院藏：军机及宫中档，文献编号：093452-2。

处，出自皇太后、皇上逾格鸿慈。谨附片具奏。

同治二年十二月十八日，议政王军机大臣奉旨：着准其择尤汇案请奖，毋许冒滥。钦此。①

一六七　酌保筹防局及徐州粮台出力各员片

同治二年十二月十三日(1864年1月21日)

再，清淮筹防局及扬镇、徐州两粮台，当军需支绌之时，经管理台局大员督饬在事委员人等，筹饷筹捐，勾稽擘画，虽处万分窘迫，幸俱无误要需。其中办捐办厘或有奉行不善，均经臣随时奏参，不敢略纵宽假。稍知自爱者，无不勤慎奉公。自苗逆倡乱以来，臣饬派浦、徐两处水陆各队，远援临、蒙。嗣帮办江北军务荆州将军富明阿亦奉旨督兵赴皖，所有各军粮饷、军装由浦、扬、徐三路供支，千里挽运，其解支筹画之烦更逾往昔。

今邀圣主鸿福，淮北肃清，援师凯撤，在事各员实有微劳足录，且查筹防局及徐州粮台当差员弁，数年以来并未恳恩奖叙，即扬防粮台自咸丰十一年春间奏保以后，亦已三年之久，合无仰恳天恩，俯准择尤酌保以示鼓励之处，出自逾格鸿慈。谨附片吁陈，伏乞圣鉴。谨奏。

同治二年十二月十八日，议政王军机大臣奉旨：着准其择尤酌保，毋许冒滥。钦此。②

---

① 台北故宫博物院藏：军机及宫中档，文献编号：093453。
② 台北故宫博物院藏：军机及宫中档，文献编号：093454。

一六八　奏报恩赏福字等物谢恩折

同治二年十二月十八日（1864年1月26日）

漕运总督臣吴棠、记名提督尽先总兵臣陈国瑞跪奏，为恭谢天恩，仰祈圣鉴事。

窃臣等于同治二年十二月十三日，准军机处知照，并由驿递到年节恩赏臣等福字各一方，大小荷包、银钱、银锞、食物等件。臣等当即恭设香案，望阙叩头祗领讫。

伏惟我皇上泰宇宏开，乾文广布。珠囊启瑞，彰施阐虞陛之华；银瓮呈祥，芬馥蕴尧厨之味。惟九重之锡祉，俾百尔以分占。臣等文武区阶，驰驱共事，涓埃未报，惶悚方深，乃蒙恩并春来，福从天降。辉腾宝墨，笔看翥凤之形；制就文绫，袋胜悬鱼之贵。分精镠于内帑，获奉奇琛；领珍味于上方，谨修正席。宠优三锡，感切五中！臣等惟有虔祝和甘，益资箴佩，懔廊庑散金之谊，励箪醪饷士之心。庶几疆场分勤，长沐九天之湛露；获与军民遍德，广征六合之祥风。

所有臣等感激荣幸下忱，理合缮折，恭谢天恩，伏乞皇太后、皇上圣鉴。谨奏。二年十二月十八日。

同治三年正月初三日，议政王军机大臣奉旨：知道了。钦此。①

---

① 台北故宫博物院藏：军机及宫中档，文献编号：094473。

一六九　奏闻筹防捐局续收捐输请奖折

同治二年十二月二十日（1864 年 1 月 28 日）

漕运总督臣吴棠跪奏，为筹防捐局续收捐输钱数，缮具清单请奖，恭折仰祈圣鉴事。

窃前准户部咨：粮台收捐照筹饷例及常例银数酌减十分之二，以抵其运解之费。嗣经前河臣奏准以钱一千六百文作银一两，给予奖叙，并饬委员分赴各州县，会同地方官多方劝谕，遵照部定章程，钱钞各半缴纳，叠经奏蒙恩奖在案。兹据委管捐局候补知府章仪林册报：收捐制钱五万三千八百九十九千五百文、宝钞五万三千八百九十九千五百文。详请奏奖前来。

臣覆核无异。除将各捐生履历清册咨部查核外，理合缮具清单，恭呈御览，伏候恩施。至各捐生业经填发空白执照，已于册内注明。其未经给照者，仰恳敕部迅即覆核，颁发执照来浦，以便给领而昭激劝。为此恭折具奏，伏乞皇太后、皇上圣鉴。谨奏。十二月二十日。

同治二年十二月二十七日，议政王军机大臣奉旨：户部核议具奏，单并发。钦此。[1]

一七〇　呈筹防捐局续收捐输衔名、钱数清单

同治二年十二月二十日（1864 年 1 月 28 日）

谨将筹防捐局续收捐输衔名钱数，缮具清单，恭呈御览。

---

[1]　台北故宫博物院藏：军机及宫中档，文献编号：093743。

王璜，江苏人，由运判升衔分发浙江盐课大使，捐钱一千三百四十千文，核与奏准以钱合银报捐知州升衔减四成银数相符，拟请给予知州升衔。

赵书田，江苏人，由前江苏六合县教谕捐钱七百八十九千文，核与奏准以钱合银报捐内阁中书升衔减四成银数相符，拟请给予内阁中书升衔。

郝逢春，江苏人，由就职直隶州州判捐钱四百四十七千文，核与奏准以钱合银降捐教谕照未经就职双月三成并捐两班减成银数相符，拟请以教谕归部不论双单月选用。

潘福辰，顺天人，祖籍浙江，由筹饷例分发江苏补用府经历捐钱四百四十五千文，核与奏准以钱合银捐免验看减成银数相符，拟请免其赴部验看。

吴秉彝，江苏人，由双月选用训导捐钱三百四十六千文，核与奏准以钱合银报捐双月府经历减成银数相符，拟请以府经历归部双月选用。

王琼江，江苏监生，由保举分发东河补用未入流捐钱一千五百十六千文，核与奏准以钱合银加五成捐县主簿、递捐县丞双月并捐三班、加捐布政司理问升衔分别减成银数相符，拟请以县丞归部不论双单月选用，并给予布政司理问升衔。

张振斗，安徽监生，捐钱一千七百五十一千文，核与奏准以钱合银捐足县丞并捐布政司理问升衔分别减成银数相符，拟请以县丞归部不论双单月选用，并给予布政司理问升衔。

王琇，江苏人，捐钱一千六百二十六千文，核与奏准以钱合银报捐监生捐足县丞并捐不积班次减成银数相符，拟请作为监生以县丞归部，不论双单月不积班次选用。

朱涛，江苏监生，捐钱一千三百四十九千文，核与奏准以钱合银捐足县丞减成银数相符，拟请以县丞归部不论双单月选用。

孙汝霖，江苏人，捐钱一千四十千文，核与奏准以钱合银报捐监生、加捐双月县丞减成银数相符，拟请作为监生以县丞归部双月选用。

王大榕，浙江监生，捐钱八百三十一千文，核与奏准以钱合银报捐双月盐运司知事减成银数相符，拟请以盐运司知事归部双月选用。

雷安淮，顺天人，祖籍山西，由筹饷例分发江苏补用从九品捐钱三百十二千文，核与奏准以钱合银捐免验看减成银数相符，拟请免其赴部验看。

潘德芳，安徽监生，捐钱一百六十二千文，核与奏准以钱合银报捐双月从九品减成银数相符，拟请以从九品归部双月选用。

洪忠熙、赵德明、丁文熙。以上三名各捐钱三百三千文，核与奏准以钱合银报捐监生、加捐双月从九品减成银数相符，拟请均作为监生，以从九品归部双月选用。

李锡畴，直隶人，由筹饷例分发江苏补用未入流捐钱三百十二千文，核与奏准以钱合银捐免验看减成银数相符，拟请免其赴部验看。

胡奎垣，江苏监生，捐钱三百九十二千文，核与奏准以钱合银报捐把总减成银数相符，拟请以把总归本省拔补。

周铭江，江苏附贡生，捐钱四百六十一千文，核与奏准以钱合银报捐翰林院待诏职衔减成银数相符，拟请给予翰林院待诏职衔。

金秀芝，江苏监生，捐钱一千八百五十六千文，核与奏准以钱合银报捐布政司经历职衔、捐加二级请五品封典减成银数相符，拟请给予布政司经历职衔,给伊加二级并父母、继母及本身妻室五品封典。

汪廷珩,江苏监生,捐钱三百八十四千文,核与奏准以钱合银报捐州同职衔减成银数相符,拟请给予州同职衔。

殷素缙、陈津珍、德克吉布、高步发、高凌雯。以上五名,各捐钱五百二十五千文,核与奏准以钱合银报捐监生、加捐州同职衔减成银数相符,拟请均作为监生,给予州同职衔。

赵汝翼,江苏监生,捐钱二百五十六千文,核与奏准以钱合银报捐县丞职衔减成银数相符,拟请给予县丞职衔。

徐寿彭,江苏人,由守御所千总职衔捐钱六百四十千文,核与奏准以钱合银报捐都司职衔减成银数相符,拟请给予都司职衔。

吴玉田,江苏人,由营千总职衔捐钱八百八十四千文,核与奏准以钱合银报捐都司职衔减成银数相符,拟请给予都司职衔。

孙朝瑞,江苏监生,捐钱五百十二千文,核与奏准以钱合银报捐守御所千总职衔减成银数相符,拟请给予守御所千总职衔。

庆祥,正白旗汉军人,捐钱四百十千文,核与奏准以钱合银报捐监生、加捐营千总职衔减成银数相符,拟请作为监生,给予营千总职衔。

张克赓、王绍曾、孙承祖、陈惟一、徐建清、徐开基、许永三、杨燊福、刘际清、周铭、吴汉江、葛葆彝、王岐源、许恩隆、罗修龄。以上十五名,均由附生各捐钱一百八十六千文,核与奏准以钱合银报捐贡生减成银数相符,拟请均作为附贡生。

孙桐、王湘城、谢崇阶、朱嗣源、张卜成、刘养云。以上六名,均由监生各捐钱一百八十六千文,核与奏准以钱合银报捐贡生减成银数相符,拟请作为例贡生。

许德慧、王嗣闳、蒋石渠、黄懋春、耿援桂、耿擢桂。以上六名，均由从九品职衔各捐钱三十九千文，核与奏准以钱合银补捐监生减成银数相符，拟请均作为监生。

汪廷珩，江苏人，由八品顶戴捐钱三十九千文，核与奏准以钱合银补捐监生减成银数相符，拟请作为监生。

程祥生、张佩、吴占鳌、王恒寿、张宝田、陆振权、邱兆熊、马士埈、王攀桂、董国书、陈桂珍、陈售珍、薛养重、王联璧、张景周、王桓训、史静峰、左士鑫、潘莲、周秉伦、贾宝华、李艾斋、孙其鉴、张开阶、张开坊、张开壤、崔绍英、朱焱森、冯羡庆、蔡向荣、卞承霖、仲祥庆、朱兆熊、陈繡昌、程指南、孙其鑅、窦洪图、王宣三、陈璞、马兆鸿、解贻涟、解道通、崔捷登、李国棨、金豫府、谢崇阶、孙道南、戴克喜、吴钧、杨庆鳣、林树春、黄蕴辉、黄世敬、张毓华、孙长龄、许志洪、徐道宗、许景宗、许光宗、谢昌言、朱序五、仲统铭、戈寿山、顾子和、王登瀛、孙桐、邱廷扬、陈立成、康秉全、王演、王雨村、王道远、杜维清、施廷寮、凌履昌、王沄、佘京然、佘香然、赵保瑾、薛仑、薛崇、薛崒、张贯之、潘寿椿、陶慎德、刘鹏九、薄开林、鲍昶、金承禄、洪兴远、杜大纹、朱世宝、李泰昌、徐泰乾、程仰希、傅本志、段怀恭、王德中、王子敬、王凤仪、田致鸣、汪孝古、秦振起、徐永岱、张懋翎、卞步阶、嵇光葆、刘庆伟、孙宝善、丁锡运、张洪茂、张洪恩、朱宴成、潘寿征、周足三、王湘城、吴翼云、吴乘云、吴岫云、王若霖、单遐音、姚凤仪、黄守伦、吴镇涟、朱华南、纪乔荣、毕元庆、叶汝联、叶蔚春、孙良钊、潘寰年、潘宫年、许上吉、许锡龄、蒋步云、张选青、张元琪、陈庆和、潘书锋、成可仪、朱叔良、于长春、项德馨、薛善夫、张喧、张询、许学诗、嵇晥孙、林如桓、朱超陆、吴金坡、张卜成、陈锡恩、郭尧章、陈艳枫、刘像仪、汪庆康、吴熏、陈瑸、陈召南、张怀葵、张薪传、张怀远、王树森、郑莘农、夏锦云、王作霖、王于飞、秦世栋、袁曙堂、袁继安、周学勤、周廷珠、汤希霖、汤希源、钟炳勋、邓步清、邓心矩、邓冠群、王瑞、王珠、陈馥林、顾达鹏、尤英莘、刘锦池、刘士衡、吴锡圻、夏士培、范培元、孙荣珍、王葆元、沈亘川、沈汇川、周子盘、李浦珍、李体盘、穆在培、丁汉倬、丁占鳌、张建屏、徐元燨、谢上达、李兰汾、朱承业、朱宏业、徐宾贤、邓良琪、顾钊、刘学颐、金万书、张大锦、廖振常、阮书明、张维骞、王观孚、王端荣、王实荣、冯继谦、徐慎章、马玉玲、孟继寅、高瑞彩、夏广鋑、惠廷根、朱立鳌、朱云暄、江枟、倪沅、吴宝森、李溶德、陆秉忠、王运隆、王信成、潘德芳、漆效周、张伯襄、邓宴林、谢锡纶、周镇、张立诚、徐复初、徐凤鹏、司庆书、顾书修、孙凤九、王景奎、魏景新、何良乾、陶应和、郝郁云、汤楹、蔡绍宪、薛养怡、薛养素、唐崇儒、周梦熊、徐兆吉、周秀盈、王家人、王伯春、吕松鑫、顾春元、王敬伦、赵步祥、曹凤仪、孙河、俞子轩、刘玙、沈霭如、朱桂、张步青、喻杰、于殿卿、张敦化、张敦三、崔燮元、褚荣嗣、刘克勤、孙抡元、刘子香、张焕章、许以成、许乃鸿、王敦辅、张宝和、朱驭峰、朱蓬程、吴瑞中、阎克玲、盛庆亭、王厥彬、盛培绪、张化南、胡奎垣、周福田、周玉振、徐庆霖、张万清、汪圣泉、杜大经、凌元椿、陈汝乾、吴鸿烈、何聘三、杨莘廷、马步瀛、薄玉美、朱恩普、杨仁林、周元彰、尚锦秀、刘养云、刘壑云、张振西、孙恒吉、张体鉴、李春龄、汤启昌、徐兆拔、徐兆与、吕延熏、钱登、李凤林、周怀荫、姜茂田、范和、华振珩、赵履廷、张忠福、张茂志、吴泗滨、沈奎扬、倪照、黄汝弼、黄良弼、严铭、黄虞、李培林、唐兆良、翟泰开、周灼、孙述传、许爱南、侍庆元、茆学汉、陈世安、井云锦、许太封、张文郁、张建业、叶锦元、施春亭、萧广训、高凌霈、启武、窦玉琳、怀塔布、寿庆、巴哈布、赛什布、周肇龄、姜庆魁、宴舒藻、汤汝玉、吕瀚、朱谦泰、常焕章、徐士旺、徐士廉、姜作仁、周秉彝、姜瑞符、张耀洪。以上三百七十三名，各捐钱一百四十一千文，核与奏准以钱合银报捐监生银数相符，拟请均作为监生。

周贯一、周养浩、孙怀杶、袁着、孙盛玉、姜恒祥、姜恒祯、仲佑之、解道山、张禹功、郁树、朱广祥、戴元龄、张天普、杨枹蓟、陈效康、周轩廷、孙于轩、孙培念、宋书锦、张国均、马珏珍、韩佳霖、于政宾、于兆平、萧辅清、朱作典、刘春山、柯应余、王灏、宋肇元、薛兰田、罗樵之、王佩华、周福谦、郑景扬、王步林、谢洵、谢树彬、周世熙、吴粹然、朱世恩、周纯甫、徐曰坊、倪怀珍、陈士端、陈希贤、陈名川、王寿轩、徐慎统、马公度、马纯清、张檀、秦懋德、秦懋功、杨殿臣、汪绍昌、孙沅、张士元、潘艺沅、王道平、汪体桢、汤汝珍、单遐明、吴蔚然、蔡利仁、朱士奇、潘如江、纪世臣、李钿、许腾龙、许正堂、滕怀瑾、薛干臣、蒋源长、马玉堂、袁渭璜、吴怀琦、罗介然、陈文富、朱季鱼、杨柱馨、李芾、徐嘉桐、周承武、章启烜、苏光勋、罗熙、罗辉、朱汝增、顾袭恩、葛其承、董文藻、嵇儒林、嵇蔚然、薛连峰、张怀良、汪恂、王煜如、金殿楹、郝联庚、姚鉴、张炯、徐盛南、周兆举、管守余、周凤轩、惠廷佐、郑藩、周汇南、高济川、段怀武、纪尚弼、卢士玺、卢士海、张开祥、孙培瓛、卢浩然、周济川、周绍瑜、贾辅臣、张范、何儒鸿、孙学纯、陈兰昌、李长松、吴和元、李怀璧、徐暹、吴维松、张维智、刘艺圃、惠汉英、朱近陶、顾日升、顾观鱼、李相卿、冯润紫、徐慎行、张致公、张子持、唐裕丰、秦振翼、顾荆怀、孙学勤、朱联登、殷盘、夏觐颜、夏光华、孙一成、孙恒兴、孙霭如、朱慎法、朱慎思、张开腆、皮聚五、张效伯、卞锦仁、管士顺、程端义、贾元仁、鞠熙台、李峻德、李建德、谢之澜、嵇策、陆达夫、王渭、郭栋梁、蔡聚夫、霍文成、陈汝邻、许可勋、李恒瑛、李石夫、谢儒珍、罗步高、汪士刚、江廷珍、薛九霞、薛锐夫、梁瑷昌、邢秀琛、汤志尧、徐右之、徐靖忠、许江、孙鹤年、孙韶年、章嘉谟、朱秉瑜、莎学儒、蒋云香、周鲁沂、周咏沂、顾家鸾、魏步唐、徐瑞堂、余光勋、周廷献、王袭于、徐席山、符敦元、鲁维祺、曹乾吉、许淦、张秉轩、刘汉英、张守之、王文贤、徐士怡、程发科、汪凤文、徐同椿、王东文、胡法基、陈朗晖、刘雅然、汪汝松、刘秉清、周嘉珍、怀廷选、怀集千、徐安康、马公赞、孙殿邦、王辂东、王书邻、王体诚、张效孙、彭际昌、吴作初、杨秀兰、吴霁云、吴士彬、汤甸、孙力仁、孙德全、王保玲、朱伯言、杨西池、刘玉峰、汤祚昌、赵万钟、孙太初、仲埙、徐兆东、郑成章、徐应观、葛汝桂、金毓山、吴毓澡、崔云峦、吴蕃荣、严钦、黄辅弼、邱肇基、张士善、朱宇中、吕恩铭、周廷玉、王良工、王良能、茆育万、周友柏、孙朝聘、陈子实、刘韶南、刘韶舞、朱乔春、关文楷、朱善思、朱泮思、崔云卿、吴锦涵、罗煌、周广济、王丽清、顾仲英、汤汝翔、王秀先、嵇溥、徐春山、印朴夫、蔡丕常、王梦九。以上二百八十六名,各捐钱一百三十千文,核与奏准以钱合银报捐从九品职衔减成银数相符,拟请均给予从九品职衔。

统共捐生七百十八名,共捐钱十万七千七百九十九千文。

议政王军机大臣奉旨:览。钦此。[①]

一七一　奏报详查催绳祖劳绩片

同治二年十二月二十日(1864年1月28日)

再,臣前奏江苏候补同知直隶州知州崔绳祖,于署阜宁县任内

---

①　台北故宫博物院藏军机及宫中档,文献编号:093744。

倡捐修城，其前在扬州失守旋即克复案内获咎之处，核其续得劳绩不止三次，恳请开复一案，钦奉上谕：崔绳祖着准其开革职处分，仍留江苏以原官补用等因。钦此。钦遵在案。前准部咨：奏定章程内开：失守革职留营效力各员弁，务须认真查办，必实系事后奋勇杀贼，屡著战功，方准保奏。该员随同克复之后曾否著有战功，未据分晰声叙。请旨饬臣查明该员崔绳祖屡次劳绩，是否杀贼立功，分案详细声〈叙〉，复核办理。再，该员于咸丰五年份额运正引欠七分以上，照例议以降四级调用，奉旨：着该督出具考语，送部引见，再降谕旨。钦此。又，该员前在署江都县任内，未完经征咸丰九年份地丁银两，经前督臣何桂清奏参革职。旋据奏称：于参后扫数清解，开复原官，留于江苏委用。奉朱批：吏部查议具奏。当查此项银两何日解运兑收，是否数目相符，奏明行令声覆到日核办，尚未查覆到部，饬令一并核明报部等因。咨照到臣。

除该员咸丰五年份额运正引及署江都县任内未完地丁银两参后续完各案，容臣另行查明咨部外，遵查崔绳祖随同克复扬城，复于咸丰九年四月贼匪复攻扬城，其时该员尚在江都任内，竭力固守，克保危城；又，咸丰十年，克复僧道桥，杀贼出力；又，剿办薛成良等案，迭著战功；嗣臣檄调该员随营，适值捻氛逼近，随臣守御扼剿。核其所著劳绩，不止三次，均系杀贼立功，先后奏明有案。所有遵旨分案详细查明声覆缘由，理合附片覆陈，伏乞圣鉴。谨奏。

同治二年十二月二十七日，议政王军机大臣奉旨：吏部知道。钦此。①

---

① 台北故宫博物院藏：军机及宫中档，文献编号：093745。

一七二　湖运四厅工用清单暂缓汇奏片

同治二年十二月二十日(1864 年 1 月 28 日)

再,臣接准部咨:南河此后应办各工甚属无几,无所用其比较,务于年终汇奏,以凭稽核等因。奏明行知前来。臣随经转饬该管道厅遵照在案。兹查同治二年湖运四厅工用清单,因淮徐扬海道远在徐城办理军务,未能依限查照。除严饬赶办,一俟详送到日另折具奏外,合先附片陈明,伏乞圣鉴。谨奏。

同治二年十二月二十七日,议政王军机大臣奉旨:该部知道。钦此。[1]

一七三　奏报豫胜营军火等件过境片

同治二年十二月二十日(1864 年 1 月 28 日)

再,臣钦奉十二月十二日寄谕:总兵黄开榜,接准吴棠函开:有豫胜营军火等件带至蒋坝等因。钦此。查前于十一月二十九日,据蒋坝委员探禀:有豫胜营军火及炮船多只到坝,即由三河下驶等情。当查三河以下直达高宝,其时李世忠已回至五河。此项炮船前来江境,不知何往,并未准李世忠咨会。若由再赴蒋坝查询,势已不及,遂由六百里函致黄开榜,另在高宝湖防就近查问。嗣又接据探报:此项炮船共计八只,系护送驻防六合之副将李显发家眷前赴六合等语。即经饬令安静前进,并无滋扰。惟黄开榜于密函饬

---

[1]　台北故宫博物院藏:军机及宫中档,文献编号:093746。

查之事，奏请调船防范，殊涉张惶。

臣前准都兴阿来咨，即将黄开榜严行申饬。嗣后如有豫胜营将士过境，惟当遵旨妥为驾驭，断不敢稍事径奏，上廑宸怀。谨附片覆陈，伏乞圣鉴。谨奏。

同治二年十二月二十七日，议政王军机大臣奉旨：知道了。钦此。①

【案】十二月十二日寄谕：此上谕《清实录》载曰：

谕议政王军机大臣等：都兴阿奏，南岸逆匪窜扰、水师获胜情形，并总兵禀词张惶各折片。孟河以上超瓢港一带有贼匪滋扰，经总兵吴全美亲督炮艇击退，并将围攻小河石桥湾降众营垒之贼击败。该将军现饬游击郑启贵管带援兵二千，于渡江后即扎丹徒镇，沿江策应，着即督令实力巡防，并饬水师各营将士严密堵截，毋任逆艘偷渡北岸。沿江一带陆洲既有贼踪，即着都兴阿严饬水师剿洗，不可任其久踞，致滋蔓延。前据李鸿章奏称，招抚奔牛降众，攻克孟河贼垒等情。现在小河、孟河地方贼势甚炽，必须江北援师协力进剿，随时策应，毋令降众营垒为贼困逼。该营降众系何人为首，并着都兴阿查明具奏。泰兴、靖江一带，都兴阿亦当饬令在防将士，严加防堵，以保完善。至总兵黄开榜，接准吴棠函开，有豫胜营军火等件来至蒋坝，并委员家信有所说豫胜营炮船不知是何命意等语。现在李世忠在临随剿立功，尚未回防，黄开榜闻该营炮划驶入三河，即飞禀请调水师入湖防守，恐涉张惶，致骇闻听。

---

① 台北故宫博物院藏：军机及宫中档，文献编号：093747。

据都兴阿奏,所钞委员家信,词亦含混,无甚确实,何以吴棠辄由六百里排单行知黄开榜?现在情形究竟若何?着吴棠确切查明具奏,并着都兴阿、吴棠于豫胜营将士经过地方,妥为驾驭,毋稍轻率。将此由五百里各谕令知之。[①]

一七四　奏请减缓洪湖滩地租款片

同治二年十二月二十日(1864 年 1 月 28 日)

再,臣前将查办洪湖滩地大概情形,并请将历年积欠租息声请酌免,仰蒙恩旨在案。所有本年应征租款,自应按数启征。查此项定租共钱一万四千九十千一百二十四文,每季应征钱七千四十五千六十二文。因今春阴雨连绵,□□又秋霜伤,二麦歉收。经臣督委逐细覆勘,酌量减缓,拟缓麦租三成,钱二千一百十三千二百十九文。秋租内新开原剔荒废地一顷四十三亩有零,每季增租钱六千四百六十九文,共应征秋租七千五十一千五百三十一文。惟因夏间亢旱受伤,秋收歉薄,亦须酌量减缓,拟缓征二成秋租钱一千四百十千三百六文。所缓两季租款,均俟来年麦后察看情形,再行带征,以舒民力。又,每年有应征草租钱一千四百九十四千十文,向为次年麦季征收。本年应征元年份草租,因上年值西匪屡扰之后,民情艰窘,仅能按照三成启征。其二年份草租,应归三年麦季征收。据管理湖滩局候补知府章仪林禀请具奏前来。

臣覆核相符,除饬将应造花户、地亩、人口、四至、租则、图册并

历年征解支销、酌免佃数赶办详咨外，所有减缓租款缘由，理合附片陈明，伏乞圣鉴。谨奏。

同治二年十二月二十七日，议政王军机大臣奉旨：着照所请，该部知道。钦此。①

一七五　查明清淮筹防局同治二年上半年收支折

同治二年十二月二十日（1864 年 1 月 28 日）

漕运总督臣吴棠跪奏，为查明清淮筹防局同治二年正月起至六月底至〔止〕收支各款，缮具清单，恭折奏祈圣鉴事。

窃照清淮筹防局同治元年以前收支各款，前经臣查明奏报在案。本年分兵东境，一切粮饷、军火远道供支。迨后苗逆倡乱，南路湖防尤行吃紧，所有水陆各军需用盐粮、马干、折支、夫价、采办、制造、船只、杂支等项，头绪纷繁。臣督饬局员，依限造报。兹据委员报销局淮安府知府顾思尧、候补知府章仪林督率委员，将收支各款逐款查明，开列清单，详请奏报前来。

臣复加查核，计自同治二年正月初一日起至六月二十九日止，除拨支各款应分别拨归各该台、省造报外，实计连上届实存共收银八万七千九百六两三钱六分九厘八毫七丝八忽四微、钱二十三万四千三百四十三千四文、宝钞五千九百八十一千四百九十四文，共支用银八万七千九百六两三钱六分九厘八毫七丝八忽四微、钱二十三万四千一百七十九千八百六十六文、宝钞五

①　台北故宫博物院藏：军机及宫中档，文献编号：093748。

千六百九十千六百六十七文,均属援引例案实用实销,并无浮冒。

除饬分别造具细册详送题销,并将实存钱文、宝钞归入下届作收支用外,所有查明清淮筹防局自同治二年正月起至六月底止收支各款缘由,恭折具奏,并缮简明清单,敬呈御览,伏乞皇太后、皇上圣鉴。谨奏。十二月二十日。

同治二年十二月二十七日,议政王军机大臣奉旨:该部查核具奏,单并发。钦此。①

一七六　呈清淮筹防局同治二年上半年收支清单

同治二年十二月二十日(1864年1月28日)

谨将清淮筹防局自同治二年正月初一日起截至六月二十九日止收支各款简明四柱,缮具清单,恭呈御览。

计开:旧管:一、存银五百二十六两六钱九分九厘二丝五忽九微。

一、存钱六十二千四百十三文。

一、存宝钞四百八十一千四百九十四文。

新收:一、收江北各州县月粮米麦变价一半银二千三百四十三两四钱四分八厘一毫。查前款系奏明拨充军饷应用之款。理合登明。

一、收江北粮台拨解银一万五千两。查前款系奏明随时凑拨

---

① 台北故宫博物院藏:军机及宫中档,文献编号:093749。

总兵黄开榜水师口粮之款。理合登明。

一、收各省有漕州县捐助军饷银八千一百三十二两六钱，又钱三百二十千文。查前款系奏明饬令有漕各州县捐助军饷之款。理合登明。

一、收盐邑樵地变价钱七千四百二十千文。查前款系奏明充饷之款。理合登明。

一、收湖河海卫滩租银一千五百两，又钱一千二百五十四千八百九十六文。查前款系随时提用之款。理合登明。

一、收筹防捐输银一万八千三百四十四两一钱五分二厘，又钱三万二千四百六十二千七百八十八文，又宝钞五千五百千文。查前款系照粮台捐输章程劝谕捐输、陆续查明具奏请奖、随时提用之款。理合登明。

一、收各州县典商捐输钱八百千文。查前款系各州县劝捐济用之款。理合登明。

一、收淮、海、扬通各属捐厘银六千四百三两六钱二分，又钱十五万三千六百三十六千九百七文。查前款系陆续提用之款。理合登明。

一、收淮南泰坝抽捐盐厘钱一万二千八百四十千文。查前款系两淮运司抽捐济饷之款。理合登明。

一、收淮、海、扬、通各厅州县统捐分解兵米折价银一万九千八百三十五两三钱九分三厘，又钱一万三千二百千文。查前款系饬属统捐分解淮扬水师、清淮筹防江南、江北、徐州各粮台以济军糈之款。理合登明。

一、收扬、通各属团练经费提充军饷银一百七十九两二钱二分六厘，又钱八百千文。查前款系因军需急迫提济军饷之款。理合登明。

一、收淮北各商捐盐济饷应提正杂课税经费等银八千八十九两九钱。查前款系商捐济饷盐四千九百引,给票出售,每引仍按淮北章程应提正杂课税银一两二钱五分一厘、经费银四钱奏明作收之款。理合登明。

一、收各州县捐济军饷钱三百千文。查前款系因同治元年春间西捻东窜,军需急迫,捐济军饷找解之款,另行查开员名请奖。理合登明。

一、收各州县麦捐助饷钱一万三千二百四十六千文。查前款系饬属捐助军饷之款。理合登明。

一、收借拨江宁藩库银八千两。查前款系奏明暂时挪动,俟军饷稍充拨还司库归款。理合登明。

一、收借拨各州县解存淮凤常仓正银二千六百九两五钱七分五厘。查前款系因军需不敷暂借济饷之款。理合登明。

一、收平余盈余银一百三十两一钱八分九厘四毫五丝三忽五微。查前款自咸丰三年设局起至同治元年十二月止,历次平余不敷支用,均在正项款内拨垫。除已补还外,仍有未还银一千五百十六两四钱三厘五毫四丝二忽。所有此次前项盈余银两应即尽数补还,其余银一千三百八十六两二钱一分四厘八丝九忽五微,俟下届平余积有盈余,再行补还。理合登明。

以上新收共计九万五百六十八两一钱三厘五毫五丝二忽五微、钱二十三万五千二百八十千五百九十一文、宝钞五千五百千文。

一、除拨还前借江北粮台接济军饷银三千一百八十八两四钱三分二厘七毫。查前款系还元年六月以前借拨江北粮台银八千八十两七钱四分八厘五毫内先还之款。理合登明。

一、除拨支安徽委员候补知县贺霭若采办粮钱二千千文。查前款系因苗逆复叛、粮道梗阻、动拨清淮军需接济临淮军营之款，应归安徽粮台作收造报。理合登明。

以上除拨支实计管收共银八万七千九百六两三钱六分九厘八毫七丝八忽四微、钱二十三万四千三百四十三千四文、宝钞五千九百八十一千四百九十四文。

开除：一、本省徐州镇标各营官兵盐粮、马干、驮折等项，共支银一千六百二十四两三钱四分八厘四丝七忽九微，又宝钞一百三十一千八百二十五文。查前款系由徐调浦随时派赴各处防剿，应支官兵、跟役盐粮、马干、驮折等项，均照例案支给。其口粮米按部定章程，每八合三勺折银一分三厘。理合登明。

一、本省河、漕两标各营官兵盐粮、马干等项，共支银一万二千九百七十八两七钱七厘三毫九丝八忽七微，又宝钞三百六十三千一百六十五文。查前款系调派各要隘及成子河、衡阳等处防堵应支盐粮、马干、跟役数目，均照例案支给。其口粮米每八合三勺折银一分三厘。理合登明。

一、本省各河营官兵盐粮、马干等项，共支银一万七百二十九两二钱一分七厘八毫六丝八忽二微，又宝钞一百二十一千二文。查前款系调派各要隘防堵及在浦守圩并邳、宿防河应支盐粮、马干、跟役数目，均照例案支给。其口粮米每八合三勺折银一分三厘。理合登明。

一、长夫工价共支银二百八十两七钱四厘。查前款系照江苏淮销成案支给。理合登明。

一、文员盐粮、驮折等项共支银六千六百四十五两八钱三分二厘二忽八微，又宝钞二千一百八十三千六百三十四文。查前款系调派随营差委及管带兵勇巡查剿匪并蒋坝、成子河等处防堵人员，均照部定章程支给盐粮、跟役、书识、驮折等项。其在城、在局当差各员概未支给。理合登明。

一、随营防剿各营官兵盐粮、马干、驮折等项，共支银五千六百六十三两三钱五分四厘五毫六丝八忽，又宝钞二千九千七百二十一文。查前款系调派随营及管带兵勇并蒋坝、衡阳、成子河、山东等处堵剿，均照例案支给盐粮、马干、驮折等项。理合登明。

一、各项壮勇、马勇口粮、马干共支钱十五万四千一百三十九千六百文。查前款系节次裁存及由徐拨浦分布各要隘，并随时派赴各处堵剿，均经奏明在案。所需口粮照案每名日给钱二百文，其马干查照徐州奉准章程，每名日给钱一百文。理合登明。

一、随营局医匠工食、口粮、家口米折等项，共支银三百十二两九分四厘三毫一丝一忽九微。查前款系照例案支给。理合登明。

一、采办硝磺、铅铁、洋炮、牛烛等项，共支银九千七百二十五两一钱六分三厘七毫九丝七忽五微，又宝钞四千四百十文。查前款系随时添办，除硫磺、铅铁均照案于例价外酌加三成外，其硝斤系查照江苏准销成案，每百斤共给例、津两项银七两。其例无定价之件，按照市价核实采办。理合登明。

一、制造火药、火绳、铅丸、铁弹、火箭、火罐、喷筒、衣帽、帐房、旗帜、枪炮、藤牌、刀矛、器械、工料等项，共支银二千九百七十二两三钱一分九厘三毫八忽四微，又钱三万三百七十一千七百十文。查前款系随时添制各件，除硝磺、铅铁另于采办项下给价外，其余工料均照案于例价外酌加三成。其火药一项，系查照江苏成案奉准工料价值分别加工寻常等次配制。理合登明。

一、运送军饷、钱文并军火、炮械、脚价等项，共支银一千四十四两四钱七分一厘七毫七丝五忽。查前款系照例案分别支给。理合登明。

一、官勇伤亡、病故、恤赏、收埋共支银二千七十三两。查前款系照例案分别支给。理合登明。

一、巡船水手饭食共支银一千一百三十二两八钱。查前款系在衡阳、黎城、金沟及成子河等处水面安设常川巡防，均照案每船给水手四名，每名日给饭食银八分。理合登明。

一、随局底夫工食共支银九百六十二两八钱八分。查前款系照江苏准销成案支给。理合登明。

一、租赁民房共支银四百六十九两五分。查前款系堆储军火、物料、制造等项，均照例定租价支给。理合登明。

一、配制丸散药料共支银二百四十两九分二厘四毫。查前款系防剿各兵勇随时需用，均照市价核实购办。理合登明。

一、各营官弁、马兵马干、副销共支银二千五百九十八两九钱九分五厘，又宝钞八百七十六千九百十文。查前款系照奏准章程，每马一匹日给干银一钱，以例定五分作正开销，其余五分循案归于行兵省份摊补。理合登明。

一、总兵黄开榜所带水旱各队员弁、勇丁盐粮等项，共支银二万八千四百五十三两三钱三分九厘四毫，又钱二万四千二百二十千五百九十六文。查前款系调派高宝湖及通海一带并邳宿、徐宿等处防剿各该员弁、勇丁盐粮等项，照例应支银七千二百七十五两四分九厘七毫七丝八忽九微，又钱七万九千八百二十五千文，又官票一千八十六两七钱六分五厘七毫一丝二忽八微。除支过前项银钱外，所有不敷钱粮，随时设法筹措，一俟有款，再行找给，专案请销。理合登明。

一、总兵陈国瑞所带旱队员弁、勇丁盐粮、马干、驮折等项,共支钱二万五千四百四十七千九百六十文。查前款系调派山东剿匪各该员弁、勇丁盐粮、马干、驮折等项,照例应支银二千七百七十八两四钱二分九厘一毫二丝四微,又钱二万五千五百三千文,又官票二百九十两八钱八厘八毫六丝四忽七微。除支过前项钱文外,所有不敷钱粮,随时设法筹措,一俟有款,再行找给,专案请销。理合登明。

以上开除共银八万七千九百六两三钱六分九厘八毫七丝八忽四微、钱二十三万四千一百七十九千八百六十六文、宝钞五千六百九十千六百六十七文。

一、扣收平余银六百四十九两三钱八分九厘四毫一丝一忽二微。

一、支发经贴、各书工食、纸张、笔墨、灯油等项银五百十九两一钱九分九厘九毫五丝八忽七微。查前款除照例动用扣存平余银两外,计平余、盈余银一百三十两一钱八分九厘四毫五丝二忽五微,在于新收项下作收支用。理合登明。

实在:一、存钱一百六十三千一百三十八文。

一、存宝钞二百九十七八百二十七文。

以上实存钱钞均归入下届旧管项下作收支用。理合登明。

议政王军机大臣奉旨:览。钦此。①

---

① 台北故宫博物院藏:军机及宫中档,文献编号:093750。

同治三年(1864)

○○一　奏明高邮绅民续捐助饷请加广学额折

同治三年正月二十日(1864 年 2 月 27 日)

漕运总督臣吴棠跪奏,为查明高邮州绅民续捐助饷银数,援例恳恩加广学额,恭折奏祈圣鉴事。

窃照前准部咨:奏定章程,凡绅商捐资备饷,一厅州县捐银至二千两者,准予加广文武学额各一名,捐银至一万两,加文武学定额各一名,仍不得逾于各学原额之数等因。查高邮州前于截至咸丰五年止,共捐银五万二千三百三十六两二钱,经前督、抚臣于咸丰八年间奏请以银五万两加文武学永远定额各五名,余银归入续捐并计,奏准在案。兹查自咸丰六年起至同治元年止,高邮州本籍绅商在各粮台捐局捐助军饷银钱、米稻各数,合计银三万五千七百三十九两九钱,连上届盈余二千三百三十六两二钱,通共捐银三万八千七十六两一钱,均有档册案卷可凭,拟请以银三万两,再加文武学定额各三名,以银八千两推广一次文武学额各四名。余银七十六两一钱,仍归下次续广学额案内并计办理。由该管府州详由江宁布政司乔松年详请就近具奏前来。

臣查该州所捐银数，均系捐助各台局军饷，与加广学额之例相符。该州文学原额二十五名，前次加广五名，共三十名。今请分别加广，亦未逾于原额之数。除将送到清册咨部覆核并将其余捐款七十六两零归入下届接续并办外，相应吁恳天恩，俯准加广高邮州文武学永远定额各三名，推广一次文武学额各四名，以广登进而示激劝。谨会同协办大学士两江总督臣曾国藩、江苏巡抚臣李鸿章、江苏学政臣孙如仅，恭折具陈，伏乞皇太后、皇上圣鉴。谨奏。正月二十日。

同治三年正月二十七日，议政王军机大臣奉旨：该部核议具奏。钦此。①

【案】此折于同治三年五月经礼部议覆批准。《清实录》：以江苏捐输军饷，永广盐城县学额七名、高邮州三名。②

○○二　奏报米捐改办统捐分解济饷折

同治三年正月二十日（1864 年 2 月 27 日）

漕运总督臣吴棠跪奏，为米捐一年届满，现拟改为统捐军需，分别解镇、扬、淮、徐四营，以资兵饷，恭折奏祈圣鉴事。

窃照淮、沪、镇、扬等营，上年因军食缺乏，奏明改捐借为捐米，合清淮、沪上、南北台并为一捐，饬派升任运司乔松年督办筹劝，统计淮、扬、通、海十四厅州县，共派捐米十四万石，限一年分期清缴在案。兹截至上年十二月止一年届满，共收捐米十万一千五百余

① 台北故宫博物院藏：军机及宫中档，文献编号：094143。
② 《穆宗毅皇帝实录（三）》，卷一百二，同治三年五月上，第256页。

734

石,计欠解米五万八千四百余石。当此民力拮据,苟可支持,甚不必再议筹捐,以冀稍培元气。无如各路军饷支应维艰,上年里下河收成尚称中稔,且值军务日有起色,指顾荡平。各绅商深知各军卫民之功,不乏急公之愿,自愿再行接办,以资接济。现查沪营兵米已由抚臣札委署常镇道许道身另行捐办,若仍照上年十六万石米数劝捐,未免捐户力有未逮。兹自本年正月起改为军需统捐为名目,按淮、扬、通、海十四厅州县,共捐银三十万两,分解清淮筹防局及扬州、镇江、徐州粮台。其旧欠米石随同新捐,分月带收,以清款目而裕饷需。据升任江宁布政使乔松年详请具奏前来。

臣与抚臣复加查核,系为通筹兵食起见。除批令分饬照办外,所有米捐改办统捐、分解济饷缘由,谨会同江苏抚臣李鸿章,恭折具陈,伏乞皇太后、皇上圣鉴。谨奏。正月二十日。

同治三年正月二十七日,议政王军机大臣奉旨:户部知道。钦此。[①]

○○三　奏请颁发空白执照以资填用片

同治三年正月二十日(1864 年 2 月 27 日)

再,清淮筹防捐局所收捐款,凡贡监虚衔历系填给空白部照。前因局存执照无多,经臣奏准分别颁发在案。兹查监生、从九品衔两项空白执照所存无多,相应奏请饬下户部、国子监颁发空白监生执照一千副、从九品衔执照一千张,以资填用而济饷需。谨附片具陈,伏乞圣鉴。谨奏。

---

① 台北故宫博物院藏:军机及宫中档,文献编号:094144。

同治三年正月二十七日，议政王军机大臣奉旨：着照所请，该衙门知道。钦此。①

○○四　请饬总兵鹤龄前赴川北镇任片

同治三年正月二十日(1864年2月27日)

再，提督衔四川川北镇总兵鹤龄，于咸丰九年间由漕标中军副将奉旨补授徐州镇总兵。嗣经前漕臣袁甲三奏留衡阳，带兵防剿。十年间，钦奉谕旨：江南徐州镇总兵着滕家胜调补，所遗四川川北镇总兵员缺，即着以鹤龄对调。钦此。该镇仍在衡阳随同防剿，屡著战功。近两年来，叠经臣饬派成子河及淮城河下一带统带弁兵，布置守御，军律精严，兵民翕服，实为军营中劳绩卓著之员。惟自天、六收复以后，衡阳防务已松，近日苗、捻皆平，军事尤减，自应次第撤防，未便久令悬缺，相应请旨饬令该总兵鹤龄前赴四川川北镇实任，以专责成。谨附片具陈，伏乞圣鉴。谨奏。

同治三年正月二十七日，议政王军机大臣奉旨：鹤龄着准其赴任。钦此。②

○○五　请将郑藩革职并令将粮捐解台片

同治三年正月二十日(1864年2月27日)

再，臣访闻代理仪征县知县候补知县郑藩有借养防勇、浮收捐

---

① 台北故宫博物院藏：军机及宫中档，文献编号：094145。
② 台北故宫博物院藏：军机及宫中档，文献编号：094146。

款情事，当即密饬扬州府知府孙思寿查明禀办。兹据孙思寿禀称：仪征县境逼近南岸贼氛，为扬郡前敌，前署知县杨钟琛在任，募勇四百名，巡防守御，地方颇资捍御。时因经费无出，与该县商民酌定劝输板活、厘粮、捐米等项，借资勇粮，商民乐从。及郑藩到任后，仪境防务较松，经抚臣李鸿章饬令将仪征粮捐作为亩捐，解台济饷。嗣据仪邑绅士厉寅官、张集馨等控呈：郑藩粮捐执照计粮银一两，捐钱七百五十文，核与亩捐数目不相符合，且无亩捐字样。经该府禀奉藩司批示，正在查办。现查明前项粮捐并未解台，其已收捐钱三千八百余千各等语。

臣查仪征逼近贼氛，筹捐养勇，委系不得已之举。但既有板活各厘，现在勇数又减，足敷经费。此项粮捐已经抚臣饬令改为亩捐，自应遵照解台济饷。乃该代理县郑藩收捐至三千八百余千之多，既不解台，而所给捐照内又无亩捐字样，显系有意蒙混，为侵蚀地步。查仪征县员缺业经江藩司另行遴员接署，相应请旨将前代理仪征县候补知县郑藩暂行革职，勒令将所收粮捐钱三千八百余千照数解台济饷，一面严查经手各捐与所支募勇经费有无侵渔，再行核办。至该县现收之板活各捐，仍饬司督府确查。如能酌量减裁，即行分别停减，以足敷养为度，不任稍有浮收扰累，以恤民艰。谨附片参奏，伏乞圣鉴。谨奏。

同治三年正月二十七日，议政王军机大臣奉旨：郑藩着暂行革职，勒令将所收捐项解台济饷，如再抗延，即行严参惩办。余依议。钦此。[①]

○○六　援蒙出力文武员弁请旨奖励折

同治三年二月初三日(1864年3月10日)

漕运总督臣吴棠跪奏,为遵旨查明总兵陈国瑞所部及清淮、徐宿各军援蒙解围,擒斩要逆,收复城隘在事尤为出力之文武员弁、兵勇,缮拟清单,吁恳天恩俯准奖励,恭折奏祈圣鉴事。

窃臣前钦奉同治二年十一月十四日上谕:吴棠奏,援军立解蒙围、苗逆就诛一折等因。钦此。各等因。仰见圣主轸念戎行、微劳必录之至意,臣于奉旨后即赶分投饬查出力各员弁,拟俟查明,造具清册,呈送亲王僧格林沁处,奏请恩旨。嗣复又迭准亲王僧格林沁函称:援蒙出力各员,前已奏请仍由各路统兵大臣查奖,嘱臣酌核办理等因。臣伏查苗逆围蒙之始,贼氛甚恶,惟有总兵姚广武所部徐宿一军苦力支撑,往来驰击。续复陈国瑞所部及清淮各军由东入皖,兵单贼众,与苗逆鏖战蒙城之下,将士伤亡者甚多,而军气益奋,转战无前,竟与将军富明阿、总兵姚广武等各军会合,自外包贼,屡挫逆锋。迨官军合围,又经亲王僧格林沁赴蒙督战,各军猛攻痛剿,力解蒙围,擒获张建猷、苗景开、赵克元等著名要逆多名,歼杀伙匪无算。

在事文武员弁、兵勇实属争先用命,著有微劳,兹奉亲王僧格林沁嘱臣酌核办理。陈国瑞开送之花翎直隶州用山东候补知县吴炳麒一员,系臣胞侄,不敢仰邀议叙。暨出力稍次者酌给功牌,千总以下等官照例咨部给奖外,谨择在事尤为出力之员弁、兵勇,缮拟清单,恭呈御览。可否邀恩准奖以示鼓励之处,出自皇太后、皇上逾格鸿施。

所有遵旨查明陈国瑞所部及清淮、徐宿各军援蒙解围、擒斩要逆、收复城隘在事尤为出力之文武员弁、兵勇，吁恳天恩俯准奖励缘由，谨会同记名提督尽先总兵陈国瑞，恭折具陈，伏乞圣鉴。谨奏。二月初三日。

同治三年二月初十日，议政王军机大臣奉旨：钦此。①

○○七　呈陈国瑞所部援蒙出力人员清单

同治三年二月初三日(1864 年 3 月 10 日)

谨将查明总兵陈国瑞所部及清淮、徐宿各军援蒙解围、擒斩要逆、收复城隘，在事出力之文武员弁兵勇，缮拟清单，恭呈御览。

记名总兵卓勇巴图鲁郭宝昌，该员援蒙打仗，屡受重伤，裹创力战，功绩最著，拟请赏加提督衔，并请赏给该员曾祖、祖父母一品封典。

革职留营尽先副将康锦文、已革副将衔参将才勇巴图鲁陈浚家。以上二员名克复下蔡、寿州、正阳，协复怀远等处地方，战绩最多，均拟请开复革职处分。

游击王豹文、黄国龙、尽先游击陈顺理、花翎都司张学然、蓝翎都司赵世良。以上五员名，力夺蒙南苗圣，擒斩无算。王豹文、黄国龙、陈顺理，均拟请免补游击以参将用，并均请赏加副将衔。张学然、赵世良均拟请免补都司，以游击用，赵世良并请赏换花翎。

蓝翎尽先守备王洪、孙玉殿、蓝翎尽先守备刘洪、卫守备顾国庆、尽先守备雷宴、盛相臣、刘世怀、花翎守备廖光发、江苏即补知

---

① 台北故宫博物院藏：军机及宫中档，文献编号：094344。

县李思谦、候选县丞吴明。以上十员名，带队迭袭围蒙贼垒，毙匪多名，并协解蒙围，随擒要逆。王洪、孙玉殿、刘洪，均拟请免补守备，以都司用，并均请赏换花翎。顾国庆、雷宴、盛相臣、刘世怀、廖光发，均拟请免补守备，以都司用。李思谦拟请免补本班，仍留江苏，以直隶州知州用，并请赏戴花翎。吴明拟请以知县不论双单月即选，并请赏戴蓝翎。

蓝翎寿春镇标千总夏如斌、蓝翎千总谢殿元、蓝翎尽先把总范承先、五品蓝翎外委严得胜、蓝翎把总陈泽琳、蓝翎外委王守成。以上六员名，首先扒越长壕，力解蒙围。夏如斌拟请免升守备，以都司用。谢殿元拟请以守备用，范承先拟请免升千总，以守备归漕标补用。严得胜拟请免升把总，以千总拔补。陈泽琳拟请免升千总，以守备用。王守成拟请免升把总，以千总用。以上夏如斌等六员名，并均请赏换花翎。

湖北抚标尽先千总王标、把总艾玉发、江南督标尽先千总何子云、把总李建章、尹大权、周保清、李冠英、分发江西补用府经历黄宝晋、五品蓝翎候选县丞相陈英贤、候选训导邹裔澄、已革署范县知县彭锡龄。以上十一员名，随解蒙围，追剿逸匪，协擒要逆。王标拟请免补千总，以守备用。艾玉发拟请免升千总，以守备用。何子云拟请以守备仍留江南督标补用。李建章、尹大权、周保清、李冠英，均拟请免补把总，以千总用，并均请赏戴蓝翎。黄宝晋拟请以知县不论双单月选用。陈英贤拟请以知县用，并请赏换花翎。邹裔澄拟请以府经县丞不论双单月即选，并请赏加五品衔。彭锡龄拟请赏还原衔。

守备杨德山、尽先千总鲁凤岐、千总朱兴、尽先把总夏宗武、把总余得仁、淮扬镇标外委王凤鸣、南河候补从九品王继勋、候选未入流任锦山、廪生陈先藩。以上九员名，打仗奋勇，随同克复寿州、正阳等处地方。杨德山拟请免补守备，以都司用，并请赏加游击衔。鲁凤岐拟请免补千总，以守备用，并请赏戴蓝翎。朱兴拟请免补千总，以守备用，并请赏加都司衔。夏宗武拟请免升千总，以守备用，并请赏戴蓝翎。余仁得拟请免补把总，以千总拔补，并请加守备衔。王凤鸣拟请免补把总，以千总拔补，并请赏戴蓝翎。王继勋拟请以县丞留于江苏补用。任锦山拟请以县丞不论双单月选用。陈先藩拟请以训导不论双单月选用，并请赏加盐提举衔。

训导卢士行、廪生李上达、颜士忠、从九品衔邹培仁、从九品赵秉仁、蓝翎从九品嵇寅斗、六品军功单锦敷、候选从九品徐家相、军功嵇承绪。以上九员名，随营接仗，不避艰险。卢士行拟请以训导不论双单月分缺选用，并请赏戴蓝翎。李上达、颜士忠均拟请以训导不论双单月遇缺即选。邹培仁、赵秉仁均拟请以巡检不论双单月遇缺即选。嵇寅斗拟请免补从九品，以府经县丞补用。单锦敷拟请以未入流尽先选用，并请赏戴蓝翎。徐家相拟请以从九品不论双单月遇缺即选，并请赏戴蓝翎。嵇承绪拟请赏给六品蓝翎。

同知衔补用知县汤佶昭、同知衔候补知县邓仁昌、降补县丞许樾身、州同衔徐以森、蓝翎同知衔候补知县师长乐。以上五员名，护运前敌军粮，带同圩练截贼获胜，协解蒙围，随擒要逆。汤佶昭拟请补缺后以同知用，并拟请赏加知府衔。邓仁昌拟请免补本班，以同知直隶州留于江苏补用。许樾身拟请开复，以知县用。徐以森拟请赏给五品封典。师长乐拟请赏换花翎。

徐州镇标守备贾玉、花翎守备高秉元、淮扬镇标千总郑荣、徐州镇标千总刘尚义、蓝翎千总李学江。以上五员名，追剿逸匪，擒斩多名，并协复寿州、下蔡地方。贾玉、高秉元均拟请以都司用。

郑荣拟请以守备用。刘尚义拟请以守备归江南补用。李学江拟请以守备用，并请赏加都司衔。

外委陈恩荣、蓝国谱、倪金贵、胡得胜、马万金、黎光亮、丁如川、黄应九、魏长庆、郭得林、刘义顺。以上十一名，分带哨队杀贼多名，均拟请以把总尽先拔补，并请赏戴蓝翎。

署理徐州镇总兵官姚广武，该员督师首先援蒙，猛攻苦战，倍著勤劳，拟请赏加勇号。

升用副将杨文全、副将衔尽先参将闪凤来、游击衔尽先都司冯杰、湖南尽先即补游击熊朝鉴、都司衔尽先守备张斌。以上五员名，带队北剿捻股，南援蒙城，屡获胜仗，擒斩苗党多名。杨文全拟请以副将归江南尽先补用，闪凤来拟请以副将尽先补用，冯杰拟请以游击尽先补用，熊朝鉴拟请仍留湖南以参将尽先补用，张斌拟请以都司尽先补用。

江南升用副将吕道宣、升用游击徐州镇标中营守备赵光宗、游击衔尽先都司解凤廷、尽先守备杨廷宣、王云彩、江南尽先守备曹玉田、都司衔即用守备杜万冬。以上七员名，打仗争先，协同解围，杀贼最多。吕道宣拟请以副将尽先补用，赵光宗、解凤廷均拟请以游击尽先补用，杨廷宣等四名均拟请以都司尽先补用。

游击衔尽先都司戚杰三、都司衔升用守备姜兴元、守备高玉凤、尽先千总王心忠、蓝翎宿州营市曹集额外外委周元魁、宿州营尽先千总张汝标、守备衔直隶提标尽先千总马炳辉。以上七员名，援蒙打仗，不避矢石。戚杰三拟请以游击仍留江苏补用。姜兴元拟请免补守备，以都司尽先补用。高玉凤拟请以都司升用。王心忠拟请免补千总，以守备用。周元魁拟请赏加守备衔，并请赏换花翎。张汝标拟请以守备用。马炳辉拟请以守备仍归直隶提标补用。

都司衔尽先守备朱光禄、都司衔寿春镇标尽先守备牛如岳、蓝翎尽先千总贾从万、段启祥、尽先把总王魁元。以上五员名，攻克蒙北贼垒，擒斩最多。朱光禄、牛如岳均拟请以都司用。贾从万、段启祥均拟请赏加守备衔，并请赏换花翎。王魁元拟请免升千总，以守备用。

升用游击李壮猷、尽先都司郭金魁、李良田、王玉成、守备王玉秀、吕道三、千总任克道、鲍永昌。以上八员名，带队协剿，攻毁贼垒。李壮猷拟请赏加参将衔。郭金魁、李良田、王玉成均拟请赏加游击衔。王玉秀、吕道三均拟请赏加守备衔。

蓝翎知府衔候补直隶州知州黄国光、两淮试用盐运判朱之楠、同知衔江苏候补知县陈凤仪、知府用候选直隶州知州周田畴、遇缺即选县丞刘沛霖、分发补用知县周澍和。以上六员名，支应前敌，并随同剿贼出力。黄国光拟请赏换花翎，朱之楠拟请归候补班前先用，陈凤仪拟请赏戴花翎，周田畴、刘沛霖、周澍和，均拟请以本班留于江苏补用。

运同衔知府用候选直隶州知州李世廉、候选县丞孙士鳞、遇缺即选训导达莲清、候选县丞孙邦宪、即选县丞王恩隆、候补县丞马廷选、候补知县孙炳墀、蓝翎军功赵光灿、分发补用从九品汤素修。以上九员名，带练随剿，不避艰险。李世廉拟请赏给三品封典，孙士鳞拟请免本班，以知县遇缺即选。达莲清拟请免选择本班，以教谕不论双单月即选。孙邦宪、王恩隆均拟请选缺后，以知县用。马廷选拟请补缺后，以知县用。孙炳墀拟请赏加同知衔。赵光灿拟请以从九品归部即选。汤素修拟请补缺后以县丞用。

署理漕标中军副将即用副将张从龙、尽先副将陈振邦。以上二员名,督队剿苗,攻克长壕,屡歼悍匪,擒获苗景开、赵克元、张建猷等要逆多名。张从龙拟请以总兵记名简放,陈振邦拟请赏加勇号。

蓝翎都司衔尽先守备张相泰、尽先千总袁得功、韩振江、刘玉瑸、把总曾傅道、许占魁、淮扬镇标外委潘大全、五品军功张从雨。以上八员名,解围奋勇,协擒要逆。张相泰拟请免补守备,以都司尽先补用,并请赏换花翎。袁得功、韩振江、刘玉瑸,均拟请免补千总,以守备用。曾傅道拟请免补把总,以千总拔补,并请赏戴蓝翎。许占魁拟请以把总归漕标拔补,并请赏戴蓝翎。潘大全拟请免补外委,以把总拔补,并请赏戴蓝翎。张从雨拟请以把总尽先拔补,并请赏戴蓝翎。

尽先千总梁万年、不论双单月选用主簿尤承恩、徐州府庠生汪守正。以上三员名,带队随擒要逆,杀贼多名。梁万年拟请赏加守备衔,尤承恩拟请以主簿留于江苏,归候补班即补。汪守正拟请以训导选用。

蓝翎尽先补用用游击刘鹤年、尽先守备赵胜文、尽先千总张安国、尽先千总徐州镇标额外外委刘士杰、尽先把总施廷诜、谢春荣、尽先外委周化成、六品军功吴金海。以上八员名,带队援蒙,奋勇解围。刘鹤年拟请赏换花翎,赵胜文拟请以都司尽先补用。张安国、刘士杰均拟请免补千总,以守备用。施廷诜、谢春荣均拟请免升千总,以守备用。周化成拟请以把总拔补,并请赏戴蓝翎。吴金海拟请以外委拔补,并请赏戴蓝翎。

游击衔补用都司唐高凭、蓝翎守备衔补用千总唐高斗、尽先千总阎合增、尽先把总梁兆恒、杜大亮。以上五员名,攻克苗逆长壕,打仗出力。唐高凭拟请以游击用,唐高斗拟请以守备用,并请赏换花翎。阎合增拟请以守备用。梁兆恒、杜大亮均拟请免升千总，以守备用。

尽先把总尚学仲、戴惟荣、尽先外委吴德芬、李隆标、徐福标、六品军功唐高峰。以上六员名，扒圩争先，擒斩最夥。尚学仲、戴惟荣均拟请以千总拔补。吴德芬、李隆标、徐福标，均拟请以把总拔补。唐高峰拟请以外委拔补。尚学仲等六员名，并均请赏戴蓝翎。

尽先游击张振清、尽先守备赵立文、同知衔候补知县吴晋、双月选用府经历熊士清、候补同知直隶州知州刘履芬、蓝翎山东候补县丞吴观涛。以上六员名，援蒙出力，攻克城东贼垒数座。张振清拟请以参将用、赵立文拟请以都司用。吴晋拟请补缺后，以同知用。熊士清拟请以府经历不论双单月遇缺即选。刘履芬拟请赏戴花翎。吴观涛拟请免补本班，以知县仍留山东补用。

游击衔都司张保圣、江南补用都司李宗孟、即补都司陈书廷、都司衔尽先守备王树标。以上四员名，带马队援蒙解围，追歼窜匪多名。张保圣、李宗孟均拟请免补都司，以游击尽先补用。陈书廷拟请以游击用。王树标拟请免升都司，以游击归江南尽先补用。

蓝翎守备王殿魁、候选从九品钱青、都司王学古、尽先守备戚麟书、守备衔千总盛永和、守备衔把总陈大本、蓝翎守备衔把总马学文、文童卜蔚轩、蓝翎把总马廷献。以上九员名，打仗奋勇，杀贼多名。王殿魁拟请赏加都司衔，并请赏换花翎。钱青拟请以从九品不论双单月即选，并请赏戴蓝翎。王学古拟请赏加游击衔。戚麟书、盛永和、陈大本，均拟请赏加都司衔。马学文拟请赏换花翎。卜蔚轩拟请以从九品即选。马廷献拟请赏给五品顶戴。

守备王树楠、蓝翎把总王树型、随营字识刘允荣、即选从九品王云。以上四员名，管带马队剿苗获胜，协解蒙围。王树楠拟请以都司归江南尽先补用,并请赏加游击衔。王树型拟请以千总尽先拔补,并请赏给五品顶戴。刘允荣拟请以从九品不论双单月选用。王云拟请以从九品留于江苏尽先补用。

知府用升用同知直隶州候补知县刘传曾、大桃知县陈继煐、张振镶、许邦行、南河候补县丞沈国翰、知县用江苏直隶州州判王琳。以上六员名,随营打仗,不避艰险,协解蒙围。刘传曾拟请免补知县,以同知直隶州知州仍留江苏补用,并先换知府顶戴。陈继煐、张振镶、许邦行,均拟请以知县不论繁简即补。沈国翰、王琳均拟请免补本班,以知县留于江苏补用。

蓝翎守备张兴仁、徐州镇标千总刘桂香、千总陈锦标、孟国栋、勇目邵士纪、汪乃宣、颜尚德、胡遵道。以上八员名,攻克蒙东苗垒,协同解围,打仗奋勇。张兴仁拟请以都司归江南尽先补用。刘桂香拟请以守备仍归原标补用。陈锦标、孟国栋均拟赏戴五品蓝翎。邵士纪拟请以把总归寿春镇标拔补,并请赏戴六品蓝翎。汪乃宣等三名均拟请赏戴六品蓝翎。

花翎候补同知萧诚,该员随营援蒙,打仗出力,现据呈请改就武职。查该员历由军功保举今职,于营伍最为熟悉,拟请改以游击,归淮扬镇标补用。

尽先都司陈振邦、千总马永顺、蓝翎寿春镇标尽先守备孙里仁、六品军功康裕华、兖州镇标把总周廷标、尽先把总徐国梁。以上六员名,剿苗出力,协解蒙围。陈振邦拟请赏加游击衔。马永顺拟请赏加守备衔。孙里仁拟请赏换花翎。康裕华拟请赏给五品蓝翎。周廷标、徐国梁均拟请赏给五品顶戴。

江苏候补知府章仪林,该员亲历行间,总办前敌支应,与躬冒矢石者艰险同尝,拟请补缺后,以道员用,并请赏加监运使衔。

候选主事汪祖茂、内务府皮库副司库江南织造处库使荣恩、知府衔候选通判秦如荣、江苏候补知县顾景濂、江苏候补县丞李长春、理问衔候补县丞周士钊。以上六员名，经理前敌军火，随队奔驰，不避锋镝。汪祖茂拟请免选本班，以同知留于江苏补用。荣恩、秦如荣均拟请以运判留于两淮即补。顾景濂拟请补缺后，以同知直隶州用，先换顶戴。李长春、周士钊均拟请补缺后，以知县用。

知县用候补县丞王宗幹、改掣东河从九品姜大荣、候补县丞韩汝贤、候补从九品周作钧、从九品衔魏邦举。以上五员名，供支前敌粮饷，履险相随，并协擒要逆。王宗幹拟请赏加知州衔。姜大荣拟请以盐巡检留于两淮即补。韩汝贤、周作钧均拟请赏戴蓝翎。魏邦举拟请以从九品不论双单月尽先选用，并请赏加六品衔。

候补县丞朱禄生、候选县丞张佩琳、候补县丞朱思业、南河候补从九品周濂、候补从九品朱式如、候补巡检叶复源、候选典史孙璠。以上七员名，挽运临蒙钱粮，不避艰险。朱禄生拟请补缺后，以知县用。张佩琳拟请选缺后，以知县用。朱思业拟请以本班尽先即补。周濂拟请免补本班，以县丞留于江苏补用。朱式如等三名均拟请赏加六品衔。

守备杨九皋、陈化元、薛景恩、千总杨坤、李永清、朱景轩、王得璋、孙祥、苗德成、把总贾金标、王圣奇、王振清、王景山、陈振兰、阎尊崇、程得胜、郑云祥、外委郭继亮、李明志、徐勋、万诚德、张永标、朱彦宾、李太平、张学谦、张林安、王贯武、杨玉成、刘景星、苏士端、李正运、王登庆、山东候补县丞拾广义、从九品漆品玉、欣维三、陈寿昌、朱瑞麟、徐州镇标战兵丁育岐、五品军功马从甲、六品军功罗士荣、周毓麟、李得胜、苏书太、吴明元、魏斌。以上四十五员名，打仗出力,协复城隘,均拟请赏戴蓝翎。

议政王军机大臣奉旨:览。钦此。①

【案】此案于是年二月初十日得允行。《清实录》:

以江苏官军救援安徽蒙城出力,赏总兵官陈国瑞、郭宝昌
一品封典;总兵官姚广武、副将陈振邦巴图鲁名号;游击刘鹤
年等花翎;守备杨九皋等蓝翎。余加衔、升叙、开复有差。②

○○八　请饬催山东等省迅解陈国瑞军饷片

同治三年二月初三日(1864年3月10日)

再,帮办军务记名提督尽先总兵陈国瑞,自上年由东带兵援皖
时,因军饷无出,经臣奏请在山东、山西、河南等省各先拨银三万
两,限一月内解到,仍由上年九月起按月各协解陈国瑞饷银一万
两,钦奉谕旨允准。嗣又经臣奏奉谕旨,饬催各该抚臣拨解各在
案。计自上年九月至本年正月,该三省应解按月协饷各五万两,并
先行拨解之三万两,共应各解银八万两。迭经臣咨催委提,仅准山
东抚臣先后拨解银一万五千两,山西、河南抚臣先后各拨解银二万
两,应解之款欠解既巨,刻届二月,该三省尚无续解来文,而兵勇嗷
嗷,何能久待? 虽经妥为抚循,究属无关兵食。

臣查陈国瑞援蒙剿苗,军需紧急,各省解到饷银为数无多,久
经用罄,并经臣设法罗掘,随时接济,始克无误援皖军需。现在陈

① 台北故宫博物院藏:军机及宫中档,文献编号:094345。
② 《穆宗毅皇帝实录(三)》,卷九十四,同治三年二月上,第63页。

国瑞一军奉旨驻扎徐郡，伏念徐、宿之间界连东、豫，圩寨林立，弹压镇抚，非有劲旅不足以资控制，且豫捻未靖，该匪半系苗逆、皖捻余党，一经剿击，势将铤而走险，回窜徐宿地方。是徐郡官军不惟撤防难骤，尤宜随时训练，以备调遣。官军既不可议撤，即兵饷仍属紧急之需。臣于陈国瑞一军，但有可以挪凑之款，无不竭力筹济，无奈清淮厘捐正当微淡之时，仅供清淮水陆各军尚属不敷，万不得已，惟有吁恳天恩，饬下山东、山西、河南各抚臣，迅将欠解奉旨准拨陈国瑞军饷迅各扫数克日解清，嗣后仍按月源源解济，以资兵食而储武备，实于军务大局有裨。所有请旨饬催协饷缘由，伏乞皇太后、皇上圣鉴。谨附片具奏。

同治三年二月初十日，议政王军机大臣奉旨：钦此。[①]

○○九　请赏给陈国瑞曾祖父母一品封典片

同治三年二月初三日（1864年3月10日）

再，臣查此次清淮、徐宿各军入皖援蒙，歼除苗逆，收复寿州、正阳等处要隘地方，虽系将士用命，奋勇争先，实由陈国瑞督率有方，克殄巨寇。在该员深受国恩，效力疆场，本属义分所当然。惟臣念陈国瑞于上年奉旨归宗，但系未任实缺人员，例不得邀请封典，可否仰乞天恩，赏给陈国瑞之曾祖父母一品封典之处，出自皇太后、皇上逾格鸿慈。谨附片具陈，伏乞圣鉴。谨奏。

同治三年二月初十日，议政王军机大臣奉旨：钦此。[②]

---

① 台北故宫博物院藏：军机及宫中档，文献编号：094350。
② 台北故宫博物院藏：军机及宫中档，文献编号：094351。

○一○　晏端书丁忧开缺片

同治三年二月初三日(1864年3月10日)

再,臣现据都察院左副都御史晏端书遣家丁黄升报称:晏端书前由广东差旋,奏奉恩旨,给假两月回籍省亲,于上年十月抵里,假满应即到京销差,兹因晏端书之母于本年正月二十一日病故,晏端书遵例在籍守制,呈请具奏开缺终制前来。谨附片具陈,伏乞圣鉴。谨奏。

同治三年二月初十日,议政王军机大臣奉旨:知道了。钦此。①

○一一　吴世熊署理江宁藩司及粮台事务片

同治三年二月初三日(1864年3月10日)

再,臣现据乔松年文称:恭奉恩命,补授安徽巡抚,自应俟万启琛②到泰交替江宁布政使篆后,再赴新任。惟皖北情形紧要,军务、善后机宜刻不容缓,履任碍难太迟。前奉亲王僧格林沁咨文,亦有催令速行到任之语。现在万启琛尚无起程赴任确信,乔松年未便久待,嘱臣委员暂行代理藩篆及粮台事务,以便克日交卸赴皖

---

① 台北故宫博物院藏:军机及宫中档,文献编号:094989。

② 万启琛(1817—?),字簏轩,江西丰城人,举人出身。咸丰初间,在籍办团。九年(1859),补湖北督粮道。十一年(1861),署安徽按察使。同治二年(1863),升安徽布政使。同年,调江苏布政使。三年(1864),办理江北粮台事宜。四年(1865),因病开缺。

各等因。

臣查乔松年既须迅赴新任，万启琛又到任需时，所有江宁藩司及扬镇粮台事务，自应委员代理，以专责成。查有按察使衔江苏候补道吴世熊，[①]老成敏练，才品优长，于江北地方及扬镇粮台情形尤为熟悉。除由臣檄委吴世熊暂行赴泰代理江宁藩篆及粮事务外，谨会同协办大学士两江督臣曾国藩、江苏抚臣李鸿章，附片具陈，伏乞皇太后、皇上圣鉴。谨奏。

同治三年二月初十日，议政王军机大臣奉旨：知道了。钦此。[②]

○一二　奏报陈国瑞请旨续假一月片

同治三年二月初三日(1864年3月10日)

再，帮办军务记名提督尽先总兵陈国瑞前因患病回浦，经臣奏奉上年十二月十八日谕旨：着赏假两个月，安心调理，仍传谕陈国瑞妥速医治，一俟痊愈，即行接统所部，驻扎徐州，以资镇抚。钦此。臣于奉旨后，谨即行知陈国瑞一体钦遵办理。兹计该员假期已满，经臣催令即行销假，以便赴徐驻扎。迭陈国瑞函称：近日延

---

① 吴世熊(1817—1882)，浙江仁和人，监生。道光二十五年(1845)，报捐州同，分发南河。咸丰三年(1853)，保升知州。五年(1855)，保直隶州知州。八年(1858)，赏戴花翎。九年(1859)，保江苏知府。十一年(1861)，保道员。同治二年(1863)，加按察使衔。三年(1864)，署江宁布政使，兼办扬州、镇江水陆粮台事务。四年(1865)，补授淮扬道。五年(1866)，丁母忧，回籍终制。六年(1867)，经吴棠随带入闽。七年(1868)，赴部引见，以道员发河南补用。旋经马新贻委办金陵善后局及洋务局。九年(1870)，署徐淮道。光绪三年(1877)，调补江西督粮道。六年(1880)，署理江西皋篆。八年(1882)，卒于任。修有《徐州府志》。

② 台北故宫博物院藏：军机及宫中档，文献编号：094353。

医服药，饮食较前稍进，而气体尚未复元，不能乘骑赴营，恳请具奏续假一月。臣以徐防紧要，未敢遽允所请，再四函嘱该员来淮，面议军情。现据陈国瑞于二月初六日乘舟来淮，臣当亲往察看，见其饮食稍进，而精神尚形委顿，实须再加调理，始可复元。臣已嘱令陈国瑞赶紧医治，以期痊愈。

为此再恳天恩，可否俯准陈国瑞续假一月，俾得安心调理之处，出自逾格鸿慈。至陈国瑞所部在徐勇丁，经总兵郭宝昌暂行统带，随时操演，尚称安静，堪慰宸厪。谨附片具陈，伏乞皇太后、皇上圣鉴。谨奏。

同治三年二月十九日，议政王军机大臣奉旨：陈国瑞着再赏假一个月调理。钦此。[①]

○一三　筹防捐局续捐军需请予奖叙折

同治三年二月十三日（1864 年 3 月 20 日）

漕运总督臣吴棠跪奏，为筹防捐局续收捐输银、钱、宝钞各数，分缮清单请奖，仰祈圣鉴事。

窃前准户部咨：粮台收捐照筹饷例及常例银数酌减十分之二，以抵其运解之费。嗣经前河臣奏准以钱一千六百文作银一两，给予奖叙，并饬委员分赴各州县，会同地方官，多方劝谕，遵照部定章程钱、钞各半交纳，叠经奏蒙恩奖在案。兹据委管捐局候补知府章仪林册报：由局核收捐生王锡纯等五百二十三名，共捐制钱四万三千一百六十五千文、宝钞四万三七一百六十五千文。又因清淮筹

---

①　台北故宫博物院藏：军机及宫中档，文献编号：095141。

防军需支绌,复经委员在外劝谕捐生朱云祥等十一名,情愿照章全缴制钱一万五千七百八十千文、实银三千五百两,并不搭钞。详请奏奖前来。

臣覆核无异。除将捐生履历各册咨部查核外,理合分缮清单,恭呈御览,伏候恩施。至各捐生业经填发空白执照,已于册内注明。其未经给照者,仰恳敕部迅即覆核,颁发执照来浦,以便给领而昭激劝。为此恭折具奏,伏乞皇太后、皇上圣鉴。谨奏。二月十三日。

同治三年二月十九日,议政王军机大臣奉旨:户部核议具奏,单二件并发。钦此。[1]

〇一四　呈筹防捐局续收捐输衔名、钱数清单

同治三年二月十三日(1864年3月20日)

谨将筹防捐局续收捐输衔名、钱数,缮具清单,恭呈御览。

王锡纯,江苏附监生,由本班先用主事捐钱一千八百六十八千文,核与奏准以钱合银报捐员外郎升衔减四成银数相符,拟请给予员外郎升衔。

杨学泗,苏州人,由双月州同捐钱五千二百五十五千文,核与奏准以钱合银报捐知州双月捐免保举减成银数相符,拟请以知州双月选用,并免其保举。

素桓,四川举人,由大挑知县拣发江北,捐钱九百九十七千文,核与奏准以钱合银报捐同知升衔减四成银数相符,拟请给予同知

---

[1]　台北故宫博物院藏:军机及宫中档,文献编号:094565。

升衔。

张景贤,安徽人,由补缺后以同知直隶州用江苏候补知县捐钱四百四千文,核与奏准以钱合银报捐随带加一级减四成银数相符,拟请给予随带加一级。

马骥,河南廪生,捐钱六千九百四十千文,核与奏准以钱合银报捐监生加捐知县双月并捐三班捐免保举减成银数相符,拟请作为廪监生以知县不论双单月选用,并免其保举。

朱鉴,浙江附监生,由分发江苏布政司理问捐钱九百四千文,核与奏准以钱合银捐免验看减成银数相符,拟请免其赴部验看。

王锡智,江苏监生,由候选州同捐钱一千五百四十三千文,核与奏准以钱合银报捐盐课司提举升衔减四成银数相符,拟请给予盐课司提举升衔。

许松龄,江苏监生,由州同升衔双月县丞捐钱六百三十四千文,核与奏准以钱合银扣除原衔银两、报捐州同双月减成银数相符,拟请以州同双月选用。

黄燮元,广东监生,由分发江苏县丞捐钱四百四十五千文,核与奏准以钱合银捐免验看减成银数相符,拟请免其赴部验看。

程席龄,江苏附贡生,由试用训导捐钱六百三十七千文,核与奏准以钱合银报捐州判递捐布政司经历升衔减四成银数相符,拟请给予布政司经历升衔。

王兆昌,江苏廪贡生,捐钱四百八十五千文,核与奏准以钱合银捐足训导减成银数相符,拟请以训导不论双单月选用。

朱轮,浙江人,捐钱四百六十四千文,核与奏准以钱合银报捐监生捐足从九品减成银数相符,拟请作为监生,以从九品不论双单月选用。

尹文智，江苏人，捐钱三百三千文，核与奏准以钱合银报捐监生捐从九品双月减成银数相符，拟请作为监生，以从九品双月选用。

施宝甫，江苏人，由光禄寺署正职衔捐钱三百八十四千文，核与奏准以钱合银捐请六品封典减成银数相符，拟请给伊父母六品封典，并将本身妻室应封赃封本生父母。

朱垠，江苏监生，捐钱三百八十四千文，核与奏准以钱合银报捐布政司理问职衔减成银数相符，拟请给予布政司理问职衔。

周占鳌，江苏人，捐钱五百二十五千文，核与奏准以钱合银报捐监生捐布政司理问职衔减成银数相符，拟请作为监生，给予布政司理问职衔。

桑荫成、周学騪、李然、苗稼。以上四名均由监生各捐钱三百八十四千文，核与奏准以钱合银报捐州同职衔减成银数相符，拟请均给予州同职衔。

李云蕙，江苏人，由从九品职衔捐钱四百二十一千文，核与奏准以钱合银补捐监生加捐州同职衔减成银数相符，拟请作为监生给予州同职衔。

武聘珍，江苏人，由议叙从六品职衔捐钱一百二十八千文，核与奏准以钱合银报捐守御所千总职衔减成银数相符，拟请给予守御所千总职衔。

朱青梯、朱青选。以上二名均由俊秀各捐钱四百十千文，核与奏准以钱合银报捐监生捐营千总职衔减成银数相符，拟请均作为监生给予营千总职衔。

薛桥、张允谦、刁凤喈。以上三名均由增生各捐钱一百五十四千文，核与奏准以钱合银报捐贡生减成银数相符，拟请均作为增贡生。

钱德垣、葛廉泉、孙化江。以上三名均由附生各捐钱一百八十六千文,核与奏准以钱合银报捐贡生减成银数相符,拟请均作为附贡生。

张莲仙、吴瑞中、陈瑸、沈春如、陈乃宜、孙茂瑶。以上六名均由监生各捐钱一百八十六千文,核与奏准以钱合银报捐贡生减成银数相符,拟请均作为例贡生。

李宗勋,江苏人,由从九品职衔捐钱二百二十三千文,核与奏准以钱合银报捐监生加捐贡生减成银数相符,拟请作为例贡生。

问得功、程锡琳、徐枫勋、顾敔斋、李然、仲统伦。以上六名均由从九品职衔各捐钱三十九千文,核与奏准以钱合银报捐监生减成银数相符,拟请均作为监生。

王镇,江苏人,由九品顶戴捐钱三十九千文,核与奏准以钱合银报捐监生减成银数相符,拟请作为监生。

陈景春,江苏人,由未入流职衔捐钱三十九千文,核与奏准以钱合银报捐监生减成银数相符,拟请作为监生。

王世德、顾太成、刘士德、王润元、汪广业、刘绍曾、何恩保、谷兰筠、杨道昌、周锡祺、益嘉善、张允升、徐景阳、朱惟精、王永龄、徐嘉福、孟昭绩、曹逸仙、涂又新、魏裕如、魏增英、魏增寿、徐省傅、王学敬、周律鸣、明得安、周振镛、梁殿鹤、桑荫成、章广平、章玉金、朱从芳、嵇春沉、高金柱、梁鼎铭、李朝佐、聂跻高、沈坫、沈道坦、姜作璋、张鸿耀、汤兰如、汤兰谷、孙爵仁、唐瑞玉、丁汉云、陈显谟、周其翔、黄守谦、董荫培、董朗轩、程开升、朱开文、朱景柱、王占魁、王圣友、马正元、焦兆勉、徐汉弼、吴开祥、潘士超、沈安庆、赵东之、孙敬文、屠文若、屠阳春、张嗣唐、朱云龙、王秀夫、郑锦堂、蒋云和、沈学魁、刘舜璋、素殿试、陈勋丰、秦如鉴、秦恒如、周建寅、高学文、张协清、丁海平、王之安、张凤鸣、吴锐、郝兆泰、孙钟秀、泰玙、仲延裕、陈彭春、陈荫棠、张懋昭、秦如鋑、郁辇扶、李从芳、魏增烈、魏增佩、魏增彩、丁攀禄、周粹林、金琳、张春圃、王旭斋、周敬五、宋开益、张轩林、陈慎修、胡常荣、宋允中、冷曙初、胡子敬、周捷三、陈烈文、徐彦卿、蔡从之、徐建勋、寇安修、张通甫、周韶鸣、王汉光、葛兰亭、成孝思、成敬曾、曹开轩、曹倬汉、金作砺、孙履和、陈翘林、陈玉梁、朱江、邵棨、赵合亭、赵士恒、张华焕、张步昌、王凤仪、王恒林、汪义瑶、张善夫、崔寿昌、姜绍昌、张桂枝、徐耀廷、孙广霞、王嘉佑、孙家楣、鲁耀祖、邹瀛仙、仲作山、徐杰、许殿邦、徐亶聪、徐文魁、骆克裕、嵇兆文、胡培趾、王公槐、周荫枢、李凤章、汤学昌、胡春海、荣九成、杜鹏翼、刘玉玢、吴长淼、彭佩绅、陈胜省、刘玉琼、马藻、吴廷栻、陈长濂、陈长祺、王维康、严锡弓、陈石麟、徐文周、徐广田、顾恒朗、孙道近、陈长庆、陈长泰、刘文理、张鸿渚、王禹书、汤以勋、周学川、张锡堂、陈祖凤、姜裕如、乐象升、王云川、蒋明、朱在中、宁春三、程慎修、唐乐三、陈子焕、卜文坛、王简书、崔瀛、孙敬轩、魏德之、孙乾元、宋岐鸣、严开业、于宝瑞、孙文郁、朱准、王正炳、安树棻、刘建业、季世煌、韩哲华、关玉保、朱履信、骆雨辰、罗文远、胡士选、汤兰皋、汤兰室、吕殿元、张云衢、傅幹、徐廷桢、杨品敦、吕光远、徐芝玉、仲兆谌、仲兆彦、王复初、张宪曾、金达中、陈兆梁、朱达节、杨佐贤、赵景宣、居凤笙、王瑶生、李国柱、苗嫁、马连璐、张棻、韩锡麟、张棨、周于廪、姜彭庚、葛子进。以上二百四十六名，各捐钱一百四十一千文，核与奏准以钱合银报捐监生减成银数相符，拟请均作为监生。

唐济斌、成森、吴珠、吴肇士、张蕖、唐德辉、唐文轩、徐允南、樊锡纶、何本容、杨道恒、李以峰、张恒年、余镛、王殿魁、陈廷爵、杨德华、张见南、孙兆元、程引之、胡恩余、黄刚年、王秉义、王秉智、孟宪章、戴桂林、戴克禹、沈步墀、李元管、张玉文、张仲阳、张应龙、王金梁、薛养高、刘家雯、邢海珊、赵锡华、陈庆恩、孙栋材、孙国瑞、仲子谦、吴九皋、张俊亭、袁鸣岐、姜梦熊、徐忠珩、姜源余、葛琮、王廷植、赵谦益、季阁臣、徐宝符、黄凤川、朱曜光、冯官举、司庆叶、张琢珠、方鸿一、仲尊五、赵维谟、王永江、胡邦彦、乔锡九、徐久香、张子英、仲延升、秦淬、杨增元、孙焕文、马培元、严仲若、单云亭、章学增、卜文言、稽万清、刘梦麒、秦昆如、秦宽如、范竹斋、洪桂林、蒋君德、李月坡、汪良灿、葛棠、徐致中、徐无欲、徐斗文、丁侣仙、丁攀蟾、丁利清、何镛、郁楼仙、李翠周、李锦环、魏增礼、周占鳌、王锦堂、方宝光、稽献廷、稽光国、姜联莹、徐彦成、谢良谟、袁鹏飞、吴俊德、张轻、朱玉川、崔立兴、崔立昌、崔思聪、徐斗枢、徐靖晏、李立纲、宋子杲、葛鸣瑾、徐继虞、葛麟瑞、王复初、韩自南、唐寿斌、冯伯善、潘肇清、朱心诚、周焕章、卜振疆、杨配帛、吴蕴香、姜明诚、朱钟山、唐殿文、胡鹏南、朱禹言、王朝英、魏子云、稽学文、王凤美、仲朝阳、许芝田、高鹤南、周寈、秦肆雅、汤瑞隆、张凤驰、周建中、周鉴远、张子亮、刘干城、马养和、陈玉华、陈林春、陈佳祥、周瑞青、孙希舜、须学纯、吴启炘、朱锡功、俞应龙、顾粹伦、朱鹏风、朱朗风、张丙午、徐嘉禄、王炳文、朱波、朱治、汤梓亭、汤幹熙、汤维桓、丁怀步、孟耀如、孟昭熊、赵趾仁、赵旭东、纪如磨、徐简儒、姜云路、史怀英、程子敬、程学鸿、杨秀峰、蒋曦、徐振发、高树堂、朱尚林、顾子铨、周天培、王正富、朱士谋、朱照普、朱培瑗、尤纤朱、佘承松、王嵤、崔仰涛、周德余、尹德枢、沈巨川、赵一飞、禹耆英、陈旭亭、赵芝得、孙祜、郝润业、刘如璧、张绍纲、李正垲、张容贵、孙印川、吴永清、洪维翰、耿元尚、耿元良、耿元儒、耿元勋、陈长杰、朱联元、严世溶、潘怀川、张翼升、徐其昌、张如珩、陈友麒、赵廷琭、秦德英、仲泉香、仲立三、张灿煌、黄辅、王肇云、成福履、周八士、孟德泰。以上二百三十二名，各捐钱一百三千文，核与奏准以钱合银报捐从九品职衔减成银数相符，拟请均给予从九品职衔。

统共捐生五百二十三名，共捐钱八万六千三百三十千文，内制钱四万三千一百六十五千文、宝钞四万三千一百六十五千文。

议政王军机大臣奉旨：览。钦此。①

〇一五　呈筹防捐局续收捐输银钱、衔名实数清单

同治三年二月十三日（1864 年 3 月 20 日）

谨将筹防捐局输银钱、衔名实数，缮具清单，恭呈御览。

朱云祥，江苏监生，捐制钱一千五百一十一千文，核与奏准以钱合银报捐詹事府主簿双月减成银数相符，拟请以詹事府主簿双月选用。

茅焕远，江苏人，由分缺先用训导捐制钱一千五百七十四千文，核与奏准以钱合银报捐教谕递捐国子监典簿双月加一级请七品封典分别减成银数相符，拟请以国子监典簿双月选用加一级，并给伊七品封典。

李恒，江苏人，由詹事府主簿职衔捐制钱八千五百七千文，核

---

① 台北故宫博物院藏：军机及宫中档，文献编号：094566。

与奏准以钱合银补捐监生并不减成,扣除原衔银两报捐知县双月并三班免保举加同知升衔加一级请四品封典分别减成银数相符,拟请作为监生以知县不论双单月选用,并免其保举给予同知升衔,并加一级给伊四品封典。

邱世官,江苏副榜,由就职教谕捐制钱一千四百六十四千文,核与奏准以钱合银照候补、候选教谕报捐双月并两班分缺先选减成银数相符,拟请以教谕不论双单月分缺先选用。

万立銓,江西人,捐制钱一千二千文,核与奏准以钱合银报捐监生捐足从九品分缺先选减成银数相符,拟请作为监生以从九品不论双单月分缺先选用。

吴静山,江苏人,由从九品职衔捐制钱三百六十千文,核与奏准以钱合银补捐监生捐足从九品减成银数相符,拟请作为监生以从九品不论双单月选用。

沈召,浙江人,捐制钱三百三千文,核与奏准以钱合银报捐监生捐从九品双月减成银数相符,拟请作为监生以从九品双月选用。

史悠祉,江苏人,捐制钱三百三千文,核与奏准以钱合银报捐监生捐未入流双月减成银数相符,拟请作为监生以未入流双月选用。

方道垣,安徽监生,捐制钱四百六十一千文,核与奏准以钱合银报捐翰林院待诏职衔减成银数相符,拟请给予翰林院待诏职衔。

朱镜蓉,江苏人,捐制钱二百九十五千文,核与奏准以钱合银报捐监生加府知事职衔减成银数相符,拟请作为监生给予府知事职衔。

李思诚,江苏人,由都司职衔捐实银三千五百两,核与奏准报捐蓝翎数目相符,拟请赏戴蓝翎。

以上捐生十一名，共捐制钱一万五千七百八十千文、实银三千五百两。

议政王军机大臣奉旨：览。钦此。[1]

○一六　请将江北收养难民出力绅董奖励片

同治三年二月十三日(1864 年 3 月 20 日)

再，臣窃查江南被贼以来，各属难民纷纷逃至江北，加以被贼裹挟，男妇陆续逃出渡江，无可依栖，万分困苦，若不设法收养，必致委填沟壑。当饬淮扬里下河一带州县，各就地方情形，遴董设局，劝捐收养，俾无失所。阅今数年，或月给米粮，或日给钱文，或冬施棉絮，或夏备汤水。病有医药，殁为棺殓。虽各处办法不同，而培养则一。第为时已久，费用浩繁，全赖绅商士庶不分畛域，好善乐施，始终不倦，全活甚众，实属著有微劳。兹据江宁藩司详称：江北里下河各绅商士庶连年捐输助饷，殆无虚日，未尝因此而漠视难民。其急公慕义之忱，迥非寻常可比，拟请援照善后章程例定银数核减二成，以钱一千六百文作银一两，所有捐资出力人等准其邀请封典、虚衔及贡监等项，不准报捐实职。承办董事择其勤劳最著者，一体给予奖叙。详请具奏前来。

相应据情吁请天恩，可否将江北收养难民之绅商、士庶、承办之出力董事分别请奖之处，伏候圣训祗遵。谨附片具奏。

同治三年二月十九日，议政王军机大臣奉旨：户部核议具奏。

---

① 　台北故宫博物院藏：军机及宫中档，文献编号：094567。

段。

钦此。①

○一七　奏覆陈国瑞稍需调理等情片

同治三年二月十三日(1864年3月20日)

再,臣封折间,钦奉同治三年二月初八日寄谕:陈国瑞患病是否业已痊愈？ 其所部之四千人皆素经行阵,屡著战功,河南现在兵微将寡,僧格林沁进驻豫省后,若得陈国瑞一军归其调遣,必更可资得力。着僧格林沁、吴棠会同妥商调派各等因。钦此。臣查豫省据天下之中,该处匪徒不靖,则江、皖、楚境防兵皆难议撤。是三省兵力与其备多力分为贼掣,不若越境会剿,兜除余孽,以苏民困。上年削平白莲池等处教匪及皖境苗逆,皆系数道兵力聚剿一股匪徒,是以战胜攻取,著有成效。现在豫兵太单,未能制贼,自应恪遵圣谕,派队会剿。陈国瑞勇敢素著,刻虽患病未痊,稍需调理,谅能速复。该员深受国恩,断不敢稍耽安逸。臣现已禀商亲王僧格林沁,应将陈国瑞一军如何调派,计俟亲王僧格林沁覆信到时,陈国瑞假期将满,臣仍饬令该员赶速医治,以期早日就痊,效力戎行,仰酬宸眷。除会同亲王僧格林沁妥商调派情形续另奏报外,谨先附片覆陈,伏乞皇太后、皇上圣鉴。谨奏。

同治三年二月十九日,议政王军机大臣奉旨:知道了。钦此。②

---

①　台北故宫博物院藏:军机及宫中档,文献编号:094568。
②　台北故宫博物院藏:军机及宫中档,文献编号:094569。

○一八　通州城隍等神灵显应请颁匾额折

同治三年二月十三日(1864年3月20日)

漕运总督臣吴棠跪奏，为神灵显应，恳请钦颁匾额，用答神庥，仰祈圣鉴事。

窃查上年五月间，匪徒盛广大等勾结发逆，克期渡江，图袭通州州城，幸奸谋败露，群凶就戮，不惟通州转危为安，即江北借无寇警，固由人力之斡旋，尤赖神祇之呵护。案自咸丰十年，苏常不守，通州居民时见有神灯闪烁，星罗棋布，上书城隍字样。迄上年五月贼谋袭通之际，通州城旁渔人夜见巨舰数只，先后往来，环城如巡缉之状，船上列灯有城隍字样。其时，城内练勇彻夜巡城，众目共睹。

又有通州城南狼山之巅建有大圣殿，系西域僧伽由唐时入中国，建寺泗州，自泗改建塔于通境。明时正德间，著有显应者也。上年五月间，狼山居民及山上庙祝人等望见神灯数千，由大圣殿起接连军山之麓，缘贼有在军山聚会之谋，故神示之警。自城隍、大圣殿显应后，贼谋立败，各犯伏诛，通境晏然，无虞兵革。阖境士民感荷神庥，公同具禀。经江宁藩司转据通州直隶州知州详请奏颁匾额前来。

相应据情奏请钦颁通州城隍及僧伽大圣殿御书匾额各一方，以答神庥而酬灵贶。为此恭折具陈，伏乞皇太后、皇上圣鉴。谨奏。二月十三日。

同治三年二月十九日，议政王军机大臣奉旨：钦此。①

———————

① 台北故宫博物院藏：军机及宫中档，文献编号：094570。

○一九　审明王溁太谋杀多命按律定拟折

同治三年二月十三日(1864 年 3 月 20 日)

漕运总督臣吴棠跪奏,为谋杀一家五命,于审明后按拟办理,恭折具奏,仰祈圣鉴事。

窃据署宝应县知县袁桓禀报:访闻县属兰亭庄地方,有谋杀男女多命、弃尸河内情事。正在查拿,即据地保捞尸报验,饬差会同盐城县兵役,拿获凶犯王溁太、乔佃选、王涣并船只、衣物,解由盐城县移解到宝,讯认图财谋杀船户姜大一家五命,弃尸河内,将犯押解来淮审办等情。查此案现据署盐城县知县万青选禀报获犯解讯,当经臣以案情重大,批饬解淮审办在案。据禀前情,随时发委淮安府审办去后。兹据淮安府知府顾思尧督同署宝应县知县袁桓审办解勘前来。

臣亲提覆鞫,缘王溁太籍隶赣榆县,乔佃选、王涣籍隶清河县,均小本营生,与姜大先后认识。同治二年十二月二十三日,王溁太在扬州仙女庙地方与乔佃选、王涣会遇,述及盐城盐价便宜,商允合伙往贩,随于是日下午雇坐姜大船只开行。王溁太见姜大船系新装,价值数百千,船内衣物又多,起意将姜大一家杀死,变卖船只、衣物,添作资本。密约乔佃选、王涣相帮,许将船变钱均分。乔佃选等贪利允从。二十七日三更时分,船抵宝应兰亭庄地方停泊。王溁太见四无居民,即以付给船钱为词,哄骗姜大进船,顺取船内柴斧向姜大头上乱砍,致伤其额颅、额角,左眉、左腮胞、右腮颊、左耳轮,接连耳根牙齿上、右耳根等处,当即殒命。姜大之侄睡在船头舱底,闻声起视。乔佃选即拔身带小刀,赶出船头,砍伤其右太阳、右眼胞下。王涣亦出舱帮殴，将姜大之侄推跌落河身死。姜大之妻怀抱幼孩，同女在后艄喊救。王溁太赶至后艄，用斧先砍伤姜大之妻右眼胞、左腮颊下、右臂膊、右乳。姜大之妻即抱幼孩跳入河内淹毙。王溁太复用斧砍伤姜大之女右腮颊、右额颏、肚腹、左右肋等处，落河殒命。王溁太即令乔佃选等将姜大之尸撩入河内，开船驶逃。经县访闻饬拿，报验获犯，禀经批饬解淮委审。兹据审拟解勘，臣亲提覆鞫，据供前情不讳，诘无起衅别故及另有同谋加功之人，案无遁饰。

查律载：杀一家非死罪三人者凌迟处死，为从加功者斩。又例载：杀死一家三命以上，凶犯审明后，依律定罪，一面奏闻，一面恭请王命，先行正法各等语。此案王溁太因赴盐城贩盐，雇坐姜大船只，见其船新衣多，辄敢起意图财谋害，纠约乔佃选、王涣，各用刀斧杀死船户姜大夫妇、子女及侄一家五命，实属凶残已极，自应按律问拟。王溁太除弃尸不失轻罪不议外，合依杀一家非死罪三人者凌迟处死律，凌迟处死。乔佃选、王涣听从谋杀一家五命，下手加功，亦应按律问拟。乔佃选、王涣除听从弃尸不失轻罪不议外，均合依杀一家非死罪三人为从加功者斩律，各拟斩立决。臣于查明后，即照例恭请王命，饬委淮安府顾思尧会同署淮安城守营参将庆连，将各犯绑赴市曹正法，仍将王溁太等首级解赴犯事地方示众，以昭炯戒。该犯王溁太讯无妻子财产，应毋庸议。船只、衣物饬县查传尸属具领。

至拿获邻境谋命斩枭重犯三名，系升用知府补用同知署盐城县知县万青选，应照例议叙。除全案供招咨部查照外，所有审明定拟缘由，谨会同协办大学士两江总督臣曾国藩、江苏巡抚臣李鸿章，合词恭折具奏，伏乞皇太后、皇上圣鉴。谨奏。二月十三日。

同治三年二月十九日,议政王军机大臣奉旨:该部知道。钦此。[1]

○二○ 请将郭礼图等员从优议叙片

同治三年二月十三日(1864年3月20日)

再,盐运司衔前四川永宁道郭礼图,前经臣附片奏委会同台员总办江北厘捐在案。兹查该员设立厘捐总局,稽核厘务,办事实心,任劳任怨。计该员所收厘款比较咸丰十一年,厘款多收二十四万余串,比较同治元年厘款多收十一万余串,厘卡并未增添,而厘款有盈无绌,实由该员认真整顿,督率各局员刻苦自励,涓滴归公,是以著有成效,克助军需。

又查有按察使衔候补道吴世熊,办理粮台文案,赞画勾稽,明正通达,于紧急军饷竭力筹济,无误要需,著有劳绩,拟请饬部将郭礼图、吴世熊从优议叙。

又查有盐运使用江苏候补道留署镇江府知府金以谏,办理镇江陆路支放事件,擘画精详,无误军需,既纾粮台之力,尤得士卒之心,实属尤为出力,拟请赏加按察使衔。据前办扬镇水陆路粮台升任江宁藩司乔松年禀请奏奖前来。相应据情具陈,可否邀恩准奖以示鼓励之处,出自逾格鸿慈。伏乞圣鉴。谨奏。

同治三年三月初一日,议政王军机大臣奉旨:钦此。[2]

---

① 台北故宫博物院藏:军机及宫中档,文献编号:094571。
② 台北故宫博物院藏:军机及宫中档,文献编号:094744。

○二一　调兵布置淮扬、洪湖等处防务片

同治三年二月十三日(1864年3月20日)

再,臣准富明阿咨称:江防吃重,需队分扎,奏调派防蒋坝之总兵安勇一军,撤回扬防,以资抽拨各等因。旋据该总兵禀称:二月二十一日,自蒋坝拔营,由天长一路驰赴扬防。所有蒋坝一路系清淮南面要隘,臣现拨都司杨廷宣带队三百名,会同副将蔡觐贤等炮船前往驻扎,并派水师总兵赵三元、副将刘明典等所部炮船驻扎洪湖老子山、高良涧一带,以资巡缉。所有布置湖防各队缘由,理合附片陈明,伏乞圣鉴。谨奏。

同治三年三月初一日,议政王军机大臣奉旨:知道了。钦此。[①]

○二二　请将知县龚元钺开复顶戴片

同治三年二月十三日(1864年3月20日)

再,同知直隶州用候补知县龚元钺,于咸丰十年在署沭阳县任内,因征解粮台款项查有蒂欠,经前办江北粮台乔松年奏参,钦奉上谕:署沭阳县知县龚元钺着摘去顶戴,勒限完缴。钦此。兹据乔松年详:据龚元钺禀称,咸丰十年春间,捻匪窜扰清淮一带,沭道逼近逆氛,土匪窃发。该员带队下乡缉匪,以致正、二、三月未能开征。至闰三月,龚元钺复又丁忧卸事,复接奉行知上谕一道,遵即

---

① 台北故宫博物院藏:军机及宫中档,文献编号:094745。

会同接署沭阳县知县宋秉中,催征各款尾数银一千四百余两,于是年五月由宋秉中代解粮台缴收,欠款扫数清解。据升任江宁布政使乔松年查案详请具奏前来。

臣查前署沭阳县龚元钺欠解粮台各款,于被参后会同接署知县宋秉中,征解全完,尚知愧奋,可否仰恳天恩,将同知直隶州用候补知县龚元钺原参摘顶之案准予开复,出自逾格鸿慈。谨附片陈明,伏乞圣鉴。谨奏。

同治三年三月初一日,议政王军机大臣奉旨:龚元钺着准其开复原参顶戴。钦此。①

○二三　请奖粮台及清淮筹防局出力人员折

同治三年二月二十一日(1864年3月28日)

漕运总督臣吴棠跪奏,为遵旨查明扬镇、徐州两处粮台暨清淮筹防局筹办转运军饷出力文武员弁人等,分缮清单,恭呈御览,仰恳天恩俯准给奖事。

窃臣前奏请将台局各员择尤酌保,承准议政王军机大臣奉旨:着准其择尤酌保,毋许冒滥。钦此。伏查扬镇、徐州、清淮各台局,频年以来,屡值扬防戒严,剿抚吃紧,而饷源无出,兵食为难,在事各人员劝捐办厘,多方罗掘,始克无误军需,攻剿得力。自苗逆倡乱以来,臣饬浦、徐两处水陆各队入皖援蒙。嗣据荆州将军富明阿奉旨督兵援皖,所有各军粮饷、军装由浦、扬、徐三路供支,筹画之烦,更逾往昔。臣思战胜攻取,固赖将士之争先,而饷需继续,俾得

---

① 台北故宫博物院藏:军机及宫中档,文献编号:094746。

士无枵腹之虞，收饱腾之效。迨今河防无警，淮北肃清，筹运军饷各员实有微劳足录。

兹据各台局开送当差出力之文武员弁人等衔名，复经臣严加删减，不敢稍有冒滥，谨择在事尤为出力、积劳已及三年之员弁人等，缮具清单，恭呈御览，可否邀恩准奖以示鼓励之处，出自逾格鸿慈。所有遵旨查明台局尤为出力员弁、仰恳天恩给奖缘由，恭折具陈，伏乞皇太后、皇上圣鉴。谨奏。二月二十一日。

同治三年三月初一日，议政王军机大臣奉旨：钦此。①

○二四　呈粮台及清淮筹防局出力人员清单

同治三年二月二十一日（1864 年 3 月 28 日）

谨将查明清淮筹防局筹运军饷尤为出力人员，缮拟清单，恭呈御览。

候补道颜培瑚，拟请赏加按察使衔。

补用道刘咸，道员用候补知府尹绍烈。该二员名均拟请赏加盐运使衔。

以上三员名，总理筹防局务，认真整顿，接济军需，不辞劳瘁。理合登明。

同知衔候补知县周光斗，拟请补缺后，以同知用。

通判任成林，拟请以同知升用。

候补知县王延赉、秦守中、李恩瀚。该三员名均拟请归候补班前先用。

---

① 台北故宫博物院藏：军机及宫中档，文献编号：094747。

候补盐大使钱福熙,拟请补缺后,以运判升用。

知州熊嘉澍、吴崇寿。该二员名均拟请赏加运同衔。

山东候补县丞张良沅,拟请以本班尽先补用。

邳州吏目陈柄,拟请开缺,以县丞、主簿仍留江苏尽先补用。

知县用补用县丞俞洵,拟请赏加五品衔。

候补县丞陈鹏,拟请补缺后,以知县用。

候补从九品戴云祥、孙启燮。该二员名均拟请以本班尽先即补。

候补从九品余廷茱、胡楷,候补未入流高鸿财。该三员名均拟请赏加六品衔。

以上周光斗等十七员名,派办盐阜、清河等处盐务,当援蒙吃紧、饷无来源之际,该员等洁己奉公,筹捐厘款,俾清淮一军无虞枵腹,实属异常出力。理合登明。

候补知县韩汝纲、朱光照、徐福增、葛景贤、李宝、谢祖馨,六品衔知县李树萱。该七员名均拟请赏加同知衔。

候补县丞英弼,候补从九品沈余庆、姚德钧、王懋昭。该四员名均拟请赏加六品衔。

以上韩汝纲等十一员名,办理筹防局文案,久著勤劳,经管收支,极称妥慎。理合登明。

两淮候补盐知事屠锡龄,拟请赏加盐提举衔。

候补守备文正兴、孙绳武。该二员名均拟请赏加都司衔。

千总张建功、安泉、尹宗昉、顾泰康、陈沂。该五员名均拟请赏加守备衔。

州同衔张敏惠,拟请赏加五品衔。

从九品职衔董事周绍文、张堃。该二员名均拟请以本班不论双单月选用。

以上屠锡龄等十一员名，制造军火，深资利用；收支器械，勤慎详明。理合登明。

知县用候补训导徐橡，拟请以知县不论双单月即选。

知州衔候补训导符爕梅，拟请赏戴蓝翎。

监生徐锡三，拟请赏给知州衔。

监生李世煌、徐树勋。该二名均拟请赏给州同衔。

从九品王堃，未入流唐万枢。该二员名均拟请赏加理问衔。

以上徐橡等七员名，办理通源钱局，接济军饷，无误要需。理合登明。

随局书识周象清、陈趾祥、沈式金、胡以仁、徐官禄、胡宗源、程熙，理问衔书识涂曜奎。该八名均拟请以从九品不论双单月选用。

即选从九品书识郭銮、周鉴、陈廷幹。该三员名均拟请赏加州同衔。

以上周象清等十一员名，随局办公，积劳有年。理合登明。

议政王军机大臣奉旨：览。钦此。①

○二五　奏报盐城续捐饷银请加学额折

同治三年二月二十一日（1864 年 3 月 28 日）

漕运总督臣吴棠跪奏，为查明盐城县续捐助饷银数，援例请加学额，恭折奏祈圣鉴事。

---

① 台北故宫博物院藏：军机及宫中档，文献编号：094748。

窃照前准部咨：奏定章程，凡绅商捐资备饷，一厅州县捐银至二千两者，准予加广文武学额各一名。捐银至一万两，加文武学定额各一名，仍不得逾于各学原额之数等因。查盐城县前于咸丰六年止，奏准以银六千两加广文武学额各三名，声明余银七百五十六两，归入续捐并计。兹自咸丰七年起至同治二年止，除客籍商捐不计外，计本籍绅民在各粮台捐局捐助军饷银钱、米石各数，合计银七万二百二十一两，连上届盈余共银七万九百七十七两，均有册案可稽，并无赴京铜局报捐之款，拟请以七万两加广文武学永远定额各七名，余银九百七十七两，归入下次续捐案内并计办理。由该管府县〈禀〉由升任江宁布政使乔松年，详请就近核奏前来。

臣查盐城县所捐银数，均系捐助各台局军饷，与加广学额之例相符。该县文学原额二十一名，武学原额十二名，今请加广文武学定额各七名，并未逾于原额之数。除将送到清册咨部查核外，相应吁恳天恩，俯准加广盐城县文武学永远定额各七名，以广登进而昭激劝。谨会同协办大学士两江督臣曾国藩、江苏抚臣李鸿章、学臣孙如仅，恭折具陈，伏乞皇太后、皇上圣鉴。谨奏。二月二十一日。

同治三年三月初一日，议政王军机大臣奉旨：钦此。[1]

【案】此折于是年五月得允行。《清实录》：

以江苏捐输军饷，永广盐城县学额七名、高邮州三名。[2]

---

[1]　台北故宫博物院藏：军机及宫中档，文献编号：094751。

[2]　《穆宗毅皇帝实录（三）》，卷一百三，同治三年甲子五月中，第256页。

○二六　奏报奖叙臣侄吴炳麒谢恩折

同治三年三月十五日(1864年4月20日)

漕运总督臣吴棠跪奏，为恭谢天恩，仰祈圣鉴事。

窃臣前查保援蒙出力各员，钦奉同治三年二月初十日谕旨：吴棠折内所陈山东候补知县吴炳麒一员系该漕督之侄，不敢仰邀议叙。吴炳麒着免补知县，以直隶州知州即选。钦此。臣跪聆之下，感悚难名！谨率臣侄吴炳麒恭设香案，望阙叩谢天恩。

伏念臣蒙恩承乏江北，于军务、地方一切事宜，竭力支持，毫无报称。愤烽烟之未扫，悯将士之勤劬。使臣侄随营协同剿贼，本属当然之职分，乃邀逾格之殊施，恤沐鸿慈，莫胜鳌戴。臣惟有严饬臣侄吴炳麒矢勤矢慎，效力戎行，以期稍酬高厚生成于万一。所有微臣感激下忱，谨恭折叩谢天恩，伏乞皇太后、皇上圣鉴。谨奏。三月十五日。

同治三年三月二十一日，议政王军机大臣奉旨：知道了。钦此。[①]

○二七　萧诚改以游击归漕标补用片

同治三年三月十五日(1864年4月20日)

再，臣前遵旨查保援蒙出力各员弁，内有花翎同知萧诚一员，系据该员呈请改就武职。经臣查得该员营伍熟悉，请由同知改奖

---

① 台北故宫博物院藏：军机及宫中档，文献编号：095217。

游击,钦奉同治三年二月初十日上谕照准在案。嗣于二月十七日,接准吏部二月初八日咨开:将萧诚一员保举免选知州,以同知留于江苏补用之案,改为选缺后,以同知补用等因到臣。

伏查萧诚一员本由花翎知州保举同知,现虽驳改选缺后以同知补用,总系五品官阶。该员此次随军援蒙,打仗出力,实属著有劳绩,可否仍恳天恩,将花翎同知用即选知州萧诚改以游击归漕标尽先补用之处,出自逾格鸿慈,伏乞圣鉴。谨附片具奏。

同治三年三月二十一日,议政王军机大臣奉旨:萧诚着准其改为游击,归漕标尽先补用。该部知道。钦此。①

○二八　奏报酌核调派陈国瑞一军片

同治三年三月十五日(1864 年 4 月 20 日)

再,臣前奉谕饬会同亲王僧格林沁,酌派总兵陈国瑞一军援豫等因。当即禀请亲王僧格林沁酌量办理。嗣接该亲王来函云,陈国瑞一军,俟该亲王到豫后,查看情形,再行酌核调派等语。臣查陈国瑞续请赏假一月,刻已期满,该员病体已渐复元,据请奏明销假前来。伏思亲王僧格林沁现已督师赴豫,徐宿一带大兵甫撤,弹压镇抚,倍关紧要。清淮则淮河甫通,商贩云集,良莠不齐,高涧、蒋坝一带,尤宜随时防范。

查淮、徐各军,向经臣与陈国瑞酌商调度,现在陈国瑞假期已满,既奉亲王僧格林沁函令暂缓赴豫,自应往来淮、徐之间,照旧与臣会督各军,以资控制。除咨商陈国瑞遵照办理外,理合附片陈

---

① 台北故宫博物院藏:军机及宫中档,文献编号:095218。

明，伏乞圣鉴。谨奏。

同治三年三月二十一日，议政王军机大臣奉旨：着照所请，仍听候僧格林沁随时调遣。钦此。[①]

○二九　奏报抽拨水陆各队赴援江防片

同治三年三月十五日（1864年4月20日）

再，臣现准富明阿咨开：恭录三月初二日寄谕：吴棠拟将黄开榜一军入江协剿，调度亦合机宜，着即饬令该镇统带所部师船，前往通州一带，沿江分段驻泊，与江防艇师互为犄角，以壮声援。钦此。各等因到臣。伏查前因贼窜福山，江防吃重，是以臣函商富明阿拨队会剿，现在叠据富明阿及江防州县文报，均称福山、江阴之贼已经南岸官军击退，江阴、福山一带已无贼踪等语。是江防情形现又稍松，黄开榜所带水师本驻高、宝内湖西，即天、六、滁、来等处，防扼亦关紧要，且江防较松，又派大队南下，沿江居民更虑转多警扰。

臣现饬黄开榜暂缓赴通，一面函商富明阿，如果江防再需添队，俟其来文调取，即〔赴〕抽拨水陆各队，兼程赴援，不敢稍有迟误。至南岸渡江难民，流离困苦，殊堪矜悯！臣现饬沿江各州县设法筹款，妥为赈济，俾无失所，以仰副圣慈保艾元元之意。所有江防较松暂缓拨队缘由，伏乞皇太后、皇上圣鉴。谨附片具奏。

同治三年三月二十一日，议政王军机大臣奉旨：知道了。

---

① 台北故宫博物院藏：军机及宫中档，文献编号：095219。

钦此。^①

○三○ 陈国瑞赍到谢恩折交臣代递片

同治三年三月十五日（1864 年 4 月 20 日）

再，臣准帮办军务记名提督尽先总兵陈国瑞赍到恭谢天恩奏折一件，交臣处附驿代递。谨附片呈进，伏乞圣鉴。谨奏。

同治三年三月二十一日，议政王军机大臣奉旨：知道了。钦此。^②

【案】同治三年三月十五日，陈国瑞谢赏祖母封典恩由折：

帮办军务记名提督尽先总兵奴才陈国瑞跪奏，为恭谢天恩，仰祈圣鉴事。窃奴才承准漕臣吴棠咨开：同治三年二月初十日，内阁奉上谕：吴棠另片奏，请奖给陈国瑞先代封典等语。陈国瑞之曾祖父母，着赏给一品封典，以示优奖。钦此。各等因。奴才跪聆之下，感悚莫名！谨即恭设香案，望阙叩谢天恩。

伏念奴才楚北庸愚，毫无知识，值潢池之未靖，荷爻戟以前驱。仰赖天威，翦除群丑。每因一战之捷，叠蒙九陛之褒，逾格恩深，致身莫报！兹复恭承巽命，特沛纶音，上邀锡类之殊恩，下遂显扬之私愿。鸿慈罔极，鳌戴难胜！奴才惟有勉竭愚诚，益图勤奋，随同漕臣吴棠，将军务、防剿机宜悉心筹办，

---

① 台北故宫博物院藏：军机及宫中档，文献编号：095220。
② 台北故宫博物院藏：军机及宫中档，文献编号：095221。

用冀全销兵气，巩皇图于继继绳绳；永报恩施，励臣节于生生世世！所有奴才感激下忱，谨恭折叩谢天恩，伏乞皇太后、皇上圣鉴。谨奏。三月十五日。

同治三年三月二十一日，议政王军机大臣奉旨：知道了。钦此。[①]

○三一　请将殉难官绅人等饬部旌恤折

同治三年三月二十八日（1864年5月3日）

漕运总督臣吴棠跪奏，为续查淮、海、徐各属及补查江宁、扬州、常州等府之殉难官绅人等，恳恩饬部分别旌恤，恭折奏祈圣鉴事。

窃臣于同治元年六月查明江北等处阵亡、殉难之官绅人等，奏请旌恤，钦奉谕旨：着照所请旌恤，该部知道。钦此。仰见圣朝褒彰义烈、励节劝忠之至意。兹又续查得淮、徐、扬各属并补查江宁、扬州、常州等府之殉难官绅人等，共计殉难官弁八十六员、官眷二十六名、绅民九千二百二十二名，殉节妇女三千二百四十八名。据江北圩寨总局知府杨鸿弼等查明造册，禀请奏恤前来。

臣覆加查核，该殉难人等或膺职守而效忠，或备团防而授命，或执节而舍生弗恤，或守贞而誓死靡他。取义成仁信，后先有同，揆循名责实，幸闻见无异辞，允宜阐发幽光，洵各无亏大节！谨将殉难文武官绅及随同殉难之眷属缮具清单，恭呈御览，仰乞圣恩敕部照例从优议恤。其余绅民人等人数较多，未便概列单内，现仍会造清册，

---

①　台北故宫博物院藏：军机及宫中档，文献编号：095222。

呈送军机处查核,并乞恩施,敕部分别旌恤,以彰节义而慰忠魂。

所有续查淮、海、徐各属及补查江宁、扬镇、常州等府之殉难官绅人等恳恩饬部分别旌恤缘由,谨会同协办大学士两江督臣曾国藩、江苏巡抚臣李鸿章、学臣孙如仅,合词恭折附驿具奏,伏乞皇太后、皇上圣鉴。再,此外未经查报之阵亡、殉难人等,容另确查,续行奏报,合并声明。谨奏。三月二十八日。

同治三年四月初七日,议政王军机大臣奉旨:均着照所请,交部分别旌恤。单并发。钦此。①

○三二　呈殉难官绅人等饬部旌恤清单

同治三年三月二十八日(1864年5月3日)

谨将续查江北淮、徐、海各属及补查江宁、扬州、常州等处之殉难官绅及眷属人等,缮具清单,恭呈御览。

候选同知程松,查该员原籍丹徒县,同治元年正月,在阜宁县剿贼,力竭阵亡。理合登明。

常州府通判岳昌,查该员于咸丰十年四月贼窜常州,该员婴城固守,城陷巷战,力竭回署,于公堂全家遇害。理合登明。

候选布政司理问朱镇屏,查该员于咸丰十一年六月内,在海州原籍剿贼阵亡。理合登明。

蓝翎同知衔分发湖南补用知县冯明本,查该员系湖北汉阳县人,帮办六合营务,咸丰八年九月城陷,在东门内奋勇迎敌,力竭阵亡。理合登明。

---

① 台北故宫博物院藏:军机及宫中档,文献编号:095593。

拣发广西知县刘承炳，查该员在六合县原籍帮办团练，咸丰八年九月城陷，该员骂贼不屈，妻蒋氏，子簪桂、簪绂，弟训导衔文生荣炳同妻沈氏、子女五人，皆被贼害。理合登明。

候补州判陈广荣，查该员在六合县原籍奉派守城，咸丰八年九月城陷，该员同弟附生庆华，率勇巷战阵亡，母汪氏、妻徐氏皆遇害。理合登明。

六品翎顶补用知县李作霖，查该员系奉天锦县人，奉调六合县，带勇守御，咸丰八年九月城陷，该员被贼枪伤阵亡。理合登明。

六品衔蓝翎上元县丞补用知县周锡光，查该员在六合县帮办营务，咸丰八年九月城陷，带勇巷战，力竭阵亡。理合登明。

江西候补县丞唐汝钦，查该员系武进县人，于咸丰十年四月常州城陷，与继母吴氏、母弟汝荣、堂弟喜宝、妻冯氏、子怀、孙全，全家投井中死。理合登明。

前江苏吴县主簿俞振鸿，查该员系甘肃皋兰县人，派办江宁军务，咸丰三年城陷，该员带勇迎敌，巷战阵亡。理合登明。

南河候补主簿吴旭，查该员系安徽贵池县人，在扬州善后局当差。咸丰八年九月，因公出城，至高桥地方，遇贼抵御，同家丁左玉被戕。理合登明。

前上元县淳化司巡检管兆蕃，查该员系怀宁县人，咸丰六年五月，贼匪骤至溧水县归政乡。该员集团迎击阵亡。孙媳路氏、幼孙敬临同赴水殉难。理合登明。

江浦县江淮司巡检范正隆，查该员系汉军镶黄旗人，咸丰八年八月，逆匪攻扑浦口，该员带领勇团，随同官军御贼阵亡。理合登明。

从九品李承训，查该员带勇守御江宁城汉西门，咸丰三年二月,贼匪攻破仪凤门,该员率众迎剿,力竭阵亡。亲丁李世全、李成恩、李茂林、李恒、李胡氏、李张氏、李关氏、李佟氏、媳妇康李氏、赵李氏、崔李氏、安李氏、金李氏、吴李氏、女喜姑十六口,同时殉难。理合登明。

分发江宁候补从九品朱麒书,查该员系安徽泾县人,奉委守御江宁水西门。咸丰三年二月,城陷被戕。妻胡氏自缢。理合登明。

捐职从九品蒋寿昌,查该员系上元县人。咸丰三年二月,江宁城陷,甘心绝食,被贼砍死。妻徐氏亦被害。理合登明。

江宁候补从九品钱巨源,查该员于咸丰三年二月江宁城陷,带领庄丁巷战杀贼,众寡不敌,力竭阵亡。理合登明。

捐职从九品李庆连,查该员在句容县原籍奉谕于西城设局团练,咸丰六年九月,贼匪分路抄掠,该员督团救援,众寡不敌,被贼杀害。理合登明。

南河候补从九品温瑞伦,查该员祖籍顺天,寄籍浙江秀水县人,留扬差遣。咸丰八年九月,在扬州巡街,同家丁马志、李德遇贼被戕。合并登明。

候补从九品张阳春,查该员系祁门县人,咸丰六年三月,在扬州遇贼被杀。理合登明。

候补从九品赵寰,查该员系甘泉县人,咸丰六年三月,扬州复陷,服毒殉难。理合登明。

议叙从九品张铭,查该员于咸丰六年三月在扬州被贼逼胁不从,闭门饿死。理合登明。

从九品胡炳仁,查该员在江都县原籍,于咸丰六年三月骂贼不屈,偕妻、媳、女同时被杀。理合登明。

候选从九品温汝金,查该员系阵亡道员温绍原之族侄,在六合县带勇。咸丰八年九月城陷,巷战阵亡。理合登明。

六品军功候选从九品孙应奎,查该员在六合县原籍奉派守城,咸丰八年九月城陷,与其父附生元涛,举家遇害。理合登明。

候选从九品万其德,查该员在六合县原籍,率领民勇防堵,咸丰八年八月,贼至城外,拒战阵亡。家属万其相同母葛氏、万大观、万大春同母沈氏、万大鹏之妻王氏均殉难。理合登明。

候选从九品唐世标,查该员在六合县原籍负郭而居,咸丰八年九月贼至。集团迎击,适贼匪掘地轰城,该员与妻李氏、寡媳田氏、子肇文、肇凤、媳郑氏、王氏,孙嘉钊、嘉兴、嘉祥、嘉钰、嘉铨,孙女珠姑、完姑,举家轰死。理合登明。

浙江捐职从九品陆世琛,查该员在浙江原籍,于咸丰十一年五月逆匪窜扰归安县菱湖镇,率众接仗,与侄捐职从九品德铸并侄德钧、德镕,同时阵亡。理合登明。

前任溧阳县训导余汝㽵,查该员于咸丰十年四月常州城陷被杀。理合登明。

岁贡生就职训导胡家桢,查该员在上元县带勇守通济门,于咸丰三年二月城陷,巷战阵亡。理合登明。

前江阴县训导候选宁国府经历朱廷硕,查该员在六合县原籍守城,于咸丰八年九月城陷,督勇迎击战殁。理合登明。

六品衔候选训导朱安祺,查该员在六合县原籍守城,咸丰八年九月城陷被戕。子立鼎,姑母张氏、刘氏,俱投井死。理合登明。

候选训导金兰芳,查该员在六合县原籍团练,咸丰八年九月城陷,与其父廪贡生金森阖门死节。理合登明。

候选训导徐鼎,查该员在六合县原籍赴乡招勇,咸丰八年九月,遇贼被杀。子承祺、承佑,媳姚氏、吴氏,女素玉,孙女云姑,均投水殉难。理合登明。

六品顶戴训导衔附生方文湛，查该员在六合县原籍北独山团练，咸丰八年九月贼至，率众迎敌，同子辅并次子阵亡，举家被焚。监生方文泮同子照龄等五人，八品衔方仪同妻周氏并子，均死于火。理合登明。

江都县典史王元熙，查该员系山东聊城县人，奉委管带团练，巡防扬城。咸丰八年九月遇贼，巷战被戕。理合登明。

六合县典史叶槑奎，查该员系宛平县人，在任守城六合县东门，咸丰八年九月城陷，挺身仗剑，立杀数贼，复巷战阵亡。理合登明。

六品军功候选未入流陈树栋，查该员在六合县原籍守城，咸丰八年九月城陷，拒贼捐躯，妻周氏、子彭庚、女云姑俱被害。理合登明。

候选未入流朱声仁，查该员在六合县原籍，于咸丰八年九月城陷，与父附生家煌死难。理合登明。

举人叶琳，查该举人在六合县原籍，咸丰八年九月，贼陷六合，偕妻汪氏投井殉难。理合登明。

考取咸安宫教习举人林中芬，查该举人在六合县原籍团练，咸丰八年九月贼至，带团迎击，身受枪伤被执，大声痛詈，贼支解之。母严氏、弟妇蒋氏、侄兰生遇害。理合登明。

己未科举人王焕昭，查该举人于同治元年正月，在沭阳县原籍蒋家圩团练堵剿，圩破阵亡。女、侄亦被戕。理合登明。

辛亥科副榜举人石恩元，查该副贡生在上元县原籍，奉委办筹防事件，咸丰三年二月城陷，率团巷战被获，大声詈骂，为贼寸磔而死。理合登明。

常州营中军守备袁敏,查该备于咸丰十年四月内常城被围,缒城乞援不得,复又缒入,励众固守,城陷御贼,被戕尤酷。理合登明。

铜山县千总李际光,查该弁于咸丰七年八月在铜山县原籍办理团练,捻匪窜扰铜山,该弁率勇接仗,力竭阵亡。理合登明。

候补千总李荣绂,查该弁于同治元年正月在阜宁县,与捻匪接仗阵亡。理合登明。

盐城县千总武洪源,查该弁于咸丰十一年六月,在海州与捻匪接仗阵亡。理合登明。

海州营候补千总蒋恒升,查该弁系海州人,奉调带兵赴九江,后调回江宁,咸丰三年二月城陷,接仗阵亡。理合登明。

平望营千总李天麒,查该弁系上元县人,奉调带兵赴九江,后移驻湖北老鼠峡扎营。咸丰三年正月,与贼接仗,连砍数贼,力竭阵亡。理合登明。

江南兴武卫帮领运千总杜阶平,查该弁系直隶通州人,奉委随同带勇,巡防江宁城,咸丰三年二月,率勇堵截,杀贼多名,城陷巷战阵亡。母李氏、妻马氏同殉难。理合登明。

督标中营把总寇承恩,查该弁系上元县人,奉调赴楚省迎剿,在老鼠峡扎营。咸丰三年正月,与贼接仗阵亡。理合登明。

泰州营记名千总候补把总顾镇海,查该弁奉委团练扬州民勇,咸丰六年二月,在北门遇贼接仗,受伤身亡。理合登明。

青山营把总千总朱金标,查该弁在六合县带队,咸丰八年九月城陷,巷战捐躯。理合登明。

尽先把总王金鳌,查该弁在六合县管带头起奋勇,屡立战功。咸丰八年九月城陷,迎贼身受枪伤,手刃三十余贼,力竭阵亡。理合登明。

前寿春镇营把总毛国祥,查该弁防守六合县南门,咸丰八年九月城陷,巷战被戕。理合登明。

五品翎顶尽先把总杨宿寅,查该弁在六合县管带寿勇,守御南门,咸丰八年九月城陷,力战被戕。理合登明。

铜山县把总伏尚得,查该弁于咸丰十一年二月在山东东平州杨柳店,与贼接仗阵亡。理合登明。

洪湖营外委张廷扬、安涛,查该弁等系清河县人,在江宁防堵。咸丰三年二月城陷,力战阵亡。理合登明。

督标左营外委姚钧,查该弁系上元县人,咸丰三年二月,省城失陷,接仗受伤,与妻朱氏携带子女,投河殉难。理合登明。

前江浦县城守营经制外委世袭恩骑尉徐纶庚,查该弁系高淳县人,咸丰六年三月,贼匪窜陷江浦,督兵守城,力战阵亡。随兵王长林奋不顾身,连杀七贼,同时遇害。理合登明。

奇兵营外委吴铮,查该弁奉调六合县防守,咸丰八年九月城陷,与贼接仗阵亡。理合登明。

五品顶翎经制外委王存礼,查该弁奉派六合县防堵,咸丰八年九月城陷,力战阵亡。理合登明。

六品顶翎尽先外委陈庆,查该弁在六合县管带徐勇,咸丰八年九月城陷,力战被害。理合登明。

补用外委谭锦朝,查该弁在六合县带队,咸丰八年九月城陷,迎贼受枪死。理合登明。

六品军功尽先外委陆占鳌,查该弁奉派率领民团,在六合县盛家冈御贼阵亡。理合登明。

六品顶翎尽先外委夏傅梁,查该弁于咸丰八年九月六合城陷,血战阵亡。理合登明。

铜山县外委朱学思，查该弁于咸丰九年十二月，在铜山县陈家山头，与捻匪接仗阵亡。理合登明。

睢宁县外委张兴文，查该弁于咸丰九年四月在睢宁县义陈社督练接仗阵亡。理合登明。

睢南营外委蔡江，查该弁于咸丰九年四月在睢宁县义陈社督练接仗阵亡。理合登明。

桃南营外委赵克昌，查该弁于咸丰十年六月在烟汛工次，与捻匪接仗阵亡。理合登明。

铜山县外委伏有俭，查该弁于咸丰十一年二月在山东东平州杨柳店，与捻匪接仗阵亡。理合登明。

五品顶翎大伊山外委丁凤林，查该弁于咸丰十一年六月在大伊山，与捻匪接仗阵亡。理合登明。

江宁城守营额外外委姚理三，查该额外于咸丰三年二月江宁城陷，接仗受伤，与妻周氏同子女投河殉难。理合登明。

海安营额外外委梅良茂，查该额外于同治元年二月在六套汛，与捻匪接仗阵亡。理合登明。

海防营候补额外吴万选，查该额外于同治元年二月，在本汛与捻匪接仗阵亡。理合登明。

外南营效用陈宝，查该效用于咸丰十年二月，在本汛遇贼殉难。理合登明。

中河营效用朱锡元，查该效用于同治元年二月，在本汛遇贼被杀。理合登明。

武举蔡镇屏，查该武举系宿迁县人，于咸丰十年正月在孝乡，与捻匪接仗阵亡。理合登明。

武举周兆龄,查该武举于同治元年正月在山阳县于家嘴,与捻匪接仗阵亡。理合登明。

武举张保珍,查该武举于同治元年正月在清河县六塘河,与捻匪接仗阵亡。理合登明。

武举周艺长,查该武举于同治元年正月在安东县六塘河,与捻匪接仗阵亡。理合登明。

尽先把总漕右营外委杜锦华,查该弁历次带队在各处防剿,接仗不避艰险,积劳成疾,于咸丰十年五月二十日病故,饬查属实。漕中营把总萧桂林,查该把总屡次带兵剿贼,并生擒贼目,送营审办,刻无休息,因此积劳过甚,即于咸丰十年五月初六日病故,饬查属实。漕左营把总高锦荣,查该把总随伺防剿各处,数年来虽屡受积劳,仍力疾报效,奈病日渐增,即于同治元年九月二十四日病故,饬查属实。以上三弁均系与军营立功后积劳病故例相符,〈理合〉登明。

以上文武官绅八十六员。

又,国子监学正青河县举人张恩树之母胡氏,咸丰十年,捻匪闯入清江,骂贼被害。夫妾李氏偕二女,同时投水殉难。

又,已故前任陕西安康县知县徐廷琛之妾王氏,于咸丰十一年正月在沭阳县马厂,骂贼殉难。

又,前太平县王象曾之妻包氏、原任已故福建长乐县典史曾勉仁之妻王氏偕夫妾陈氏、淮安府训导朱沅之妾汪氏、候选训导朱绍颐之妻甘氏、正任江南提督左营守备韦长贵之妻史氏、原任淮安卫守备霍朝泰之母李氏偕媳郭氏同两孙女,均于咸丰三年二月江宁城陷,遇贼不屈,先后殉难。

又,候选训导钱宝昌之妻杨氏;又,扬州营千总黄林坤之妻杜氏偕子文童绍祺,均于咸丰八年扬州城陷,骂贼被害。

又,江苏试用府经历姚寿恺之妻徐氏偕二女、已故山东东昌卫千总龚鸿吉之母兰氏偕媳汪氏,均于咸丰十年四月常州城陷,骂贼不屈,投河殉难。

又,从九品衔王国燨之妻姜氏、候补守御所千总王恩采之媚母崇氏偕女秀姑,均于咸丰三年扬州城陷时,闭门自尽殉难,均为妇道中死节最著者。理合登明。

议政王军机大臣奉旨:览。钦此。①

【案】同治三年四月二十八日,漕运总督吴棠为此案咨呈军机处,曰:

兵部侍郎都察院右副都御史总督淮扬等处地方提督漕运海防军务兼理粮饷兼管河务臣吴,为恭录咨呈事。窃照续查淮、海、徐各属及补查江宁、扬州、常州等府之殉难官绅人等,恳恩饬部分别旌恤一折,经本部堂会同两江总督部堂曾、江苏巡抚部院李、江苏督学部院孙,于同治三年三月二十八日由驿具奏。兹于四月二十三日,准兵部火票递回原折。议政王军机大臣奉旨:均着照所请,交部分别旌恤。单并发。钦此。相应钞录原奏清单,并造具绅董、练丁、士民、妇女花名、事迹清册咨呈。为此,咨呈贵处,谨请查照施行。须至咨呈者。计咨呈原奏清单各一扣并清册二本。右咨呈军机处。同治三年四月二十八日。②

---

① 台北故宫博物院藏:军机及宫中档,文献编号:095594。
② 台北故宫博物院藏:军机及宫中档,文献编号:096524。

○三三　请将王家谋等交部旌恤片

同治三年三月二十八日(1864 年 5 月 3 日)

再,查有仪征县文生王家谋,于咸丰三年间在本县西乡富山地方率团防御,嗣赴六合军营带勇。咸丰八年九月间,六合城陷后,该生之子媳李氏及女三姑投水身死,该生仍率团勇,在乡堵御。至九年五月初四日,贼匪大股麇至,该生寡不敌众,身受重伤,立时殒命。

又,查有桃源县文生杨景震、吴俊彦,均在本籍办理团练。咸丰十年正月二十七日,捻匪窜入桃境,该生等率团督剿,同时力竭捐躯。

又,查有上元县文生夏家铣、陈渐鸿、王城,上元县文童欧阳泰科、马则刘,于咸丰三年金陵不守,沦陷贼中,因贼逼试不从,被贼在夏家铣行李内搜出该生等骂贼诗句。夏家铣、陈渐鸿、欧阳泰科、马则刘同时为贼所车裂。王城先期投水死,夏家铣之妻蔡氏、马则刘之妻李氏同时自缢。

又,上元县文生李义棠、李振镛、陈玉堂、毛启骅等带勇守城,城陷巷战,俱殁。

又,上元人捐职盐大使朱桂楷、江宁县文生张勤之,骂贼不屈,皆被发逆所戕。

又,查有江苏候补同知直隶州知州徐友,久在清江军营管带炮勇,历派三河、蒋坝等处防剿,屡著战功。上年湖防稍松,其时援蒙军饷待济甚殷,经臣饬委该员前赴河南提饷。因久在军营积劳,兼之长途跋涉,即在河南差次病故。

又，查有同知衔候补知县前署六合县知县姚俞，久在淮徐军营当差。咸丰元年九月间，委署六合县事，当疮痍未复之时，抚绥招徕，办理不易。嗣于十月间，南岸贼氛窜渡，六境首当其冲。该员堵御巡防四十余日，以致因劳成疾，旋即病故。据江藩司及各该故员等家属具禀请恤前来。

臣查文生王家谋、杨景震、吴俊彦、夏家铣、陈渐鸿、王城、李义棠、李振镛、陈玉堂、毛启骅、张勤之，文童欧阳泰科、马则刘，捐职大使朱桂楷等，或剿贼捐躯，或骂贼不屈，实属深明大义；直隶州知州徐友、同知衔知县姚俞，久在军营积劳身故，亦堪悯恻。相应奏恳天恩，俯准将仪征县文生王家谋，桃源县文生杨景震、吴俊彦，上元县文生夏家铣、陈渐鸿、王城、李义棠、李振镛、陈玉堂、毛启骅，文童欧阳泰科、马则刘，捐职大使朱桂楷，江宁县文生张勤之，均照阵亡例从优赐恤，并将王家谋之子媳李氏、女三姑、夏家铣之妻蔡氏、马则刘之妻李氏，一并优予恤典。徐友、姚俞二员，应各按原官升衔，照军营立功后病故例，从优议恤，以慰忠魂。谨附片具陈，伏乞圣鉴。谨奏。

同治三年四月初七日，议政王军机大臣奉旨：王家谋等均着照所请，交部分别旌恤。钦此。①

○三四　请将知州伍承平从优议恤片

同治三年三月二十八日(1864年5月3日)

再，查有知府衔候选直隶州知州伍承平，于咸丰六年间由大挑

---

① 台北故宫博物院藏：军机及宫中档，文献编号：095595。

教职委署徐州府教授。时值逆捻交乘,令办团练、圩寨及守城、捐饷等事,实心实力,任劳任怨。每于贼氛近扰、调练防剿之时,履险相随,无问寒暑,历系以直隶州知州候选,并加知府衔。上年五月间,因劳成疾,其时正当苗逆滋事,徐州防剿綦严。该员力疾从公,毫无懈弛,至十一月,因病身故。据徐州府知府汪尧辰禀请奏恤前来。

臣复查无异。相应奏恳天恩,俯准将知府衔候选直隶州知州伍承平照军营立功后病故例,从优予恤,出自鸿慈。谨附片具陈,伏乞圣鉴。谨奏。

同治三年四月初七日,议政王军机大臣奉旨:伍承平着交部照军营立功后病故例,从优议恤。钦此。[1]

○三五　拿获抢饷盗犯审拟正法折

同治三年三月二十八日(1864年5月3日)

漕运总督臣吴棠跪奏,为拿获抢饷盗犯,审明按拟正法,恭折奏祈圣鉴事。

据署扬州府甘泉县知县陈炌报:同治元年十二月二十三日晚,委提广东饷银候补知县杨文熙船只行至中途,被匪上船抢去饷银三千六百两并托寄银两等件,现被拒伤左额角,开单报经该县,以此项银两到境未准管解委员及上站各州县移会,无从防护,准即饬捕严缉。一面会营勘验,查讯船户人等,未能指实失事地方。当即移拨兵役护送委员杨文熙同被抢余剩银两赴淮,并移知高邮州一体拨护等情。经臣飞饬扬州府督同江都、甘泉两县会勘,并令委员

---

　　① 台北故宫博物院藏:军机及宫中档,文献编号:095596。

杨文熙前往指明失事处所，以定勘缉。旋据会督勘讯明确，以失事处所土名刘家湾，系甘泉县所辖地界，该处离仙女镇十余里，并无墩堡防兵。饬验委员杨文熙伤已平复，询据该员云称，伊奉委提饷，从上海航海至八港口，换船由仙女庙赴邵伯，因需饷孔殷，趱程紧急，未及移会上下站护送等语。当将急巡捕保责惩，勒限严缉，传牙估赃，值银四千零八十六两三钱九分，绘图造册详覆。当经臣查候补知县杨文熙管解饷银，并不知会沿途地方官照例护送，以致被抢正银至三千六百两之多，实属玩忽，奏请将杨文熙革职留缉，所有疏失饷银，先行照例分赔；声明署甘泉县知县陈炆未接知会，致失防范，满限有无获犯，分别办理。奉旨：杨文熙着即革职。余依议。钦此。钦遵。嗣据署甘泉县知县陈炆禀：于二年三月初三、初六等日，会同委员杨文熙及署江都县知县宋传燧等，先后拿获盗犯杨大兴、倪大顺、周贵即周有、董廷居四名，并起获杨大兴赃银、洋刀等件，讯认伙抢饷银不讳。臣因案情较重，提浦委审。据署清河县知县龙寅绶先后禀报倪大顺、周贵在监病故，分别详请委员验报，声明刑禁人等并无凌虐情弊，并据淮安府知府顾思尧审拟解勘前来。

臣亲提严鞫，缘董廷居籍隶江都县，杨大兴籍隶桃源县，均系游荡度日，先未为匪犯案。同治元年十二月二十三日，董廷居、杨大兴等与已获监毙之倪大顺、周贵即周有、在逃之王金中、郭自金、胡玉山、杨汶猴，遇道贫难。董廷居稔知运河常有饷船来往，起意截抢，杨大兴等允从。即于是晚共伙八人各带刀械，同坐周贵船只，摇至甘泉县刘家湾地方，适有委提广东饷银候补知县杨文熙船只驶至，董廷居喝令将船靠拢，留胡玉山、杨汶猴在本船接赃，自与杨大兴等跳过饷船，用刀劈开窗板，拥进船内。杨文熙拦阻，董廷居用刀拒伤左额角，揭开船柜，劫得银箱递交胡玉山等接收，各回本船，逃至僻处，打开银箱，查点赃物俵分各散。杨文熙报县勘缉获犯，解浦研讯，据供前情不讳。究诘无另犯窝伙抢劫不法别案。赃经起获，正盗无疑。

查律载：盗犯明知官帑，纠伙行劫，但经得财，将起意为首及随同上盗者，拟斩立决枭示等语。此案盗犯董廷居明知运河常有饷船来往，纠同杨大兴等截抢委提广饷候补知县杨文熙饷船，业经得财，实属不法。未便以在途截抢，稍涉轻纵，自应按例问拟。董廷居、杨大兴、倪大顺、周贵即周有，均合依盗犯明知官帑，纠伙行劫，但经得财，将起意为首及随同上盗者拟斩立决枭示例，俱拟斩立决枭示，照例先行刺字。查董廷居等截抢饷银，拒伤委员，情罪较重，未便稍稽显戮。董廷居、杨大兴已于审明后，恭请王命，即行正法，枭首示众。倪大顺、周贵业已在监病故，仍戮尸枭示，以昭炯戒。余讯无同居亲属知情分赃、牌保得规包庇情事，各犯逃后亦无知情藏匿之人，应与讯无凌虐之刑禁人等，概毋庸议。死系盗犯，监毙职名并请免开。起赃归款，未起追赔。盗械供弃免追，尸棺饬传领埋。逸犯王金中等饬缉，获日另结。

再，署甘泉县知县陈斌未接上站知会，已于疏防限内获犯及半，并获盗首，例得免议。已革知县杨文熙奉委提饷，由仙女庙赴邵伯，系属经由大路，因需饷孔殷，趱程紧急，未及移会上下站护送，其失事后已于限内会获盗犯及半，并获首盗，分赔银两亦复缴清，尚知奋勉，应请开复革职处分。是否允洽，合将审明按拟缘由，谨会同协办大学士两江总督臣曾国藩、江苏巡抚臣李鸿章，合词恭折具奏，伏乞皇太后、皇上圣鉴训示。谨奏。三月二十八日。

同治三年四月初七日，议政王军机大臣奉旨：该部知道。钦此。^①

○三六　千总魏长龄升补庙湾营守备片

同治三年三月二十八日(1864年5月3日)

再，查庙湾营守备花国桢，前于咸丰十年在署洪湖营都司任内带勇剿匪阵亡，遗缺已悬四载，未经遴补。臣查庙湾营中军守备一缺，系驻扎阜宁县地方，有专管城仓库狱、督率操演、轮巡洋面之责，关系最要。复因同治元年西捻窜扰，筹办善后一切事宜，以及操巡、弹压、抚辑、团防各事，必须精明妥干实缺人员随同该营游击整顿经理，方期得力。

查有洪湖营千总魏长龄，现年四十二岁，江南清河县人，由行伍递拔庙湾营千总，咸丰六年二月初一日接札，续调今职，历俸计已七年有余，资格较深，早届预保。兹详加考验，该员熟悉营伍务，操防勤敏，以之请补守备，实属人地合宜，堪期胜任，且与水师员缺先尽历俸二年人员升补之例，亦属相符。惟该员升补斯缺系属本府，此外更无合例人员，合无仰恳天恩，俯准将千总魏长龄升补庙湾营中军守备，洵于营伍、地方有裨，并请敕部先给署札，俟军务告竣，再行给咨送部引见。如蒙允准，容另照例拣员对调。谨会同协办大学士两江总督臣曾国藩，合词附片具陈，伏乞圣鉴训示。谨奏。

---

① 台北故宫博物院藏：军机及宫中档，文献编号：095597。

同治三年四月初七日,议政王军机大臣奉旨:兵部议奏。钦此。①

○三七 奏报清淮筹防局收捐军饷片

同治三年三月二十八日(1864 年 5 月 3 日)

再,清淮筹防局收捐军饷,向系遵照部议,按筹饷例及常例银数酌减二成,以钱一千六百文作银一两,制钱、宝钞各半交纳,历经奏蒙恩奖在案。本年二月以来,银价日落,每两仅易制钱一千四百文内外,核与奏准以钱合银章程未免悬殊,捐生殊多观望。

伏查咸丰三年间户部议定筹饷条款,无论银两钱米,均准赴粮台交纳。自应量为变通,期于饷需有济。今自本年三月十五日起,改为银钱各半兑收,以示体恤而广招徕。其有愿以钱、钞各半交纳者,仍听其便。理合附片陈明,伏乞圣鉴。谨奏。

同治三年四月初七日,议政王军机大臣奉旨:户部知道。钦此。②

○三八 淮北盐课归清淮军需项下造报片

同治三年三月二十八日(1864 年 5 月 3 日)

再,臣于上年冬间,因淮北商情拮据,筹备银八千两,委员定购场盐,借以安抚灶户,当经奏明在案。现在场河通行,即可次第捆

---

① 台北故宫博物院藏:军机及宫中档,文献编号:095598。
② 台北故宫博物院藏:军机及宫中档,文献编号:095599。

运。此次盐斤共计订购二万引，俟销售后，即将前筹银八千两归完军需之款，如有余利，亦即核明归公。所有应完前项盐课拟请恩准一并归入清淮军需项下作收造报，以济饷需。谨附片具陈，伏乞圣鉴训示。谨奏。

同治三年四月初七日，议政王军机大臣奉旨：着照所请，户部知道。钦此。①

○三九　湖运四厅同治二年各工动用银两折

同治三年三月二十八日(1864年5月3日)

漕运总督臣吴棠跪奏，为核明湖运四厅同治二年霜降止办理各工动用银数，循例开列清单，恭折具陈，仰祈圣鉴事。

窃惟江境洪湖及南北运河堤埽各工，皆系保卫清淮、里下河完善之区饷源、民生，关系甚巨。自咸丰十年河工奉裁，部议额解河饷全拨军需，只留荡柴一项，经前署漕臣王梦龄奏准全数变价，拨济湖运工需，责成该管厅员择要修补在案。兹查同治元年霜后起至同治二年霜降止，湖运工需并未请帑，除扬属土石等工仍劝捐修筑外，其余帮戗筑堰、镶做防风、补加坝埽、搂护石工、填筑槽土、择镶护堰、防埽以及堵闭各坝河工程，均经臣遵照部章于荡柴变价款内，酌量分拨，并因柴款不敷，随时设法筹措，督饬各该厅员分投办理，节次奏明抄折咨部。嗣以淮徐扬海道远在徐城，办理军务未能依限，查照清单，附片陈明，一面严饬赶办。今据该道分案造册开单先后呈送，计十一案，共银十四万七千一百四十两零。

---

① 台北故宫博物院藏：军机及宫中档，文献编号：095600。

臣逐细覆核,与叠次勘验删准册案银数均属相符。除饬该道另造印册详送、次第具题并送部查核外,谨将湖运四厅同治二年霜降止工用银数查案汇开清单,恭呈御览,仰祈敕部查核施行。为此缮折具奏,伏乞皇太后、皇上圣鉴。谨奏。二月二十八日。

同治三年四月初七日,议政王军机大臣奉旨:该部知道。单并发。钦此。[①]

○四○　呈湖运四厅同治二年动用银两清单

同治三年三月二十八日(1864年5月3日)

谨将湖运四厅同治二年估做工段丈尺、动用银数,开具清单,恭呈御览。

计开:徐州府同知属:运中河两岸长堤帮戗筑堰,共工长三千五百六十七丈,顶宽六尺至一丈四尺,底牵宽一丈五尺五寸至三丈五尺五寸,高深一丈一尺至一丈三尺。筑堰工长二千七百零九丈,顶宽三尺,底宽九尺至一丈,高三尺至三尺五寸。又,抢护防风共工长六百六十一丈五尺,牵宽六尺至七尺,牵高六尺至七尺。共估需料土夫工银一万六千五百三十九两零。

宿迁中河汛越堵刘老涧滚坝,先筑土坝基自上转角起长二十五丈,顶宽二丈,底宽三丈八尺,高九尺。外镶护埽长二十五丈,宽一丈,高九尺。接前堵闭工长三十六丈,宽三丈,高深一丈四尺。共估需料土夫工银四千二百三十七两零。

补加安东汛盐河两岸旧埽共工长二百零六丈九尺,宽一丈六

---

①　台北故宫博物院藏:军机及宫中档,文献编号:095601。

尺至二丈二尺，高六尺五寸至一丈七尺，共估需料土夫工银一万四千七百两零。

淮安府同知属：堰、涧、徐三汛填筑浪刷旧工石后槽土，自堰字第十号起至盱字第十三号止，共工长六百七十五丈五尺，牵宽一丈二尺至二丈六尺，牵深三丈至七尺，共估需土方银三千三十七两零。

堰、涧、徐三汛长堤石工历年风掣未砌段落择要搂护，共工长一百五十二丈四尺，连越湾共长一百七十三丈，牵宽一丈至二丈六尺，牵高六尺至一丈五尺，共估需料土银一万七百四十九两零。

堰、涧、徐三汛临湖卑矮石工择要镶护堰防埽，共工长二百三十七丈八尺，牵宽八尺至一丈六尺，牵高三尺至六尺，共估需料土银五千八十两零。

徐坝汛信坝护扫掣塌工长十三丈五尺，兜揽补镶宽三丈、深八尺。

智坝护埽掣塌工长十丈，兜揽补镶宽三丈，高深八尺。

林家四坝护埽掣塌工长二十一丈，兜揽补镶宽三丈，高深一丈。又，加镶长九丈，宽三丈，高深二尺。

仁河护埽掣塌工长七丈五尺，兜揽补镶宽三丈，高深六尺。又，加镶长十四丈五尺，宽三丈，高二尺。

仁义河中间拦堰护埽掣塌工长三十丈，兜揽补镶宽二丈，高深一丈。

新义河直坝护埽掣塌工长二十七丈，兜揽补镶宽三丈，高深一丈。

旧义河直坝护埽掣塌工长二十四丈五尺，兜揽补镶宽三丈，高深一丈。

共估需料土夫工银一万四千二百六十二两零。

淮安府军捕通判属:运口汛加镶束清坝工,共牵长二十八丈五尺,牵高九尺五寸至一丈。又,加镶头南坝、外盖坝头、二、三、四坝,共牵长八十三丈五尺,牵宽二丈四尺至四丈,牵高八尺至一丈一尺。又,加镶福兴正闸上钳口坝,共牵长十八丈七尺,牵宽二丈五尺至二丈八尺,牵高八尺至八尺五寸。又,加镶福兴正闸下束水坝,共牵长十八丈七尺,牵宽二丈五尺至二丈七尺,牵高八尺。共估需料土夫工银一万八千五百六十五两零。

运、清、平三汛加镶旧护埽,共工长二百零八丈,牵宽一丈四尺至一丈五尺,高七尺至八尺。共估需料土夫工银七千五百五十八两零。

运、清、平三汛镶做护埽,共工长一百五十三丈五尺,牵宽一丈三尺至一丈四尺,牵高深一丈三尺至一丈四尺。又,镶做防风共工长三十七丈四尺,宽七尺,高七尺。共估需料土夫工银一万二百十一两零。

扬州府军捕同知属:宝、氾、永、高、甘五汛镶做护埽,共工长八百八十四丈,宽一丈至一丈二尺,高一丈至一丈一尺五寸。又,镶做防风共工长四百四十一丈,宽八尺至九尺,高八尺至九尺。又,加镶旧埽共工长一百五十九丈,宽一丈,高二尺五寸至三尺。共估需料土夫工银四万二千二百十六两零。

议政王军机大臣奉旨:览。钦此。[1]

---

① 台北故宫博物院藏:军机及宫中档,文献编号:095602。

○四一　请将露筋神祠赏加封号片

同治三年三月二十八日(1864年5月3日)

再,案据前署扬州府黄钦鼎禀称:江运厅属有露筋神祠,相传为贞烈之神,府州志书皆载为绍圣以前烈女,素著灵异。咸丰十年冬,堵办小六堡坝工,每值西北风暴,鼓浪奔腾,施工不易,即经虔祷神前,风平浪静,得以进占兴筑,次第成功。恳请奏加封号。前署漕臣王梦龄未及具奏,即已交卸,惟该坝自合龙后,屡垫屡镶,于今三载,历经伏秋大汛,巩固无虞,皆赖神明灵贶,在工官弁及附近居民无不同深敬畏。

伏查露筋神祠于康熙年间,翠华南巡,曾邀宸翰特书"节媛芳躅"匾额。嗣于嘉庆年间,经漕河诸臣奏蒙敕赐"昭灵普惠"封号,祠名"贞应"。此次堵筑坝工,复蒙显佑安澜,苍黎惠洽,合无仰恳天恩,敕加封号,以答神庥而顺舆情。相应附片具陈,伏乞圣鉴。谨奏。

同治三年四月初七日,议政王军机大臣奉旨:礼部议奏。钦此。[①]

○四二　苇荡两营新增余柴
变价拨充湖运工需片

同治三年三月二十八日(1864年5月3日)

再,查苇荡左、右两营同治元年青苇长发情形,经臣于该年八

---

①　台北故宫博物院藏:军机及宫中档,文献编号:095603。

月内附片奏明在案。嗣于霜降后饬据委管荡务江苏候补知府章仪林禀报，亲诣荡地，督同围估，计同治元年左营采完柴二百三十三万五千余束，除旧额正余柴一百五十三万五千束，计新增余柴八十万束。右营采完柴二百八十三万四千八百束，除旧额正余柴一百六十三万四千八百束，计新增余柴一百二十万束。均系遵照部章全数变价，拨济湖运工需，仍照例价银数造销，以符案款。理合附片陈明、伏乞圣鉴。谨奏。

同治三年四月初七日，议政王军机大臣奉旨：该部知道。钦此。[①]

○四三　奏报泾河闸现因年久淤垫片

同治三年三月二十八日(1864 年 5 月 3 日)

再，淮安府属山阳县运河东岸有泾河闸一座，系为导引渠水、灌溉农田而设，近因闸底高仰，闸下河长七十余里，绵亘山阳、宝应、盐城三县境内，年久淤垫，每值天旱，农田得雨维艰，以致灾歉频仍，民多失业。淮安府顾思尧饬据泾河两岸受益绅民筹议，应在泾河闸北添造耳洞，洞下开挑引河，通入泾河，并将泾河自闸下荷包塘起至招携河迤下荡口止，节节疏浚深通，俾资灌溉。所需工费由该三县董事公同酌拟章程，凡受益业户一律按田摊派，并请遴委妥员，督率赶办等语。

臣查前项建洞挑河工程，攸关水利，亟应乘此春和农隙，通力合作，以利民田。除批准派员督董克日兴办外，理合附片陈明，伏

---

① 台北故宫博物院藏：军机及宫中档，文献编号：095604。

乞圣鉴。谨奏。

同治三年四月初七日，议政王军机大臣奉旨：知道了。钦此。①

○四四　请将蔡得胜等饬部分别议恤片

同治三年四月初八日（1864年5月13日）

再，臣上年派队援蒙，陈国瑞部将副将衔尽先参将蔡得胜，攻扒贼圩，身受枪伤，仍复裹创血战，经臣于上年十月二十六日奏明在案。讵该参将医治伤痕，迄无功效，至本年四月初六日身故。又，据江宁布政使详称：前江苏即补道江宁府知府郑济美，于咸丰十年闰三月间，该故员随同张国梁在丹阳地方接仗，因贼众兵寡，被戕身死，连年查无实在下落。现据该故员家属柴贵禀报前情，据经批饬现任江宁府确查属实，详请奏恤前来。

臣查蔡得胜因伤殒命，实堪悯恻；郑济美临难捐躯，尤属凛然大节。相应请旨饬部将副将衔参将蔡得胜照军营伤亡例、即补道前江宁府知府郑济美照阵亡例，分别从优议恤，以慰忠魂，出自鸿慈。谨附片具陈，伏乞圣鉴。谨奏。

同治三年四月二十四日，议政王军机大臣奉旨：蔡得胜着交部照军营伤亡例，郑济美着交部照阵亡例，分别从优议恤。钦此。②

---

① 台北故宫博物院藏：军机及宫中档，文献编号：095605。
② 台北故宫博物院藏：军机及宫中档，文献编号：095941。

○四五　请将薛辅清交地方官严加管束片

同治三年四月初八日(1864 年 5 月 13 日)

再,已革道员薛辅清随同陈国瑞军营曾经打仗受伤,经臣于剿匪案内保列,蒙恩赏给运同衔。乃该员不自检束,往来州县地方,往往假恃营员,招摇生事。经陈国瑞访闻,发交淮安府查办,虽查无实在劣迹,究属少年浮动,不图上进,应请旨将已革道员薛辅清革去运同职衔,并交本籍安东县地方官严加管束,以示惩儆而肃营规。谨附片具陈,伏乞圣鉴。谨奏。

同治三年四月二十四日,议政王军机大臣奉旨:薛辅清着革去运同职衔,交本籍地方官严加管束,该部知道。钦此。①

○四六　奏报陈国瑞督队由淮赴徐实力巡防片

同治三年四月初八日(1864 年 5 月 13 日)

再,陈国瑞一军,前因亲王僧格林沁来函,暂缓赴豫。其时,陈国瑞假期已满,当经臣奏明,令其往来淮、徐之间,与臣会督各军在案。兹探闻张总愚一股已与发逆相合,楚、豫接壤之处贼势甚重,一经官军痛剿,奔突可虞。徐州紧接豫疆,不得以现在地方绥靖稍松防范。陈国瑞现于本月二十日由淮赴徐,督率所部,实力巡防,以定人心而资控制,并听候僧格林沁调遣。谨会同帮办军务记名提督尽先总兵陈国瑞,附片具陈,伏乞皇太后、皇上圣鉴。谨奏。

---

① 台北故宫博物院藏:军机及宫中档,文献编号:095942。

同治三年四月二十四日，议政王军机大臣奉旨：知道了。着懊遵叠次谕旨，饬令陈国瑞迅速前往，探明贼踪，实力巡防，一面听候僧格林沁妥为调遣。钦此。[1]

○四七　查明宝庆参款按例定拟折

同治三年四月十八日(1864年5月23日)

漕运总督臣吴棠跪奏，为遵旨查明议奏，仰祈圣鉴事。

同治二年正月十八日，准刑部咨：元年十二月十七日，奉上谕：前因吴棠奏，拿获逃弁宝庆和诱有夫之妇，审明定拟，当交该部议奏等因。钦此。等因。遵经分别行查去后。兹据江苏按察使详称：查革弁宝庆供：于咸丰十年二月，奉前任巡抚委赴湖州带勇防堵，后奉调回苏，城池已失等语。当以苏省各署文卷全无，咨查浙省，饬据湖防局查明，苏城未失之先，并无苏州后帮千总宝庆即方衍堂奉委赴湖带勇防堵、后又调回苏州之事，详请咨覆核办，并行司遵照在案。其为该各员并无先期奉委因公出境，已属确有凭据。现在苏省既无案卷，湖防局亦因湖州失守，局已被毁，委实无可再查之处，自应即以湖防局前详为凭，详覆核办等情前来。

臣等伏查革弁宝庆即方衍堂，系湖北荆州驻防镶黄旗旗兵，由军功保举，选授苏州后帮千总，咸丰八年到徐。嗣因带勇出力，复保卫守备蓝翎。咸丰十年，逆匪扑犯苏城，该革员并不随同地方文武员弁竭力守御，辄于先期逃避，乃至苏城失守之后，明知无案可稽，捏称奉委赴防，希图避就，实属狡猾。诚如谕旨，不得因无守土之责稍涉轻纵。

查律例虽无卫千总因逆匪扑城、先期逃避作何治罪明文，第该革弁办公寓所系在苏州城内，即与同城人员无异，自应从重比例问拟。已革苏州后帮千总宝庆即方衍堂，请比照腹里州县若遇盗贼生发攻围，不行固守而辙弃去者，其同城之知府及捕盗官比照守边将帅被贼侵入境内掳掠人民律发边远充军例，发边远充军。该革弁尚有另犯和诱有夫之妇周沈氏成奸，罪应发极边足四千里充军，应归彼案从重拟结。事犯虽在叠次恭逢恩诏以前，惟逃弁、和诱二罪俱发，情节较重，应请不准援免，以昭炯戒。是否有当，理合［谨］会同协办大学士两江总督臣曾国藩、江苏巡抚臣李鸿章，恭折具奏，伏乞皇太后、皇上圣鉴训示祗遵。谨奏。四月十八日。

同治三年四月二十四日，议政王军机大臣奉旨：刑部议奏。钦此。[①]

〇四八　拿获洋盗杨加坤等按律正法折

同治三年四月十八日(1864年5月23日)

漕运总督臣吴棠跪奏，为拿获洋盗，按律议拟，就地正法，恭折会奏，仰祈圣鉴事。

窃据海门同知李焕文详报：准崇明县移开：咸丰十一年八月二十四日，捕役蔡怀等随同苏镇标右营额外宋荣泰等在协安沙洋面，会同内洋总巡、备弁并县丞、巡典、家丁，暨海门厅丁役、巡船，拿获匪犯黄全并船只、红粮，解由苏松镇标中营游击移解到县。讯据黄

全供明：所获船粮系在逃之杨加坤等在洋行劫原赃，伊止被诱上船，逼胁把船，并未随同上盗。随饬据原捕人等缉获杨加升，解县讯认听从杨加坤伙同杨和尚、姚沛章、徐停洼、黄西利、张年郎即张小二、陆张宝、秦得甫、蔡念生、陈全郎，在海门合龙港洋面行劫客船不讳。并据海民〔门〕厅民人曹银和赴崇呈报：八月二十三日，用炮船装载红粮、麻皮，赴上洋销售，二十三日早，行至海门合龙港洋面，猝遇盗船驶拢跳过，数匪将船带行。二十四日，至青龙港地方，盗匪将伊并水手赶逐上滩，船货俱被驶去。兹蒙获盗黄全，起有被劫原船赃物，呈叩给领究办等情。当即会营勘得事主曹银和单梢驳船并无号圈，查验中仓有劫剩红粮数石。勘毕，将船给领，饬开赃单未到，将犯解归海门审办。经该厅李焕文提讯，犯供翻异，不及覆审，卸事。代理厅梁悦馨接任，讯明通详。黄全病故，禀委通州验报。嗣于同治元年十二月初十日，捕获首犯杨加坤解厅。梁悦馨不及通详，卸事，李焕文回任。又于二年二月二十二、二十八等日，拿获逸犯杨和尚、姚沛章，提同杨加坤等讯供通详，均经臣等批饬审办。旋据先后禀报：姚沛章、杨加升在监病故。又经札委通州验明刑禁人等，讯无凌虐情弊，填格通报。兹据海门同知李焕文会同署通州知州黄金韶勘拟，详由署常镇通海道许道身核转请奏前来。并据该道厅以该犯等桀骜性成，照在监滋事疏虞，禀请先行就地正法。

臣查该犯杨加坤等在洋行劫客船，已据该厅州会同审明，赃据确凿，案无可疑，且现值盗匪充斥，未便稍事稽诛，即经饬令将各犯先行就地斩决枭示，以正典刑而昭炯戒。兹臣复加确核，缘杨加坤、杨加升、杨和尚、姚沛章、黄全，均籍隶海门，或种田为业，或撑船营生，先未为匪犯案。咸丰十一年八月二十二日，杨加坤与监毙之无服族兄杨加升及已获之杨和尚、监毙之姚沛章并在逃之徐停湡、黄西利、张年郎即张小二、陆张宝、秦得甫、蔡念生、陈全郎,遇道贫难。杨加坤起意出洋行劫,各犯允从。杨加坤又向黄全诡称装柴,许给工价,雇令帮同摇船。

二十三日早,杨和尚、黄西利各携刀棍土叉,余俱徒手,共伙十二人,同坐杨加坤渡船,令黄全开至合龙港洋面,适曹银和驳船装载红粮、麻皮前往上洋销售,驶至该处。杨加坤喝令将船赶拢,黄全畏惧不允。杨加坤持刀吓逼黄全在后艄把舵,并令黄西利、陆张宝、秦得甫、蔡念生各用竹篙钩住曹银和船只,留杨加升、张年郎在本船接赃。杨加坤与杨和尚、姚沛章、徐停湡、陈全郎,持械过船,劫得红粮、麻皮等物,带至青龙港,赶逐事主人等上滩。杨加坤带同杨加升、姚沛章上岸,寻店销赃,余犯带同赃物,分坐两船开行,约在僻处会齐,即经崇明县营巡营兵役缉见追捕,将黄全连事主原船拿获解县。旋又捕获杨加升,由崇明县解归海门厅审详。黄全病故,禀委验报。嗣又续获逸犯杨加坤、杨和尚、姚沛章,讯供通详,均经臣等批饬审办。杨加升、姚沛章先后在监病故,禀经委验详报。兹据会勘拟详,由道核转前来。并据该道厅禀经臣饬令将各犯先行就地正法,以昭炯戒。臣复加确核无异。

查例载:江洋行劫大盗立斩枭示。又洋盗案内,如系被胁在船只为盗匪服役,如被拿获者,杖一百、徒三年各等语。此案杨加坤起意纠同杨和尚等在洋行劫客船,实属法无可贷,自应按例问拟。杨加坤、杨和尚、姚沛章、杨加升,均合依江洋行劫大盗立斩枭示例,各拟斩立决枭示。杨加坤、杨和尚业经饬令就地正法,应毋庸议。姚沛章、杨加升虽经监毙,仍饬戮尸示众。黄全讯只被诱上船,逼胁把舵,并未听从行劫,合依被胁在船只为盗匪服役杖一百、徒三年例,拟杖一百、徒三年,业已在监病故,亦毋庸议。余讯无同居亲属知情分赃、牌保得规包庇情事，应与姚沛章等监毙讯无凌虐之刑禁人等，均毋庸议。杨加坤有父杨大宾、杨加升有父杨增记，不能禁子为盗，与失察之牌保例应责处，事在咸丰十一年十月初九日恩诏以前，应请援免。起赃给领，未起追赔。买赃之不识姓名人请免查提。盗船器械，供已卖弃免追。逸犯徐停湛等缉获另结。

至此案首伙盗犯十二名，仅获首伙五名，获犯尚未及半，应议职名，饬令另文补参。再，监毙盗犯三名，管狱官例无处分，应免开报。是否允协，除将供招咨部外，合将拿获洋盗、按例问拟、就地正法缘由，谨会同协办大学士两江总督臣曾国藩、江苏巡抚臣李鸿章，恭折具奏，伏乞皇太后、皇上圣鉴。谨奏。四月十八日。

同治三年四月二十四日，议政王军机大臣奉旨：刑部议奏。钦此。[1]

○四九　请将许惇诗罚捐银两豁免折

同治三年四月十八日（1864年5月23日）

漕运总督臣吴棠跪奏，为革员勒捐银两，无力措缴，核与恩诏准豁之例相符，恭折奏恳天恩事。

窃查接管卷内，咸丰十一年七月间，前大臣袁甲三等以淮北监掣同知许惇诗捏报西坝被焚票盐十三栈之多，奏请革职勒捐，钦奉上谕：许惇诗着即革职，并勒令捐银十万两，接济清淮防费，以为巧取牟利者戒等因。钦此。经前署漕臣王梦龄钦遵勒追，嗣据该员在江南粮台缴银一千四百六十四两，又缴淮北票盐五千包，作银五

---

① 台北故宫博物院藏：军机及宫中档，文献编号：095938。

千七百六十五两,送交临淮军营济饷。臣履任后,复经照案严催。据该革员禀称:前在淮北因督催饷盐,驻扎清江。十年间,捻匪窜扰,公寓焚毁一空,原籍浙江钱塘县又复两遭沦陷,家产荡然,前两次遵缴银七千二百二十九两,实已筋疲力尽,且原参捏报盐栈被焚一层,当时盐栈实系被焚,并无捏饰,恳请查案原情等情。当经臣札饬现任徐州运判武祖德、署清河县知县万青选,会同确查。旋据禀覆:讯据票贩、盐栈人等,佥称咸丰十年二月初一日,捻匪拦入西坝、协泰等八栈,屋宇、盐廪悉被焚烧,元兴等四栈被毁过半。该员等逐一履勘属实,并取具票贩、栈户人等切结呈送。正在查核间,又据许惇诗具禀:伏读咸丰十一年十月初九日钦奉恩诏并户部议奏应免条款内开:一、本人冒领冒销应追者,查明家产实系尽绝,准予豁免;一、凡因公罚交罚赔者,查明一概豁免等因。该革员公寓、原籍均遭兵燹,实系家产尽绝,难于续缴,恳请奏豁前来。

臣查该革员所称清江公寓被捻焚毁、钱塘原籍两遭沦陷,均属人所共知,委无虚饰,核与前奉恩诏内查明家产尽绝豁免之例相符。且查其奉参勒捐原案,系因捏报盐栈被焚,现在臣派员查明,实有被焚确据,该革员原禀尚非捏饰。如例以因公罚交罚赔之条,更应一概豁免。惟原案系属特参,未敢遽行援办,当经臣咨请户部核示。兹准部覆,应由臣奏明请旨,相应查案声请。可否仰恳天恩,将革员许惇诗未缴捐款准照恩诏条款查豁之处,出自逾格全。[①] 为此恭折具陈,伏乞皇太后、皇上圣鉴训示。谨奏。四月十八日。

————————

① "全"疑为衍文,"逾格"后似脱"鸿施"或"鸿慈"。

同治三年四月二十日，议政王军机大臣奉旨：钦此。①

【案】此折于是年四月二十日得允行。《清实录》：

甲午，谕内阁：前因袁甲三奏，淮北监掣同知许悖诗取巧
牟利，请革职罚捐，当经奉旨将许悖诗即行革职，并勒令捐银
十万两，接济清淮防费。本日据吴棠奏称，查明前次贼窜清
江，西坝盐栈实系被焚，该革员公寓焚毁一空，原籍两遭兵燹，
家产荡然，除两次遵缴银七千二百余两外，现在无力完缴，核
与恩诏豁免之例相符，可否准予援免，声明请旨等语。此案前
经袁甲三派委升任运司乔松年委员密查，盐栈并未被焚，抢失
亦属无多，且清江职官于捻匪警报已至时，演戏宴会，系该革
员起意逢迎，并在普济寺延请上司寅僚宴乐，迭为宾主，以致
防务废弛，厥咎甚重。已革淮北监掣同知许悖诗，着准其免缴
罚捐银两，即行发往新疆效力赎罪。②

○五○　确查江省抽厘设局商贩甚累片

同治三年四月十八日(1864年5月23日)

再，臣钦奉上谕：有人奏，江苏抽收厘税，设局过多，商贩甚累
等因。钦此。伏查抽厘济饷系出于万不得已，自应于捐商之中仍
寓恤商之意。上年奏委前四川永宁道郭礼图在泰州设立厘捐总
局，当饬会同粮台将沿江内河各局卡裁撤多处，并随时稽查弊窦。

---

①　台北故宫博物院藏：军机及宫中档，文献编号：095939。
②　《穆宗毅皇帝实录(三)》，卷一百一，同治三年四月下，第221—222页。

年余以来,办理日有起色。第扬、通一隅之地,筹防筹饷取给于此者甚多,捐款诚觉其繁重。然一捐实有一捐之用,且内河支汊纷歧,外江港口排列,头头是道,实非总设一局所能周顾。

惟查各集镇地方,间有一地而设多局之处,虽系各归各捐,尚可归并办理,既省糜费,借以免商贩稽留守候之烦。此外分卡地方如有地非扼要,或所收无多,亦拟酌量裁撤,以仰副皇上体恤商民兼筹军实之至意。除委道员刘咸带同熟谙地势情形之盐大使钱福熙周历各处、认真确查核办外,谨附片先行覆陈,伏乞圣鉴。谨奏。

同治三年四月二十四日,议政王军机大臣奉旨:知道了。钦此。①

【案】钦奉上谕:有人奏……商贩甚累:此上谕《清实录》载曰:

又谕:富明阿奏,添拨马步兵勇渡江,分路进取丹阳,并严防江面及筹济北渡难民一折。另片奏,丹阳城外接仗情形等语。前因曾国藩奏,檄令鲍超移东坝之师,进取句容、丹阳一带,当经谕令富明阿、冯子材等派兵会剿。现在富明阿添派马步队渡江,分路进取;詹启纶带领马队,由辛丰直抵丹阳北门外,颇有斩获。然必须南北两路会同攻击,剿办较易得手。鲍超一军曾否进攻句容,抑或先取丹阳,着曾国藩酌量调派,务与镇防各营联络声势,迅速奏功。如鲍超进逼句容,兼防金陵城贼外窜,即着富明阿、冯子材等督率诸军,察看丹阳地势,合力兜剿,俾丹、句踞匪不能互相援应,自不难克期攻拔。扬防渡江兵勇既经富明阿饬令听冯子材等调遣,冯子材等尤当审度贼情，稳扎稳进，毋稍大意，或为穷寇所乘。屯踞杨厍、周庄、花市之匪，窜及长寿等沙，肆意焚掠，着李鸿章速派得力将弁，实力扫荡，悉数歼除。此股贼匪归路已为官军截断，势必乘虚而北，并着富明阿严饬水师，昼夜巡防，毋稍松懈，如江防吃紧，富明阿仍当酌撤南渡之军，沿江填扎，力保里下河完善之区。难民纷纷北渡，泰兴土桥、七港圩一带已有一万数千人，靖江尤众。该难民等兵燹余生，殊堪怜悯！现经富明阿提捐廉俸，筹拨米石，借资接济，仍恐不敷散给，着吴棠、李鸿章督饬藩司万启琛，分饬各地方官设法赈济，毋令一夫失所，仍令在防兵弁认真盘诘，毋使奸宄溷迹。有人奏，江苏抽收厘税，设局过多，商贩甚累，请总设一局，将各卡所收之税并于一处征收，于课项既无短缺，而弊窦更易稽查等语。着富明阿、吴棠、李鸿章将抽厘各局逐加查察，应如何裁撤归并之处，并着该将军等会商，妥筹办理。原片着钞给富明阿、吴棠、李鸿章阅看。将此由六百里各谕令知之。[①]

○五一　奏报徐州分局收捐军饷请奖折

同治三年四月十八日(1864 年 5 月 23 日)

漕运总督臣吴棠跪奏，为核明徐州分局收捐军饷应奖衔名，缮具清单，恭折奏祈圣鉴事。

窃照徐州分局截至咸丰十年四月止，前署漕臣王梦龄前管粮台任内收入军需项下捐输各款，除已请奖外，计尚有未请奖钱九万

---

① 《穆宗毅皇帝实录(三)》，卷九十七，同治三年三月中，第114—115页。

八千八百九十七千零。前准部咨，饬催各捐生履历，即行奏奖在案。兹催据捐生一百三十一名，开具履历，呈明愿奖官阶，共计钱二万四百五千文，由委管报销局按察使衔候补道吴世熊核明，均系已入军需项下支销之款。其所请官阶核与捐数相符，转请奏奖前来。

臣覆核无异。除造具清册咨部并将其余捐款催送捐生履历续奖外，相应缮具清单，恭呈御览，仰恳天恩饬部覆核，迅颁执照给领，以示激励。为此恭折具陈，伏乞皇太后、皇上圣鉴。谨奏。四月十八日。

同治三年四月二十四日，议政王军机大臣奉旨：户部核议具奏，单并发。钦此。[①]

○五二　呈徐州分局收捐军饷请奖清单

同治三年四月十八日(1864 年 5 月 23 日)

谨将徐州分局捐输军饷请奖衔名，缮具清单，恭呈御览。

陈庭实，湖北人，由俊秀捐钱二千二百七十千文，核与奏准报捐监生、加捐盐运司经历不论双单月选用以银合钱减成数目有盈，拟请作为监生，以盐运司经历不论双单月选用。

洪德朗，江苏人，由从九品职衔捐钱六百千文，核与奏准改捐监生、加捐县主簿双月选用以银合钱减成数目有盈，拟请作为监生，以县主簿双月选用。

丁恩霖，顺天人，由从九品职衔捐钱三百六十千文，核与奏准

---

① 台北故宫博物院藏：军机及宫中档，文献编号：095944。

改捐监生、加捐从九品不论双单月选用以银合钱减成数目有盈，拟请作为监生，以从九品不论双单月选用。

丁榕，顺天人，由奏准江苏候补从九品捐钱三百二十千文，核与奏准由从九品捐免验看以银合钱减成数目有盈，拟请免其赴部验看。

陆由文，安徽人，由俊秀捐钱五百二十五千文，核与奏准报捐监生、加捐州同衔以银合钱减成数目有盈，拟请作为监生，给予州同职衔。

黄兆荣、孙广宗、刘文光、梁毓哲、佟继美、佟继兰、王兴都、李际隆、李士彬、赵雁、王金铭、王金仙、孙绍谦、王柄、马德永、王景运、宋玉廷、张开榜、柴苌臣、李德运、赵明五、张开会、萧超俊、卜履岚、王祥云、芊泰和、郑志本、朱英俊、张怀古、王隆厚、康丰、张朝选、张绘五、刘明瓒、申广祥、韩馨宜、蔡大进、曹承业、李鹏、杜蓉允、杜大魁、徐朝选、孔昭隆、吴兰、邱宪章、李鸿春、蔡丽山、刘庆达、周庆麟、刘庆麟、李希全、陈继虞、祁新典、梁怀琇、梁怀璞、梁会心、梁怀璐、尚大方、戴凤翚、葛殿选、张文让、王辅清、王硕辅、王永安、张赵守、成方榛、刘开峤、励兴兰、杨于勤、聂明善、卢凤苞、卢麟阁、邵程九、孟继盛、王植槐、王开和、孔昭俊、王警盘。以上八十四名，均由俊秀各捐钱一百五千文，核与奏准报捐从九品以银合钱减成数目有盈，拟均请给予从九职衔。

张学渊，江苏附生，捐钱二百千文，核与奏准附生捐贡以银合钱减成数目有盈，拟请作为附贡生。

曹位台、张景衡、王会一、丁林、马振三、马廷举、朱英奇、王凤台、王著西、盛继铎、李景福、孟慎修、魏玉书、李永昌、张子芹、高景岫、高景岐、张景任、张景伦、张宜庄、刘镜轩、郭正士、丁育衡、张敬廷、张儒芬、李世卿、许秀升、张立扬、刘宝贤、陆由教、王开声、吴昆山、刘位三、陈树朝、陈还珠、陈大煊、黄继禹、黄立本。以上三十九名，均由俊秀各捐钱一百六十千文，核与奏准报捐监生以银合钱减成数目有盈，拟请均作为监生。

李全正，江苏人，由俊秀捐钱六百六十千文，核与奏准报捐监生、加捐守御所千总衔以银合钱减成数目有盈，拟请作为监生，给予守御所千总职衔。

卓恩庆，江苏人，由俊秀捐钱四百十千文，核与奏准报捐监生、加捐营千总衔以银合钱减成数目有盈，拟请作为监生，给予营千总职衔。

议政王军机大臣奉旨：览。钦此。[①]

○五三　布置淮、徐并拨兵前赴滁州驻守折

同治三年五月初一日(1864年6月4日)

漕运总督臣吴棠跪奏，为遵旨布置淮、徐并拨兵前赴滁州驻守情形，恭折奏祈圣鉴事。

窃臣承准议政王军机大臣字寄：四月十九日，奉上谕：前经谕令僧格林沁将陈国瑞一军调赴皖北，为截剿发、捻东窜之备等因。又奉四月二十一日谕旨：令僧格林沁仍遵前旨，檄调陈国瑞一军赴皖北，扼要驻扎，以备截击各等因。钦此。仰见圣谟广远，指示机宜，跪聆之余，莫名钦佩。伏查陈国瑞部勇本驻徐州，前闻楚、豫发、捻有东窜之信，适陈国瑞病已痊愈，当经商令赶紧赴徐，以资控

---

① 台北故宫博物院藏：军机及宫中档，文献编号：095945。

制，并听候僧格林沁调遣，即经附奏在案。现在发、捻前股已窜至豫省信阳州属杨柳河等处，蓄意东趋。臣并接准督臣曾国藩咨称：发、捻在枣、随交界私议分五路行走，以两股由宋河走应城，以三股走应山，均在麻城会合。查麻城与六安接壤，则皖北之防极关紧要，臣迭经咨令陈国瑞一俟接奉僧格林沁檄调，即行赶紧拨队，一面由淮、徐两路筹备米麦，以济糇粮。至于徐宿一带，本有总兵姚广武一军驻防，现已严饬该总兵妥筹备御，如陈国瑞移军前进，即责成姚广武防剿，并随时察看情形，再由清淮拨兵往助，总期联络周备，不敢稍存大意。先是臣另接督臣曾国藩来咨，布置江、皖各防，除六、颍、庐、巢及怀、凤、临、寿等处已由曾国藩及乔松年分兵驻守外，咨由臣营派防滁州等语。臣随即饬记名总兵署漕标副将张从龙，带选标兵及马步共一千二百余名，赴滁驻守，现已分起前往，需用粮饷、军火，并经宽为筹画，辘轳接济。所有蒋坝、高、宝等处，密迩天、盱，湖防亦须周密。查有总兵黄开榜所部炮船，修备整齐，足令分防扼守清淮一带。臣就近往来调度，堪以上慰宸怀。

　　至李世忠交出各城，自兵燹之后，复经该营驻扎，蒿莱满目，凋敝不堪。各该处善后事宜亟须次第筹办，而尤以振兴学校、开辟茗芜为最要，臣惟有会商曾国藩、乔松年，妥为经理，以仰副圣主廑念孑遗、奠安疆宇之至意。谨将布置淮、徐及拨兵赴滁驻守缘由，恭折由驿覆陈，伏乞皇太后、皇上圣鉴训示。谨奏。五月初一日。

　　同治三年五月初六日，议政王军机大臣奉旨：览奏，均悉。皖北防务紧要，陈国瑞一军着懔遵叠次谕旨，听候僧格林沁檄调，即行拨队。其淮、徐一带，饬姚广武等严密布置。派防滁州之张从龙一军,即令赶紧赴防,以资扼守。钦此。[①]

【案】军机大臣字寄:四月十九日,奉上谕:此廷寄《清实录》载曰:

谕议政王军机大臣等,曾国藩奏,徽军挫失,并克复金坛暨办理竭蹶情形,恳请皖、鄂分任军饷各折片。浙省贼股上犯徽郡,毛有铭等军既经挫折,歙、休境内无地非贼,是该处军情正当吃紧之时。皖南兵力尚单,前谕左宗棠筹拨蒋益澧各军驰援徽境,着即酌量情形,多拨劲旅前往,与该处防军联络夹攻,务将该逆速行剿洗,并饬令黄少春、刘清亮两军严扼遂安要隘,以防湖贼续窜徽境;饬令王开琳等截贼婺源、德兴之交,毋令南窜严州、西窜饶郡。曾国藩虑鲍超驰援江西不能速到,现派周宽世七营、金国琛九营,先从饶州一路往援,着即饬迅速前往,力筹堵剿;并着沈葆桢饬令在防将士与周宽世等军严密布置,互相援应。此时窜江之贼粮食不继,号令不一,多有纷纷逃散者。刘典、王文瑞各军陆续到后,声势更壮,谅已足敷剿办。发、捻窜近随、枣、黄、德,曾国藩已派彭玉麟统率师船,上赴九江,防剿北岸鄂、皖江面,兼顾南岸鄱湖、都昌一带,江路当可无虞。惟皖北陆路仅颍、六、庐、巢等处置有防兵,其余潜、太、英、霍、桐、舒等县皆空虚无兵,深虑楚、豫境内发、捻大股乘隙东窜。鲍超一军自攻克金坛后,该处败匪及常州余逆均为驻防溧阳之吴毓芬等截剿于南渡,全股殄除。现在常、丹两城已克,东坝二溧已经李鸿章派兵扼守,鲍超一军自可腾

---

① 台北故宫博物院藏:军机及宫中档,文献编号:096197。

出移援徽郡，或即令渡江北，防剿潜、太、英、霍、桐、舒一带，着曾国藩酌量情形，妥为调度。至皖北颍、亳、庐、寿等处，与豫、楚边境甚近，防兵空虚，乔松年身膺疆寄，责无旁贷，如何拨兵防守各城，如何堵御发、捻之处，惟当力筹布置，不准观望推诿。曾国藩亦仍当随时兼顾，以期互相策应。前经谕令僧格林沁将陈国瑞一军调赴皖北，为截剿发、捻东窜之备。本日据曾国藩奏，皖北空虚可虑，自应即以此军移扎截剿，着僧格林沁相机酌度，迅即檄令扼要驻扎，如果发、捻窜近皖疆，即可令其截击，此外或另有劲旅可以扼要驻扎，备豫缓急之处，着僧格林沁、曾国藩随时会同筹商办理。淮、徐一带，即着吴棠豫筹布置，拨兵驻守，并与临淮各军联络声势，毋稍大意。天长、六合一带，即着富明阿将援剿镇江之扬营兵勇撤回，移扎该处，严密堵遏，仍着曾国藩与富明阿、吴棠、乔松年互相援应。至发、捻大股，现在麇聚于随、枣、钟、京等处，鄂省兵力尚敷堵剿，官文、严树森总当严督诸军，将该逆就地殄尽，万不可令其窜入皖境。金陵官军攻破朝阳等门月围，歼贼甚众，正当乘该匪穷蹙之时力筹攻拔，并着李鸿章将丹阳、常郡余匪搜捕净绝，分布诸军，严扼要路，以防金陵逆股外窜。值此功在垂成，各路将帅及封疆大吏俱宜振刷精神，统筹兼顾，以期及早蒇功。曾国藩声称户部覆奏折内，所称湖北等省协济月饷等款为数甚巨，实则所得极少等语，本日已交户部核办矣。所请将杨岳斌、萧庆衍、蒋凝学、毛有铭、梁美材诸军仍由鄂省照旧供支，于六成之外酌添一二成之处，着官文、严树森速筹发给。其普成尧、何绍彩两军，着即交乔松年调遣，饷项即由临淮粮台支发报销。李世忠既经散财遣众、交出城卡，心迹已明，其赴安庆谒见迟早之处,即可听其自便。李世忠交还之五河、六合、滁、全、天、来各城,着曾国藩、吴棠、乔松年将善后事宜妥为经理。孙家泰一案,着俟乔松年会同曾国藩具奏时再降谕旨。将此由六百里各谕令知之。①

【案】四月二十一日谕旨:令僧格林沁……以备截击;此上谕《清实录》载曰:

又谕:官文奏,随州等处续获胜仗;张之万奏,截击发逆获胜,并堵剿信阳等处窜匪;毛昶熙奏,连克贼巢,息县渐次肃清各一折。楚军随同僧格林沁马队,在随州击败发、捻股匪,斩馘甚多,与僧格林沁前奏情形大略相同。该逆由天门、京山、云梦一带掳掠民船,意图抢渡,均为水师击退,是楚省防堵尚属严密。惟发、捻前股,现据张之万声称,已窜至豫省之信阳州属黄土、平靖两关、距城二十余里之杨柳河等处。张之万前派连美、贾文田、冯圣传、李承先等营驰扼三关,并派道员葛承霖一军驰往,现已行落贼后。僧格林沁所派之苏克金恐亦未能绕及贼前。该逆蓄意东趋,皖北兵力甚单,深为可虑。前经谕曾国藩能否腾出鲍超一军防剿皖北一带,此时事机紧急,着即檄令该提督统率所部,迅速前往楚、皖交界地方,严密堵遏由信阳东窜之贼,并着官文将天门等处股匪力行扫除,严防东窜皖省之路,不得令该逆阑入,致滋蔓延,仍一面派兵与豫省派出各军联络,尽歼丑类。多隆阿旧部八千人业已陆续起程赴楚,兵力足资剿办,如何接替分拨,着官文妥筹布置。僧格林沁当督催马队,星夜穷追,并仍遵前旨,檄调陈国瑞一军赴

① 《穆宗毅皇帝实录(三)》,卷一百,同治三年四月中,第209—211页。

皖北，扼要驻扎，以备截击。乔松年当就近分拨兵勇，将窜近皖北之匪竭力剿洗。暂扎丹阳之扬营兵勇，着富明阿迅即调回移扎，严密堵遏，仍与吴棠、乔松年互相援应，协力堵截。张之万并当檄令连美等军，严扼东窜股匪，毋稍松懈。毛昶熙已将汝南贼巢攻克，斩戮巨捻赵帼良等，并将降勇王廷幹等悉予骈除，息县境内渐次肃清，自可腾出兵力，移堵发、捻股匪，着即统率所部，随同僧格林沁一军，随地截击，毋令蔓延。至发逆后股由淅川败至板桥，经张曜会同色尔固善马步各军截杀甚多，复追入楚境郧阳所属之羊皮滩，叠获胜仗。该逆势已穷蹙，着僧格林沁、官文、张之万檄饬色尔固善并楚、豫各军，前截后追，务将此股殄除，毋留余孽。唐训方久在戎行，熟谙军务，一切战守布置机宜，着与官文悉心筹商，以臻妥善。将此由六百里谕知僧格林沁、官文、曾国藩、富明阿、吴棠、李鸿章、乔松年、张之万、毛昶熙，并传谕唐训方知之。[1]

○五四　姚广武赍到谢恩折交臣代递片

同治三年五月初一日(1864年6月4日)

臣据署理徐州镇总兵姚广武赍到恭谢天恩奏折一件，交臣处附驿代递。谨附片呈进，伏乞圣鉴。谨奏。

同治三年五月初六日，议政王军机大臣奉旨：知道了。钦此。[2]

---

① 《穆宗毅皇帝实录(三)》，卷一百一，同治三年四月下，第220—221页。
② 台北故宫博物院藏：军机及宫中档，文献编号：096198。

【案】同治三年四月十五日,姚广武奏谢赏勇号恩由折:

记名总兵署江南徐州镇总兵奴才姚广武跪奏,为恭谢天恩,仰祈圣鉴事。

窃奴才于本年三月初九日在宿州军营,承准漕臣檄饬遵旨奏保援蒙解围在事出力文武员弁人等一折,于同治三年二月初十日奉上谕:姚广武着赏给懋勇巴图鲁名号。钦此。恭录行知钦遵。奴才随即恭设香案,望阙叩头谢恩讫。

伏念奴才山左庸材,毫无知识,由行伍随队出剿,效力疆场,历俸保奖尽先副将、记名总兵,接统徐宿诸军,署理徐州镇篆,涓埃未报,正切悚惶!兹复渥荷圣恩,赏给勇号,钦遵之下,感悚孟深。窃思受恩愈厚,图报愈难,惟有殚竭驽骀,整肃队伍,于防务倍加严密,俾辖境悉就安绥,以冀仰答高厚鸿慈于万一。

再,奴才因带队前赴萧、宿西南一带,周历巡缉,借资镇抚,是以具折稍稽。合并陈明。所有奴才感激下忱,理合恭折叩谢天恩,伏乞皇太后、皇上圣鉴。谨奏。同治三年四月十五日。

议政王军机大臣奉旨:知道了。钦此。①

○五五　审拟谋杀多命匪犯孙发等折

同治三年五月初一日(1864年6月4日)

漕运总督臣吴棠跪奏,为挟嫌谋杀一家四命,于审明后按拟办

---

① 中国第一历史档案馆藏:军机录副,档案编号:03-4715-011。

理，恭折具奏，仰祈圣鉴事。

窃据署安东县知县李师濂详报：匪犯孙发因分赃起衅，砍伤伙犯刘得身死，弃尸河内。嗣因刘得之父刘春查知欲控，复挟嫌起意，纠同朱三等谋杀刘春夫妇、子女一家四命，埋尸灭迹，并将刘春住房烧毁一案，当经臣等以案情重大，批饬解淮审办。嗣据该县会营，续获逸犯朱三，押解犯卷来淮，随发委淮安府审办去后。兹据淮安府知府顾思尧，督同署安东县知县李师濂，审拟解勘前来。

臣亲提覆鞫，缘孙发、朱三、郭万和、徐恒生、陈三、孙小了头，均籍隶安东，或务农为业，或推车营生，先未为匪犯案，与刘春素识无嫌。同治二年六月十二日夜，孙发因贫难度，起意纠同刘春之子刘得并已获之朱三及在逃之王楼，在不知何县管辖之运河堤上窃得不识姓名事主家银十余两、钱一千五百文，交刘得收藏，偕抵僻静河滩分赃。刘得匿银不交，孙发不依斥骂，刘得回骂，孙发气忿，喝同朱三、王楼各拔身带小刀，将刘得砍戳身死，搜取赃银，弃尸河内。因水急溜大，尸即漂淌不见。

七月二十二日，刘春因刘得日久不归，向孙发报追下落，孙发推为不知。刘春声言，伊已查知刘得被孙发诱去谋死，欲行按究。孙发畏惧，起意将刘春一家致死灭口，往商朱三、王楼帮同谋害。朱三等亦虑到官治罪，当即允从。孙发又先后纠邀素好已获郭万和、徐恒生、陈三、孙小了头并在逃之孙仿，同往帮助。郭万和、徐恒生当各允从。陈三、孙小了头、孙仿先未应允，并向孙发劝阻。孙发不依，并以如不相帮先行杀害之言向吓。陈三等畏凶允从，即于是夜各携刀枪绳索，一共八人，偕抵刘春门首，见刘春赤身侧卧门外棚下，孙发上前用刀戳伤其右腰眼。刘春喊痛，滚跌倒地。孙发复用刀砍伤其咽喉，当即殒命。刘春之女睡在〈门〉首，见而惊起，哭喊欲走，被朱三赶上用刀砍伤其项颈，仰跌倒地。王楼用枪连戳其右腿，郭万和亦赶拢用枪戳伤其左乳致毙。刘春之子刘二出问，亦被孙发用刀砍伤咽喉，倒地殒命。刘春之妻赶出喊骂，被徐恒生用刀向头脸迭砍，致伤其右额角，接连额颅左眉连鼻梁，倒地身死。其时，陈三、孙小了头、孙仿俱畏惧远站，未经动手。孙发当同郭万和等将各尸用绳捆缚，令陈三等帮同抬至义冢，掩埋灭迹，并将刘春所住草房烧毁，逃散。经县访闻，报验饬拿，会同山阳县营兵役，获犯讯详，批饬解淮委审。兹据审拟解勘，臣亲提覆鞫，据供前情不讳，诘无起衅别故及另有同谋加功之人。孙发、朱三亦无另犯窝伙抢劫不法，案无遁饰。

查律开：杀一家非死罪三人者凌迟处死，为从加功者，依谋杀人律减等。又，谋杀人从而不加者，杖二百、流三千里。又例开：杀死一家三命以上凶犯，审明后依律定罪，一面奏闻，一面恭请王命，先行正法各等语。

此案孙发纠同刘得行窃，因刘得匿赃不交，将其砍戳致毙，弃尸河内，罪已应死。乃复因刘得之父刘春查知欲报，辄敢挟嫌起意纠同朱三等，各用刀械杀死刘春夫妇、子女一家四命，埋尸烧房灭迹，实属罪大恶极，自应按律问拟。孙发除纠窃得赃并砍伤刘得身死、弃尸亡失及埋尸烧房灭迹各轻罪不议外，合依杀一家非死罪三人者凌迟处死律，凌迟处死。朱三、郭万和、徐恒生听从谋杀一家四命，下手加功，亦应按律问拟。朱三除听从行窃、砍伤刘得身死、弃尸已失，郭万和、徐恒生除听从埋尸烧房灭迹各轻罪不议外，均合依杀一家非死罪三〈人〉为从加功者斩律，各拟斩立决。陈三、孙小了头听纠同往，并未动手伤人，自应依律减等。拟陈三、孙小了头听从抬尸掩埋灭迹轻罪不议外，合依谋杀人从而不加功者杖一百、流三千里律，各杖一百、流三千里。孙发、朱三、郭万和、徐恒生四犯，臣于审明后即照例恭请王命，饬委淮安府知府顾思尧会同署淮安城守营参将庆连，将各犯绑赴市曹正法，仍将孙发首级解赴犯事地方枭示，以昭炯戒。陈三、孙小了头到配，折责安置。孙发、朱三讯无同居亲属知情分赃、牌保得规包庇情事，孙发亦无财产妻子，均毋庸议。刘得尸身供弃不知何县管辖运河，实因水溜漂淌，无从打捞，亦毋庸议。该犯孙发有父孙美粹，不能禁约其子为窃，应与失于觉察之牌保，饬县照例提责。凶刀销毁。逸犯饬缉，获日另结。

至此案首先拿获罪应凌迟斩决邻境谋命重犯三名，系署山阳县知县李振黉，应请照例议叙。除将全案供招咨部外，所有审明定拟缘由，谨会同协办大学士两江总督臣曾国藩、江苏巡抚臣李鸿章，合词恭折具奏，伏乞皇太后、皇上圣鉴训示。谨奏。五月初一日。

同治三年五月初六日，议政王军机大臣奉旨：该部议奏。钦此。①

○五六　奏报审拟盗犯梁阿当等折

同治三年五月初一日(1864年6月4日)

漕运总督臣吴棠跪奏，为盗犯拒伤事主，行劫多赃，由司审明

---

① 台北故宫博物院藏：军机及宫中档，文献编号：096199。

拟详,饬令先行就地正法,恭折具奏,仰祈圣鉴事。

窃据署仪征县知县杨钟琛禀报:事主胡士荣吉公泰栈房,于同治元年五月二十七日夜,被匪劈门进内,拒伤事主、栈伙,劫去金银、洋钞等物。报经该县会营勘验,估赃值银七千八十两零。饬据捕役先后获犯彭有春、李麻子即李沅庵、黄大睡、刘四、王登沅、杨闰保、黄结、梁阿当即梁麻子,起同赃银解县,讯供通禀。当经臣批饬就近解赴两淮运司审办。嗣据该县将犯解司,声明饬查事主栈伙,伤均平复。经前运司乔松年审拟具详,因引断未协,批饬另拟详办去后。兹据署两淮运司江苏候补道许如骏提犯覆审无异,按律拟详。并据详报:盗犯梁阿当、黄结、彭有春、李麻子,先后在监病故,经署泰州知州张肄孟验讯明确,刑禁人等并无凌虐情弊等情前来。

臣复加查核,缘梁阿当即梁麻子、黄结均籍隶广东东莞县,彭有春籍隶江西庐陵县,黄大睡籍隶江西赣县,刘四籍隶江西都昌县,王登沅籍隶湖北武昌县,李麻子即李沅庵籍隶安徽怀宁县,杨闰保籍隶江西崇仁县。或先当勇革退,或被匪掳逃回,或开店营生,或佣趁度日,均未为匪犯案。同治元年五月二十七日,梁阿当先后与素识已获之黄结、彭有春,在逃之范翠、陈明月、徐阿有、陈有嬉、陈成有、黄闰源、全粟即全阿、保速即保可、苏歪、九万、孟九、皮亏、王进东、章方、大空能、麦成招、九毛、松合、松苏、胜老才、谈通、丁杨、丁杭才、全皮仔、齐喜红、苏早兴、陈美、吴老肺、戴胞全,会遇闲谈。梁阿当稔知吉公泰栈内银多,起意行劫,各犯允从。黄结又转纠在逃之黄玉先、老周,同往行劫,彭有春亦转纠已获之黄大睡、刘四、王登沅、李麻子、杨闰保入伙,黄大睡等当各允从。杨闰保先未应允,后被彭有春吓逼勉从。即于是夜二更时分,在黄结门首会齐。梁阿当等各带刀械、火罐，王登沅、李麻子、杨闰保徒手，共伙四十人，行抵事主胡士荣吉公泰栈前。杨闰保畏惧逃回，梁阿当等转至事主后门首。黄结、范翠各用刀斧将门劈开，同梁阿当带领彭有春、黄大睡、刘四等二十余人进内。王登沅、李麻子同其余各犯在外把风，梁阿当等进房。事主同栈伙惊起喊捕，均被梁阿当等用刀拒伤。因人多手杂，何人拒伤何人何处，记忆不清。梁阿当等劈开箱柜各锁，劫得金银、洋钞，递交王登沅等接收，并向告知拒捕情由。将赃分运至江边，正欲查点侪分，因闻局勇巡至，各将银洋抢取而逸。杨闰保事后并不分赃。事主报县勘缉，获犯讯供通禀，批饬解司审办。兹据审明拟详，臣复加确核，该犯梁阿当等拒伤事主，行劫得赃，已据供认确凿，赃经起获，正盗无疑。

查律开：强盗已行但得财者，不分首从皆斩。又例开：共谋为强盗伙犯，临时畏惧不行、事后不分赃者，杖一百各等语。此案盗犯梁阿当等纠众伙劫，拒伤事主，不法已极，自应按律问拟。梁阿当即梁麻子、黄结、彭有春、黄大睡、刘四、王登沅、李麻子即李沅庵，均合依强盗已行但得财者不分首从皆斩律，各拟斩立决，照例先行刺字。查该犯梁阿当等均系革勇游匪，胆敢纠众至四十人，行劫银洋至七千余两之多，实非寻常盗劫可比，且当此逆氛未靖，未便稍稽显戮，自应遵照咸丰三年奏定章程，先行就地正法，以昭炯戒而靖地方。除梁阿当、黄结、彭有春、李麻子四犯业已在监病故、仍戮尸枭示外，所有黄大睡、刘四、王登沅三犯，臣于具奏后，即饬令就地正法，枭首示众。杨闰保被逼同行，畏惧先回，事后虽不分赃，第已行至事主门前始行逃回，较之伙犯临时畏惧不行情节稍异。查律例并无伙犯行至事主门前逃回作何治罪明文，自应比例酌量加等问拟。杨闰保应请比照共谋为强盗伙犯临时畏惧不行、事后不分赃例，于杖一百罪上酌加一等，拟杖八十、徒一年。该犯事犯到官虽在同治元年八月初二、九月初一等日恭逢恩诏以前，但系伙盗，应请不准援减，定地发配，折责充徒，期满报明，递籍安插。该犯系比例拟徒，毋庸刺字。该犯等讯无另犯窝伙抢劫不法别案，及同居亲属知情分赃、牌保得规包庇。梁阿当、黄结、彭有春、李麻子在监病故，刑禁人等讯无凌虐情事，均毋庸议。事主、栈伙伤均平复，亦毋庸议。起赃给领，未起追赔。盗具刀斧、火罐，饬县销毁。逸犯范翠等饬缉，获日另结。

　　此案盗匪四十人，仅获首伙八名，尚未及半，文武疏防职名，饬取另参。至监毙一案内斩犯四名，死系盗匪监毙，职名应免开参。是否允协，除全案招供咨部外，所有核议缘由，谨会同协办大学士两江督臣曾国藩、江苏抚臣李鸿章，合词恭折具奏，伏乞皇太后、皇上圣鉴训示。谨奏。五月初一日。

　　同治三年五月初六日，议政王军机大臣奉旨：刑部议奏。钦此。①

○五七　请将寻世俊等仍照前保官阶奖叙折

同治三年五月初一日(1864年6月4日)

　　漕运总督臣吴棠跪奏，为遵照部议另行核奖，并请将打仗出力实有斩擒各员恳恩仍照前保官阶奖叙，恭折奏祈圣鉴事。

---

　　① 台北故宫博物院藏：军机及宫中档，文献编号：096200。

窃查同治二年四月间，臣遵旨汇保肃清海州暨邳宿南岸、攻克郯境长城、宿州孙疃贼巢等案出力各员，仰蒙恩准在案。兹准部咨：有应行驳正及声叙未明各员，行令遵照，并另核请奖等因。伏查上年汇保各案内，请奖稍优之员均系躬历行间打仗杀贼，其攻克圩寨者实与攻克城池者无异。惟因数案汇保，人数过多，仅只节叙劳绩，未能逐细声明，致奉按章议驳。

除查取履历者分次查明咨部外，所有实在打仗出力之员，未便没其劳绩，相应逐一查明，再行缮具清单，恭呈御览。惟有仰恳天恩，俯准分别给奖，以昭激劝而振戎行。为此恭折具陈，伏乞皇太后、皇上圣鉴。谨奏。五月初一日。

同治三年五月初六日，议政王军机大臣奉旨：寻世俊等均着照所请奖叙，该部知道。单并发。钦此。[1]

○五八　呈遵部核奖仍照前保官阶各员清单

同治三年五月初一日(1864年6月4日)

谨将遵照部议另行核奖请仍照前保官阶准奖各员，缮具清单，恭呈御览。

计开：部议另行核奖各员内：分缺先选盐大使寻世俊，原保以盐大使留于两淮补用。拣选知县邵承纪，原保以知县分发省份补用。部议各项劳绩不准保归候补班次。查该二员原保官阶，均系各该员本班，拟请将寻世俊留于两淮，以盐大使试用；邵承纪分发省份，以知县试用。

---

① 台北故宫博物院藏：军机及宫中档，文献编号：096201。

部议另行核奖仍恳准照原保官阶各员内：蓝翎同知衔直隶州用江苏候补知县黄国光，原保免补本班，以同知直隶州用。升用知县江苏候补县丞聂元钧，原保免补本班，以知县用。部议攻克城池，斩擒要逆，不准保免补、免选本班。该二员已有升案，应令另核请奖。查黄国光攻剿贼圩，聂元钧击贼获胜，均系躬冒矢石，实有斩擒，拟请将黄国光仍照原保免补本班，以同知直隶州用；聂元钧仍照原保免补本班，以知县用。部议改奖仍恳准照原保官阶各员内：

署海州判候补府经历谭泰来，原保以知县补用。知县用江苏候补县丞龚乃和，原保免补本班，以知县补用。知县用江苏候补县丞顾景濂，原保免补本班，以知县补用。运同衔江苏委用先通判陈际春，原保免补通判，以江苏同知直隶州用。候选县丞吴棣棠，原保免选县丞，以知县留于江苏补用。江苏候补主簿兰世勋，原保免补本班，仍留江苏以县丞用。候选主簿叶兰皋，原保以县丞不论双单月即选。江苏候补从九品曾承恺，原保免补本班，仍留江苏以县丞用。以上八员，均经部议改奖。查谭泰来、龚乃和、顾景濂，系带队获胜，攻克贼圩。陈际春、吴棣棠系打仗出力，协克长城。兰世勋、叶兰皋、曾承恺，系邳宿剿捻，迭获胜仗。各该员等劳绩均系带队打仗，杀贼多名内攻克贼圩者，其劳绩与克复城池相等，非仅止随剿之劳，内顾景濂一员续于援蒙出力案内，经臣保奏补知县，后以同知直隶州用在案。拟将谭泰来仍请以知县补用，龚乃和仍请免补本班以知县补用；顾景濂仍请免补本班，以知县补用，其续奖之案仍准俟补知县后，以同知直隶州补用；陈际春仍请免补通判，以江苏同知直隶州用；吴棣棠仍请免选县丞，以知县留于江苏补用；兰世勋仍请免补本班，仍留江苏以县丞用；叶兰皋仍请以县丞不论双单月即选；曾承恺拟请改归候补班前先用。同知衔署铜山县知县徐弼廷，原保以直隶州用，部议改奖俟补缺后，以直隶州用。查该员系由实缺丰县知县调署铜山县知县，系属有缺之员，拟请仍照原保，以直隶州用。

议政王军机大臣奉旨：览。钦此。[①]

○五九　奏报陈国瑞一军调赴临淮折

同治三年五月二十二日(1864年6月25日)

漕运总督臣吴棠跪奏，为陈国瑞一军遵调前赴临淮，守滁队伍已抵防次，并布置徐宿、清淮情形，恭折奏祈圣鉴事。

窃臣于五月初十日接奉由驿递回折件，奉旨：览奏，均悉。皖北防务紧要，陈国瑞一军着懔遵叠次谕旨，听候僧格林沁檄调，即行拨队等因。钦此。又承准议政王军机大臣字寄：五月初八日，奉上谕：陈国瑞一军应令移扎何处堵御东窜之贼，仍着僧格林沁酌量调派，一面迅速奏闻等因。钦此。仰见圣虑周详，慎重疆守，跪聆之下，钦服难名！

伏查陈国瑞自赴徐以后，臣因楚北发、捻蓄意东窥，皖北之防极关紧要，迭经咨令先期预备，一俟僧格林沁檄调，即行拨队前往。嗣准僧格林沁咨称：东路尚觉空虚，诚恐贼情诡诈，乘隙下窜，檄令陈国瑞迅带所部兵勇，遵旨驰往临淮一带，扼要驻守。臣当即飞咨陈国瑞，令其遵照速往。该部驻徐数月，随时操练，人人思奋，且预知有即赴皖防之信，早为筹备，是以总兵郭宝昌即于五月十二日带

---

① 台北故宫博物院藏：军机及宫中档，文献编号：096202。

领勇队二千余名由徐先行,陈国瑞于十九日督率全部继进,前赴临淮,择要驻防,并听候僧格林沁调度。所有军火、粮米、帐篷各项,均由清淮购办。臣于十二日已委弁径解临淮,俾资接济。

至滁州为皖境要地,防务尤难稍缓。臣前派副将张从龙一军已于五月初二日全数驰往,业据禀报到滁。臣又饬其务与各路防军声势联络,使逆众无隙可乘,始足杜其东窥之意。现在徐宿西路,据姚广武禀称:五月初一日,带队亲历各乡,整饬圩练,缉获匪徒多名,交县讯办,并察看各路情形。刻当麦秋之际,民情安谧,道路通行,惟该处紧接皖疆,剿守均关紧要。该总兵所部原系分派宿西及濉溪口等处驻扎,以资镇定,如果贼踪窜近,即由该总兵赶紧调筑,扼要严防,庶期军务、地方兼筹并顾。

至蒋坝、高宝等处,昨总兵黄开榜来浦,臣与面酌机宜,已令将全部炮船分布扼守,与富明阿所派水师互相声援。臣居中调度,仍随时勤加训练,总期水陆布置一律周严,上纾宸廑。

谨将陈国瑞已拔队前赴临淮并滁军以抵防次暨布置淮徐等处缘由,恭折驰陈。伏乞皇太后、皇上圣鉴。谨奏。五月二十二日。

同治三年五月二十八日,议政王军机大臣奉旨:陈国瑞拔队前赴临淮,昨据乔松年奏到,与此折相同。该总兵军营欠解饷项,已照该督所请,谕令各该省迅速接济。蒋坝、高宝等处,该督仍当分饬水陆各军,随时严防,毋稍疏懈。钦此。①

【案】五月初八日,奉上谕:陈国瑞……一面迅速奏闻:此上谕《清实录》载曰:

① 台北故宫博物院藏:军机及宫中档,文献编号:096718。

谕议政王军机大臣等：官文奏，护军统领舒保力战阵亡，并分饬镇将遏贼东趋各折片，已明降谕旨，将舒保优恤，建祠予谥，并将德隆阿等一并附祀专祠矣。发、捻合股阑入楚疆，虽经僧格林沁等督率马步各队，累战皆捷，而大股麇聚于皂市巡检司等处，扰及京山，复分股一自宋河至随州之南山，一自杨家河至德安，亘延二百余里，捻首欧老洪图犯德安，窥伺黄、孝，其黄土关一股复由东篁店、广水驿窜至孝感县属之二郎畈等处，是汉江以北群贼如毛，亟宜尽力剿洗。着僧格林沁、官文等遵照前旨，督饬各军，四面兜剿，务将下游武汉及大江北岸窜路竭力遏截，并分饬苏克金、傅振邦等绕出贼前，毋令窜入皖、豫边境。光、固一带，着张之万派拨劲兵，豫为防范，以备不虞。英、霍毗连楚境，更觉吃紧，着曾国藩、乔松年督率地方文武，严密布置，俾该匪无隙可乘。惟该逆等以援救金陵为名，故能号召匪徒，固结不解。为今之计，若将金陵迅速攻拔，则该逆失所依附，众心涣散，剿灭必易。是攻拔金陵，洵为目前第一要务。曾国荃率师合围已经数月，布置自必周妥，着即督率诸军，会合彭玉麟水军，奋勇进攻，迅拔坚城，以副委任。金陵城内丑类尚多，围攻断不可稍有瑕隙，致令乘间出窜，贻患他省，如由何处冲突而出，即惟何处统兵之员是问！李鸿章所部兵勇攻城夺隘，所向有功，炮队尤为得力。现在金陵功在垂成，发、捻蓄意东趋，迟恐掣动全局，李鸿章岂能坐视？着即迅调劲旅数千及得力炮队，前赴金陵，会合曾国荃围师，相机进取，速奏肤公。李鸿章如能亲督各军，与曾国荃会商机宜，剿办更易得手，着该抚酌度情形，一面奏闻，一面迅速办理。曾国藩身为统帅，全局在胸，尤当督同李鸿章、曾国荃、彭玉麟，和衷共济，速竟全功，扫穴擒渠,同膺懋赏!并着左宗棠严饬蒋益澧、高连升等,迅拔湖州郡城,肃清全浙,腾出兵力,驰援江、皖一带地方,俾免蔓延贻患。江北天、六等处,地广兵单,该处为里下河一带门户,恐贼匪垂涎完善。前谕富明阿将援剿江南之师悉数调回,分投布置,现在计已到防,如果贼有窜近消息,而兵力尚有不敷,即着李鸿章调派得力之兵,妥筹兼顾。陈国瑞一军应令移扎何处?仍着僧格林沁酌量调派,一面迅速奏闻。徐宿、清淮等处,并着吴棠随时整饬,加意筹防,期于有备无患。将此由六百里各谕令知之。[①]

〇六〇　请将游击颜兆燕等从优议恤片

同治三年五月二十二日(1864年6月25日)

再,查有南河淮徐游击颜兆燕,自咸丰十年在徐州坝子街一带办理团防,每遇捻匪窜逼,带练堵剿,附近居民久赖保卫,因积劳过深,于本年正月二十八日在徐病故。又,同知衔同知直隶州知州用候补知县孙谦,自军兴以来,在江北随营当差,叠经军务吃紧之时,昕夕从公,不辞艰苦,以致积劳成疾,于四月二十二日在营病故。又,前溧阳县典史张采,于咸丰十年三月间,发逆扑围县城,竭力守御,讵逆众麇至,梯城而上。张采孽子未入流张文鉴,手刃数贼,因众寡不敌,同时殉难。其幼子被裹,至本年四月,得由贼中逃归,备述遇害情事不爽。据淮徐道朱善张、委管筹防局道员颜培瑚等详请奏恤前来。

臣查颜兆燕等身历戎行,或以积劳不起,或克临难捐躯,均勘

---

① 《穆宗毅皇帝实录(三)》,卷一百二,同治三年五月上,第252—253页。

悯恻。合无仰恳天恩，俯准将南河淮徐游击颜兆燕、同知衔同知直隶州知州用候补知县孙谦，照军营立功后病故例从优议恤，典史张采、未入流张文鉴照阵亡例议恤，以慰忠魂，出自鸿慈。谨附片具陈，伏乞圣鉴。谨奏。

同治三年五月二十八日，议政王军机大臣奉旨：颜兆燕等均着照所请，交部分别议恤。钦此。①

○六一　请将李茂棠调补德州卫守备折

同治三年五月二十二日（1864 年 6 月 25 日）

漕运总督臣吴棠跪奏，为卫守备员缺紧要，恳恩俯准拣员调补，以重漕务，恭折〈奏〉祈圣鉴事。

窃照山东德州卫守备叶宗训改捐同知，所出繁缺准部咨，行令照例拣选合例人员调补等因。该卫管辖德州正、左二帮一切金丁、造船、征屯等事宜，且驻扎德州，有征销盐引、咨催东、豫空重军船之责，最为繁剧，较之别卫情形不同，素称难办，必得老成干练、熟悉漕务之员，方能胜任。臣于通漕简缺各备内详加拣选，非有钱粮议处，即属人地未宜，一时实无合例堪调之员。惟查有大河卫守备李茂棠，年四十八岁，直隶武邑县人，由滁州卫守备调补今职。该备熟谙漕务，练达有为，以之调补德州卫守备，可期得力。惟该卫亦系繁缺，与调补之例稍有未符。但大河卫管辖船帮久未起运，较之德州卫事务难易不同。

---

① 台北故宫博物院藏：军机及宫中档，文献编号：096719。

卷查前漕臣苏成额①尝因济宁卫难得其人，请以武左卫繁缺守备积昌调补，仰蒙恩准有案。谨遵人地相需之例，专折奏请。合无仰恳天恩，俯念德州卫繁缺更为紧要，准以大河卫守备李茂棠调补，殊于漕务有裨。臣为要缺需人起见，理合恭折具奏，〈伏乞〉皇太后、皇上圣鉴训示。谨奏。五月二十二日。

同治三年五月二十八日，议政王军机大臣奉旨：兵部议奏。钦此。②

〇六二　请饬山东等省速将欠解军饷解清片

同治三年五月二十二日（1864 年 6 月 25 日）

再，陈国瑞行营军饷，上年经臣奏准在晋、豫、东三省各先拨银三万两，仍自上年九月起按月各协解银一万两。嗣因报解寥寥，叠次奏奉谕旨饬催各在案。迄今又逾数月，各省解到饷银仍属无几，计自上年九月至本年五月，每省按月协饷及先拨三万两，共应各解银十二万两。乃截至现在止，晋省解过三万两，尚欠银九万两。豫省解过四万两，尚欠银八万两。东省则陆续解到二万八千，现又报

---

① 苏成额（？—1844），瓜尔佳氏，满洲正红旗人。乾隆五十七年（1792），取文生员，充户部笔帖式。嘉庆三年（1798），补户部主事。次年，升户部员外郎。八年（1803），授宝泉局监督。十年（1805），升户部郎中。十四年（1809），保补肃宁夏道。十八年（1813），放甘肃宁夏道。二十年（1815），调补陕西督粮道。道光元年（1821），调浙江金衢严道。同年，转江西督粮道。二年（1822），迁福建按察使。是年，调补四川按察使。三年（1823），调贵州按察使、河南按察使。同年，升补山西布政使。四年（1824），护理山西巡抚，调广东布政使。五年（1825），擢广西巡抚。九年（1829），调补湖南巡抚。十一年（1831），授仓场侍郎。同年，补授漕运总督。十三年（1833），调任热河都统。二十四年（1844），卒。

② 台北故宫博物院藏：军机及宫中档，文献编号：096720。

解五千,计仍欠银八万七千两。似此紧急饷需积欠至二十余万之多,以致驻徐大队待哺嗷嗷,已非一日。

今陈国瑞遵旨移扎临淮,扼要堵剿,所虑楚北发、捻一经兜击,势必乘隙图窜,设竟铤而走险,则皖北一带处处堪虞,必须士饱马腾,方期所向克捷,力遏妖氛。且兵勇以饷为命,陈国瑞所部数千之众越疆用命,断不能令其枵腹荷戈。倘此后各省协饷仍前短少愆期,恐当防剿吃紧之际,转不免饥军哗溃之虞,焦思至再,惟有吁恳天恩,饬催山东、山西、河南各抚臣,迅将欠解奉旨准拨陈国瑞军饷克期扫数解清,嗣后仍按月源源拨解,以维大局而济要需,感戴鸿慈,实无既极。谨附片具陈,伏乞圣鉴。谨奏。

同治三年五月二十八日,议政王军机大臣奉旨:钦此。①

【案】此片于是年五月二十八日得允行。《清实录》:

又谕:据吴棠奏,陈国瑞营饷,经该漕督于上年奏准,在晋、豫、东三省各先拨银三万两,按月各协解银一万两,计自上年九月至本年五月,每省按月协饷及先拨银三万两,共应各解银十二万两,请饬各该省赶紧筹解等语。现在发、捻大股由楚、豫图窜皖北一带,已由僧格林沁檄调陈国瑞全军移扎临淮,相机堵剿。该总兵所部数千之众,岂能枵腹荷戈!设因饷需不继,致有哗溃之虞,所关非细,着阎敬铭、张之万、沈桂芬即将欠解该营协拨饷银迅速克期筹解,源源接济,毋误急需。将此由六百里各谕令知之。②

---

① 台北故宫博物院藏:军机及宫中档,文献编号:096721。
② 《穆宗毅皇帝实录(三)》,卷一百四,同治三年五月下,第297—298页。

○六三　总兵陈国瑞谢恩折代递片

同治三年五月二十二日(1864 年 6 月 25 日)

再,臣据帮办军务记名提督浙江处州镇总兵陈国瑞赍到恭谢天恩奏折一件,交臣处附驿代递。谨附片呈进,伏乞圣鉴。谨奏。

同治三年五月二十八日,议政王军机大臣奉旨:知道了。钦此。①

【案】同治三年五月十八日,陈国瑞谢授处州镇总兵恩由折:

帮办军务记名提督浙江处州镇总兵官奴才陈国瑞跪奏,为恭谢天恩,仰祈圣鉴事。

窃奴才于徐州防次,接准漕臣吴棠咨会:同治三年四月十九日,内阁奉上谕:浙江处州镇总兵员缺,着陈国瑞补授。钦此。当此恭设香案,望阙叩头谢恩。伏念奴才楚北庸材,戎行厕列,挽枪未扫,深惭逐队之无;雨露偏浓,叠荷殊施之逮。自复仰荷宠遇,畀以真除,恩命自天,悚惶无地!〈仔〉肩窃顾,敢云负荷之胜;鹣翼时竞,弥切履临之惧!

奴才惟有益图奋勉,力效驰驱,丑类之歼除,竭涓埃之报称,以仰副圣主高厚鸿慈于万一!所有奴才感激下忱,理合缮折恭谢天恩,伏乞皇太后、皇上圣鉴。谨奏。五月十八日。

同治三年五月二十八日,议政王军机大臣奉旨:知道了。

---

① 台北故宫博物院藏:军机及宫中档,文献编号:096722。

钦此。①

○六四 奏报海州绅民捐助
军饷请加广学额折

同治三年六月十二日(1864 年 7 月 15 日)

漕运总督臣吴棠跪奏，为查明海州绅民捐助军饷银数，援例恳恩加广学额，恭折奏祈圣鉴事。

窃照前准部咨：奏定章程，凡绅商捐资备饷，一厅州县捐银至二千两者，准予加广文武学额各一名。捐银一万两，加文武学定额各一名，仍不得逾于学原额之数等因。兹查海州自咸丰五年起至同治二年止，本籍绅民捐济海州、东海二营及徐州各营兵饷，并分赴徐州粮台、南河、临淮各捐局捐助饷糈，合计银六万二千九百六十七两，均有册案可稽，拟请以银六万两，加广文武学永远定额各六名，以银二千两，推广一次文武学额各一名，余银九百六十七两归入续捐案内，并计办理。由该管州详经江宁布政使万启琛转请就近具奏前来。

臣查该州所捐银数均系在籍绅民捐助各营及台局军饷，达部给奖有案，并无客籍商捐及应剔京捐等项，核与加广文武学额之例相符。该州文学原额二十一名，武学原额十四名，今请分别加广，亦未逾于原额之数。

除将送到清册咨部覆核并余银九百六十七两归入续案并办外，相应吁恳天恩，俯准加广海州文武学永远定额各六名，推广一次文武学额各一名，以广登途而昭激劝。谨会同协办大学士两江

---

① 台北故宫博物院藏：军机及宫中档，文献编号：096723。

督臣曾国藩、江苏抚臣李鸿章、江苏学政臣孙如仅,恭折具陈,伏乞皇太后、皇上圣鉴。谨奏。六月十二日。

同治三年六月十九日,议政王军机大臣奉旨:该部核议具奏。钦此。①

【案】此折经礼部议奏,于是年九月得允行。《清实录》:以江苏捐输军饷,永广海州学额六名,靖江县二名。②

○六五　奏报河湖底水节涨赶办堤工片

同治三年六月十二日(1864年7月15日)

再,去年河湖底水均大,甫交夏至,运河长水三四尺及六七尺不等,幸即见消。迨五月望后,天气久晴,上游河水递落,节经分饬各厅将所管埽堤工程慎重防守,不得率请厢修,以节糜费。讵六月初三、四等日,大雨频倾,东省山泉涨发,邳宿以下长河一律报长水二三尺,至初五、六二日之间,陡长八尺余寸,河心饱满,水色浊浑,现仍逐渐加长,运、中两河长堤被刷胱坡,分别帮筑戗堰,抢厢防风。安汛、盐河两岸蛰坝旧埽,择要补加。

其里扬运河多一洪湖来源,势更浩瀚,下游各工水志比上年此时大至三四尺,虽拦江大坝先经启通,无如江潮顶托,积涨不消,运口束清头、二、三、四坝及各闸上下钥束、托盖等坝埽,率皆被滔刷蛰。自清河至甘江等汛,两岸堤工迎风犯浪,溃刷窨潮以及旧埽蛰

① 台北故宫博物院藏:军机及宫中档,文献编号:097254。
② 《穆宗毅皇帝实录(三)》,卷一百十四,同治三年九月上,第532页。

卸之处，不一而足。刻当伏汛，正修吃紧之时，皆应择要分别厢加，酌做防风护埽埝，盱境内风掣未砌石工，兼石后槽土迭被风浪掣刷，亦应随时按护填筑。凡此皆系保卫淮、扬完善，为现在必不可缓之者。据该管道厅先后禀请发办前来。

臣复委员勘查，逐细核减，仅就荡柴变价一款，酌量动支，严饬各该厅节慎经理，不准稍有浮靡。再，扬属堤工东西两岸合计三百余里，尤为里下河饷源、民生所系，上两年皆择最要处落，量为补苴，究属未能遍及。臣前派妥员会同各该州县，谕董照章按亩出夫，先将东堤分投修筑，不日藏功，足资抵御。

至西堤碎石工程乃系东堤重门保障，拦御全湖，最为得力，但普律捞砌，倍费不赀，且俟现办各工完竣，再设法次第劝办，以纾民力而固堤防。所有节逾夏至河湖水长、抢办委工情形，理合附片陈明，伏乞圣鉴。谨奏。

同治三年六月十九日，议政王军机大臣奉旨：览奏。均悉。督饬厅汛各官，随时加意防护，毋稍疏虞，该部知道。钦此。[①]

〇六六 奏报姚广武一军恳请驻扎徐宿片

同治三年六月十二日(1864 年 7 月 15 日)

再，臣正在缮折间，接准富明阿咨会：钦奉谕旨：陈国瑞一军日内谅可行抵临淮等因。钦此。伏查皖北接壤楚疆，自应厚积兵力，以固藩篱而资振剿。惟自陈国瑞赴皖后，徐宿只姚广武一军，除分扎各要隘外，该总兵不时随带马步，周历巡查。年来之地方安堵，

---

① 台北故宫博物院藏：军机及宫中档，文献编号：097255。

目前之莽伏渐稍,赖有此军镇定耳。此时如令其援皖,诚恐土匪乘机,复致蠢动,且清、淮兵力本不甚厚,现已先后派拨一千五百余名防守滁州,而蒋坝、高宝、成子河及邳、宿、海、赣一带水陆各防,皆未敢遽行撤动,如勉强抽拨往扎,不特清、淮有空虚之虑,倘徐宿或有警报,更无兵可以派往策应。

查皖北各州县应防之处,除天、六、滁州已由富明阿及臣派队外,其余各处均经曾国藩、乔松年严密布置,派有防兵。至临淮现有大队,陈国瑞现又前往,并即前进正阳。就刻下兵力而论,似尚足敷调遣。所有姚广武一军,惟有仰恳天恩,仍令驻扎徐宿,以重要防,臣从不敢稍分畛域,实为淮、徐防务大局起见。谨附片覆陈,伏乞圣鉴。谨奏。

同治三年六月十九日,议政王军机大臣奉旨:姚广武着准其暂留徐宿驻扎,惟陈国瑞后路有无援应,该漕督仍须随时察度,酌量移调,毋致顾此失彼。钦此。①

【案】钦奉谕旨:陈国瑞一军日内谅可行抵临淮:此上谕《清实录》载曰:

谕议政王军机大臣等:前因皖北兵力单薄,谕令富明阿酌派劲兵,为陈国瑞等后路声援,并令富明阿督饬富升,统带马队,驰赴临淮,与克蒙额合军,遏贼东窜。兹据富明阿奏称,楚、豫发、捻下窜,若由巢、滁、定远等处分路直趋,则扬防各路均形吃重,且里下河一带游兵散勇结队成群,焦湖船只到处聚泊,防务断难稍松,兵力实难远分等语。所奏尚系实在情形。

---

① 台北故宫博物院藏:军机及宫中档,文献编号:097256。

陈国瑞一军日内谅可行抵临淮，如兵力尚单，即着吴棠酌拨姚广武等军，就近援应。徐宿一带未可空虚，即以清、淮防军为姚广武后路声援，扬防之军兼为清、淮策应。着富明阿、吴棠督饬各军，联络布置，互相应援。扬防各路兵勇，即着毋庸拨赴皖北，乔松年即饬在防诸军，密探贼踪，实力堵遏。陈国瑞到临后，着乔松年仍遵前旨，会商进兵，并禀商僧格林沁酌量调度。游兵散勇及新降人众麇聚里下河一带，焦湖船只每多生事，防范不可不严，着富明阿饬令派出之孙文友等梭巡盘诘，查拿驱逐，庶奸宄无从溷迹，地方得臻安谧。沿江口岸亦着一体严查，毋任匪踪淆溷。江南散勇遣散五十三营，每营五七百人不等，且多降众在内，着李鸿章于遣撤之时，妥为管押，毋任逗遛滋事。该将军启行后，水陆各防即着饬令吴全美等严扼要隘，妥为弹压，以靖地方。将此由六百里各谕令知之。①

〇六七　拿获行使伪票之犯审明定拟折

同治三年六月十二日（1864 年 7 月 15 日）

漕运总督臣吴棠跪奏，为拿获行使伪票之犯审明定拟，恭折具奏，仰祈圣鉴事。

窃前因清、淮饷需支绌，筹画票东在于淮城开设通源总局，并于邵伯、清江等处添设分局，一律付钱，以示简便而资接济；并委员设董，随时稽查，不任稍有弊混，当经附片陈明在案。同治三年三

---

① 《穆宗毅皇帝实录（三）》，卷一百五，同治三年六月上，第 305—306 页。

月二十八日,据通源总局委员两淮盐经历王锡元禀称:有民人王又宽、姜宝堂持假票八张,计钱八千文,来局取钱,即经查出追问,据云系吴学志付与吴廷珍转交等语。当会山阳县营先后拿获吴学志、王廷标二名,禀请审办,并据山阳县知县李振簧禀:督同典史蒋祖镛会同局委,拿获行使假票之犯吴学志、王廷标解局禀办各等情。即经委审去后。兹据淮安府知府顾思尧审拟解勘前来。

臣亲提隔别研讯,缘王廷标、吴学志即吴士魁均籍隶山阳县,买卖度日,从无不法犯案。同治二年九月间,王廷标租住吴学志房屋,嗣有在逃之徐州人杨金标来至王廷标家借住,因与熟识,当即允留。讵杨金标带有木刻通源总局票板,私造钱票,经王廷标查出不依,杨金标许给钱票使用,嘱勿声张。王廷标贪利允从。是月不记日期三更时分,吴学志从外回家,见王廷标屋内点有灯亮,进去查看。维时,王廷标外出不〈在〉家,杨金标正在私造钱票。吴学志当将票板、票纸获住,杨金标畏惧逃跑。吴学志因穷苦难度,将假票收藏使用,会遇吴廷珍向索旧欠,吴学志即取假票八张,计钱八千文交还。吴廷珍不知假票,持赴王兆龙猪行内,交与王又宽、姜宝堂,至通源总局取钱。当经查出,追明来历,报经局员会详,先后拿获吴学志、王廷标,并起出假票,一并解讯。据供前情不讳。诘非同谋私造,矢口不移,案无遁饰。

查咸丰三年刑部奏准通行内载:私造伪票,诓骗行使,不计银数多寡,将为从及知情买使者发新疆给官兵为奴等语。此案王廷标、吴学王〔吴〕先后查知逸犯杨金标私造通源总局钱票,或贪利听从容隐,或知情收藏使用,即与将从及知情买使无异,况通源总局钱票系臣因清、淮饷需支绌,奏准行使,亦与钱票相同,应照刑部奏准通行问拟。王廷标、吴学志即吴士魁,均请照私造伪票、诓骗行使不计银数多寡，将为从及知情买使者发新疆给官兵为奴。犯系先后拿获，隔别研讯，合称假票系在逃之杨金标私造，无虞避就，毋庸监候待质。虽据供称丁老亲单，惟事关饷需，现当整顿钱法之时，此等使用假票人犯，应不准查办留养，以示惩儆。吴廷珍等讯不知情，应毋庸议。案已讯明，未到人证请免提质，以省拖累。起获假票涂销，票板供毁免追。逸犯杨金标饬缉，获日另结。是否允协？

再，拿获使用假票人犯二名，应叙职名系两淮盐经历王锡元。合并声明。除将供招咨部外，合将审拟缘由恭折具奏，伏乞皇太后、皇上圣鉴。谨奏。六月十二日。

同治三年六月十九日，议政王军机大臣奉旨：刑部议奏。钦此。[①]

○六八 奏明靖江县绅民续
捐军饷请加广学额折

同治三年六月十二日（1864 年 7 月 15 日）

漕运总督臣吴棠跪奏，为查明靖江县绅民续捐军饷银数，援例恳恩加广学额，恭折奏祈圣鉴事。

案准部咨：奏定章程，凡绅商捐资备饷，一厅州县捐银至二千两者，准予加广文武学额各一名。捐银一万两，加文武学定额各一名，仍不得逾于学原额之数等因。查靖江县咸丰三、四两年捐银八千二百八十七两，经前抚臣等于咸丰六年间奏请，以银八

---

① 台北故宫博物院藏：军机及宫中档，文献编号：097257。

千两加广一次文武学额各四名,余银二百八十七两归入续捐并计,奉准在案。嗣于咸丰七年续捐军饷,截至同治二年止,除客籍商捐不计外,所有本籍绅民先后捐解常州府库兼在江北粮台、镇江大营捐局捐助饷糈,凡已邀奖达部有案者,合计银二万三百七两二钱,连上届盈余银二百八十七两,统共捐银二万五百九十四两二钱,拟请以银二万两加广文武学永远定额各二名,余银五百九十四两二钱,仍归续捐案内并计办理。据江宁布政使万启琛转据该管县查造捐册呈核,并声叙靖江县业经奏明从同治三年起仍归苏属管辖。惟此案上年已据县详,因驳查稽时,仍请就近由臣核奏前来。

臣查该县所捐银数,均系本籍绅民捐助台局军饷,与加广学额之例相符。该县额进文学二十名,武学十五名,今请加广文武学永远定额各二名,并未浮于原额,相应吁恳天恩,加广靖江县文武学永远定额各二名,以示鼓励。除将送到清册咨部查核外,谨会同协办大学士两江督臣曾国藩、江苏抚臣李鸿章、江苏学政臣孙如仅,合词恭折具奏,伏乞皇太后、皇上圣鉴。谨奏。六月十二日。

同治二年六月十九日,议政王军机大臣奉旨:该部核议具奏。钦此。[1]

【案】此折经礼部议奏,于是年九月得允行。《清实录》:以江苏捐输军饷,永广海州学额六名,靖江县二名。[2]

---

[1] 台北故宫博物院藏:军机及宫中档,文献编号:097258。
[2] 《穆宗毅皇帝实录(三)》,卷一百十四,同治三年九月上,第532页。

○六九　布置徐宿防务并滁临各队到防折

同治三年六月十二日（1864 年 7 月 15 日）

漕运总督臣吴棠跪奏，为覆陈布置徐宿防务并滁临各队到防情形，恭折奏祈圣鉴事。

窃臣钦奉五月二十三日寄谕：徐宿、清淮一带夙为捻匪出没之所，难保不闻有贼警又萌反侧，着吴棠随时镇抚，加意筹防，以期有备无患。又，同日奉上谕：富明阿折内所称四墩子、坐祠堂等处有散勇聚集，现在加意巡防弹压一节。着富明阿、李鸿章、吴棠严饬各州县勒缴器械，妥为遣散，以靖地方，是为至要各等因。钦此。伏查前准富明阿咨称：里下河一带有散兵游勇，结队成群，各携器械，及焦湖船只到处停泊。当经臣饬派守备李清标带领炮船，驰往各处，分路严查弹压，一面札饬藩司万启琛严饬各州县，认真稽查，如有随带器械，勒令呈缴，不准逗留，务使奸匪无从混迹，弭患未然。比来尚称安静。

海、沭、邳、宿与兰、郯、峄各县接壤，每届秋禾茂密，土匪往往潜踪。臣于去秋即派署宿迁营游击张祖云带勇二百余名，常以驻扎刘马庄，巡缉通京大路。本年又派守备龚得魁、运判秦如芬，带同漕河弁兵驻巡赣榆之青口圩、沭阳之钱家集等处，以清伏莽。昨以高粱渐次长发，又于五月间，派拨游击张宝圣带领马队一百名，驻扎邳州之四户社地方，会同东省各州县挨次搜拿，不任稍有啸聚。所有徐宿一路，前经姚广武择要设防，清理道路，并不时亲历察看，叠获匪犯，分别惩办。

现在，徐州府正行府试，士商云集，该镇回郡弹压，一俟事完，仍饬带队梭巡。其原派各处驻扎之队照旧驻防,以资镇定。惟陈国瑞业经赴皖,徐宿只姚广武一军,而地当东、皖、豫三省之交,更值楚北逆氛时图东窜,御外侮而安反侧,在在均关紧要。臣惟有督饬姚广武先就现有兵力,加意巡防,如有警报,臣居中调度,再当添拨队伍,以厚军威,断不敢稍涉大意。所幸淮、徐各属麦秋尚属中稔,旸雨应时,民情安谧,尚堪仰慰宸厪。

再,近据防滁副将张从龙禀称:滁州城外现已东西扎营,惟人烟稀少,购食维艰,兵力尚不敷用。当又添派都司杨廷宣带队三百余名,前往驻守,并陆续由淮拨解米麦存储,以备缓急。又,陈国瑞来函:五月二十六日已抵临淮,即赴正阳,一面探明贼踪所向,相机迎剿等语。除续有军情另行具陈外,所有布置徐宿防务等缘由,理合缮折由驿覆陈,伏乞皇太后、皇上圣鉴。谨奏。六月十二日。

同治三年六月十九日,议政王军机大臣奉旨:览奏。均悉。钦此。[①]

【案】钦奉五月二十三日寄谕:徐宿、清淮一带……以期有备无患:此上谕《清实录》载曰:

又谕:官文奏,陕师未至,贼势东趋,现派各营合力截击,并移营孝感督剿一折,与僧格林沁昨日所奏情形大略尚无歧异。此股发、捻阑入楚疆,经僧格林沁督带马步,于随州两战大捷,楚军复分投截杀,贼势败窜。惟楚境北路多山,南路多水,马队难于施展。至德、安、黄、孝之间,地始平坦,又为贼踪中阻,未能聚而歼旃。僧格林沁昨奏,有贼踪东趋,即拔队迎剿,该逆窜

---

① 台北故宫博物院藏:军机及宫中档,文献编号:097259。

至淮北，一出稻田，马队即可得力之语。此时随、枣、钟、京、天、应、云、孝、安、应各郡县已无贼踪，全股趋重于黄陂以东，黄安、麻城、黄冈之间，倘得马队劲兵迎头截击，必可大挫凶锋，着该亲王侦探贼踪，相机妥办。官文现派成大吉、杨朝林、石清吉、周凤山，各从黄陂、麻城，或迎头截剿，或跟踪追击，并拔营至孝感一带督剿，即着督饬成大吉等星夜跟追，仍设法绕出贼前，会合江、皖各军，痛加剿洗，毋令贼匪一意东趋，又成尾追之势。至由陕调楚各军，除孟宗福、黄金山等六营经穆图善等留陕防剿外，其姜玉顺、蓝斯明、谭仁芳等所部各营业经分起由豫赴楚，并着官文飞速催提，酌量道路远近，饬令分投进兵，毋稍延缓。皖北接壤楚境，六安首当其冲，前据乔松年奏，蒋凝学驻守六安共有六营，并令王才秀所部驻三河尖接应。其寿州、定远、庐、巢、凤阳一带亦各派兵驻守。现在贼踪逼近，防兵究嫌单薄，着曾国藩、乔松年妥筹布置，酌量添调兵勇，扼要防剿，毋稍疏虞。其陈国瑞、英翰两军，并着僧格林沁、乔松年恪遵昨日谕旨，飞速催令带队驻扎正阳，探踪迎击，毋落后着。富明阿仍遵前旨，酌拨江北劲旅，扼扎上游，以资协剿。徐宿、清淮一带凤为捻匪出没之所，难保不闻有贼警，又萌反侧，着吴棠随时镇抚，加意筹防，以期有备无患。贼窜光、罗一带，商城、固始均属吃紧，张之万当催令张曜等会合僧格林沁之军，相机剿办。唐训方已抵署任，武昌等处防守事宜，并着严密妥筹，以防贼匪回窜，不得稍涉大意。将此由六百里谕知僧格林沁、官文、曾国藩、富明阿、吴棠、乔松年、张之万，并传谕唐训方知之。①

---

① 《穆宗毅皇帝实录(三)》，卷一百四，同治三年五月下，第286—288页。

○七○ 审明凶犯刘贯成等正法折

同治三年六月二十六日（1864 年 7 月 29 日）

漕运总督臣吴棠跪奏，为拿获图财害命重犯，审明按拟正法，恭折具奏，仰祈圣鉴事。

同治二年十二月十七日，据署海州沭阳县知县陈鹏禀称：访闻塘沟地方有图财害命情事，饬据该差于十一月初二、二十四等日，先后会同巡缉委员候补知县查祥考，拿获凶犯刘贯成、陆步尧二名，并起有丝棉被套解县。讯据刘贯成供称：因见山东人曹文华寄住稽步饭店内，贩货生理，积钱换银，欲往他处买货。伊起意图害得财，商允陆步尧，于九月初七日乘曹文华雇坐陆步尧土车携银赴城买货，行至塘沟地方，即用木棍殴伤曹文华顶心、鼻梁，倒地身死。剥去衣裤撩〈弃〉，将尸抬埋义冢地内，得银分用等语。质之陆步尧，供亦相同。随带刑仵，押犯前诣，勘得塘沟地方离县五十里有南北大路一条，南通钱家集，北达陈家圩，路西有义冢一段，即令该犯指明埋尸处所，刨开土坑查验，曹文华尸身仰卧坑内，赤身无衣。勘毕，饬将尸异本地，对众如法相验。据仵作徐枢喝报：验得已死曹文华仰面，皮内消化致命，顶心至鼻梁骨均碎，共十一块，断处如有血晕色，余无故，委系生前受伤身死。报毕，亲验无异，当场填格取结，尸饬棺殓。讯据店主稽步、尸兄曹文聪，所供曹文华携银坐车起身日期，与犯供相符，并据讯明，丝绵被套实系曹文华随身物件。该县以军务未竣，命盗各案展缓，若循例详办，辗转须时，殊不足以惩凶犯而安商旅，禀请提浦审办等情。当经行提委审去后。兹据署淮安府清河县知县龙寅绶审结前来。

臣亲提勘讯，缘刘贯成、陆步尧均籍隶沭阳县，种地度日，与嵇步饭店邻近居住。已死山东惠民县人曹文华，寄住嵇步饭店内，贩货生理。同治二年八月间，刘贯成因见曹文华积蓄货钱，换有银两，欲往他处买货，起意图害得财，又见曹文华常雇陆步尧土车，即与陆步尧密商，并许得财均分，陆步尧允从。九月初九日，曹文华雇坐陆步尧小车，携银赴城买货。刘贯成携带木棍，随后行走。陆步尧将车推至塘沟地方，四顾无人，乘曹文华不备，即从背后抱住两手，刘贯成赶上，用棍殴伤曹文华顶心、鼻梁，喊痛倒地身死。复与陆步尧剥去尸身衣裤撩弃，将尸抬埋义冢地内，推车回家，查点银物分用。经县访闻饬拿之后，会委获犯解讯，据供前情不讳。诘无另有同谋加功之人，矢口不移，案无遁饰。

查律载：图财害命得财而杀人命者，首犯与从而加功者，俱拟斩立决等语。此案刘贯成因见曹文华积钱换银欲往他处买货，起意图害，商允陆步尧。行中途，陆步尧抱住曹文华两手，刘贯成用棍殴伤曹文华身死，业已得财，应按例问拟。刘贯成、陆步尧合依图财害命得财而杀死人命者、首犯与从而加功者俱拟斩立决例，拟斩立决。查该犯等形同强盗，情殊凶残，亟应明正典刑，俾足以昭炯戒，臣已恭请王命，即行正法。起获丝绵被套，给属具领，尸棺并饬领埋。凶器木棍供弃免追。是否允协？

再，拿获邻境谋命凶犯二名，应叙职名系江苏候补知县查祥考。合并声明。除将供招咨部外，合将审办缘由，谨会同协办大学士两江总督臣曾国藩、江苏巡抚臣李鸿章，恭折具奏，伏乞皇太后、皇上圣鉴。谨奏。六月二十六日。

同治二年七月初五日，议政王军机大臣奉旨：该部知道。钦此。[1]

○七一　奏请建立袁甲三专祠折

同治三年六月二十六日（1864年7月29日）

漕运总督臣吴棠跪奏，为淮安绅士以已故漕运总督遗爱在民，吁请捐建专祠，恭折据情奏恳天恩事。

窃查前漕运总督袁甲三端谨持躬，公忠报国，生荷圣朝之知遇，殁邀天语之褒棠，固已史册光昭，易名典渥矣。兹据淮安府在籍进士道衔前四川蓬州知州高士魁、在籍举人三品衔户部郎中封职前内阁中书丁晏、在籍举人刑部候补员外郎吴昆田、户部主事进士秦焕等禀称：该前漕督前在淮安时，筹剿筹防，尽心尽力，积谷免量沙之乏，预保艰危；缮城亲筑役之劳，俾臻稳固。是以庚辛告警，御寇无惊，甲库已储，守陴有备。幸危城之安堵，实胜算之先操。迨至移驻临淮，连克郡县，濠梁固资以镇定，江淮尤赖以保全。功在民生，报宜崇祀。恭请奏恳恩准建祠前来。

臣查该绅民等追思旧泽，请建专祠，实系出于至诚，且袁甲三陈州原籍及临淮地方均已奉准建祠，淮安为袁甲三服官之所，遗爱士民，事同一律。现据该郡绅士沥词吁请，不敢壅于上闻，可否仰恳天恩俯如所请，准在淮安府城由该绅民捐建袁甲三专祠之处，出自逾格鸿慈。为此恭折具陈，伏乞皇太后、皇上圣鉴训示遵行。谨奏。六月二十六日。

---

[1]　台北故宫博物院藏：军机及宫中档，文献编号：097583。

同治三年七月初五日,议政王军机大臣奉旨:钦此。①

【案】此折于三年七月初五日得允行。《清实录》：
追予故漕运总督袁甲三于江苏淮安府城建立专祠。②

○七二　办理东台县民与焦湖船械斗一案片

同治三年六月二十六日(1864 年 7 月 29 日)

再,同治元年六月间,东台县民人与焦湖船械斗一案,先经臣访闻其事,饬委道员朱善张弛往查办。并据禀获高髻子、陆三小等及总兵詹启纶指禀之武举夏澄、夏芳等,申解到淮。经臣亲提研讯,尚未具奏间,钦奉谕旨饬查,当将大概供情覆奏,并请旨将武举夏澄、夏芳等饬革严审在案。臣因在浦办理军务,未便将全案人证提解到浦,即经饬发淮安府知府顾思尧逐细研讯,一面严拿逸犯江麻子等归案讯办。经该府叠讯多次,据高髻子供认在场杀人不讳。诘其何人起意为首,据供当时听同鸣锣喊救,即随众人前去,并不知何人为首鸣锣,亦不见有夏澄、夏芳等在场。又讯据被报在案之吴芝英供称:听人传说系东台县人,曾充乡勇之戴能、杨宗保为首等语。而营员则坚以夏澄、夏芳为此案正犯,供词各执。叠经该府将夏澄等严行熬审,加以刑吓,矢口不移。

迨江麻子就获,臣复赴淮亲讯,仅据供指夏芳带刀在场,而夏芳则极口呼冤。又据客民柳炳林等砌词具报多人,查核案情,非将

---

① 台北故宫博物院藏:军机及宫中档,文献编号:097584。
② 《穆宗毅皇帝实录(三)》,卷一百八,同治三年七月上,第384页。

戴能、杨宗保拿获，并酌提要证确审，难成信谳。复又分别饬拿，一面补提应讯人证去后。嗣查此案应讯、应拿人犯俱在扬属，而扬属命盗杂案悉归两淮运司核转。复于二年八月间，改发两淮运司督同扬州府，就近审讯，以期速结而昭核实。经署运司许如骏督同扬州府知府孙恩寿提讯，各犯坚供如前。旋值现署运司忠廉到任，臣以该运司甫经来自都门，毫无成见，复经加札委审。兹据该运司禀称：此案情节参差，不得不分别提查。当经密饬署东台县知县许诵宣，逐一确查，讯取供诘，并饬将要证杨道生等传解到泰研讯。

如原勘烧杀尸身一百九十三躯，而吴鸾、柳炳林等呈供则称被杀三百余人。现据乡约杨道生、单荣、姜琴堂供明，当时打捞查点，无人招认，仅能以服色辨别，计本处衣服者四十四躯，外来衣服者一百二十四躯，被火烧毁不全并无衣服者二十五躯，与前委查办之道员朱善张所禀相符。又，查有梁垛堤西亦有杀伤焚死本地装束者八躯，外来装束者十二躯，难于辨别者二躯。可见械斗之时东台县民亦有被杀，是两造各有所伤，且通计亦并无三四百余人之多。

至起衅之由，实由焦湖船在东台冒充兵勇，无恶不作，乡民积怨已久。是日焦湖船拉夫当差不允，吊上桅杆鞭打，居民劝解，该船开炮轰伤岸上多人，复持刀枪登岸赶杀，以致百姓鸣锣回应，加以船上火药燃轰，致连泊之买米炮船及湖光商船同时误被延烧。吴鸾行内并无被杀之人，行房亦无损伤。均据杨道生、单荣等供证明确，夏芳等均未在场，并无纠抢银物之事。该署司正在就供追讯之际，乃吴鸾复至詹启纶处讦报，谓系东台县知县许诵宣先将地保单荣板责，乡约姜琴堂上架三次，逼勒照供。詹启纶信以为实，遂以上下交蒙等词，禀请专委妥员，会同运司另行确审。该运司忠廉不敢承审，禀请回避各等情。并准富明阿咨称：詹启纶以夏澄、夏芳实系率众将伊叔詹以安及勇丁、水手杀害，承审委员意存回护，出具入虚反坐切语存案，咨请酌夺办理前来。

臣查东台县械斗一案毙命不少，几同歼民，当时如有兵在境，无论为首、从犯均应在剿办之列。而现在所获各犯并非当时就缚之人，且夏澄、夏芳之为首率众一节，系出自素有讼嫌、事不干己之吴鸾所讦报，不得不祗遵朝廷成法，必须犯人成招，事有佐证，方能定案，断不能仅听原告一面之词，遽科其罪。查该詹启纶屡次所上曾国藩、都兴阿、富明阿及臣处之禀，其意俱得将夏澄、夏芳立置重典，即可血其叔詹以安被杀之冤。现在夏澄业已监毙，即夏澄等之弟夏定邦前被牵累在案，亦已身死，所存者仅夏芳一人。如果此案实系夏芳为首，讯有供词，臣又何肯因此一人，稍存轻纵，或惑于救生不救死之说，致令死者含冤，案悬不结！即承审之员亦愚不至此。然在詹启纶则叔冤未伸，并有被杀勇丁、水手多名，此心叹然，且有吴鸾先入之言，疑团未释，而供出为首之戴能、杨宗保，又尚在逃未获，并不能折服其心。惟有一面严拿逸犯，再行确审。

第此案已阅两年之久，屡易问官，现在该运司忠廉又复禀请回避，江北实另无可委承审之人。查臬司为刑名总汇之区，且驻扎江南，与此案毫无回护，惟有请旨将此案改发江苏臬司审讯，审定后仍由臣覆勘具奏，以免枉纵而期讯结。是否有当，理合附片具陈，伏乞圣鉴训示。谨奏。

同治三年七月初五日，议政王军机大臣奉旨：钦此。[1]

【案】同治三年七月初五日，此案得以审结定拟。《清实

---

[1] 台北故宫博物院藏：军机及宫中档，文献编号：097585。

录》：

> 癸卯，谕内阁：前因都兴阿奏，东台县团练与焦湖船械斗，烧杀多人，并将采办军米船只烧毁，总兵詹启纶之叔詹以安亦被杀害等情。当经谕令吴棠提案研讯，嗣据吴棠遵查大概情形，并将武举夏澄、夏芳奏请饬革究办。兹据吴棠奏称，叠经委员查讯，情节参差，署运司忠廉讯据要证杨道生等供词，以夏澄等并无在场纠抢之事，而詹启纶复因客民吴鸾讦控，遂以上下交蒙等词，禀请另委妥员审办，江北现无可委之员，请改发江苏审讯等语。此案已阅两年之久，亟应赶紧审结，着吴棠将案内人证、卷宗移交李鸿章，督同臬司，秉公研讯确情，按律定拟具奏。寻奏，审明焦湖船诈称兵勇，在东台县境骚扰，带有发逆伪票多件，被乡民搜获，互相击斗，致毙多命。总兵詹启纶之叔詹以安采办军米，适与焦湖船同泊，误被焚杀；武生吴鸾控已革武举夏澄、夏芳乘势纠抢，讯系挟嫌诬告。夏澄、吴鸾均已病故，夏芳应请开复。下部议。从之。[①]

○七三　船户张万金图财害命审明正法折

同治三年六月二十六日（1864 年 7 月 29 日）

漕运总督臣吴棠跪奏，为船户图财，连害难妇二命，审明正法，恭折具奏，仰祈圣鉴事。

同治二年十一月初十日，据驻守天长记名总兵陈文胜申：据周五保禀：船户张万金将伊母周乔氏、姨母吴氏、工妇陶氏推入江南

---

① 《穆宗毅皇帝实录（三）》，卷一百八，同治三年七月上，第 383 页。

洗马荡河内，得财逃回等情。即饬县丞何师模带队，督同高邮州差保，拿获张万金并犯妻张陈氏、犯子张怀林，起同衣物解营。续据周乔氏以既死复生等词来营具禀，理合一并解营等情。当经饬发清河县会同委员研讯去后。兹据讯供开折禀呈前来。

臣亲提研鞫，缘张万金籍隶高邮县，平日驾船为业。同治二年十月间，张万金带妻张陈氏并子张怀林，用船装载客货，送至江南交卸。后因行错路径，误入贼中，人船被掳。张万金乘间驾船潜逃。是年十一月十四日，逃至溧阳县偏僻河岸，适难妇周乔氏带同幼子周五保、姨妹吴氏、工妇陶氏，各背包裹从贼中逃出，雇张万金船只送至江北，许给船价洋钱五十元。张万金允从，周乔氏下船开行。

十五日夜，摇至溧境洗马荡地方，张万金站在船头，因见周乔氏等携有金银，起意图害得财，即哄周乔氏等走至船头看月，先推吴氏落河。周乔氏、陶氏拉救，张万金乘势一并推入河内。周五保畏惧，逃进船舱。维时，张陈氏在船梢睡熟，张怀林在船梢把舵，先不知情，随后听闻惊问，张万金喝令不许声张，并向告知前情，复欲将周五保淹死。经张陈氏劝阻，认为义子。张万金将船驶至僻处，解开衣包，查点金银衣饰，收藏船内，摇船回家。吴氏、陶氏在河淹死，周乔氏抓住柴枝淌在水滩喊救，后遇渔船吴姓看见捞起，沿途求乞，逃至江北。嗣周五保因闻外祖乔霞蔚在天长大营办事，即乘隙逃跑，与周乔氏先后赴营禀经获犯，起赃解讯，据供前情不讳，诘无知情同谋加功之人，矢口不移，案无遁饰。

查例载：图财害命得财而杀死人者，拟斩立决等语。此案船户张万金因见难妇周乔氏等携有金银，起意图害，将周乔氏、吴氏、陶氏先后推入河内。虽周乔氏遇救得生，而吴氏、陶氏均致淹死，实属凶残。该犯业已得财,自应按例问拟。张万金合依图财害命得财而杀死人者拟斩立决例,拟斩立决。查该犯连害两命,情罪较重,未便稍稽显戮,臣已恭请王命,即行正法,以昭炯戒。张陈氏、张怀林均无知情加功情事,其事后问知亦律得容隐,应毋庸议。起赃给领,未起追赔。吴氏等尸骸饬令溧阳县捞获验报。

所有记名总兵陈文胜拿获邻境斩决要犯一名,应请议叙。除将供招咨部外,合将审拟缘由谨会同协办大学士两江总督臣曾国藩、江苏巡抚臣李鸿章,恭折具奏,伏乞皇太后、皇上圣鉴。谨奏。六月二十六日。

同治三年七月初五日,议政王军机大臣奉旨:该部议奏。钦此。[1]

○七四　奏报筹防局续收捐输缮单请奖折

同治三年六月二十六日(1864年7月29日)

漕运总督臣吴棠跪奏,为筹防捐局续收捐输银钱、宝钞各数,分缮清单请奖,仰祈圣鉴事。

窃前准户部咨:粮台收捐照筹饷例及常例银数酌减十分之二,以抵其运解之费。嗣经前河臣奏准以钱一千六百文作银一两,给予奖叙,并饬委员分赴各州县,会同地方官,多方劝谕,遵照部定章程,钱、钞各半交纳,叠经奏蒙恩奖。本年二月以来,清、淮银价日落,每两仅易制钱一千四百文有零,核与奏准以钱合银章程未免悬殊。复经臣奏准,自本年三月十五日起改为银钞各半兑收各在案。

---

① 台北故宫博物院藏:军机及宫中档,文献编号:097586。

兹据委管捐局盐运使衔道员用候补知府章仪林册报：由局核收捐生王辅等一百九十五名，共捐制钱一万五千一百四十二千五百文、宝钞一万五千一百四十二千五百文。又，捐生颜培瑚等四百八十二名，共收银二万三千九百九十两五钱、宝钞四万七千九百八十一千文。又，因清、淮筹防，军需支绌，节经委员在外劝谕，捐生杨学沂等三十四名情愿照章全缴制钱二万一千三百二十三千文，实银九百六十八两，并不搭钞。详请奏奖前来。

臣覆核无异。除将捐生履历各册咨部查核外，理合分缮清单，恭呈御览，伏候恩施。至各捐生业经填发空白执照，已于册内注明，其未经给照者，仰恳敕部迅即覆核，颁发执照来浦，以便给领而昭激劝。为此恭折具奏，伏乞皇太后、皇上圣鉴。谨奏。六月二十六日。

同治二年七月初五日，议政王军机大臣奉旨：户部核议具奏，单三件并发。钦此。[1]

○七五　呈筹防局续收捐输
衔名、钱数清单（一）

同治三年六月二十六日（1864 年 7 月 29 日）

谨将筹防捐局续收捐输衔名、钱数，缮具清单，恭呈御览。

王辅，江苏拔贡生，由双月内阁中书捐钱七百八十八千文，核与奏准以钱合银报捐加四级、请从五品封典减成银数相符，拟请给予加四级，给伊父母从五品封典，并将本身妻室应封貤封其胞

---

① 台北故宫博物院藏：军机及宫中档，文献编号：097587。

兄嫂。

胡克文,湖南人,由现署江苏安东县知县捐钱四百四千文,核与奏准以钱合银报捐加二级减成银数相符,拟请给予加二级。

熊文通,江苏附生,由州同衔分发试用训导捐钱四百十六千文,核与该员奉部饬补两班并补捐贡生减成银数相符,拟请作为附贡生,以不论双单月试用。

王仞千,江苏恩贡生;王凤翔,江苏岁贡生。以上二名各捐钱四百五十千文,核与奏准以钱合银捐足减成银数相符,拟请均以不论双单月选用。

郑麟启,汉军镶蓝旗人,捐钱一千四百二十一千文,核与奏准以钱合银报捐监生、捐足盐运司知事减成银数相符,拟请作为监生,以盐运司知事不论双单月选用。

吴康山,浙江监生,由分发江苏从九品捐钱三百十二千文,核与奏准以钱合银捐免验看减成银数相符,拟请免其赴部验看。

鲍元勋,江苏监生,捐钱一百六十二千文,核与奏准以钱合银报捐未入流双月减成银数相符,拟请以未入流双月选用。

范肯堂,江苏附生,捐钱五百七十六千文,核与奏准以钱合银报捐监生、捐翰林院待诏职衔减成银数相符,拟请作为监生,给予翰林院待诏职衔。

范肯堂,江苏附监生,由本案内翰林院待诏职衔捐钱二百五十六千文,核与奏准以钱合银捐请从九品封典减成银数相符,拟请给伊父母并将本身妻室应封赃封祖父母从九品封典。

汪振鸾、郑曰方。以上二名均由监生各捐钱四百六十一千文,核与奏准以钱合银报捐翰林院待诏职衔减成银数相符,拟请给予翰林院待诏职衔。

刘岑，江苏人，由从九品职衔捐钱四百二十一千文，核与奏准以钱合银补捐监生、加捐布政司理问职衔减成银数相符，拟请作为监生，给予布政司理问职衔。

王守任、左儒鸿。以上二名均由监生各捐钱三百八十四千文，核与奏准以钱合银报捐州同职衔减成银数相符，拟请均给予州同职衔。

王如杲，江苏武生，由营千总职衔捐钱二百四十四千文，核与奏准以钱合银报捐守御所千总职衔减成银数相符，拟请给予守御所千总职衔。

徐锦云，江苏人，由从九品职衔捐钱三百六千文，核与奏准以钱合银补捐监生、加捐营千总职衔减成银数相符，拟请作为监生，给予营千总职衔。

丁一韶，江苏增生，捐钱一百五十四千文，核与奏准以钱合银报捐贡生减成银数相符，拟请作为增贡生。

吴锦堂、史岫春、刘缵曾。以上三名均由附生各捐钱一百八十六千文，核与奏准以钱合银报捐贡生减成银数相符，拟请均作为附贡生。

刘得时、刘清灵、胡官标。以上三名均由监生各捐钱一百八十六千文，核与奏准以钱合银报捐贡生减成银数相符，拟请均作为例贡生。

周咏沂、汪振鸾、庄复曾、朱士谧。以上四名均由从九职衔各捐钱三十九千文，核与奏准以钱合银报捐监生减成银数相符，拟请均作为监生。

祖凌霄、朱有德、徐世臣、徐世家、姜兆吉、王化隆、阎化南、张吉森、许霞瑞、许霞光、朱茂春、侍棠阶、孙勉斋、嵇子文、汪冬来、李廷选、刘得时、唐有朋、于大宝、卢瑞亭、方朔、王家让、吴怀邦、吴锡鸿、吴文寿、吴文德、李石华、孔傅林、李廷选、张盛轩、李惠泉、王恒庆、潘蟾登、潘桂折、李峄、辛焕彪、李平章、张怀远、陈如升、戴绥昌、丁式銮、宋连坡、孙华轩、孙允斋、刘席珍、刘传一、章荷芳、朱毅然、岳广立、岳广居、杨顺之、薛品三、朱聿德、秦高文、秦毅文、周祥和、杜广璧、梁宗楠、钱作梅、翟方俊、马鹏飞、赵广植、张振清、陈清瑾、徐简恭、卞辉山、周宗侨、张立言、张同量、左儒鸿、潘桂月、唐学曾、徐廷谦、张友麟、薛克疆、谢启昌、胡官标、陈煦堂、陈遐祐、吕恒宽、耿锡春、尹重甫、胡良弼、李胜友、王方勉、王铭牖、邱永椿、陈长春、李绍伊、张占鹭、杨广聪、陶懋德、陶尚德、王效先、黄以渭、崔广涵、王世长、王涵古、张廷尚。以上九十九名,各捐钱一百四十一千文,核与奏准以钱合银报捐监生数目相符,拟请均作为监生。

孙子纯、霍玉圃、嵇闰之、芮光家、火凤五、火杨初、汪德元、李耀廷、刘绰言、仇鹤亭、王杰三、刘佐臣、徐志宏、成观颐、潘励忠、殷寿畴、程兴鹏、潘朝标、吴万钱、鲁汇东、魏孔昭、魏宜之、徐性初、陈怀平、蒋曙东、黄魁山、管克让、赵达尊、伏殿元、陈耀、周绍位、张藻、穆殿儒、沈玉琪、纪德、乔锡川、朱玉纯、贾镜、贾锦、吴茂树、夏荣庆、魏有德、张守清、吴泮香、陈圣闻、卞象贤、卞良弼、吴升宗、王宗翰、史魁、周梦熊、卢印昶、潘殿扬、王炳谦、吕恒贵、孙元坊、钱本经、吉宏锦、周中立、王迎绂、王懿春、宋隆泰、宋寅泰、武桂山、王溶、洪连奎、朱教宣、汪坦之。以上六十八名,各捐钱一百三千文,核与奏准以钱合银报捐从九品职衔减成银数相符,拟请均给予从九品职衔。

统共捐生一百九十五名,共捐钱三万零二百八十五千文,内制钱一万五千一百四十二千五百文、宝钞一万五千一百四十二千五百文。

议政王军机大臣奉旨:览。钦此。[1]

---

[1] 台北故宫博物院藏:军机及宫中档,文献编号:097583。

○七六　呈筹防局续收捐输
衔名钱数、清单（二）

同治三年六月二十六日（1864年7月29日）

谨将筹防捐局续收捐输衔名、银数，缮具清单，恭呈御览。

颜培瑚，广东进士，由花翎按察使衔江苏候补道前在御史任内议叙随带加一级今捐银五百四十两，核与按察使衔随带加一级捐请从二品封典减四成数目相符，拟请给伊祖父母、父母从二品封典，并将本身妻室应封赠封其曾祖父母。

王崧龄，直隶举人，由江苏候补直隶州知州捐银二千二百三十八两，报捐知府升衔，核与奏准减四成数目相符，拟请给予知府升衔。

王颐正，江苏监生，由双月光禄寺署正捐银一千六百四十九两，报捐双月同知，核与奏准减成数目相符，拟请以同知双月选用。

曾惠，顺天监生，祖籍江西，由同知衔同知直隶州用江苏桃源县知县捐银二百五十二两，报捐加二级，核与奏准减四成数目相符，拟请给予加二级。

郑麟启，镶蓝旗汉军监生，由不论双单月盐知事捐银一百六十两，捐免考试，核与奏准减成数目相符，拟请免其考试。

梁湛昌，广东监生，由分发两淮盐知事捐银二百七十八两，捐免验看，核与奏准减成数目相符，拟请免其赴部验看。

徐树森，江苏监生，由分发安徽试用县丞捐银二百七十八两，捐免验看，核与奏准减成数目相符，拟请免其赴部验看。

萧霖，江苏监生，捐银五百六十二两，报捐双月府经历，核与奏准减成数目相符,拟请以府经历双月选用。

傅绍曾,安徽拔贡生,捐银四百九十两,捐足教谕,核与奏准减成数目相符,拟请以教谕不论双单月选用。

翟登云,江苏举人,捐银一百九十七两,捐足训导,核与奏准减成数目相符,拟请以训导不论双单月选用。

张志荣,安徽监生,由双月从九品捐银一百一两,捐足两班,核与奏准减成数目相符,拟请以从九品不论双单月选用。

李曙东,江苏俊秀,捐银一百八十九两,报捐监生,捐双月未入流,核与奏准减成数目相符,拟请作为监生,以未入流双月选用。

李曙东,江苏监生,由本案内双月未入流捐银六十两,捐请父母从九品封典,核与奏准减四成数目相符,拟请给伊父母从九品封典。

何荣康,广东人,由广州协标尽先把总捐银一百三十五两,报捐千总升衔,按照捐升千总减五成数目相符,拟请给予千总升衔。

顾维屏,江苏附监生;余元生,江苏监生。以上二名各捐银五百二十两,报捐中书科中书职衔,核与奏准减成数目相符,拟请给予中书科中书职衔。

王锡瑾,江苏监生,捐银二百八十八两,报捐翰林院待诏职衔,核与奏准减成数目相符,拟请给予翰林院待诏职衔。

胡树文,江苏岁贡生;周子美,江苏监生。以上二名各捐银一千六百两,报捐同知职衔,核与奏准减成数目相符,拟请均给予同知职衔。

左树,江苏俊秀,捐银三百二十八两,报捐监生,加捐布政司理问职衔,核与奏准减成数目相符,拟请作为监生,给予布政司理问职衔。

周绮章，江苏监生，由州同职衔捐银二百四十两，捐请从六品封典，核与奏准减成数目相符，拟请给伊父母从六品封典，并将本身妻室应封貤封其祖父母。

丁映斗，江苏监生，捐银二百两，报捐按察司经历职衔，核与奏准减成数目相符，拟请给予按察司经历职衔。

萧厚恩，江苏监生，捐银三百二十两，报捐守御所千总职衔，核与奏准减成数目相符，拟请给予守御所千总职衔。

王如桂，江苏人，由加捐营千总职衔捐银一百九十二两，核与奏准减成数目相符，拟请作为监生，给予营千总职衔。

潘金芝、何其厚、殷朝端。以上三名均由廪生各捐银八十八两，报捐贡生，核与奏准减成数目相符，拟请均作为廪贡生。

陈宝龄、夏炳宸、周世长、叶兰馥、刘师咸、陈钟。以上六名均由附生各捐银一百十六两，报捐贡生，核与奏准减成数目相符，拟请均作为附贡生。

纪雨晴、宋建功、张建衡、潘宰令、薛佩铭、于成珠、顾恒升、邹志鳌、王莆。以上九名均由监生各捐银一百十六两，报捐贡生，核与奏准减成数目相符，拟请均作为例贡生。

顾维屏、夏炳常、邵登、王庆成、庚承恩。以上五名均由附生各捐银七十二两，报捐监生，核与奏准减成数目相符，拟请均作为监生。

徐锦章、王绥亭、秦德醇、王莆、邹志鳌、汪春辉、萧霖、萧厚恩。以上八名均由从九品职衔各捐银二十四两，报捐监生，核与奏准减成数目相符，拟请均作为监生。

吴荣堂、熊全楷、董永海、徐同潮、张文垚、陈兆冈、蒋玉磬、陈小琴、陈光国、罗维三、王銮、王琨、李锡爵、王加民、江启钟、邵宝贤、刘振达、姚志学、姚瑧、姚珺、姚珂、赵清洁、王文炳、高逊年、梅上林、纪宗艺、林永茂、项耀文、项联芳、项名儒、王健堂、魏光起、辛开墀、徐昌祺、庄培金、朱维桢、陈涹、嵇嘉休、王铭旗、吴埼、徐锦堂、吕延淬、朱山原、严以恕、孙道隆、尹来凤、韦庆珩、张际泰、钱登仕、葛彭年、薛文珍、姜德清、徐棠、徐孟德、朱敬敷、仲延楷、刘学祥、倪立本、沈幹章、王人镜、王金魁、程济春、吴桂中、叶懋藩、李锡清、李裕新、谭明谦、许立元、黄步瑶、周辅臣、李新铭、周毓桂、周振武、谢怀义、郑国咸、顾一中、顾用中、薛绂、宋建功、王世琠、樊庆举、孟克仪、漆秉君、郭鸿举、石肯堂、石华轩、姜钧如、姜瑞滨、姜元璜、姜士荣、姜士兴、张爱藩、卞同、张连衡、耿均平、吉广禄、薛佩铭、蔡广谟、沈灿云、吴春堂、葛秀然、胡敬斋、胡斌岐、丁受时、朱廷瑚、李汝封、曹蒿亭、杨助田、郭兰轩、吉云集、李庚扬、朱佑芝、王鹤寿、陈亮亭、董超梁、刘茱、孙见龙、周冠芳、顾锡殿、王如山、王翊廷、王宝涵、邱升阶、郭捷三、司若相、陈椿、孙连捷、张肆三、史裕丰、凌云汉、邱源深、林朝藩、林汉业、苏瑞鸣、林国梁、周广沅、周斌、张景步、陈耀宗、梁长纯、孟体雅、蒋应占、蒋利占、曹禹章、姜文鸿、周德新、凌庆赓、周登墀、王遐初、解纪伦、刘嵩年、刘桂声、于成珠、张子美、顾恒升、朱秀之、徐林、章天一、李法文、倪咸五、牟焕、郝珥孙、曹锡龄、曹锡恭、曹小莲、李志通、李粹璋、刘达夫、魏墉、张德孚、苗云台、吴杙之、邱世清、韩钢、常炟、孙闻仙、耿如宝、陈陟阶、徐椿、左潜、左荫桐、戴衍丰、蔡人彪、杨耀祖、陶立增、李琴堂、朱达忠、朱心如、周鹏云、周官云、胡瑶春、周宗雅、刘金镛、陶永经、朱黼卿、刘必达、吴开广、祁兆鹄、薛芳屿、王扬盛、张书田、朱光杰、房嘉谷、房立和、房嘉会、刘金诏、蔡雨田、司皓芝、曹仁标、何汉三、温步云、张钟泰、朱思铉、程守针、朱沂。以上二百十五名,均由俊秀各捐银八十八两，报捐监生，核与奏准数目相符，拟请均作为监生。

纪崇楷、杨化行、彭广第、王烈、孙觐庭、王遐祚、周道焕、顾汝庚、孙润、薛曙峰、孙厚培、薛双峰、薛健峰、孙锦章、徐应辉、王钰、林永达、项建勋、皋锡瓒、李怀玉、李承泰、项楚良、邱九苞、嵇书元、毛如坚、包鸣凤、朱绣斋、孙秉赤、施克元、韦庆玉、韦庆珠、钱履仁、钱习傅、张芳林、李仁张、吴德兴、徐忠林、张景山、朱毓榦、史月亭、彭会海、杨志选、王允恭、张廷翠、张广法、孙佑康、马进、孙景唐、李再显、郑子华、顾凤林、马光普、陶榛、樊瑞瑸、孙立敬、王秉和、韩桂芸、魏广涞、薛应祥、李进武、张薾、顾广毓、仲德轩、杨景阳、顾燮堂、王济舆、朱鸣鹤、王以珍、林培基、王以礼、王曙春、刘纯元、吕召南、傅玉轩、汪其祥、孙好仁、朱通士、姚武琪、邹铨、房鼎、房秉哲、刘景康、张熠、孙美锦、潘宰英、夏景汶、胡竹坡、潘美臣、何钟阜、樊作瑞、郑天华、袁桂森、周耀金、戴彭龄、李鉴澄、王冠儒、潘畛、王节和、周冠勋、鲁璠铭、贾焕章、王景瑶、郝甸桢、李爻吉、袁旭、左金融、左以銮、李月卿、张登第、陈学之、邵春林、倪寿山、赵志龄、赵志赓、徐俊鸿、徐兆增、洪安和、吴芸田、王汝明、李谷玉、陶芳龄、司兆燨、王鉴、乐樾、左柳茜、张曰珩、郭维祺、郝甸荣、孙莘农、王瑀、周廷培、陈如校、王瑄、张雨人、张景、赵泰楼、陈德馨、高金圃、刘化龙、刘耀春、陆先仲、王伯休、陈醴筵、高秀夫、武龙图、朱希宽、朱舜门、朱尧增、颜锡嘉、颜锡生、吴采之、潘朝仪、韩菓田、苏元烺、赵璧、徐钊、杨润和、徐汝为、李瀛、张以慈、朱士高、马广嵩、田定修、魏步瀛、王景虞、戴养正、李殿华、孙培芹、孙培宝、刘湄、刘濯、郝昌宗、吴景春、许培宗、胡庆龄、陆明志、仲孟清、徐香、王士溥、程明榜、汪起赞、王文龙、朱贯鳌、张元廷、王景堂、赵春楼、徐如芝、王宗伯、陈锦源、相廷椿、萧民程、李学海、王寿彭、徐师表、韦兆沧、张天保、程镇潢、程镇藩、魏廷幹、李启经、范学成、刘兆南、文学谦、盛牧庵、陈位九、岳维恩、靳开泰、程守鉴、龙长森、刘鸿吉、杨树德、陶銮坡。以上二百十二名,均由俊秀各捐银六十四两,报捐从九品职衔,核与奏准减成数目相符,拟请给予从九品职衔。

统共捐生四百八十二名,共捐银四万七千九百八十一两,内银二万三千九百九十两五钱、宝钞四万七千九百八十一千文。

议政王军机大臣奉旨:览。钦此。①

〇七七　呈筹防局捐输衔名、钱数清单(三)

同治三年六月二十六日(1864 年 7 月 29 日)

谨将筹防捐局捐输衔名、银钱实数,缮具清单,恭呈御览。

杨学沂,江苏增贡生,由花翎候选知府捐制钱二千一百三十二千文,核与奏准以钱合银报捐加四级、请从三品封典减四成银数相符,拟请给予加四级,给伊祖父母、父母、继母从二品封典,并将本身妻室应封赠封其曾祖父母。

杨学泗,江苏监生,由蓝翎双月知州捐制钱二千六百五十文,核与奏准以钱合银报捐加四级、请从三品封典减四成银数相符,拟请给予加四级,给伊祖父母、父母、生母并本身妻室从三品封典。

潘兆黉,江苏监生,由州同职衔捐制钱七百六十八千文,核与奏准以钱合银报捐光禄寺署正职衔减成银数相符,拟请给予光禄寺署正职衔。

---

① 台北故宫博物院藏:军机及宫中档,文献编号:097589。

潘耀瑜、杨学溶、杜惇孝。以上三名均由州同职衔各捐制钱二千一百七十六千文，核与奏准以钱合银报捐同知职衔减成银数相符，拟请均给予同知职衔。

周书田、李沅。以上二名均由布政司理问职衔各捐制钱二千一百七十六千文，核与奏准以钱合银报捐同知职衔减成银数相符，拟请均给予同知职衔。

周大镛、杨毓梁。以上二名均由俊秀各捐制钱五百二十五千文，核与奏准以钱合银报捐监生、加捐布政司理问职衔减成银数相符，拟请均作为监生，给予布政司理问职衔。

杜步洲，江苏监生，捐制钱三百八十四千文，核与奏准以钱合银报捐州同职衔减成银数相符，拟请给予州同职衔。

杜步洲，江苏监生，由本案内报捐州同知衔捐制钱三百八十四千文，核与奏准以钱合银捐请从六品封典减成银数相符，拟请给伊父母从六品封典，并将本身妻室应封貤封其祖父母。

周大矩，江苏俊秀，捐制钱五百二十五千文，核与奏准以钱合银报捐监生、加捐州同职衔减成银数相符，拟请作为监生，给予州同职衔。

杜惇义、潘朋来。以上二名均由俊秀各捐制钱二百九十五千文，核与奏准以钱合银报捐监生、加捐县主簿职衔减成银数相符，拟请均作为监生，给予县主簿知职衔。

李思濂，江苏人，由议叙八品捐制钱八百五千文，核与奏准以钱合银补捐监生、加捐卫守备职衔减成银数相符，拟请作为监生，给予卫守备职衔。

张振嘉、程肇坦、杨恩沛、李溱、茆筠、李湛。以上六名均由俊秀各捐制钱一百四十一千文，核与奏准以钱合银报捐监生数目相符,拟请均作为监生。

程肇增、许懋林、李宗邺。以上三名均由俊秀各捐制钱一百三千文,核与奏准以钱合银报捐从九品职衔减成银数相符,拟请均给予从九品职衔。

马湛恩,山东俊秀,捐实银二百八十八两,报捐监生,捐双月从九品,核与奏准减成银数相符,拟请作为监生,以从九品双月选用。

庞涵、张鉴、张义能、任开丰、于达瀛、汪瀛、周春瀛。以上七名均由俊秀各捐实银八十八两,报捐监生,核与奏准数目相符,拟请均作为监生。

马鸿翱,山东俊秀,捐实银六十四两,报捐从九品职衔,核与奏准减成数目相符,拟请给予从九品职衔。

统共捐生三十四名,共捐制钱二万一千三百二十三千文,实银九百六十八两。

议政王军机大臣奉旨:览。钦此。[①]

○七八　学政孙如仅丁忧请旨简放折

同治三年七月十五日(1864年8月16日)

漕运总督臣吴棠跪奏,为学政闻讣丁忧,请旨迅赐简放,以重职守,恭折奏祈圣鉴事。

窃据代理淮安府知府章仪林呈称:据江苏学政孙如仅家人罗平禀称:七月十三日,孙如仅接到家信,该学政之母陈氏于本月初七日在济宁州原籍病故,例应丁忧,呈请就近具奏。并据将学政关

---

①　台北故宫博物院藏:军机及宫中档,文献编号:097590。

防及文卷等项呈送前来。

臣查该学政甫自通州试毕回淮，现即按试徐州，业已行文取齐据呈前情，除饬知徐州府传谕生童暂缓齐集，并将该学政关防封储、遇有紧要事件由臣暂行代办外，理合恭折具奏，请旨将江苏学政迅赐简放，以重职守，伏乞皇太后、皇上圣鉴。谨奏。七月十五日。

同治三年七月二十二日，议政王军机大臣奉旨：钦此。①

【案】孙如仅丁忧之案于同治三年七月二十二日得批覆：命工部右侍郎宜振提督江苏学政。②

○七九　请将故牧顾思尧从优议恤片

同治三年七月十五日(1864年8月16日)

再，淮安府知府顾思尧由大挑知县签掣南河，补阜宁县知县。咸丰三年，经前兵部侍郎周天爵③奏调，前赴安徽军营差遣，派剿

---

①　台北故宫博物院院藏：军机及宫中档，文献编号：097925。

②　《穆宗毅皇帝实录（三）》，卷一百十，同治三年七月下，第423页。

③　周天爵（1772—1853），字檀荪、敬修，山东东阿人，诸生。嘉庆十六年（1811），中式进士。道光四年（1824），补安徽怀远县知县。八年（1828），调安徽阜阳县知县。十年（1830），升安徽宿州知州。十二年（1832），补安徽庐州府知府。十三年（1833），升庐凤颍泗道。十五年（1835），迁江西按察使。同年，调安徽按察使。十六年（1836），授陕西布政使。次年，署漕运总督。十七年（1837），擢漕运总督。十八年（1838），兼署湖广总督。十九年（1839），补河南巡抚。同年，调补闽浙总督，再调湖广总督。二十年（1840），因案遣戍伊犁。二十二年（1842），以知府候补，办理清江防务，加二品顶戴。同年，署漕运总督，兼署南河河道总督。二十三年（1843），因病休致。三十年（1850），署广西巡抚。咸丰元年（1851），晋总督衔，赐紫禁城骑马。咸丰三年（1853），补安徽巡抚。是年，以病卒于军。追赠尚书衔，赐恤，谥文忠。

定远县土匪。是年冬又经前左副都御史袁甲三派赴亳州剿匪，叠有斩擒。因戎马驱驰，感受风湿，时发时愈。咸丰四年，请咨回省，嗣署山阳县知县。咸丰十年春，西捻审扰清、桃，直扑淮安府城，顾思尧会同营弁，督率民团，登陴固守，伺间出击，力保危城，屡经奏明在案。同治元年正月，捻匪审陷阜宁，旋犯淮郡，臣即令带勇遮击，著有战功。上年十月，经臣会同督抚臣奏奉恩旨，准补淮安府知府。本年六月，该员旧疾复作，仍复力疾讯案，猝中暑疫，于六月二十九日病故开缺。

臣查顾思尧自莅淮安府任，积牍为之一清，虽前在军营所患风湿之疾不时举发，而勇于任事，绝不以劳瘁为辞。至其力守危城，遮击审捻，迄今淮安士民啧啧称颂。遽尔病殁，殊堪悯恻。查该员虽在任所病故，而追溯其从戎致疾之由，详考其击贼守城之绩，实与在营病故无异。合无仰恳天恩，饬部将已故淮安府知府顾思尧照军营立功后病故例从优议恤之处，出自逾格鸿慈。伏乞圣鉴。谨附片具奏。

同治三年七月二十二日，议政王军机大臣奉旨：顾思尧着交部照军营立功后病故例，从优议恤。钦此。①

○八○　请奖办理江北各属团练出力人员折

同治三年七月十五日(1864 年 8 月 16 日)

漕运总督臣吴棠跪奏，为遵旨查明江北各属办团出力之印委、绅董人等，择尤缮拟清单，恭呈御览，恳恩给奖，以示鼓励事。

---

① 　台北故宫博物院藏：军机及宫中档，文献编号：097926。

窃臣前奏请汇奖办团出力人员，承准议政王军机大臣奉旨：着准其择尤汇案请奖，毋许冒滥。钦此。仰见圣主逾格垂慈、微劳必录之至意。伏查徐州地连皖、豫，当捻匪出没之冲，自办理圩练以来，壁坚野清，不惟地方无虞寇扰，且得以逸待劳，乘间击贼，以助兵力之不足。淮海各属防剿捻匪东窜，擒捕土匪，保卫地方，皆得圩练之力，著有成效。又，淮安所属之洞河长圩保全完善，前经臣于覆奏给事中谢增条陈善后章程，陈明随时察看，酌恳恩施在案。至扬、通各属逼近江南发逆，为东路前敌，烽燧相望，或整顿船练，或募勇巡防，各就地方情形同心守御，在官绅人等共戴皇仁，喧殷敌忾，原属分内之事，而历时已久，保卫地方，不无微劳足录。兹据各该司道开送办团守御出力之印委、绅董人等前来。

臣复严加删减，不敢稍任冒滥。谨择各属办团实在尤为出力之官绅人等，缮拟清单，恭呈御览，可否恳恩准奖，出自逾格鸿施。除办团出力稍次者酌给六、七、八品功牌，千总以下等官照例咨部给奖外，所有遵旨查明江北各属办团尤为出力之印委、绅董人等、吁恳天恩给奖缘由，恭折具陈，伏乞皇上圣鉴。谨奏。七月十五日。

同治三年七月二十二日，议政王军机大臣奉旨：该部核议具奏，单三件并发。钦此。[1]

○八一　呈办理徐州各属团练出力人员清单

同治三年七月十五日(1864 年 8 月 16 日)

谨将查明办理徐州各属团练实在出力人员，择尤缮拟清单，恭

---

[1]　台北故宫博物院藏：军机及宫中档，文献编号：097927。此折所附清单，查遍两岸故宫，仅存二件。

呈御览。

徐州府知府汪尧辰,拟请以道员用。

同知衔邳州知州陈懋霭,拟请以直隶州升用,并请赏加知府衔。

同知衔丰县知县调署铜山县知县徐弼廷,同知衔署萧县知县吴士鉴,同知衔前署睢宁县知县候补知县马步瀛。该三员名均拟请赏加运同衔。

同知衔署宿迁县知县候补知县吴元汉,拟请补缺后,以同知直隶州用。

署砀山县知县大挑知县卢骧云,拟请不论繁简即补,并赏加同知衔。

同知衔署丰县知县候补知县王厚壮,拟请以同知直隶州升用。

候补盐大使林之藩,拟请补缺后以运判升用。

知县用候补县丞左德兴,拟请赏加同知衔。

改掣东河候补县丞张毓珍,拟请以盐经历留于两淮补用。

知县用候补县丞胡光祚,拟请赏加知州衔。

以上汪尧辰等十二员名,办理徐州等处团练,督董设防,屡击窜捻,保卫地方,始终罔懈。理合登明。

花翎知府衔徐毓琇,拟请赏加道衔。

山东候补县丞祁觐堂,拟请俟补缺后以知县用。

候补知县张达,州同衔郝兆彦,候选詹事府主簿余鹤龄,该三员名均拟请赏加知州衔。

州同衔候补教谕拾登裕,拟请选缺后以知县用。

候补守备权汝让,拟请免补守备,以都司补用。

廪生万云甲,拟请以训导不论双单月选用。

孝廉方正拔贡生孙运锦，拟请赏加同知衔。

盐提举衔吴相武，拟请赏加运同衔。

五品衔候选从九品李荣绅，从九品韩世准，从九品衔滕维藩，五品职衔孟玉光，六品蓝翎王允武、朱松龄，六品衔尹君锡。该七员名均拟请赏加同知衔。

直隶州衔胡庆霖，盐提举衔佟湘南，同知衔梁振业，守备衔郭恒昌，候选从九品杜立本。该五员名均拟请赏戴蓝翎。

武职姚殿邦，拟请以守备选用。都司朱廷标，拟请以游击升用。

中河汛千总涂肇奎，蓝翎河标提塘外委张辉莘。该二员名均拟请赏加守备衔。

文生耿士标，六品衔文生巩宜苞。该二员名均拟请以训导选用。

蓝翎千总王端恭，拟请以守备用。外委谢坦，拟请赏戴六品蓝翎。

拣选知县陈子杰，拟请赏加同知衔。

已革参将黄国锐，拟请开复原官，并免缴捐复银两。

候选教谕沈樾，拟请赏加五品衔。

以上徐毓芳等三十三员名，历办铜山等处团练，迭助官军，截剿窜捻，保卫地方，积劳已久。理合登明。

署萧县教谕张葆和，拟请赏加同知衔。

署萧县训导徐宸英，拟请赏加知州衔。

署萧县张山巡检候补从九品张开鑅，拟请补缺后以县丞用。

知县用指发山东试用县丞张梦艺，分发山东试用县丞李胜基，州同衔陈德成。该三员名均拟请赏加知州衔。

候选詹事府主簿纵系萃,监生张永照。该二员名均拟请赏加同知衔。

尽先千总王林,拟请以守备留于漕标补用。

以上张葆和等九员名,历办萧县等处团练,捻氛逼近,迭次剿御,捡获甚多,积劳有年。理合登明。

贡生王濬功,拟请赏给五品衔。

文生安鉴,拟请赏给布理问衔。

文童杨启英、郭占魁。该二员名均拟请以从九品不论双单月即选,杨启英并请赏戴蓝翎。

尽先守备沛汛城守千总徐凤台,拟请赏加都司衔。

署沛县教谕高长龄,六品衔监生李嘉栗。该二员名均拟请赏加五品衔。

八品衔监生安国祥,拟请赏加布理问衔。

以上王濬功等八员名,历办沛邑等处团练,协同官军截剿窜捻,屡获胜仗。理合登明。

副将衔洋河游击张振西,拟请以参将升用。

候选光禄寺署正马从鉴,候选训导黄逊业,文生李厚田。该三员名均拟请赏加五品衔。

文生吴德冕、倪金和。该二员名均拟请以训导选用。

山西候补知州尹世保,拟请赏加运同衔。

宿北营守备庄容淮,武进士蔡镇一,世袭云骑尉郭承恩。该三员名均拟请赏加都司衔。

淮阳镇标千总张凤岭、周学孔。该二员名均拟请免补千总,以守备用。

同知衔朱桂森,县丞戚瀛洲,千总王尚明、乔林,把总武奏平,武举马从甲。该六员名均拟请赏戴蓝翎。

候选训导臧季琳，拟请以训导不论班次，遇缺即选。

以上张振西等十九员名，历办宿迁等处团练，迭在运河两岸击捻获胜，积劳数载。理合登明。

知州衔候选州同唐瑞邦，拟请赏加运同衔。

知州衔候选州同孙广基，拟请赏戴蓝翎。

詹事府主簿衔候选训导胡心廓、张啸山。该二员名均拟请赏加同知衔。

州同衔候选主簿包畏三，拟请赏加知州衔。

六品顶翎陈子度，拟请赏加五品衔。

以上唐瑞邦等六员名，历办砀山等处团练，捻氛逼近，均能奋勇剿击，保卫地方。理合登明。

候选主簿卓伟生，拟请赏加员外郎衔。

候补守御所千总朱大器，拟请赏戴蓝翎。

贡生朱德培，廪生张健。该二员名均拟请以训导选用。

指发安徽县丞卓丽生，拟请赏加五品衔。

同知衔试用知县张上德，拟请不论繁简，酌量补用。

以上卓伟生等六员名，历办睢宁等处团练，迭击窜捻，捻获极多，保卫地方，积劳已久。理合登明。

侍读衔内阁中书窦元清，拟请赏给四品顶戴。

游击衔都司张宗顺，拟请以游击归淮扬镇标补用。

守备衔千总丁大斌，拟请以守备归徐州镇标补用。

廪生张涵万，文生吴瑗。该二员名均拟请以训导尽先选用。

候选县丞冯士选，拟请赏戴蓝翎。候选训导何保瑞，拟请不论班次，遇缺即选。

文生李体仁，拟请以训导不论双单月尽先选用。

候选县丞高泰凤，绅董花舒艳。该二员名均拟请赏给六品衔。

俊秀周履煌，拟请以从九品不论双单月遇缺即选。

以上窦元清等十一员名，历办邳州等处团练，迭助官军邀截东境幅匪，并屡击捻匪，捡获极多，积劳数载。理合登明。

同知衔东河候补通判张德保，孝廉方正候补主簿杨绣荣。该二员名均拟请赏戴蓝翎。

就职直隶州州判胡光第，拟请赏加知州衔。

守备李廷栋、箫宗正、沈抡元。该三员名均拟请赏加都司衔。

以上张德保等六员名，历办丰县等处团练，捻氛逼近，助军剿贼，屡有斩捡，积劳有年。理合登明。

议政王军机大臣奉旨：览。钦此。[1]

〇八二　呈办理淮海等处团练出力人员清单

同治三年七月十五日(1864 年 8 月 16 日)

谨将查明办理淮海等处团练实在出力人员，择尤缮拟清单，恭呈御览。

知州衔署山阳县知县大挑知县李振黉，拟请免其借补，归知县候补班补用。

升用知府同知用署盐城县知县万青选，拟请免补知县本班，以直隶州用。

署清河县知县大挑知县龙寅绥，拟请以知县不论繁简即补。

---

[1]　台北故宫博物院藏：军机及宫中档，文献编号：097928。

署安东县知县候补知县李师濂,拟请赏加同知衔。

蓝翎同知直隶州用署桃源县知县张景贤,拟清赏换花翎。

尽先参将穆恒德,拟请赏加副将衔。

东河通判王松龄,南河补用主簿俞亮。该二员名均拟请以本班留于江苏补用。

署淮安参将拣发游击庆连,拟请赏加副将衔。

署山安营守备龚得魁,守备江安邦。该二员名均拟请以都司尽先补用。

候补千总刘锡伦,拟请以卫守备补用。

工部主事王文锦,拟请赏加员外郎衔。

候选县丞李承谟,拟请选缺后以知县用。

监生杨锡琳、谭占魁。该二员名均拟请赏加布理问衔。

以上李振黉等十六员名,总办淮安府属团练,防剿捻匪出力,保卫地方。理合登明。

知府衔候补通判朱守和,提举衔候补通判马汝弼。该二员名均拟请以同知升用。

升用知县淮安府经历王用桢,拟请以知县用。

山阳县训导唐普利,拟请赏加同知衔。

候选同知高德隅,拟请赏加运同衔。

淮安府训导姚光鼎,拟请赏加国子监学正衔。

花翎三品衔丁晏,拟请赏给二品封典。

候补千总倪家骐,拟请以卫守备用。

内阁中书何其杰,拟请赏加内阁侍读衔。

四品封职边嶷,拟请赏加三品衔。

按察司照磨丁荫福,拟请赏戴蓝翎。

拣选知县举人丁显,知县用候选丁禧生,知县用候选县丞陈荫礼,布政司理问胡湛泉,理问衔李燮。该五员名均拟请赏加同知衔。

候选直隶州州判吴我田,候选布经历龚稗。该二员名均拟请赏加知州衔。

州同衔候选县丞许凝秀,州同衔浙江分缺先前从九品李元庚,该二员名均拟请赏加五品衔。

试用训导潘桐,拟请赏加光禄寺署正衔。

分发试用训导杨绂来,拟请以教谕遇缺即选。

前镇江府训导徐德怀,拟请以府经历县丞即选。

候选卫千总邵钟,蓝翎千总金殿华。该二员名均拟请赏加守备衔。

州同衔汤桐、李然。该二员名均拟请赏加知州衔。

尽先守备千总杨国庆,拟请赏加都司衔。

以上朱守和等二十八员名,历办山阳县等处团练,并料理淮安城守、巡防事件,迭御捻氛,著有劳绩。理合登明。

候选知州张酩,提举衔候选布经历金从先。该二员名拟请赏加运同衔。

布理问衔周荣先,六品衔监生尹照。该二员名均拟请赏加盐提举衔。

捐职同知宋寿铭,拟请以同知选用。

贡生李国宾,附贡生沈光甲,文生王鸿。该三员名均拟请以训导选用。

尽先千总程廷桢、冯廷玉,尽先把总曾其昌、高凤鸣、王大鹏。该五员名均拟请赏加守备衔。

以上张豁等十三员名，历办盐城等处团练，募勇巡防，从公勤慎，不辞劳瘁。理合登明。

署清河县教谕周家桢，署清河县训导花英培，知县用浙江候补县丞吴銮，候选知县龚谷，附贡生陈景福。该五员名均拟请赏加同知衔。

蓝翎州同衔丁德五，拟请以州同不论双单月选用。

蓝翎五品衔孙五云，拟请赏给四品封典。

同知衔文生杨启源，文生程学仕。该二员名均拟请以训导不论双单月即选。

恩贡生万言试，拟请以州同不论双单月选用。

增生左寿华，文生金以和。该二员名均拟请以训导选用。

六品军功监生梁斌奎，拟请赏加五品衔。

外委文汉嵩，拟请赏戴六品蓝翎。

候选县丞王琼，拟请以县丞不论班次即选。

坐选四川中江县典史徐蓉光，候补从九品吴乃靖，从九品衔严必华、金殿翙，监生张义能。该五员名均拟请赏加六品衔。

理问衔程秉直，拟请赏给五品封典。

附生程丰苣、谢文郁、徐桢。该三员名均拟请以训导不论双单月选用。

练董周子卫，拟请以巡检不论双单月遇缺即选。

候选府经历许佐廷，拟请赏加盐提举衔。

南河候补县丞吴尔镇，拟请以盐大使留于两淮补用。

守备夏谦、王鸿业。该二员名均拟请赏加都司衔。

练董张志诚，拟请以从九品即选。

以上周家桢等三十员名，历办清河等处团练，防剿捻匪，捍卫地方,辛勤备著。理合登明。

同知用即选知县石寿棠,拟请赏给四品封典。

候选县丞石寿霖,拟请以县丞不论双单月即选。

增生李沄,廪生苏梓。该二员名均拟请以训导不论双单月选用。

拣选知县举人朱伯壎,拟请赏加五品衔。

俊秀周锡恩,拟请以从九品即选。

以上石寿棠等六员名,历办安东等处团练,防剿捻匪,保卫地方。理合登明。

候选训导谷以镕,廪生蔡凤阁。该二员名均拟请以训导不论双单月即选。

候选从九品金名彰,拟请选缺后以主簿用。

从九品衔何序东、孙淮杶、汪醴堂,监生刘惟高。该四员名均拟请赏加州同衔。

武举许联魁,拟请赏加守备衔。

州同衔许联芬,拟请赏加五品衔。

候选从九品包得鳌、尹文智。该二员名均拟请赏给州同衔。

以上谷以镕等十一员名,历办桃源等处〈团练〉,防剿捻匪,迭著战功,保卫地方,积劳数载。理合登明。

同知衔于峻廷,拟请赏戴蓝翎。

光禄寺署正衔吴荫南,拟请赏加员外郎衔。

理问衔吴槐,拟请赏加同知衔。

拣选知县举人赵幹,拟请赏加内阁中书衔。

同知衔丁如茯,拟请赏给四品顶戴。

理问衔于节之,拟请赏加提举衔。

文生左士銮,拟请赏给翰林院待诏衔。

附贡生顾石麟,拟请赏加六品衔。

以上于峻廷等八员名,历办阜宁等处团练,防剿捻匪,不辞劳瘁。理合登明。

候补知府杨鸿弼,拟请赏加道衔。

知府衔淮北监掣同知武祖德,拟请以知府升用。

候补同知直隶州署徐州府同知励絅,候选知州王锡龄。该二员名均拟请赏加知府衔。

州同衔李云,拟请赏加同知衔。

候选同知王颐正,拟请赏加运同衔。

知府衔候补直隶州知州汪杰,拟请补缺后以知府用。

候补主事刘汉章,拟请赏加员外郎衔。

副将衔江南尽先参将王靖保,拟请补缺后以副将用。

员外郎衔户部主事马锡恩,候选通判秦需。该二员名均拟请赏戴蓝翎。

都司衔守御所千总吴璜,拟请免补千总,以守备拔补。

内阁候选中书顾曾焕,候选通判曹汶,州同衔王守任。该三员名均拟请赏加五品衔。

监生陈遐观,拟请赏加州同衔。

候选直隶州知州顾元春,拟请赏加运同衔。

捐职县丞江广琇,拟请赏加六品衔。

书识傅钧,拟请以从九品不论双单月选用。

书识钱兆龙,拟请以从九品即选。

书识苗国珍,拟请赏给布理问衔。

书识任士铨,拟请以未入流不论双单月选用。

候补千总朱正,拟请以守备用。

以上杨鸿弼等二十三员名,办理江北圩寨总局事件,任劳任怨,保卫地方,并能防剿捻匪,各著战功。理合登明。

前直隶清河道鲍桂生,拟请交部从优议叙。

同知衔鲍抡弼,拟请赏给四品顶戴。

候选知县季学周,拟请以知县遇缺尽先选用。

附贡生刘庆云,拟请以教谕不论双单月即选。

试用训导邵承铋,附贡生吴文炳。该二员名均拟请赏加光禄寺署正衔。

州同衔鲍抡枢、胡莲。该二员名均拟请赏加同知衔。

分缺先用典史王荃,附生卢金台、陶旬、蒋鸣珂、黄敬业。该五员名均拟请赏加布理问衔。

补用同知直隶州分缺间用知县联英,拟请赏加运同衔。

文生胡其楹,拟请以训导不论双单月选用。

同知衔候补知县王希曾,拟请赏加四品衔。

以上鲍桂生等十六员名,办理山阳、盐城涧河圩工速竣,守御得力,捻匪不敢东窜,于团务大有裨益。理合登明。

候升知府前署海州直隶州知州高丙谋,拟请赏加道衔。

知府衔代理海州直隶州知州郜云鹄,拟请以知府用。

海州营参将恩禄,拟请赏加副将衔。

同知衔署沭阳县知县陈鹏,拟请补缺后以直隶州用。

沂郯海赣通判张维权,拟请以同知直隶州用。

同知衔署赣榆县知县玉亮,拟请以同知直隶州升用。

以上高丙谋等六员名,办理海州各属圩练,缉匪最多,剿捻迭胜,聿著劳绩。理合登明。

指发山东知府杨学沂，拟请赏加道衔。

候选同知许荫，把总骆程广。该二员名均拟请赏加蓝翎。

蓝翎候补知州杨学泗，拟请赏换花翎。

海州学正赵邦彦，海州训导王蓉生，五品花翎马立中，蓝翎监生赵心廉，增生李炎。该五员名均拟请赏加同知衔。

同知衔候选知县杨恩澍，同知衔附贡生汤晋铭。该二员名均拟请赏加运同衔。

六品军功监生尹大诰、杨臣德。该二员名均拟请赏加五品衔。

以上杨学沂等十三员名，历办海州城乡等处团练，防剿捻匪，聿著劳绩。理合登明。

国子监典籍衔吕延爔，拟请赏加知州衔。

河南候补府经历吕延熠，州同衔程立寿。该二员名均拟请赏给五品顶戴。

员外郎衔候选兵马司正指挥程立炘，拟请赏加知府衔。

卫守备衔湖南领运千总陈兆祥，拟请以守备用。

文生孟傅芳，拟请以训导遇缺即选。

候选未入流王席珍，拟请以典史不论双单月即选。

候选直隶州州判陈致中，拟请选缺后以知县用。

捐职同知衔吕熉，拟请赏加运同衔。

候选县丞陈以忠，候选从九品周作修，议叙八品陈坦信。该三员名均拟请赏加州同衔。

千总用把总周耀魁、周振英。该二员名均拟请赏加守备衔。

以上吕延爔等十四员名，历办沭阳等处团练，防剿捻匪，着有劳绩。理合登明。

候选县丞周曰森，拟请选缺后以知县尽先选用。

知州用候选直隶州州同全绍綋,候选知县赣榆县训导陆鸿文,拣选知县举人汪元恺。该三员名均拟请赏加同知衔。

附贡生杨慎修,文生王岐源,监生苏奎文、王宗训,练董许逢吉。该五员名均拟请赏给六品衔。

廪生殷玉鸾,拟请以训导选用。

武生时骏丰,拟请赏给六品顶翎。

五品衔孙世朴,拟请赏戴蓝翎。

花翎都司李怀珍,拟请赏加游击衔。

蓝翎尽先守备刘玉瑸,拟请赏加都司衔。

蓝翎千总吴凤标,拟请以守备升用。

以上周曰森等十五员名,历办赣榆等处团练,防剿捻匪,最为出力,积劳数载。理合登明。

议政王军机大臣奉旨:览。钦此。[1]

〇八三　总兵黄开榜赴九江镇实任片

同治三年七月十五日(1864年8月16日)

再,尽先提督江西九江镇总兵黄开榜于咸丰十年四月间,由记名总兵经前大臣袁甲三奏派,带领师船,驻扎高、宝防堵。嗣经清、淮军营添造炮船,由该总兵统带布置。咸丰十年十二月,奉旨补授江西九江镇总兵,未经赴任。同治元年,经臣奏派接办徐宿军务。该总兵到防后,剿抚兼施,生擒捻首多名,将贼圩一律攻毁,徐宿肃清。钦奉恩旨:交军机处记名,遇有提督缺出尽先题奏等因。钦

---

① 台北故宫博物院藏:军机及宫中档,文献编号:097929。

此。复经臣奏明仍回高、宝防堵各在案。

查该总兵自皖营调派来江，迄今五载，战功叠著。当咸丰十年、十一年间，天、六贼氛正炽，与高、宝仅隔一湖，全赖所部水师实力堵剿，俾里下河完善之区得以安堵无恐。迨后移师徐宿，尤能迅速蒇功，实为军营得力之员。现在金陵克复，江北军务已松，自应分别凯撤，且江西省尚在用兵之际，未便久令悬缺，相应请旨饬令该总兵黄开榜前赴江西九江镇总兵实任，以专责成。所有高、宝水师炮船由臣就近酌量派员管带，照旧巡防。合并声明。伏乞圣鉴训示。谨附片具奏。

同治三年七月二十二日，议政王军机大臣奉旨：黄开榜着即驰赴本任，所有高、宝水师炮船着吴棠派委妥员管带，以资防守。钦此。①

○八四　请准副将李显发复姓王氏片

同治三年七月十五日(1864年8月16日)

再，臣现准兵部咨调题补漕中协副将李显发赴部引见，换给实授札付，再令赴任等因。当即转行该副将知照去后。兹据李显发禀称：现年二十八岁，本姓王氏，安徽青阳县人，曾祖王道富，祖王仲秋，父王良玉，均已病殁。该副将由江南避兵移居江北，嗣在豫胜营投充勇丁。李世忠见其打仗得力，收为义子，叠经前办安徽军务胜保、袁甲三等奏奖，由千总递保副将。咸丰十一年十一月，奉旨：李显发着补授江南漕标中军副将员缺。钦此。惟念副将本系

---

① 台北故宫博物院藏：军机及宫中档，文献编号：097930。

安徽王氏,若从李姓,则应籍隶河南,现奉兵部调取引见,未敢稍涉含混,谨呈本姓三代履历,伏候核办等语前来。

臣查该副将实系安徽王氏,因李世忠收为义子,遂从李姓。现已补授副将实缺,官职较大,自应先行归宗,再行给咨赴部。合无仰恳天恩,准令李显发复姓王氏之处,出自逾格鸿慈,伏乞圣鉴训示。谨附片具奏。

同治三年七月二十二日,议政王军机大臣奉旨:着照所请,该部知道。钦此。[①]

○八五　节届立秋湖河水
　　　势及宣泄抢护片

同治三年七月十五日(1864年8月16日)

再,臣前将节逾夏至、河湖水长、抢办要工情形附片具奏,奉旨:览奏,均悉。着督饬厅汛各官,随时加意防护,毋稍疏虞等因。钦此。仰见皇上慎工卫民之至意。伏查邳、宿运河自六月初六日以后,续又积长水五尺,连前共长一丈三尺余寸,巨溜奔腾下注,涌激异常。迭据厅县禀报,两岸险工迭出,岌岌可危。臣随委弁前往,饬将宿迁境内之旧河尾及刘老涧滚坝次第启放,以资分泄。无如东省及江境各路山泉同时涨发,来源过旺,急难掣消,运、中两河堤埽,溃刷纷纷,如桃汛王家庄大坝及桃堤等工,垫塌不已,饬厅分别厢培,清汛夏金闸南孔损坏,闸底跌通,亦已抛石堵闭,以卫墙身。以下里扬运河月余以来,共长水一丈一二尺,积久不消,两岸

---

① 台北故宫博物院藏:军机及宫中档,文献编号:097931。

长堤溃塌频仍，饬已分别厢筑外，其余续溃之处，现又分投搂护，间段酌厢防埽。其洪湖水势入夏后，陆续见长，虽不十分旺骤，而风暴屡次剧作，埝盱石工节节吃重，当饬该厅将被风掣塌之信、智、林、仁等坝河及新旧义河，自坝拦埝护埽，分别厢补，并于靠堤卑矮处所酌厢护埝防埽，以资抵御。

至扬属土工内高邮、甘江等汛均已办竣，其未竣工段，饬催厅县等上紧督董加夫，妥速儹办完报。刻交秋令，涨水尚未见消，所有捡办各工需费较巨，仅柴价一款实有不敷。筹思至再，惟于滩租项下酌数凑拨，以济工用而卫民生。此后汛期长水，臣仍随时严饬厅汛员弁加意审慎防护，务保无虞。所有节届立秋、水大工多、宣泄抢护各情形，理合附片陈明，伏乞圣鉴。谨奏。

同治三年七月二十二日，议政王军机大臣奉旨：知道了。钦此。①

○八六　清淮筹防局同治二年下半年收支折

同治三年八月初一日（1864 年 9 月 1 日）

头品顶戴漕运总督臣吴棠跪奏，为查明清淮筹防局自同治二年七月起至十二月底止收支各款，缮具清单，恭折奏祈圣鉴事。

窃照清淮筹防局同治二年六月份以前收支各款，节经臣查明奏报在案。秋冬以来，湖防照旧加数，并兼顾陈国瑞一军，供支远道。所有水陆各队需用盐粮、马干、驮折、夫价、采办、制造、船只、杂支等项，头绪纷繁，臣督饬局员依限造报。兹据委管报销局盐运

---

① 台北故宫博物院藏：军机及宫中档，文献编号：097932。

使衔道员用代理淮安府知府章仪林督率委员,将收支各项逐款查明,开列清单,详请奏报前来。

臣覆加查核,计自同治二年七月初一日起至十二月三十日止,除拨支各款应分别拨归各该台省造报外,实计连上届实存共收银十一万八千三百三十一两四钱八分七厘七毫四忽一微、钱二十九万三千八十九千三百八十六文、宝钞六千七百九十千八百二十七文,共支用银十一万八千一百八十两四钱四分六厘九丝六忽一微、钱二十九万二千八百二十千三十八文、宝钞六千四百六十四千三百六十文,均属援引例案,实用实销,并无浮冒。

除将实存银、钱、宝钞归入下届作收支用并查明同治三年六月以前收支各款另行开单具奏外,所有清淮筹防局自同治二年七月起至十二月底止收支总数,理合分届先缮简明清单,钦遵恩旨,恭呈御览、存案,伏乞皇太后、皇上圣鉴。谨奏。八月初一日。

同治三年八月初七日,议政王军机大臣奉旨:户部知道。单并发。钦此。[①]

〇八七 呈筹防局同治二年下半年收支清单

同治三年八月初一日(1864年9月1日)

谨将清淮筹防局自同治二年七月初一日起截至十二月三十日止收支各款简明四柱,缮具清单,恭呈御览。

计开:旧管:一、存钱一百六十三千一百三十八文。

一、存宝钞二百九十千八百二十七文。

---

① 台北故宫博物院藏:军机及宫中档,文献编号:098351。

新收：一、收两广运库拨解银五千两。查前款系奏明请拨粤东运库、海关各解银五万两内续收之款。理合登明。

一、收广东粤海关解银五千两。查前款系奏明请拨粤东运库、海关各解银五万两内先收之款。理合登明。

一、收江北各州县月粮米麦变价一半银三千六百三十三两四钱三分八厘九毫。查前款系奏明拨充军饷应用之款。理合登明。

一、收扬镇粮台拨解银一万两。查前款系奏明随时凑拨总兵黄开榜水师口粮之款。理合登明。

一、收各省有漕州县捐军饷银一千二百六二两九分六厘。查前款系奏明饬令有漕各州县捐助军饷之款。理合登明。

一、收通州解前湖南藩司王藻房屋变价银一万两。查前款系罚交银内房屋变价之款。理合登明。

一、收革员金安清查抄案内衣物变价银三千两，又钱三十千文。查前款系奏明拨充军饷应用之款。理合登明。

一、收候补知县杨文熙赔款银四百两。查前款系委提两广运库银一万两被劫银三千六百两内赔缴之款。理合登明。

一、收湖、河、海卫滩租银三千七百九十七两五钱五分，又钱九千五百十六千一百七十三文。查前款系随时提用之款。理合登明。

一、收筹防捐输银二万八千九百八十四两九钱二厘，又钱七万七千三百八十一千九百二十五文，又宝钞六千五百千文。查前款系照粮台捐输章程劝谕捐输、陆续查明具奏请奖、随时提用之款。理合登明。

一、收各员捐输圩工银八千三百二十四两八钱二分五厘，又钱八千五百千文。查前款系捐还垫用清江筑圩、挑壕等工银三万三千七百十一两五钱四分三厘，内除前已捐收银六千九百八十一两一钱二分八厘、钱二万二千八百七十二千文外，今续收前项银钱，先后合计核与垫用银数，尚属有盈无绌，另行查开员名请奖。理合登明。

一、收各州县解典商捐输银三千六百十八两三钱二厘，又钱三千九百千文。查前款系各州县劝济饷之款。理合登明。

一、收淮、海、扬、通各属捐厘银六千九百七十七两五钱六分六厘，又钱十六万一千六百一千四十八文。查前款系陆续提用之款。理合登明。

一、收淮南泰坝抽捐盐厘钱三万三千九百二千二百文。查前款系两淮运司抽捐济饷之款。理合登明。

一、收淮、海、扬、通各厅州县统捐分解兵米折价银二万五千八百五十二两八钱五分五厘，又钱三千五百四十九千五百三十四文。查前款系饬属统捐分解淮扬水师，清淮筹防、扬镇、徐州各粮台以济军糈之款。理合登明。

一、收扬属团练经费提充军饷银九百六十九两一钱九分一厘，又钱一千四百千文。查前款系因军需急迫提充军饷之款。理合登明。

一、收各州县麦捐助饷银三百六两二钱五分，又钱一万二百三十三千六百文。查前款系饬属捐助军饷之款。理合登明。

一、收各州县筹捐援蒙剿苗军饷并亲王僧格林沁行营马草银一万二百二两七钱二分，又钱三百千文。查前款系因援蒙剿苗军需紧急，饬属捐解接济之款。理合登明。

一、收米捐总局、江宁藩司解统捐分解沪营米，捐拨协皖饷一万一千五百五十三两二分五厘。查前款系援蒙各军饷需缺乏、咨准安徽抚臣饬拨协济之款。理合登明。

一、收借拨各州县解存淮凤常仓正银五千三十三两二钱五分九厘。查前款系因军需不敷暂借济饷之款。理合登明。

一、收平余、盈余银一百八十二两五钱七厘八毫四忽一微。查前款自咸丰三年设局起至同治二年六月止，历次平余不敷支用，均在正项款内拨垫。除已补还外，仍有未还银一千三百八十六两二钱一分四厘八丝九忽五微。所有此次前项盈余银两应即尽数补还，其余银一千二百三两七钱六厘二毫八丝五忽四微，俟下届平余积有盈余，再行补还。理合登明。

以上新收共银十四万四千九十八两四钱八分七厘七毫四忽一微、钱三十一万三百十四千四百八十文、宝钞六千五百千文。

一、除拨解尽先总兵陈国瑞行营转交道员英翰接济军饷银一千两。

一、除拨解尽先总兵陈国瑞行营接济军饷银一万五千七百六十两，又钱四千三百八十八千三百三十二文。

一、除拨解徐州粮台购办亲王僧克林沁行营马草银五千两。查前三款系因援蒙剿苗拨解接济之款，应归徐州粮台作收造报。理合登明。

一、除拨还前借江北粮台接济军饷银三千六百两。查前款系支还同治元年六月以前借拨江北粮台接济军饷银八千八钱四分八厘五毫，内除二年六月止拨遣还银三千一百八十八两四钱三分二厘七毫，今又拨还银三千六百两外，仍欠银一千二百九十二两三钱一分五厘八毫。理合登明。

一、除拨支署淮扬镇总兵龚耀伦借领两广督标参将廉俸银四百两。查前款应归两广督臣行司收除。理合登明。

一、除拨还通源总局票号钱一万三千千文。查前款系拨还同治元年六月以前军需收用之款。理合登明。

以上除拨支实计管、收两项共银十一万八千三百三十八两四钱八分七厘七毫四忽一微、钱二十九万三千八十九千二百八十六文、宝钞六千七百九十千八百二十七文。

开除：一、本省徐州镇标各营官兵盐粮、马干、驮折等项，共支银二千一百九十四两五钱六分九厘三毫九丝八微，又宝钞二百二十六千九百六文。查前款系由徐调浦随时派赴各处防剿，应支官兵、跟役盐粮、马干、驮折等项，均照例案支给其口粮米，按部定章程每八合三勺折银一分三厘。理合登明。

一、本省河、漕两标各营官兵盐粮、马干等项，共支银一万三千二十五两五钱四分六厘四毫，又宝钞三百四十五千九百六十三文。查前款系调派各要隘及成子河、衡阳等处防堵应支盐粮、马干、跟役数目，均照例案支给其口粮米，每八合三勺折银一分三厘。理合登明。

一、本省各河营官兵盐粮、马干等项，共支银一万四千六十六两一钱六分一厘七毫五丝八忽三微，又宝钞一百八十五千三百五文。查前款系调派各要隘及成子河防堵，暨在浦守圩并邳、宿防河应支盐粮、马干、跟役数目，均照例案支给其口粮米，每八合三勺折银一分三厘。理合登明。

一、随营长夫工价共支银三百四十五两五钱三分六厘。查前款系照江苏准销成案支给。理合登明。

一、文员盐粮、驮折等项共支银七千七百五十四两九钱二分四厘九毫四丝九微，又宝钞二千六百七十七千五十三文。查前款系调派随营差委及管带兵勇巡查剿匪并蒋坝、成子河等处防堵人员，均照部定章程支给盐粮、跟役、书识、驮折等项。其在城、在局当差各员，概未支给。理合登明。

一、随营防剿各营官兵盐粮、马干、驮折等项，共支银五千六百六十四两四钱二分二毫八丝一忽一微，又宝钞二千五十九千九百五十七文。查前款系调派随营及管带兵勇并蒋坝、衡阳、成子河等处堵剿，均照例案支给盐粮、马干、驮折等项。理合登明。

一、各项壮勇、马勇口粮、马干等项，共支钱二十六万六千四百五十八千四百文。查前款系节次裁存及由徐拨浦分布各要隘，并随时派赴各处堵剿，均经奏明在案。所需口粮照案每名日给钱二百文，其马干查照徐州奉准章程，每名日给钱一百文。理合登明。

一、随营、随局医匠工食、口粮、米折等项，共支银三百十三两八钱五分七厘五毫五丝六忽六微。查前款系照例案支给。理合登明。

一、采办硝磺、铅铁、洋炮、牛烛、正脚等项，共支银一万四千一百十八两九钱七分一厘三毫二丝六忽六微，又宝钞四千三百三十六文。查前款系随时添办，除硫磺、铅铁均照案于例价外酌加三成外，其硝斤系查照江苏准销成案，每百斤共给例、津两项银七两，其例无定价之件，按照市价核实采办。理合登明。

一、制造火药、火绳、铅丸、铁弹、火箭、火罐、喷筒、衣帽、帐房、旗帜、枪炮、藤牌、刀矛、器械、工料等项，共支银二万九千八百六十七两四钱二分六厘六毫五丝六忽八微。查前款系随时添制各件，除硝磺、铅铁另于采办项下给价外，其余工料均照案于例价外酌加三成。其火药一项系查照江苏成案奉准工料价值，分别加工寻常等次配制。理合登明。

一、运送军饷银钱、水陆脚价等项，共支银六百二十二两四钱二分七厘五毫五丝。查前款系照例案分别支给。理合登明。

一、运送军火、器械、水陆脚价等项，共支银三百六十八两五钱八分三厘二毫二丝五忽。查前款系照例案分别支给。理合登明。

一、各勇阵伤、病故、恤赏、收埋等项,共支银八百二十两。查前款系照例案分别支给。理合登明。

一、巡船水手饭食共支银一千一百三十九两二钱。查前款系在衡阳、黎城、金沟及成子河等处水面安设常川巡防,均照案每船给水手四名,每名日给饭食银八分。理合登明。

一、随局底夫工食共支银九百六十八两三钱二分。查前款系照江苏准销成案支给。理合登明。

一、租赁民房共支银四百七十一两七钱。查前款系堆储军火、物料、制造等项,均照例定租价支给。理合登明。

一、配制丸散药料共支银二百三十三两四钱二分九厘八毫。查前款系防剿各兵勇随时需用,均照市价核实购办。理合登明。

一、各营官兵马干、副销共支银二千九百十七两六钱八分,又宝钞九百六十四千八百四十文。查前款系照奏准章程每马一匹日给干银一钱,以例定五分作正开销,其余五分循案归于行兵省份摊补。理合登明。

一、总兵黄开榜所带水旱各队员弁勇丁盐粮等项,共支银二万三千二百八十七两六钱九分一厘二毫一丝,又钱二万六千三百六十一千六百三十八文。查前款系调派高宝湖、邳宿运河等处防剿并派援临淮各该员弁勇丁盐粮等项,照例应支银五万九千九百十九两九钱五分八厘七毫四丝九忽八微,又钱七万一千三百七十四千六百文,又官票八百九十七两七钱二分四厘一毫九丝一忽三微。除支过前项银钱外,所有不敷钱粮,随时设法筹措,一俟有款再行找给,专案请销。理合登明。

以上开除共银十一万八千一百八十两四钱四分六厘九丝六忽

一微、钱二十九万二千八百二十千三十八文、宝钞六千四百六十四千三百六十文。

一、扣收平余银七百四两六钱四分一厘九丝五忽九微。

一、支发经贴各书工食、纸张、笔墨、灯油等等项银五百二十二两一钱三分三厘二毫九丝一忽八微。查前款除照例动用扣存平余银两外，计平余、盈余银一百八十二两五钱七厘八毫四忽一微，在于新收项下作收支用。理合登明。

实在：一、存银一百五十八两四分一厘六毫八忽。

一、存钱二百六十九千二百四十八文。

一、存宝钞三百二十六千四百六十七文。

以上实存银、钱、宝钞，均归入下届旧管项下作收支用。理合登明。

议政王军机大臣奉旨：览。钦此。①

○八八　赏加头品顶戴及优叙谢恩折

同治三年八月初一日（1864 年 9 月 1 日）

头品顶戴漕运总督臣吴棠跪奏，为恭谢天恩，仰祈圣鉴事。

窃同治三年七月十九日准兵部咨：六月二十九日奉上谕：漕运总督吴棠剿办清、淮一带窜匪，并扫除徐宿捻逆，地方赖以安谧，着赏给头品顶戴，仍交部从优议叙。钦此。当即恭设香案，望阙叩头谢恩讫。伏念臣皖北庸愚，忝膺重任，渥荷圣慈之特达，欣逢疆事之敉安。近以捷告金陵，恩颁玉陛。懋赏随诸臣之列，特晋头衔；

---

① 台北故宫博物院藏：军机及宫中档，文献编号：098352。

微劳甄数岁以来,不遗齿录。

臣清淮驻守,徐宿筹防,驰驱偶效于偏师,指示皆衷于宸算。乃沐逾常之奖,溢滋非分之惭!惟有倍矢冰兢,自加策励,途长思奋,抚心勉效于驽材;恩重难胜,举首莫名于鳌戴。所有微臣感激荣幸下忱,理合缮折具奏,恭谢天恩,伏乞皇太后、皇上圣鉴。[1] 谨奏。八月初一日。

同治三年八月初七日,议政王军机大臣奉旨:知道了。钦此。[2]

○八九　奏请饬部缮发官票搭放军饷片

同治三年八月初一日(1864 年 9 月 1 日)

再,据办理扬州、镇江水陆粮台江宁布政使万启琛详称:前办江北粮台文煜[3]任内,曾国藩扬营兵饷积欠累累,无款筹补,奏请

---

① 《望三益斋存稿·谢恩折子》仅作"伏乞圣鉴"。

② 台北故宫博物院藏:军机及宫中档,文献编号:098353。

③ 文煜(?—1884),字星岩,费莫氏,满洲正蓝旗人,官学生。道光七年(1827),充国史馆收掌官。十三年(1833),补太常寺库使。十八年(1838),调光禄寺库使。次年,补光禄寺笔帖式。二十三年(1843),补泰陵承办事务衙门主事。二十四年(1844),调刑部贵州司主事,兼秋审处行走,管理提牢厅。二十七年(1847),授浙江司员外郎、秋审处坐办。二十九年(1849),升刑部郎中、律例馆提调。三十年(1850),放直隶霸昌道。咸丰二年(1852),授四川按察使。三年(1853),迁江宁布政使。七年(1857),调江苏布政使。八年(1858),补直隶布政使,兼署长芦盐政。九年(1859),擢山东巡抚。十一年(1861),署理直隶总督、长芦盐政。同年,实授直隶总督。同治二年(1863),补镶黄旗蒙古副都统。七年(1868),授正蓝旗汉军都统。是年,调补福州将军。十年(1871),兼署闽浙总督。光绪三年(1877),授内大臣。翌年,任镶白旗汉军都统、左都御史。四年(1878),授刑部尚书。五年(1879),兼署兵部尚书、经筵讲官。六年(1880),任崇文门正监督,署理正红旗满洲都统。同年,补正红旗满洲都统。七年(1881),擢协办大学士。九年(1883),授总管内务府大臣。十年(1884),擢武英殿大学士,管理工部事务。是年,因病开缺,寻卒,赠太子少保,谥文达。

颁发官票、找支欠饷有案。现值金陵克复,扬镇各营兵勇粮饷为数甚巨,当此军需竭蹶之际,惟有照案请发官票,与现银分成搭放,业已由台咨呈户部颁发各项官票共一百万两,以资配搭找欠。详请奏催迅速核发前来。

臣查该藩司所请系筹发欠饷急需,相应奏恳饬下户部迅即缮办三两票二十万张、五两票五万张、十两票一万张、五十两票一千张,共合银一百万两,即日颁发,以资应用。伏乞圣鉴。谨附片具奏。

同治三年八月初七日,议政王军机大臣奉旨:着照所请,户部知道。钦此。①

○九○　请将沈方煦原参处分开复片

同治三年八月初一日(1864年9月1日)

再,上年五月间,发逆屯踞江阴,时署江阴县知县沈方煦准令南岸难民渡江逃避,经将军都兴阿以该县玩视江防附片奏闻,奉旨:着都兴阿、吴棠会同查明严参等因。经都兴阿等会臣查明参奏,奉旨:沈方煦着摘去顶戴,仍交部议处。钦此。嗣经部臣议以革职留任,均经先后行知钦遵在案。

查沈方煦原请救渡江阴难民,其禀内声明谕饬董事带领巡船,亲往南岸稽查,确系本地难民方准登州北渡,仍由清江县谕饬港口练董覆验无他,方准进口等语。是原议南北盘查均属认真,尚非专顾难民,不知以防务为重。自被参以后,一切颇知愧奋。迨江阴攻

---

①　台北故宫博物院藏:军机及宫中档,文献编号:098354。

复,于办理善后及地方抚恤各务,均能事事勤慎,现在金陵克复,江省全境肃清,该县境内亦极安堵,合无仰恳天恩,俯准将沈方煦原参摘顶之案及部议革职留任处分均予开复,俾昭激劝之处,出自逾格鸿慈。谨附片陈恳,伏乞圣鉴。谨奏。

同治三年八月初七日,议政王军机大臣奉旨:沈方煦着准开复摘顶及革职留任处分,该部知道。钦此。①

○九一　沛境东民占田滋扰现筹剿逐折

同治三年八月初一日(1864年9月1日)

头品顶戴漕运总督臣吴棠跪奏,为徐州府属铜山、沛县境内东民占田滋扰,往拿拘捕,现在剿逐情形,恭折奏祈圣鉴事。

窃照铜山、沛县境内之微山湖滨,自丰工漫水涸复后,有新淤地亩。其时,毗连之山东鱼台、巨野一带被水灾民迁避于此,始则搭棚栖宿,继则私垦湖荒。经前徐州道府饬县查逐,因该灾民原籍尚难回归,而人数甚众,时当捻、逆交乘之际,防务吃紧,未可别滋事端,由前河臣庚长饬查,并无民地,均系湖淤,准令暂行试种,俟开垦成熟,再行奏咨升科,所以案尚未定,未敢遽行具奏。迨后另有东民潜至沛境,占种民地,创立新团,遂与沛民积不相能,时有抢割争斗之案。节经臣前于徐州道及现在漕督任内严饬驱逐,该新团东民阳奉阴违,迄尚逗留不去。昨据署徐州镇总兵姚广武、淮徐扬海道朱善张会禀:据署沛县知县许邦行禀称:六月初三日,突有新团奋匪捏称沛境刘庄寨有约人打仗之言,纠众数千,〈当将〉该寨

---

① 台北故宫博物院藏:军机及宫中档,文献编号:098355。

杀死三十三人，受重伤者五十五人，并寨中牛驴骡马、钱物、粮食劫掠一空。禀请惩办前来。

臣查该新团东民强占民田，亦属不法，叠经驱逐出境，胆敢抗违。此次劫寨杀人，更属形同化外。当此军务渐平，断不容此等游民逗留滋扰，即经批饬徐州镇道选带兵勇，前往剿逐，并将新筑之新团各圩悉行平毁去后。兹据该镇道禀称：七月十九日辰刻，带队驰抵新团。该团匪于望楼摇旗击鼓，已有准备。该镇道饬令副将杨文全、闪凤来、参将王豹文、守备张锦堂、知县陈凤仪、游击戚杰三、冯杰、都司张斌、王云彩、千总龚从岱等，各带所部队伍，分向该团四面齐进，同时施放喷筒、火箭，竭力攻打。该团共有数圩，壕深圩固，负隅死拒，相持两时之久，官军直越车圩重壕，圩内枪炮如雨，守备张锦堂、外委姜振常、勇目宋天胜、王宝珍、胡心邦等，冒死扒圩，各受矛伤，堕入壕内。官军大呼齐上，勇气百倍。团匪立脚不住，遂于圩西越壕奔走。官军奋勇追杀，砍伤二百余人，西面两圩望风而遁。适值马队迎头截杀，步队亦尽力跟追。该团匪自恃人众，仍复回头抵拒。官军刀砍矛刺，追捕二十余里，约计毙匪千余名，生擒十六名，夺获枪炮、器械、旗帜甚夥。余匪数百名向西逸去。维时，天已昏暮，暂行收队，即于新团附近民寨屯扎。据生擒匪供，西北尚有新团两圩，现仍相机剿除等情。

除批饬赶将新团两圩攻毁，务将该团匪一律驱除以安民生，并传谕垦种湖荒之东民，如仍安分种地，奏明准予输租执业。倘敢容留新团圩匪，隐匿不报，或与勾串抗违，定即一并驱逐外，所有东民侵占铜、沛民田，往拿拘捕，现在剿逐缘由，理合恭折具陈，伏乞皇太后、皇上圣鉴。谨奏。八月初一日。

同治三年八月初七日，议政王军机大臣奉旨：钦此。①

【案】此折于同治三年八月初七日获清廷批覆。《清实录》：

又谕：吴棠奏，东民侵占铜、沛民田，现在剿逐一折。据称铜山、沛县境内之微山湖滨新淤地亩，前有山东鱼台、巨野一带灾民迁避，开垦湖荒，并无民田。迨后另有东民潜至沛县境内，占种民地，创名新团，与沛民时有抢割争斗之案，屡经驱逐不去。六月初三日，突有新团奋匪纠众抢入沛境刘庄寨，杀伤人口等语。山东民人始因避水徙入铜、沛境内，开垦湖滨闲田，自谋生业，尚属情有可矜。乃另来东民占种民地，胆敢创立新团名目，纠集匪党劫寨杀人，实属目无法纪，且有私筑新团各圩，壕深圩固，抗拒官军，若不迅速剿办，何以除横暴而安善良！现在吴棠已派徐州镇道等带兵剿逐，将新团各圩平毁，余匪逃往西北新团两圩，着吴棠饬令派出各员弁，实力追剿，尽歼丑类，将所立新团各圩一律平毁，毋令逸匪逃匿。其从前开垦湖荒之东民，如查明实系开种闲田，无碍本境民人生计，且能安分谋生，不致别滋事端，即着饬令该管地方官编成户籍，责令按地升科，输租执业，倘查有侵占民田及勾通新匪情事，即立加驱逐，毋任逗遛生事，庶不致贻患将来。山东教会各匪甫经荡平，难保无逸出匪徒窜入其中，希图啸聚。江南铜、沛一带与山东兖、沂、曹各属，地界毗连，此股匪徒，虽经官军剿散，而此拿彼窜，终为地方之害。着阎敬铭督饬山东、江

南交界处所地方文武各官，遇有前项逸匪，务当不分畛域，立即掩捕，尽法惩治，以净根株。将此由五百里各谕令知之。①

○九二　奏报江北厘捐局裁撤归并折

同治三年八月十五日(1864年9月15日)

办理江北军务江宁将军臣富明阿、头品顶戴漕运总督臣吴棠跪奏，为江北厘捐局卡遵旨裁撤归并，恭折覆陈，仰祈圣鉴事。

窃臣等钦奉谕旨：江苏抽收厘税，设局过多，商贩甚累，着逐加裁撤归并等因。钦此。当经臣等钦遵查办，先后奏闻在案。旋据臣富明阿所派委员直隶州知州于昌遂、知县黄玉成、李海楼，暨臣吴棠所派委员道员刘咸，带同盐大使钱福照，周历扬、通两属及海门、靖江等十三厅州县，逐加履勘，将某处必须照旧、某处尚可酌裁、某处可以归并各情形详加体察，开具节略，分别呈送。又经饬令粮台总局复加查核，再行会同各该委员详细确商。兹据总办扬镇粮台江宁布政使万启琛、总办江北厘捐前四川永宁道郭礼图、候补道刘咸会详称：扬通、海门、靖江十三厅州县，扬镇粮台所设沿江、内河各厘局，自上年裁撤多处外，现连另设之行栈统计仅存正局五十三处，扬镇水陆征兵数万，半取给于此。商民乐效输将，并无苦累。卡员咸知激劝，各领考成。惟里下河系属水乡，支汊纷歧，沿江则港口排列，无要可扼，一隙稍疏，全局俱漏，是以有一厘局必须分设卡巡，实则并不重复收捐，不过稽查绕漏而已。议者以为局卡太繁，而地利使然，实有不得不然之势，良非总设一局所能

---

① 《穆宗毅皇帝实录(三)》，卷一百十一，同治三年八月，己巳朔，第468—469页。

周顾。兹就今昔情形不同者,酌量变通,设法归并十三局,裁撤五十九卡。此外虽尚有一地两卡之处,非捐数较繁,即劝办不易,未便一律勉强归并,致妨厘务,转碍军需各等情,形〔详〕请核奏前来。

臣等伏思江北厘务事宜,叠次上烦宸廑,仰见圣主痛疗在抱,轸念商艰,臣等敢不仰体宽大之仁,实力实心,认真查并。惟里下河厘捐为济饷大宗,虽系专供扬镇两营,而金陵与清淮之军,均各亦月加提四成,沪军亦按月加提二成以济饷需。为今之计,必期节费,仍可旺捐恤商,不致误饷,方为尽善。查该司道等所拟裁并各局卡,计共有七十二处之多,稍足以广皇仁,尚不致有碍于饷。其各该裁并卡局每月原支经费四千余千,现在俱可节省,业已批饬赶紧照办,以恤商民之艰苦。惟此项抽厘济饷系朝廷万不得已之举,此时金陵克复,水陆各军即将次第减撤,以后饷需自可渐省,仍当随时斟酌损益,体察情形,总期多减一项之捐输,即多培一分之元气,以仰副圣恩浩荡、与民休息之至意。谨会同江苏巡抚臣李鸿章,合词恭折覆奏,并将现拟裁并各局卡处所缮具清单,恭呈御览,伏乞皇太后、皇上圣鉴训示。

再,臣吴棠清淮军营所设厘局,节经设法裁改,仅存正局十八处,近又将船捐一项及安东境内厘卡先后裁撤。又,徐州粮台仅于铜、睢、邳、宿四州县境设局八处,海属两处经臣吴棠饬据该台局禀覆,均系多年设立,商民相安,现在防兵未撤,赖以济饷,实无可以裁并之处。合并声明。谨奏。八月十五日。

同治三年八月二十一日,议政王军机大臣奉旨:钦此。[①]

---

① 台北故宫博物院藏:军机及宫中档,文献编号:098632。

○九三　呈江北厘捐局裁并处所清单

同治三年八月十五日(1864 年 9 月 15 日)

谨将现在裁并厘捐局卡处所，分晰缮具清单，恭呈御览。

一、仙女镇厘捐，除宁捐、淮捐、沪捐本系附局稽收地方善后捐另行核办外，其粮台米捐共计四道，有卖户、买户之分。如出江米捐、下江报效捐，水师宁、广等帮厘捐，系捐买户，应并一局，名曰米捐正局。内河米厘及藩司衙门炮艇捐系捐卖户，应并一局，名曰米捐分局。

一、仙女镇本捐，上江报效，创设在先，嗣又推广南台进口木簰捐，应将两捐并为一局，名曰木捐正局。

一、仙女镇货捐，凡上下江报效捐、水师宁、广帮厘捐共三道，应为一并局，名曰货捐局，分别稽收。又，洋药系包缴之款，事务较简，应并于货捐局兼办。

以上仙女镇计并去三局及三江营一分卡。

一、三江营设有下江报效捐分卡，中闸有宁、广等帮水师厘捐分卡。该二处均有南台沿江厘捐，应即归并，兼收径解，毋庸另设。仙女镇分卡计并去二卡。

一、滑子口系口岸沿江厘捐分卡，该处设有下江报效一捐，亦应援照归并口岸沿江厘卡，兼收径解，即并去一卡。

一、口岸上江报效捐分局，本系稽查仙女镇绕漏之捐，补收有限。查口岸本有沿江厘捐，应归并就近兼办，计并去一局。

一、花布捐自上年添设沿江验补各卡，收数较旺，惟设卡之处均有港厘正、分各局，应归并办理，计并去通州、老洪等港三卡。

一、通境洋药捐在沿江设卡,均有南台港厘正、分各卡,应归并港厘局兼收,径行分款报解,计并去城内一局、沿江八分卡。

一、各属行栈捐,除海门、仙女镇、邵伯本系厘局,兼办泰兴、通州、靖江,尚未办成外,其泰州、如皋、宝应系按活厘抽收,东台、高邮、兴化系按板厘抽收。各该处均有厘捐正局、分卡,自应统归厘局兼办,计并去六局十分卡。

一、南北台花布捐,南台创设在先,收数较重。北台仅加四分之一,亦于通、海两处分设专局,上年曾经归并,嗣又分办。现当裁并之时,应仍统归南局兼收,计北台并去通、海两局、海境宋、季等港六卡。

一、扬属江淮贩捐,所设局卡均与正厘局并列,应归并扬属各厘局兼办,分别报解,计并去兴化、宝应等七卡。

一、戚家汊内河米捐卡收数有限,应归仙女镇内河米捐局稽收,计并去一卡。

一、厘捐名目不同,各收各捐。除三江营中闸各捐卡现均议并外,尚有一处而并设数卡者,如中闸双港口岸、张纲镇、宜陵、邵伯镇、姜堰、海安镇、白米镇、王村、胡家集、李堡、周圩港。又,南闸下江报效等捐,兴龙、游河正捐分巡相距不远,老坝头下江报效捐,与东门正捐分巡尤近。以上共计十五处,均系一处并设二三卡,应令并卡分解,计并去十六卡。至其余花布捐与江淮贩捐,有与他项厘卡同设一处而捐务各别事件较繁者,仍应毋庸议并。

一、泰州柴厘设卡于泰州城厢、姜堰、海安、小纪镇四处,应归并各该处厘卡办理,计并去四卡。

以上统共并去十三局五十九卡。理合登明。

议政王军机大臣奉旨：览。钦此。①

【案】此清单于是年八月二十一日得清廷批覆。《清实录》：

又谕：前因江苏厘局过多，谕令该督抚等逐加裁撤归并。兹据富明阿、吴棠奏称，遵饬妥员周历扬、通各属，逐加履勘，计裁并各局卡共七十二处，现存各处正局、分局系因各军尚未尽撤，暂行酌留，以供扬镇两营并江宁、清淮等军月饷，商民之力自可稍纾。即着照所议办理。江苏省城业经克复，水陆各军亦将次第减撤，此后需饷较前渐省，仍着富明阿、吴棠随时体察情形，酌量妥办，并严饬现设各局委员认真核办，以期有裨军需，无扰商民，如查有官吏蒙混侵蚀、致滋扰累者，即着指名严参惩办。②

○九四　奏报江北命盗杂案循例解勘折

同治三年八月十五日(1864年9月15日)

头品顶戴漕运总督臣吴棠跪奏，为江南全境肃清，江北各属命盗杂案各犯应循旧例解勘，恭折奏祈圣鉴事。

窃照江北各属命盗杂案各犯，例应解省提勘。前因苏常失守，道路不通，经前督、抚臣与前漕臣会商变通，请将淮安、扬州、徐州、通州、海州、海门六府州厅所属寻常命盗杂案，自斩、绞以下各犯例

---

① 台北故宫博物院藏：军机及宫中档，文献编号：098632-0-A。
② 《穆宗毅皇帝实录(三)》，卷一百十三，同治三年八月下，第503页。

应解臬司审详及应由臬司转解抚臣提勘各案,俱改解该管巡道提审,详解漕臣提勘,分别题咨,当经奏奉朱批:依议办理。钦此。钦遵。旋因粤逆交乘,长途多阻,淮扬通海距道皆遥,而人犯复解漕臣提勘,更属进递为难,有虞疏脱,复经会奏请将江北命盗杂案人犯,由府州提勘具详。其情重盗犯由府州覆讯后,就地正法。即由淮徐扬海、常镇通海两道并两淮运司核转漕臣覆核,分别题咨,奉旨:依议。钦此。钦遵各在案。

兹查苏常业已克复,江南全境肃清,道路疏通,所有江北各属命盗杂案各犯自应仍循旧例解勘,以符定制。臣与督臣、抚臣往返咨商,意见相同。谨会同协办大学士两江总督臣曾国藩、江苏巡抚臣李鸿章,恭折具奏,伏乞皇太后、皇上圣鉴训示祗遵。谨奏。八月十五日。

同治三年八月二十一日,议政王军机大臣奉旨:知道了。钦此。[1]

○九五　奏报江北新漕请仍征折色折

同治三年八月十五日(1864 年 9 月 15 日)

头品顶戴漕运总督臣吴棠跪奏,为江北各属新漕恳恩仍请征收折色,以济扬营凯撤欠饷,恭折奏祈圣鉴事。

窃照江北各属漕粮征收折色济饷十有余年,每届冬春之交,钱粮无可提解,赖此为军营养命之源,现在金陵克复,江苏全省肃清,接防兵勇自须陆续裁撤,则饷需原可节省。漕粮为天庾正供,亟应

---

①　台北故宫博物院藏:军机及宫中档,文献编号:098641。

征收本色，解运京仓，何敢以频年奉准折征视为常例。惟粮台久无协饷，厘捐近甚减色，亩捐一项现已遵旨饬停，而核计水陆兵勇欠饷约有一二百万之多，虽仅须搭发现银，为数业已甚巨。是目前进项绌于往日，而出款倍于平时，若不将冬漕照案折征，万难敷衍。据办理扬镇粮台江宁布政司万启琛详请具奏前来。

并先准富明阿函商，意见相同。惟有吁恳天恩，俯准将淮扬通海各属本届冬漕仍留一年征收折色，以资凑放欠饷，一俟来年扬营撤防，再行征米起运，感荷鸿慈，曷其有极！为此恭折具陈，伏乞皇太后、皇上圣鉴训示。谨奏。八月十五日。

同治三年八月二十一日，议政王军机大臣奉旨：户部议奏。钦此。[1]

○九六　南河苇荡两营增采柴束难敷额片

同治三年八月十五日(1864年9月15日)

再，南河苇荡左右两营增采柴束，原定章程，每年将青柴长发情形由该管道员确勘，详请具奏，设有水旱、虫伤，随时声明，历经循办在案。兹据委管荡务署淮安知府章仪林禀称：本年左、右两营，春间芦芽萌发之时，迭遭霜煞，间段受伤，尚无大损，嗣于四、五两月，天气亢旱，荡地干涸，低洼之区，产长较茂，而苇滩高处仍属茸稀，此后如雨水调匀，或可敷额等情前来。除批饬霜后据实尽数估报外，相应附片陈明，伏乞圣鉴。谨奏。

---

①　台北故宫博物院藏：军机及宫中档，文献编号：098642。

同治三年八月二十一日,议政王军机大臣奉旨:知道了。钦此。①

○九七 奏报奋匪现经剿逐东民安分折

同治三年九月初一日(1864年10月1日)

头品顶戴漕运总督臣吴棠跪奏,为占种沛地之奋匪现经官兵剿逐,业将新团各圩一律平毁净尽,其原垦湖荒东民尚知安分,恭折覆陈,仰祈圣鉴事。

窃臣前将东民占种铜、沛民田剿逐情形具奏,钦奉谕旨:着饬令派出各员实力追剿,尽歼丑类等因。钦此。仰见圣主除暴安良、持平立法之至意,跪聆之下,钦服莫名!伏查新团奋匪前经总兵姚广武等痛剿以后,余匪窜入西、北两圩,经该镇道等督兵逐追,斩馘多名。该匪等力不能支,逃避江、东交界之阎家圩内,畏罪潜藏,坚伏不出。而该圩之中多有良民居住,未便概加剿洗,波及无辜,即经臣饬谕该镇道晓谕该圩,将滋事之逸匪悉数交出,免致玉石俱焚。兹据姚广武禀报:已据阎家圩将侯圩滋事之侯殿和交出,并将所带器械呈缴。所有新团各圩经该总兵督同沛县,齐集民夫,一律平毁,并饬阎家圩一并退出,以绝根株。其旧垦湖荒之东民现已出具甘结保状,不敢别滋事端等情。

臣查新团各匪既经剿除,其各圩业已平毁,所占沛民之地均已让出,足以伸国法而服沛民之心。臣现并剀切开导沛民,亦不得互相寻杀。至旧垦湖荒之东民,自新团滋事以来,尚知安分,并肯出

---

① 台北故宫博物院藏:军机及宫中档,文献编号:098643。

丁随同官军，剿除新匪，其为并无勾串情事，可以概见。惟其所种之地，前于该民人私垦之初，曾经派员勘文，委系微山湖涸后荒地，并无沛民执业之田，而为日既久，诚恐或有前项情弊，现经臣切实晓谕，如有私行占种者，即行呈明退让，以息事端。此时新匪均已剿逐，东民、沛民均各安静，听候办理，堪以上纾宸廑。

惟查该处界连东境，而东境滨湖一带亦有私垦湖荒之处，将来查办升科，编成户籍，固须筹议尽善，方不致贻患将来，尤须与东境一律办理。臣昨准阎敬铭咨会，派委兖沂道崇芳、济宁直隶州知州周鹓来徐，会商查办。适淮徐扬海道朱善张在军营病故，臣现饬接署道员颜培瑚赶紧赴徐，与崇芳等妥议章程，以期两省居民永远相安于无事。除俟查办荒湖事宜议有章程再行具奏外，合将畲匪业已剿逐缘由恭折具奏，伏乞皇太后、皇上圣鉴。谨奏。九月初一日。

同治三年九月初七日，议政王军机大臣奉旨：据奏，占地圩匪业经剿除净尽，办理尚属妥速。其查办湖荒事宜，着即饬令颜培瑚会同东省派出之道员崇芳等，迅速妥商会办，俟定有章程，即行具奏。钦此。①

●军机大臣字寄：漕运总督吴、江苏巡抚一等伯李、山东巡抚阎：同治三年十一月初三日，奉上谕：都察院奏，江苏童生刘际昌呈控逆团焚掠毙命一折。据称畲匪占地南至铜邑，北至鱼台，共有十团，皆以唐守中为盟主。本年六月间，该匪攻破刘寨，伤毙多人，刘际昌之父亦被杀毙，控经府、道、漕督等

---

① 台北故宫博物院藏：军机及宫中档，文献编号：098966。

衙门。七月内，官兵赴沛县剿办，仅将新团之人拿究。至唐团肆恶各情，竟未过问，并唐守中设立湖田总局，交接道署门丁员弁等左右弥缝，又为其子唐锡龄捐纳县丞，在清浦候补。八月间，官兵攻打新团，唐团辄开炮拒敌，轰毙官兵各等语。奋匪纠众肆恶，勾结新团，其势蔓及数县，亟应严密查办，以遏乱萌。前据吴棠奏称，奋匪占种沛地，业经派兵剿逐，并将新团各圩平毁，与刘际昌呈控情节，尚属相符。惟所称新团焚掠均系唐守中主使，并匪势蔓及鱼台各情，未经吴棠切实声叙。着吴棠、李鸿章按照所控各情，遴派妥员，严密查察。如该童生所控情节属实，应如何妥为办理之处，即着迅速酌办。该逆团盘踞鱼台县境，阎敬铭何以未经查奏？现在沛县新团业经吴棠剿除，是否尚有余匪？唐守中是否潜踪东境？着阎敬铭设法迅速查拿，以除后患，毋致养痈！唐守中之子唐锡龄是否捐纳县丞在清浦候补？并着吴棠查明，迅行覆奏！原折并刘际昌呈均着抄给阅看。将此由四百里各谕令知之。钦此。遵旨寄信前来。①

【案】同治三年十一月十五日，阎敬铭奏报湖团衅斗原委及现办情形折：

山东巡抚臣阎敬铭跪奏，为遵旨查办湖团，谨将招垦原委及现在筹办大概情形，恭折奏祈圣鉴事。

窃臣于本年十一月初六日承准军机大臣字寄：十一月初三日，奉上谕：都察院奏，江苏童生刘际昌呈控逆团焚掠毙命一折等因。钦此。又于十一月初九日奉上谕：此次片

---

① 台北故宫博物院藏：军机及宫中档，文献编号：408018048。

内所陈有散勇谢占奎等聚众多人、勾结湖团奋匪约期起事之语各等因。钦此。伏查今年八月间，沛县新团奋匪滋事，臣一闻江南派兵剿办之信，当即飞咨漕臣吴棠，询查剿办情形，是否需会兵协剿，一面派东治营勇一千五百名，驻扎鱼台边界，相机扼防，俾免滋漫。旋经漕臣吴棠将新团奋匪剿办，查看旧团，尚属安分，奏明妥为办理，抄折咨臣，并屡次往返函商筹办善后之策。因该团之地居江境者倍于东境大半，应俟办理完竣，由漕臣会衔具奏，以慰宸廑。兹蒙圣谕垂询，臣谨将湖团招垦根由及现前筹办情形缕晰为我皇太后、皇上陈之。

窃查湖团地面，南至铜、沛，北讫鱼台，南北约二百余里，东西约三四十里，濒带昭阳、微山湖滨。先因黄河自丰工漫口，该处一片汪洋，居民逃徙。咸丰五年，河决，豫省大溜改掣此地，遂成湖淤，而本处人民逃徙，均未复业，经江省出示招垦，维时东省曹属郓、巨突被黄水浸灌，灾民多赴江境，俱愿承种，有巨野州民人唐守中，因能约束其众，遂为领地董首。嗣因地亩愈涸愈多，巨、郓灾民愈聚愈众，渐成村落。复又奉文团练，唐守中等均为团首，内中多有绅衿，如唐姓则曰唐团，赵姓则曰赵团，置有枪械，自为守望，总名湖团。南捻窜扰之时，该团等亦时为官兵助剿，声势稍大，聚众遂至数万之多，其地居江境十之七，居东境十之三。惟未升科，亦常按地纳征，历解有案。此湖团招垦纳征之原委也。嗣因地利渐辟，耕者愈多，而沛民渐次归来，以本境膏腴为他人占获，遂生争兢。该湖团因连年收获，倍见富庶，亦恃强力侵占民田，仇杀迭起，控案遂多。

　　咸丰六年，沛县士民刘沛学等呈控唐守中霸占民田，经前抚臣崇恩查据唐守中系灾民垦荒，并无滋事，仍俟江南查办。又有山东举人孔宪钰，京控唐守中等霸种焚掠，奉旨查拿惩办，亦经前抚臣崇恩查明，唐守中并无为匪，并因该举人抢掠商船斥革、具奏。其后沛境居民与该团时有仇杀，东省鱼境居民亦时有争地仇斗之案。此湖团与居民起衅之原委也。臣查该团等承种湖地已历多年，且由官招垦，又经交租，原可相安。但该团等恃其人众，时有欺凌，侵占民田，势所必有。而该沛民等又因外来之人占据其地，因利生嫉，亦不甘心，械斗日起，仇衅日深。从前，江、东两省军务未清，遇有斗案，惟以弹压解散，暂示羁縻。即领种收租，亦未勘编户籍地，两省容易藏奸。虽无不法为匪之事，已成尾大不掉之形。

　　臣到东复察看情势，实为两省隐忧，亟拟内地肃清，渐筹办理。兹于八月初一日先据济宁州禀报：江南湖地新团忽有畲匪滋事，焚杀民寨，经徐州镇带兵剿办等情。臣因未准江南咨会，未便进兵兜剿，致启旧团惊疑，反自勾结。当即一面飞咨漕臣吴棠，查询情由，一面飞调东治营总兵陈锡周等将所部勇丁千五百名，联营扼要驻扎鱼台界内，以防该畲匪窜逸。嗣于是月初十日钦奉寄谕，着臣于交界地方掩捕新团逸匪，当又飞饬各该营及地方官严密巡防，并设立炮船，梭巡湖面，并无逸匪入东境。旋据漕臣吴棠咨称：新团畲匪业经剿逐，平毁寨圩。至旧垦湖荒之民，各知安分，自应筹安插，与臣前奉谕旨指示相同。臣当饬署兖沂道崇芳与前署济宁州知州周鹗，星驰前赴徐州，与淮徐道会商妥办；并一面饬令周鹗顺赴湖团，饬令唐守中等，毋许与新团畲匪勾结，并查该团有无不安本分，分别惩办。旋据该道等会同徐州府知府汪尧辰禀称：该团等虽系东境郓、巨之民，种沛境之地，惟报垦多年，亦费工本，遽加驱逐，未必甘心，湖团实难驱除。倘或别起戎机，则江省亦难安枕。既畏威贴服，惟有查明湖荒，仍令垦种，丈量升科，按地纳税编入籍，以资弹压。内中如有侵占民地，均令退出，以平两境居民之心等情前来。

臣与漕臣吴棠咨商，意见相同。并据该知州周鹍禀称：亲赴该团，密为察看，该唐守中等均自投官乞恩，情愿缴械、编户、丈地、升科，并退出民地甘结各等情。臣当饬该员认真办理。现该员周鹍当住湖团，特专办其事。此次江省剿办畲匪及两省会商安插团众之实在情形也。臣查该团垦聚几将十稔，而抢来耕种皆系郓、巨强悍之徒，欲径行剿逐，则兵加无名；若曲意抚循，则后益难制。兹经江南饬军剿平畲匪，示以兵威，各旧团已知畏服，及此因势利导，庶期安插得宜。经漕臣吴棠奏明办理，于九月十三日奉旨：据奏，占地圩匪业经剿除净尽，办理尚属妥速。其查办湖荒事宜，着即饬令颜培瑚会同东省派出之道员崇芳等，迅速妥会办理。俟定有章程，即行具奏。钦此。移咨到臣。臣谨即遵饬该员等悉心经理，如丈地升科，缴械编户，设立文武员弁及清还民地等事，容臣与漕臣筹议办竣，再行具奏，以纾宸廑。

至唐守中系首先率垦之人，取怨最深，故皆指名为唐守中主使；其后各立为团，唐守中亦不能均加钤束。此次有无勾结畲匪，经漕臣吴棠咨称：所逐畲匪，余众有逃入阎家圩，经该圩将滋事之侯殿和等交出，其旧垦湖荒之东民均肯出丁随同官军,剿除新团,并无勾串情事,可以概见等语。是唐守中此次尚无为匪情形,且已自投到官,乞为安插,应容臣随时察看,再行查办。

又,唐守中亦在鱼台呈诉,该团为土人焚掠,均系彼此仇杀,难凭一面之词。臣拟俟此次安插办理完竣后,再行确访,以免牵制。其该童生所控唐守中交接并无丁役,及为其子唐锡龄捐纳县丞各节,应俟江南漕臣、抚臣查明办理。东省南境现在并无匪踪,其鱼台境内均系多年以来旧垦湖荒之人,并非匪众盘踞。前次济宁散勇谢占奎约期滋事,有勾结奋匪之语,系因七、八月间江南剿办奋匪,济宁与沛县相距仅百余里,人民甚为惊惶。该谢占奎于十月滋事,当复架词勾结奋匪,以备煽惑民心,及事后经臣饬查,沛境奋匪已经江南剿平,实无余匪潜来东境勾众情事。

其散勇谢占奎余党,均饬地方官随地查拿,务绝根株。合并声明。所有湖团招垦衅斗原委及现在筹办各情形,理合恭折具奏,伏乞皇太后、皇上圣鉴训示遵行。谨奏。十一月十五日。

同治三年十一月二十一日,议政王军机大臣奉旨:据奏,筹办湖团情形已悉,着即会商吴棠、李鸿章,将一应善后事宜迅速妥筹办理。唐守中等虽已自投到官,仍须妥筹安插。其江苏贡生张其浦在都察院续控唐守中之案,仍着汇入刘际昌控案,会同吴棠等查明覆奏。钦此。①

---

① 台北故宫博物院藏:军机及宫中档,文献编号:100710。

○九八 查明湖滩地亩租则并造册送部折

同治三年九月初一日(1864年10月1日)

头品顶戴漕运总督臣吴棠跪奏，为查明洪湖滩地顷亩、租则数目，造具鱼鳞册图，送部查核，恭折奏祈圣鉴事。

窃臣前将查办湖滩大概情形、蠲免历年积欠，暨减缓二年份租款缘由两次具奏，并声明饬局将应造花户地亩、弓口、四至、租则、图册赶办详咨在案。兹据管理湖滩局盐运使衔道员用署淮安府知府章仪林详称：原丈开领民垦及草地，计人、寿、年、丰、时、和、世、泰八号，计征租地一千八百八十余顷，每亩上则原定岁租钱二百五十文，以次递减至草地四十文不等，共计岁租钱一万五千余千，前经奏明有案。

查从前原丈界址，大半迷失，无人指认。现复丈得原尾草滩共地二千一百九十七顷七十五亩四分八厘五毫，内拨给清河县学暨文笔峰字纸局荒熟地九十八顷六十五亩九厘八毫，淮扬镇标中营牧马地荒熟共计七十五顷七十亩三分五厘五毫，归该学、营自行经理。又除路浍、沟河、坟基、洼、废等地七十二顷十四亩三分一厘八毫不计外，实存招领征租地七千九百四十九顷十四亩四分五厘七毫，内原滩共地八百五十五顷三十九亩三分二厘八毫，尾滩连草地一千九十三轻七十五亩一分二厘九毫，现已一律招种。按照减定租则，上则每亩钱一百七十五文，中则一百四十文，下则九十文，下上、下中、下下三则，依次递减，定为九十、七十、五十文。草租仍每亩四十文。共应缴岁租钱一万五千五百九十七千一百八十五文，造具开领各号顷亩、丈尺、四至、等则、租数简明鱼鳞册图详送，分别奏咨前来。

臣伏查现丈征租之地，核之原案奏定之数稍多，系将河营养马滩五十顷收回及续有涸复地二十余顷并计在内，核与原丈不相上下。从前原定租则自上则每亩二百五十文，递减至草地每亩四十文，完清者少，蒂欠者多，本属有名无实。自咸丰十年全滩遭匪以后，垦户流离，抛荒日久，并以原定租则较重，相率裹足不前，几同废弃，若不酌量变通，则租款将归无着，不得以自元年春季起，将原、尾两滩租则由一百七十五文递减至五十文，其草租仍旧四十文，始得招徕复垦。而通计现在实征之数，与前河臣庚长奏明征收总数并未减少。至此案前经部臣议奏，以骆马湖滩比较应征钱三万千上下等语。检查骆马湖成案，计地一千四百余顷，而上等居其半。今洪湖初丈为原滩分上、中、下三则，续丈为尾滩分下上、下中、下下三则，即所谓上则者亦多沙沟，其下上则仅与下则相等，系各就本案分则而言，并非膏腴之地。其每亩征收之数，势难与骆马湖比较，且上则之地本少，故顷亩虽多，总计征数实只一万五千余千，委系体察情形，核实经理。

所有该滩租款自咸丰十年春季以前逐年征欠，总数无案可稽，无从造报。是年秋季起，复行查办，计征钱三千八百余千；十一年，征钱四千七百三十余千；同治元年，征钱五千二百八十余千。各该年已收租钱，均已拨入军需款内收用。其余实欠在户者，业已奏准豁免。同治二年份春租奏明减缓三成，秋租减缓二成，应俟截数后，再行造报。除将送到顷亩、租则、鱼鳞册图咨送部科查核外，为此恭折具奏，伏乞皇太后、皇上圣鉴训示。谨奏。九月初一日。

同治三年九月初七日，议政王军机大臣奉旨：该部知道。片并发。钦此。①

○九九　请将道员朱善张照例议恤片

同治三年九月初一日（1864年10月1日）

再，淮徐扬海道朱善张，经臣饬令会同徐州镇总兵姚广武剿办沛县新团畬匪，前经奏闻在案。嗣节据该道禀报剿办情形，附称右腋下生有一疽，以剿匪正当吃紧，仍带病从戎等语。兹据姚广武及徐州府知府汪尧辰先后禀报：该道朱善张于八月十七日在沛县行营病故。查淮徐扬海道独当一面，责重事繁，不可一日乏员。查有候补道颜培瑚，学识优长，才具练达，堪以署理，现已批饬赶紧赴任，以专责成。

至朱善张由浙江附生，在本省军需案内奏保以通判分发南河，历补桃南通判，升里河同知，于剿办淮徐扬海属捻、幅各匪并海口洋匪各案，迭蒙赏戴花翎，加盐运使衔，补授淮扬道，并赏给库木勒济特依巴图鲁名号，加二品顶戴。嗣淮扬道裁缺，于同治元年经臣奏署淮徐扬海道，并办徐州粮台，上年奉旨补授。该员在任时，正值豫、皖境内捻氛猖獗，继又苗逆围攻蒙城，筹饷筹防，毫无贻误。

核计该员戎马奔驰历二十余年之久，现以剿匪赴沛，力疾行间，即在行营病故，实非寻常积劳可比，合无仰恳俯准将二品顶戴淮徐扬海道朱善张，饬部照二品官军营立功后病故例，从优议恤，以慰忠荩，出自鸿慈，伏乞圣鉴。谨附片具奏。

---

① 台北故宫博物院藏：军机及宫中档，文献编号：098967。

同治三年九月初七日，议政王军机大臣奉旨：朱善张着交部照二品官军营立功后病故例，从优议恤。钦此。[①]

一〇〇　拨给湖滩营、学田与原数不符片

同治三年九月初一日（1864 年 10 月 1 日）

再，前河臣庚长奏明洪湖滩内营田、学田，均属有案可稽，拟酌拨中营、河营养马滩地各五十顷，学田九十顷。嗣经部臣议奏，饬将原案何年额设、何年报部，分晰造报，自应祗遵办理。惟清江各衙署旧案自咸丰十年遭匪以后，荡然无存，无从查核。除河营养马滩地五十顷业经臣奏明收回外，伏查河标中营现在改隶淮扬镇标，正当整顿营伍之际，且近年以来，钱粮支绌，额领兵饷每岁仅只发给两月，兵情困苦，此项牧马地亩，自应仍循其旧，以示体恤。惟原丈界址迷失，现将该地内河、浤、洼、废等地一并丈量拨给，实计七十五顷七十亩三分五厘五毫。

至学地九十顷，原奏以三十顷为修理学宫经费，三十顷为贫生膏火，三十顷为乡会试川资，均系作养人才之需。又查有文笔峰字纸局，向有经费地八顷六十五亩九厘八毫，现均拟仍旧拨给，以仰副圣朝嘉惠士林、振兴学校之至意。所有照案拨给营、学滩地及亩数与原丈不符缘由，理合附片具陈，伏乞圣鉴。谨奏。

同治三年九月初七日，议政王军机大臣奉旨：览。钦此。[②]

---

① 台北故宫博物院藏：军机及宫中档，文献编号：098968。
② 台北故宫博物院藏：军机及宫中档，文献编号：098969。

一〇一 请将记名运司李元华简用片

同治三年九月初一日(1864年10月1日)

再，按察使衔记名运司李元华，先经臣奉旨奏调来浦，嗣于该员到营后，又经奏奉谕旨，准其留于江北军营酌量差遣，经臣派令办理团练，并遇有军务机宜，随时商榷，悉中窾要。经年以来，深得指臂之助。臣察看该员熟悉戎务，洞达民情，实为司道中不可多得之员，合无仰恳天恩，俯准将李元华留于江苏以道员借补，仍以运司恭候简用之处，出自逾格鸿慈。再，办理筹防局务之候补道颜培瑚，现在委署淮徐扬海道事，局务需人接替，臣已檄委李元华赴局接办。合并声明。伏乞圣鉴训示。谨附片具奏。

同治三年九月初七日，议政王军机大臣奉旨：钦此。[①]

【案】吴棠前报剿逐畲匪之奏及此片，均于是年九月初七日得允行。《清实录》：

漕运总督吴棠奏，占种沛地之畲匪，剿逐净尽。得旨：办理尚属妥速，其查办湖荒事宜，着即饬令颜培瑚，会同东省派出之道员崇芳等，迅速妥商会办，俟定有章程，即行具奏。又奏，请将记名盐运使李元华留于江苏以道员借补。允之。[②]

---

① 台北故宫博物院藏：军机及宫中档，文献编号：098970。
② 《穆宗毅皇帝实录(三)》，卷一百十四，同治三年九月上，第547页。

一〇二 请将文生鹿庆商照阵亡例议恤片

同治三年九月初一日(1864年10月1日)

再,咸丰十一年间,东境土匪刘平时在铜、邳一带滋扰。查有铜山县练总蓝翎六品顶戴文生鹿庆商,于五月初九日在邳境之滩上地方带练堵剿,贼众练寡,被戕阵亡。据该家属具报请恤。臣复查无异。相应奏恳天恩,饬部将蓝翎六品顶戴铜山县文生鹿庆商照阵亡例议恤,以慰忠魂。伏乞圣鉴。谨附片具奏。

同治三年九月初七日,议政王军机大臣奉旨:鹿庆商着交部照阵亡例议恤。钦此。①

一〇三 通属办团出力绅董再请奖叙折

同治三年九月二十四日(1864年10月24日)

头品顶戴漕运总督臣吴棠跪奏,为前保通属办团出力绅董,现准部咨驳正,分别开单,再行吁恳天恩,仰祈圣鉴事。

窃臣前于同治二年二月间,奏保通州办团出力之绅董一案,仰荷恩伦照准,钦遵之下,无不鼓舞奋兴。嗣经部臣议奏,内有军务省份八员,应行撤销。又,承办局务者,只准保奏交部议叙等因。钦奉谕旨:依议。钦此。行令钦遵到臣。惟查此案原保各员均系绅董,并无现任、候补及外调官员在内。其中有指定省份之员,系报捐而尚在籍,与新章军务省份人员不准别省督抚、带兵大臣留营

---

① 台北故宫博物院藏:军机及宫中档,文献编号:098971。

者不同。至办理团练，向于要隘地方设立总、分各局，凡办团带勇以及操演勇丁、巡江缉匪，皆系各归各局，以专责成，并非文案、捐输等项局务。通属与江南烽火相望，自咸丰十年以后，全赖团练得力，与官兵相辅而行，得以保全完善，各该绅董等实属著有微劳。

除将升阶越级及仅只办理文案者应候部议给叙、不敢再行吁恳外，其余原保官阶、班次不过数员，此外仅只虚衔顶翎，惟有仰恳天恩，俯准仍照原请给奖，俾示鼓励，出自逾格鸿慈。谨缮折开单，恭呈御览，伏乞皇太后、皇上圣鉴训示。谨奏。九月二十四日。

同治三年十月初二日，议政王军机大臣奉旨：李洙等均着照吴棠原保给予奖励。该部知道。单并发。钦此。①

一〇四　呈部驳各员请准照原保给奖清单

同治三年九月二十四日（1864 年 10 月 24 日）

谨将部议驳正各员仍请准照原保给奖衔名，缮具清单，恭呈御览。

分发浙江试用县丞李洙、指发浙江候补县丞张云上。查该员等并非外调候补之员，办团实力，艰苦不辞，拟请仍照原保将李洙赏加布理问衔，张云上俟到省补缺后，以知县县用。

候选通判王元衡，原保蓝翎。

同知衔拣选知县举人孙绍瑜，原保蓝翎。

正二品荫生李纶全，原保请加五品顶戴。

候选训导王广福，原保请加内阁中书衔。

---

① 台北故宫博物院藏：军机及宫中档，文献编号：099598。

副贡生钱元涣,原保请加知州衔。

国子监典籍衔教谕用江宁县训导尹高佑,原保候补教谕后以知县用。

分发试用训导吴瓖田,原保请加光禄寺典簿衔。

捐职同知何润第,原保请加运司衔。

文生朱绳祖,原保请加六品顶戴。

九品衔刘淦,原保以从九品选用。

文生陈大仓,原保以训导不论双单月尽先选用。

以上十一员,查系各在要隘地方设局团练,并非办理文案、捐输等项局务,数载防江,实心实力,得以保全完善,实资联络策应之功,拟请恩准仍照原请班次、翎衔,给予奖叙。内有捐输出力及出资制造军火之员,既已奖其劳绩,拟请毋庸再按捐资给叙。

议叙从九品文生吉镕,原请俟得缺后,以县丞用。

书识刘际春,原请以从九品不论双单月选用。

以上二员请照部咨,听候议叙。

议政王军机大臣奉旨:览。钦此。①

一〇五　请饬黄锡庆前赴广东候补片

同治三年九月二十四日(1864年10月24日)

再,分发广东补用道黄锡庆,系江苏甘泉县举人,前于咸丰三年间,前河臣杨以增任内钦奉上谕:在籍道员黄锡庆着交杨以增差遣委用。钦此。经前河臣、漕臣酌派带兵防剿,并委办团练各差,

---

① 台北故宫博物院藏:军机及宫中档,文献编号:099599。

于四年八月间经前河臣杨以增以剿匪出力，奏奉上谕：俟到省后，不论繁简尽先补用。七年十二月间，经前漕臣邵灿等以查明办团出力，奏蒙赏换花翎。十一年二月间，经前署漕臣王梦龄以防剿出力，奏蒙赏加盐运使衔。计该员在防当差已逾十年之久，备著辛劳。现在江省肃清，撤防在即，该员本系原发广东之员，可否仰恳天恩，仍饬该道员黄锡庆前赴广东候补，俾得及时自效之处，出自逾格鸿慈。伏乞圣鉴。谨附片具奏。

同治三年十月初一日，议政王军机大臣奉旨：着照所请，该部知道。钦此。①

一〇六　奏闻节交霜降劝办西堤各情形片

同治三年九月二十四日（1864 年 10 月 24 日）

再，臣前将节届立秋、水大工多、宣泄、抢护各情形附片具奏在案。查洪湖水势入秋以后，来源较旺，因有里河敞泄，旋长旋消。堰圩各工节经该厅镶筑兼施，悉资抵御。邳宿运河承受东省蒙、沂诸山之水，叠次盛涨，幸上游各水口先期分别启通，去路颇畅。迩来秋深源弱，双金闸进水无多，于盐、柴恐有阻滞，臣已督饬厅汛将前启刘老涧、旧河尾各坝次第相机兴堵，以资蓄潴。里扬运河上下两岸被刷旧埽及护埽防风等工，均已镶加稳实。

至扬属东堤节，年劝集民夫，逐渐修整，每值伏秋汛涨，得以坚守。高邮各坝于里下河民命、饷源大有裨益，所虑西岸碎石堤工残塌，不一而足，上年择要捞砌，为得寸则寸之计，而未办段落

---

① 台北故宫博物院藏：军机及宫中档，文献编号：099600。

续塌更甚于前。如高邮南门以下，对岸湖河相连，一遇西风鼓浪撞刷，东岸溃塌纷纷，情形尤为险要。现在东堤上下业已一律告竣，必须趁此湖河水落之时，赶将西堤碎石逐段认真修砌，加筑土戗，方足资重障而卫民生。所有此项工用，约计不赀，除仿照道光年间摊修西堤成案，从省酌数，责令下河受益各州县劝捐接济外，其余不敷之数，仍由臣设法筹拨。惟本年湖运工需较巨，前因柴价一款不敷应用，随经动拨滩租，奈为数亦属无多，现又兴办西堤，仍虞短绌。

臣悉心筹画，不得已再于清淮捐输项下，酌量拨支接济，以成要工，庶一劳永逸，堤防固而民力亦纾。所有节交霜降水消工稳，并筹堵坝河、劝办西堤各情形，理合附片陈明，伏乞圣鉴。谨奏。

同治三年十月初二日，议政王军机大臣奉旨：知道了。钦此。①

一〇七 奏请饬发空白执照片

同治三年九月二十四日(1864年10月24日)

再，清淮筹防捐局所收捐款，凡贡监虚衔、翎枝、封典，历系填给部颁空白执照，随时汇奏，并造册报部在案。兹查虚衔贡监空白执照所存无多，相应奏请饬下户部、国子监颁发空白正五品衔、从五品衔、正六品衔、从六品衔照各一百张，从九品衔照二千张，监照二千副，迅速解浦，俾资填用而济军需。谨附片具陈，伏乞圣鉴。谨奏。

---

① 台北故宫博物院藏：军机及宫中档，文献编号：099601。

同治三年十月初二日，议政王军机大臣奉旨：该衙门知道。钦此。①

一〇八　审拟民人戴尚庆京控一案折

同治三年九月二十四日（1864 年 10 月 24 日）

头品顶戴漕运总督臣吴棠跪奏，为审明京控盗匪，按律定拟，恭折奏祈圣鉴事。

窃查咸丰七年十二月二十五日，前河臣庚长任内准步军统领衙门咨开：据安徽泗州民人戴尚庆京控土匪吴振秀带领吴景如等多人，在伊门前放火烧屋，将伊子戴景扬打伤身死等情。讯供具奏，奉旨：此案着交庚长督同署江宁藩司梁佐中，就近亲提人证卷宗，秉公研讯确情，按律定拟具奏。原告民人戴尚庆，该部照例解往备质。钦此。准将原告戴尚庆连原呈甘结咨送到浦。当经前河臣行司，发委淮安府知府恒廉提审，旋据泗州协获逸犯吴景桂解浦，发县监禁，并节据该州移府，已获之吴振秀，以道路戒严，未敢递解。案内吴振来、王秀芹御匪被杀，被控人证流离迁徙，一时难以提解。嗣经详咨展缓，传谕原告戴尚庆回籍候示在案。现在道路疏通，据戴尚庆呈催提审。续据戴景序以伊伯戴尚庆病故呈报，随催据泗州将犯吴振秀、地保王克贵，检同卷宗，具文申解，声明吴洪加、吴洪斌在押取保病故等情。复经札饬核讯去后。兹据淮安府知府顾思尧审拟，解由江宁布政司万启琛勘转前来。

臣亲提研讯，缘吴振秀、吴景桂与已故之吴开礼、已获正法之

---

① 台北故宫博物院藏：军机及宫中档，文献编号：099602。

陈得、已获病毙之吴洪加、吴洪斌,均籍隶安徽泗州,种地度日,先未为匪犯案。咸丰七年正月初七日,吴景桂在吴振秀家内,与吴开礼、陈得、吴洪加、吴洪斌、并在逃之吴景如、吴景言、吴景书,先后会遇。吴开礼谈及年荒难度,稔知戴尚庆家有钱,起意行劫,得赃分用。吴景桂等允从。即于是夜一共九人,在吴振秀家动身。吴景桂徒手,吴开礼带火铳,余各分执刀械、口袋。行至半路,吴振秀头疼身热,不能偕往,当即回家。吴开礼等行抵戴尚庆家门首,吴开礼留吴景桂、吴景书、吴洪加、吴洪斌在外把风接赃,自与陈得等撞门行劫。戴尚庆闻声知觉,与子戴景扬并侄戴景序将大门堵住。吴开礼因不能进劫,即在戴尚庆家东厢草屋上放火,与陈得等扒屋进内,在各房搜出衣物、粮食,欲开大门逃走。戴尚庆等拦门喊捕,吴开礼放火铳轰伤戴景扬胸膛倒地。陈得用刀砍伤戴尚庆偏右,夺门逃出,将赃物递交吴景桂等接收,分携逃至僻处,查点俵分。吴开礼向吴振秀告知放火行劫、拒伤事主情由,并分给赃物而逸。戴景扬旋即因伤身死。地保王克贵等先后闻知赶拿,问知情由,报泗州会勘验讯,缉获匪犯陈得,讯认不讳。

　　时值捻匪滋扰,将犯就地正法。续获吴振秀、吴洪加、吴洪斌,讯未承认,管押。当有监生吴端四等赴州公保吴振秀未准。戴尚庆闻知,虑染保脱,亦即赴州具诉。州批讯究。戴尚庆误闻余匪藏在董事吴振来家内,呈经泗州裘宝善饬提究交未到,旋即卸事,署泗州李承颖抵任。据乡保禀报:首犯吴开礼畏罪自缢。饬取族邻切结,附卷绘图,填格造册,录供通详。吴洪加、吴洪斌先后在押病故,经州验明,填格附卷。戴尚庆又嘱地保王克贵前往吴振来家查拿,余匪无获,疑是王克贵通信与匪逃避,并见差役王兴等奉票缉匪未获,又疑有串通卖放情弊,急进京控告,再三诘究无异。

查律载：强盗已行但得财者，不分首从皆斩。又例载：强盗杀人放火，烧人房屋，随即奏请立决枭示。又，共谋为盗，因病不行、事后分赃者，杖一百、流三千里各等语。此案吴开礼起意行劫，放火烧房，拒杀事主，实属凶暴已极。吴景桂、陈得、吴洪加、吴洪斌，均合依强盗已行但得财者不分首从皆斩律，拟斩立决。吴开礼放火杀人，应照例加拟枭示，业已畏罪自缢身死，饬州戮尸示众。陈得业经该州就地正法，吴洪加、吴洪斌亦拿获病故，均毋庸议。吴景桂仍先照例刺字。吴振秀听从行劫，行至半路，因病回家，事后分得赃物，亦应按例问拟。吴振秀合依共谋为盗、因病不行、事后分赃者杖一百、流三千里例，拟杖一百、流三千里，到配杖一百，折责安置。事犯到官虽在咸丰十一年十月初九日恩诏以前，核其情罪系不在准免之例，应不准免，照拟发配。失察牌保系在赦前，应免提责。余讯无同居亲属知情分赃、牌保得规包庇情事，逃后亦无知情容留人家，应毋庸议。失赃照估追赔，盗械供弃免追。逸犯吴景如等饬缉，获日另结。事主戴尚庆虽系怀疑误控，第不赴司道、督抚衙门控告，辄行进京越诉，本干律拟，业已身死，应毋庸议。地保王克贵讯无通信与匪逃避，董事吴振来并无藏匪，差役王兴等亦无串通卖放情弊，亦毋庸议。监生吴端四等因何为匪公保，饬州讯明具报。

案经讯明，未到人证免提，以省拖累，是否允协？除录原案供招咨部查核外，合将督审按拟缘由，恭折具奏，伏乞皇太后、皇上圣鉴。谨奏。九月二十四日。

同治三年十月初二日，议政王军机大臣奉旨：刑部议奏。钦此。[①]

---

① 台北故宫博物院藏：军机及宫中档，文献编号：099603。

【案】咸丰七年十一月十九日，步军统领文彩等奏报安徽民人戴尚庆京控一案折：

奴才文彩等谨奏，为请旨事。

据安徽泗州民戴尚庆京控土匪吴振秀带领吴景如等多人，各持枪炮，在伊门前放火烧屋，将伊子戴景扬打伤身死等情。奴才等督饬司员，详加讯问，据戴尚庆供：我系安徽泗州人，年六十岁，在本州赤山里地方居住，种地度日。本年正月初七日夜，突有土匪吴振秀带领吴景如等并不知姓名数十人，各持枪炮，在我门前放火烧屋，不知何人用火枪将我儿子戴景扬打死，将我头顶打伤，并打死驴一头，抢掠衣物不计数目。我喊嚷，有乡保王秀芹等带领练勇，将伙匪陈得拿获。我在火光之下，认明余匪俱是吴振秀同族。我赴本州控告，蒙州主谕令练董吴振来，将吴振秀拿获。陈得供认系吴振秀起意扰害我家，州主并未讯究，有监生吴端四等欲将吴振秀保出。至五月间，我见众匪在吴振秀家内，我向乡保王克贵等告知，他翻给余匪送信，以致各匪逃走，书差通同卖放，并不追拿。我又赴州控告，至今余匪仍未缉获，我来京赴案呈告的等语。

查戴尚庆所控，土匪吴振秀带领吴景如等多人，各持枪炮，在伊门前放火烧屋，不知何人用火枪将伊子戴景扬打伤身死，并将伊打伤，抢掠衣物，有乡保王秀芹等带勇将伙匪陈得拿获。伊赴本州控告，谕令练董吴振来，将吴振秀拿获，并未讯究。后伊见众匪在吴振秀家内，向乡保王克贵等告知，翻给余匪送信逃走，书差通同卖放，并不追拿，至今余匪仍未缉获等情。谨抄录原呈，恭呈御览，伏候皇上训示遵行。

再，遵照奏定章程，取具该原告戴尚庆甘结，内称并未在本省各上司衙门控告。合并声明。谨奏请旨。咸丰七年十一月十九日。

奴才文彩，奴才爱仁（差），奴才穆荫。①

【案】同日，步军统领文彩等呈安徽泗州民人戴尚庆京控呈状：

具呈人：小的戴尚庆，本系安徽省人，居住直隶泗州赤山里。今年正月初七日三更，偶然有土匪恶集，为首吴振秀带领吴景如、吴景言、吴景桂、吴景书四人，又带领数十人不知姓名来，在戴尚庆门前，各持器械、抬枪、火炮，喊叫如雷，放火烧屋，火枪打死小的孤子戴景扬，小的头顶受伤甚重，连驴打死。令人伤情，万恶无尽！抢去衣、粮，财物一空，喊救无人。之后，王秀芹、马秉兰二位乡保带领练勇救护。匪未逃走，遂将匪陈得拿获。火光之下，照有数十余人，内有二十余人小的认识，全是庄邻吴振秀同族一党。小的随时知保，同保正在州衙门呈报，蒙前州主大人恩准提究获匪，尸场谕令练董吴振来力拿族匪等交票。有保正王秀芹等押送陈得到案，又蒙州主大人讯供。据陈得当堂供明，内是吴振秀起意，邀约同族人等，窃扰小的全家。后获住吴振秀到案，州主未讯。

正月二十九日，有监生吴端四、文生韩鬌翰等，来州取保。吴端四云，伊素日耕读之人，要力保匪人吴振秀出来，尚未保出。小的五月间，见众匪在吴振来家，随时知保。有保正王克贵送信与匪，匪得知信息，四路逃走。彼时通同差保陈洪、黄

---

① 中国第一历史档案馆藏：军机录副，档案编号：03-4572-066。

景、王兴、胡照、冯万同、刑房梁安邦卖放，数月有余，不见正犯到案，又不追迫，欺小的懦弱。小的家有禾苗在田，只得一人，未及来州禀明。

小的于六月在新州主大人具禀，蒙批勒追拘究，毋再琐渎。至后又三月有余，命、盗、放火三案冤白不分，情曲可恶，书不送比，差保不闻，并不拿匪到案，为首未办，冤沉海底，小的心何甘！又恐再来害小的，小的全家狗命难逃，追思无奈，只得来在京城，跪恳作主讯办。谨呈。①

一〇九　请仍设淮扬道缺以重地方折

同治三年十月十四日（1864 年 11 月 12 日）

暂署两江总督江苏巡抚一等伯臣李鸿章、协办大学士两江总督一等侯臣曾国藩、头品顶戴暂署江苏巡抚漕运总督臣吴棠跪奏，为淮徐扬海道辖境辽阔，难以周顾，恳恩仍设淮扬道员缺，以重地方而资治理，恭折奏祈圣鉴事。

窃照清江浦向为河督驻扎处所，原设库、扬、海三道内，库道一缺专司河饷，先已奏裁。其扬、海两道虽系管河，各有分巡地方之责。咸丰十年，裁撤南河各缺，将河道总督并扬、海两道一并裁汰，所有该道等应管事宜，统归徐道兼辖，作为淮徐扬海道。时因漕运久停，军务为重，借可于经费节省，故前署漕臣王梦龄曾有拟留扬道之请，而未邀允准。惟徐道驻扎徐州，相距江口、海口均有千里之遥，不特运道、河防随时须斟酌事机者，难以遥制，即以地方公事

---

① 中国第一历史档案馆藏：呈状，档案编号：03-4546-044。

而论,亦复呼应难灵,是以扬州一属刑名案件,前经臣吴棠奏准,改归两淮运司勘转,实系目击情形,不得不变通办理。

现在金陵克复,江苏全省肃清,一切均应复归旧制。运司经理鹾务,正当遵奉新章疏通楚、西两岸引盐及整顿淮北票法之际,公事日形繁重,断难兼顾地方,且漕粮为天庾正供,今已江省乂安,自当逐渐筹画,为规复河运之计。臣吴棠现经遵照部咨,饬委道员刘咸由江境运河直至东境渡黄处所,查勘运道,如果可以试行,则漕运经行之堤岸,即属至紧至要之工,如下游之归江去路高、宝之一线,东堤清河境内之杨庄顺清河承受中运河、洪湖两路来源;双金闸则关系北盐荡柴运道,均在淮、扬两属境内,其中各闸坝蓄宣关键机宜在呼吸之间,督臣既未能时常北来,漕臣职司漕运,以后即未能终年驻浦,而徐州道远处一隅,地属重镇,亦未可远离职守,一二厅员汛竟无可以禀承。若仍由徐道兼辖淮、扬,则地方河漕各务实不免丛脞之虞。

臣等往返函商,意见相同,相应合词吁恳天恩,俯准复设淮扬河务兵备道员缺,管理淮、扬两属。其海州一属巡道应管事件,仍归徐道管辖,作为徐海河务兵备道,俾资分巡而专责成。谨会同恭折具陈,伏乞皇太后、皇上圣鉴训示。再,淮扬道原系由外题补之缺,如蒙恩准复设,另由臣等遴员请补。合并声明。谨奏。十月十四日。

同治三年十月二十日,议政王军机大臣奉旨:钦此。[1]

【案】同治三年十月二十日,清廷饬令议政王军机大臣等议奏:

---

[1]　台北故宫博物院藏:军机及宫中档,文献编号:099999。

同治三年十月二十日,内阁奉上谕:曾国藩等奏,准徐扬海道辖境辽阔,难以周顾,请仍设淮扬道员以重地方一折,着议政王军机大臣会同该部议奏。钦此。①

一一〇　请奖捐输各营兵米绅民折

同治三年十月十四日(1864年11月12日)

暂署两江总督江苏巡抚一等伯李鸿章、头品顶戴漕运总督臣吴棠跪奏,为查明统捐淮、沪、扬镇各营兵米捐生衔名,缮具清单,恳恩给予奖叙,恭折奏祈圣鉴事。

窃照同治元年闰八月间钦奉上谕:现在饷局裁撤,捐借办竣,当兹秋谷登场,收成丰稔,大可循案劝捐兵米。着李鸿章、吴棠遴委江北大员,督饬各州县认真办理等因。钦此。遵经臣等札饬各属仿照上届捐借改为捐米,按淮扬通海十四厅州县分派,统淮、沪、扬镇各营并为一捐,由各属印委各员认定捐数,银、米并缴。并委升任运司乔松年会同粮台,设局督办,即经奏明在案。查此案捐米,据该总局禀议章程,每米一石,照捐输章程作银三两四钱给奖。其有折银呈缴者,每石准减缴银二两三钱,以示体恤。较之各路粮台捐局,或收半银半钞,或全收饷票者,业已增数甚多,上年清、淮及扬镇粮台深资接济。其应解沪营之捐米,嗣经分拨水师及皖营济用,亦颇赖以挹注。兹据该总局将通州、如皋、清江、高邮、东台、兴化、江都、盐城等八州县缴清,各捐户共捐米一万九百六十五石九升九合,合银三万七千二百八十四两九分一厘,先行查取履历,

---

① 中国第一历史档案馆编:《咸丰同治两朝上谕档》,第14册,第364页。

声明愿奖官阶,造册详请奏奖前来。

臣等按册覆核,均与现行常例、筹饷事例减成请奖章程相符。除将细册咨部查核并饬局将其余各属捐生接续详奏外,相应奏恳天恩,俯准饬部覆核,照给奖叙,并请迅颁执照,以示鼓励而昭激劝。谨合词恭折具陈,伏乞皇太后、皇上圣鉴。谨奏。十月十四日。

同治三年十月二十日,议政王军机大臣奉旨:户部核议具奏,单并发。钦此。①

一一一　呈各属统捐兵米捐生衔名、银数清单

同治三年十月十四日(1864 年 11 月 12 日)

谨将通州、如皋、靖江、高邮、东台、兴化、江都、盐城八州县统捐淮扬镇各营兵米捐生衔名、银数,缮具清单,恭呈御览。

孙维翰,通州人,由本班先选县丞捐米五十六石,以米合银一百九十两四钱,与筹饷事例加捐两班至不论双单月选用县丞减成银数有盈无绌,拟请以县丞不论双单月选用。

孙秉钧,通州人,由监生捐米三十石,以米合银一百二两,与筹饷事例报捐从九品双月选用减成银数有盈无绌,拟请以从九品双月选用。

孙荣,通州人,由监生捐米三十石,以米合银一百二两,与筹饷事例报捐从九品双月选用减成银数有盈无绌,拟请以从九品双月选用。

---

① 台北故宫博物院藏:军机及宫中档,文献编号:100000。

李文杰，通州人，由从九品职衔捐米三十六石，以米合银一百二十二两四钱，与筹饷事例报捐从九品双月选用减成银数相符，拟请以从九品双月选用。

孙维城，通州人，由按察司照磨职衔捐米四十三石，以米合银一百四十六两二钱，与现行常例加捐州同衔减成银数有盈无绌，拟请给予州同职衔。

钱金书，通州人，由俊秀捐米七十三石，以米合银二百四十八两二钱，与现行常例报捐监生并加捐县丞职衔减成银数有盈无绌，拟请给予监生并县丞职衔。

邵毓琛，通州人，由俊秀捐米七十三石，以米合银二百四十八两二钱，与现行常例报捐监生并加捐县丞职衔减成银数有盈无绌，拟请给予监生并县丞职衔。

张鸿，通州人，由附生捐米三十四石二斗，以米合银一百十六两二钱八分，与现行常例报捐贡生减成银数有盈无绌，拟请作为附贡生。

孙懋政，通州人，由监生捐米三十四石二斗，以米合银一百十六两二钱八分，与现行常例报捐贡生减成银数有盈无绌，拟请作为例贡生。

孙懋功，通州人，由监生捐米三十四石二斗，以米合银一百十六两二钱八分，与现行常例报捐贡生减成银数有盈无绌，拟请作为例贡生。

王彭龄，通州人，由俊秀捐米六十石，以米合银二百四两，与现行常例报捐监生并加捐贡生减成银数相符，拟请给予监生，并作为例贡生。

沈裕淮，如皋县人，由太常寺典簿职衔捐米二百十六石，以米合银七百三十四两四钱，与筹饷事例加捐太常寺典簿双月选用并加三级减成银数有盈无绌，拟请以太常寺典簿双月选用，并加三级。

沈裕沅，如皋县人，由双月选用从九品捐米二百十石，以米合银七百十四两，与筹饷事例加捐盐运司经历双月选用减成银数有盈无绌，拟请以盐运司经历双月选用。

戴鸿藻，如皋县人，由俊秀捐米四百十六石，以米合银一千四百十四两四钱，与筹饷事例报捐监生加捐盐运司经历不论双单月选用减成银数有盈无绌，拟请给予监生，并盐运司经历不论双单月选用。

吴虎文，如皋县人，由监生捐米九十八石二斗，以米合银三百三十两八钱八分，与筹饷事例加捐州吏目双月选用并请九品封典减成银数有盈无绌，拟请以州吏目双月选用，并给予九品封典。

娄笏，如皋县人，由监生捐米二百三十八石，以米合银八百九两二钱，与筹饷事例加捐州判双月选用减成银数有盈无绌，拟请以州判双月选用。

朱容，如皋县人，由双月选用县丞捐米一百八十四石，以米合银六百二十五两六钱，与筹饷事例加捐布政司理问双月本班先选用减成银数有盈无绌，拟请以布政司理问双月本班先选用。

朱寅，如皋县人，由双月选用县丞捐米一百二十四石，以米合银四百二十一两六钱，与筹饷事例加捐布政司理问双月选用减成银数有盈无绌，拟请以布政司理问双月选用。

朱纶，如皋县人，由不论双单月选用县主簿捐米一百八十三石，以米合银六百二十二两二钱，与筹饷事例加捐县丞双月本班先选用并加布政司理问升衔减成银数有盈无绌，拟请以县丞双月本班先选用,并加布政司理问升衔。

李应升,如皋县人,由州同衔捐米五十三石,以米合银一百八十两二钱,与现行常例请从六品封减成银数有盈无绌,拟请给予从六品封典。

秦学灝,如皋县人,由县丞职衔捐米三十五石四斗五升,以米合银一百二十两五钱三分,与现行常例请正八品封典减成银数有盈无绌,拟请给予正八品封典。

管昭,如皋县人,由从九品衔捐米七十七石六斗五升九合,以米合银二百六十四两分,与现行常例补监加捐州同职衔减成银数有盈无绌,拟请准作监生,并给予州同职衔。

李许卿,通州静海乡人,由府经历职衔捐米二十三石六斗,以米合银八十两二钱四分,与现行常例加捐布政司经历职衔减成银数有盈无绌,拟请给予布政司经历职衔。

陈曰瑞,如皋县人,由监生捐米七十一石,以米合银二百四十一两四钱,与现行常例加捐州同职衔减成银数有盈无绌,拟请给予州同职衔。

王锡田,如皋县人,由监生捐米四十八石,以米合银一百六十三两二钱,与现行常例加捐县丞职衔减成银数有盈无绌,拟请给予县丞职衔。

陈延用,如皋县人,由俊秀捐米一百十一石,以米合银三百七十七两四钱,与现行常例报捐监生并加捐翰林院待诏职衔减成银数有盈无绌,拟请给予监生并翰林院待诏职衔。

徐拔,如皋县人,由监生捐米七十五石五斗,以米合银二百五十六两七钱,与现行常例加捐翰林院孔目职衔减成银数有盈无绌,拟请给予翰林院孔目职衔。

瞿浩，靖江县人，由蓝翎候选兵马司指挥捐米九百五石，以米合银三千七十七两，与筹饷事例加捐员外郎双月选用减成银数有盈无绌，拟请以员外郎双月选用。

陈基，靖江县人，由附生捐米二百石，以米合银六百八十两，与现行常例筹饷事例报捐附贡生并加捐县丞双月选用减成银数有盈无绌，拟请准作附贡生，以县丞双月选用。

时际清，平湖县人，由俊秀捐米一百三石，以米合银三百五十两二钱，与现行常例筹饷事例报捐监生并加捐从九品指项府照磨不论双单月选用减成银数有盈无绌，拟请准作监生，以指项府照磨不论双单月选用。

何钟嵩，平湖县人，由俊秀捐米八十六石，以米合银二百九十二两四钱，与现行常例筹饷事例报捐监生并加捐从九品不论双单月选用减成银数有盈无绌，拟请准作监生，以从九品不论双单月选用。

褚士麟，靖江县人，由附生捐米一百三十九石，以米合银四百七十二两六钱，与现行常例报捐监生并加捐国子监典簿职衔减成银数有盈无绌，拟请准作监生，并给予国子监典簿职衔。

陶林，靖江县人，由俊秀捐米九十七石，以米合银三百二十九两作钱，与现行常例报捐监生并加捐布政司经历职衔减成银数有盈无绌，拟请准作监生，并给予布政司经历职衔。

吕荣简，江都县人，由俊秀捐米五十五石一斗，以米合银一百八十七两三钱四分，与现行常例筹饷事例报捐监生并加捐从九品双月选用减成银数有盈无绌，拟请准作监生，以从九品双月选用。

尤勋文，高邮州人，由双月选用从九品捐米二百十二石，以米合银七百二十两八钱，与筹饷事例加捐县丞双月选用并加捐布政司理问升衔减成银数有盈无绌,拟请给予县丞双月选用,并加布政司理问升衔。

陆一夔,高邮州人,由布政司经历职衔捐米九十五石,以米合银三百二十三两,与现行常例请从六品封典减成银数有盈无绌,拟请给予从六品封典。

杨福申,高邮州人,由双月选用县丞捐米七十五石七斗,以米合银二百五十七两三钱八分,与筹饷事例加捐布政司理问升衔减成银数有盈无绌,拟请给予布政司理问升衔。

赵珩,丹徒县人,由俊秀捐米九十七石,以米合银三百二十九两八钱,与现行常例报捐监生并加捐布政司理问职衔减成银数有盈无绌,拟请准作监生,并给予布政司理问职衔。

高文镜,高邮州人,由俊秀捐米九十七石,以米合银三百二十九两八钱,与现行常例报捐监生并加捐布政司理问职衔减成银数有盈无绌,拟请准作监生,并给予布政司理问职衔。

王世充,高邮州人,由监生捐米七十一石,以米合银二百四十一两四钱,与现行常例加捐布政司经历职衔减成银数有盈无绌,拟请给予布政司经历职衔。

王赠卿,高邮州人,由监生捐米九十五石,以米合银三百二十三两,与现行常例加捐守御所千总职衔减成银数有盈无绌,拟请给予守御所千总职衔。

杨序东,高邮州人,由俊秀捐米六十石,以米合银二百四两,与现行常例报捐监生并加捐贡生减成银数有盈无绌,拟请给予监生,并作为例贡生。

周炘,高邮州人,由附生捐米三十五石,以米合银一百十九两,与现行常例报捐贡生减成银数有盈无绌,拟请作为附贡生。

从政，高邮州人，由监生捐米三十五石，以米合银一百十九两，与现行常例加捐贡生减成银数有盈无绌，拟请作为例贡生。

王培森，江都县人，由俊秀捐米五十四石五斗，以米合银一百八十五两三钱，与现行常例报捐监生加捐主簿职衔减成银数有盈无绌，拟请给予监生，并加县主簿职衔。

钱爱春，兴化县人，由州同衔候选县丞捐米二百四十石，以米合银八百十六两，与筹饷事例加捐州同双月选用减成银数有盈无绌，拟请以州同双月选用。

徐瑄，兴化县人，由附贡生捐米二百九十一石，以米合银九百八十九两四钱，与筹饷事例报捐州同双月选用减成银数有盈无绌，拟请以州同双月选用。

姚武宽，兴化县人，由恩贡生捐米二百五十三石，以米合银八百六十两二钱，与筹饷事例报捐复设教谕不论双单月尽先选用减成银数有盈无绌，拟请以复设教谕不论双单月尽先选用。

成桂馨，兴化县人，由州同职衔捐米二百四十石，以米合银八百十六两，与筹饷事例加捐州同双月选用减成银数有盈无绌，拟请以州同双月选用。

胡士棻，兴化县人，由增贡生捐米四百六十九石，以米合银一千五百九十四两六钱，与筹饷事例加捐州同不论双单月选用减成银数有盈无绌，拟请以州同不论双单月选用。

胡庆澜，湖北汉阳县人，由俊秀捐米一百三石，以米合银三百五十两二钱，与筹饷事例报捐监生并加捐巡检不论双单月选用减成银数有盈无绌，拟请给予监生，以巡检不论双单月选用。

徐廷珍，江都县人，由内阁中书衔举人捐米四百八十石，以米合银一千六百三十二两，与筹饷事例报捐内阁中书不论双单月选用减成银数有盈无绌，拟请以内阁中书不论双单月选用。

潘镜余，浙江山阴县人，由监生捐米二百三十六石，以米合银八百二两四钱，与筹饷事例报捐盐运司知事不论双单月选用减成银数有盈无绌，拟请以盐运司知事不论双单月选用。

王榘，清河县人，由监生捐米三十石，以米合银一百二两，与筹饷事例加捐从九品双月选用减成银数有盈无绌，拟请以从九品双月选用。

曹廷毂，湖北汉阳县人，由监生捐米六十石，以米合银二百四两，与筹饷事例加捐从九品不论双单月选用减成银数有盈无绌，拟请以从九品不论双单月选用。

王明琨，丹徒县人，由守御所千总职衔捐米一百十八石，以米合银四百一两二钱，与现行常例加捐都司职衔减成银数有盈无绌，拟请给予都司职衔。

詹国华，甘泉县人，由俊秀捐米五十五石六斗，以米合银一百八十九两四分，与筹饷事例报捐监生加捐从九品双月选用减成银数有盈无绌，拟请准作监生并从九品双月选用。

王培森，江都县人，由县主簿衔捐米九十六石，以米合银三百二十六两四钱，与筹饷事例加捐州同职衔请六品封典减成银数有盈无绌，拟请给予州同职衔，并给予伊父母六品封典，并将本身妻室应得之封驰给胞兄嫂。

王石林、王正桐、宗良弼、许玉广、冒凤山、孔宪章、陈鸣凤、陈灼庭、朱郇膏、姚文进、杨荣芳、郭廷桢、缪万峰、缪万岭、郑晖、冒玉骢、陈琨、高桐、瞿国荣、徐世卿、朱耕庸、冯云、殷本立、张长庚、陆一桂、李实千、王锡珍、李选之、吴采之、李宗瀛、金升埠、裔萱堂、冯长松、万堃、沈自新、张佩华、张兆泰、刘成琪。以上三十八名，均由俊秀各捐米十九石，以米合银各六十四两六钱，与现行常例报捐从九品职衔减成银数皆属有盈无绌，拟请均给予从九品职衔。

王盛宗、王会元、陶盛山、陈长庆、徐大辉、徐长淮、冯映台、徐达夫、沙泮芹、顾长富、吴介春、邹远钫、许留宝、张云程、刘九龄、顾倚衡、冒盛有、薛联元、薛宝伦、吴祖澍、吴祖洳、王国观、汤宝传、陈达仁、汪淦、冒宗元、陈秉中、仲统三、张炳衢、朱利鸿、赵连城、张西庚、俞绍曾、俞存宽、王方壁、李登瀛、罗兆馨、张书鸿、陆云藻、陆元盛、郭荃、魏官山、张洵、瞿可观、孙国恩、王恩浩、王兰乡、王光烈、王兰殿、吕伯升、李瑶方、金升恒、段维桓、纪道生、孟可杏、孙海峰、高清然、高怀松、卜桥、刘应连、李谟、卞壤、沈玉润、韩同人、王万方、张凌霄、孙玉荣、钱以坚、王榘、曹庭縠、杨兆瑜、张厚康、周承庆、赵霖森、袁有连、郭蔚华、郭友兰、范寿山、刘惠南、王重之、周勋麟、周麟阁、周麟度、马绍宗、罗宏明、罗利川、吴钟祥、李步鳌、诸润、刘高鸿、徐光祖、高坤。以上九十二名，均由俊秀各捐米二十六石，以米合银各八十八两四钱，与现行常例报捐监生减成银数皆属有盈无绌，拟请均给予监生。

议政王军机大臣奉旨：览。钦此。[1]

一一二　请开复候补知县郑藩处分片

同治三年十月十四日(1864 年 11 月 12 日)

再，臣前奏参代理仪征县知县郑藩一案，奉旨：暂行革职，勒令

---

[1]　台北故宫博物院藏：军机及宫中档，文献编号：100001。

将所收捐项解台济饷等因。钦此。遵经严饬江宁藩司万启琛,一面勒令郑藩呈缴欠解捐项,一面确查郑藩经手捐款、勇粮,有无侵蚀,禀候核办。兹据藩司详称:郑藩欠解所收亩捐钱三千八百千文,现已措缴一千二百千文。查司库有应拨仪征县驿站俸工、养廉共银一千八百五十余两,按时价合钱二千六百千文,经郑藩详请抵解欠缴捐款。该藩司查核与例相符,准予抵解,以清欠款。

至郑藩所收亩捐执照,系用粮捐旧板添盖戳记,所收捐价系照粮银一两捐银五钱,合钱七百五十文,尚无浮收情弊。此项亩捐因仪境厘捐微淡,勇粮紧急,一时无款凑发,经郑藩挪用亩捐钱文,先行支放,是以未即解台,事属因公,当非侵蚀。所有郑藩开支勇粮、经手各捐,逐一查明,均无侵冒。详请附奏开复郑藩暂行革职处分前来。

臣查郑藩挪用捐款,事出因公,业已按数认缴,又查明并无侵冒情弊,可否仰恳天恩,将前代理仪征县事同知衔江苏候补知县郑藩暂行革职处分准予开复,出自逾格鸿慈,谨附片具奏。

同治三年十月二十日,议政王军机大臣奉旨:郑藩着准其开复。钦此。[①]

一一三　苇荡两营采柴及变价拨济湖运工需片

同治三年十月十四日(1864 年 11 月 12 日)

再,苇荡左、右两营同治二年青苇长发情形,经臣于该年七月内附片奏明在案。嗣于霜降后饬据委管荡务署江苏淮安府知

---

① 台北故宫博物院藏:军机及宫中档,文献编号:100002。

府章仪林禀报：亲诣荡地，督同围估，计同治二年左营采完柴二百三十三万五千五百五十束，除旧额正余柴一百五十三万五千束，计新增余柴百十万五百五十束。右营采完柴二百八十三万五千一百束，除旧额正余柴一百六十三万四千八百束，计新增余柴一百二十万三百束。均系遵照部章全数变价，拨济湖运工需，仍照例价银数造销，以符案款。理合附片陈明，伏乞圣鉴。谨奏。

同治三年十月二十日，议政王军机大臣奉旨：知道了。钦此。①

一一四　简署江苏巡抚谢恩折

同治三年十月十四日(1864 年 11 月 12 日)

头品顶戴暂署江苏巡抚漕运总督臣吴棠跪奏，为恭谢天恩，仰祈圣鉴事。

臣于本年十月十二日承准议政王军机大臣字寄：十月初八日，奉上谕：江苏巡抚着吴棠暂行署理，并着迅速起程赴苏，将地方应办事件认真筹办各等因。钦此。当即恭设香案，望阙叩头，祗谢天恩讫。窃念臣皖北庸愚，素无知识，猥处艰虞之任，上邀特达之知。职典飞刍，羽檄交驰于右地；赏延晋秩，头衔洊列于崇阶。覆帱施隆，涓埃报薄！兹复仰承恩命，暂摄疆符。伏思江苏以财赋殷盛之区，值兵燹流离之后，劳来安集，诚粗于端倪；震动恪恭，当力持于全局。臣军书虽习，疆寄初膺，蒙依畀之滋深，

---

① 　台北故宫博物院藏：军机及宫中档，文献编号：100003。

实悚惶而弥切！惟有自持精白，勉效拙诚，不敢以处势多艰，稍涉畏难之见；不敢以阅时较暂，略存涂饰之心！以翼仰酬高厚鸿慈于万一。

除俟兼漕运总督富明阿接篆交卸、续报起程日期外，所有微臣感激下忱，理合缮折具奏，恭谢天恩，伏乞皇太后、皇上圣鉴。① 谨奏。十月十四日。

同治三年十月二十日，议政王军机大臣奉旨：知道了。钦此。②

【案】军机大臣字寄：十月初八日，奉上谕：江苏巡抚……认真筹办：此廷寄《清实录》载曰：

又谕：新疆各城自库车、喀喇沙尔、叶尔羌、乌噜木齐汉城被陷后，回氛四起，势极蔓延。本日又据保恒奏，乌噜木齐满城亦已失陷，并闻巴里坤、哈密一带均有回匪扰乱。是新疆情形极为吃紧，边疆重地亟应及早廓清。惟该处向来用兵，必须内地筹调大支劲旅，宽拨饷需，方能布置裕如，大张挞伐。现在甘肃军务尚无就绪，道路亦未通畅，而湖北贼氛未净，碍难腾出兵力赴甘援剿。是欲剿关外之贼，必须先清甘省；欲清甘省，非将窜扰楚、豫、皖三省之贼迅速殄除，则兵力悉为牵掣，不能鼓行而西。前谕曾国藩调派刘连捷等军赴楚助剿。叠据奏报，业经陆续到皖。刘连捷一军已由官文檄调赴鄂，此起官兵皆系曾国藩旧部，即鄂省水陆各营，亦系楚勇居多，

---

① 《望三益斋存稿·谢恩折子》仅作"伏乞圣鉴"。
② 台北故宫博物院藏：军机及宫中档，文献编号：100004。

若得曾国藩前往调度，则兵将相习，必可收指臂之效。现在江宁已臻底定，军务业经蒇事，即着曾国藩酌带所部，前赴皖、鄂交界，督兵剿贼，务即迅速前进，毋稍延缓。第恐曾国藩之兵由东路进逼，贼必避兵西窜，武汉一带，防守亦关紧要。官文俟曾国藩到后，即可回驻省垣，会同吴昌寿妥筹防范，并将各营饷需源源接济，毋令缺乏。僧格林沁现驻黄冈之上巴河，第恐深入楚境，难保贼匪不伺隙窜扰北路，着酌量情形，扼要驻扎，力顾豫疆。贼或北窜，即着督率马步，迎头夹击，以期聚而歼旃。僧格林沁、官文、曾国藩均系威望素著，似此三面扼扎，必能将此股贼匪悉数歼除，克期蒇事。至江南甫经肃清，所有抚辑地方一切事宜均须妥为筹办，即着李鸿章前赴江宁，暂署总督篆务，曾国藩俟李鸿章到后，即行交代起程。江苏巡抚，着吴棠暂行署理，并着迅速起程赴苏，将地方应办事件认真筹办。富明阿着兼署漕运总督，所有淮、徐一带防守事宜，即着妥筹兼顾，应否移扎清淮，并着富明阿斟酌情形，奏明请旨。至李鸿章籍隶安徽，该省系总督兼辖，固应回避，惟此时军情紧要，不能不权宜变通，李鸿章着无庸奏请回避，即行前往江宁接替，以便曾国藩迅速出省。曾国藩、李鸿章皆系朝廷有功之臣，素能不分畛域，此时虽系暂时任事，于应剿应防一切机宜均当以大局为重，力戒满盈，不可稍涉大意，以副委任。穆图善一军，本日已谕令出关剿贼，甘省兵力不敷调拨，杨岳斌前已奏明回籍募勇赴甘，着即赶紧选募成军，克日起程，毋稍迟误。温德勒克西等及苏伦保等马步各队，前经官文奏请暂留楚省，现在西路需兵孔亟，仍着官文、曾国藩饬令迅赴穆图善军营，不得借词奏留。甘省军情万紧，四川系属邻疆，派兵赴援，较为迅速，着骆秉章无论如何，总须抽调一军，派员统带前往，听候都兴阿调遣，毋许再有推诿。将此由六百里各谕令知之。①

一一五　续查殉难职官绅民人等请恤折

同治三年十月十四日（1864 年 11 月 12 日）

头品顶戴暂署江苏巡抚漕运总督臣吴棠跪奏，为续查江苏各府县殉难职官绅民人等，恳恩饬部分别旌恤，恭折奏祈圣鉴事。

窃臣于本年四月请将续查淮海、徐州各等处殉难官民恳恩旌恤，钦奉谕旨：均着照所请，交部分别旌恤。钦此。等因。仰见圣朝褒显忠义之至意。兹又据各府县造册汇送，暨各士民赴局具禀忠义各件，共计殉难职官弁十六员、官眷二名、绅民一千四百二十一名、妇女八百五十八名。据派办江北圩寨总局知府杨鸿弼等查明造册，禀请奏恤前来。

臣覆加查核，该殉难人等见危授命，抗节舍生，洵大义之无亏，宜幽光之阐发。谨将殉难职官等缮具清单，恭呈御览，伏乞圣鉴，饬部照例从优议恤。其余绅民、妇女等人数较多，未便概列单内，现仍分类造册，呈送军机处查核，并乞恩施，敕部分别旌恤，以彰节义而慰忠魂。

所有续查江苏各府县殉难职官绅民人等分别旌恤缘由，谨会同协办大学士两江总督一等侯臣曾国藩、江苏巡抚一等伯臣李鸿

---

① 《穆宗毅皇帝实录（三）》，卷一百十七，同治三年十月上，第 601—602 页。

章、江苏学政臣宜振，①合词恭折附驿具奏，伏乞皇太后、皇上圣鉴。再，此外，未经查报之阵亡、殉难人等，容另确查，续行奏报。合并声明。谨奏。

同治三年十月二十日，议政王军机大臣奉旨：陈敬修等均着照所请，交部分别旌恤，单并〈发。钦此。〉②

一一六　呈续查殉难官绅、眷属清单

同治三年十月十四日(1864年11月12日)

谨将续查江苏各府县殉难文武官绅、眷属，缮具清单，恭呈御览。

计开：前任广西知县陈敬修，查该员系宛平人，寄居扬州，咸丰三年二月城陷，在贤良街骂贼被杀。理合登明。

两淮候补盐知事陈炳全，查该员系浙江归安县人，在扬州奉派巡城，咸丰三年四月城陷，骂贼不屈，引刀自杀身死。理合登明。

候选州同汪承霖，查该员系安徽歙县人，寄居扬州，咸丰三年

---

① 宜振(？—1881)，姓杨氏，内务府汉军镶黄旗人。道光二十五年(1845)，中式进士，改庶吉士。二十七年(1847)，授翰林院编修。三十年(1850)，任实录馆纂修。咸丰二年(1852)，赏戴花翎。同年，丁母忧。三年(1853)，加五品顶戴。四年(1854)，充翰林院侍讲，补文渊阁校理。六年(1856)，授翰林院侍讲学士。次年，转翰林院侍读学士，署日讲起居注官。八年(1858)，升内阁学士，兼礼部侍郎衔。九年(1859)，署礼部左侍郎。十一年(1861)，任文渊阁直阁事，授礼部左侍郎。同治三年(1864)，任工部右侍郎，兼管钱法堂事务，兼署吏部左侍郎。同年，放江苏学政。四年(1865)，转礼部右侍郎。十年(1871)，署仓场侍郎、正蓝旗护军统领。光绪四年(1878)，署刑部左侍郎。五年(1879)，调户部右侍郎，兼管钱法堂事务，兼署吏部右侍郎，晋头品顶戴。七年(1881)，卒于任。

② 台北故宫博物院藏：军机及宫中档，文献编号：100005。

二月,贼胁入馆不从,被枪击死。理合登明。

候选县丞吴士诚,查该员在江都县原籍办理团练,咸丰三年二月城陷,骂贼被戕。理合登明。

候选府经历王保昕,查该员系上元县人,咸丰三年二月,扬州城陷殉难。理合登明。

候选从九品李三宝,查该员系苏州吴江人,咸丰三年二月,扬州城陷殉难。理合登明。

候选从九品徐和让,查该员系陕西凤县人,咸丰三年二月,扬州城陷,骂贼被杀。理合登明。

候选从九品惠霖,查该员于咸丰三年二月扬州城陷,骂贼不屈被杀。理合登明。

候选从九品袁德容,查该员在扬州原籍,于咸丰八年九月贼窜城北雷塘乡,被戕身死。理合登明。

举人程恩湛,查该举人咸丰八年九月,在扬州黄珏桥遇贼被胁,大骂不屈,贼支解之。理合登明。

举人朱鼎文,查该举人在甘泉县原籍,咸丰十年五月,贼至扬州黄珏桥,投水殉难。理合登明。

候补卫千总金标,查该弁在桃源原籍,于咸丰十一年六月贼至,带练防御,众寡不敌,受伤阵亡。理合登明。

桃南营效用程永太,查该效用于咸丰十年正月,在本汛带练击贼,众寡不敌,被杀殉难。理合登明。

里河营效用李钧,查该效用于咸丰十年正月,在本汛与捻匪接仗阵亡。理合登明。

外北营效用刘展庸,查该效用于咸丰十年二月,在本汛遇敌被戕。子汝镶同时殉难。理合登明。

运河营效用沈世恭,查该效用江苏邳州人,咸丰九年,在邳境韩家坝带练,与捻匪接仗阵亡。理合登明。

以上文武官绅十六员。

又,仪征县监生厉菊芳之妻陈氏,系翰林院编修厉恩官之婶母、加二级貤封五品宜人,于咸丰八年九月贼至,投水殉难。又,提举衔江苏候补知县王琳之母郑氏,在江口途次遇贼痛骂,被害身死,妇道中死节最著。

议政王军机大臣奉旨:览。钦此。①

一一七　请将练总文汉升等从优议恤片

同治三年十月十四日(1864年11月12日)

再,臣前在桃源、清河、邳州各州县任内时,有练总文汉升,系江苏安东县人;练总李贯、马芝均系安徽定远县人,随臣办理缉捕事件,屡获巨盗,备历艰难。迨臣回籍办团,文汉升等复随臣管带练勇,于咸丰八年四月会同安徽水师各勇进剿滁州发逆。二十一日,在滁州北门外与贼接仗,李贯、马芝手燃大炮,轰毙骑马贼数十名,文汉升持矛突阵,手刃执旗红衣贼目一人,李贯等率勇继进,共毙贼三百余名。该匪遁回城内。惟因乡团裹粮击贼,势难久持,及收队时,贼复由滁西绕截乡团之后。文汉升、李贯、马芝等奋勇迎击,将贼压退。时已日暮,该练总等仍复带勇穷追,身受重伤,同时阵殁,练勇阵亡八十余名,水师各勇阵亡三十余名。臣当即通禀各该统兵大臣暨督、抚、漕臣等奏请议恤在案。今查漕署接管卷内,

---

① 台北故宫博物院藏:军机及宫中档,文献编号:100006。

此案尚未汇办。伏念文汉升、李贯、马芝等以义练杀贼，奋不顾身，大义凛然，殊堪矜悯。该练总等战殁时……奏。①

同治三年十月二十日，议政王军机大臣奉旨：文汉升等均着交部照千总阵亡例，从优议恤。钦此。②

一一八 请将江北命盗杂案
仍由巡道等核详片

同治三年十月十四日(1864年11月12日)

再，江北命盗杂案经臣奏请由该管府州提勘具详该管巡道并两淮运司核转，由臣覆核，分别题咨。嗣因道路疏通，覆奏循旧办理，解省提勘。同治三年八月二十六日，准兵部递回原折，奉旨：知道了。钦此。即经分别咨行钦遵在案。惟查各属未奉谕旨以前，接续犯解府州勘转，该巡道等纷纷详请题咨，臣以军兴十年，积案甚多，势难立时勘转，自系实在情形，若遽驳令解苏提勘，转使续办之犯稽迟时日，跋涉堪矜，且其间有恭逢恩赦，一经具详覆核，即可释回，更未便听其向隅独抱，未沐皇仁。

今臣荷蒙恩命，暂署江苏巡抚，拟请将该府州已勘之案仍由该巡道等核详，由臣覆核办理，免其解省。其犯事在奉旨以后者，悉令遵循旧章，以示区别。理合附片陈明，伏乞皇太后、皇上圣鉴。谨奏。

同治三年十月二十日，议政王军机大臣奉旨：知道了。钦此。③

---

① 省略部分为军机录副所缺，因缺朱批奏片，无从查补。
② 台北故宫博物院藏：军机及宫中档，文献编号：100007。
③ 台北故宫博物院藏：军机及宫中档，文献编号：100008。

一一九　奏报交卸漕篆起程赴苏日期折

同治三年十一月初三日（1864年12月1日）

头品顶戴暂署江苏巡抚漕运总督臣吴棠跪奏，为具报交卸起程日期，恭折仰祈圣鉴事。

窃臣于十月十二日钦奉寄谕，暂署江苏巡抚，当经恭折叩谢天恩在案。嗣经函商富明阿，是否移驻清淮，抑在扬防接篆。接据富明阿咨函内称，以扬防紧要，未能移驻清淮，业经奏蒙允准，并择于十一月初六日接篆。臣已委派文武员弁敬赍漕运总督关防暨王命旗牌等件，于十一月初三日由浦赴扬交富明阿接篆任事。伏念臣承乏江北，时切冰兢，方惭报称之毫无，乃荷丝纶之特沛。鸿慈罔极，鳌戴难胜！所有苏抚应办事件经李鸿章经营筹度，具有规模。臣现因李鸿章正在入闱办理监临事宜，未便即日交卸，拟于十一月初十日由淮起程，先赴金陵，计其时李鸿章监临三场事毕，即可面商事务，就近接篆，再行赴苏任事。

臣惟有勉竭愚诚，矢勤矢慎，用冀上酬高厚生成于万一。除俟接篆任事续行具报外，所有交卸漕篆起程日期，理合具折恭报，伏乞皇太后、皇上圣鉴。谨奏。十一月初三日。

同治三年十一月初十日，议政王军机大臣奉旨：知道了。着遵照十月二十九、十一月初二等日两次谕旨，毋庸署理江苏抚篆，仍回本任办理清淮善后事件。钦此。①

---

① 台北故宫博物院藏：军机及宫中档，文献编号：100447。

一二〇 请将候补道承志照例议恤片

同治三年十一月初三日(1864年12月1日)

再,盐运使衔江苏候补道承志,满洲镶白旗人,由举人选授湖南龙阳县知县,剿办猺匪出力,兼署常德府同知。嗣经内补都察院笔帖式,升补户部主事、员外郎实缺。咸丰七年,奉旨发往南河学习,经河臣保奏留工,奉旨以道员留于南河,酌量补用。咸丰九年七月,奏派驻扎蒋坝防堵天、六发逆。该匪屡次北窜,均经承志会合各兵勇,叠挫贼氛。嗣复随臣前在清淮等处剿击窜捻,著有劳绩,均经奏保在案。惟承志久历军营,驰驱戎马,年逾六旬,积劳成疾。本年委办淮安河下巡查事件,该员力疾从公,无少疏忽,乃于九月内病症加厉,至二十一日,在差所病故。据山阳县知县呈报前来。

臣查承志历经派办清淮军务、防剿事件,亟为得力之员,兹以积劳成疾,遽尔疾殁,殊堪悯惜。合无仰恳天恩,将盐运使衔江苏候补道承志照军营立功后病故例议恤之处,出自逾格鸿慈。谨附片具奏,伏乞圣鉴。谨奏。

同治三年十一月初十日,议政王军机大臣奉旨:承志着交部照军营立功后病故例议恤。钦此。[①]

---

① 台北故宫博物院藏:军机及宫中档,文献编号:100448。

一二一　奏报兴办清江浦城工片

同治三年十一月初三日(1864年12月1日)

再，清江浦为南北咽喉，地当冲要，现设淮阳重镇，屯兵在浦几及二千之多，非城垣巩固不足以资控守而壮观瞻。同治元年春，臣遵旨驻扎清江，适值捻氛环逼，无以为守，赶于南北两岸抢筑土圩，并于南岸土圩内建筑砖圩一座。上年三月间，复将土圩修整，展挑外壕，并因砖圩卑矮，拟于就近河湖内酌启无关修守之旧工砖石、木桩，移以修城，一面筹备款项，以成巨工，节经奏明在案。

查前筑砖圩系当仓猝之际，限于钱粮，不能不从省抢办，虽做法悉仿城工，而垛墙卑薄，圩根亦未排桩，究恐不能经久。臣逐细勘查，必须将旧砖圩一律拆除，改造城垣，加高帮宽，方期一劳永逸。即经遴委明干有为之候补知县师长乐，确切查估，就南岸地形酌量改移，计工长一千三百余丈，先将城基盘筑坚实，凡遇卑洼处所，多用桩木排钉，下石上砖，层层密砌，加以门楼、水关、炮台及壕隍、桥梁，工程浩大，所需料匠等项为数不赀，幸有旧工砖石、桩木分起挖运，并以碎石烧灰，化无用为有用，再于旧圩拆存砖内选用三成，统计料物已居十之五六。此外人工杂费及酌添砖木等项，约需银十二三万两。似此清河一邑，地瘠民穷，若专恃筹捐办理，难望有成，不得已酌拨清淮军需，陆续支应。自本年正月开工，截至现在止约计已有六分工程，尚需添派大员督办，以专责成。

查有道员用淮安府知府章仪林，廉明干练，办事认真，派令随时督催师长乐，妥速藏功，不准稍有延误。此次清江城工并未另筹别款,系于每月军需项下格外节省,次第筹拨动用。今臣奉命赴苏,不敢以筹款维艰,致令将竣之工半途而止。因查清淮饷盐,本年春夏之间,经臣委员运赴上游,尚未销完者约有银八万余两,现已分饬运盐各委员于此项盐斤变价款内,先指拨银六万两,一俟到淮,即解存淮安府库,交署知府章仪林收储,撙节动支,以副皇上保卫疆宇之至意。

此案城工将来事竣,仍由臣督饬淮安府知府专案核实报销,以期功归实济,款不虚糜。所有兴办清江浦城工情形,理合附片陈明,伏乞圣鉴。谨奏。

同治三年十一月初十日,议政王军机大臣奉旨:着照所请,该部知道。钦此。①

一二二　奏报通源等局先后裁撤片

同治三年十一月初三日(1864年12月1日)

再,同治元年春间,清淮军需支绌万分,经臣仿照市肆行使钱票之法,权宜办理,奏明筹画票本,在于淮城开设通源总局,并于邵伯、徐州添设分局,一律付钱,以资周转。三年以来,每值防剿饷需告匮,悉赖局票畅行,借得缓急通融之益。

迄来江北肃清,防务逐渐清减,以清淮厘捐等款接济兵勇口粮,尚不致十分缺乏,是以徐州分局本年夏间已经饬令裁撤。今臣遵旨赴苏,深恐耳目较远,该局员人等设有弊端,虽欲稽查而不可得。所有邵伯分局应先即行裁撤,其淮城总局亦已委员陆续收票,

---

① 台北故宫博物院藏:军机及宫中档,文献编号:100449。

截角销号,限本年十二月内扫数收清,即行撤局。此系臣专案奏办,仍应由臣一手清理,毋庸移交后任,以免纠轕。谨附片陈明,伏乞圣鉴。谨奏。

同治三年十一月初十日,议政王军机大臣奉旨:知道了。钦此。[①]

一二三　续收捐输各数恳恩赐奖折

同治三年十一月初三日(1864年12月1日)

头品顶戴暂署江苏巡抚漕运总督臣吴棠跪奏,为筹防捐局续收捐输银钱、宝钞各数,分缮清单给奖,仰祈圣鉴事。

窃前准户部咨:粮台收捐照筹饷例及常例银数酌减十分之二,以抵其运解之费。嗣经前河臣奏准,以钱一千六百文作银一两给予奖叙,并饬照部定章程钱、钞各半交纳,叠经奏蒙恩奖。本年二月以来,清淮银价日落,每两仅易制钱一千四百文有零,核与奉准以钱合银未免悬殊,经臣奏准改为银、钞各半兑收各在案。兹据委管捐局按察使衔记名盐运使江苏借补道李元华册报:由局核收捐生吕希桢等一千零四名,共收银四万七千四百零二两五钱、宝钞九万四千八百零五千文。又因清淮筹防,军需支绌,节经委员在外劝谕捐生林乃勋等十七名,情愿照章全缴制钱三千六百五十九千文、实银四千一百八十八两,并不搭钞。详请奏奖前来。

臣覆核无异。除将捐生履历各册查核外,理合分缮清单,恭呈御览,伏候恩施。至各捐生业经填发空白执照,已于册内注明。其

---

① 台北故宫博物院藏:军机及宫中档,文献编号:100450。

未经给照者,仰恳敕部迅即覆核,颁发执照来浦,以便给领而昭激劝。为此恭折具奏,伏乞皇太后、皇上圣鉴。谨奏。十一月初三日。

同治三年十一月初十日,议政王军机大臣奉旨:户部核议具奏,单二件并发。钦此。①

一二四　呈筹防捐局续收捐
输衔名、银数清单

同治三年十一月初三日(1864年12月1日)

谨将筹防捐局续收捐输衔名、银数,缮具清单,恭呈御览。

吕希桢,江苏监生,由候选同知捐银二百四十两,报捐正五品封典,核与奏准减四成数目相符,拟请给伊生母正五品封典,并将本身妻室应封貤封其庶母。

陈继焕,江西举人,由江苏即补知县捐银六百二十三两,报捐同知升衔,核与奏准减四成数目相符,拟请给予同知升衔。

杜凤治,浙江举人,由候选知县捐银七百六十一两,报捐同知升衔,核与奏准减四成数目相符,拟请给予同知升衔。

吴璋,安徽监生;陈淦,顺天监生,祖籍江苏。以上二名,均由两淮补用盐运司经历各捐银三百九十六两,捐免验看,核与奏准减成数目相符,拟请均免其赴部验看。

陈懿焘,顺天监生,祖籍江苏,由候选盐运司知事捐银九百七十二两,捐县丞、递捐盐经历双月,并捐三班,核与奏准减成数目相符,拟请以盐运司经历不论双单月选用。

---

①　台北故宫博物院藏:军机及宫中档,文献编号:100451。

张维机，四川监生，捐银五百六十二两，报捐府经历双月，核与奏准减成数目相符，拟请以府经历双月选用。

黄德阳，湖北监生，由江苏补用县丞捐银二百七十八两，捐免验看，核与奏准减成数目相符，拟请免其赴部验看。

胡成性，湖北监生，捐银八百四十三两，捐足县丞，核与奏准减成数目相符，拟请以县丞不论双单月选用。

汤定寿，江苏人，张鎏，顺天人。以上二名，各捐银九百三十一两，报捐监生，捐足县丞，核与奏准减成数目相符，拟请均作为监生，以县丞不论双单月选用。

潘德芳，安徽监生，由双月从九品捐银四百十五两，报捐县丞双月，〈核与奏准〉减成数目相符，拟请以县丞双月选用。

蔡观臣，江苏人，捐银六百五十两，报捐监生、捐县丞双月，核与奏准减成数目相符，拟请作为监生，以县丞双月选用。

郑荣祺，江苏廪贡生，由江苏邳州训导捐银三百二十九两，报捐翰林院待诏升衔，核与奏准减四成数目相符，拟请给予翰林院待诏升衔。

刘元浩，江苏廪贡生，捐银三百三两，捐足训导，核与奏准减成数目相符，拟请以训导不论双单月选用。

梁登枢，江苏廪贡生，捐银一百五十九两，报捐训导双单月，核与奏准减成数目相符，拟请以训导双月选用。

孙恩霈，顺天监生，由两淮补用盐运司知事捐银二百七十八两，捐免验看，核与奏准减成数目相符，拟请免其赴部验看。

贝湛恩，顺天人，祖籍江苏，捐银八百八十八两，报捐监生，捐足盐运司知事，核与奏准减成数目相符，拟请作为监生，以盐运司知事不论双单月选用。

朱文琦,顺天监生,祖籍浙江,由江苏补用从九品捐银一百九十五两,捐免验看,核与奏准减成数目相符,拟请免其赴部验看。

史静峰,江苏监生,捐银二百二两,捐足从九品,核与奏准减成数目相符,拟请以从九品不论双单月选用。

徐药,江苏人,捐银二百九十两,报捐监生,捐足从九品,核与奏准减成数目相符,拟请作为监生,以从九品不论双单月选用。

杨永清,广东人,由尽先补用参将捐银六百九十六两,报捐加一级请从二品封典,核与奏准减四成数目相符,拟请给予加一级,给伊祖父母从二品封典,并将本身妻室应封赃封其曾祖父母。

吴霭臣,江苏人,由淮扬镇标宿迁营中军守备捐银三百六十两,报捐都司升衔,核与奏准按本职捐升减半数目相符,拟请给予都司升衔。

杨臣恩,安徽监生,由尽先拔补把总捐银四百二十五两,报捐卫千总,核与奏准减成数目相符,拟请以卫千总不论双单月即用。

王新民,江苏监生,捐银二百四十五两,报捐把总,核与奏准减成数目相符,拟请以把总归本省拔补。

程学铭,江苏监生,捐银二百八十八两,报捐翰林院待诏职衔,核与奏准减成数目相符,拟请给予翰林院待诏职衔。

程学铭,江苏监生,由翰林院待诏职衔捐银一百六十四两,捐请从九品封典,核与奏准减成数目相符,拟请给伊父母从九品封典。

程学铭,江苏监生,由翰林院待诏职衔捐银四百三十二两,报捐光禄寺署正职衔,核与奏准减成数目相符,拟请给予光禄寺署正职衔。

程学铭,江苏人,由光禄寺署正职衔捐银二百四十两,报捐从六品封典，核与奏准减成数目相符，拟请给伊父母从六品封典，并将木身妻室应封貤封其祖父母。

周子美，顺天监生，祖籍江苏，由同知职衔捐银三百二十两，捐请正五品封典，核与奏准减成数目相符，拟请给伊父母正五品封典，并将本身妻室应封貤封其祖父母。

王如蓉，江苏监生，由翰林院待诏职衔捐银一千三百十二两，报捐同知衔，核与奏准减成数目相符，拟请给予同知职衔。

王如蓉，江苏监生，由同知职衔捐银三百二十两，捐请正五品封典，核与奏准减成数目相符，拟请给伊生母并本身妻室正五品封典。

陈廷勋，福建监生，捐银一千六百两，报捐同知职衔，核与奏准减成数目相符，拟请给予同知职衔。

祁元甫，江苏职员，由从九品职衔捐银一千六百二十三两，补捐监生，捐同知职衔，核与奏准减成数目相符，拟请作为监生给予同知职衔。

朱宜斌、殷遇龙，均系江苏监生。以上二名，各捐银二百四十两，报捐布政司理问职衔，核与奏准减成数目相符，拟请均给予布政司理问职衔。

朱福增，江苏附生，捐银二百三十二两，报捐监生，捐县丞职衔，核与奏准减成数目相符，拟请作为附监生给予县丞职衔。

颜载阳，江苏监生，捐银一百六十两，报捐县丞职衔，核与奏准减成数目相符，拟请给予县丞职衔。

马振玉，江苏监生，由营守备职衔捐银二百四十两，报捐都司职衔，核与奏准减成数目相符，拟请给予都司职衔。

殷沛霖，江苏武生，捐银七百二十两，报捐都司职衔，核与奏准减成数目相符,拟请给予都司职衔。

乙梦藜,江苏监生,由守御所千总职衔捐银一百六十两,报捐卫守备职衔,核与奏准减成数目相符,拟请给予卫守备职衔。

徐锦云,江苏监生,由营千总职衔捐银三百十二两,报捐卫守备职衔,核与奏准减成数目相符,拟请给予卫守备职衔。

乙梦藜,江苏监生,由卫守备职衔捐银三百二十两,捐请正五品封典,核与奏准减成数目相符,拟请给伊父母正五品封典。

朱誉,江苏职员,由从九品职衔捐银三百四十三两,补捐监生,捐守御所千总职衔,核与奏准减成数目相符,拟请作为监生给予守御所千总职衔。

徐墀,江苏监生,捐银一百六十八两,报捐营千总职衔,核与奏准减成数目相符,拟请给予营千总职衔。

徐藻,江苏职员,由从九品职衔捐银一百九十一两,补捐监生,捐营千总职衔,核与奏准减成数目相符,拟请作为监生,给予营千总职衔。

张卓、杜魁山,均系江苏人。以上二名各捐银二百五十六两,报捐监生,捐营千总职衔,核与奏准减成数目相符,拟请作为监生,均给予营千总职衔。

张志熙,江苏廪监生,捐银八十八两,报捐贡生,核与奏准减成数目相符,拟请作为廪贡生。

戴芳亭、张问渠、戴九龄、朱百臻、徐振鹏、潘寿三、薛思逊、宋玉书。以上八名均由附生各捐银一百十六两,报捐贡生,核与奏准减成数目相符,拟请均作为附贡生。

周禄长、郑儒珍、孙锦文、孙玉田、胜习储、朱曙升、汤书圃、张宗鲁。以上八名均由监生各捐银一百六十两,报捐贡生,核与奏准减成数目相符,拟请均作为例贡生。

潘锡龄、夏恩普。以上二名均由附生各捐银七十二两,报捐监生,核与奏准减成数目相符,拟请均作为附监生。

程学铭、熊起渭、陈献之、金映华、孙得骧、陈廷爵、印少彬、李梦龄、朱士谋、徐赞廷、孔广巨、马培元、王丽乾、周怀清、李进思。以上十五名均由从九品职衔各捐银二十四两,报捐监生,核与奏准减成数目相符,拟请均作为监生。

苗美中、郝启品、孙履正、赵式增、余景贤、陈埙、戴济亭、戴骧衢、沈九歌、薛福振、周遴亭、徐颜、仲兆瑾、刘长吉、刘洙、胡铎、缪集香、武春圃、潘庆龄、赵丽峰、曹恩奎、陶焕章、陶月南、陶传瑛、李性、华封登、华敬亭、征荣、阚俊才、吴文瑾、吴映华、徐长年、刘玺、黄凤仪、陈毅义、顾品三、仲德庆、王玉贵、朱德茂、掌廷珩、赵后三、周邦直、鲍万春、辅荧、陈德宝、刘用和、马长瀛、马介年、钮师震、张曾三、徐康庆、吉晋、薛腾焊、葛蕴齐、王德儒、李德明、张汝成、传崇德、朱家同、徐琳珠、陈崇柏、吴监光、张留英、李德富、刘肇魁、张廷衡、孙王钺、魏腾蛟、蔡庆余、景在书、李如柏、李悟、朱印奎、李复斋、高裕镛、李洪义、左开第、董宏绪、董际周、曾灏年、武学考、杨继谦、田惟藩、陈析渠、过炳斗、高安民、何勃然、林元锋、陈广义、冯道全、玉崇议、彭景寿、辛敦五、曹凤卜、孙一斋、张少亭、倪瑞临、罗亨安、朱养源、稽子安、王耀、胡启东、姜俊升、薛乐山、缪之钊、陈仰如、王恭如、王月湘、廖振钟、陈田、朱垲、贾绘、薛赓尧、严为山、张开疆、刘青绶、杨起标、韩汝照、稽毓桂、程庶龄、汪宏达、叶春霖、叶春柽、周庆康、赵祥泰、赵履泰、马少泉、纪世元、吴登绂、傅永怡、蒋竹林、蒋爱枫、王万箱、田宏林、王以和、陈士麟、吴燮、孙镇西、俞敬奎、陈宴林、孔宪康、戚瑞臣、朱士俊、陈瑞云、王昌渐、皇甫荣林、皇甫烺、俞捷三、王楼、王崇镒、戚宏仁、张玉梁、周彩鸣、周丹原、何景虞、许立清、薛兰盉、姬绪谟、嵇会元、王勤士、吴楚江、王云官、王云峰、朱华如、周萃田、陆春荣、赵长春、孟桂根、袁旬、刘濯、范文选、张绰夫、王受国、张希程、刘瑞卿、徐靖纯、徐靖荣、朱冠鳌、袁锡恩、施及锋、李殿标、王藻铭、刘殿俞、王梦熊、朱如瑛、陈蓝田、萧子芳、萧子弼、唐志贞、王世芳、李庆捷、江兆珩、江兆云、杨增吉、孙锦坊、孙锦文、陈荫东、郭维扬、戴治宝、瞿璜、蒋镜悬、胡攀蟾、周学材、沈万邦、孙玉田、张镇西、孙焌章、左希简、张怀宗、潘寿昌、李天爵、李天培、李珏儒、刘铭照、李兆祚、章叔坤、张润贵、刘兰芬、陈廷保、徐立枋、许聊镳、李廷献、刘中范、沈可章、孙兆点、倪德衡、朱梓、陈桂森、周莲波、芮序谦、成纶朱奭、张煐、王金榜、王金谷、王玉春、张备之、王炳、陈璧珍、王步洲、叶贞福、夏世长、吴爱楠、王国材、费坦、顾望之、卢之魁、刘子庵、田金鉴、周霭儒、陶月波、孙宝传、黄翠峰、王席珍、王养和、包恒临、王庆方、包仑山、包春山、王保鳌、徐圣洋、仲贻、王尹、仲绪展、张建功、严旨南、吴苞、周尚文、丁履中、嵇云章、胡应隆、王蔗林、李济、王作林、成士铨、贾辅廷、郭崇同、朱现龙、张维机、陈凤仪、沈子佩、蔡广元、段玉环、李本廉、高德仪、高德全、高德明、段玉琢、任兴祖、王天相、王福隆、张梦发、尹桂龄、王绍绪、孙文萧、周体仁、何馥园、吴国香、陈子和、李乘云、吴秀夫、孔广文、李云清、庄景德、张万元、马长泰、马杏圃、徐松密、罗厚夫、罗邦钧、罗邦英、张轰、贾体贤、陈静夫、李攀一、孙长龄、杨以恒、陈湛、李文藻、赵鸿、刘廷幹、吴鹏云、吴耕云、葛潼、陈方盛、孙培珑、袁子绩、刘宝庆、孙培瑜、李子端、李继文、朱曙升、程寿昌、王淮一、张晋升、姚伏年、陈云汉、俞承继、吴养功、王毓华、牛华堂、徐锡侯、李殿瀛、卢守谦、王兆岐、王大纯、陈铭、徐昌枢、孙尧书、张宗鲁、汤书圃、金雅南、王佩舆、张修平、卢炳烺、卢文耀、夏如学、赵子玉、姚通观、张自诚、李永城、李永干、杨慧生、梁清川、汪庶康、耿子烈、丁锦美、金立斋、刘学广、成照煌、王儒谊、倪遐昌、张汉臣、朱杏春、仲与龄、庄勤芬、吴纯刚、章保元、陈庄甫、张雅泉、李藩、李珺儒、于克仪、高为相、陈际华、苏云隆、邱应銮、章绍勋、章昌德、章廷标、陈利兴、陈成高、戴钦陞、胡连壁、刘润堂、张孝先、徐圣和、张晓晴、阚善征、丁秉璋、陈善继、鲁维宗、袁观焘、刘宗沛、于登庸、晏履平、朱复初、宋荫南、宋祝将、陈天元、包霖雨、张广业、邱万钟、卢震时、卢震清、王光间、庄厚甫、王彦昌、郑守春、武和、武中执、李钧一、周为梁、吴崇德、戴寿宝、刘汇川、陈开统、陈经华、王谦、邰家政、赵恩龄、赵益龄、赵德龄、赵彭龄、赵祥龄、徐硕辅、王增泰、吴元长、黄虑、李杏春、康秉芝、程孝祥、蒋星煜、王苞、刘学绅、沈寅辰。以上四百五十二名，各捐银八十八两，报捐监生，核与奏准减成数目相符，拟请均作为监生。

孙惟悚、王尚宾、潘麟祥、王如翰、汪廷钧、章锦田、张在玑、赵道贞、孔广佳、华实秋、华伯廷、张如川、仲兆瑛、韩席卿、葛蓝圃、殷得原、程松龄、潘玉堂、刘守邦、张文度、李臻台、潘锦华、严聚有、刘近蓬、童敬修、张纯、宦世昌、薛志福、王灿如、梁小堂、连达、丁保和、汤志虞、周濯、张天麟、余方良、徐松年、徐润龄、嵇源、严士华、周怀清、姚名才、朱英、徐振淮、许宏铺、黄融齐、卢廷耀、伏圣修、张琯、徐登瀛、吴德宗、朱孝天、朱藻、吴荣暄、马达仁、戴广祥、魏上霖、蓝茂周、陈克培、章志书、刘丽生、苗运昭、姜光前、马向生、于珩、潘世勋、王寿桐、乔得云、朱殿扬、薛永方、葛启珍、王永祥、陈杭、徐峻、朱子、谌相廉、潘效之、梁益馨、严尧、夏应昭、徐律修、程世林、王学道、徐维思、周廷发、徐简暄、徐简章、黄萃五、蔡子龙、陈景春、姚运熙、薛锦业、李立功、严东升、陈席儒、汪墨林、朱性源、刘秀峰、姜兆榴、嵇文麻、薛保和、李石安、朱士纯、方龄、闵兆麟、朱鲁香、张开桂、张开涟、孙敬修、周养清、贾服龙、贾达夫、贾天爵、张效渠、张锡九、王攀腾、张星远、黄利贞、胡月桂、贾爻皆、朱型旃、韩月樵、陈石轩、陈效伊、韩鉴卿、秦连城、韩光前、徐嗣镵、马开端、叶琇、马又良、阚锡元、王权衡、孙觐秋、武子杰、暴长发、庄万丰、张景元、郑以位、陈桐龄、朱华、吴观廷、郭生浦、于盛初、于晴轩、孟本廉、金芎圃、惠道平、张润和、姜恒、庚培禄、张仁和、于盛楷、张开府、王本泰、戚世珍、陶义芝、谢恒言、钱荣春、张世官、沈学举、金汝盘、王励新、黄虔、黄卢、陈步瀛、王丽乾、徐建功、汪宝瑾、程如锦、冯立三、陈志仁、朱宏才、刘鹤书、顾锡福、顾锡绩、洪绥昌、洪承绍、桑受业、赵凤翥、赵凤苞、邓如轩、许连生、宋培桂、徐允师、徐允恭、王岸珠、谷秀林、朱培、朱芝、包廷瑛、徐樟、张宜三、李其昌、徐云广、吕皋、沈杰三、王指南、张书绅、张超凡、陈玉衡、周油然、陈继太、刘雅亭、徐简第、张俊招、罗士蟾、贾静波、姜开业、朱文田、朱如鉴、马开贤、朱如珊、朱文炳、朱殿桃、朱文玉、王发基、徐景五、徐宝斋、杨殿相、孙桃、黄进阶、朱炳阳、曹尊五、陈汝材、嵇杰、嵇兆虹、王伟儒、孙焕章、张维亮、王兆曦、王遐福、孙士林、孙允中、李忠、薛孝曾、孙士魁、张维第、孙允升、井星联、张位公、杨殿鳌、李梦、占强栗、薛锦峰、孙粹之、马振三、徐简丹、张开圃、徐简武、张开桂、马学权、冯毓之、徐靖彦、徐宰衡、宋元轻、董芳群、薛兆玉、茆绪廷、杨祚钿、司兆瑞、萧廷辅、蒋占魁、于守谦、王士宏、卜士选、张玉衡、王国杰、程肇桂、周殿邦、王崇镇、潘成来、宋元军、吕吉其、嵇嘉祥、郑之谌、吴秉、谢赤夫、秦攀一、张汉臣、孙培珺、孙道传、孙理传、袁殿琪、包如鸣、时明、戴承瑞、刘秉蘧、黄勤执、吴治安、黎开德、顾金山、杜棠、夏德培、王云达、陈世德、徐天锡、薛崇鳌、徐华、嵇爱比、徐靖常、侯金声、朱赞、朱兰、朱浴沂、周旭东、郑传义、孔宪儒、开日新、马少梁、唐兆麟、徐慎旃、徐典魁、徐维纲、刘成林、王丽清、王哲夫、嵇嘉、嵇辅章、陈润之、陈揖之、顾贯万、郭宝华、孙宗礼、邵希儒、张树勋、赵秉恬、周玉府、周治山、唐玉田、张廷珠、顾殿魁、邹日班、马顺之、马信之、高盛邦、陆殿东、沈兰森、赵在廷、周鸿照、李澄、万步蟾、朱汉卿、朱秉德、朱敬修、韩东里、王静三、潘启仁、陈履庆、吴载阳、陈楚材、孙化棠、孙化一、谢福明、袁殿枫、袁殿桓、嵇照普、马卜飞、朱贞元、张开兰、朱士魁、王用曾、薛金谟、周怀先、华廷周、吕铨、高文彬、汪洽五、汪鸣岐、汪魁一、汪景伦、纪康泰、王遐禄、徐简素、徐海塘、蔡启发、顾景龙、掌廷瑜、江采繁、刘登五、杨敦五、胡保章、顾天熊、梁聚五、谢聊涌、袁长奎、周家平、陈宗礼、尹毓芸、任政猷、孙培垣、李玮、李魁士、孙三荣、李占洛、孙三省、周养和、李步云、于克修、李殿荣、韩灿然、李光祚、李秉常、相耀龙、张嶙、汤遇时、徐魁诗、张季阳、问守道、张贯斋、徐尽贤、殷铠、孔昭明、程立豫、程立烺、高五东、韩孝纯、朱在坤、蔡象师、徐震源、李国良、朱宝毂、宋秀华、张锡泰、查集成、马君球、万步鑫、张鹤龄、郝濬溶、张祝三、时永清、高鹏飞、包敦性、张干如、张弼臣、张清如、徐万同、郑国华、武用全、江耀国、钱月三、苗青渠、薛文彬、陈开寿、刘湘川、尹骏、张藩、孙学镇、李泰祥、赵芬趟、安康、柳溪、张如璜、张效忍、刘怀禹、周冀、张振、夏兰映、邱棠、陶月如、赵文林、张子瑜、吕绮龄、王思劬、周炳祥、袭东勋、冯立科、

刘治南、金配西、夏维经。以上四百七十名,各捐银六十四两,报捐
从九品职衔,核与奏准减成数目相符,拟请均给予从九品职衔。

统共捐生一千零四名,共捐银九万四千八百零五两,内银四万
七千四百零二两五钱,宝钞九万四千八百零五千文。

议政王军机大臣奉旨:览。钦此。①

一二五 呈筹防捐局捐输衔
名、银钱实数清单

同治三年十一月初三日(1864 年 12 月 1 日)

谨将筹防捐局捐输衔名、银钱实数,缮具清单,恭呈御览。

林乃勋,江苏监生,由双月詹事府主簿捐实银三百九十六两,
核与奏准减成数目相符,拟请以詹事府主簿不论双单月选用。

林澄江,江苏监生,由蓝翎候选同知捐实银三千五百两,捐换
花翎,核与奏准章程数目相符,拟请赏换花翎。

王榕,直隶附生,捐实银一百十六两,核与奏准报捐贡生减成
数目相符,拟请作为附贡生。

李维清、王凤龄。以上二员各捐实银八十八两,核与奏准报捐
监生数目相同,拟请均作为监生。

唐万枢,江苏监生,由理问衔双月未入流捐制钱一千一百十四
千文,核与奏准以钱合银报捐加五成捐县主簿、递捐县丞双月并捐
三班减成银数相符,拟请以县丞不论双单月选用。

唐宽,江苏人,捐制钱三百三千文,核与奏准以钱合银报捐监

---

① 台北故宫博物院藏:军机及宫中档,文献编号:100452。

生、捐双月从九品减成银数相符，拟请作为监生，以从九品双月选用。

成浩，江苏人，捐制钱五百二十五千文，核与奏准以钱合银报捐监生、捐州同职衔减成银数相符，拟请作为监生，给予州同职衔。

金天镛，安徽人；成浩，江苏人。以上二员均由州同各捐制钱三百八十四千文，核与奏准以钱合银捐请从六品封典减成银数相符，拟请均给予伊父母从六品封典，并将本身妻室应封貤封其祖父母。

成淇、成辅之、成达之、朱佩之、李献西、卞乐山。以上六名各捐制钱一百四十一千文，核与奏准以钱合银报捐监生数目相符，拟请均作为监生。

蒋如果，江苏人，捐制钱一百三千文，核与奏准以钱合银报捐从九品职衔减成银数相符，拟请给予从九品职衔。

统共捐生十七名，共捐实银四千一百八十八两，制钱三千六百五十九千文。

议政王军机大臣奉旨：览。钦此。[①]

一二六　查勘运河水势毋庸另挖横河折

同治三年十二月初五日(1865年1月2日)

头品顶戴漕运总督臣吴棠跪奏，为查勘东、南两省运河水势并向来漕船渡黄处所毋庸另挖横河情形，恭折奏祈圣鉴事。

---

① 台北故宫博物院藏：军机及宫中档，文献编号：100453。

窃臣先后接准部咨：据升任鸿胪寺少卿胡家玉[①]奏办理河运，并御史富稼[②]奏，请复河运旧制各折片，经部臣议覆，奏准饬下臣一并详细妥议覆奏，均奉谕旨：依议。钦此。臣伏查南粮为天庾正供，河运乃转漕旧制，近以黄河旁溢，军用浩繁，致各省南漕先后奏请折征，以资军食。即江、浙等省间有起运之军，亦只能由海运津，以期无误。现在东南军务大定，自应渐复旧规。惟运道久未岁修，而东省黄水穿运处所情形尤难悬拟，遵即派委候补道刘咸，由江口溯流而上，直至张秋，并会同东境道厅详细履勘去后。兹据勘明禀覆前来。臣覆加查核，现在运河情形，由扬州江口上至清江浦中泓水深数尺，商船往来尚无浅阻。惟高、宝一带西堤残缺，间有湖堤相连处所，必须将西堤一律补还，以便牵挽。

---

① 胡家玉（1808—1886），初名胡钰，字小蓬，号梦舆老人，江西新建（今属南昌市）人。道光三年（1823），取生员。十五年（1835），中式举人。二十一年（1841），中式进士（探花），充咸安宫教习，授翰林院编修。二十三年（1843），放贵州学政。二十七年（1847），任刑部四川司部属。次年，充军机章京、方略馆协修。咸丰二年（1852），补刑部四川司主事。四年（1854），办理江西绅团局务，主讲江西豫章书院。九年（1859），主讲江西经训书院。十一年（1861），升广西司员外郎。是年，充湖南乡试副考官、顺天乡试同考官，补江苏司郎中、方略馆纂修。同治元年（1862），任方略馆汉提调纂修官。翌年，授鸿胪寺少卿，加四品衔。三年（1864），调通政司副使，补光禄寺卿。同年，授四川乡试正考官、太常寺卿、大理寺卿。同治五年（1866），任都察院左副都御史，直军机，补兵部左侍郎。次年，署刑部左侍郎，管理五城练勇局务。七年（1868），派管马馆。九年（1870），署吏部右侍郎。十年（1871），补吏部左侍郎，署兵部右侍郎。同年，稽查京通十七仓。十一年（1872），授都察院左都御史、经筵讲官。同年，充顺天乡试副考官。光绪五年（1879），任通政司参议。次年，因病离职。十二年（1886），卒于南昌寄庐。有《胡小蓬通参自订年谱》行世。

② 富稼（？—1865），字雨楼，号子耘，镶黄旗满洲人。咸丰四年（1854），充理藩院主事。六年（1856），补理藩院员外郎。七年（1857），授江南道监察御史，兼巡城御史。九年（1859），升掌江南道监察御史。十一年（1861），授翻译乡试监试御史。同治二年（1863），督办内城防防。三年（1864），稽查正红旗满洲旗务。同年，因案革职。四年（1865），服毒自尽。

至清江浦以上，从前黄河有水时，漕船行走系经由三闸五坝灌塘放过御黄坝渡黄，入杨庄进中河北驶。现在黄河干涸，顺漕河与中河口相通，船行无阻。惟清江头、二、三等闸高下均有数尺，关缆开版必须整备。头、二、三、四等坝亦有高下坝头，亦须盘做，庶重船上挽无虞迟滞。由杨庄运河上至黄林庄江境所属河道，尚无浅阻之虞，其间惟汇、泽、利、运、亨、济、洁、流等闸处所，因经黄水淤垫，须由越河行走。又，西岸堤工均多残破，亦须择要补还。以上江境河道，就现在水势及东河未下闸版而论，如改用民船挽运，不似旧制漕船之笨重，堪资浮运。至东省情形，自台庄八闸上至韩庄，两岸河堤原制尚存。韩庄迤上须由微山、昭阳、南阳等湖行驶，难施牵挽，必须守候顺风；捕河厅属黄水由赵旺河灌入运河，现在船只自南来者，由沈家口入东坡行走，转入南坝头，进运河，达张秋镇北上。惟大汛时虽浩瀚无际，尚可插标引行；秋冬则水落河停，回空过迟，即难有把握。该处或设法挑挖，或筑坝拦黄，应由东河相机办理。此东、南两省运河水势之大概情形也。

至于向来漕船渡黄处所建设三闸五坝，原因南北高下悬殊，节节钤束，前于七月间委员较量水势，杨庄中河水面高清江闸下水面一丈四尺八寸，未可于该处另挖横河，致无关制。此时黄河无水，顺清河已与中河口通连，互相贯注，只须随时疏浚，以循旧道，亦毋庸另行挑挖。所有查勘东、南两省运河水势及向来渡黄处所情形，谨缮折绘图贴说，恭呈御览，伏乞皇太后、皇上圣鉴。谨奏。十二月初五日。

同治三年十二月十三日，议政王军机大臣奉旨：该部知道。图并发。钦此。[①]

---

① 中国第一历史档案馆藏：军机录副，档案编号：03-4968-025。

一二七　续获洋盗陈咬扣等审明正法折

同治三年十二月初五日(1865年1月2日)

头品顶戴漕运总督臣吴棠跪奏,为续获洋盗,审明定拟,恭折具奏,仰祈圣鉴事。

窃据通州详报:咸丰十一年四月二十七日,有江苏补用同知蔡振武行船驶至佘山冷家沙外洋,被盗劫去银两、衣物、执照,报县会营勘缉,先后获犯刁麻子、陈茂、季湼保、陈三、翟炒米灰,起同赃衣等件,讯系陈茂起意纠允刁麻子、季湼保、陈三、翟炒米灰与在逃之季玉麻子、季八了头、陈咬扣、赵泳义、曹玉沨、曹郑大宣、曹杨蚂蚱、何文魁、葛渫、季许刁子、陈量川、季大白板、季痴、陈麻子一共十九人行劫不讳。当以该州逼近□行劫,各犯允从。曹玉沨转纠前获正法之翟炒米灰、在逃之陈麻子入伙,即于是日一共十九人,分携器械,坐船出洋。二十七日下午时分,行至通州冷家沙洋面,适事主蔡振武等行船驶至。该犯等将船赶拢,一齐上船,劫得银两、衣物、执照,搬运回船,逃至僻处,查点俵分。将执照撩弃,余赃分别变卖,得钱花用各散。事主蔡振武遣属报州勘缉,获犯起赃,讯明正法。续获曹郑大宣、陈咬扣讯详,曹郑大宣在监病故,禀请委员验报,饬据核入正案会审议〈拟〉,由道核转前来。

查例载:江洋行劫大盗立斩枭示等语。此案盗犯陈咬扣听从首犯陈茂,出洋行劫事主蔡振武等行船,已据先后各犯供证确凿,其为正盗无疑,自应按律问拟。陈咬扣、曹郑大宣均应各如所拟,合依江洋行劫大盗立斩枭示例,拟斩立决枭示。曹郑大宣业已在监病故,仍戮尸示众。陈咬扣照例先行刺字。余讯无同居亲属知情分赃、牌保得规包庇情事，逃后亦无知情容留之人，应与讯无凌虐之刑禁人等，均毋庸议。死系盗犯监毙，职名并请免开。犯父曹二及失察牌保均在赦前，请免提责。买赃之人并无姓名，亦请免提。各赃照估追赔，盗械供弃免追。逸犯季玉麻子等饬缉，获日另结。

除将供招咨部外，合将续获洋盗、审明定拟缘由，谨会同协办大学士两江总督臣曾国藩、江苏巡抚臣李鸿章，恭折具奏，伏乞皇太后、皇上圣鉴。谨奏。十二月初五日。

同治三年十二月十三日，议政王军机大臣奉旨：刑部议奏。钦此。①

一二八　拿获洋盗周四胧踵等审明正法折

同治三年十二月初五日(1865年1月2日)

头品顶戴漕运总督臣吴棠跪奏，为拿获洋盗，审明正法，按律议拟，恭折奏祈圣鉴事。

窃据署阜宁县知县崔绳祖报：于同治二年三月初九日，据龚家集地保林爽报：据民妇周王氏投称：本月初七日三更后，被匪推门进入，伊夫周永斌与子周二子惊起喊捕，均被拒伤，劫去钱文、衣物逃逸。周永斌伤重，至初八日，因伤身死等情。据即会营勘验饬缉，估赃值银十九两零，先后获犯林广沄、林小二子、卞大、潘遐寿，讯认听从刘学如，伙同刘学汉、周四胧踵、缪三、潘三、李如成、李如名、王昌荣、丁大有、张大米子、张小米子、仓大掩子行劫拒伤不讳。

---

① 中国第一历史档案馆藏：军机录副，档案编号：03-5052-056。

又据该县报:于同治三年五月初五日,据山东日照县舵工姚柱报称:本年四月初六日,行至庙湾湖口北洋面,突来匪船二只,帮靠身船,各匪持械过船,将身与船伙杨得青等捺入后舱,劫去银两、货物,遭风将船飘至茑游门山东首,遇渔船送岸,放至盐邑海载滨停泊,呈请诣勘等情。据即会营勘缉,估赃值银三千九百三十一两零,先后具报到臣。当即分别批饬该县缉审,并行临封营县及委弁会拿。旋据练董蓝翎五品封职吴昌庆、守备徐彬、署江都县知县宋传燧、署海州直隶州知州邰云鹄等,拿获盗犯周四胧踵、昌宝沅、刘五、李如成、林二、张兆棋,并起获赃缎一匹,先后解浦委审。兹据署淮安府知府章仪林审解前来。

臣亲提研讯,缘周四胧踵即周鹤朋、昌宝沅即仓大掩子、李如成,均籍隶阜宁县,刘五即刘永庭、林二即林如相,又名林小泷、张兆棋即张绕脐,均籍隶海州,彼此认识,或驾船种地为业,或捕鱼做厨营生。刘五先于咸丰五年被洋盗王大老虎逼迫在船接赃一次,审依洋盗案内被胁接递赃物、并无助势搜赃情事例,改为黑龙江给披甲人为奴,造册详请起解。因东省驿路梗阻,报明截留监禁。同治元年正月,捻匪窜扰阜宁,该前县毕培贞将犯递解邻邑寄禁,中途被匪冲散而逸。余俱先未为匪犯案。同治二年三月初七日,周四胧踵、昌宝沅、李如成先后在阜宁县七套地方,与已获未结之张三、卞大、潘遆寿,未获之刘学如、刘学汉、缪三、潘三、李如名、王昌荣、丁大有、张大米子、张小米子,遇道贫难。刘学如稔知龚家集周永斌家有钱,起意行劫,各犯允从。刘学如先约已获未结之林广沅、林小二子入伙,即于是夜在集后空地会齐,同伙十六人,各带刀棍铁枪,二更时分,偕抵事主周永斌家门首。刘学如留潘遆寿、林广沅、林小二子、缪三、潘三、张小米子在外把风接赃,自与周四胧踵等推门进内。事主周永斌与子周二子惊起喊捕，被卞大、王昌荣、丁大有各用刀枪拒伤，劫得钱文、衣物，递交潘遐寿等接收，分携逃至僻处，查点俵分各散。事主周永斌因伤殒命，伊妻周王氏投保报县，勘验伤缯，获犯林广沅、林小二子、卞大、潘遐寿，讯供通详。三年四月初五日，周四胧踵因贫难度，起意纠允已获之昌宝沅、李如成、林二、刘五、未获之沈如沁、卢二、张大米子、张小米子、张财沅、杨三、周连珍、周堂、陆朝荣、梁天泉、张把子、李开和，一共十七人，各带器械，出洋行劫，并在途次逼令已获之张兆棋同往烧饭。张兆棋未允，周四胧踵即欲杀害，张兆棋畏惧勉从，同到八滩地方，分坐两船。初六日午后，行至庙湾湖口北洋面，适山东人姚柱客船驶至。周四胧踵招呼各犯将船靠拢，张兆棋避在后艄。周四胧踵留刘五、张大米子、张小米子、张财沅、杨三、陆朝荣、张把子在本船接赃，自与昌宝沅等持械过船，将姚柱等捺在后舱，劫去银两、货物，递交刘五等接收回船，仍由原路驶回，将赃运到周四胧踵家内，查点俵分，并分给张兆棋缎一匹，抵作烧饭工钱，张兆棋畏凶收领，各散。事主姚柱报县，会勘详缯，经臣批饬缯审，行委会拿，获犯周四胧踵、昌宝沅、刘五、李如成、林二、张兆棋，起同赃缎，先后解浦，委经淮安府审明前由。臣亲审无异。

查例载：江洋行劫大盗立斩枭示。又，洋盗案内被胁在船服役并未随行上盗被获者，杖一百、徒三年各等语。此案周四胧踵先因听从刘学如伙劫事主周永斌家，继复纠伙出洋行劫事主姚柱客船。昌宝沅、李如成、林二、刘五听纠肆劫，均已得财，实属不法，应从重按例问拟。周四胧踵即周鹤朋、昌宝沅即仓大掩子、李如成、林二即林如相，又名林小泷、刘五即刘永庭，均合依江洋行劫大盗立斩枭示例，拟斩立决，当即恭请王命，正法枭首示众，以昭炯戒。张兆棋讯只被逼在船烧饭,并未随同行劫,以应按例问拟。张兆棋即张绕脐,合依洋盗案内被胁在船服役并未随行上盗被获者杖一百、徒三年例,拟杖一百、徒三年,定地发配,折责充徒,期满递籍安插。林广沅等由县归案拟办。失察周四胧踵牌保无从觉察,照例提责。刘五等在外为匪,原籍牌保无从觉察,请免提责。余讯无同居亲属知情分赃、牌保得规包庇情事,逃后亦无知情容留之人,亦毋庸议。起赃给主,未起饬赔。盗械供弃免追,逸犯刘学如等饬缉,获日另结。

以上两案,或获犯未半,盗首未获;或仅获盗首,犯未及半。应议职名,仍令开参。是否允协?除将供招咨部并查明员弁获盗应叙职名另行请奖外,惟蓝翎五品封职练董吴昌庆,购线会拿,计获洋盗六名之多,实属勇干出力,合无仰恳天恩,奖给四品升衔之处,以示鼓励。合将获犯审拟缘由,谨会同协办大学士两江总督臣曾国藩、江苏巡抚臣李鸿章,恭折具奏,伏乞皇太后、皇上圣鉴。谨奏。十二月初五日。

同治三年十二月十三日,议政王军机大臣奉旨:吴昌庆着赏加四品衔,该部知道。钦此。[①]

一二九　采购米石解赴通仓试行河运片

同治三年十二月初五日(1865 年 1 月 2 日)

再,各省漕粮,现以军需孔亟,先后改征折色,兼之上游黄水旁溢,运道不通,近两年来,仅只抚臣李鸿章于松太残败之区,勉力筹征,航海运送。臣职司转漕,每念京仓支绌情形,兼虑及河运废弛,

---

①　中国第一历史档案馆藏:军机录副,档案编号:03-5052-055。

难安寝馈。此时东南军务大定，一二年间可渐复旧，就运道而言，自以海舶转输较为便捷。第河运为数百年成规良法，究未可以全废，前曾与督臣曾国藩书函讨论，将来苏、浙、江、广之船尚可仍由海运；若江北各属，则以河运为便，盖江北距港较远，由北而南转多一番周折也。惟是停运有年，循旧几同于创始。或谓漕艘久废，一时筹造维艰。若设法雇用民船，深虑难以钤束，至挽兑之有无棘手，尚未可知。或谓河运久停，骤难规复旧制，即一路纤堤闸坝，亦已倍费经营。至浮送之能否无虞，未可遽料。凡此皆不可以不虑。然民船虽非军船可比，而客商之运货、运盐者，比比皆是。至于河道情形，据道员刘咸所查及细绎前东河臣谭廷襄①抄咨奏稿内称：果欲运粮，暂雇民舟，如盐艘往来，尚不至于阻滞等语。是运道虽属为难，如不用旧日笨重之船，似非毫无把握。

现在漕粮无可筹运，臣亦不敢以天庾正供轻于尝试，而愚忧耿耿，总期运道能于疏通，此心方可稍慰。臣现拟于清淮军需捐款内

---

① 谭廷襄(1804—1870)，字竹崖、竹岩，浙江山阴人。道光十二年(1832)，中式举人。十三年(1833)，中式进士，选庶吉士，散馆授刑部主事，再迁郎中。二十三年(1843)，补福建司主事。次年，补山西司员外郎。同年，升江苏司郎中、律例馆提调。二十七年(1847)，放直隶永平府知府，转保定府知府。二十九年(1849)，迁通永道。三十年(1850)，调清河道。咸丰三年(1853)，署直隶按察使。是年，调补两淮盐运使。四年(1854)，补山东按察使。同年，署顺天府府尹。五年(1855)，补刑部右侍郎，兼署顺天府府尹。同年，充武乡试监临官。六年(1856)，补授陕西巡抚，署直隶总督。八年(1858)，实授直隶总督。次年，兼署陕西巡抚。十年(1860)，任陕西督办团练大臣。十一年(1861)，补山东巡抚，督办山东团练。同治元年(1862)，兼署河东河道总督。三年(1864)，授刑部右侍郎。四年(1865)，任总理各国事务衙门大臣、内廷进讲大臣、工部右侍郎兼管钱法堂事务。同年，充会试考官、阅卷官。五年(1866)，补户部左侍郎，兼管三库事务。同年，署湖广总督。六年(1867)，调都察院左都御史。同年，擢刑部尚书。七年(1868)，兼署吏部尚书、左都御史。是年，充朝考阅卷大臣、武殿试读卷官。九年(1870)，卒于任，赠太子少保，谥端恪。

竭力节省,采购米三万石,解赴通仓,试行河运。如果挽运无阻,则来岁江北新漕即可仿照办理。倘其中或有阻滞之处,可知其弊之所在,预为之计。臣已措款赶紧购米,俟奉旨后即当雇备船只,将运务及江省河道多头料理,一面议定章程,另行具奏,恭请饬下东河臣一体筹备,以利运行。为此附片具陈,是否有当,伏乞圣鉴训示祇遵。谨奏。

同治三年十二月十三日,议政王军机大臣奉旨:钦此。①

【案】此片于是年十二月十三日得允行。廷寄曰:

议政王军机大臣字寄:漕运总督吴、河东河道总督郑:同治三年十二月十三日,内阁奉上谕:吴棠奏,东南军务大定,拟试办河运等语。据称江北各属均以河运为便,惟停运有年,漕艘久废,若设法雇用民船,虑难钤束,并沿河一路纤堤闸坝,浮送能否无虞,亦难逆料。现拟于清淮军需捐款内动银购米三万石,解赴通仓,试行河运等情。具见该漕督心存大局,办事认真。江北各属距沪较远,如与苏、浙、江、广粮艘一律由上海转运,由北而南,殊多周折,着照吴棠所请,即行采买米石,雇备民船,由河道运送通仓。所有转运事宜并江省应行经过河道,均着饬令该地方官妥速经理,一俟议定章程,即行具奏,并着郑敦谨将粮艘经过河路之纤堤闸坝有无应行修整挑浚,即饬沿途管河官弁,一体迅筹备办,用利运行。如能挽行无滞,来岁江北新漕即由吴棠等仿照办

---

① 中国第一历史档案馆藏:军机录副,档案编号:03-4862-091。此片具奏日期未确,兹据同批折件校正。

· 976 ·

理，以复河运成规。该督等谅能实力兴办，不致徒托空言，稍涉畏难也。吴棠片着钞给郑敦谨阅看。将此各谕令知之。钦此。遵旨寄信前来。①

一三〇 湖运四厅同治三年办理各工动用银数折

同治三年十二月二十三日(1865年1月20日)

头品顶戴漕运总督臣吴棠跪奏，为核明湖运四厅同治三年霜降止办理各工动用银数，循例开列清单，恭折具奏，仰祈圣鉴事。

窃维江、皖洪湖及南北运河堤埽各工，皆系保卫清淮里下河地方民命、饷源，关系甚巨。自咸丰十年河工裁汰，额解河饷令拨军需，只留荡柴一项，奉准全数变价，拨济湖运工需，责成该管厅员择要修补在案。兹查同治二年霜后起至同治三年霜降止，湖运工需并未请帑，除扬属东堤土石等工仍劝捐修筑外，其余抢镶防风、补加坝埽、搂护石工、填筑槽土、择镶护堤防埽以及堵闭各坝河工程，均经臣遵照部定章程，于荡柴变价款内核实动支，并因柴款不敷，酌拨滩租接济，督饬各该厅员分投办理，节次奏明，抄折咨部。并据淮徐扬海道分案造册开单，先后呈送，计十一案，共银十六万一千四百十两零。

臣逐一细核，择其叠次□□□□□□□外，均属相符。除饬该道另造印封详送、次第具题并送部查核外，谨将湖运四厅同治三

---

① 中国第一历史档案馆编：《咸丰同治两朝上谕档》，第14册，第433页；《穆宗毅皇帝实录(三)》，卷一百二十四，同治三年十二月中，第723页。

年霜降止工用银数查案汇开清单,恭呈御览,仰祈敕部查核施行。为此缮折具奏,伏乞皇太后、皇上圣鉴。谨奏。十二月二十三日。

同治四年正月初一日,议政王军机大臣奉旨:该部知道。单并发。钦此。[①]

一三一　呈湖运四厅同治三
年估做工段银数清单

同治三年十二月二十三日(1865年1月20日)

谨将湖运四厅同治三年霜降止估做工段丈尺、动用银数,开具清单,恭呈御览。

计开:徐州府同知属:运中河两岸抢护防风,共工长一千一百零八丈,牵宽八尺至一丈,牵高七尺至九尺。共估需料土、夫工银一万九千四百九十八两零。

补加安东汛盐河两岸旧埽内补镶,工长一百十丈零七尺,牵宽一丈六尺至一丈七尺,牵高一丈七尺至一丈八尺。又加镶共工长九十八丈,牵宽一丈六尺至一丈九尺,牵高七尺至七尺五寸。共估需料土、夫工银一万五千五百七十七两零。

宿迁中河汛越堵刘老涧滚坝,先筑土坝基,自上转角起长二十六丈,顶宽二丈,底宽三丈九尺,高九尺五寸。外镶护埽长二十六丈,宽一丈,高九尺五寸。接前堵闭工长三十五丈,宽三丈,牵高、深一丈五尺五寸。共估需料土、夫工银四千三百九十七两零。

淮安府同知属:堰、涧、徐三汛长堤石工风掣未砌段落择要搂

---

①　中国第一历史档案馆藏:军机录副,档案编号:03-9575-011。

护，共旧工长二百六十四丈，连越湾共工长二百九十七丈五尺，牵宽一丈至二丈五尺，牵高五尺至一丈六尺。共估需料土、夫工银一万七千四百七十五两零。

堰、涧、徐三汛填筑浪刷旧工石后槽土，自堰字第十号起至盱字第十三号止，共工长一千零一十三丈，牵宽一丈二尺至二丈六尺，牵深三尺至七尺。共估需土方银四千九百八十八两零。

堰、涧、徐三汛临湖卑矮石工择紧镶做护堰防埽，共工长二百四十丈，牵宽六尺至一丈五尺，牵高四尺至八尺。共估需料土银五千零十两零。

徐坝汛信坝护埽掣塌，工长二十二丈三尺，兜缆补镶宽三丈，高深八尺。智坝护埽掣塌，工长十六丈二尺，兜缆补镶宽三丈，高深八尺。林家西坝护埽掣塌，工长十四丈九尺，兜缆补镶宽三丈，高深一丈。仁河护埽掣塌，工长十一丈，兜缆补镶宽二丈，高深六尺。又加镶长二十三丈，宽三丈，高二尺。新义河直坝护埽掣塌，工长十五丈，兜缆补镶宽三丈，高深一丈。又加镶长二十丈，宽一丈，高深一丈。旧义河直坝护埽加镶，长二十四丈，宽二丈，高二尺。共估需料土、夫工银九千一百六十七两零。

淮安府军捕通判属：运口汛加镶束清坝工，共牵长二十九丈八尺，牵高九尺至九尺五寸。又加镶头南坝外盖坝头、二、三、四坝，共牵长八十四丈五尺，牵宽二丈八尺至四丈五尺，牵高八尺至一丈一尺。又加镶张王庙前托水坝，共牵长十七丈二尺，牵宽二丈六尺至二丈八尺，牵高八尺五寸。又加镶福兴正闸上钳口坝，共牵长二十丈八尺，牵宽二丈五尺至二丈八尺，牵高八尺五寸。共估需料土、夫工银一万九千六百七十五两零。

运、清、平三汛加镶旧护埽，共工长二百九十丈六尺，牵宽一丈四尺至一丈五尺，牵高七尺至八尺。共估需料土、夫工银一万八百八十五两零。

运、清、平三汛镶做护埽，共工长一百四十丈四尺，牵高深一丈三尺至一丈四尺。又防风共工长二十七丈七尺，牵宽七尺至八尺，牵高八尺。共估需料土、夫工银九千三百七十七两零。

扬州府同知属：宝、氾、永、高、甘五汛镶做护埽，工长八百九十一丈七尺，宽一丈至一丈二尺。又镶做防风工长四百七十六丈，宽八尺至九尺，高八尺至九尺。又加镶旧埽工长二百三十丈，宽一丈至一丈二尺，高二尺五寸至三尺。共估需料土银四万五千三百五十五两零。

议政王军机大臣奉旨：览。钦此。[①]

一三二 奏报酌议河运京米章程折

同治三年十二月二十三日(1865年1月20日)

头品顶戴四川总督臣吴棠跪奏，为筹办河运京米，酌议章程，恭折具奏，仰祈圣鉴事。

窃臣前奏采办米石，试行河运，钦奉上谕：着照吴棠所请，即行采办米石等因。钦此。仰见圣廑河运，期复成规，渥蒙训勉之周详，倍切愚蒙之悚惕！伏查此次采购京米，以筹画运道为第一要务，而尤以雇船为最要。盖民船运米，初次试行，在官司以铃束为难，即船户亦惧惟误公是虑，而且经过之处涉阻堪虞，亦必于雇船之初豫为筹及。臣前于具奏后，即经派委妥员分投筹办，并将江境各闸坝应

备关缆器具及经行纤道分头料理，总期事求实济，款不虚糜。

至此时运河情形，全在及时挽渡，现拟接力赶办，期于来春正、二月间，各事次第齐备，五月间挽上各闸。计行至东境黄水穿运之处，正在河水初发、大汛未交之时，一切较易措置。第事属创办，头绪纷繁，设筹备稍事未周，则临事诸多棘手，必须设立总局，以资董事。其沿途督运等事，尤贵经理得人，虽此次米数无多，而事事必慎其始，庶以后漕粮仿办，借以遵循。兹臣遴派盐运使衔江苏候补道吴世熊总理局务，派委盐运使衔江苏候补道刘咸督运，赴通交纳，各专责成，俾期应手。

除饬该员等遵照赶办并俟兑开有期另外奏报外，所有酌议章程，谨缮清单，恭呈御览，伏乞皇太后、皇上圣鉴训示。谨奏。十二月二十三日。

同治四年正月初一日，议政王军机大臣奉旨：户部妥议具奏，单并发。钦此。[1]

【案】奉旨：户部妥议具奏：旋户部议奏曰：

再，漕运总督吴棠上年奏请采买米石，试办河运，钦奉上谕：如能挽行无滞，来岁江北新漕即仿照办理，以复河运成规等因。钦此。钦遵在案。伏查江安粮道所属之江苏各属漕粮，十余年来折征充饷，本系不得已之举。现在江北肃清，扬防凯撤，试办河运之米挽过津关运道，亦无虞阻隔。所有江北各属本年新漕，即应征收本色。钦遵谕旨仿照本年河运成案，扫数起运。惟本年河运系封雇民船，诚恐米数太多，不无掣

---

[1] 中国第一历史档案馆藏：军机录副，档案编号：03-4863-001。

肘。查江北各属与运河、江口,均相距不远,平日江北米商贩米赴沪,片幡东驶,不日可达。如江北全漕不能概由河运,即由该督酌量情形,划分成数,河海并运。其一切章程,应令漕运总督会同两江总督、江苏巡抚,赶紧妥议,奏明办理。谨附片陈奏。①

一三三 呈筹办河运米粮章程清单

同治三年十二月二十三日(1865年1月20日)

谨将筹办河运京米章程,缮具清单,恭呈御览。

一、米色应以干洁为重也。江北一带出产粳米无多,只能红白兼收,粳籼并买,且此次采购米石,为时已迟,色粒未能一律,惟有挑选干洁之米,不任稍事潮杂,以重仓储而便采买。

一、用款应核实开报也。此次试行河运,事属创始,无成案可以援引,除买米按照市价、开报水脚按照石数给发外,所有沿途闸坝、纤挽、席片等项未能预计,拟请事竣后,汇同米价,核实奏报,以重款项。

一、耗米应略仿海运办理也。查江苏海运采办章程,随正交仓,耗米二升,沙船耗米八升,照案随正交仓。至员弁及船户食米,另行宽为备带,不准于前项耗米内支食,以杜淆混。以上耗米两款,应请随正开报。

一、水脚应从宽给也。查沙船虽经历重洋,而行驶较为迅速。此次雇船河运,非数月不能往返,为时既久,食用自多,且沿途上挽

---

① 中国第一历史档案馆藏:军机录副,档案编号:03-4863-107。

闸坝，并经由黄河穿运之处，船户裹足不前，初次创行，必须稍宽雇值，以示招徕。所有水脚及神福犒赏等项，每石拟共给银六钱，汇案开报。

一、杂费应候部定也。查江苏海运采办章程，每米百石缴津通剥费银四两八钱、杂费银三两三钱四厘，交天津道汇收核办。此次系经运通州，所有剥费、杂费是否仍照前数科解，应交何衙门汇收核办，应请饬下部臣核覆，以凭照解，随正开报。

一、米船应派员押运也。查内河民船，非沙船有董事者可比，必须派员分帮押运、挈取、上兑、回批，其沿途督催及抵通交米各事，均系初次办理，并拟添大员赴通照料。所有样米仍按船各封三份，加贴印花，以凭呈验。

一、空船应及早南回也。查东境黄河穿运处所，大汛时漫水汪洋，一经水落，则随时停淤。上年七、八月间，即有间段浅涸之处，所有回空船只必须汛水未落之前渡黄南下，庶不致停滞东境。应请饬下仓场总督，拣派坐粮厅于米船到后，随到随验，除实有霉变情事应行风晾剔换外，如系干洁之米，务须随验随收，以速空运，且使民船知到通交米，并无需索留难，以后雇用民船，无虞畏缩。

一、米船应准酌带土宜也。查重空漕船本有准带土宜之例，历届海运亦准酌带货物。此次民船河运，拟请仿照海运章程，准搭二成货物，免其纳税纳捐，仍不准携带洋药，如查有夹带，照章捐厘报税，以示限制。

一、兑交应一律斛收也。查收兑漕粮，本用漕斛，历届海运亦以漕斛校兑。此次系按漕斛采办，抵通交仓亦归漕斛。现用淮安府存储铁斛较准木斛，发给办米押运委备用，仍将淮安府铁斛携带至通较兑，以归划一。

一、办公应仿照设局也。委员及书办例有开销。此次于河道阻滞停运十年之后购米试行,系属创办,应在清江设立总局。惟米数无多,用款概从撙节,其赴通及押运各员薪米,应酌量发给,仍俟事竣,仿照海运章程,如果著有劳绩,分别鼓励。

议政王军机大臣奉旨:览。钦此。①

【案】此清单于同治四年正月初一日下部议覆,得允行。《清实录》:

又谕:漕运总督吴棠奏,遵议筹办河运漕米章程十条:一、米色红白兼收,粳籼并运,均以干洁为主。一、米价按照市值。闸坝等费,事竣核实开报。一、耗米按漕斛每石给民船一升,仓耗二升,随正交仓。一、水脚每石给银六钱。一、用民船径运通州。一、派员分帮押运,并添派大员赴通照料。一、回空船只须于汛水未落之前南下。一、米船准带货物二成,免其纳税。一、兑交仍用漕斛。一、在清江设立总局,用款概从撙节。下部议。从之。②

一三四　请以冯杰借补燕河路都司片

同治三年十二月二十三日(1865 年 1 月 20 日)

再,查直隶燕河路都司英秀,前在徐州军营因病开缺调理,经臣奏奉谕旨允准在案。所遗燕河路都司系军营所出之缺,应由军

---

① 中国第一历史档案馆藏:清单,档案编号:03-4863-110。
② 《穆宗毅皇帝实录(四)》,卷一百二十六,同治四年正月上,第 3 页。

营拣员请补。兹查有补用游击冯杰,由军功在徐州军营叠经保奏以都司用,上年援解蒙围,转战五旬之久,经臣奏蒙恩准以游击补用。该员久历行间,战功叠著,于营务亦能留心,堪以借补。惟以游击请补都司缺,与例未符,相应奏恳天恩,俯念该游击冯杰为军营得力之员,准其借补燕河路都司,以励戎行。谨附片具陈,伏乞圣鉴。谨奏。

同治四年正月初一日,议政王军机大臣奉旨:冯杰着准其借补。该部知道。钦此。[①]

一三五　奏报督饬堵闭礼
河越坝等处缺口片

同治三年十二月二十三日(1865 年 1 月 20 日)

再,本年霜降以后,运河水势日消,宿迁境内沭河尾泄水口门,现已饬厅赶估堵闭。其洪泽湖源正犹短绌,出湖盐艘节节浅阻。据海州分司禀:由盐务筹款兴堵礼河越坝,因需费不赀,批令察看情形,赶将该越坝过水缺口先行堵闭半槽,期资拦蓄而止贯注。现办扬属两堤,节经饬催□□各州□□拨协□难□□解齐,[②]且不敷甚巨。幸有清淮捐输一款,随时动拨支应,可免半途辄止之虞。臣现仍严饬厅委等认真赶办,务期早日蒇功,弗任延误。相应附片陈明,伏乞圣鉴。谨奏。

---

① 中国第一历史档案馆藏:军机录副,档案编号:03-4701-031。此片具奏日期未确,兹据同批折件校正。

② 此句于折面损毁之处无法辨认,暂存疑。

同治四年正月初一日，议政王军机大臣奉旨：知道了。钦此。①

一三六　提拨洪湖滩租充作清河缉捕经费片

同治三年十二月二十三日(1865 年 1 月 20 日)

再，清河县当南北之冲，地方本极疲敝，自遭兵燹以后，民气凋残较他邑为甚。该县遇有缉捕等事，因经费难筹，时形竭蹶。因查洪湖滩租一款，本系该县会同局委按季催征，兹拟饬局自本年秋季起，在于征存租钱内随时拨给该县三成，以充缉捕经费，庶地方有裨。其余租钱拨归湖运工需。谨附片具陈，是否有当，〈伏乞〉圣鉴。谨奏。

同治四年正月初一日，议政王军机大臣奉旨：知道了。钦此。②

一三七　奏报洪湖滩地同
治二年夏收租数片

同治三年十二月二十三日(1865 年 1 月 20 日)

再，洪湖滩地同治二年夏秋租钱及减缓分数，曾于上年十二月间附折奏明在案。兹查该滩二年麦季应缴租钱七千四十五千六十

---

① 中国第一历史档案馆藏：军机录副，档案编号：03-4882-041。此片具奏日期未确，兹据同批折件校正。

② 中国第一历史档案馆藏：军机录副，档案编号：03-4938-001。此片具奏日期未确，兹据同批折件校正。

二文，内因雪伤歉收，减缓三成，应征七成钱四千九百三十一千五百四十三文，又压征元年草租三成四百四十八千二百三文，二项应缴钱五千三百七十九千七百四十六文，已缴钱五千二百三十五千一百十三文，民欠钱一百四十四千六百五十三文。又，秋租应缴钱七千五十一千五百三十七文，因旱歉收，减缓二成，应缴八成钱五千六百四十一一二百二十五文，已缴五千二百七十七千七百十八文，民欠钱三百六十三千五百十一文。

至本年应征麦租钱七千五十一千五百八十七文，又压征二年草租钱一千四百九十四千十二文，秋租应缴七千五十一千五百八十六文，均经按月应征。惟二年麦秋两季所收租钱，因该滩地土沙薄，加以迭被捻扰之后民情困苦，以一年之收完一年之征已属竭蹶，若以再令带完，民力实有未逮，应缓俟来年夏季察看情形，酌量启征，以纾民力。据管理湖滩局记名盐运使江苏借补道李元华禀请具奏前来。

臣覆核无异。除饬将本年应征未完钱文赶紧催缴、克期如数批解外，所有洪湖滩租数目情〈形〉，理合附片陈明，伏乞圣鉴。谨奏。

同治四年正月初一日，议政王军机大臣奉旨：知道了。钦此。①

---

　　① 　中国第一历史档案馆藏：军机录副，档案编号：03-4847-001。此片具奏日期未确，兹据同批折件校正。

同治四年(1865)

〇〇一 监犯蔡怀清等反狱脱逃拿获正法折

同治四年正月十六日(1865年2月11日)

头品顶戴漕运总督臣吴棠跪奏，为续查监犯随同乘乱反狱脱逃，同时拿获，讯明正法，按例问拟，恭折奏祈圣鉴事。

案据海州禀报：咸丰十一年五月三十日，捻匪窜扰南城和尚渡等处，图扑州城。正在防剿紧急之时，监犯蔡怀清等乘乱反狱，拒伤禁卒、更夫人等脱逃，经州带兵拿获，讯明正法，以除内患而固危城等情。当经饬据查明蔡怀清等犯案具详，核议具奏，并以该州尚有监犯李庭榭、韩开即韩开汰、刘小妮、张小二，听从乘乱反狱脱逃，同时拿获正法。又有犯妇杨段氏扭链同逃，当时扭获，复敢恃妇悍泼，辱骂肆横，声言放火烧害，以致合监人犯惊恐，即于讯明后一并处死，咨明刑部，俟饬查犯案、议详另奏在案。兹据该州查案议拟，由道转详前来。

臣覆加查核，缘李庭榭、韩开即韩开汰、刘小妮、张小二、杨段氏，均籍隶海州。李庭榭因尹潮观欲将李敬发扭交看管之尹帮辅带回，阻被扑殴，用枪戳伤身死犯案。韩开因知无服族叔韩佩流欲倒卖公地，告族不依，致被挟恨，扬言放火报复，起意致死。即密谋同刘小妮、张小二带用刀割落韩佩流秽物肾囊身死，弃尸不失犯案。刘小妮、张小二因听从韩开致伤韩佩流身死，或帮同按手，或听从下手，均属加功弃尸不失犯案。杨段氏因外甥媳金曹氏偷吃螃蟹，看见呵斥，致相争殴，用棒殴伤金曹氏身死，弃尸藏迹犯案。均经讯供通详，分别收禁。

咸丰十一年五月三十日，捻匪窜扰海州之南城和尚渡等处，图扑州城。正在防剿吃紧之时，有另案盗犯蔡怀清，起意乘机反狱脱逃，商允李庭榭、韩开、刘小妮、张小二并另案监犯周继漾、穆佃英、唐树淋、徐五、董小三仔、崔丙位、邢有见、邢致培、邢致桓、李保太、周四、陈有溃、吴长法、王怀锦、刘安乐、张士进、吴开石、桑小玉，即于是夜三更时分，各自扭断镣铐。唐树淋攀折笼柱，提牢书沈聘三，禁卒王赓、张奎，更夫李广、常大、张二，瞥见赶捕。唐树淋用折断笼柱拒伤王赓左肩胛、张二右手大指，周继漾用断镣拒伤李广额颅，董小三仔用笼柱伤常大右胳肘，李庭榭等随同助势，打毁监门，一同拥出。即经该州带兵兜拿，按名就获，讯供正法。维时，犯妇杨段氏因见蔡怀清等乘机反狱，亦即扭链同逃，当被倅妇陈徐氏看见扭获。杨段氏复敢恃妇悍泼，辱骂肆横，声言放火烧害，以致合监人犯惊恐，又经该州讯明，一并处死。分别禀报，查案议详，由道核转前来。

除蔡怀清等首从各犯十九人业已拟结毋庸重拟外，查例载：罪因由监内结伙反狱并未伤人，从犯不论原犯罪名轻重，悉照劫囚一例科罪。又，纠众行劫在狱罪囚，随同助势，虽未伤人，亦拟斩候各等语。此案监犯李庭榭等听从乘乱反狱，助势脱逃，虽未伤人，亦属不法。杨段氏扭链同逃,当时被获,复敢恃悍辱骂肆横,并言放火烧害,亦与随同助势无异,自应并照劫囚例问拟。李庭榭、韩开即韩开汰、刘小妮、张小二、杨段氏,应如所拟,合依纠众行劫在狱罪囚随同助势虽未伤人亦拟斩候例,拟斩监候,已据该州分别正法处死,以除内患而固危城,应毋庸议。

刑禁人等讯非松刑贿纵,伤俱平复,已于前折声明,请免重叙。除录供招咨部并将各原案分起拟结具题外,合将续查核拟缘由,谨会同协办大学士两江督臣曾国藩、江苏巡抚臣李鸿章,恭折具奏,伏乞皇太后、皇上圣鉴。谨奏。正月二十六日。

同治四年二月初三日,议政王军机大臣奉旨:刑部知道。钦此。①

○○二　拿获私造钱票案犯审明定拟折

同治四年正月十六日(1865 年 2 月 11 日)

头品顶戴漕运总督臣吴棠跪奏,为拿获私造官号钱票之犯,查明部议,详核例案,妥拟具奏,仰祈圣鉴事。

窃照淮城通源局委员会同山阳县等禀获行使伪票人贩王廷标等,发委淮安府审照私造伪票,诓骗行使,不计银数多寡,将为从及知情买使者发新疆给官兵为奴,经臣覆核,奏奉谕旨:刑部议奏。钦此。兹准刑部以私造钱票、诓骗行使、分别首从、拟以斩遣之例,系专指部颁钞票而言。此案在逃之杨金标私造通源总局钱票,查总局虽系支发饷项所设,惟官号钱票究与部颁钱票迥别。查咸丰

---

① 中国第一历史档案馆藏:军机录副,档案编号:03-5070-001。

四年,刑部审办馨保等私造官号钱票,因其诳骗多次,审照棍徒扰害例拟军,并未按私造钱票科断。今王廷标等查知逸犯杨金标私造官号钱票,或贪利容隐,或知情取用,自应仍照诳骗本律问拟,即谓与民间钱票稍有区别,亦只可于诳骗计赃罪上加等科断。该督将该犯等照私造钱票为从及知情行使例拟遣,引断殊未允协,案关罪名出入,碍难率覆,应令该督再行详核例案,妥议具奏,到日再议。奏奉谕旨:依议。钦此。抄单行文查照等因。

臣覆加查核,缘王廷标、吴学志即吴士魁,均籍隶山阳县,买卖度日,从无不法犯案。同治二年九月间,王廷标租住吴学志房屋,嗣有在逃之徐州人杨金标来到王廷标家借住,因系素识,当即允留。讵杨金标带有木刻通源总局票板,私造钱票,经王廷标查出不依,杨金标许给钱票使用,嘱勿声张。王廷标贪利允从。是月不记日期三更时分,吴学志从外回家,见王廷标屋内点有灯亮,进去查看,维时王廷标外出不家,杨金标正在私造钱票。吴学志当将票板、票纸获住,杨金标畏惧逃跑。吴学志因穷苦难度,将假票收藏使用,会遇吴廷珍向索旧欠,吴学志即取假票八张,计钱八千文交还。吴廷珍不知假票,持赴王兆龙猪行内,交与王又宽、姜宝堂,至通源总局取钱。当经查出,追明来历,报经局员会勘,先后拿获吴学志、王廷标,并起出假票,一并解讯。据供前情不讳。诘非同谋私造。王廷标所得假票,已向不识姓名人买洋布、花线等物,用去十纸,计钱十千文,余已烧毁无存,矢口不移。覆核无异。

查律载,诳骗人财物计赃准窃盗论。又,窃盗赃一两以上至一十两,杖七十各等语。此案王廷标、吴学志查知逸犯杨金标私造通源总局钱票,或贪利容隐,或知情取用,应如部议,改照诳骗本律问拟。惟官号钱票究与民间钱票稍有区别,亦应如部议,于诓骗计藏罪上加等科断。查王廷标行使假票钱十千文,估赃值银十两。吴学志即吴士魁,行使假票钱八千文,估赃值银八两。均请照诓骗人财物计赃准窃盗论,窃盗赃一两以上至一十两杖七十律上加一等,各拟杖八十,折责发落。吴廷珍等讯不知情,应毋庸议。

案已讯明,未到人证,请免提责,以省拖累。起获假票涂销,票板供毁免追。逸犯杨金标饬缉,获日另结。合将覆核改拟缘由恭折具奏,伏乞皇太后、皇上圣鉴,敕部核覆施行。谨奏。正月十六日。

同治四年二月初三日,议政王军机大臣奉旨:刑部议奏。钦此。[①]

〇〇三　前粮台军需用款请由皖抚核奏片

同治四年正月十六日(1865年2月11日)

再,前准部咨:各处军需款,责成各大臣、督抚核实开单,以杜浮冒,钦奉谕旨:徐州粮台着责成吴棠办理。江南、江北粮台,着责成曾国藩、吴棠办理等因。钦此。当即钦遵转饬各该粮道遵办。除俟送到清单由臣等分别确核具奏外,惟查有安徽抚臣乔松年前在两淮运司任内承办江北粮台及在藩司任内承办扬州、镇江水陆粮台,当有应行声覆及报销之案。该抚现系现任巡抚,应请即由乔松年自行核实奏报,以免转折。谨会同协办大学士两江督臣曾国

藩,附片具陈,伏乞圣鉴。谨奏。

同治四年二月初三日,议政王军机大臣奉旨:着照所请,该部知道。钦此。①

○○四　奏报疮发增剧请旨赏假调治片

同治四年正月十六日(1865年2月11日)

再,臣起自田间,素习劳苦,迨补牧令,自矢驰驱,亦无疾病。至咸丰十年在淮徐道任内,感发疮疖,流血过多,此后每年交秋,遍体即发湿疮,夏初乃愈。去腊今正,疮发增剧,眠食不安,日形委顿。医家云,血虚化燥,岁久兼伤气脉,必得静摄乃冀收效,合无仰恳天恩,赏假一月,俾臣加意调治,以期早日就痊。臣不胜惶悚待命之至。谨奏。

同治四年二月初三日,议政王军机大臣奉旨:吴棠着赏假一月调理。钦此。②

○○五　奏为御赐福字谢恩折

同治四年二月初四日(1865年3月1日)

头品顶戴漕运总督臣吴棠跪奏,为恭谢天恩,仰祈圣鉴事。

同治四年二月初一日,折弁回淮,赍到上年十二月二十四日御赐

---

①　中国第一历史档案馆藏:军机录副,档案编号:03-4863-005。此片具奏日期未确,兹据同批折件校正。

②　中国第一历史档案馆藏:军机录副,档案编号:03-4613-078。此片具奏日期未确,兹据同批折件校正。

福字一幅。① 当即恭设香案,望阙叩头祗领,恭谢天恩讫。钦惟我皇上握镜延釐,垂衣笃祜。仁兼天覆,书祥克召乎和甘;敬勷日跻,献颂弗崇乎符瑞。惟是敷言式训,本禹畴锡极之心;抑且讲武作师,稽周雅如茨之义。兹际鸿钧转律,适逢奎画腾文,爰逮微臣,俾与恩赐。

伏念臣皖东下士,江北备员,轻材久效于从军,拙计徒殷于转粟,涓埃莫补,惭悚方深!不图畀任优加,兼复光荣叠被,乾文昭锡,俨瞻云日之辉;震恐为箴,益切冰渊之惧。所有微臣感激下忱,理合缮折具奏,恭谢天恩,伏乞皇太后、皇上圣鉴。② 谨奏。二月初四日。

同治四年二月二十九日,议政王军机大臣奉旨:知道了。钦此。③

○○六　奏为署理两广总督谢恩折

同治四年二月二十三日(1865 年 3 月 20 日)

头品顶戴署理两广总督漕运总督臣吴棠跪奏,为恭谢天恩,仰祈圣鉴事。

同治四年二月二十日,由兵部火票承准议政王军机大臣寄谕:二月十六日,奉上谕:两广总督,前已有旨命吴棠署理。闽省贼氛正炽,粤东防剿不可一日稍松,着毋庸来京请训,即行驰赴新任,将一切应办事宜,实心实力,妥为筹画,以副委任等因。钦此。当即恭设香案,望阙叩头,恭谢天恩讫。

---

① 《望三益斋存稿·谢恩折子》作"一方",兹据军机录副校正。
② 《望三益斋存稿·谢恩折子》仅作"伏乞圣鉴"。
③ 中国第一历史档案馆藏:军机录副,档案编号:03-4613-132。

伏念臣皖北庸愚，渥邀隆遇，久预从戎之务，洊膺转漕之司，报称未能，悚惶方切！兹复仰蒙宠命，俾摄兼圻。两广为山海交错之区，总督有文武兼资之职，况值七闽肆扰，正当力遏寇氛；即知百粤周防，尤必勉筹长策。

臣军符虽习，疆寄未谙，当委任之优加，弥兢忧而靡措！惟思勤堪补拙，不敢稍涉于畏难；诚必戒欺，不敢自安于涂饰。冀竭臣子应为之分，以副生成逾格之恩。除俟署漕臣彭玉麟到淮即行速赴新任外，所有微臣感激下忱，理合缮折具奏，叩谢天恩，伏乞皇太后、皇上圣鉴。[①] 谨奏。二月二十三日。

同治四年三月初五日，议政王军机大臣奉旨：知道了。钦此。[②]

○○七　清淮捐局续收
捐输请旨奖励折

同治四年二月二十七日(1865 年 3 月 24 日)

头品顶戴署理两广总督漕运总督臣吴棠跪奏，为清淮捐局续收捐输银钱、宝钞各数，分缮清单请奖，仰祈圣鉴事。

窃前准户部咨：粮台收捐照筹饷例及常例银数酌减十分之二，以抵其运解之费。嗣经前河臣奏准以钱一千六百文作银一两，给予奖励，并饬委员分赴各州县，会同地方官多方劝谕，遵照部定章程，钱钞各半交纳，叠经奏蒙恩奖。三年二月以来，清淮银价日落，每两

---

①　《望三益斋存稿·谢恩折子》仅作"伏乞圣鉴"。

②　中国第一历史档案馆藏：军机录副，档案编号：03-4614-019。

仅易制钱一千四百文有零,核与奉准以钱合银未免悬殊。复经臣奏准改为银钞各半交纳各在案。兹据委管捐局按察使衔记名盐运使李元华册报:由局核收捐生韦溁庆等一千九百七十名,共收银九万二千九百一十三两五钱、宝钞十八万五千八百二十七千文。又因清淮军需支绌,节经委员在外劝收捐生刘传曾等三名,共捐制钱三千三百七十四千五百文、宝钞三千三百七十四千五百文。又,捐生姚杨曙情愿照章全缴实银三千四百八十八两,并不搭钞。详请奏奖前来。

臣覆核无异。除将捐生履历各册咨部查核外,理合分缮清单,恭呈御览,伏候恩施。至各捐生业经填发空白执照,已于册内注明。其并未经给照者,仰恳敕部迅即覆核,颁发执照来浦,以便给领而昭激劝。为此恭折具奏,伏乞皇太后、皇上圣鉴。谨奏。二月二十七日。

同治四年三月初四日,议政王军机大臣奉旨:户部核议具奏,单三件并发。钦此。[1]

○○八　呈清淮捐局捐输衔名、实银数目清单

同治四年二月二十七日(1865 年 3 月 24 日)

谨将清淮捐局捐输衔名、实银数目,缮具清单,恭呈御览。

姚杨曙,浙江监生,由江苏补用县丞捐实银二千六百十八两,拟请以通判不论双单月选用,并给予盐课司提举升衔。

姚杨曙由候补通判捐实银八百七十两,拟请给予加三级,给伊父母并将本身妻室应封赠封堂叔父母从四品封典。

以上共捐实银三千四百八十八两。

---

①　中国第一历史档案馆藏:军机录副,档案编号:03-4899-038。

议政王军机大臣奉旨：览。钦此。[①]

○○九　呈清淮捐局续收捐输衔名、银数清单

同治四年二月二十七日(1865 年 3 月 24 日)

谨将清淮捐局续收捐输衔名、银数，缮具清单，恭呈御览。

韦溁庆，江苏人，由光禄寺署正职衔捐银五千三百三十八两，拟请以都察院都事双月选用，给予郎中升衔加三级，给伊祖父母、父母并本身妻室从三品封典。

秦需，江苏人，由单月通判捐银三千一百四两，拟请以同知不论双单月选用。

王懋廷，江苏监生，由双月盐运司知事捐银二千四百三十四两，拟请以通判不论双单月选用。王懋廷由候选通判捐银四百二十八两，拟请给予盐课司提举升衔。

吴元汉，安徽人，寄籍山东，由同知衔同知直隶州用署宿迁县知县，捐银六百三十两，拟请给予寻常加三级，随带加一级。

陈宝清，浙江人，由本班尽先候选知县捐银七百六十一两，拟请给予同知升衔。

王炳智，江苏监生，由花翎五品衔双月州同捐银六百五两，拟请以州同不论双单月选用。

张振斗，安徽人，由布政司理问升衔候选县丞捐银二百十七两，拟请以布政司理问双月选用。

---

① 中国第一历史档案馆藏：清单，档案编号：03-4899-039。此清单上呈日期目录误作"二月初七日"，兹据校正。

张恩官，江苏监生，由州判职衔捐银六百七两，拟请以州判双月选用。

石寿霖，江苏人，由双月县丞捐银二百五十一两，拟请给予布政司理问升衔。

潘福荫，浙江监生，由江苏补用县丞捐银二百七十八两，拟请免其赴部验看。

殷蔚，安徽监生，由浙江补用县丞捐银二百七十八两，拟请免其赴部验看。

萧霖，江苏人，由双月府经历捐银二百八十一两，拟请以府经历不论双单月选用。

范生明，江苏监生，捐银八百四十三两，拟请以县丞不论双单月选用。

徐世昂，江苏监生，捐银五百六十二两，拟请以县丞双月选用。

翟登云，江苏举人，由降捐候选训导奉部议覆，应按岁贡生报捐，计欠银八十四两，今补捐银一百十三两，拟请以训导不积班次选用。

袁长清，江苏廪贡生，由候选训导捐银三十一两，拟请以训导不积班次选用。

王佐业，江苏廪生，捐银三百八十九两，拟请作为廪贡生，以训导不论双单月选用。

葛沅江，江苏廪贡生，捐银一百五十九两，拟请以训导双月选用。

尤承思，江苏廪贡生，由江苏补用县主簿捐银一百九十五两，拟请免其赴部验看。

汪如瀚，安徽人，捐银三百五十一两，拟请作为监生，以巡检不论双单月选用。

汪如瀚，安徽监生，由江苏补用巡检捐银一百九十五两，拟请免其赴部验看。

郝爔奎，安徽人。魏湘，浙江人。以上二名均由江苏补用从九品各捐银一百九十五两，拟请均免其赴部验看。

郝黼凝，江苏监生，捐银二百六十三两，拟请以巡检不论双单月选用。

钱济川，江苏监生，捐银二百二两，拟请以从九品不论双单月选用。

潘树勋，浙江人，捐银一百八十九两，拟请作为监生，以从九品双月选用。

方志清，浙江监生，由江苏补用典史捐银一百九十五两，拟请免其赴部验看，貤封祖父母从五品封典。

方圆辅，安徽人，由布政司理问衔顺义县典史捐银一百八十两，拟请给伊父母并将本身妻室应封貤封祖父母从六品封典。

张维德，江苏人，由双月未入流捐银六十两，拟请给伊父母从九品封典。

王增禄，江苏人，由前南河高堰营守备捐银三百六十两，拟请给予都司升衔。

李文彪，江苏人，由调补海州营守备捐银三百六十两，拟请给予都司升衔。

李耕心，江苏人，由淮扬镇标尽先补用守备捐银七百二十两，拟请给予都司升衔。

杜魁山，江苏人，由营千总职衔捐银二百三十六两，拟请以营千总归本省拔补。

姚殿标,江苏人,由卫千总职衔捐银二百八十三两,拟请以卫千总不论双单月即用。

汤甸,江苏人,由从九品衔捐银五百五两,拟请作为监生,以卫千总不论双单月即用。

王抃,江苏监生,捐银七百二十两,拟请给予光禄寺署正职衔。

徐鹤龄,江苏附贡生,捐银二百八十八两,拟请给予国子监典籍职衔。

周易,江苏贡生,捐银二百八十八两,拟请给予翰林院待诏职衔。

李湘、郑忠凤。以上二名,均江苏人,由州同职衔各捐银一千三百六十两,拟请均给予同知职衔。

李沅,江苏人,由州同职衔捐银一千六百两,拟请给予加二级,给伊父母并本身妻室正四品封典。

朱青阁,江苏人,由布政司理问职衔捐银一千一百二十两,拟请给予加二级,给伊父母并本身妻室从五品封典。

严智善,江苏人,捐银三百二十八两,拟请作为监生,给予布政司理问职衔。严智善由布政司理问职衔捐银二百四十两,拟请给伊父母并本身妻室应封貤封祖父母从六品封典。

范哲明、杨学道。以上二名,均江苏人,由州同职衔各捐银二百四十两,拟请给伊父母并本身妻室应封貤封祖父母从六品封典。

柳希韶,江苏人,由州同职衔捐银二百四十两,拟请给伊父母从六品封典。

乔廷桂,江苏人,由从九品职衔捐银二百二十三两,拟请作为监生,给予州判职衔。乔廷桂由州判职衔捐银二百四十两,拟请给伊父母并本身妻室应封貤封祖父母从七品封典。

杨慎庵、袁席珍、陈景扬。以上三名,均江苏人,由从九品职衔各捐银一百六十两，拟请均给伊父母从九品封典。

游用之、汪肇祥、左宝树、杨语华。以上四名，均江苏人，由监生各捐银二百四十两，拟请均给予布政司理问职衔。

程致忠，江苏人，由从九品职衔捐银二百六十三两，拟请作为监生，给予布政司理问职衔。

陈荫棠、鲁维宗、范哲明、沈恬熙、陈梦兰、孙燕芳、柳希韶、耿兆严。以上八名均江苏人，由监生各捐银二百四十两，拟请均给予州同职衔。

吴杰然、殷沁、于步墀、刘世俊。以上四名，均江苏人，由从九品职衔各捐银二百六十三两，拟请均作为监生，给予州同职衔。

沈毓庄、何希潢。以上二名，均江苏人，由俊秀各捐银三百二十八两，拟请均作为监生，给予州同职衔。

周思诜、喻春阳。以上二名，均江苏人，由监生各捐银二百两，拟请均给予按察司经历职衔。

周思诜、喻春阳、胡建勋。以上三名，均江苏人，由按察司经历职衔各捐银四十两，拟请均给予州同职衔。

周云松、叶世荣。以上二名，均江苏人，由监生各捐银一百六十两，拟请均给予县丞职衔。

周云松，由县丞职衔捐银八十两，拟请给予州同职衔。

王攀瀛，江苏监生，捐银九十六两，拟请给予县主簿职衔。

徐玉田，江苏监生，由布政司经历职衔捐银四百八十两，拟请给予都司职衔。

马丽三，江苏人，由营千总职衔捐银三百十二两，拟请给予营守备职衔。

荣灼章,江苏人,由营千总职衔捐银一百五十二两,拟请给予守御所千总职衔。

杜宏辅、张艺三。以上二名,均江苏人,由武生各捐银三百二十两,拟请均给予守御所千总职衔。

沈毓萱,江苏人,由从九品职衔捐银三百四十三两,拟请作为监生,给予守御所千总职衔。

程起贤,江苏人,由八品顶戴捐银三百四十三两,拟请作为监生,给予守御所千总职衔。

陈闻序、纪粹然。以上二名,均江苏人,由监生各捐银一百六十八两,拟请均给予营千总职衔。

刘兆宽,江苏人,捐银二百五十六两,拟请作为监生,给予营千总职衔。

孙文卿,江苏监生,由营千总职衔捐银二百四十两,拟请给伊父母并将本身妻室应封赀封祖父母正六品封典。

姚殿标,江苏武生;徐继昌,江苏监生。以上二名各捐银二百两,拟请均给予卫千总职衔。

徐应琦,江苏人,由八品顶戴捐银二百二十三两,拟请作为监生,给予卫千总职衔。

刁云庆、鲁一鸣、葛秀芳、潘亮彝、鲍魁麟、黄际邻、朱宝善。以上七名,均由江苏廪生各捐银八十八两,拟请均作为廪贡生。

钱德坊,江苏增生,捐银九十六两,拟请作为增贡生。

汤慕纯、邵永镃、薛思裕、薛佩珍、朱开基、周皋鸣、李金铭,均江苏人。陈方墀,浙江人。以上八名均由附生各捐银一百十六两,拟请均作为附贡生。

杜汉卿、杜耀清、吕毅斋、孟朗轩、聂承赐、张幹廷、耿汉章、朱尧见、濮殿曦、翁闳中、房福堂、房峻堂、吴炳宸、唐瑞廷、李湘兰、朱鼎臣、王晋元、刘子栽。以上十八名，均由江苏监生各捐银一百十六两，拟请均作为例贡生。

王宗训、朱舜恺、张韵同。以上三名，均江苏人，由从九品职衔各捐银一百三十八两，拟请均作为例贡生。

丁淦，江苏附生，捐银七十二两，拟请作为附监生。

吴正源、张维德、游用之、张幹廷、吕毅斋、李国香、王士伯、孟朗轩、沈恬熙、朱尧见、徐靖晏、张裕谦、茅丹庭、李裕进、王声律、孙燕芳、郝繡凝、黄绣庵、殷殿良、谈如镁、张桂生、吴锦涵。以上二十二名，均江苏人，由从九品职衔各捐银二十四两，拟请均作为监生。

俞广泉等八百六十一名，均由俊秀各捐银六十四两，拟请均给予从九品职衔。

统共捐生一千九百七十名，共捐银十八万五千八百二十七两，内银九万二千九百十三两五钱、宝钞十八万五千八百二十七千文。

议政王军机大臣奉旨：览。钦此。[①]

○一○ 呈清淮捐局续收捐输衔名、银数清单

同治四年二月二十七日(1865 年 3 月 24 日)

谨将清淮捐局续收捐输衔名、钱数，缮具清单，恭呈御览。

刘传曾，湖北举人，由知府用江苏候补同知直隶州知州捐钱二千三百七十二千文，拟请给予加三级，给伊祖父母、父母并本身妻

---

① 中国第一历史档案馆藏：清单，档案编号：03-4899-041。

室应封赆封曾祖父母从三品封典。

刘锡祜，湖北人，原籍云南，捐钱三千四百十八千文，拟请作为监生，以盐课大使补用，并免其保举。

江定璪，湖北监生，原籍四川，捐钱九百五十九千文，拟请以巡检分缺先选用。

以上捐生三名，共捐钱六千七百四十九千文，内制钱三千三百七十四千五百文、宝钞三千三百七十四千五百文。

议政王军机大臣奉旨：览。钦此。①

○一一　遵照新章甄别道府州县各员折

同治四年二月二十七日(1865 年 3 月 24 日)

头品顶戴署理两广总督漕运总督臣吴棠跪奏，为劳绩保奏道府州县各员，遵照新章甄别，恭折奏祈圣鉴事。

窃照前准部咨：劳绩保奏归入候补班之道府州县，令各该督抚即以此项人员到省之后起，予限一年，详加察看，认真考核，挨次甄别后，仍照旧例补用。所有从前到省早过一年者，接准部咨，即行甄别等因。遵经分别咨行在案。兹又接准部咨：在淮、徐当差各员，有经手事件未能赴苏考试者，准就近由臣漕督衙门核办等语。自应遵照部咨办理。

兹查有按察使衔江苏候补道吴世熊，现年四十八岁，浙江监生，遵预工例捐纳州同，分发南河，于道光二十五年到工，历奉奏准以道员即补，在江二十余年。该员心细才长，操守廉洁，曾经代理

① 中国第一历史档案馆藏：清单，档案编号：03-4899-042。

江宁布政使并办粮台,兼筹无误,堪以繁缺道员补用。

又查有盐运使衔江苏候补道刘咸,现年四十八岁,江西监生,遵例报捐知县,续在陕西捐输,奏准以同知发南河,于咸丰元年到工,曾署理桃北同知,历奉奏准以道员用,在江十有余年。该员才识敏达,能任艰巨,堪以繁缺道员补用。

又查有盐运使衔道员用江苏候补知府章仪林,现年五十三岁,顺天监生,由顺天捐输河工经费,以通判分发南河,于道光二十五年到工,历署运河通判、外南同知,奏准以知府归江苏补用,在江二十余年。该员才具精明,器识稳练,现署淮安府知府,措置裕如,堪以繁缺知府补用。

又查有江苏候补同知直隶州知州刘履芬,现年三十九岁,浙江监生,遵筹饷例报捐主事,签分户部,奏留清江军营差委,于同治二年五月奏准以同知直隶州留于江苏补用,在江已逾一年。该员学优才敏,公事认真,堪以繁缺同知直隶州知州补用。

又查有同知直隶州用江苏候补知县顾景濂,现年四十三岁,顺天监生,遵筹饷例捐纳典史,因劳绩留于南河,以县丞即补,于咸丰十年到工。同治二年五月,奏准以知县补用,在江年久。该员守洁才明,人亦笃实,堪以知县留省照例补用。理合遵照新章甄别,并将各该员履历另缮清单,恭呈御览,伏乞皇太后、皇上圣鉴。谨奏。二月二十七日。

同治四年三月初四日,议政王军机大臣奉旨:吏部知道。单并发。钦此。[1]

---

① 中国第一历史档案馆藏:军机录副,档案编号:03-4614-017。

○一二　呈甄别道府州县各员情形清单

同治四年二月二十七日(1865 年 3 月 24 日)

谨将甄别各员履历缮具清单,恭呈御览。

按察使衔江苏候补道吴世熊,现年四十八岁,浙江仁和县监生,遵豫工例捐纳州同,分发南河,道光二十五年六月到工。二十七年,丁嗣父忧回籍。三十年,服阕回工。咸丰三年,丰北大工合龙,奏准补缺后以知州升用。四年,拿获土匪出力,奏准免补本班,以知州即补。五年,于安徽柘皋胜仗案内奏准免补本班,以同知直隶州知州补用。七年,在徐州防次闻讣丁本生父降服忧,奏准留防差遣。是年,于徐州解围案内奏准俟补缺后,以知府用,先换顶戴。八年,以北路连破各贼圩出力,奏蒙赏戴花翎。九年,接准部文,饬归江苏地方候补,旋以徐州守城出力奏准免补本班,以知府留于江苏,归本班前尽先即补。十年二月,请咨回籍补制。七月,来江探亲,奏准留江差委。十一年,剿办盱营叛兵出力,奏准免补本班,以道员即补。同治二年,以邳宿防河等案在事出力,奏蒙赏加按察使衔。三年正月,代理江宁布政使,兼办扬州、镇江水陆粮台。二月交卸。旋以历办粮台文案出力,奏奉交部议叙,现在奏委总办试行河运局务。

盐运使衔江苏候补道刘咸,现年四十八岁,江西萍乡县监生,遵例报捐知县,议叙蓝翎。续在陕西捐输,奏准以同知分发南河,咸丰元年到工。三年,丰北大合龙,奏蒙赏换花翎,署理桃北同知,加捐知府,分发浙江。四年,剿匪出力,奏准俟到省后,无论题、调缺出补用。七年,以筹防需人奏准归于江苏,仍按原得班次补用。八年,盱眙蒋坝剿匪出力,奏准以道员用。同治三年,以办理筹防出力,奏蒙赏加盐运使衔。现在办理清淮善后事宜，并奏委督押京米及通州河运局务。

盐运使衔道员用江苏候补知府章仪林，现年五十三岁，顺天固安县监生，由顺天捐输河工经费，以通判分发南河，并给五品顶戴，道光二十五年六月到工。二十九年八月，丁母忧回籍。咸丰元年，服阙到工。三年，丰北大工合龙，奏准分缺先用。嗣因坝尾漫塌，部议革职。六年，以办理捐输筹防出力奏准捐复，历署运河通判、外南同知。七年，剿匪出力，奏准免补本班以同知用，并赏戴蓝翎。八年，以筹防出力奏蒙赏换花翎。是年，蒋坝、浮山防剿出力，奏准补缺后，以知府用，先换顶戴。十年，领咨赴部，经吏部照章以同知改擘安徽，十一年，到皖缴照，遵例改捐江苏。同治元年，堵剿捻匪出力，奏准免补同知，以知府归江苏补用。三年，援蒙解围出力，奏准俟补缺后以道员用，并赏加盐运使衔。现署淮安府知府，并管理南河，清查军需、报销各局务。

江苏补用直隶州知州郑仁昌，现年四十四岁，福建闽县监生，遵豫工例报捐县丞，分发南河，道光二十三年到工，历署仪征、砀山等县县丞。七年，剿办土匪出力，奏准免补本班，以知县用。八年，蒋坝、浮山剿匪出力，奏蒙赏加同知衔。同治元年，署东台县知县。三年，援蒙解围出力，奏准免补本班，以同知直隶州留于江苏补用。现在办理试行河运局务。

江苏补用直隶州知州刘履芬，现年三十九岁，浙江江山县监生，遵筹饷例报捐主事，签分户部，学习期满，奏准留部。十一年，呈请出京措资。同治元年，奏留清江浦军营差委。（以下缺页）[①]

---

① 中国第一历史档案馆藏：清单，档案编号：03-4619-153。此清单未署具呈者，具呈日期亦未确，且残最后一页。兹据内容判定其为档案编号03-4614-017折之附件。

〇一三　程钰等捐盐济饷请给奖励片

同治四年二月二十七日(1865 年 3 月 24 日)

再,同治元年,因清淮饷绌,需用浩繁,奏明派员劝谕淮北盐商捐输盐斤,以济军需。捐盐各商应得奖叙,于交盐后随时作价汇捐[盐]请奖造收,奉旨:户部知道。钦此。钦遵札饬捐局以捐盐六十引作例银一百两,仍按照分则减成一六合钱、钱钞各半章程办理在案。兹据委管捐局按察使衔记名盐运使李元华册报:捐生程钰等一百一名,共收盐二万五千三百八十四引,作抵制钱二万六千一百六十八千文,宝钞二万六千一百六十八千文。详请奏奖前来。

臣覆核无异。除将各捐生履历清册咨部查核外,理合缮具清单,恭呈御览,伏候恩施,俾咨观感。并恳敕部覆核,迅即颁发执照来浦,以便给领。理合附片陈明,伏乞圣鉴。谨奏。

同治四年三月初四日,议政王军机大臣奉旨:户部核议具奏,单并发。钦此。[①]

〇一四　呈清淮捐局捐输衔名、钱数清单

同治四年二月二十七日(1865 年 3 月 24 日)

谨将清淮捐局捐输衔名、钱数缮具清单,恭呈御览。

---

① 中国第一历史档案馆藏:军机录副,档案编号:03-4899-037。此片具奏日期未确,兹据同批折件校正。

程钰，江苏举人，由候选郎中捐盐一千七百八十五引，作钱二千八百五十六千文，拟请给予加五级，给伊祖父母、父母并将本身妻室应封貤胞叔父母从二品封典。

唐昆基，江苏举人，由候选知府捐盐一千三百三十二引，作钱二千一百三十二千文，拟请给予加四级，给伊祖父母、父母并将本身妻室应封貤封曾祖父母从二品封典。

顾元春，江苏举人，由双月选用直隶州知州捐盐五百九十四引，作钱九百五十一千文，拟请给予加一级，给伊父母并将本身妻室应封貤封祖父母从四品封典。

朱征荣，顺天人，捐盐一千六百引八分，作钱三千四百十八千文，拟请作为监生，以盐课大使补用，并免其保举。

吴长吉，安徽人，由从九品职衔捐盐四百三十八引，作钱九百三十五千文，拟请作为监生，以府经历双月选用。

楼钰，浙江监生，由候选从九品捐盐五百二十一引四分，作钱一千一百十四千文，拟请以县丞不论双单月选用。

方坤，江苏监生，由候选府照磨捐盐二百二引二分，作钱四百三十二千文，拟请以县丞双月选用。

颜振禄，江苏人，捐盐四百八十六引，作钱一千四十千文，拟请作为监生，以县主簿不论双单月选用。

吴瞻辰，安徽人，捐盐二百六十一引六分，作钱五百六十二千文，拟请作为监生，以府照磨不论双单月选用。

骆鹏翼，江苏监生，捐盐一百五十一引二分，作钱三百二十四千文，拟请以从九品不论双单月选用。

张瀚，江苏人，捐盐一百八十六引，作钱四百千文，拟请作为监生，以道库大使双月选用。

钮坤,江苏人,捐盐一百四十引四分,作钱三百三千文,拟请作为监生,以从九品双月选用。

吴滇,安徽人,捐盐二百六十一引六分,作钱五百六十二千文,拟请作为监生,以典史不论双单月选用。

武云标,江苏人,捐盐二百四十八引四分,作钱五百三十三千文,拟请作为监生,以把总归本省拔补。

施宝甫、杨恩济,以上二名均江苏监生,各捐盐五百四十引,作钱一千一百五十二千文,拟请均给予光禄寺署正职衔。

王坦逵,江苏人,由从九品职衔捐盐五百五十六印八分,作钱一千一百八十九千文,拟请作为监生,给予光禄寺署正职衔。

梁世儒,山西人,由从九品职衔捐盐三百十六引八分,作钱六百七十七千文,拟请作为监生,给予国子监典簿职衔。

赵曙楼,江苏监生,捐盐二百十六引,作钱四百六十一千文,拟请给予翰林院待诏职衔。

许荫,江苏人,由同知职衔捐盐一千三百五十三印六分,作钱二千八百八十八千文,拟请给予知府职衔。许荫由知府职衔捐盐二千六百六十四引,作钱五千六百八十四千文,拟请给予加四级,给伊祖父母、父母、继母、生母并将本身妻室应封赀封曾祖父母从二品封典。

王宝麟、吕希杓,以上二名均江苏人,由布政司理问职衔各捐盐一千二十引,作钱二千一百七十六千文,拟请均给予同知职衔。

程雪锦,江苏人,由布政司经历职衔捐盐一千二十引,作钱二千一百七十六千文,拟请给予同知职衔。

杨世钺,安徽人,由从九品职衔捐盐一千二百十六引八分,作钱二千五百九十七千文,拟请作为监生,给予同知职衔。

孙定泰,安徽监生;宋廷柱,山西监生。以上二名各捐盐一百八十引,作钱三百八十四千文,拟请给予布政司理问职衔。

江悌训,安徽人,由八品顶戴捐盐一百九十六引八分,作钱四百二十一千文,拟请作为监生,给予布政司理问职衔。

杨绍,安徽人,由议叙九品捐盐一百九十六引八分,作钱四百二十一千文,拟请作为监生,给予布政司理问职衔。

高承烈、徐应奎,均江苏人;宋廷标,山西人。以上三名均由监生各捐盐一百八十引,作钱三百八十四千文,拟请均给予州同职衔。

袁履祥,江苏人,由议叙八品捐盐一百九十六引八分,作钱四百二十一千文,拟请作为监生,给予州同职衔。

王钧、刘豫中,以上二名均江苏人,各捐盐二百四十四引八分,作钱五百二十五千文,拟请作为监生,给予州同职衔。

许封,江苏人,由州同职衔捐盐一百八十引,作钱三百八十四千文,拟请给伊父母并将本身妻室应封貤封祖父母从六品封典。

裴焴,江苏人,由布政司经历职衔捐盐一百八十引,作钱三百八十四千文,拟请给伊父母并本身妻室从六品封典。

卞榕,江苏人,捐盐一百八十四引八分,作钱三百九十七千文,拟请作为监生,给予按察司知事职衔。

裴绍谦,江苏附生,捐盐二百六引四分,作钱四百四十二千文,拟请作为附贡生,给予县丞职衔。

顾坦之,江苏监生,捐盐七十二引,作钱一百五十四千文,拟请给予按察司照磨职衔。

方鼎文,江苏人,捐盐一百三是六引八分,作钱二百九十五千文,拟请作为监生,给予按察司照磨职衔。

李副纲,江苏附生,捐盐八十六引四分,作钱一百八十六千文,拟请作为附贡生。

徐淦等三十四名均由俊秀各捐盐六十四引八分,作钱一百四十一千文,拟请均作为监生。

潘宝书等二十五名均由俊秀各捐盐四十八引,作钱一百三千文,拟请均给予从九品职衔。

统共捐生一百二〔一〕名,共捐盐二万五千三百八十三〔四〕引,作钱五万二千三百三十六千文,内作制钱二万六千一百六十八千文,作

议政王军机大臣奉旨:览。钦此。①

〇一五 奏报请旨销假片

同治四年二月二十七日（1865 年 3 月 24 日）

再,臣前以湿疮举发、日形委顿,奏请给假调理,仰蒙圣恩赏假一月,感悚难名！月来,加意调治,兼之天气渐和,较前稍见轻减,兹奉命权篆广督,所有漕督任内经手事宜,即须赶紧清理,且试行河运米石、船只业经一律办齐,亦须督同各员验船验米,期于三月内开行北上。现已一月假满,不敢稍耽安逸,谨将销假缘由附片具陈,叩谢天恩,伏乞圣鉴。谨奏。

---

① 中国第一历史档案馆藏:清单,档案编号:03-4899-040。此清单未署具呈者,兹据内容等判定为档案编号 03-4899-037 片之附件。

同治四年三月初四日,议政王军机大臣奉旨:知道了。钦此。[①]

○一六 照章核扣搭解工部辛饭等银两片

同治四年二月二十七日(1865年3月24日)

再,臣前准工部咨:南河历年积欠饭食、辛工银两,奏催赶解。当以河工奉裁,库储皆系宝钞,并无实银,查案据实咨覆,至再至三。兹复准部咨:苇左、右两营柴束变价,有奏明银数可凭,不难按年照章核扣,迅解实银等因。查苇左、右两营荡柴,向系分派各厅照漕规作价,每年约银二十七八万,内除该两营饷米及刀本、水脚、蒲渠、埽基等项例需银十三万数千两外,实计余银不过十五万两,系属作价虚数,非实银也。

从前围估定数,先由河库垫发刀本等项,始得尽荡采割,交厅作价,以为节省购料之资。自黄水旁趋以后,库空如洗,无银发作刀本,不得已饬营以柴办柴,就地变价。奈樵兵困苦,采运既难如数,售值亦极低微,右营每束仅得钱数文,左营每束亦不过十数文,统较各厅例价尚不及十分之二。节经前署漕臣王梦龄据实奏明,并附陈作价虚数与变价实银相去悬绝,拟仍照漕规酌定报销数目,准部咨覆,务符旧制,历循在案。

臣元年历〔莅〕任,初不解柴束作价、变价何以相去如此之甚,及细加体察,始悉其中实在情形。如河厅工用应领例银一千

① 中国第一历史档案馆藏:军机录副,档案编号:03-4614-016。此片具奏日期未确,兹据同批折件校正。

两者,仅折给实钱一百数十千,而霜后截数,仍需按照例银造销,已属名不副实。若再按工程例数核扣辛饭实银,其势必致办公无款,贻误滋虞。且以逐年十数万之例银,尽得二三十万之实用,在旁观不无疑议,而当局已倍周章,究非核实办公之道,拟请嗣后湖运各厅工用按照荡柴变价实钱合银,分案造销,不敷之数,另行筹拨。前款所有工部辛饭等项银两,即按柴价实钱合银及拨款数目,照章核扣搭解,庶尽数尽支,名实既可相符,而案款亦不致悬殊矣。

臣为实事求是起见,合无仰恳天恩,俯赐敕下部臣详查情形,确核覆议,早日咨行立案,俾办公用款俱归实在,而免纷歧。理合附片陈明,伏乞圣鉴。谨奏。

同治四年三月初四日,议政王军机大臣奉旨:工部速议具奏。钦此。①

○一七　奏报遴员署理河务要缺折
同治四年三月十二日(1865 年 4 月 7 日)

头品顶戴署理两广总督漕运总督臣吴棠跪奏,为改设河务要缺,遴员署理,以重修防,恭折具陈,仰祈圣鉴事。

案查河工同知缺出,例应在外遴员题名试署,俟一年后,经历三汛,果能胜任,出具考语保题,送部引见,分发候补在案。咸丰十年,南河裁缺,接准部咨:奏准运河、中河二厅改设徐州府同

---

① 中国第一历史档案馆藏:军机录副,档案编号:03-4927-014。此片具奏日期未确,兹据同批折件校正。

知一员，高堰、山盱二厅改设淮安府同知一员，节经委员暂署，一面通饬司道核议。该二厅应筹一切事宜及徐州同知应兼捕务、沿途地方佐推兼管河务汛界，因河臣衙门案卷曾被匪毁不全，饬转行查，迄未定案。且现请复设淮扬道一缺，所辖济水河厅事宜，恐尚有应行斟酌之处，是以未敢遽题。惟缺既改设，未便久悬，刻下试行河运，淮、徐两同知境内堤埽、闸坝均应择要修整，事务较繁，尤须明白河务、办事勤干之员，方克胜任。因以该二厅缺项相同，照章签掣，淮安府同知第一，徐州同知第二。溯查咸丰十年以前南河同知一项，已补至次尽后分缺先止，今淮、徐两同知应补一试用、一分缺先，现在分缺先无人，应过班用先尽一员。

查有捐输试用同知路崇，现年三十五岁，陕西西安府盩厔县人，由监生遵筹饷例报捐同知，指省南河，咸丰五年十月二十五日到工。六年二月，回籍措资。七月，丁父忧。八年十月，服阕。九年四月，赴部引见，奉旨：着照例前往。钦此。十一年，徐州守城案内保留江苏地方，嗣因部驳另奖，同治二年二月十二日，奉上谕：着俟补缺后，以知府用，先换顶戴。钦此。三年三月，因徐州粮台运饷出力，奏奉赏戴蓝翎。该员年壮才明，练习河务，堪以署理淮安府河务同知。

又，查有保举尽先同知吴振元，现年五十六岁，直隶天津府天津县人，由附生中式道光甲午科举人，甲辰科大挑一等，签掣南河，是年九月到工。二十六年九月，期满留工。二十七年，丁母忧。二十九年，服阕。咸丰五年四月，借补通州州判。嗣因粮台出力保奏，奉旨以知州用。七年三月开缺，以同知用。八年四月，赏加知府衔。九年五月，丁父忧。十一年八月，服阕。同治三年七月，部咨准其起复。该员才具明干，熟习修防，堪以署理徐州府河务同知。

以上二员，均属人地相宜，并无违碍参罚案件及应赔银两，合无仰恳天恩，俯准以路崇署理淮安府同知，吴振元署理徐州府同知，仍照例试署一年，经历桃、伏、秋三汛，果能胜任，再行保题实授，送部引见。

再，遴补河厅员缺，向例由河臣衙门具题，兹因缺系新设事宜，尚未核定，而现筹河运，需员孔殷，是以改题为奏。合并声明。除该二厅应管一切事宜及请颁关防、饬催司道详议、至日另行专案具题外，谨会同协办大学士两江督臣曾国藩，合词具陈，伏乞皇太后、皇上圣鉴。谨奏。三月十二日。

同治四年三月二十日，军机大臣奉旨：着照所请，该部知道。钦此。①

〇一八　特参都司谢有才招摇滋事片

同治四年三月十二日(1865年4月7日)

再，游击衔花翎都司谢有才于上年十月间裁减炮船，咨送回籍湖北抚标补用，讵意该都司逗留高邮州城，招摇滋事，经臣访闻提讯，据供虽无招摇各情，第咨送日久，匿迹不前，众议沸腾，诸多不协。现当遣散兵勇之际，若听该都司仍前逗留，势必纷纷效尤，不足以肃官方而安闾里，相应请旨将游击衔花翎都司谢有才革职，递籍管束，以儆效尤。理合附片具陈，伏乞圣鉴训示。

① 中国第一历史档案馆藏：军机录副，档案编号：03-4968-043。

谨奏。

同治四年三月二十日,军机大臣奉旨:钦此。①

【案】此案于三月二十日得允行。《清实录》:
以任意逗遛,革湖北都司谢有才职。②

○一九　特参守备郭恒昌请旨革职究办片

同治四年三月十二日(1865年4月7日)

再,臣前以清淮防军饷需支绌,劝捐淮北恒盐,并筹款济灶,购盐二万引,节经奏明在案。所有捐购盐斤分批派委员弁运赴三河尖一带,销售济饷,随时开明包数、斤重,咨会督臣,并通饬卡员知照,以凭查验。兹查有守备郭恒昌承运盐三千包,经过正阳关厘卡,经卡员按数查点各船,共夹带盐九百八十一包。询据船户密光等供称,实系该船户等借官影射,当据呈出引票,尚非私盐,而夹带至九百余包之多,希图漏厘,难保非委员串通包庇,相应请旨将守备郭恒昌革职究办,以昭炯戒而杜效尤。谨附片具陈,伏乞圣鉴。谨奏。

同治四年三月二十日,军机大臣奉旨:钦此。③

【案】此片于同治四年三月二十日得允行。《清实录》:

---

① 中国第一历史档案馆藏:军机录副:档案编号:03-4716-134。此片具奏日期未确,兹据同批折件校正。
② 《穆宗毅皇帝实录(四)》,卷一百三十三,同治四年三月中,第152页。
③ 中国第一历史档案馆藏:军机录副:档案编号:03-4882-057。此片具奏日期未确,兹据同批折件校正。

以私贩盐斤,湖北守备郭恒昌革职讯办。[1]

○二○　试行河运漕米各船
　　　　分赴水次受兑等情片

同治四年三月二十四日(1865年4月19日)

再,试行河运米三万石,前经臣议定章程具奏,必须及时挽渡,期于正、二月间将各事次第备齐,三月间挽船上闸在案。即经分饬各委员分段赶办,均于二月内一律齐备。因叠据东河臣及运河道函禀,东境黄河穿运处所必须夏初方能浮送,不得不稍事从容,以免米船行抵该处久候为虞。迟至本月初间,始令各船分赴水次受兑,计本月杪总可全数挽抵清江。惟贼踪现扰东境,既与运道相去不远,且该处挑工不免因此停滞,实深焦灼。惟有俟米船抵浦后察看情形,再行上挽,以昭慎重。理合附片陈明,伏乞圣鉴。谨奏。

同治四年三月二十四日,军机大臣奉旨:户部知道。钦此。[2]

○二一　徐局同治元年十月
　　　　至三年六月收支折

同治四年三月二十九日(1865年4月24日)

头品顶戴署两广总督漕运总督臣吴棠跪奏,为奏明徐州分局

---

① 《穆宗毅皇帝实录(四)》,卷一百三十三,同治四年三月中,第152页。
② 中国第一历史档案馆藏:军机录副,档案编号:03-4863-020。

自同治元年十月初一日起至三年六月底止收支军需各数，遵照新章，分起缮具清单，恭折具陈，仰祈圣鉴事。

窃照徐州办理防剿，设立粮台分局，支应军需，节经开列清单具奏后造册题销。上年，钦奉上谕：同治三年六月以前各地办理军务未经报销之案，准将收支总数分年分起开具简明清单，奏明存案，免其造册报销。嗣经部臣奏请严饬各统兵大臣、督抚，认真督办。又奉上谕：徐州粮台责成吴棠办理等因。钦此。钦遵分别咨行遵照，复经臣将前办徐州分局张富年任内同治元年正月起至九月止收支各款，遵照新章奏明在案。兹据兼办徐州报销局务同知直隶州用江苏候补知县顾景濂，将前淮徐扬海道朱善张承办徐州分局军需各款分次造具清单详奏前来。

臣逐加查核，计自同治元年十月起至三年六月底止，除划拨及以银易钱外，实计管、收两项共银十八万五千四百十五两四钱一分九厘三毫三丝三忽九微、钱七十二万五十六千六百七十文、饷票十九万四千七百三十三两五钱五分四厘二毫八丝三忽六微、官票一万六千二百八两、宝钞四十一万五千零十千五百文、白米四十四石五斗二升二合三抄、小麦三百三十一石三升六合、杂粮五十七石，共用银十八万五千二百三十八两二钱八分七厘九毫一丝四微、钱七十一万九千九百五十二千四百八十六文、饷票十九万四千七百三十三两五钱五分四厘二毫八丝三忽六微、宝钞三万七千二百八十四千七百三十三文、白米四十四石五斗二升二合三抄、小麦三百三十一石三升六合、杂粮五十七石。均系查明例案，撙节动支。

臣复将原办底册调齐核对，亦属相符，并无浮冒。理合遵照新章，分案开具存案清册，恭呈御览。为此恭折具陈，伏乞皇太后、皇上圣鉴。谨奏。三月二十九日。

同治四年四月初四日,军机大臣奉旨:户部知道。片一件、单四件并发。钦此。[①]

○二二　呈徐局同治元年十月
至二年六月收支清单

同治四年三月二十九日(1865年4月24日)

谨将前淮徐扬海道朱善张办理徐州分局自同治元年十月初一日起至二年六月二十九日止收支各款简明四柱,缮具清单,恭呈御览。

计开:旧管:一、存银八十三两八钱三分八厘一毫五丝七忽三微。

一、存钱二百二十二千一百二十二文。

一、存饷票九万四千七百三十三两五钱五分四厘二毫八丝三忽六微。

一、存官票一万六千二百八两。

一、存宝钞九万六千七百三十四千五百文。

一、存小麦三百三十一石三斗六合。

一、存杂粮五十七石。

以上所存各款,均系前管理徐州粮台张富年移交接收。理合登明。

新收:一、收徐属各州县卫拨解地漕等项银三万八千八百四十两四钱六分四厘。查前款系奏准饬令各州县卫按月拨解之款。理

---

① 中国第一历史档案馆藏:军机录副,档案编号:03-4798-040。

合登明。

一、收山西藩司拨解银二万九千九百五十两。

一、收山西河东道拨解银二万五千两。

一、收河南军需局拨解银一万两、饷票十万两。

查前三款，系奏准按月拨解济饷之款。理合登明。

一、收江宁藩库凑拨银五千两。查前款系因饷需支绌、凑拨解济之款。理合登明。

一、收徐州分局捐输银五万二千三十九两五钱，又钱二万九千三百八十三千文，又宝钞四万一千七十九千文。查前款系奉部颁发徐局空白监职各照并由局遵照粮台收捐章程陆续收纳、随时提用之款。理合登明。

一、收徐州分局捐输收捐饷票十四万七百四十六两。查前款系豫省协解军饷、奏明收捐解还河南查销之款，除于单后划还外，理合登明。

一、收徐、扬、海等属各绅富捐输银二万二千两。查前款系因饷需支绌、劝谕各绅富捐输济饷之款，现在查取履历，另行请奖。理合登明。

一、收徐、海属各州县厘捐钱三万三千六百七十四千九百二十二文。查前款系陆续提用之款。理合登明。

一、收各州县麦捐银一千七两六钱五分，又钱八千一百四十六千一百二十九文。查前款系饬属捐助军饷之款。理合登明。

一、收高、宝、山阳三州县米捐银二万五千八百四十两九钱四分四毫。查前款系陆续收用之款。理合登明。

一、收丰县、宿迁县绅户报效军需银九百八十两，又钱一千九十千八百三十七文。查前款系各该县绅户情殷报效，以济军需，另行核明请奖。理合登明。

一、收借拨淮盐作抵东省欠饷银一万一千七百六十六两一钱六分七厘五毫。查前款系因山东欠解徐饷，经前山西太原镇总兵田在田奏准，将淮盐运徐销售，所完盐课即抵东省欠饷之款，计盐一万一千五百引，照山东例以三百二十斤为一引，每引应提正杂课税等项银一两二分三厘一毫四丝五忽。理合登明。

一、收银易钱二十二万六千七百二十四千文。查前款系以收款内现银兑换，并非另项收款，除于单后将此项现银划除外，理合登明。

一、收平余用存银三百两六钱九分九厘二毫五丝七忽九微。查前款照例扣收平余，除动支经贴、各书工食、纸张、笔墨、灯油等项银两外，计存前项银两，应行列收。理合登明。

一、收采办白米四十四石五斗二升二合三抄。查前款系给发湖南镇篁镇标官兵口粮所需价银，除归于采办项下造销外，理合登明。

以上新收共银二十二万二千七百二十五两四钱二分一厘一毫五丝七忽九微、钱二十九万九千十八千八百八十八文，内收钱七万二千二百九十四千八百八十八文，又，银易钱二十四万六千七百二十四千文，饷票共二十四万七百四十六两，宝钞四万一千七十九千文，白米四十四石五斗二升二合三抄。

一、除拨支解交安徽臬司马新贻行营粮价银一千两。查前款系钦奉寄谕饬令多筹米粮，由徐解济蒙城等因，遵筹前项银两，拨解臬司马新贻行营交收，应行划归安徽粮台作收造报。理合登明。

一、除兑钱银十四万四千九百两。查前款系按市价兑换制钱，已于单内列收钱二十三万六千七百二十四千文，应将此款现银划除，以免重复。理合登明。

一、除饷票十四万七百四十六两。查前款系遵照奏案收捐饷票截角解还豫省查销之款。理合登明。

以上除划除外，实计管、收两项共银七万六千九百九两二钱五分九厘三毫一丝五忽二微、钱二十九万九千二百四十一千十文、饷票十九万四千七百三十三两五钱五分四厘二毫八丝三忽六微、官票一万六千二百八两、宝钞十三万七千八百是三千五百文、白米四十四石五斗二升二合三抄、小麦共三百三十一石三斗六合、杂粮五十七石。

开除：外省、本省各营官兵盐粮、马干等项，共支银一万二千九百六十五两二钱一分八厘五毫一忽七微、饷票五千五百五十六两五钱二分二厘二毫一丝五忽、白米四十四石五斗二升二合三抄。查前款系随时派赴各处堵剿，支应盐粮、马干等项，均照例案支给。其本省徐州镇标兵丁只支盐粮，减去马干，不给余丁。湖南镇算镇标官兵口粮系由台采办米石给发。理合登明。

一、随营长夫工食共支钱九千五百四十六千八百二文、饷票二千四十五两七钱四分三厘二毫。查前款系查照成案支给。理合登明。

一、文员盐粮、驮折、夫价等项共，支银八千四百六十四两四钱三分五厘八毫三丝九忽八微、饷票三千六百二十七两六钱一分五厘三毫五丝九忽九微。查前款系随营差委、管带兵勇、巡查防剿，应支盐粮、驮折等项，均照例案支给。理合登明。

一、随营防剿官弁盐粮、马干等项，共支银六千二百七十三两二钱八分六毫八丝四忽三微、饷票二千六百八十八两五钱四分八厘八毫六丝四忽七微。查前款系随营防剿、管带兵勇、巡查侦探，所需盐粮、马干等项，均照例案支给。理合登明。

一、各项练勇、马勇口粮、马干,共支银二十八万四千三百二千一百五十文、饷票六万四千八百八十六两一钱七分五厘。查前款系随时分派各处堵剿,口粮、马干,照案支给,统计共需钱四十三万二千五百七十四千五百文,除支发前项现钱、饷票外,计仍欠发钱一万八千五百千文。理合登明。

一、随营医生、画匠工食、口粮等项,共支银九十六两七钱二分四厘九毫四丝七忽。查前款系查照成案支给。理合登明。

一、采办马匹、铁锅、白蜡木、牛烛、芦席、白米、纸张等项,共支银六千七百七十五两五钱四分四厘九丝六忽、饷票一千六百九十三两八钱八分六厘二丝四忽。查前款系随时需用,均按市价核实办理。理合登明。

一、制造、帐房、旗帜、衣帽、枪刀、弓箭、喷筒、火箭、火罐、铅丸、火药、火绳、器械等项,共支银三万五千五百两八钱九分一厘七毫四丝三忽六微、饷票八千八百七十五两二钱二分二厘九毫三丝五忽九微。查前款系随时添制应用,所需一切工料,均照案于例价外酌加三成。其火药一项,系查照成案奉准工料价值加工配制。理合登明。

一、运解宿州支发局军饷银钱、车价,共支银二千二十五两八钱八分二厘六毫七丝五忽。查前款系查照例案支给。理合登明。

一、随营长车、夫工、马料,共支钱四千五百八十六千四百文。查前款系随营运送军火、器械等项,照案支给夫工、马料钱文。理合登明。

一、各营官弁兵勇阵亡、阵伤烧埋、养伤,共支银一百二十两,钱五百三十三千文。查前款系照案分别支给。理合登明。

一、配制丸散药料,共支银六百二十四两九钱二分。查前款系防剿各兵勇随时需用,均按市价核实购办。理合登明。

一、修筑营盘土方,共支银三千四百六十七两五分六厘八毫。查前款系移营挑筑,其土方价值照案支给。理合登明。

以上开除共银七万六千三百十三两九钱五分五厘二毫八丝七忽四微、钱二十九万八千九百六十八千三百五十二文、饷票八万九千三百七十三两七钱一分三厘五毫九丝九忽五微、白米四十四石五斗二升二合三抄。

一、扣收平余银七百七两三分二厘五毫八丝二忽四微。

一、支发经贴、各书工食、纸张、笔墨、灯油等项银四百六两三钱三分三厘三毫二丝七忽九微,已于新收项下作收支用。理合登明。

实在:一、存银五百九十五两三钱四厘二丝七忽八微。

一、存钱二百七十二千六百五十八文。

一、存饷票十万五千三百五十九两八钱四分六毫八丝四忽一微。

一、存官票一万六千二百八两。

一、存宝钞十三万七千八百十三千五百文。

一、存小麦三百三十一石三斗六合。

一、存杂粮五十七石。

以上实存各款,均归入下届旧管项下作收支用。理合登明。

欠发项下:一、欠发各项练勇、马勇口粮、马干钱一万八千五百千文。查前款俟饷项稍充,再行找给,专案请销。理合登明。

军机大臣奉旨:览。钦此。①

---

① 中国第一历史档案馆藏:清单,档案编号:03-4798-031。

○二三　呈徐局同治二年七
月至十二月收支清单

同治四年三月二十九日(1865年4月24日)

谨将前淮徐扬海道朱善张办理徐州分局自同治二年七月初一日起至十二月三十日止收支各款简明四柱,缮具清单,恭呈御览。

计开:旧管:一、上届存银五百九十五两三钱四厘二丝七忽八微。

一、存钱二百七十二千六百五十八文。

一、存饷票十万五千三百五十九两八钱四分六毫八丝四忽一微。

一、存官票一万六千二百八两。

一、存宝钞十三万七千八百十三千五百文。

一、存小麦三百三十一石三斗六合。

一、存杂粮五十七石。

新收:一、收徐属各州县卫拨解地漕等项,共银四万三千六百一两五钱八分七厘。查前款系奏准饬令各州县卫按月拨解之款。理合登明。

一、收山西藩司拨解银二万两。

一、收山西河东道拨解银二万两。查前二款系奏准按月拨解济饷之款。理合登明。

一、收徐州分局捐输银十万五千八百十四两五钱,又宝钞十五万一千六百二十九千文。查前款系奉部颁发徐局空白监职各照并由局遵照粮台收捐章程陆续收纳、随时提用之款。理合登明。

一、收徐州分局收捐饷票七千七百十八两。查前款系豫省协解军饷、奏明收捐解还河南查销之款。理合登明。

一、收徐、扬、海等属各绅富捐输银六千两。查前款系因饷需支绌、劝谕各绅富捐输济饷之款，连上届共收银二万八千两，现在查取履历，另行请奖。理合登明。

一、收徐、海属各州县厘捐钱二万九千三百十四千十九文。查前款系陆续提用之款。理合登明。

一、收银易钱二十一万二千八百八十五千八百文。查前款系以收款内现银兑换，并非另项收款，除于单后将此项现银划除外，理合登明。

一、收平余用存银三百七十三两八钱八分九厘六丝五忽八微。查前款照例扣收平余，除动支经贴、各书工食、纸张、笔墨、灯油等项银两外，计存前项银两，应行列收。理合登明。

以上新收共银十九万五千七百八十九两九钱七分六厘六丝五忽八微、钱二十四万二千一百九十九千八百十九文，内实收钱二万九千三百十四千十九文，又银易钱二十一万二千八百八十五千八百文，饷票七千七百十八两，宝钞十五万一千六百二十九千文。

一、除兑钱银十三万七千八百两。查前款系按市价兑换制钱，已于单内列收钱二十一万二千八百八十五千八百文，应将此款现银划除，以免重复。理合登明。

一、除饷票七千七百十八两。查前款系遵照奏案，收捐饷票截角解还豫省查销之款，应行划除。理合登明。

以上除划除外，实计管，收两项共银五万八千五百八十五两二钱八分九丝三忽六微、钱二十四万二千四百七十二千四百七十七文、饷票十万五千三百五十九两八钱四分六毫八丝四忽一微、官票一万六千二百八两、宝钞二十八万九千四百四十二千五百文、小麦共三百三十一石三斗六合、杂粮五十七石。

开除：一、本省徐州镇标各营官兵盐粮、马干等项，共支银五千九百四十三两九钱一分二厘二毫八丝八忽六微、饷票二千五百四十七两三钱九分九毫八丝七微。查前款系随时派赴各处堵剿，应支盐粮、马干等项，均照例支给。其兵丁只支盐粮，减去马干，不给余丁。理合登明。

一、随营长夫工食共支钱四千七百五十六千五百八十四文、饷票一千十九两二钱六分八厘。查前款系查照成案支给。理合登明。

一、文员盐粮、驮折、夫价等项，共支银五千一百七十二两一钱七分四厘六毫三丝五忽二微，又饷票二千二百十六两六钱四分六厘二毫七丝二忽二微。查前款系随营差委、管带兵勇、巡查防剿，应支盐粮、驮折等项，均照例案支给。理合登明。

一、随营防剿官弁盐粮、马干等项，共支银三千三百四十八两一钱三分七厘五毫一丝三忽一微、饷票一千四百三十四两九钱一分六厘八丝一忽三微。查前款系随营防剿、管带兵勇、巡查侦探，所需盐粮、马干等项，均照例案支给。理合登明。

一、各项练勇、马勇口粮、马干共支钱二十三万三千九百五千二百三十文、饷票五万三千六百四十一两九钱三分五厘、小麦三百三十一石三斗六合、杂粮五十七石。查前款系随时派遣各处堵剿，口粮、马干照案支给，统计共需钱三十五万七千六百十二千九百文。除支过前项现钱、饷票外，又小麦抵钱九百二十六千九百文，杂粮抵钱九十六千九百文，计仍欠发钱一万五千四百千文。理合登明。

一、随营医生、画匠工食、口粮等项，共支银六十四两九钱六分九厘九毫六丝四忽四微。查前款系查照成案支给。理合登明。

一、采办马匹、铁锅、白蜡木、牛烛、芦席、纸张等项，共支银五千七百二十六两八钱八分八厘、饷票一千四百三十一两七钱二分二厘。查前款系随时需用，均按市价核实购办。理合登明。

一、制造、帐房、旗帜、衣帽、枪刀、弓箭、喷火筒、火箭、火罐、铅丸、火药、火绳、器械等项，共支银三万一千七百二十两七分八毫一丝七忽五微、饷票七千九百三十两一分七厘七毫四忽三微。查前款系随时添制应用，所需一切工料均照案于例价外，酌加三成。其火药一项，系查照成案奉准工料价值加工配制。理合登明。

一、运解宿州支发局军饷、银钱车价，共支银二千二百四两六钱二分七厘八毫八丝三忽七微。查前款系查照例案支给。理合登明。

一、随营长车、夫工、马料共支钱三千二百六十七千六百文。查前款系随营运送军火、器械等项，均照例案支给夫工、马料。理合登明。

一、各营官弁勇丁阵亡、阵伤烧埋、养伤，共支银一百二两，又钱三百九十千文。查前款系照案分别支给。理合登明。

一、配制丸散药料，共支银四百五十九两一钱一分七厘五毫。查前款系防剿各兵勇随时需用，均按市价核实购办。理合登明。

一、修筑营盘土方，共支银三千五百七十四两六钱五分六厘。查前款系移营挑筑，其土方价值照案支给。理合登明。

以上开除共银五万八千三百十六两五钱五分四厘六毫一丝二忽五微、钱二十四万二千三百十九千四百十四文、饷票七万二百二十一两八钱九分六厘三丝八忽五微、小麦共三百三十一石三斗六合、杂粮五十七石。

一、扣收平余银六百四十六两八钱二分二厘三毫九丝三忽二微。

一、支发经贴、各书工食、纸张、笔墨、灯油等项银二百七十二两九钱三分三厘三毫二丝七忽四微。查前款除照例动用扣存平余银两外，计用存银三百七十三两八钱八分九厘六丝五忽八微，已于新收项下作收支用。理合登明。

实在：一、存银二百六十八两七钱二分五厘四毫八丝一忽一微。

一、存钱一百五十三千六十三文。

一、存饷票三万五千一百三十七两九钱四分四厘六毫四丝五忽六微。

一、存官票一万六千二百八两。

一、存宝钞共二十八万九千四百四十二千五百文。

以上实存各款，均归于下届旧管项下作收支用。理合登明。

欠发项下：一、欠发各项练勇、马勇口粮、马干钱一万五千四百千文。查前款连上届共计欠发钱三万三千九百千文，俟饷项稍充，再行找给，专案请销。理合登明。

军机大臣奉旨：览。钦此。①

○二四　呈徐局同治三年上半年收支清单

同治四年三月二十九日(1865年4月24日)

谨将前淮徐扬海道朱善张办理徐州分局自同治三年正月初一

---

① 台北故宫博物院藏：清单，档案编号：03-4798-034。

日起至六月二十九日止收支各款简明四柱，缮具清单，恭呈御览。

计开：旧管：一、存银二百六十八两七钱二分五厘四毫八丝一忽一微。

一、存钱一百五十三千六十三文。

一、存饷票三万五千一百三十七两九钱四分四厘六毫四丝五忽六微。

一、存官票一万六千二百八两。

一、存宝钞共二十八万九千四百四十二千五百文。

新收：一、收徐属各州县拨解地漕等项银二万一千二百十两七钱二分一厘四毫。查前款系奏准饬令各州县按月拨解之款。理合登明。

一、收山西藩司拨解银一万两。

一、收山西河东道拨解银二万两。查前二款系奏准按月拨解济饷之款。理合登明。

一、收徐州分局捐输银九万五千七百八十四两，又宝钞十二万五千五百六十八千文。查前款系奉部颁发徐局空白监职各照，并由局遵照粮台收捐章程陆续收纳、随时提用之款。理合登明。

一、收徐州分局收捐饷票七千七百五十一两。查前款系豫省协解军饷、奏明收捐解还河南查销之款，除于单后划除外，理合登明。

一、收借拨淮盐作抵东省欠饷一千二十三两一钱四分五厘。查前款系因山东欠解徐饷，经山西太原镇总兵田在田奏准将淮盐运徐销售，所完盐课即抵东省欠饷之款，计盐一千引，照山东例以三百二十斤为一引，每引应提课税银等项一两二分三厘一毫四丝五忽。理合登明。

一、收徐、扬、海等属各绅富捐输银四千两。查前款系因饷需支绌、劝谕各绅富捐输济饷之款，连上届共收银三万二千两，现在查取履历，另行请奖。理合登明。

一、收徐、海属各州县厘捐钱一万八千七百七十三千八百四十一文。查前款系陆续提用之款。理合登明。

一、收米捐及统捐分解银六千九百八十二两一钱二分五厘。查前款本系劝办高、宝、山阳三州县米捐分拨徐台，嗣于三年三月间改为统捐分解，以济饷需。理合登明。

一、收平余用存银三百十六两一钱九分二厘五毫五丝二忽九微。查前款照例扣收平余，除动支经贴、各书工食、纸张、笔墨、灯油等项银两外，计存前项银两应行列收。理合登明。

以上新收共银十五万九千三百十六两一钱八分三厘九毫五丝二忽九微、钱十七万八千六百十五千八百四十一文，内实收钱一万八千七百七十三千八百四十一文，又银易钱十五万九千八百四十二千文，饷票七千七百五十一两，宝钞十二万五千五百六十八千文。

一、除拨解浙江处州镇总兵陈国瑞行营银一千五百两。查前款系拨解陈国瑞行营济饷之款，应划归该营作收造报。理合登明。

一、除兑钱银十万七千三百两。查前款系按市价兑换制钱，已于单内列支前十五万九千八百四十二千文，应将此款现银划除，以免重复。理合登明。

一、除饷票七千七百五十一两。查前款系遵照奏案收捐饷票、截角解还豫省查销之款，应行划除。理合登明。

以上除划除外，实计管、收两项共银五万七百八十四两九钱九厘四毫三丝四忽、钱十七万八千七百六十八千九百四文、饷票三万五千一百三十七两九钱四分四厘六毫四丝五忽六微、官票一万六千二百八两、宝钞四十一万五千十千五百文。

开除：一、本省徐州镇标各营官兵盐粮、马干等项，共支银五千一百十三两二钱六分二厘四毫五丝二忽七微，饷票二千一百九十一两三钱九分八厘一毫九丝三忽九微。查前款系随时派赴各处防剿应支盐粮、马干等项，均照例案支给。其兵丁只支盐粮，减去马干，不给余丁。理合登明。

一、随营长夫工食，共支钱四千四十千四百文，饷票八百六十五两八钱。查前款系查照成案支给。理合登明。

一、文员盐粮、驮折、夫价等项，共支银四千三百九十一两二钱三分二厘七毫六丝九忽六微，饷票一千八百八十一两九钱五分六厘九毫一忽三微。查前款系随营差委管带兵勇、巡查防剿应支盐粮、驮折等项，均照例案支给。理合登明。

一、随营防剿官弁盐粮、马干等项，共支银二千五百九十三两四分六厘八毫五丝三忽九微、饷票一千一百十一两三钱五厘七毫九丝四忽五微。查前款系随营防剿管带兵勇、巡查侦探所需盐粮、马干等项，均照例案支给。理合登明。

一、各项练勇、马勇口粮、马干，共支银十七万二千十五千五百二十文、饷票一万九千九百九十六两六钱七分三厘七毫三丝二忽七微、宝钞三万七千二百八十四千七百三十三文。查前款系随时分派各处防剿口粮、马干，照案支给，统计共需钱二十五万七千五百九十三千六百文。除支过前项现钱、饷票、宝钞外，计欠发钱八千三百千文。理合登明。

一、随营医生、书匠工食、口粮等项，共支银六十四两二钱三分九厘九毫六丝四忽八微。查前款系查照成案支给。理合登明。

一、采办马匹、铁锅、白蜡木、牛烛、芦席、纸张等项，共支银四千七百五十七两三钱四分四厘、饷票一千一百八十九两三钱三分六厘。查前款系随时需用，均按市价核实办理。理合登明。

一、制造、帐房、旗帜、衣帽、刀枪、弓箭、喷火筒、火箭、火罐、铅丸、火药、火绳器械等项，共支银二万八千四百五两八钱九分六厘九丝二忽八微、饷票七千九百一两四钱七分四厘二丝三忽二微。查前款系随时添制应用所需一切工料，均照案于例价外加三成。其火药一项系查照成案，奉准工料价值加工配制。统计共需银三万九千五百七两三钱七分一毫一丝六忽。除支过前项现银、饷票外，计欠发银三千二百两。理合登明。

一、运解宿州支发局军饷、银钱、车价，共支银一千五百七十三两八钱二分三厘七丝六忽七微。查前款系查照成案支给。理合登明。

一、随营长车、夫工、马料，共支钱二千六百八千八百文。查前款系随营运送军火、器械等项，照案支给夫工、马料钱文。理合登明。

一、配制丸散药料，共支银三百九十七两二钱四分。查前款系防剿各兵勇随时需用，均按市价核实购办。理合登明。

一、修筑营盘土方，共支银三千三百十一两六钱九分二厘八毫。查前款系移营挑筑，其土方价值照案支给。理合登明。

以上开除共银五万六百七两七钱七分八厘一丝五微、钱十七万八千六百六十四千七百二十文、饷票三万五千一百三十七两九钱四分四厘六毫四丝五忽六微、宝钞三万七千二百八十四千七百三十三文。

一、扣收平余银五百八十六两五分九厘二毫一丝三忽七微。

一、支发经贴各书工食、纸张、笔墨、灯油等项银二百六十九两八钱六分六厘六毫六丝八微。查前款除照例动用扣存平余银两外，计有盈余银三百十六两一钱九分二厘五毫五丝二忽九微，已于新收项下支用。理合登明。

实在：一、存银一百七十七两一钱三分一厘四毫二丝二忽五微。

一、存钱一百四千一百八十四文。

一、存官票一万六千二百八两。

一、存宝钞三十七万七千七百二十五千七百六十七文。

以上实存各款，均归入下届旧管项下作收支用。理合登明。

欠款项下：一、欠发各项练勇、马勇口粮、马干钱八千三百千文。查前款连上两届共欠发钱四万二千二百千文，均俟饷项稍充，再行找给，专案请销。理合登明。

一、欠发制造、军火、器械工料银三千二百两。查前款俟饷项稍充，再行找给，专案请销。理合登明。

军机大臣奉旨：览。钦此。①

○二五　呈徐局同治三年七月至八月收支清单

同治四年三月二十九日（1865 年 4 月 24 日）

谨将前淮徐扬海道朱善张办理徐州分局自同治三年七月初一

---

① 中国第一历史档案馆藏：清单，档案编号：03-4798-032。

日起至八月十七出缺日止收支各款简明四柱,缮具清单,恭呈御览。

计开:旧管:一、存银一百七十七两一钱三分一厘四毫二丝二忽五微。

一、存钱一百四千一百八十四文。

一、存官票一万六千二百八两。

一、存宝钞三十七万七千七百二十五千七百六十七文。

新收:一、收徐属各州县地漕等项银一万二千四百三十二两一钱七分五厘。查前款系奏准饬令各州县卫按月拨解之款。理合登明。

一、收徐州分局捐输银二万九千五十二两,又宝钞二十二万八千三百五十二千文。查前款系奉部颁发徐局空白监职各照并由局遵照粮台收捐章程陆续收纳、随时提用之款。理合登明。

一、收徐州分局捐输饷票三万六千六百五十九两。查前款系豫省协解军饷、奏明收捐解还河南查销之款,除于单后划除外,理合登明。

一、收徐、海属各州县厘捐钱三千二百一十二千四百八十文。查前款系陆续提用之款。理合登明。

一、收银易钱四万二千四百四千文。查前款系以收款内现银兑换,并非另项收款。除于单后将此项现银划除外,理合登明。

一、收平余用存银六十四两六钱四分七厘一毫一丝六微。查前款系照例扣收平余,除动支经贴、各书工食、纸张、笔墨灯油等项银两外,计存前项银两,应行列收。理合登明。

以上新收共银四万一千五百四十八两八钱二分二厘一毫一丝

六微、钱四万五千六百十六千四百八十文,内实收钱三千二百十二千四百八十文。又,银易钱四万二千四百四千文,饷票共三万六千六百五十九两,宝钞二十二万八千三百五十二千文。

一、除兑钱银二万八千九百两。查前款系按市价兑换制钱,已于单内列收钱四万二千四百四千文,应将此款现银划除,以免重复。理合登明。

一、除饷票三万六千六百五十九两。查前款系遵照奏案收捐饷票截角解还豫省查销之款。理合登明。以上除划除外,实计管、收两项共银一万二千八百二十五两九钱五分三厘五毫三丝四忽一微、钱四万五千七百二十千六百六十四文,官票一万六千二百八两、宝钞六十万六千七十七千七百六十七文。

开除:一、本省徐州镇标各营官兵盐粮、马干等项,共支银一千三百三十七两七钱九分四厘二毫八丝九忽二微、宝钞一千一百四十六千六百七十八文。查前款系随时派赴各处防剿,应支盐粮、马干等项,均照例案支给。其兵丁只支盐粮,减去马干,不给余丁。理合登明。

一、随营长夫工食共支钱一千四十八千三百二十文。查前款系查照成案支给。理合登明。

一、文员盐粮、驮折、夫价等项,共支银一千三十八两五钱九分八厘五毫八丝五忽二微、宝钞八百九十千二百二十六文。查前款系随营差委、管带兵勇、巡查防剿,应支盐粮、驮折文①宝钞一万八千七百二十四千八百六十文。查前款系随时分派各处防剿,口粮、马干照案支给。理合登明。

---

① 原文如此,存疑。

一、随营医生、画匠工食、口粮等项,共支银十七两一钱五分四厘九毫九丝六忽。查前款系查照成案支给。理合登明。

一、采办白蜡木、牛烛、芦席、纸张等项,共支银八百两五钱二分八厘、宝钞四百十七千二百六十四文。查前款系随时需用,均按市价核实购办。理合登明。

一、制造、帐房、旗帜、衣帽、枪箭、火箭、火罐、铅丸、火药、火绳、铁斧、灯笼等项,共支银七千五百六两六分四厘七毫九丝八忽三微、宝钞三千七百五十三千三十文。查前款系随时添制应用,所需一切工料,均照案于例价外酌加三成。其火药一项,系查照成案奉准工料价值加工配制。理合登明。

一、运解宿州支发局军饷、银钱车价,共支银四百九两四钱五分六厘七毫三丝二微。查前款系查照例案支给。理合登明。

一、随营长车夫工、马料共支钱六百九十千文。查前款系随营运送军火、器械等项,照案支给夫工、马料钱文。理合登明。

一、各项勇丁阵亡、阵伤烧埋、养伤,共支银三两,千一百四十四千文。查前项系照案分别支给。理合登明。

一、配制丸散药料,共支银六十六两四钱九分五厘。查前款系防剿各兵勇随时需用,均按市价核实购办。理合登明。

一、修筑营盘土方共支银七百四两四钱二厘四毫。查前款系移营挑筑,其土方价值照案支给。理合登明。

以上开除共银一万二千七百二十九两六钱九分七厘一毫一丝九忽八微、钱四万五千五百七十三千六百六十文、宝钞二万六千七十七千五百十文。

一、扣收平余银一百三十六两七钱一分三厘七毫七丝五忽七微。

一、支发经贴、各书工食、纸张、笔墨、灯油等项，共支银七十二两六分六厘六毫六丝五忽一微。查前款除照例动用扣存平余银两外，计有盈余银六十四两六钱四分七厘一毫一丝六微，已于新收项下作收支用。理合登明。

实在：一、存银九十六两二钱五分六厘四毫一丝四忽三微。

一、存钱一百四十七千四文。

一、存官票一万六千二百八两。

一、存宝钞五十八万二百五十七文。

以上实存各款，移交署淮徐扬海道颜培瑚接收造报。理合登明。

军机大臣奉旨：览。钦此。[1]

○二六　奏报徐局收支数目　　并军需款项报销片

同治四年三月二十九日（1865 年 4 月 24 日）

再，前淮徐扬海道朱善张任内承办徐州分局收支军需，现已将同治三年三月以前各款分案造具清单奏报在案。兹复查自七月一日起至八月十七日该道出缺日止，共计管、收银一万二千八百二十五两九钱五分三厘五毫三丝四忽一微、钱四万五千七百二十千六百六十四文、官票一万六千二百八两、宝钞六十万六千七十七千七百六十七文，共支用银一万二千七百二十九两六钱九分七厘一毫一丝九忽八微、钱四万五千五百七十三千六百六十文、宝钞二万六

---

① 中国第一历史档案馆藏：清单，档案编号：03-4798-033。

千七十七千五百十文。据兼办徐州军需报销局务同知直隶州用江苏候补知县顾景濂分晰造具清单,一并详奏前来。

臣按册覆核,均系查明例案,撙节动支,并不浮冒。查此系同治三年七月以后应行遵章造册报销。除饬造具细册另详核办外,理合先行缮具清单,恭呈御览。谨附片具陈,伏乞圣鉴。谨奏。①

同治四年四月初四日,军机大臣奉旨:览。钦此。②

○二七　审明盗犯丁克惟等劫杀一案折

同治四年三月二十九日(1865年4月24日)

头品顶戴署理两广总督漕运总督臣吴棠跪奏,为拿获情重盗犯,审明正法,恭折奏祈圣鉴事。

窃据清河县详报:同治三年十一月二十八日,据渔沟镇地保华廷报:据开张布店之夏云清投称:本月二十七日夜三更时分,被匪撞门进内,劫去布匹、钱物,伊喊被拒伤等语。追拿无获,报叩勘缉等情。并据事主夏云清开单同报到县。查该处离县四十里,离汛三十里,并无墩堡防兵。会营勘验,传牙估赃值银二百十五两零。又据详报:同治三年十二月初八日,据寿宁乡地保卢长报称:本月初七日夜三更时分,伊与捕役、更夫在外巡缉,听闻朱家集职员陈锡九杂货布被店劫,当即往拿,匪已逃逸,追获一匪,询名唐继宗,并据事主陈锡九告称,伊孙婿徐援寿与邻佑朱学猷均被拒伤等语,带犯报叩勘缉等情。并据事主陈锡九开单同报到县。

---

① "伏乞圣鉴。谨奏",军机录副字迹脱落,兹据推补。
② 中国第一历史档案馆藏:军机录副,档案编号:03-4798-041。此片具奏日期未确,兹据同批折件校正。

查该处离县三十里，离汛二十六里，并无墩堡防兵。会营勘验，传牙估赃，值银一百两零。提讯唐继宗，讯认听从丁克惟伙同任大眼等行劫不讳。饬据捕役于是年十二月十五、二十八等日，先后会获匪犯任大眼即任锦成、胡恒三即胡小和尚、丁克惟三名，声明胡恒三图脱拒捕，致被格伤左手背等处，一并解讯等情。据丁克惟供认：起意纠同现获之唐继宗等并在逃之丁大炮等，行劫事主夏云清、陈锡九两案。质之唐继宗等，供亦相同。将犯人一并收禁，分别绘图造册，录供通详。并据桃源县禀：会获伙犯丁小前子解讯，声明起赃翠珠花布匹。又据山阳县详：准清河县移请代验监犯胡恒三于格伤后患病身死，诣验属实，提讯行禁人等，供无凌虐情事，理合详报各等情。

臣当以该犯丁克惟等迭次行劫，非寻常强盗可比，且虑捻氛四审，土匪纷乘，亟应就近审明惩办，以昭炯戒。行据该县将犯申解前来，随即亲提研审，缘丁克惟、任大眼即任锦成、唐继宗、丁小前子，均籍隶桃源县。或种地度日，或小本营生，先未为匪犯案。同治三年十一月二十七日，该犯等与已获病故胡恒三即胡小和尚、在逃之丁大炮即丁保金、庄传绪、宋景春、徐六、王绍文，遇道贫难。丁克惟起意行劫，任大眼等允从，即于是夜三更时分，共伙十人，丁克惟、唐继宗、胡恒三、丁大炮、宋景春分携刀棍，丁小前子、庄传绪各推小车，余俱徒手，偕抵清河县渔沟镇夏云清布店门首，留丁小前子、庄传绪在外瞭望接赃。丁克惟撞开店门，与任大眼等进内，劫得布匹钱物，递交丁小前子等接收，装车推走。事主夏云清喊捕，胡恒三用棍拒伤夏云清左臂，与丁克惟等携赃逃出，赶上丁小前子等告知前情，逃至僻处，查赃俵分。又于是年十二月初七日夜三更时分，丁克惟纠允任大眼等原伙十人，携抵清河县朱家集陈锡九杂货布店门首，留任大眼、庄传绪在外瞭望接赃。丁克惟撞开店门，与唐继宗等进内，劫得银钱、布匹、衣物，递交任大眼等接收，分携先逃。事主陈锡九孙婿徐援寿与邻佑朱学猷喊捕，丁克惟与胡恒三用刀拒伤徐援寿左额角等处扑倒，并将朱学猷推跌，与唐继宗等携赃逃出。唐继宗落后被获。丁克惟与任大眼等告知前情，逃至僻处，查赃俵分而散。事主夏云清、陈锡九先后报县，会营勘验饬缉，胡恒三被获，图脱拒捕，即被捕役格伤右〔左〕手背等处，与丁克惟等并获，解县讯供通详。并据桃源县禀获丁小前子，起同各赃。又据山阳县代验监犯胡恒三病故详报，经臣行提亲审，据供前情不讳，究无另犯行劫别案，赃经起获，正盗无疑。

查律载：强盗已行得财者，不分首从皆斩等语。此案盗犯丁克惟纠同任大眼等，行劫事主夏云清、陈锡九两店，业已得财，应按律问拟。丁克惟、任大眼即任锦成、唐继宗、丁小前子、胡恒三即胡小和尚，均合依强盗已行得财者不分首从皆斩律，拟斩立决。查该犯等连劫两案，拒伤事主，情罪重大，未便稍稽显戮，当即恭请王命正法，仍重传首犯事地方，悬杆示众，以昭炯戒。胡恒三于被格伤后，已在监病故，应毋庸议。各犯在外为匪，原籍牌保及犯兄任风起无从觉察，请免提责。余讯无同居亲属知情分赃、牌保得规包庇，刑禁人等亦无凌虐情事，应与格伤拒捕盗犯之捕役均毋庸议。事主夏云清等伤均平复，亦毋庸议。起赃给主，未起追赔。刀棍供弃免追。逸犯丁大炮等饬缉，获日另结。

此二案盗犯首伙十人，已于疏防限内获犯及半，兼获盗首，疏防职名应请免开。监毙盗犯一名，例得免议，并免开报。除将供招咨部外，合将拿获情重盗犯审明正法缘由，谨会同协办大学士两江总督臣曾国藩、江苏巡抚臣李鸿章，恭折具奏，伏乞皇太后、皇上圣鉴。谨奏。三月二十九日。

同治四年四月初四日，军机大臣奉旨：刑部知道。钦此。[①]

○二八　查明知州蒋懋勋玩视民命等情片

同治四年三月二十九日(1865年4月24日)

再，同治二年间，御史何福咸奏参江苏候补直隶州知州署沭阳县知县蒋懋勋贪酷不职、玩视民命一案，先经抚臣李鸿章将该员被参贪酷各款查无实据覆奏，旋由臣遵原参顾喜殴伤朱日昌身死及杀毙监生徐德嘉夫妇两案，提集人证，秉公严讯。蒋懋勋于顾喜殴伤朱日昌身死，并未违例委验。其徐德嘉夫妇窝匪扰害，蒋懋勋因团练公请立正典刑，且值西捻窜扰之际，是以即将徐德嘉夫妇就地正法。经臣与督抚会核，该员虽系俯顺舆情，究未照例详办，奏请将蒋懋勋革职，以示惩儆。嗣递回原折内开：军机大臣奉旨：据奏徐德嘉、徐周氏勾匪扰害地方之犯等因。钦此。仰见皇上持平执法，钦服莫名！

伏查蒋懋勋于咸丰十一年委署沭阳县事，在任两年，正值西捻叠次东趋，该员带勇巡防，并剿捕本境土匪，办理极为认真，曾经团练大臣晏端书奏明有案。其居官亦属勤慎，舆情允洽。至此案将徐德嘉夫妇正法，实系为除暴安良起见，前奏亦无不实不尽。因究未照例办理，是以奏请革职示惩。兹奉谕旨详查，理合据实查明覆陈，恭候恩施，伏乞圣鉴训示。谨附片具奏。

---

① 中国第一历史档案馆藏：军机录副，档案编号：03-5053-019。此折具奏日期军机录副目录误为"同治二年三月二十九日"，兹据奉旨日期等校正。

同治四年四月初四日，军机大臣奉旨：钦此。①

【案】此片于同治四年四月初四日得清廷批示，蒋懋勋免予革职。《清实录》：

戊辰，谕内阁：前因御史何福咸奏参江苏署沭阳县知县蒋懋勋贪酷不职、玩视民命各款，当交李鸿章、吴棠查奏，先后经李鸿章、吴棠查明，所参各款皆无实据，惟将徐得嘉等正法，系未照例详办，请将蒋懋勋革职。复经降旨，令吴棠就近再将此案情节及蒋懋勋平日官声详细查奏。兹据吴棠奏称，蒋懋勋居官勤慎，舆情允洽，徐得嘉等窝匪扰害，该员据团练公请，就地正法。惟究未照例办理，是以奏请革职等语。此案蒋懋勋因徐得嘉等勾匪扰害地方，未经详办，先行正法，虽未照例办理，惟其时捻氛逼近，该员系为除暴安良起见，若遽予革职，恐嗣后地方官遇有紧要事宜，多所瞻顾。蒋懋勋着加恩免其革职，仍交部照例议处，用示原情慎罚至意。②

○二九　审拟凶盗卞大等犯劫杀一案折

同治四年四月十四日（1865年5月8日）

头品顶戴署两广总督漕运总督臣吴棠跪奏，为审明凶盗，按拟惩办，恭折奏祈圣鉴事。

---

① 中国第一历史档案馆藏：军机录副，档案编号：03-5065-019。此片具奏日期未确，兹据同批折件校正。

② 《穆宗毅皇帝实录（四）》，卷一百三十五，同治四年四月上，第177页。

案据阜宁县详报：同治二年三月初九日，据龚家集地保林爽报：据民妇周王氏投称：本月初七日二更后，被匪推门进内，伊父〔夫〕周永斌与子周二子惊起喊捕，均被拒伤，劫去钱物逃逸。周永斌伤重，至初八日因伤身死等语。报请勘验缉究等情。并据事主周王氏开单同报到县。查该处离城七十里，离汛三十里，并无墩堡防兵。会营勘验，传牙估赃值银十九余两；饬据捕役于是年三月十四日、六月十六、七月初五等日先后会获匪犯林广沅、林小二子、卞大、潘遐寿解县，讯据佥认听从逸犯刘学如伙同刘学汉、周四胧踵、缪三、潘三、李如成、李如名、王昌荣、丁大有、张大米子、张小米子、仓大掩子行劫拒伤不讳。将犯收禁，绘图填格造册，录供通详等情。经臣批饬缉审，并行邻封营县及委弁会拿。旋据禀获伙犯周四胧踵即周鹤朋、昌宝沅即仓大掩子、李如成等解浦。臣亲提审讯，因该犯周四胧踵等尚有出洋行劫事主姚柱客船一案，当归彼案从重拟办，恭折奏报，一面行知阜宁县将犯卞大等复拟详去后。兹据该县提犯审拟，解府提勘，详道核转前来。

臣覆加查核，缘卞大即卞双顶，又名卞青林、潘遐寿、林广沅、林小二子，分隶海州、阜宁、安东等州县，务农佣工为业，先未为匪犯案。同治二年三月初七日，卞大、潘遐寿在阜宁县七套地方与已获正法之周四胧踵即周鹤朋、昌宝沅即仓大掩子、李如成、在逃之刘学如、刘学汉、缪三、潘三、李如名、王昌荣、丁大有、张大米子、张小米子，遇道贫难。刘学如探知龚家集周永斌家有钱，起意行劫，卞大等允从。先约已获之林广沅、林小二子入伙，即于是夜在集后空地会齐，同伙十六人，各带刀枪，二更时分偕抵周永斌家门首。刘学如留潘遐寿、林广沅、林小二子、缪三、潘三、张小米子在外把风接赃，自与卞大等推门进内。周永斌与子周二子惊起喊捕。卞大用刀戳伤周永斌左眼胞，周永斌用刀砍伤卞大右手背，王昌荣用枪戳伤周永斌左耳根。丁大有用刀背殴伤周二子左眼胞，并用刀戳伤右胁膊等处，各喊痛倒地。刘学如等劫得钱物逃走，潘遐寿等接收，分携逃至僻处，查点俵分各散。事主周永斌因伤殒命，伊妻周王氏投保报县，会营勘验，饬缉获犯，讯供通详。行据该县提犯覆审，据供前情不讳，究无另犯抢劫别案，按拟解勘核转前来。臣覆核无异。

查例载：强盗已行得财者不分首从皆斩。又例载：强盗杀人照得财律斩，随即奏请审决枭示各等语。此案盗犯卞大等听从逸犯刘学如伙劫事主周永斌家，业已得财，并拒伤周永斌身死，实属不法，应按律问拟。卞大即卞双顶，又名卞青林、潘遐寿、林广沅、林小二子，均应如所拟，合依强盗已行得财者不分首从皆斩律，拟斩立决。卞大与王昌荣各用刀枪拒伤周永斌身死，系属强盗杀人，应请照例枭示，仍各先行刺字。该犯等尚有听从逸犯李祥伙窃事主李连宗一案，计赃十两零，罪只拟杖，应归此案从重拟结。失察潘遐寿为匪之牌保照例发落。卞大等在外为匪，原籍牌保及林广沅等之父林学龙无从觉察，请免提责。余讯无同居亲属知情分赃、牌保得规包庇情事，逃后亦无知情容留之家，应毋庸议。事主周二子伤已平复，亦毋庸议。各赃照估追赔，盗械供弃免追，尸棺饬埋。逸犯刘学如等饬缉，获日另结。

此案盗犯首伙十六人，已获伙犯七人，获犯尚未及半，应议职名饬取另参。是否允洽？除将供招咨部外，合将审拟缘由，谨会同协办大学士两江总督臣曾国藩、江苏巡抚臣李鸿章，恭折具奏，伏乞皇太后、皇上圣鉴。谨奏。四月十四日。

同治四年四月十八日，军机大臣奉旨：刑部速议具奏。钦此。[1]

○三○　奏报酌量变通搭钞收捐片

同治四年四月十四日（1865年5月8日）

再，清淮收捐章程向系按照筹饷事例、现行常例减二成后以一千六百文作银一两半钱半钞交纳。嗣又奏明改为半银半钞，计现在收捐每捐例银一百两，收实银四十两八钱、钞八十千，历经循办奏奖在案。惟查搭钞收捐原系体恤报诚之意，现在钱钞一项，民间无从收购，而捐局所收之钞并无，又系续存无用，是苦捐生难而于用款并无实济也。

臣拟请酌量变通，将搭钞一款每钱一千折收银四十两八钱，计每例银百两凡减二成者，收实银四十两、折钞银八钱，共收银四十两八钱。减四成者，按照减收，庶使捐生不致以购钞之艰因而裹足，而于军需、工需转可化无用为有用，实属两有裨益。即有应行搭放之款，亦可以折银一两作钱一千搭放，于款项出入毫无损益，且核与京铜局现收道府州县各项捐款、每百两收实银四十二两之数相去无几，与别项实职官阶收数较多，亦并未于捐项内格外折减。是否有当，理合附片具陈，伏乞圣鉴训示。谨奏。

同治四年四月十八日，军机大臣奉旨：户部知道。钦此。[2]

---

[1] 中国第一历史档案馆藏：军机录副，档案编号：03-5053-021。

[2] 中国第一历史档案馆藏：军机录副，档案编号：03-4900-016。此片具奏日期未确，兹据同批折件校正。

○三一　通州等属捐输兵米请旨奖叙折

同治四年四月二十八日（1865 年 5 月 22 日）

江苏巡抚一等肃毅伯臣李鸿章、头品顶戴署两广总督漕运总督臣吴棠跪奏，为续查统捐沪淮扬镇各营兵米捐生衔名，缮具清单，恳恩给予奖叙，恭折奏祈圣鉴事。

窃照同治元年闰八月间钦奉上谕：现在饷局裁撤，捐借办竣，当兹秋谷登场，收成丰稔，大可循案劝捐兵米，着李鸿章、吴棠遴委江北大员，督饬各州县认真办理等因。钦此。遵经臣等札饬各属仿照上届捐借改为捐米，按淮、扬、通、海十四厅州县分派，统沪淮扬镇各营并为一捐，由各属印委各员认定捐数，粮米并缴；奏委升任运司乔松年，会同粮台设局督办，并经臣等将初次查明捐生履历奏请恩奖在案。兹续据江宁布政使万启琛会同该总局，将通州等十州县捐米三万二千三百五十三石七斗五升，合银十一万二两七钱五分，查取履历，声明愿奖官阶，造册详请奏奖前来。

臣等按册覆核，均与现行常例、筹饷事例减成请奖章程相符。除将细册咨部查核并饬将其余未奖捐生接续详奏外，相应奏恳天恩，俯准饬部覆核，迅颁执照，以示奖励而昭激劝。谨合词恭折具奏，伏乞皇太后、皇上圣鉴。谨奏。四月二十八日。

同治四年五月初二日，军机大臣奉旨：户部核议具奏，单并发。钦此。[①]

---

① 中国第一历史档案馆藏：军机录副，档案编号：03-4799-002。